唐宋时期文具制造业研究

陈涛 著

人民出版社

责任编辑：刘松弢

图书在版编目（CIP）数据

唐宋时期文具制造业研究/陈涛 著. —北京：人民出版社，2024.7
（国家社科基金后期资助项目）
ISBN 978－7－01－026324－3

Ⅰ.①唐…　Ⅱ.①陈…　Ⅲ.①文具-制造工业-工业史-研究-中国-
唐宋时期　Ⅳ.①F426.4

中国国家版本馆 CIP 数据核字（2024）第 108175 号

唐宋时期文具制造业研究
TANGSONG SHIQI WENJU ZHIZAOYE YANJIU

陈　涛　著

人 民 出 版 社 出版发行
（100706　北京市东城区隆福寺街 99 号）

中煤（北京）印务有限公司印刷　新华书店经销

2024 年 7 月第 1 版　2024 年 7 月北京第 1 次印刷
开本：710 毫米×1000 毫米 1/16　印张：35.75
字数：630 千字

ISBN 978－7－01－026324－3　定价：120.00 元

邮购地址 100706　北京市东城区隆福寺街 99 号
人民东方图书销售中心　电话（010）65250042　65289539

国家社科基金后期资助项目
出版说明

后期资助项目是国家社科基金设立的一类重要项目，旨在鼓励广大社科研究者潜心治学，支持基础研究多出优秀成果。它是经过严格评审，从接近完成的科研成果中遴选立项的。为扩大后期资助项目的影响，更好地推动学术发展，促进成果转化，全国哲学社会科学工作办公室按照"统一设计、统一标识、统一版式、形成系列"的总体要求，组织出版国家社科基金后期资助项目成果。

全国哲学社会科学工作办公室

目　　录

绪　论 ……………………………………………………………………… 1

  一、选题缘由 …………………………………………………………… 1

  二、研究现状 …………………………………………………………… 6

  三、研究思路、方法和创新点 ……………………………………… 22

第一章　"二重证据法"——对隋唐以前笔墨纸砚制造业的考察 ……… 27

  第一节　考古资料中所见笔墨纸砚的出现 ……………………… 27

    一、"蒙恬造笔"的由来 …………………………………………… 27

    二、战国时期已有人工墨 ………………………………………… 31

    三、对"蔡伦造纸"再理解 ………………………………………… 32

    四、从"研"到"砚" ………………………………………………… 38

  第二节　秦汉时期笔墨纸砚制造业的兴起 ……………………… 41

    一、毛笔形制的确立 ……………………………………………… 41

    二、有形松烟墨的出现 …………………………………………… 47

    三、纸质量的提高 ………………………………………………… 50

    四、砚形制的规范化 ……………………………………………… 51

  第三节　魏晋南北朝时期笔墨纸砚制造业的发展 ……………… 107

    一、制笔原料的增加与技术的完善 ……………………………… 107

    二、松烟墨产地的增多与质量的提高 …………………………… 112

    三、书写用纸与造纸业的发展 …………………………………… 117

    四、砚种类的丰富与形制的定型 ………………………………… 122

  小　结 ……………………………………………………………… 176

第二章　制作技术体系的成熟与完善——唐宋时期笔墨纸砚制造业

  发展特点之一 …………………………………………………… 178

  第一节　唐宋时期制笔技术的传承与革新 ……………………… 178

    一、制笔原料的因袭与革新 ……………………………………… 178

    二、制笔技术的传承与创新 ……………………………………… 190

　　第二节　唐宋时期制墨技术的传承与革新 ……………………… 195
　　　　一、制墨原料由单一到多元 ……………………………… 196
　　　　二、制墨技术的更趋成熟与墨形制的不断变化 ………… 201
　　第三节　唐宋时期造纸技术的传承与革新 ……………………… 207
　　　　一、造纸原料更加丰富 …………………………………… 208
　　　　二、造纸技术的进步与纸品种类的增多 ………………… 212
　　第四节　唐宋时期制砚技术的传承与革新 ……………………… 219
　　　　一、砚种类日益多样 ……………………………………… 220
　　　　二、制砚技术的提高与砚式的革新 ……………………… 293
　　小　结 ………………………………………………………………… 319

第三章　产地扩展与重心南移——唐宋时期笔墨纸砚制造业发展
　　　　特点之二 …………………………………………………… 321
　　第一节　制笔业地理分布的变化 ………………………………… 321
　　　　一、隋唐五代时期制笔业的地理分布 …………………… 321
　　　　二、北宋时期制笔业的地理分布 ………………………… 327
　　　　三、唐宋时期制笔业的产地扩展与重心变迁 …………… 339
　　第二节　制墨业地理分布的变化 ………………………………… 346
　　　　一、隋唐五代时期制墨业的地理分布 …………………… 346
　　　　二、北宋时期制墨业的地理分布 ………………………… 351
　　　　三、唐宋时期制墨业的产地扩展与重心变迁 …………… 367
　　第三节　造纸业地理分布的变化 ………………………………… 371
　　　　一、隋唐五代时期造纸业的地理分布 …………………… 371
　　　　二、北宋时期造纸业的地理分布 ………………………… 378
　　　　三、唐宋时期造纸业的产地扩展与重心变迁 …………… 391
　　第四节　制砚业地理分布的变化 ………………………………… 396
　　　　一、隋唐五代时期制砚业的地理分布 …………………… 396
　　　　二、北宋时期制砚业的地理分布 ………………………… 409
　　　　三、唐宋时期制砚业的产地扩展与重心变迁 …………… 428
　　小　结 ………………………………………………………………… 431

第四章　互动中的发展——笔墨纸砚制造业与唐宋社会的变化 ……… 434
　　第一节　唐宋社会变化对笔墨纸砚制造业发展的影响 ………… 434
　　　　一、需求扩大促使笔墨纸砚成为大众消费品 …………… 434
　　　　二、社会变化引起笔墨纸砚形制革新 …………………… 442

三、官私笔墨纸砚制造业消长推动雇佣制发展 ……………… 447

第二节 笔墨纸砚制造业发展对唐宋社会变化的影响 ………… 455

一、由官府文书用纸制度完备到礼法制度、社会等级制度
强化 …………………………………………………………… 455

二、雕版印刷业重心南移与文化传播扩大 ………………… 462

三、由丧葬习俗、时令节日变化到礼仪制度嬗变 ………… 465

四、军事装备革新 …………………………………………… 471

第三节 文人与"文房四宝" …………………………………… 472

一、"文房"涵义嬗变——文人观念的变化 ……………… 473

二、"笔墨纸砚"合称——"文房四宝"的萌芽阶段 …… 475

三、文房"四友"出现——"文房四宝"的确立阶段 …… 476

四、名称多元化——"文房四宝"的盛行阶段 …………… 481

小 结 ……………………………………………………………… 486

第五章 繁荣背后的隐忧——环境史视野下对唐宋时期笔墨纸砚
制造业发展的分析 …………………………………………… 489

第一节 一把"双刃剑" ………………………………………… 489

一、制作过程艰辛 …………………………………………… 489

二、所受剥削苛重 …………………………………………… 491

第二节 扩大制作原料 …………………………………………… 493

第三节 开发替代资源 …………………………………………… 496

第四节 革新制作技术 …………………………………………… 499

小 结 ……………………………………………………………… 502

结 语 对几个理论问题的再思考 …………………………………… 504

一、从笔墨纸砚制造业的重心变迁看中国古代经济文化重心南移 … 504

二、从笔墨纸砚制造业的发展演进看"南朝化"论与"北朝主流"说 … 509

三、从笔墨纸砚制造业的传承与革新看"唐宋变革论" ………… 512

主要参考文献 ……………………………………………………… 515

后 记 ……………………………………………………………… 558

表 目 录

表 1 战国时期毛笔出土情况统计表 ………………………………… 28

表 2 两汉时期纸出土情况统计表 …………………………………… 34

表 3 商周至战国时期砚出土情况统计表 …………………………… 39

表 4 秦汉时期毛笔出土情况统计表 ………………………………… 42

表 5 西汉时期眉笔出土情况统计表 ………………………………… 46

表 6 秦汉时期墨出土情况统计表 …………………………………… 48

表 7 汉代砚出土情况统计表 ………………………………………… 52

表 8 汉代石砚类型统计表 …………………………………………… 94

表 9 魏晋南北朝时期笔出土情况统计表 …………………………… 110

表 10 魏晋南北朝时期墨出土情况统计表 ………………………… 113

表 11 楼兰所出魏晋时期木简、纸文书统计表 …………………… 119

表 12 魏晋南北朝时期砚出土情况统计表 ………………………… 122

表 13 魏晋南北朝时期石砚类型统计表 …………………………… 163

表 14 魏晋南北朝时期陶砚类型统计表 …………………………… 167

表 15 隋唐五代时期制笔原料统计表 ……………………………… 180

表 16 宋代制笔原料统计表 ………………………………………… 182

表 17 宋代笔出土情况统计表 ……………………………………… 188

表 18 不同历史时期制笔原料对比表 ……………………………… 189

表 19 隋唐五代时期墨出土情况统计表 …………………………… 197

表 20 宋代墨出土情况统计表(含辽金时期) …………………… 197

表 21 不同历史时期造纸原料对比表 ……………………………… 212

表 22 隋唐五代时期砚出土情况统计表 …………………………… 220

表 23 宋代砚出土情况统计表(含辽金时期) …………………… 264

表 24 不同历史时期制砚材质对比表 ……………………………… 292

表 25 隋唐五代时期陶砚类型统计表 ……………………………… 294

表 26 隋唐五代时期瓷砚类型统计表 ……………………………… 303

表 27 隋唐五代时期石砚类型统计表 ……………………………… 308

表 28　宋代陶砚类型统计表(含辽金时期) ……………………… 311

表 29　宋代石砚类型统计表(含辽金时期) ……………………… 315

表 30　隋唐五代时期制笔区域统计表 ……………………………… 321

表 31　宋代制笔区域统计表 ………………………………………… 328

表 32　隋唐至北宋时期制笔产地数量对比表 …………………… 340

表 33　唐代贡笔地区统计表 ………………………………………… 341

表 34　北宋时期贡笔地区统计表 ………………………………… 342

表 35　北宋时期制笔名工分布地区统计表 …………………… 344

表 36　隋唐五代时期制墨区域统计表 ……………………………… 346

表 37　宋代制墨区域统计表(含辽金时期) ……………………… 352

表 38　隋唐至北宋时期制墨产地数量对比表 …………………… 368

表 39　唐代贡墨地区统计表 ………………………………………… 369

表 40　北宋时期贡墨地区统计表 ………………………………… 370

表 41　隋唐五代时期造纸区域统计表 ……………………………… 371

表 42　宋代造纸产地统计表(含辽金时期) ……………………… 378

表 43　隋唐至北宋时期造纸产地数量对比表 …………………… 391

表 44　唐代贡纸地区统计表 ………………………………………… 393

表 45　北宋时期贡纸地区统计表 ………………………………… 394

表 46　隋唐五代时期制砚区域统计表 ……………………………… 397

表 47　宋代制砚区域统计表(含辽金时期) ……………………… 410

表 48　隋唐至北宋时期制砚产地数量对比表 …………………… 429

表 49　唐代贡砚地区统计表 ………………………………………… 430

表 50　北宋时期贡砚地区统计表 ………………………………… 431

表 51　唐代中央及东宫机构制笔工匠统计表 …………………… 448

表 52　唐代中央及东宫机构纸匠统计表 ………………………… 452

表 53　宋代砚匠统计表(含辽金时期) …………………………… 454

表 54　唐宋类书中文具记载统计表 ……………………………… 484

图 目 录

图 1　湖南长沙左家公山楚墓出土战国晚期毛笔 ·············· 29

图 2　甘肃天水放马滩秦墓出土战国毛笔及笔套 ·············· 30

图 3　甘肃敦煌悬泉置遗址出土西汉纸文书残片 ·············· 37

图 4　湖北云梦睡虎地 4 号秦墓出土战国晚期石砚和研墨石 ······· 40

图 5　安徽肥东小黄村汉墓出土西汉晚期石砚(附研石) ·········· 95

图 6　湖南长沙沙湖桥古墓出土西汉时期石砚 ··············· 99

图 7　河南洛阳出土西汉圆形三足石砚 ·················· 100

图 8　陕西省博物馆藏东汉时期蹲蛙三足石砚 ·············· 100

图 9　汉代双鸠盖三足石砚 ······················· 100

图 10　山东济南出土东汉带浮雕石砚 ·················· 101

图 11　安徽寿县出土东汉中期漆砚 ··················· 104

图 12　宁夏固原出土西汉中期陶砚 ··················· 105

图 13　汉代十二峰陶砚 ························· 106

图 14　河南偃师出土曹魏时期圆形三足石砚 ·············· 166

图 15　湖南长沙出土南朝圆形六足陶砚 ················ 170

图 16　浙江诸暨出土西晋熊足瓷砚 ··················· 173

图 17　江西广昌出土南朝辟雍瓷砚 ··················· 175

图 18　湖南长沙出土隋代水滴状足陶砚 ················ 295

图 19　湖南长沙出土隋代镂孔圈足陶砚 ················ 295

图 20　隋唐时期兽面多足大陶砚 ···················· 296

图 21　河南洛阳出土唐代二足椭圆形带墨池陶砚 ············ 297

图 22　河南偃师出土唐代前期长方形陶砚 ··············· 298

图 23　河南洛阳出土唐代柱形足箕形陶砚 ··············· 299

图 24　河南安阳出土隋代带盖圆形瓷砚 ················ 304

图 25　陕西西安出土隋代柱足瓷砚 ··················· 306

图 26　河南洛阳出土唐代龟形澄泥残砚 ················ 308

图 27　陕西西安出土唐代后期风字形石砚 ··············· 309

图 28　唐代祖敏墨　……………………………………… 450

图 29　唐代张遇墨　……………………………………… 450

图 30　北宋李惟庆墨　…………………………………… 451

图 31　北宋柴珣墨　……………………………………… 451

绪　　论

一、选题缘由

　　唐宋时期抑或唐宋之际的中国社会曾经发生重要变革①，这是中外史学界比较公认的看法。虽然大多数意见认为，唐代经济、政治、军事及文化方面发生的重大变化，是中国封建社会从前期向后期转变的标志，但是也有人主张把这种变革放在唐宋之际。尽管个别学者否认唐宋之际变革说，但是又肯定陈寅恪《论韩愈》中提出的"唐代之史可分前后两期，前期结束南北朝相承之旧局面，后期开启赵宋以降之新局面，关于政治社会经济者如此，关于文化学术者亦莫不如此"②的看法。前两种观点虽然有细微的差别，但如果把唐代后期的变化看成一个比较长期的过程则基本上是一致的。③

　　由唐到宋的重大变革，政治、经济、军事、思想、文化等诸多领域都呈现出与之前不同的面貌。在文化方面，陈寅恪先生认为："华夏民族之文化，历数千载之演进，造极于赵宋之世。"④然而，宋代文化之所以能够达到一个顶峰，正是因为具有深厚的物质基础，其中最主要的就在于有发达的造纸业和印刷业。造纸和印刷，不仅对我国民族文化、历史发展有着巨大作用，而且对世界文明、人类发展进程也有着重要影响。我国学者认为："自唐迄宋，变迁孔多"，"而雕版印刷之术之勃兴，尤于文化有大关系"⑤，甚至"可以毫不夸张地说，其改写了我国乃至人类的历史"⑥。美国学者卡特(T.F.

---

① 日本学者内藤湖南将这一源自宏观视野的概括称作"唐宋时代观"。参见［日］内藤湖南：《概括的唐宋时代观》，刘俊文主编：《日本学者研究中国史论著选译》第1卷《通论》，黄约瑟译，中华书局1992年版，第10—18页。

② 陈寅恪：《论韩愈》，《历史研究》1954年第2期，第113—114页。

③ 参见张国刚：《20世纪隋唐五代史研究的回顾与展望》，《历史研究》2001年第2期，第148—170页。

④ 陈寅恪：《邓广铭宋史职官志考证序》，载《金明馆丛稿二编》，生活·读书·新知三联书店2001年版，第277页。

⑤ 柳诒徵：《中国文化史》，东方出版社2008年版，第474页。

⑥ 魏明孔：《中国手工业经济通史·魏晋南北朝隋唐五代卷》，福建人民出版社2004年版，第522页。

Carter)指出："欧洲文艺复兴初期四种伟大发明的传入流播,对现代世界的形成,曾起重大的作用。造纸和印刷术,为宗教改革开了先路,并使推广民众教育成为可能。"①而英国学者李约瑟更是认为:"在全部人类文明中没有比造纸史和印刷史更加重要的。"②

印刷术的重要性已毋庸讳言,但是在印刷业中,其物质基础却是笔墨纸砚。笔墨纸砚制造业是中国古代重要的手工业生产部门。唐宋时代,社会经济繁荣,手工业经济亦获得空前发展,尤以笔墨纸砚制造业的发展格外引人注目。这一时期,从官方文书到民间契约,从学校教育到科举考试,从文学作品到书画艺术,从科技著作到儒释道典籍,从宗教祭祀到日常生活等诸多领域,笔墨纸砚都得以广泛运用,上至百官公卿,下至普通民众,各个阶层和社会群体多有所需。"隋唐两朝为吾国中古极盛之世,其文物制度流传广播,北逾大漠,南暨交趾,东至日本,西极中亚"③,而唐代正是笔墨纸砚流传广播的关键阶段,宋代则是笔墨纸砚空前发展的重要时期,可以说,笔墨纸砚制造业极好地反映着唐宋时代社会经济文化的发展状况,因此,从唐宋这样一个较长时段来考察笔墨纸砚制造业与当时社会发展的关系显得尤为重要。

"唐宋变革论"的提出,实际上开阔了学者的研究视域,带动了学者研究的问题意识。长期以来,有关唐宋变革的研究一直是史学界关注的热点问题之一,海内外学者业已从不同角度和层面对此做了颇多探讨,内容涉及政治制度、经济关系、社会结构、商业发展、城市变化和思想转型等诸多方面④。尤其是近年来,我国史学界不约而同地认识到,"打通唐宋断代界限是提高唐

---

① [美]卡特:《中国印刷术的发明和它的西传》,吴泽炎译,商务印书馆1957年版,第9页。

② [英]李约瑟主编:《中国科学技术史》第5卷《化学及相关技术》第1分册《纸和印刷》,科学出版社、上海古籍出版社1990年版,序。

③ 陈寅恪:《隋唐制度渊源略论稿》一《叙论》,生活·读书·新知三联书店2001年版,第3页。

④ 例如,日本学界的成果有:宫崎市定:《東洋の近世》,载《宫崎市定全集》2,岩波書店1992年版,中译文《东洋的近世》,见刘俊文主编:《日本学者研究中国史论著选译》第1卷《通论》,黄约瑟译,中华书局1992年版,第153—241页;加藤繁:《中国经济史考证》第1卷,吴杰译,商务印书馆1959年版;周藤吉之:《唐宋社会经济史研究》,東京大学出版会1965年版;日野開三郎:《唐宋時代における商人組合"行"についての再検討》,载《日野開三郎東洋史学論集》第7卷《宋代の貨幣と金融》(下),三一書房1983年版,第263—504页;佐竹靖彦:《唐宋變革の地域的研究》,同朋舍1990年版;大澤正昭:《唐宋變革期農業社會史研究》,汲古書院1996年版;斯波义信:《宋代商业史研究》,庄景辉译,稻乡出版社1997年版;斯波义信:《宋代江南经济史研究》,何忠礼译,江苏人民出版社2000年版;大澤正昭:《唐宋時代の家族·婚姻·女性:婦(つま)は強く》,明石書店2005年版;等等。欧美学界的成果有:Mark Elvin, *The Pattern of the Chinese Past*, Stanford, CA: Stanford University Press, 1973. Peter K. Bol, *This Culture of Ours: Intellectual Transitions in T' ang and Sung China*. Stanford: Stanford University Press, 1992. 中译本见刘宁译:《斯文:唐宋思想的转型》,

宋史研究的重要途径，而要打通唐、宋史研究，在 20 世纪颇有影响的'唐宋变革论'是一个不可回避的话题①。2005 年，《文史哲》杂志以"唐宋时期社会经济变迁"为题，约请杨际平等四位学者就唐宋时期的土地制度、商品经济、经济制度、制度变迁等问题展开讨论②；2006 年，《河南师范大学学报》以"多元视野下的唐宋社会"为题，约请王永平等六位学者围绕唐宋时期的儒学、城市经济、政治制度、民族关系等问题进行论说③。《江汉论坛》则以"唐宋变革笔谈"为题，约请张国刚等五位学者分别从文化、军事、阶级（层）关系等不同视角加以阐释④；2010 年，《中国史研究》以"'唐宋变革论'与宋史研究"为题，约请李华瑞等六位学者就"唐宋变革论"的首创及学术意义、"唐宋变革论"视野下的宋代赋役制度、城市和政治制度等问题予以评述⑤。河合文化教育研究所编《研究论集》第八集刊发了"唐宋变革和东亚

<hr />

江苏人民出版社 2001 年版；包弼德：《唐宋转型的反思——以思想的变化为主》，刘宁译，载刘东主编：《中国学术》第 3 辑，商务印书馆 2000 年版，第 63—87 页；等等。我国学界的成果有：傅乐成：《唐型文化与宋型文化》，载《汉唐史论集》，联经出版事业公司 1977 年版，第 339—382 页；邱添生：《唐宋变革期的政经与社会》，文津出版社 1999 年版；漆侠：《唐宋之际社会经济关系的变革及其对文化思想领域所产生的影响》，《中国经济史研究》2000 年第 1 期，第 95—108 页；等等。

① 李华瑞：《20 世纪中日"唐宋变革"观研究述评》，《史学理论研究》2003 年第 4 期，第 87 页；或见《"唐宋变革"论的由来与发展（上）》，《河北学刊》2010 年第 4 期，第 57 页。

② 杨际平：《唐宋土地制度的承继与变化》，《文史哲》2005 年第 1 期，第 38—40 页；林文勋：《商品经济：唐宋社会变革的根本力量》，《文史哲》2005 年第 1 期，第 40—42 页；黄纯艳：《经济制度变迁与唐宋变革》，《文史哲》2005 年第 1 期，第 42—45 页；谢元鲁：《唐宋制度变迁：平等与效率的历史转换》，《文史哲》2005 年第 1 期，第 45—47 页。

③ 王永平：《从汉学向宋学的转变看隋唐儒学的地位》，《河南师范大学学报》（哲学社会科学版）2006 年第 2 期，第 1—4 页；宁欣：《唐宋城市经济社会变迁的思考》，《河南师范大学学报》（哲学社会科学版）2006 年第 2 期，第 4—6 页；刘后滨：《政治制度史视野下的唐宋变革》，《河南师范大学学报》（哲学社会科学版）2006 年第 2 期，第 6—8 页；李鸿宾：《唐代社会的转型与民族的互动》，《河南师范大学学报》（哲学社会科学版）2006 年第 2 期，第 9—10 页；王赛时：《海洋探索与唐宋社会》，《河南师范大学学报》（哲学社会科学版）2006 年第 2 期，第 11—12 页；勾利军：《唐宋分司机构与社会变迁》，《河南师范大学学报》（哲学社会科学版）2006 年第 2 期，第 13—14 页。

④ 张国刚：《论"唐宋变革"的时代特征》，《江汉论坛》2006 年第 3 期，第 89—93 页；孙继民：《唐宋兵制变化与唐宋社会变化》，《江汉论坛》2006 年第 3 期，第 93—97 页；李天石：《中古门阀制度的衰落与良贱体系的瓦解》，《江汉论坛》2006 年第 3 期，第 97—100 页；杜文玉：《唐宋时期社会阶层内部结构的变化》，《江汉论坛》2006 年第 3 期，第 100—104 页；严耀中：《唐宋变革中的道德至上倾向》，《江汉论坛》2006 年第 3 期，第 104—106 页。

⑤ 李华瑞：《"唐宋变革论"对国内宋史研究的影响》，《中国史研究》2010 年第 1 期，第 5—10 页；张邦炜：《"唐宋变革论"的首倡者及其他》，《中国史研究》2010 年第 1 期，第 11—16 页；包伟民：《唐宋转折视野之下的赋役制度研究》，《中国史研究》2010 年第 1 期，第 17—23 页；宁欣、陈涛：《唐宋城市社会变革研究的缘起与思考》，《中国史研究》2010 年第 1 期，

世界"(河合文化教育研究所、北京大学历史学系第 7 回共同学术讨论会)
的一组专题论文,分别就《禹迹图》和宋代的《禹贡》学、柳宗元的"士"和
"官"、唐代女性外出——她们男女差别的观念和阶级秩序、中国古代的本
命禁忌、隋唐宋元时期中国人的日本观及内藤湖南的中国"近代论"等问题
做了探讨①。这些对推动唐宋变革问题的进一步深入研究有着积极意义。
此外,学界近年有关唐宋时期相关问题研究的专著、论文还有不少。② 不

第 25—30 页;王化雨:《唐宋变革与政治制度史研究》,《中国史研究》2010 年第 1 期,第
31—36 页。

①　辛德勇:《〈禹迹図〉と宋代の"禹貢"学》,见杉井一臣訳,《研究論集》(河合文化教育研究
所)8,2010 年,第 45—50 页;杉井一臣:《柳宗元に於ける"士"と"官"》,《研究論集》(河
合文化教育研究所)8,2010 年,第 51—59 页;李志生:《唐代女性の外出——そこにおけ
る男女差别の観念と階級秩序に触れながら》,见金瑛二等訳,《研究論集》(河合文化教
育研究所)8,2010 年,第 61—66 页;张帆著:《中国古代における本命のタブー》,河上洋
訳,《研究論集》(河合文化教育研究所)8,2010 年,第 75—80 页;王晓秋:《隋唐宋元時代
における中国人の日本観》,见山田伸吾訳,《研究論集》(河合文化教育研究所)8,2010
年,第 91—96 页;山田伸吾:《内藤湖南の中国"近世論"について》,见《研究論集》(河合
文化教育研究所)8,2010 年,第 97—105 页。

②　例如,专著(含论文集)有:段玉明:《相国寺——在唐宋帝国的神圣与凡俗之间》,巴蜀书
社 2004 年版;林文勋、谷更有:《唐宋乡村社会力量与基层控制》,云南大学出版社 2005 年
版;曹家齐:《唐宋时期南方地区交通研究》,华夏文化艺术出版社 2005 年版;杜瑜:《中国
经济重心南移——唐宋间经济发展的地区差异》,五南图书出版股份有限公司 2005 年版;
李淑媛:《争财竞产——唐宋的家产与法律》,五南图书出版股份有限公司 2005 年版;谷更
有:《唐宋国家与乡村社会》,中国社会科学出版社 2006 年版;卢向前主编:《唐宋变革
论》,黄山书社 2006 年版;李德辉:《唐宋时期馆驿制度及其与文学之关系研究》,人民文
学出版社 2008 年版;李全德:《唐宋变革期枢密院研究》,国家图书馆出版社 2009 年版;黄
纯艳:《唐宋政治经济史论稿》,甘肃人民出版社 2009 年版;〔美〕杨晓山:《私人领域的变
形——唐宋诗歌中的园林与玩好》,文韬译,江苏人民出版社 2009 年版;等等。学位论文
有:余欣:《唐宋之际敦煌民生宗教社会史研究》,北京大学博士学位论文,2003 年;韩凤
山:《唐宋官学制度研究》,东北师范大学博士学位论文,2003 年;刘新光:《唐宋湘赣地域
发展与政区演变研究》,北京大学博士学位论文,2004 年;陆敏珍:《唐宋时期明州区域社
会经济研究》,浙江大学博士学位论文,2004 年;陈长征:《唐宋之际地方政治体制转型研
究》,山东大学博士学位论文,2004 年;陈丽:《唐宋时期华北平原的经济变迁》,厦门大学
博士学位论文,2004 年;陈秀宏:《科举制度与唐宋士阶层》,东北师范大学博士学位论文,
2004 年;王美华:《唐宋礼制研究》,东北师范大学博士学位论文,2004 年;王志胜:《唐宋
税制的转型研究》,山东大学博士学位论文,2005 年;黄云鹤:《唐宋时期落第士人研究》,
东北师范大学博士学位论文,2005 年;李瑞:《唐宋都城空间形态研究》,陕西师范大学博
士学位论文,2005 年;赵旭:《法律制度与唐宋社会秩序》,东北师范大学博士学位论文,
2006 年;马强:《唐宋时期中国西部地理认识研究》,四川大学博士学位论文,2006 年;王
涛:《唐宋时期城市保护神研究》,首都师范大学博士学位论文,2007 年;陈丽萍:《理想、女
性、习俗——唐宋时期敦煌地区婚姻家庭生活研究》,首都师范大学博士学位论文,2007
年;吴树国:《唐宋之际田税制度研究》,东北师范大学博士学位论文,2007 年;耿元骊:《唐
宋土地制度研究》,东北师范大学博士学位论文,2007 年;吴羽:《唐宋礼典与社会变迁:以

过，我们注意到，截至目前，学界对唐宋时期笔墨纸砚制造业尚缺乏专门系统的研究。然而，笔墨纸砚的制作和消费却从一个侧面反映着唐宋社会的变化。

笔墨纸砚，可以说既是不可或缺的生活资料，也是非常重要的技术手段。它不仅丰富了物质生活内容，为人们的社会文化生活需要提供便利，而且在记录国家、民族历史，传承中华文明、传播科学知识以及促进书法、绘画艺术发展等方面起着重要作用。正如宋人苏易简所言："决洩古先之道，发扬翰墨之精，莫不由是四者，方传之无穷。"①有鉴于此，本书选取笔墨纸砚制造业作为研究对象，以唐和北宋作为考察中心，大体上溯汉魏，下迄南宋，在认真继承前人已有研究成果的基础上，力求深入挖掘史料，充分利用考古出土实物，希冀能在动态演变中较为清晰地梳理自秦汉至宋代笔墨纸砚制造业的发展脉络，较为深入地考察唐宋时期笔墨纸砚制造业的发展特点，较为客观地探讨唐宋时期笔墨纸砚制造业与社会变化的互动关系。

"唐宋变革论"引领了大半个世纪以来唐宋史研究的潮流，众多学者参与其间，将研究不断推向深入，将研究领域和考察视角不断拓宽，引导我们不断思考唐宋社会到底发生了什么变化，这些变化说明了什么问题，我们如

〈中兴礼书〉为中心》，中山大学博士学位论文，2007年；陈大为：《唐后期五代宋初敦煌僧寺研究》，上海师范大学博士学位论文，2008年；等等。学术论文有：黄宽重：《唐宋基层武力与基层社会的转变——以弓手为中心的观察》，《历史研究》2004年第1期，第3—17页；戴建国：《"主仆名分"与宋代奴婢的法律地位——唐宋变革时期阶级结构研究之一》，《历史研究》2004年第4期，第55—73页；宁欣：《不可忽视的城市社会空间：街——唐宋城市变革中的线形空间（上）》，载《通过城市看中国历史——韩国中国史学会第6回国际学术大会论文集》，2005年，第166—183页；吴晓亮：《从城市生活变化看唐宋社会的消费变迁》，《中国经济史研究》2005年第4期，第79—87页；宁欣：《转型期的唐宋都城：城市经济社会空间之拓展》，《学术月刊》2006年第5期，第96—102页；刘艳秋、宁欣：《笔记小说中的唐宋都市生活服务业》，载杜文玉主编：《唐史论丛》第8辑，三秦出版社2006年版，第315—332页；余欣：《神祇的"碎化"：唐宋敦煌社祭变迁研究》，《历史研究》2006年第3期，第59—73页；赵雨乐：《从相国寺看唐宋时期的都城文化》，载《从宫廷到战场——中国中古与近世诸考察》，中华书局2007年版，第265—297页；刘后滨：《唐宋间选官文书及其裁决机制的变化》，《历史研究》2008年第3期，第124—128页；刁培俊：《唐宋时期乡村控制理念的转变》，《厦门大学学报》（哲学社会科学版）2009年第1期，第82—90页；宁欣、陈涛：《"中世纪城市革命"论说的提出和意义——基于唐宋变革论的考察》，《史学理论研究》2010年第1期，第125—134页；李华瑞：《"唐宋变革"论的由来与发展（上）（下）》，《河北学刊》2010年第4、5期，第57—65页、第67—77页；宁欣：《唐宋城市社会公共空间形成的再探讨》，《中国史研究》2011年第2期；等等。

① （宋）苏易简：《文房四谱》后序，载《丛书集成初编》本，第1493册，中华书局1985年版，第79页。

何认识这些变化，以及这些变化在中国历史发展的长河中如何定位、如何评价。[①] 本书旨在通过对唐宋时期笔墨纸砚制造业的探讨，以期能深化对中国古代手工业经济重心问题的研究，并增进人们对"唐宋变革"的认识和理解。

二、研　究　现　状

（一）学界有关笔墨纸砚的研究

长期以来，学界关于笔墨纸砚的研究成果颇为丰硕，各类专著、论文不胜枚举，但总的来说，都主要集中在文化史及科技史方面。毫无疑问，不论是从文化史角度的分析还是从科技史层面的探讨，都在很大程度上推动着笔墨纸砚制造业的研究。

关于笔、墨、纸、砚的起源、制作、发展、流变等问题，我国相关专家学者从专业角度进行了深入探讨，取得大量成果，其中不乏有价值的科研著作和学术论文。例如，笔史研究方面有《笔志》《笔的考证》《毛笔谈》《毛笔的起源》《谈蒙恬作笔》等[②]；墨史研究方面有《释墨》《中国墨之研究》《说墨》《漫谈古墨》《中国墨创始年代的商榷》《中国古墨述要》《徽墨》等[③]；纸史研究方面有《笺考》《笺谈》《论中国造纸术之原始》《纸张在我国的发展和起源》《中国纸的发明》《隋唐时代的造纸》《谈宋代以前的造纸术》《中国造纸技术史稿》《中国造纸技术简史》《中国古代造纸工程技术史》等[④]；砚史研

① 参见宁欣、陈涛：《"中世纪城市革命"论说的提出和意义——基于唐宋变革论的考察》，《史学理论研究》2010 年第 1 期，第 134 页。

② 胡韫玉：《笔志》，《国粹学报》1911 年第 78、79 期；周幹庭：《笔的考证》，《齐大月报》1930年第 1 卷第 2 期；江左文人：《毛笔谈》，《北平晨报·艺圃》1933 年 10 月 20 日—12 月 16日第 5 版（分八次连载）；志良：《毛笔的起源》，《说文月刊》1940 年第 1 卷（合订本）；杨锡璋：《谈蒙恬作笔》，《文物参考资料》1958 年第 8 期。

③ 王重民：《释墨》，《国立北平图书馆馆刊》1933 年第 7 卷第 1 号；唐凌阁：《中国墨之研究》，《东方杂志》1937 年第 34 卷第 11 号；朱锦江：《说墨》，《书学》1945 年第 4 期；尹润生：《漫谈古墨》，《文物参考资料》1957 年第 1 期，《中国墨创始年代的商榷》，《文物》1983 年第 4期；周珏良：《中国古墨述要》，《中国历史文物》2002 年第 4 期；田恒铭：《徽墨》，安徽科学技术出版社 2004 年版。

④ 李大翀：《笺考》，《北平晨报·艺圃》1935 年 2 月 2、6、8 日第 8 版；秋：《笺谈》，《北平晨报·艺圃》1935 年 12 月 9 日第 8 版；劳幹：《论中国造纸术之原始》，载《国立中央研究院历史语言研究所集刊》第 19 本，商务印书馆 1948 年版；袁翰青：《纸张在我国的发展和起源》，《科学通报》1954 年第 12 期；傅振伦：《中国纸的发明》，《历史教学》1955 年第 8 期；王明：《隋唐时代的造纸》，《考古学报》1956 年第 1 期；石谷风：《谈宋代以前的造纸术》，

究方面有《端溪砚坑记略》《研石》《古砚琐谈》《说砚》《漫谈古砚》《澄泥砚》《端溪砚》《中国名砚鉴赏》等①。

关于笔墨纸砚（主要是文房四宝）的全面研究，学界成果甚多，如有《安徽文房四宝史》《中国安徽文房四宝》《文房四宝古今谈》《中国古代文房四宝》《文房四宝纵横谈》《文房四宝——中国书具文化》《文房四宝鉴赏与收藏》《中国文房四宝》《中国古代的文房四宝》《中国徽州文房四宝》《书斋的瑰宝——笔墨纸砚》《文房四宝》《中国的文房四宝》《文房四宝史话》《文房四宝：笔墨纸砚》《中国传统文房四宝》《文房四宝与印刷术》等②。除此之外，部分专家、学者还从史学专业角度对文房四宝（笔墨纸砚）进行了比较全面的探讨，计有《文房四友考》《谈纸笔墨砚》《中国艺术史各论》等③。

另外，日本学界对书道的研究很盛，其中有关我国笔墨纸砚的研究也有许多成果，重要的如有《砚墨新语》《墨话》《书道文房概说》《端溪砚》《歙州砚》《洮河绿石·澄泥砚》《图说端溪砚》《文房清玩史考》《文房清玩五》

《文物》1959 年第 1 期；潘吉星：《中国造纸技术史稿》，文物出版社 1979 年版；戴家璋主编：《中国造纸技术简史》，中国轻工业出版社 1994 年版；王菊华主编：《中国古代造纸工程技术史》，山西教育出版社 2006 年版。

① 枕冬：《端溪砚坑记略》，《湖社月刊》1929 年第 17 期；李大翀、石孙：《研石》，《北平晨报·艺圃》1935 年 4 月 13、15 日第 8 版；张铁弦：《古砚琐谈》，《文物参考资料》1958 年第 12 期；朱家濂：《说砚》，《文物参考资料》1958 年第 12 期；袁炎兴：《漫谈古砚》，《文汇报》1961 年 6 月 4 日第 3 版；蔡鸿茹：《澄泥砚》，《文物》1982 年第 9 期；刘演良：《端溪砚》，文物出版社 1988 年版；蔡鸿茹、胡中泰主编：《中国名砚鉴赏》，山东教育出版社 1992 年版。

② 穆孝天：《安徽文房四宝史》，上海人民美术出版社 1962 年版；穆孝天、李明回：《中国安徽文房四宝》，安徽科学技术出版社 1983 年版；冯济泉、马贤能：《文房四宝古今谈》，贵州人民出版社 1983 年版；刘绍刚：《中国古代文房四宝》，山东教育出版社 1990 年版；谢德萍、孙敦秀：《文房四宝纵横谈》，文津出版社 1990 年版；潘德熙：《文房四宝——中国书具文化》，上海古籍出版社 1991 年版；李泽奉、刘如仲主编：《文房四宝鉴赏与收藏》，吉林科学技术出版社 1994 年版；宗时：《中国文房四宝》，京华出版社 1994 年版；邓瑞全：《中国古代的文房四宝》，北京科学技术出版社 1995 年版；胡学文等主编：《中国徽州文房四宝》，中国文史出版社 1996 年版；黄鹏：《书斋的瑰宝——笔墨纸砚》，四川人民出版社 1996 年版；张尉：《文房四宝》，上海人民美术出版社 1997 年版；齐儆：《中国的文房四宝》，商务印书馆 1998 年版；李雪梅、安久亮：《文房四宝史话》，中国大百科全书出版社 2000 年版；周心慧、严桦：《文房四宝：笔墨纸砚》，万卷楼图书有限公司 2001 年版；王夏斐：《中国传统文房四宝》，人民美术出版社 2005 年版；张树栋、尹铁虎：《文房四宝与印刷术》，未来出版社 2008 年版；樊嘉禄等：《文房四宝》，大象出版社 2009 年版；于元：《文房四宝》，吉林文史出版社 2009 年版。

③ 朱建新：《文房四友考》，《真知学报》1943 年第 2 卷第 5 期；吴凤培：《谈纸笔墨砚》，（中国台湾）《中华文化复兴月刊》1970 年第 8 期；冯贯一：《中国艺术史各论》，载《民国丛书》第二编（66），上海书店影印本 1990 年版。

《笔》《文房四宝》《文房古玩事典》《砚·墨》《笔·纸·诸具》《瘦墨集》《断砚集》《汉字的中国文化》等①。

本书通过总结已有研究成果，明确学界取得的成绩和留下的探索空间，有利于进一步深入开展研究。就现有成果而言，一方面，学界充分肯定笔墨纸砚（主要是文房四宝）在文化史上的地位和作用，形成普遍共识；另一方面，学界在文房四宝的源流问题上意见不一，存有较大争议。

1. 学界共识

由于笔、墨、纸、砚属于物质文化范畴，所以学者们在研究过程中，虽表述不尽相同，但都积极评价它们所具有的文化功能，以及它们在中国文化史及中华文明史上的独特地位和突出贡献。例如：

《文房四宝:笔墨纸砚》一书的自序中谈道：

"笔、墨、纸、砚是中国的传统书具和画具，统称为'文房四宝'，是古人文化及日常生活须臾不离的物品，并作为'国粹'饮誉海内外。'文房四宝'伴随着远古时代华夏文明的发端而起源，历史悠久，源远流长，在中国文化发展进程中，它起着举足轻重的作用，为书法绘画艺术、抄写刊印书籍和记录历史提供了必需的物质条件。可以说，没有'文房四宝'，即没有博大精神的中国文化，中华文明史就无以流传，'文房四宝'在中国文化史上有着不可磨灭的功绩。"②

《中国传统文房四宝》一书也肯定："笔、墨、纸、砚被誉为文房四宝。在中国传统文人的观念中，它们不仅仅只是书写工具，而是中华人文历史的载体与象征。"③

李泽奉、刘如仲主编的《文房四宝鉴赏与收藏》一书则对文房四宝做了

---

① 飯島茂：《硯墨新語》（增訂版），雄山閣1943年版；宮坂和雄：《墨の話》，木耳社1965年版；相浦紫瑞：《書道文房概説》，木耳社1968年版，《端渓硯：歴史·特質·余話》，木耳社1965年版，《歙州硯：歴史·特質·余話》，木耳社1965年版，《洮河緑石·澄泥硯：附·諸硯》，木耳社1966年版，《図説端渓硯》，木耳社1992年版；中田勇次郎：《文房清玩史考》，《大手前女子大学論集》4，1970年，第157—193页，《文房清玩五》，二玄社1976年版；田淵実夫：《筆》，法政大学出版局1978年版；宇野雪村《文房四宝》，平凡社1980年版，《文房古玩事典》，柏書房1980年版，《硯·墨》（《文房清玩上》），平凡社1986年版，《筆·紙·諸具》（《文房清玩下》），平凡社1986年版；福本雅一：《瘦墨集》，二玄社1984年版，《断硯集》，二玄社1985年版；冨谷至編：《漢字の中国文化》，昭和堂2009年版。

② 周心慧、严桦：《文房四宝:笔墨纸砚》，万卷楼图书有限公司2001年版，第1页。

③ 王夏斐：《中国传统文房四宝》，人民美术出版社2005年版，第1页。

比较全面的评价,他们认为:

> "文房四宝是中国独具特色的文书工具。我国是一个具有悠久历史的文明古国。中国人民在生存发展的历史中,创造了丰富的具有民族特色的文化,这种文化有物质的、精神的两个方面。物质的文化是人类社会的宝贵遗产,是人类如何生存、如何发展过来的最可靠的证据。我国拥有数量巨大的国宝,都是人民群众创造的,为社会留下来的遗存,这些遗存是我们民族的传统和精神的见证。这些宝贵遗产和丰富的遗存能记录、传播、促进、发展,是依靠我们祖先创造发明的文书工具——笔、墨、纸、砚及其他文房用具来完成的。在保存收藏的文化宝库中,文房用具是我国国宝中不可忽视的一部分,也是我国工艺美术史的组成部分。""文房用具是多种有关书写的器具总称,其中以文房四宝——笔、墨、纸、砚为主要用具。在中华民族文化发展史上立下了不朽的功勋,它具有优良的民族文化传统和独特的艺术风格。几千年来,它对记录祖国悠久的历史,传播文化知识以及促进书法、绘画艺术的发展,都起到了重要作用。同时对促进世界文明和社会进步也作出了巨大贡献。这些文书工具由于应用而产生,并在不断地改进和提高中,发展成为我国独具特色的工艺美术品。""笔墨纸砚的功用是给人们的文化生活提供方便,实居一切科学艺术的领先地位,是一切科学文化的先驱。""文房四宝不仅具有实用价值,更重要的是它成为融会了绘画、书法、雕刻、装饰等各种艺术特色为一体的综合艺术品。""文房四宝","这个美名反映了我国是有悠久历史和光辉灿烂的科学文化的民族。"①

而刘绍刚和邓瑞全两人则进一步指出了文房四宝在世界文化史上的意义。刘绍刚在《中国古代文房四宝》一书的前言中指出:

> "在中华民族数千年的文明史上,祖先们为我们留下了无数的宝贵文化遗产。""她们能够留传至今,都离不开书写、绘画的基本工具——笔、墨、纸、砚。""笔、墨、砚、纸,就是我们所说的文房四宝。而文房四宝的本身,又正是文化史中的一个重要组成部分。""中国古代

---

① 李泽奉、刘如仲主编:《文房四宝鉴赏与收藏》,吉林科学技术出版社1994年版,第1—2页。

的文房四宝,在对外文化交流中也起到了非常重要的作用。"①

邓瑞全在《中国古代的文房四宝》一书中也谈道:"文房四宝是我国人民重要的发明创造,同我国灿烂的书法、绘画艺术一样,在世界文化史上占有重要位置。"②

2. 学界争议

至今,学界在"文房四宝"的名称由来、涵义、源流发展等问题上还存有争议,对其源流问题的认识则分歧较大,甚至没有较为明确的界定,而在"笔、墨、纸(竹、木简)、砚"与"文房四宝"的关系上,有时相互替代,一概而论。这些争议具体来说主要表现在以下方面③。

(1)"文房四宝"名称由来诸说

关于"文房四宝"的名称由来,学界大体上有六种观点。

第一,梅尧臣诗句说。

在中国传统典籍中,"文房四宝"之名始见于宋代。宋人梅尧臣《九月六日登舟再和潘歙州纸砚》诗云:"文房四宝出二郡,迩来赏爱君与予。"④这是最早提出"文房四宝"的名称。因此,后世的研究者中,有不少学者都认为梅尧臣诗句中所言(即"梅尧臣诗句说"),即是"文房四宝"之名的由来。《辞源》《汉语大词典》、齐儆《中国的文房四宝》⑤等均持此说。

第二,四宝堂说。

由于《徽州府志》和《歙县志》都在古迹门里列有"四宝堂"之名,且记载:四宝堂"宋建,以郡出文房四宝为义"。故而,鲍幼文《徽州的"文房四宝"》一文就提出,"文房四宝"起源于宋时徽州兴建的四宝堂。⑥ 此后,《文房四宝之说始于徽州》⑦等论著亦强调此说。其中,《中国徽州文房四宝》一书认为:"文房四宝,这是一般人所熟知的。但是文房四宝这一名

---

① 刘绍刚:《中国古代文房四宝》,山东教育出版社1990年版。
② 邓瑞全:《中国古代的文房四宝》,北京科学技术出版社1995年版。
③ 参见陈涛:《文房四宝形成论》,(韩国)《中国史研究》第58辑,2009年,第235—244页。
④ (宋)梅尧臣:《梅尧臣集编年校注》卷二五,朱东润编年校注,上海古籍出版社1980年版,第809页。或见北京大学古文献研究所编:《全宋诗》第5册,北京大学出版社1991年版,第3151页。
⑤ 齐儆:《中国的文房四宝》,商务印书馆1998年版。
⑥ 鲍幼文:《徽州的"文房四宝"》,《安徽史学》1959年增刊,第160页。
⑦ 朱志武:《文房四宝之说始于徽州》,《中国文房四宝》1990年第3、4期(合刊),第16—17页。

词的起源,却很少有人注意。原来它是起源于徽州,徽州宋代时就兴建了
四宝堂。""'文房四宝'的名称来源于北宋年间的著名制笔艺人汪伯立在
歙县所创建的'四宝堂'。"①而《安徽文化史》一书则更是明确提出:"'文
房四宝'作为专有名词流传,就是来源于徽州城(今歙县徽城镇)筑建的
'四宝堂'。"②

第三,功用说。

笔、墨、纸、砚,不仅在物质范畴,而且在文化范畴中都起到了重要作用。
部分学者即从此独特功用来探寻"文房四宝"名称的由来。

潘德熙在《文房四宝——中国书具文化》一书的前言中指出:"笔、
墨、纸、砚,历来被称为'文房四宝'。称它们为'宝'","是因为它们对于
中国的民族文化来说,实在是太重要了……人们甚至将这些书具,视作了
文学的某种象征。""除了它们作为我国文化艺术的某种象征之外,还和
历代工匠的精心选材与制作有关。""由于工匠的辛勤劳动,加上文人的
逸情雅致与文化心理,'文房四宝'于实用的意义之外,更带来了高度的
欣赏与审美价值。历来都有人把它们作为工艺美术品,热心地收集和珍
藏起来。"③

《故宫文物大典》(四)也认为:"在长期的制作、使用过程中,笔、墨、纸、
砚从造型设计到生产工艺,形成了一套艺术传统,具有独特的风格和文化价
值,在其实用性质之外,兼含审美意义,被人们誉为'文房四宝'。"④

铁源在《古代文房用具》一书的前言中谈道:"文房用具以笔、墨、纸、砚
的使用频率最高,合称文房四宝。"⑤

此外,《文房四宝古今谈》《文房四宝鉴赏与收藏》《中国古代的文房四
宝》《文房四宝史话》《文房四宝:笔墨纸砚》《中国传统文房四宝》、于元编
著《文房四宝》等论著也都持此种观点。持此说的学者、论著较多,不过,表
述各有不同。

第四,统称说。

宋人叶梦得《避暑录话》云:"世言歙州具文房四宝,谓笔、墨、纸、砚

①　胡学文等主编:《中国徽州文房四宝》,中国文史出版社1996年版,第1—2页。

②　《安徽文化史》编纂工作委员会编:《安徽文化史》,南京大学出版社2000年版,第2377页。

③　潘德熙:《文房四宝——中国书具文化》,上海古籍出版社1991年版。

④　杨伯达主编:《故宫文物大典》(四),福建人民出版社1994年版,第1849页。

⑤　铁源:《古代文房用具》,华龄出版社2002年版。

也。"①因此，后世多数学者或据此认定"文房四宝"乃是笔墨纸砚的统称。

《文房四宝纵横谈》的序言中即指出："'文房四宝'即书房中常用的四种器具——笔、墨、纸、砚的统称。这种美誉，由来已久。"②宗时在《中国文房四宝》一书中更是直接强调："'文房四宝'，只是一个概称。"③徐连达《唐朝文化史》一书认为："笔、墨、纸、砚，宋人称为文房四宝。"④漆侠《宋代经济史》中提出："纸、墨、笔、砚，传统谓之文房四宝。"⑤

第五，沿用说。

寇丹虽然也提到宋人叶梦得所言"文房四宝"之语，但是作者强调后世对这一称呼的沿用。氏著《从文房四宝谈起》一文指出："'文房四宝'是个代表式的称呼。文房之名，早在南北朝时就有了。大约自南唐后主李煜⑥，把藏书都押了'建业文房之印'以后，文房专指书房画室，不再是指国家典掌文翰的地方。北宋雍熙三年，翰林学士苏易简把笔、砚、纸、墨分卷写成《文房四谱》一书，南宋的叶梦得又在文章中说了'文房四宝'的话，这样，后人就沿用了'文房四宝'的称呼。"⑦

第六，演进说。

马咏春认为，"文房四宝"称谓的产生有一个演进的过程。氏著《"文房四宝"称谓起源初探》一文中，作者依据《旧唐书·韦坚传》所载天宝二年（743年）⑧土贡一事，认为"早在唐时，纸、笔等文房用品就与珍珠、象牙等相提并论，称之为宝"，而唐代文人对笔、墨、纸、砚"更是敬重，为其立传，将其封侯"，"为文房树起了四根擎天柱，给'文房四宝'这一称谓奠了基，定了调"。到了五代，笔、墨、纸、砚受到皇帝的重视和推崇，名声大震，身价倍增。"进入宋代（北宋），笔、墨、纸、砚群体称谓完成了演进过程，合称为'文房四宝'。"⑨

---

① （宋）叶梦得：《避暑录话》卷上，载朱易安、傅璇琮等主编：《全宋笔记》第二编（十），大象出版社2006年版，第235页。

② 谢德萍、孙敦秀：《文房四宝纵横谈》，文津出版社1990年版。

③ 宗时：《中国文房四宝》，京华出版社1994年版，第2页。

④ 徐连达：《唐朝文化史》，复旦大学出版社2003年版，第345页。

⑤ 漆侠：《宋代经济史》（下册），上海人民出版社1988年版，第714页。

⑥ 寇丹认为"文房"自南唐后主李煜后专指书房画室，此说不妥，已有学者提出商榷。见马咏春：《"文房四宝"称谓起源初探》，《中国文房四宝》1992年第1期，第4—5页。

⑦ 寇丹：《从文房四宝谈起》，《中国文房四宝》1991年第1期，第25页。

⑧ 《"文房四宝"称谓起源初探》一文中原作"天宝三年"，误也。笔者据《旧唐书·韦坚传》及《资治通鉴》卷二一五《唐纪三一》中所载皆云"天宝二年"，今改之。另，天宝三年，改"年"为"载"，而原作"天宝三年"，亦是不当。

⑨ 马咏春：《"文房四宝"称谓起源初探》，《中国文房四宝》1992年第1期，第4—5页。

　　以上诸说中,马氏"演进说"颇有见地,然作者的分析未能从具体的时代背景考察,故难免不足。

　　(2)"文房四宝"涵义三说

　　关于"文房四宝"的涵义,学界大体上有三种观点:

　　第一,统称笔墨纸砚四种文具。

　　在文房四宝的研究中,多数学者认为文房四宝的涵义即是统称笔墨纸砚四种文具。如:

　　《文房四宝古今谈》的前言中认为:"'文房四宝'即纸、笔、墨、砚。"①

　　《文房四宝:笔墨纸砚》自序中提道:"笔、墨、纸、砚是中国的传统书具和画具,统称为'文房四宝'。"②

　　日本学者田渊实夫认为:文房具中笔墨纸砚四种合称"文房四宝"或者"文房四友"。③

　　此外,《辞源》《汉语大词典》《中国工艺美术大辞典》《文房四宝——中国书具文化》《中国的文房四宝》《故宫文物大典(四)》《中国徽州文房四宝》《文房四宝史话》《安徽文化史》《唐朝文化史》《中国历代文房用具》《中国传统文房四宝》《古玩谈旧闻》④《文房四宝》《徽州的"文房四宝"》《文房四宝》《漫话"文房四宝"》等辞书和论著都持此种观点。这是学界的主流意见。

　　第二,泛指文房用具。

　　有的学者认为文房四宝除了包括笔、墨、纸、砚而外,有时也泛指文房用具。

　　刘绍刚《中国古代文房四宝》的前言中谈道:"文房四宝,有时也包括笔、墨、砚、纸以外的文房用具。"像水注、水盂、镇纸、笔格、笔筒、裁刀、印章、印泥等,"这些也都是不可缺少的文房之宝,所以有时也将文房用具中的其他四种文具放在一起,称为文房四宝,这是将'四宝'的概念扩大化了"⑤。此外,还有其他学者、论著⑥持这种观点。总的看来,这种意见在学界尚属少数。

　　第三,既有广义、狭义之分,又有泛指、特指之别。

①　冯济泉、马贤能:《文房四宝古今谈》,贵州人民出版社1983年版,第1页。

②　周心慧、严桦:《文房四宝:笔墨纸砚》,万卷楼图书有限公司2001年版,第1页。

③　[日]田渊实夫:《笔》,法政大学出版局1978年版,第3页。

④　陈重远:《古玩谈旧闻》,北京出版社2006年版,第396页。

⑤　刘绍刚:《中国古代文房四宝》,山东教育出版社1990年版。

⑥　时旭东:《文房四宝杂谈》,《青少年书法》(少年版)2002年第9期,第33页。

　　当然，也有一些学者指出，文房四宝的涵义因时因地而异，所以既有广义、狭义之分，又有泛指、特指之别。

　　谢德萍、孙敦秀在《文房四宝纵横谈》的序言中谈道："'文房四宝'，并不是始有文字就已具备齐全，发展也不是并驾齐驱，其问世各有先后，各有其自身的形成、演进、完善的过程。""'文房四宝'，从广义上讲，泛指一切笔、墨、纸、砚；从狭义上说，因时而定，因物而论，因地而名。"①邓瑞全《中国古代的文房四宝》一书也持相同观点。

　　宗时《中国文房四宝》一书认为："'文房四宝'，只是一个概称。泛指笔墨纸砚，有时则专指'湖笔、徽墨、宣纸、端砚'，但更多时，它是一个'代称'，泛指一切文房用具或日用品。"②

　　刘晓路《文房四宝的形成》一文认为："文房四宝，通常指笔、墨、纸、砚，广义上还包括其他辅助的书画工具和材料。"③

　　此外，李泽奉、刘如仲主编《文房四宝鉴赏与收藏》、铁源《古代文房用具》等论著也持此种观点。

　　（3）"文房四宝"源流四说

　　关于"文房四宝"的源流探讨，学界分歧甚大，有的将源头上溯至秦汉或更早的先秦，有的则论及至宋代，在时间断定上相距甚远。总的来说，大体可分为四类。

　　第一，始于秦汉或更早的先秦。

　　谢德萍、孙敦秀认为"文房四宝"的源头至少始于秦汉时期。二人在《文房四宝纵横谈》的序言中提出：

　　　　"在纸未发明和广泛使用之前，多以竹、木简作为主要书写材料的年代，'文房四宝'就已初具形制，为世人所重。从1975年湖北云梦睡虎地秦墓中出土的实物来看：笔、墨、代纸材料的简及砚，已经完备、齐全，这就是我们今天所能见到的最早的四种具体实物。""西汉时，纸虽初露头角，仍未广泛应用，书写材料多沿袭秦时的竹、木简。四种文房器具没有发生根本的变化。"到了东汉，"纸的发明为'文房四宝'的完备增添了重要内容。""晋时，纸取代了竹、木简而成为主要书写材料，'文房四宝'的内容才名符其实。""这一时期也出现了

①　谢德萍、孙敦秀：《文房四宝纵横谈》，文津出版社1990年版。
②　宗时：《中国文房四宝》，京华出版社1994年版，第2页。
③　刘晓路：《文房四宝的形成》，《荣宝斋》2003年第1期，第262页。

叙述较为详尽的理论研究著作,从此便把笔、墨、纸、砚相提并论⋯⋯更令人惊奇的是,1974年,南昌市区东湖一东晋墓中竟发现一件木方上记载笔、墨、纸、砚的文字,这使我们看到了我国最早的'文房四宝'皆备的墓葬文字记录⋯⋯我们可以这样说,晋时这四种器具的定型过程已基本完成。""唐时的笔、墨、纸、砚,已有名优产品著称一时,饮誉海外。""南唐时,这四种器具在品种、数量和质量上都有不同程度的发展和提高,经过人们的实践和文人的倡导,'文房四宝'始有特定的内容,人们把澄心堂纸、李廷珪墨、诸葛氏笔、婺源龙尾砚,并称为南唐时的'文房四宝'。宋时的新安(今安徽徽州地区),则把产于该地区的澄心堂纸、汪伯立笔、李廷珪墨、羊斗岭旧坑砚,合称为'新安四宝'。""明末清初,笔、墨、纸、砚的制作已达到较为完美的境地。浙江湖州府治的湖笔,安徽宣城府治的宣笔,安徽徽州府治的徽墨和广东肇庆府治的端砚,被誉为全国的'文房四宝',至今盛名不衰。"①

邓瑞全在《中国古代的文房四宝》一书中的看法与谢德萍、孙敦秀二人大体相同。

熊海龙、王钧《漫话"文房四宝"》一文则指出,"文房四宝"在原始社会晚期初露头角,"与中国文字相生相伴,成为中国文明时代肇始的重要标志之一":

"当笔、墨、纸、砚各自步入其成熟期之后,'文房四宝'这一名称亦因口碑文传而趋于定型","在晋代已告基本完成。隋、唐以后,由于文人学士的提倡与介入,'文房四宝'的内涵更加明朗化。""南唐时,时人把澄心堂纸、李廷圭墨、诸葛氏笔、婺源龙尾砚并称为'文房四宝'。北宋时,我国第一部系统介绍文房四宝的专著《文房四宝谱》问世。南宋时,帝王多精于书画,地方官多用'文房四宝'上贡。至明清,'文房四宝'则特指浙江湖州的湖笔、安徽宣城的宣纸、安徽徽州的徽墨、广东肇庆的端砚。这一涵义一直沿用至今。"②

第二,始于晋唐。

---

① 谢德萍、孙敦秀:《文房四宝纵横谈》,文津出版社1990年版。
② 熊海龙、王钧:《漫话"文房四宝"》,《外交学院学报》1994年第4期,第79、82页。

李泽奉、刘如仲主编的《文房四宝鉴赏与收藏》认为："自晋、唐以来，由于社会经济、文化的发展，笔、墨、纸、砚品种日渐增多，被人们誉为'文房四宝'。""四宝品类繁多，丰富多采（彩），名品名师，见诸载籍。四宝有湖笔、端砚、徽墨、宣纸著称，至今仍享有盛名。"①

樊嘉禄等著《文房四宝》序言中称："笔、墨、纸、砚作为文房四宝，是晋代才定型的。"②

第三，始于唐或唐宋。

刘绍刚认为"文房四宝"的源头始于唐代。氏著《中国古代文房四宝》的前言中提出：

> "唐代的大文学家韩愈，把笔、墨、砚、纸并称为中山毛颖（中山兔毫笔）、绛人陈元（绛州松烟墨）、弘农陶泓（弘农陶砚）和会稽楮先生（会稽楮皮纸），这是把笔、墨、砚、纸作为文房四宝的开始。""到宋代，文房四宝的生产得到了很大发展，并且得到了文人、书法家们的重视。第一部关于文房四宝的专著——《文房四谱》的出现，开始对笔、墨、砚、纸系统和全面的研究与记载。""明清两代，是中国文房四宝的鼎盛时期。在江南的手工业行业中，出现了资本主义萌芽，笔、墨、砚、纸的生产和制作，也开始走向专业化的商品生产。"③

马咏春《"文房四宝"称谓起源初探》一文也认为"文房四宝"的源头始于唐代。"早在唐时，纸、笔等文房用品就与珍珠、象牙等相提并论，称之为宝"。唐代文人对它们更是敬重，为其立传，将其封侯，给"'文房四宝'这一称谓奠了基，定了调。""到了五代，笔、墨、纸、砚受到皇帝的重视和推崇，使笔、墨、纸、砚名声大震，身价倍增。""进入宋代（北宋），笔、墨、纸、砚群体称谓完成了演进过程，合称'文房四宝'。"④

铁源则认为"文房四宝"的源头始于唐宋。氏著《古代文房用具》的前言中指出："文房四宝，此称谓始于唐宋，沿用至今。宋人著述多'文房四士''文苑四贵''文房四侯''文房四物'等别称"。⑤

---

①　李泽奉、刘如仲主编：《文房四宝鉴赏与收藏》，吉林科学出版社1994年版，第2—3页。
②　樊嘉禄等：《文房四宝》，大象出版社2009年版。
③　刘绍刚：《中国古代文房四宝》，山东教育出版社1990年版。
④　马咏春：《"文房四宝"称谓起源初探》，《中国文房四宝》1992年第1期，第4—5页。
⑤　铁源：《古代文房用具》，华龄出版社2002年版。

第四,始于宋代。

孙惟秀认为"文房四宝"的源头始于宋代。氏著《发扬国宝优势　振兴民族文化》一文提出:"在我国绚丽多彩的传统文化宝库中,纸、墨、笔、砚当居首位,是中华民族的国宝。在北宋时,人们便赋予它们一个美称——'文房四宝'"。①

田自秉、杨伯达主编《中国工艺美术史》一书认为:"文具包括笔、墨、纸、砚以及其他各种辅助用具,经历二千余年的发展,至宋代已臻完善,遂统称'文房四宝'"。②

胡学文等主编《中国徽州文房四宝》的前言中提出:"'文房四宝'的名称来源于北宋年间的著名制笔艺人汪伯立在歙县所创建的'四宝堂'。""据史料记载,徽州文房四宝的制作盛行于唐代,而文房四宝的名称则流行于宋代,距今已有一千几百年的历史了。"③

徐连达《唐朝文化史》亦认为:"笔、墨、纸、砚,宋人称为文房四宝。"④

刘晓路《文房四宝的形成》一文则强调:"至五代两宋,随着文学艺术尤其书画的发展,再加上士人意识的强化,文房四宝的概念开始形成。"⑤

张树栋、尹铁虎编著《文房四宝与印刷术》称:"把笔、墨、纸、砚称为'文房四宝',并作为专有名词使用,大约是在宋代出现的。"⑥

日本书法家宇野雪村认为:"中国古代的文人重视笔、墨、砚、纸四种文具,宋代时,称之为文房四宝。"⑦

对于上述"文房四宝"名称由来、涵义及源流问题的诸种论说,笔者并不十分赞同。笔者认为:"文房四宝"的形成本身有一个过程,历史上是先有笔、墨、纸、砚,后才有"文房四宝"的。尽管"文房四宝"与笔、墨、纸、砚之间有着内在联系,但是毋庸置疑,有了笔、墨、纸、砚并不等于有了"文房四宝"。任何事物、任何技术手段的出现都有特定的历史条件和社会环境,笔、墨、纸、砚的出现并非完全同步,因而"文房四宝"的形成亦不能与笔、墨、纸、砚的出现等同视之。

---

①　孙惟秀:《发扬国宝优势　振兴民族文化》,《中国文房四宝》1989 年第 1 期,第 1 页。
②　田自秉、杨伯达主编:《中国工艺美术史》,文津出版社 1993 年版,第 238 页。
③　胡学文等主编:《中国徽州文房四宝》,中国文史出版社 1996 年版,第 2 页。
④　徐连达:《唐朝文化史》,复旦大学出版社 2003 年版,第 345 页。
⑤　刘晓路:《文房四宝的形成》,《荣宝斋》2003 年第 1 期,第 262 页。
⑥　张树栋、尹铁虎:《文房四宝与印刷术》,未来出版社 2008 年版,第 2 页。
⑦　[日]宇野雪村:《文房四宝》,平凡出版社 1980 年版,第 1 页。

（二）史学界有关唐宋时期笔墨纸砚制造业的研究

关于唐宋时期笔墨纸砚制造业的研究,史学界在手工业经济及其他相关研究方面亦取得不少成果。这些成果大体可分为如下类型。

1. 全面型

王仲荦先生曾对唐五代笔墨纸砚的制造、改进与笔墨纸砚中的部分名品有较为详细的论述。①《中国隋唐五代经济史》对唐代文具业的发展有简单描述②,白寿彝先生总主编的《中国通史》第六卷对唐代笔墨纸砚制造业的发展情况有较为全面的叙述③。此外,《唐朝文化史》一书对唐代文具（主要是文房四宝）的概况亦有较多叙述。

总体看来,在唐代笔墨纸砚制造业研究方面,成果仍然有限。相比而言,《宋代经济史》《宋代地域经济》《中国手工业经济通史·宋元卷》《南宋手工业史》等则对宋代笔墨纸砚制造业有比较全面详细的论述。漆侠《宋代经济史》（下册）一书详细探讨了宋代的纸、造纸技术和造纸手工业,并对宋代墨、笔、砚的生产做了较为深入的分析。④ 程民生《宋代地域经济》一书在探讨宋代手工业的地域分布时,专辟一节介绍宋代的笔墨纸砚制造业（即造纸业、制墨业、制笔业和制砚业）。作者认为:"文具是传播文化的工具,是精神生活的物质基础,在社会中作用极大。作为手工业来说,也各自形成专门体系,并按原料的出产地和技术的传统,形成了地域特色。"⑤在论述宋代笔墨纸砚制造业的分布区域时,作者对造纸业、制墨业、制笔业和制砚业的制作重心问题也提出了自己的观点。就造纸业而言,作者按原料的不同,将宋代造纸业划分为三个大区,北方以桑皮造纸;两浙多以嫩竹造纸,间有麦曲、稻秆为原料;江南、四川多楮纸和藤纸。作者认为,造纸业分布于南北许多地区,以两浙、江东、成都、陕西以及湖北为发达。南方地区产地多,名气大,质量高,而北方地区的纸,没有什么著名者。宋代造纸业的重心无疑在南方地区。就制墨业而言,作者以为,制墨源于北方,宋时也盛于北方。无论是生产规模、范围、产量还是普遍的高质量,南方地区都不能与北

---

① 王仲荦:《唐五代的纸墨笔砚的制造和改进》,载《中华学术论文集》,中华书局1981年版,第167—175页。
② 史仲文、胡晓林主编:《中国全史·中国隋唐五代经济史》,人民出版社1994年版。
③ 白寿彝总主编,史念海主编:《中国通史》第6卷《中古时代·隋唐时期》（上）,上海人民出版社1999年版。
④ 漆侠:《宋代经济史》（下册）,上海人民出版社1988年版。或见漆侠:《中国经济通史·宋代经济卷》（下）,经济日报出版社1999年版。
⑤ 程民生:《宋代地域经济》,河南大学出版社1999年版,第196页。

方地区相比。就制笔业而言,作者认为,宋代南方地区的制笔业不如东京、京东兴盛。就制砚业而言,作者认为,无论是在品种还是在产地上,宋代北方都多于南方。若平心而论的话,制砚业当以北方为发达。① 胡小鹏《中国手工业经济通史·宋元卷》一书详述了宋代造纸业的发展情况,内容涵盖宋代纸的消费和生产概况、纸的名品和特点、造纸技术的进步等方面。此外,作者对宋代墨、笔、砚的生产也做了较为细致深入的论述。② 葛金芳《南宋手工业史》一书对南宋造纸业做了深入研究,内容包括浙、闽、蜀三大造纸中心的发展情况、造纸生产的类型和民间造纸业的繁荣、纸品用途与消费的不断扩大、名贵纸品的性能以及南宋的造纸技术等方面。另外,作者在"空前繁荣的笔墨纸砚制造业"一节中,对南宋时期笔、墨、砚的生产情况作了详尽的叙述,同时作者提出南宋时期,笔、墨的制作重心南移江浙的观点。③

2. 侧重型

鞠清远《唐宋官私工业》一书对唐宋造纸工业有较为详细的叙述④,除此之外,对制笔业(诸葛氏笔)与制墨业(李庭珪墨)亦有提及。此外,《唐代工商业》一书亦详叙唐代造纸业,并对笔、墨、砚的制作有所论及⑤。

实际上,在研究唐宋手工业时,许多论著往往并不是全面考察笔墨纸砚制造业,而是多侧重造纸业,如《中国史稿》(第四册)、邓广铭《隋唐五代史讲义》、韩国磐《隋唐五代史纲》(修订本)、傅筑夫《中国封建社会经济史》(第四卷)、余也非《中国古代经济史》、范文澜等著《中国通史》(第三册)、蔡美彪等著《中国通史》(第四册)、白寿彝总主编《中国通史》第七卷、宁可主编《中国经济发展史》(第二册)、孙健《中国经济通史》(上卷)、宁可主编《中国经济通史·隋唐五代经济卷》、郑学檬等著《中国经济通史》(第四卷)、葛金芳《中国经济通史》(第五卷)、朱伯康等《中国经济史》(上卷)等⑥。此外,李为《历史时期中国造纸业的分布与变迁》、王明《隋唐时代的造纸》、石

①　程民生:《宋代地域经济》,河南大学出版社 1999 年版,第 197—206 页。
②　胡小鹏:《中国手工业经济通史·宋元卷》,福建人民出版社 2004 年版,第 436—457、494—507 页。
③　葛金芳:《南宋手工业史》,上海古籍出版社 2008 年版,第 230—245、314—325 页。
④　鞠清远:《唐宋官私工业》,新生命书局 1934 年版。
⑤　张泽咸:《唐代工商业》,中国社会科学出版社 1995 年版。
⑥　《中国史稿》(第四册),人民出版社 1982 年版;邓广铭:《邓广铭全集》第 6 卷,河北教育出版社 2003 年版;韩国磐:《隋唐五代史纲》(修订本),人民出版社 1979 年版;傅筑夫:《中国封建社会经济史》(第四卷),人民出版社 1986 年版;余也非:《中国古代经济史》,重庆出版社 1991 年版;范文澜等:《中国通史》(第三册),人民出版社 1994 年版;蔡美彪等:《中国

谷风《谈宋代以前的造纸术》、娄雨亭《唐代蒲州的造纸业》、冯明臣《宋代造纸业和印刷业的发展及其影响》等①文章亦从不同角度和层面对唐宋时代的造纸业做了探讨。

研究区域经济的部分论著，则侧重对某些特定区域笔墨纸砚制造业的考察，如张剑光《唐五代江南工商业布局研究》对江南地区的造纸业及笔、墨、砚的制作有所论及②，陈勇《唐代长江下游经济发展研究》专辟一节对长江下游的笔墨纸砚制造业（笔墨纸砚）进行叙述③。另外，李敬洵《唐代四川经济》一书内叙唐代四川造纸业较为详尽④，王赛时《唐宋时期皖南的造纸业》则对唐宋时期宣州、歙州、池州等地的造纸业进行了较全面的论述⑤。

3. 附带型

在各类通史、断代史及专门史的大量论著中，当涉及唐宋笔墨纸砚制造业时，普遍情况是其中多数著作或略加叙述，或仅对造纸业有所提及，如《中国手工业商业发展史》《唐代区域经济研究》《简明中国经济史》《隋唐五代文化史》《宋辽夏金元文化史》等⑥。

此类论著中，《唐代经济史》在叙及工业的地理分布时，对成都、江南的造纸业、易州的制墨业略有简述⑦；翦伯赞主编《中国史纲要》（第二册）对

通史》（第四册），人民出版社1994年版；白寿彝总主编，陈振主编：《中国通史》第7卷《中古时代·五代辽宋夏金时期》（上），上海人民出版社1999年版；宁可主编：《中国经济发展史》（第二册），中国经济出版社1999年版；孙健：《中国经济通史》（上卷），中国人民大学出版社1999年版；宁可主编：《中国经济通史·隋唐五代经济卷》，经济日报出版社2000年版；郑学檬等：《中国经济通史》（第四卷），湖南人民出版社2002年版；葛金芳：《中国经济通史》（第五卷），湖南人民出版社2002年版；朱伯康、施正康：《中国经济史》（上卷），复旦大学出版社2005年版。

① 李为：《历史时期中国造纸业的分布与变迁》，《地理研究》1983年第4期；王明：《隋唐时代的造纸》，《考古学报》1956年第1期；石谷风：《谈宋代以前的造纸术》，《文物》1959年第1期；娄雨亭：《唐代蒲州的造纸业》，《中国历史地理论丛》1987年第2辑；冯明臣：《宋代造纸业和印刷业的发展及其影响》，《驻马店师专学报》1987年第1期。
② 张剑光：《唐五代江南工商业布局研究》，江苏古籍出版社2003年版。
③ 陈勇：《唐代长江下游经济发展研究》，上海人民出版社2006年版。
④ 李敬洵：《唐代四川经济》，四川省社会科学院出版社1988年版。
⑤ 王赛时：《唐宋时期皖南的造纸业》，《志苑》1993年第2期。
⑥ 童书业：《中国手工业商业发展史》，中华书局2005年版；翁俊雄：《唐代区域经济研究》，首都师范大学出版社2001年版；刘克祥：《简明中国经济史》，经济科学出版社2001年版；孙昌武：《隋唐五代文化史》，东方出版中心2007年版；叶坦、蒋松岩：《宋辽夏金元文化史》，东方出版中心2007年版。
⑦ 陶希圣、鞠清远：《唐代经济史》，商务印书馆1936年版。

唐代笔、墨、纸、砚中的名品有所提及①；岑仲勉《隋唐史》一书在叙及唐代各州物产时，对贡笔、贡墨、贡纸、贡砚诸州作了列举②；周宝珠《宋代东京研究》对北宋都城东京的制笔业和制墨业的发展情况略加举证③；张国刚、杨树森主编《中国历史·隋唐宋卷》对唐宋笔墨纸砚制造业有所介绍④；程民生《河南经济简史》则对河南在唐宋时代的笔墨纸砚制造业情况加以概述⑤；程民生《宋代物价研究》在梳理史料的基础上对宋代笔墨纸砚等文房用具的价格做了细致考证⑥。

（三）对学界研究现状的总结

由上观之，学界在笔墨纸砚制造业的研究方面的确已经取得了许多成果，这非常利于我们进一步探讨相关问题，但是，我们也应该看到在唐宋笔墨纸砚制造业的研究中，还有较大的挖掘空间及深入探索的可能和必要。具体来说，表现在以下方面：

第一，长期以来，学界对文房四宝的形成过程依旧缺乏系统深入的探讨，尤其是没能很好地将文房四宝的形成过程与中国古代经济文化的发展过程结合起来进行考察。

第二，学界对唐宋时期笔墨纸砚制造业的发展情况仍然缺少全面深入的研究，如制作原料、加工技术、产地分布等问题，尤其是对唐代笔墨纸砚制造情况的研究相当薄弱，最明显的表现是对材料的挖掘程度还不够。

第三，唐宋时期，社会变化对笔墨纸砚制造业的发展具有重要作用，而笔墨纸砚制造业的发展又对社会生活带来诸多影响，二者之间存在互动关系。然而，学界对该问题缺乏必要的研究。

第四，学界在探讨中国古代经济文化重心南移问题及"唐宋变革"问题时，一直忽视对笔墨纸砚制造业的考察，这不能不说是个遗憾。因为笔墨纸砚是重要的文化消费用品，在一定程度上，其生产规模和消费状况不仅可以反映一个时代的经济发展水平，而且能够体现整个社会的文明进步程度，所以在探讨中国古代经济文化重心南移与"唐宋变革"过程中，重视对笔墨纸砚制造业的考察显得尤为必要。

① 翦伯赞主编：《中国史纲要》（第二册），人民出版社1982年版。
② 岑仲勉：《隋唐史》（下册），中华书局1982年版。
③ 周宝珠：《宋代东京研究》，河南大学出版社1992年版。
④ 张国刚、杨树森主编：《中国历史·隋唐宋卷》，高等教育出版社2001年版。
⑤ 程民生：《河南经济简史》，中国社会科学出版社2005年版。
⑥ 程民生：《宋代物价研究》，人民出版社2008年版。

三、研究思路、方法和创新点

(一) 研 究 思 路

本书在借鉴前人已有研究成果的基础上,将对如下六个问题做进一步的探讨。

第一,梳理笔墨纸砚制造业的发展脉络。

笔墨纸砚制造业作为重要的手工业生产部门,有其自身的发展特点。然而,长期以来,有关笔墨纸砚制造业的专门、系统研究非常薄弱。本书将对自秦汉至宋代不同时期笔墨纸砚制造业的发展情况加以梳理。

第二,揭示唐宋时期笔墨纸砚制造业的发展特点。

唐宋时期,笔墨纸砚制造业得到空前发展。不过,具体到制笔业、制墨业、造纸业和制砚业,其发展情况却不尽相同。因此,本书将对笔、墨、纸、砚制造业的情况分别进行考察,希冀在长时段的动态演变中揭示其发展特点,从中找寻异同。

第三,探讨唐宋时期笔墨纸砚制造业与社会变化的互动关系。

唐宋时期,社会发生重要变化,这些变化对笔墨纸砚制造业的发展具有重要作用,而笔墨纸砚制造业在发展过程中又对社会生活等方面产生诸多影响,二者互相促进、互相影响。

第四,理清文房四宝的形成过程。

由于笔、墨、纸、砚的出现并非完全同步,所以不能简单地说“文房四宝”就是笔、墨、纸、砚。任何事物、任何技术手段的出现都有特定的历史条件和社会环境,“文房四宝”的形成亦然。

“文房四宝”与笔墨纸砚之间的关系很微妙,但毫无疑问的是先有笔、墨、纸、砚,后才有“文房四宝”概念的,有了笔、墨、纸、砚不等于有了“文房四宝”。“文房四宝”的形成既不是偶然的,也不是突然的,它有一个过程,与中国历史上经济、文化的发展密不可分,因而“文房四宝”的概念本身随其源流发展就具有特定的时代内涵和时代意义。文房四宝的名称、内涵与其源流息息相关,只有理清源流,名称、内涵才能明了。当廓清文房四宝的形成后,我们就会进一步加深对文房四宝与古代经济文化互动关系的理解。

第五,分析唐宋时期笔墨纸砚制造业发展中出现的问题。

经济发展是一把双刃剑,在笔墨纸砚制造业发展的同时,也出现了一些问题,比如制作工匠的负担问题、自然资源的消耗问题。本书将在唐宋这一较长时段范围内从环境史的视野对这些现象进行分析，由此深化人们对唐宋社会的认识。

第六，再次思考中国古代经济文化重心南移、"唐宋变革"论等理论问题。

本书力图以笔墨纸砚制造业为考察点，在梳理自秦汉至宋代笔墨纸砚制造业发展的基础上，从原点出发，对中国古代经济文化重心南移、"南朝化"论与"北朝主流"说、"唐宋变革"论等理论问题进行再思考。

（二）研　究　方　法

本书在传统史学研究方法的基础上，尝试利用目录学、经济地理学、环境史学的理论和方法对相关问题进行分析、探究，力求能够较深入、客观地反映历史原貌、揭示历史动因。例如，本书将从经济地理学角度，考察笔墨纸砚制造业的地理分布，揭示唐宋区域经济的发展；从环境史学角度，分析笔墨纸砚制造业繁荣发展背后出现的问题。

（三）研　究　资　料

本书利用的文献资料，主要有如下几类：一是正史类，如《后汉书》《三国志》《宋书》《梁书》、两《唐书》《宋史》等；二是职官类，如《唐六典》《翰林志》等；三是政书类，如《通典》《唐会要》《宋会要辑稿》等；四是类书类，如《初学记》《艺文类聚》《太平御览》《册府元龟》等；五是地理类，如《元和郡县图志》《太平寰宇记》《方舆胜览》《新安志》《弘治徽州府志》《同治湖州府志》等；六是艺术类，如《法书要录》《历代名画记》《洞天清录集》《负暄野录》《墨池编》《六艺之一录》等；七是金石谱录类，如《文房四谱》《砚谱》《墨谱法式》《墨经》《墨史》等；八是诗词文集类，如《韩昌黎文集校注》《樊川文集》《欧阳修全集》《苏轼文集》《米芾集》《蔡襄全集》《全唐诗》《全唐文》《全宋诗》《全宋词》等；九是史料笔记小说类，如《唐国史补》《酉阳杂俎》《三水小牍》《封氏闻见记校注》《云仙散录》《渑水燕谈录》《春渚纪闻》《铁围山丛谈》《邵氏闻见后录》《鸡肋编》《后山谈丛》等；十是敦煌吐鲁番文书类，如《吐鲁番出土文书》《英藏敦煌文献》等。此外，本书还将充分运用有关考古资料进行综合研究，主要是搜集《文物》《考古》《考古学报》《考古与文物》《东南文化》《江汉考古》《华夏考古》《洛阳考古》《三晋考古》《东方博物》《南方文物》《广州文博》《福建文博》《北京文博文丛》《文物春秋》《湖南省博物馆馆刊》《文物资料丛刊》《考古学集刊》《湖南考古辑刊》等期刊中有关考古出土笔墨纸砚的资料，分类整理，加以研究。

由于与本书研究对象相关的材料极为零散,正史中所见不多,因此,论文将更多地利用金石谱录、诗词文集、史料笔记小说和考古资料等进行研究。书中图版大多引自《文物》《考古》《考古学报》《文物资料丛刊》等期刊。

(四) 研 究 难 点

本书的研究难点,主要在三个方面:一是研究时段较长;二是资料非常零散;三是研究对象本身涉及面广。

由于研究难度大,加之笔者学力有限,所以笔者虽孜孜以求,竭尽所能,尽量多挖掘相关资料,力求论证充分,但在材料搜集和具体论证方面难免仍有不足之处。

(五) 创 新 点

在前人研究的基础上,本书力求在以下方面有所创新。

第一,充分利用地下考古资料与传世文献资料,系统梳理自秦汉至宋代笔墨纸砚制造业的发展脉络,深化对中国古代手工业经济的研究。

笔墨纸砚制造业是中国古代重要的手工业生产部门,然而,长期以来,史学界对笔墨纸砚制造业尚缺少专门系统的研究。

由于以往手工业史的研究中存在明显不足,"从理论上宏观把握的论述较少,充分利用地下考古资料不够,历史研究与科技史的结合相对薄弱"①。鉴于此,本书充分利用考古资料,深入挖掘传世文献资料,力争将考古资料与文献资料有机结合,历史研究与科技史研究有机结合。通过较为系统地梳理自秦汉至宋代笔墨纸砚制造业的发展脉络,结合地下考古资料重新诠释了笔墨纸砚的出现,充分利用考古资料和文献记载系统考察了不同时期笔墨纸砚制造业的发展特点,以此深化对中国古代手工业经济的研究。

第二,揭示笔墨纸砚制造业重心的变迁轨迹,深化对中国古代经济重心南移问题的研究。

"手工业经济重心的南移,是我国经济史上的一件大事,它反映了手工业生产中布局和生产结构的变化,而且对我国政治中心的变迁也产生了不可低估的影响。"②

---

① 胡戟等主编:《20 世纪唐研究》,中国社会科学出版社 2002 年版,第 452 页。
② 魏明孔:《中国手工业经济通史·魏晋南北朝隋唐五代卷》,福建人民出版社 2004 年版,第 392 页。

笔墨纸砚制造业作为重要的手工业生产部门,其生产重心的地理变迁,反映着唐宋时代社会政治与经济文化的发展状况,可以作为衡量中国古代经济文化重心南移的一个重要依据。因此,本书通过分析笔墨纸砚制造业重心变迁的特点,以此深化对中国古代经济重心南移问题的研究。

第三,探讨唐宋时期笔墨纸砚制造业与社会变化的互动关系,深化对"唐宋变革"问题的研究。

唐宋时期,社会变化对笔墨纸砚制造业的发展具有重要的推动作用,而笔墨纸砚制造业的发展反过来对政治制度、文化传播、社会生活、军事装备等诸多方面产生深刻影响。由唐到宋,笔墨纸砚制造业不论是原料及技术的传承与革新,还是产地扩展与重心南移,都体现出鲜明的时代特点,即变化绝非是骤变和断裂,而具有渐变性,经历了较长的过程,从唐代中期一直持续到北宋时期。因此,通过考察唐宋时期笔墨纸砚制造业的发展,有助于增进我们对"唐宋变革"的认识和理解。

第四,理清"文房四宝"的形成过程,深化对中国古代经济、文化互动关系的理解。

提及"文房四宝",虽然尽人皆知,但是深究其形成过程,却少有人关注。尽管文具(主要是笔、墨、纸、砚)与"文房四宝"之间有着内在的联系,但是不能将"文房四宝"的形成与笔、墨、纸、砚的出现等而同之。随着笔墨纸砚制造业的发展演进,"文房四宝"才逐渐形成。"文房四宝"的形成及其流传,与中国古代社会经济、文化观念的演进具有一致性。因此,理清文房四宝的形成过程,有助于深化对中国古代经济、文化互动关系的理解。

第五,从环境史的角度分析唐宋时期笔墨纸砚制造业与自然资源及生态环境之间的关系,加深对宋代资源革命、技术革命等问题的理解,深化拓展对"宋代经济革命"的全面认识。

笔墨纸砚制造业在繁荣兴盛的同时,也造成了对一些自然资源的过度开发及对生态环境的一定破坏。针对发展中遇到的问题,北宋时期出现资源革命和技术革命,用以化解发展中的危机,推动笔墨纸砚制造业的持续繁荣。本书从环境史这一新的视角分析笔墨纸砚制造业与自然资源及生态环境之间的关系,以此加深对宋代资源革命、技术革命等问题的理解,深化拓展对"宋代经济革命"的全面认识。

(六) 今后尚需深入研究的问题

对于手工业经济而言,生产和消费是最为重要的两个方面。本书题目界定的仅是制造(生产)方面,而这方面的内容也非常丰富,并非本书所能全部涵盖。本书主要探讨了笔墨纸砚制造业的发展脉络与发展特点,而对具体到笔墨纸砚制造业的生产类型及特点、制作工匠的来源及身份、管理体制等问题仍有待以后进一步深入研究。另外,笔墨纸砚制造业在整个社会经济中居于重要地位,本书在探讨笔墨纸砚制造业对社会发展的影响时仅是重点分析了对政治制度、文化传播、社会生活和军事装备的影响,对其他方面的影响也有待以后进一步研究。

　　本书对笔墨纸砚的消费问题虽有涉及,但是并未进行专门的探讨。研究消费问题是经济史与社会史的重要内容。今后,笔者将对笔墨纸砚的消费群体、消费方式、消费类型、消费心理等问题进行全面深入的研究。

第一章 "二重证据法"

——对隋唐以前笔墨纸砚制造业的考察

笔、墨、纸、砚作为最主要的文书用具，原本伴随着中华文明的发端而起源，而文具出现以后，又对文明的传承、文化的发展贡献极大。本章主要利用地下考古资料并结合传世文献来考察笔墨纸砚的出现，以及秦汉、魏晋南北朝时期，笔墨纸砚制造业在时代迁移、社会变化中的兴起、发展。

第一节 考古资料中所见笔墨纸砚的出现①

中国传世典籍中有关笔、墨、纸、砚起源的记载多说并行，仅通过文献资料很难确定孰是孰非，而结合地下考古资料有助于理解笔、墨、纸、砚的出现，即经过漫长的时代演进，中华文明曙光乍现，因应传承文明的需要，笔、墨、纸、砚方才诞生。

一、"蒙恬造笔"的由来

笔是重要的书写工具，《释名》曰："笔，述也，述事而书之也。"②先秦时代，不同地域笔的名称有所差异，《说文解字》云："笔，所以书也。楚谓之聿，吴谓之不律，燕谓之弗，秦谓之笔。"③《尔雅·释器》则云："不律，谓之笔。蜀人呼笔为不律也，语之变转。"④

关于笔的起源，我国传世典籍中，记载颇丰，然多有不同。今择要举例如下：

《博物志》记载："蒙恬造笔。"⑤

---

① 参见陈涛：《从考古资料看文具的出现》，《中原文物》2013 年第 5 期，第 61—64 页。

② （汉）刘熙：《释名》卷六《释书契》，载《丛书集成初编》本，第 1151 册，中华书局 1985 年版，第 95 页。

③ （汉）许慎著，（清）段玉裁注：《说文解字注》，上海古籍出版社 1981 年版，第 117 页。

④ （清）阮元校刻：《十三经注疏·尔雅注疏》卷五《释宫》，中华书局影印本 1982 年版，第 2600 页。

⑤ （晋）张华撰：《博物志校证·佚文》，范宁校证，中华书局 1980 年版，第 123 页。

《物原》曰："虞舜造笔以漆书于方简。"①

《古今事物考》则云："自有书契,即有此笔。故《礼》曰:'史载笔'。一云大舜造笔,一云蒙恬造笔。"②

《笔史》记载:"笔始于皇颉。"③

尽管通过文献材料来确定笔的发明时间是极为困难的事情,但是通过对出土的新石器时代的彩陶、黑陶以及发现的甲骨文的研究,可以推断,远在殷商乃至新石器时代就可能出现了毛笔。

另据考古资料(表1)来看,1954年,湖南长沙左家公山战国晚期楚墓里出土1支毛笔(图1)④;1986年,甘肃天水放马滩战国秦墓出土毛笔及笔套共4件(图2)⑤;1986年底至1987年初,湖北荆州包山战国中期楚墓出土一大批竹简和1支毛笔⑥。这就进一步证明早在战国时代,就已有了毛笔。

表1　战国时期毛笔出土情况统计表

年代	出土地点	出土实物	形制	资料来源
战国中期 (楚国)	湖北荆门	毛笔1支	置于竹筒内,筒口端有木塞。竹质笔杆细长,末端削尖,笔毫有尖锋,上端用丝线捆扎,插入笔杆下端的銎眼内,毫长3.5厘米、全长22.3厘米	《文物》1988.5
战国晚期 (楚国)	湖南长沙	毛笔1支	出于左家公山15号墓,放在竹筐内,全身还套着1支小竹管制成的笔筒,笔杆长18.5厘米、径0.4厘米、毛长2.5厘米	《文物参考资料》1954.12 《考古学报》1957.1

---

① (明)罗颀:《物原・文原》,载《丛书集成初编》本,第182册,中华书局1985年版,第24页。

② (明)王三聘:《古今事物考》卷二《文事・笔》,载《丛书集成初编》本,第1216册,中华书局1985年版,第37页。

③ (清)梁同书:《笔史・笔之始》,载《丛书集成初编》本,第1494册,中华书局1985年版,第1页。

④ 参见湖南省文物管理委员会:《长沙左家公山的战国木椁墓》,《文物参考资料》1954年第12期,第8页。又见湖南省文物管理委员会:《长沙出土的三座大型木椁墓》,《考古学报》1957年第1期,第96页。

⑤ 参见甘肃省文物考古研究所、天水市北道区文化馆:《甘肃天水放马滩战国秦汉墓群的发掘》,《文物》1989年第2期,第9页。

⑥ 参见湖北省荆沙铁路考古队包山墓地整理小组:《荆门市包山楚墓发掘简报》,《文物》1988年第5期,第9页。

续表

年代	出土地点	出土实物	形制	资料来源
战国时期（秦国）	甘肃天水	毛笔及笔套共4件	出于 M1、M14,保存不好,有残缺,现存毛笔 2 件,笔套 1 件。M1:30 笔套用两根竹管粘连而成,呈双筒套,每根竹管中间开口镂空,同时可插入 2 支笔,表面髹黑漆,长 29 厘米、宽 2 厘米,毛笔插入套内,杆用竹制,一端削成坡面,另一端镂空成毛腔,锋长 2.5 厘米、入腔 0.7 厘米、杆长 23 厘米	《文物》1989.2

然而,为何诸多文献都会将蒙恬作为笔的发明者呢? 根据对考古资料的分析,我们或许可以得到启示。从考古出土中秦笔与楚笔的形制来看,二者的相同之处在于笔杆皆为竹质,不同之处在于:其一,秦笔较楚笔稍长且粗。包山楚笔毫长 3.5 厘米、全长 22.3 厘米,左家公山楚笔毫长 2.5 厘米、径 0.4 厘米、杆长 18.5 厘米,而放马滩秦笔(M1:30) 毫长 2.5 厘米、入腔 0.7 厘米、杆长 23 厘米。其二,秦笔的制法胜于楚笔。无论是包山楚笔,还是左家公山楚笔,其制作方法与现在笔的制法都有所不同,包山楚笔的末端削尖,笔毫上端用丝线捆扎后插入笔杆下端的銎眼内,左家公山楚笔是"将笔杆的一端劈成数开,将笔毛夹在中间,然后用细嫩的丝线缠住,外面再涂一层漆"[①];而放马滩秦笔的一端削成坡面,另一端镂空成毛腔,将笔毫插入毛腔内,其制法与现在笔的制法相似,秦笔将笔毫插入镂空的毛腔的做法相较于楚笔用丝线捆扎的方法更有助于增强笔头的牢固性。

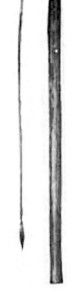

图1　湖南长沙左家公山楚墓出土战国晚期毛笔

通过对秦笔与楚笔的比较,可以看出秦笔的制法更为进步。这也许是由于蒙恬对于笔的改进确实作出很大贡献,正如自唐迄清的诸多典籍中所载:

---

① 湖南省文物管理委员会:《长沙出土的三座大型木椁墓》,《考古学报》1957 年第 1 期,第 96 页。

图2　甘肃天水放马滩秦墓出土战国毛笔及笔套

《初学记》云:"秦之前已有笔矣。盖诸国或未之名,而秦独得其名,恬更为之损益耳。"①

《中华古今注》云:"牛亨问曰:'自古有书契以来,便应有笔,世称蒙恬作笔,何也?'答曰:'蒙恬所造秦笔耳,以柘木为管,以鹿毛为柱,以羊毛为被。所谓苍毫,非为兔毫,竹管笔也。'"②

《事物纪原》曰:"以羊毫为笔,斯蒙恬所制耳。"③

《懒真子》载:"张子训尝问仆曰:'蒙恬造笔,然则古无笔乎?'仆曰:'非也。古非无笔,但用兔毛自恬始耳。'"④

《韵语阳秋》曰:"蒙恬造笔","以狐狸毛为心,兔毛为副。心柱遒劲,锋芒调利,故难乏而易使"。⑤

《古今事物考》云:"盖古笔木管鹿毛,然羊毛竹管乃恬制也。"⑥

《同治湖州府志》记载:"古非无笔也,但用兔毫,自恬始耳,且制法较胜于古,故至今善琏村制笔者,必祀恬为笔祖云。"⑦

古人把蒙恬作为笔的发明者,说明毛笔在经历了漫长的时代演变后,到秦时已愈加完善,使得"恬所造精于前人,遂独擅其名"⑧。

---

① (唐)徐坚等:《初学记》卷二一《文部·笔》,中华书局2004年版,第514页。

② (后唐)马缟:《中华古今注》卷中《牛亨问书契所起》,商务印书馆1956年版,第38页。然《景印文渊阁四库全书》本和中华书局版《丛书集成初编》本,均作:"牛亨问曰:自古有书契以来,便应有笔,世称蒙恬作秦笔耳,以柘木为管,以鹿毛为柱,以羊毛为被。所谓苍毫,非为兔毫,竹管笔也。"见(后唐)马缟:《中华古今注》卷中《牛亨问书契所起》,载《景印文渊阁四库全书》本,第850册,台湾商务印书馆1985年版,第131页。(后唐)马缟:《中华古今注》卷中《牛亨问书契所起》,载《丛书集成初编》本,第279册,中华书局1985年版,第25页。笔者疑其有缺漏,故不采用。

③ (宋)高承撰:《事物纪原》卷八《什物器用部·笔》,金圆、许沛藻点校,中华书局1989年版,第424页。

④ (宋)马永卿:《懒真子》卷一,载朱易安、傅璇琮等主编:《全宋笔记》第三编(六),大象出版社2008年版,第154—155页。

⑤ (南宋)葛立方:《韵语阳秋》卷一七,上海古籍出版社影印本1984年版,第229页。

⑥ (明)王三聘:《古今事物考》卷二《文事·笔》,中华书局1985年版,第37页。

⑦ (清)宗源翰等修,(清)周学濬等纂:《同治湖州府志》卷三三《舆地略·物产下·器用之属》,载《中国地方志集成·浙江府县志辑》第24册,上海书店影印本1993年版,第626页。

⑧ (清)赵翼:《陔馀丛考》卷一九《造笔不始于蒙恬》,中华书局1963年版,第370页。

二、战国时期已有人工墨

何为墨?《释名》曰:"墨,晦也,似物晦墨也。"①《说文解字》则云:"墨,书墨也,从土黑。"②

关于墨的起源,我国传世典籍中,记载亦多有不同。

《事物纪原》记载:"后汉李尤《墨砚铭》曰:书契既造,墨砚乃陈。则是兹二物者,与文字同兴于黄帝之代也。"③

《古今事物考》云:"墨始造于黄帝之时,一云田真造墨。"④

《物原》则曰:"刑夷作墨,史籀始墨书于帛。"⑤

《壹是纪始》云:"黄帝砚号墨海,则轩辕时已有墨。"⑥

其实,我国古人用墨最初是天然石墨,正如《壹是纪始》所载:"《大戴礼·石墨》:'相著则墨。'则古者漆书之后皆用石墨。""古石墨即黑丹。《孝经·援神契》曰:'王者德至于山陵,则出黑丹。'"⑦这在考古发掘中也多有明证,20世纪70年代末,陕西姜寨新石器时代遗址中出土"一组美工用具"⑧,其中有黑色颜料(成分为氧化锰)数块,即古代所称的"石墨"。

及至后来,逐渐出现人工墨。至于人工墨的缘起,由于文献记载各异,现已无从查考。然而根据考古资料可知,1975年底至1976年春,湖北云梦睡虎地秦墓4号墓中出土墨1块(M4:12),该墨呈圆柱状,墨色纯黑,圆径2.1厘米、残高1.2厘米。⑨经有关专家研究,秦墨是用松烟与黏合剂拌和制成的,这是迄今为止发现最早的人工墨。另外,睡虎地秦墓4号墓还出土有木牍2件,据其上墨书内容可以断定该墓为战国晚期。由此,我们推断至

---

① (汉)刘熙:《释名》卷六《释书契》,中华书局1985年版,第95页。

② (汉)许慎著,(清)段玉裁注:《说文解字注》,上海古籍出版社1981年版,第688页。

③ (宋)高承撰:《事物纪原》卷八《什物器用部·墨砚》,金圆、许沛藻点校,中华书局1989年版,第425页。《事林广记》戊集卷六《服用纪原》云:"墨之与砚,皆与文字同兴于黄帝之代也。"《事物原始》亦曰:"(墨砚)二物皆黄帝时始。"

④ (明)王三聘:《古今事物考》卷二《文事·墨》,中华书局1985年版,第37页。

⑤ (明)罗欣:《物原·文原》,中华书局1985年版,第24页。

⑥ (清)魏崧:《壹是纪始》卷一一《器具类·墨》,北京图书馆出版社影印本2003年版,第649页。

⑦ (清)魏崧:《壹是纪始》卷一一《器具类·墨》,北京图书馆出版社影印本2003年版,第649—650页。

⑧ 参见西安半坡博物馆、临潼县文化馆:《临潼姜寨遗址第四至十一次发掘纪要》,《考古与文物》1980年第3期,第6页。

⑨ 参见湖北孝感地区第二期亦工亦农文物考古训练班:《湖北云梦睡虎地十一座秦墓发掘简报》,《文物》1976年第9期,第53页。

少在战国时期就已有了人工墨。又据《范子计然》云:"然墨出三辅。"①也有可能在春秋时期,关中地区就已生产人工墨。

三、对"蔡伦造纸"再理解

何为纸?《释名》曰:"纸,砥也,谓平滑如砥石也。"②《说文解字》则云:"纸,絮一箔也。"③

关于纸的起源,我国传世典籍中,自唐迄清多认为蔡伦是纸的发明者。

《初学记》载:"古者以缣帛,依书长短,随事截之,名曰幡纸,故其字从丝。贫者无之,或用蒲写书,则路温舒截蒲是也。至后汉和帝元兴中,常侍蔡伦,剉故布捣抄作纸,又其字从巾。""一云,伦捣故鱼网作纸,名网纸。后人以生布作纸,丝绖如麻,名麻纸;以树皮作纸,名榖纸。"④

《太平御览》云:"服虔《通俗文》曰:'方絮曰纸。'《东观汉记》曰:'黄门蔡伦典作尚方,作纸,所谓蔡侯纸也。'董巴记曰:'东京有蔡侯纸,即伦也。用故麻名麻纸,木皮名榖纸,故鱼网作纸名网纸也。'"⑤

《事物纪原》载:

> 《后汉书·蔡伦传》曰:"自古书契,多编以竹简,其用缣帛者,谓之纸。缣贵而简重,并不便于人,伦乃造意,用树肤麻头,及弊布鱼网以为纸。元兴元年(105年)上之,和帝善其能,自是天下莫不从用,咸称蔡侯纸。"盛洪之《荆州记》曰:"汉顺帝时,蔡伦始以鱼网造纸。"《东观记》曰:"伦典上方,作纸,用故麻造者谓之麻纸,用木皮名榖纸,用故鱼网名网纸。"王隐《晋书》曰:魏太和六年(232年),张揖云:"古之素帛,依书长短,随事截缣,枚数重沓,名番纸,故从丝;后汉蔡伦以故布捣剉作之,故字从巾。"按蔡伦典上方作纳用之说,上方乃朝廷造作之所,纳用献纳府使之物也。⑥

---

① (唐)虞世南:《北堂书钞》卷一〇四《艺文部一〇·墨》,载《景印文渊阁四库全书》本,第889册,台湾商务印书馆1985年版,第510页。

② (汉)刘熙:《释名》卷六《释书契》,中华书局1985年版,第95页。

③ (汉)许慎著,(清)段玉裁注:《说文解字注》,上海古籍出版社1981年版,第659页。

④ (唐)徐坚等:《初学记》卷二一《文部·纸》,中华书局2004年版,第516页。

⑤ (宋)李昉等:《太平御览》卷六〇五《文部二一·纸》,中华书局影印本1960年版,第2724页。

⑥ (宋)高承撰:《事物纪原》卷八《什物器用部·纸》,金圆、许沛藻点校,中华书局1989年版,第424页。

《古今事物考》云："古无纸，以竹简为之。汉和帝时，来阳蔡伦始造纸。"①

《遵生八笺》亦云："上古无纸，用汗青者，以火炙竹令汗出，取青易于作书。至汉，蔡伦始制纸，为万世利也。"②

《壹是纪始》则曰："盖古时本以缣帛为纸，蔡始用树肤麻头。"③

然而，在纸发明以前，古人普遍使用竹木、简牍作为书写材料，也用龟甲、兽骨、金石、缣帛等材料。当然，这是在经历由"上古结绳而治"④，到"有典有册"⑤"镂于金石"⑥的漫长过程后才实现的。

正是由于"缣贵而简重，并不便于人"⑦，这才出现了纸。据考古资料（表2）可知，1907年，甘肃敦煌发现汉代信纸9件，文书3件；1933年，新疆罗布淖尔西汉烽燧遗址发现一片白麻纸；1942年，内蒙古额济纳河东汉烽燧遗址出土东汉纸；1957年，陕西西安市郊灞桥砖瓦厂工地西汉墓中发现古纸残片；1959年，新疆民丰东汉墓出土纸一小块；1973年，甘肃居延肩水金关汉代遗址中，发现西汉时期的麻纸2片；1974年，甘肃武威旱滩坡东汉墓中，发现东汉晚期的残纸若干片；1978年，陕西扶风中颜村西汉窖藏中，发现汉宣帝至平帝时期的麻纸若干片；1978年，甘肃兰州伏龙坪东汉墓出土有墨书文字的古纸；1979年，甘肃敦煌马圈湾汉代烽燧遗址中，发现西汉和新莽时期的麻纸8片；1986年，甘肃天水放马滩汉墓出土西汉初期纸质地图1幅；1990年，甘肃敦煌汉代悬泉置遗址中，发现西汉至西晋时期的纸文书残片10件（图3），麻纸460余件；1998年，甘肃敦煌发现西汉麻纸残片，其中一块上有可以辨识的20余字；1999年，新疆尉犁县营盘66号墓出土汉晋时期纸文书1件。⑧ 这说明，早在蔡伦以

① （明）王三聘：《古今事物考》卷二《文事·纸》，中华书局1985年版，第37页。
② （明）高濂：《燕闲清赏笺》（《遵生八笺之五》）中《论纸》，巴蜀书社1985年版，第101页。此外，《本草纲目》《事物原始》中亦提到蔡伦始造纸。
③ （清）魏崧：《壹是纪始》卷一一《器具类·墨》，北京图书馆出版社影印本2003年版，第651页。
④ （清）阮元校刻：《十三经注疏·周易正义》卷八《系辞下》，中华书局影印本1982年版，第75页。
⑤ （清）阮元校刻：《十三经注疏·尚书正义》卷一六《多士》，中华书局影印本1982年版，第108页。
⑥ （清）孙诒让撰：《墨子间诂》卷四《兼爱下》，孙启治点校，中华书局2001年版，第120页。
⑦ （南朝宋）范晔：《后汉书》卷七八《蔡伦传》，中华书局1965年版，第2513页。
⑧ 参见黄文弼：《罗布淖尔考古记》，国立北京大学出版部1948年版，第168页；田野：《陕西省灞桥发现西汉的纸》，《文物参考资料》1957年第7期，第80—81页；新疆维吾尔自治区博物馆：《新疆民丰县北大沙漠中古遗址墓葬区东汉合葬墓清理简报》，《文物》1960年第6

前,就已出现植物纤维纸①,并出现有墨迹的纸文书。

表 2　两汉时期纸出土情况统计表

年代	出土地点	出土实物	形制	资料来源	备注
西汉初期	甘肃天水	纸质地图 1 幅(残缺)(M5:5)	纸质薄而软,因墓内积水受潮,仅存不规则碎片。出土时呈黄色,现褪变为浅灰间黄色,表面沾有污点。纸面平整光滑,用细黑线条绘制山、河流、道路等图形,绘法接近长沙马王堆汉墓出土的帛图。残长 5.6 厘米、宽 2.6 厘米	《文物》1989.2	
西汉中后期	新疆罗布淖尔	麻纸 1 片	麻质,白色,作方块薄片,四周不完整,长约 4 厘米、宽约 10 厘米,质甚粗糙,不匀净,纸面尚存麻筋	《罗布淖尔考古记》	西汉宣帝黄龙元 年 (前 49 年)
西汉时期	陕西扶风	麻纸若干片	经展平,最大的一块,面积 6.8×7.2 厘米 (一角已损),其余几块大小不等	《文物》1979.9	其制造时间当在西汉宣帝时期

期,第 12 页;党寿山:《甘肃省武威县旱滩坡东汉墓发现古纸》,《文物》1977 年第 1 期,第
59—61 页;甘肃居延考古队:《居延汉代遗址的发掘和新出土的简册文物》,《文物》1978
年第 1 期,第 6 页;罗西章:《陕西扶风中颜村发现西汉窖藏铜器和古纸》,《文物》1979 年
第 9 期,第 19—20 页;陈华:《兰州发现距今 1700 多年前的纸张》,《兰州日报》1987 年 11
月 19 日;甘肃省博物馆、敦煌县文化馆:《敦煌马圈湾汉代烽燧遗址发掘简报》,《文物》
1981 年第 10 期,第 3—4 页;甘肃省文物考古研究所、天水市北道区文化馆:《甘肃天水放
马滩战国秦汉墓群的发掘》,《文物》1989 年第 2 期,第 9 页;甘肃省文物考古研究所:《甘
肃敦煌汉代悬泉置遗址发掘简报》,《文物》2000 年第 5 期,第 4—20 页;庄电一、李岩云:
《敦煌发现写有汉字的西汉麻纸》,《光明日报》2006 年 8 月 4 日;杨惠福、王元林:《也谈两
汉古纸的发现与研究》,《考古与文物》2007 年第 5 期,第 72—73 页。

① 有学者认为陕西西安发现的西汉"灞桥纸"是世界上最早的植物纤维纸。(详见潘吉星:
《世界上最早的植物纤维纸》,《文物》1964 年第 11 期,第 48—49 页)不过,也有学者认为:
"灞桥纸不是纸,居延纸、扶风纸的操作工艺及成纸质量都很粗糙,它们只是纸的雏形,不
宜作为书写材料,更谈不上代替缣帛","1974 年出土的甘肃武威旱滩坡纸是国内现存最
早的写有文字的纸"。(详见王菊华、李玉华:《从几种汉纸的分析鉴定试论我国造纸术的
发明》,《文物》1980 年第 1 期,第 81 页)然而,据甘肃敦煌汉代悬泉置遗址中发现的纸文
书残片可知,早在西汉武帝、昭帝时期,就出现了有墨迹的纸。

续表

年代	出土地点	出土实物	形制	资料来源	备注
西汉时期	甘肃酒泉	麻纸2种	纸Ⅰ（EJT1:011）出土时团成一团，经修复展平，最大一片长宽21×19厘米，色泽白净，薄而匀，一面平整，一面稍起毛，质地细密坚韧，含微量细麻线头，显微观察和化学鉴定，只含大麻纤维。纸Ⅱ（EJT30:03），长宽11.5×9厘米，暗黄色，似粗草纸，含麻筋、线头和碎麻布块，较稀松	《文物》1978.1	与纸Ⅰ同出的简最晚年代是西汉宣帝甘露二年（前52年）；纸Ⅱ出土地层属于西汉哀帝建平（前6年）以前
西汉时期	陕西西安	灞桥纸	残片	《文物参考资料》1957.7	
西汉时期	甘肃敦煌	麻纸残片	当地文物部门在维修玉门关时，在小方盘城南侧废墟中发现西汉麻纸残片。其中一块写有汉字的褐黄色麻纸残片，呈不规则形状，约有10平方厘米。虽是残片，但上面的字迹却清晰可辨，残片上的字是工整、美观的隶书，可以辨认的有20多字	《光明日报》2006.8.4	
西汉时期至新莽时期	甘肃敦煌	麻纸5件8片	出土时均已揉皱。T12:047呈黄色，粗糙，纤维分布不均匀，边缘清晰，长32厘米、最宽20厘米，为所有出土麻纸中最大的一片；T9:026，共四片，与畜粪堆积一起，颜色被污染，呈土黄色，质地较细匀；T9:025，呈白色，质地细匀，残边露麻纤维；T12:018，共两片，呈白色，质地细匀，系于堡内F2上层、烽燧倒塌废土中发现	《文物》1981.10	与T12:047同出的纪年简，最早为西汉宣帝元康年间，最晚为甘露年间；与T9:026同出的纪年简多为西汉成、哀、平帝时期；T12:018应为新莽时期

年代	出土地点	出土实物	形制	资料来源	备注
西汉至西晋时期	甘肃敦煌	纸文书残片10件	汉纸9件,晋纸1件,为文书残片和药方。西汉武、昭帝时期3件,色白,纸面粗且不平整,有韧性;西汉宣帝至成帝时期4件,为不规则残片,黄色间白,质细而薄,有韧性,表面平整光滑;东汉初期2件,呈不规则长方形,黄色间灰,厚而重,质地松疏,粗糙,表面留有残渣;西晋纸1件,深黄色间褐色,质细而密,厚薄均匀,表面光滑,有韧性	《文物》2000.5	时代自西汉武、昭帝始,经宣、元、成帝至东汉初及晋,沿用时间较长
		麻纸460余件	根据颜色和质地可分为黑色厚、黑色薄、褐色厚、褐色薄、白色厚、白色薄、黄色厚、黄色薄八种;纸上写字者多为白色和黄色纸;从残留在纸上面的残渣看,纸质主要用麻织物和很细的丝织物制成,用于书写文件、信件及包装物品。用于书写者质细、光滑、较厚;用于包物者则很粗糙,其中标本F2④:1保存较好,四边较完整,呈不规则长方形,长34厘米、宽25厘米,可能是一张纸的形状		
东汉晚期	甘肃武威	残纸若干片	麻质,出土时已裂成碎片,最大的一片约5×5厘米,大部分纸呈褐色,只有两片纸原放在最内层,保存较好,呈白色,且柔软,有一定强度	《文物》1977.1	
东汉时期	甘肃兰州	纸	纸上有墨书文字	《兰州日报》1987.11.19	
东汉时期	新疆民丰	纸一小块	皱成一团,大部分涂成黑色,长仅4.3厘米、宽2.9厘米	《文物》1960.6	
东汉时期	内蒙古额济纳河	纸		《考古与文物》2007.5	

续表

年代	出土地点	出土实物	形制	资料来源	备注
汉代	甘肃敦煌	信纸9件 文书3件		《斯坦因西域考古记》《考古与文物》2007.5	
汉晋时期	新疆尉犁	纸文书1件	文字属西北印度和中亚一带使用的伊朗系怯卢文	《考古与文物》2007.5	

古人之所以多把蔡伦作为纸的发明者，主要是因为蔡伦扩大了造纸原料，正如潘吉星先生所言："树皮纸的出现，是造纸技术史上一项重大的技术革命。它为纸的制造开辟了一个新的更广泛的原料来源，促进了纸的产量和质量的提高。"①此外，据有关学者研究，中国大陆保存有浇纸法与抄纸

图3 甘肃敦煌悬泉置遗址出土西汉纸文书残片

法两种不同造纸技术体系②，而灞桥纸、中颜纸、绝大部分悬泉纸、金关纸、放马滩纸、尼雅纸等西汉古纸都是浇纸法产品③。东汉晚期，"抄纸法造纸出现了，这就是有深远影响的覆帘抄纸，这种造纸技术与浇纸法截然不同，也没有发现在各个技术要点上有过渡的情况，虽然史料无证，但这种纸出土于东汉以后，很可能就是蔡伦发明的造纸方法"④。

---

① 潘吉星：《中国造纸技术史稿》，文物出版社1979年版，第44页。
② 李晓岑：《浇纸法与抄纸法——中国大陆保存的两种不同造纸技术体系》，《自然辩证法通讯》2011年第5期，第76—82页。
③ 李晓岑：《甘肃汉代悬泉置遗址出土古纸的考察和分析》，《广西民族大学学报》（自然科学版）2010年第4期，第7—16页；李晓岑：《陕西扶风出土汉代中颜纸的初步研究》，《文物》2012年第7期，第93—96页；李晓岑、王辉、贺超海：《甘肃悬泉置遗址出土古纸的时代及相关问题》，《自然科学史研究》2012年第3期，第277—286页；李晓岑、郭金龙、王博：《新疆民丰东汉墓出土古纸研究》，《文物》2014年第7期，第94—96页；李晓岑：《甘肃天水放马滩西汉墓出土纸的再研究》，《考古》2016年第10期，第110—114页。
④ 李晓岑：《早期古纸的初步考察与分析》，《广西民族大学学报》（自然科学版）2009年第4期，第62页。

四、从"研"到"砚"

何为砚?《释名》曰:"砚,研也,研墨使和濡也。"①《说文解字》则云:"砚,石滑也。"②

关于砚的起源,至今无从查考,我国传世典籍中,或语焉不详,或虽有记载,但多为推测。

《文房四谱》记载:"黄帝得玉一纽,治为墨海焉。其上篆文曰:帝鸿氏之砚。又太公金匮砚之书曰:石墨相著而黑,邪心谗言,无得汙白。是知砚其来尚矣。"③

《事林广记》云:"后汉李尤《墨砚铭》曰:'书契既造,砚墨乃陈。'由此观之,则是墨之与砚皆与文字同兴于黄帝之代也。"④

《物原》曰:"仲由作砚。"⑤

《古今事物考》云:"自有书契,即有此砚,盖始于黄帝时也。一云子路作。"⑥

《壹是纪始》则曰:"砚始于黄帝。"⑦

我国传世典籍中关于砚起源的记载,多不可信。这一点,宋人马永卿在《懒真子》中就已指出:"文房四物见于传记者,若纸、笔、墨皆有据。至于砚,即不见之。""盖古无砚字,古人诸事简易,凡研墨不必砚,但可研处只为之尔","不若今世事事冗长,故只为之研,不谓之砚。然伍辑之《从征记》:孔子庙中有石砚一枚,乃夫子平生物。非经史,不足信"。⑧

其实,砚最早是作为研磨器具使用的,常写作"研"。在经历了漫长的时代演变后,砚才从原来的研磨器具和调色器具脱胎出来,这通过考古资料即可证实,如陕西宝鸡北首岭遗址和西安临潼姜寨遗址,均发现有属于早期仰韶文化的石砚(研磨盘和研磨棒),两砚出土时臼中都残存有红色颜料,

---

① (汉)刘熙:《释名》卷六《释书契》,中华书局1985年版,第95页。
② (汉)许慎著,(清)段玉裁注:《说文解字注》,上海古籍出版社1981年版,第453页。
③ (宋)苏昌简:《文房四谱》卷三《砚谱·一之叙事》,中华书局1985年版,第35页。
④ (宋)陈元靓:《事林广记》戊集卷六《服用纪原》,中华书局影印本1998年版,第387页。
⑤ (明)罗欣:《物原·文原》,中华书局1985年版,第24页。
⑥ (明)王三聘:《古今事物考》卷二《文事·砚》,中华书局1985年版,第37页。
⑦ (清)魏崧:《壹是纪始》卷一一《器具类·砚》,北京图书馆出版社影印本2003年版,第652页。
⑧ (宋)马永卿:《懒真子》卷五,载朱易安、傅璇琮等主编:《全宋笔记》第三编(六),大象出版社2008年版,第206页。

说明它们都是兼有调色功能的研磨器具①,而此类研磨器具在新石器时代的遗址中多有发现。

另据考古资料(表3)来看,商周至战国时期出土的砚(研磨器)有石质、玉质等不同种类。

表3　商周至战国时期砚出土情况统计表

年代	出土地点	出土实物	形制	资料来源	备注
商代后期	河南安阳	玉调色盘1件	灰白色,背面呈墨绿色,盘成方形,三侧有框,盘底满染朱砂,盘后雕双鹦鹉,背相对,钩喙大眼,短翅长尾,作站立状,在两尾相连稍高处,有圆孔一个,长11.8厘米、宽6.5厘米、盘深0.4厘米	《考古学报》1977.2	商王武丁时期
西周时期	江苏丹徒	石研磨器1件	长9厘米,最大腹径5.6厘米	《文物参考资料》1956.1	
西周时期	河南洛阳	玉雕牛形调色器1件	洛阳市机瓦厂第14号墓出土,用一种白色间黑色纹理的玉石雕刻成牛形,前端头、耳、目可见,后为牛身,较短,作卧伏状,牛背有对称的圆孔四个,孔周有唇作外缘,牛身和孔内间有朱红色,长10厘米、宽5厘米、高3.5厘米,调色孔直径1.8厘米、孔深2厘米	《文物》1965.12	
		石板调色器1件	洛阳市机瓦厂第237号墓出土,粗砂石,经过磨光,石板前宽后窄,研面残留有朱砂,长方形,残长10厘米、宽3.6厘米、高0.8厘米		

①　参见考古所宝鸡发掘队:《陕西宝鸡新石器时代遗址发掘纪要》,《考古》1959年第5期,第230页。西安半坡博物馆、临潼县文化馆:《临潼姜寨遗址第四至十一次发掘纪要》,《考古与文物》1980年第3期,第6页。

续表

年代	出土地点	出土实物	形制	资料来源	备注
春秋晚期	河北丰宁	研磨器1件	泥质灰岩,白中泛黄斑,不规则柱形,稍经加工,底部磨平,高6.8厘米、周长18厘米	《文物》1999.11	
战国中期	浙江绍兴	石研磨器		《文物》2002.2	
战国晚期	湖北云梦	石砚1件研墨石1件	出于4号墓,砚为不太规则的菱形鹅卵石加工制成,长6.8—7厘米、宽5.3—6厘米、高2厘米,研墨石也是鹅卵石加工制成,高2.2厘米,砚面与研墨石面均有使用痕迹与墨迹	《文物》1976.9	

图4　湖北云梦睡虎地4号秦墓出土战国晚期石砚和研墨石

商周时期的调色器,其形制较新石器时代的研磨盘和研磨棒有了明显进步,如1976年,河南安阳殷墟5号墓出土玉调色盘1件,灰白色,背面呈墨绿色,盘成方形,三侧有框,盘底满染朱砂,盘后雕双鹦鹉,背相对,钩喙大眼,短翅长尾,作站立状,在两尾相连稍高处,有圆孔一个,长11.8厘米、宽6.5厘米、盘深0.4厘米①;其功能是既作为研磨器具,又兼为调色器具,如河南洛阳出土的两方周砚,上面均残留有朱红色,②说明当时仍具调色功能。总的来看,这些调色器具的造型及用途与后来的砚已非常接近③。

1975年底至1976年春,湖北云梦睡虎地4号秦墓出土战国晚期石砚和研墨石各1件(M4:10)(图4),均为鹅卵石加工而成④,其制法又有改

---

① 参见中国社会科学院考古研究所安阳工作队:《安阳殷墟五号墓的发掘》,《考古学报》1977年第2期,第80页。

② 参见洛阳市博物馆:《洛阳市十五年来出土的砚台》,《文物》1965年第12期,第37—38页。

③ 参见蔡鸿茹:《古砚浅谈》,《文物》1979年第9期,第76页。

④ 参见湖北孝感地区第二期亦工亦农文物考古训练班:《湖北云梦睡虎地十一座秦墓发掘简报》,《文物》1976年第9期,第53页。

进,并影响着此后秦汉时期砚的形制。另外,睡虎地 4 号秦墓中同时还出土了有字木牍 2 件和墨 1 块,这就表明至少在战国时期,就已出现专门用作文书工具的砚。

第二节 秦汉时期笔墨纸砚制造业的兴起

秦汉时期出现"大一统"局面,随着中央专制集权制度的确立,社会经济的进步和思想文化的发展,因应社会变迁与文明传承的需要,笔墨纸砚制造业逐渐兴起。以往研究中对汉代的造纸业多有关注,而对制笔业、制墨业和制砚业的研究重视不够。本节充分利用考古资料和文献记载系统考察秦汉时期笔墨纸砚制造业的发展特点。

一、毛笔形制的确立

秦汉时期,毛笔的形制确立并得以发展。通过考古资料(表 4)可知,秦代毛笔附带笔套,杆为竹质,上端削尖,下端较粗且镂空成毛腔,笔毛插入毛腔,笔杆插入笔套,笔套为细竹管制成,中间两侧镂空,便于取笔。西汉时期,毛笔的形制与秦代相似,笔杆有竹质、木质等多种,笔套髹漆并有朱绘纹饰,而制法又有进步,从甘肃敦煌马圈湾汉代烽燧遗址和江苏东海尹湾汉墓出土毛笔来看,将笔毛插入毛腔后,外以丝线缠绕扎紧并髹漆,使得笔头粘接更加牢固。东汉时期,毛笔的选材、制作再次改进,从甘肃武威磨咀子汉墓出土毛笔来看,笔杆、笔毫均完整,杆为竹质,长 21.9 厘米、径 0.6 厘米,端直均匀,中空,浅褐色,包笔头处稍有收分,笔尖长 1.6 厘米,外覆黄褐色狼毫,笔芯及锋黑紫色,杆前端扎丝线并髹漆,宽 0.8 厘米,杆尾削尖(稍残)[1],其中,杆前端扎丝髹漆用以加固笔头,笔尾削尖便于簪发,此乃是继承前代制法,而笔头选用长毫,有芯有锋,外披短毛,更加易于蓄墨。需要说明的是,汉代毛笔的制法具有多样化和地区性特征,如 1931 年,我国西北科学考查团曾在古居延海(今内蒙古额济纳旗北部)发现东汉初年毛笔 1 支,笔杆木质,由 4 条木片合成,笔毛夹在其中,外以丝线捆扎,并涂漆加固,笔管长 20.9 厘米、笔头长 1.4 厘米、通长 23.2 厘米、杆前端径 0.65 厘米、尾端径 0.5 厘米,笔管黄褐色,丝线黄白色,漆黑色,笔毫有墨迹,笔锋呈白色[2]。

---

[1] 参见甘肃省博物馆:《武威磨咀子三座汉墓发掘简报》,《文物》1972 年第 12 期,第 15—16 页。

[2] 详见马衡:《记汉居延笔》,载《凡将斋金石丛稿》,中华书局 1977 年版,第 276 页。

表4 秦汉时期毛笔出土情况统计表

年代	出土地点	出土实物	形制	资料来源	备注
秦代	湖北云梦	毛笔（附笔套）3 支	笔杆为竹质，上端削尖，下端较粗，镂空成毛腔。例如 60 号，笔杆长 18.2 厘米、径 0.4 厘米，毛腔里的毛长约 2.5 厘米，出土时笔杆插入笔套里，笔套为细竹管制成，中间的两侧镂空，便于取笔，笔套一端为竹节，另一端已打通，长 27 厘米、径 1.5 厘米；又如 71 号的笔套长 22.9 厘米、径 1.2 厘米，中部两侧镂孔 5 厘米，在镂孔的两端各有一骨箍加固	《文物》1976.6	秦始皇三十年（前 217 年）
秦代	湖北荆州	竹笔杆竹笔套	出于周家台 30 号秦墓，均保存不好	《文物》1999.6	
西汉前期	湖北江陵	毛笔（附笔套）1 支	出于 168：245 竹笥里，笔杆竹棍削制，上端削尖，下端装笔毛处较粗，长 24.8 厘米、径 0.3 厘米，毛腔镂空，径 0.5 厘米，深约 0.6 厘米，笔毛已朽，毛类无法鉴别，出土时，笔装在竹筒里，竹筒由一端有节的竹管制成，中部两侧镂空，在笔筒的两端和镂空处，有朱绘纹饰，长 29.7 厘米、径 1.3 厘米	《文物》1975.9《文物》1976.10《考古学报》1993.4	汉文帝前十三年（前 167 年）
西汉文景时期	湖北云梦	竹笔筒（毛笔附笔套）1 件（M77：19）	为细竹筒制成，尾端为竹节，中段两侧对应地镂空一截，镂空段两端外弧，从镂空处可见内有竹质毛笔竿，长约 29.5 厘米、直径约 1.5 厘米，笔杆直径约 0.4 厘米	《江汉考古》2008.4	
西汉时期	甘肃酒泉	毛笔 1 支		《文物》1978.1	

年代	出土地点	出土实物	形制	资料来源	备注
西汉时期	甘肃敦煌	毛笔 1 支（79.D.M.T7:01）	竹制,前端中空以纳笔毛,外以丝线捆扎,髹棕色漆。笔毛为狼毫,已残损,笔尾削尖,通长 19.6 厘米、直径 0.4 厘米、笔毛长 1.2 厘米	《文物》1981.10	
西汉时期	山东临沂	毛笔 1 支（M11:9）	出土时插在笔筒内,竹笔杆实心无皮,末梢斜削,直径 0.6 厘米、长 23.8 厘米,一端有孔,插入笔毛,毛长 1 厘米,上有黑墨残渣,全长 24.8 厘米	《文物》1984.11	
西汉至西晋时期	甘肃敦煌	毛笔 4 支	其中 2 支保存较好,但均属使用后被弃者,通长 24.5 厘米、杆长 22.3 厘米、锋长 2.2 厘米,锋用狼毫,软硬相间,弹性强,杆竹质,锋毫插入孔中,杆尾圆柱形,原镶有装饰物,已不存,笔杆上刻有"张氏"二字	《文物》2000.5	
西汉中晚期至新莽时期	江苏东海	毛笔 2 件（M6:13）	为双管对笔,长 23 厘米,毫长 1.6 厘米,木杆径 0.7 厘米,末端径 0.3 厘米,毫嵌于笔中,以生漆粘牢,并以线缠绕扎紧,笔套双管,髹黑漆,绘朱纹,经鉴定毫为兔箭毛	《文物》1996.8	
西汉中晚期	江苏连云港	毛笔 1 件	毛笔嵌于竹管内,笔杆为木质,锋为兔毛所制,锋嵌入木杆底端,然后用细线缠绕,笔残长 22 厘米	《东南文化》1986.2	

续表

年代	出土地点	出土实物	形制	资料来源	备注
西汉中后期	江苏连云港	毛笔及封套1件（M1：22）	出自二号棺，已残，封套套在笔外，长9厘米、直径3厘米	《文物》2012.3	
东汉中期	甘肃武威	毛笔1支	出于49号墓，杆、颖均完整，长21.9厘米、径0.6厘米，笔尖长1.6厘米，外覆黄褐色狼毫，笔芯及锋黑紫色，根部留墨迹，笔杆竹制，端直均匀，中空，浅褐色，包笔头处稍有收分，笔杆前端扎丝线并髹漆，宽0.8厘米；杆尾削尖（稍残），中部隶书阴刻"白马作"三字	《文物》1972.12	
东汉时期	甘肃武威	毛笔1支	出于2号墓，仅存笔杆，竹制，微弯曲，上端成尖形，下端有缚扎笔头和胶粘痕迹，并刻有"□□曰"三字，笔尖已损坏，杆长21厘米	《文物参考资料》1958.11	

　　秦汉时期，制笔原料以兔毫为主，据考古发掘，江苏东海尹湾汉墓出土毛笔经鉴定毫为兔箭毛①。汉代制笔选用兔毫，尤以赵国毫为佳，如"诸郡献兔毫，书鸿都门题，唯赵国毫中用"②。制笔虽以兔毫为上品，但是并不纯用兔毫，或是以兔毫为笔柱，羊毫为笔被，或是以狐毫为笔柱，即所谓的"丰狐之柱，秋兔之翰"③。另据考古资料可知，甘肃敦煌马圈湾汉代烽燧遗址、

---

① 连云港市博物馆：《江苏东海县尹湾汉墓群发掘报告》，《文物》1996年第8期，第17—23页。

② （唐）欧阳询撰：《艺文类聚》卷五八《杂文部四·笔》，汪绍楹校，上海古籍出版社1982年版，第1054页。又见《古今图书集成·理学汇编·字学典》卷一四七《笔部汇考·晋王羲之笔经》，《文房四谱》卷一《笔谱上·二之造》，《太平御览》卷六〇五《文部二一·笔》。然《五朝小说大观》本《笔经》称"汉时，诸郡献兔毫，出鸿都，惟有赵国毫中用"（见（晋）王羲之：《笔经》，载《五朝小说大观》，中州古籍出版社影印本1991年版，第290页），此处作"出"，疑误。

③ （唐）欧阳询撰：《艺文类聚》卷五八《杂文部四·笔》，汪绍楹校，上海古籍出版社1982年版，第1054页。

悬泉置遗址和武威磨咀子 49 号汉墓①出土毛笔亦非纯用兔毫，而为狼毫。此外，文献记载东汉时期尚有鼠须笔，传言"钟繇、张芝皆用鼠须笔"②。这一时期，笔杆除竹质、木质之外，还有象牙等材质，如 1983 年，甘肃甘谷新兴镇七甲庄西汉墓中出土毛笔 1 支，笔杆系象牙制成，并雕绘有精致的花草纹饰。

汉代制笔工匠有官府工匠和民间工匠两种。《汉官仪》曰："尚书令、仆、丞、郎，月给赤管大笔一双，篆题曰'北宫工作楷'。"③所谓"北宫工"当时指官府工匠。官府中，制笔名工的制作技术相当精湛，其中杰出的如路扈，据《西京杂记》载："天子笔管，以错宝为跗，毛皆以秋兔之毫，官师路扈④为之。以杂宝为匣，厕以玉璧、翠羽。皆直百金。"⑤另据考古资料可知，甘肃敦煌汉代悬泉置遗址出土毛笔杆上刻有"张氏"二字⑥，武威磨咀子2 号汉墓出土毛笔杆上刻有"史虎作"三字，磨咀子 49 号汉墓出土毛笔杆中部隶书阴刻"白马作"三字⑦，所谓"张氏""史虎"和"白马"大概是指民间工匠。这些民间工匠中也不乏制笔高手，如"张氏笔"，通长 24.5 厘米、杆长22.3 厘米、锋长 2.2 厘米，锋用狼毫，软硬相间，弹性强，杆竹质，锋毫插入孔中，杆尾圆柱形，原镶有装饰物，现已不存⑧，从中可见，"张氏笔"较为精良。东汉时期，文人中也有自制笔者，最著名的当属张芝，字伯英，敦煌人，

---

① 参见甘肃省博物馆、敦煌县文化馆：《敦煌马圈湾汉代烽燧遗址发掘简报》，《文物》1981 年第 10 期，第 4 页；甘肃省文物考古研究所：《甘肃敦煌汉代悬泉置遗址发掘简报》，《文物》2000 年第 5 期，第 15 页；甘肃省博物馆：《武威磨咀子三座汉墓发掘简报》，《文物》1972 年第 12 期，第 15 页。

② （宋）苏易简：《文房四谱》卷一《笔谱上·二之造》引《笔经》，中华书局 1985 年版，第 3 页。

③ （唐）欧阳询：《艺文类聚》卷五八《杂文部四·笔》引《汉官仪》，载《景印文渊阁四库全书》本，第 888 册，台湾商务印书馆 1985 年版，第 350 页。上海古籍出版社本作"尚书令仆丞郎，月给赤管大笔双，篆题曰'北工作楷'"，见《艺文类聚》卷五八《杂文部四·笔》引《汉官仪》，上海古籍出版社 1982 年版，第 1054 页。

④ 路扈即是笔工，董逌《欧阳通碑》云："路扈一世名手，且重以杂宝为跗，然其善不过秋兔之毫。"见（宋）董逌：《广川书跋》卷七《欧阳通碑》，载《景印文渊阁四库全书》本，第 813 册，台湾商务印书馆 1985 年版，第 411 页。

⑤ （汉）刘歆著，（晋）葛洪集：《西京杂记校注》卷一《天子笔》，向新阳、刘克任校注，上海古籍出版社 1991 年版，第 7 页。

⑥ 参见甘肃省文物考古研究所：《甘肃敦煌汉代悬泉置遗址发掘简报》，《文物》2000 年第 5 期，第 15 页。

⑦ 参见甘肃省博物馆：《武威磨咀子三座汉墓发掘简报》，《文物》1972 年第 12 期，第 18 页。

⑧ 参见甘肃省文物考古研究所：《甘肃敦煌汉代悬泉置遗址发掘简报》，《文物》2000 年第 5 期，第 15 页。

后随父徙居弘农华阴,尤擅长草书,韦诞称其为"草圣"①。"伯英之笔,穷神尽思"②,在汉魏时期一直是名品,深受文人喜爱。

随着制笔业的兴起,汉代已出现专门的制作经营者,如《列仙传》中记载:"李仲甫,颍川人,汉桓帝时,卖笔辽东市上,一笔三钱。有钱亦与笔,无钱亦与笔。"③不过,限于毛笔的产量及文人的经济状况等因素,也有不少人无法使用,如东汉时期的任末就曾"削荆为笔,剋树汁为墨"④。结合文献材料与考古资料(不完全统计)可知,秦汉时期,笔的制作及出土区域主要分布在今陕西、甘肃、河南、山东、辽宁、湖北、江苏等地。当然,囿于资料所限,这一时期,其他地区的制笔情况尚不甚清楚。

笔作为重要的书写绘画用具,功用显著。西汉杨雄有言:"孰有书不由笔? 苟非书,则天地之心,形声之发,又何由而出哉! 是故知笔有大功于世也。"⑤东汉时期,出现专论毛笔制作的著述——蔡邕《笔赋》,这是我国制笔史上的第一篇(部)专著。《笔赋》云:"惟其翰之所生,于季冬之狡兔,性精亟以摽悍,体遄迅以骋步,削文竹以为管,加漆丝之缠束,形调搏以直端,染玄墨以定色。"⑥这与考古资料中所见东汉笔的制法相同。由此可知,《笔赋》所记乃当时毛笔的通行制法。《笔赋》的问世,标志着东汉时期制笔技术开始走向成熟。

笔不仅可以用于书写绘画,而且能够作为化妆工具。据考古资料(表5)可知,西汉时期出土有不少眉笔,杆有铜质、铁质、鎏金、鎏银等类。

表5　西汉时期眉笔出土情况统计表

年代	出土地点	出土实物	形制	资料来源
西汉前期	江苏徐州	漆眉笔1件(M2:4)	残,圆柱形,已朽,外髹红漆,残长3.6厘米	《考古》2005.12

① 详见(唐)张怀瓘:《书断》卷中《神品》,载《景印文渊阁四库全书》本,第812册,台湾商务印书馆1985年版,第54页。

② (唐)张怀瓘:《书断》卷下《能品》,载《景印文渊阁四库全书》本,第812册,台湾商务印书馆1985年版,第67页。

③ 参见(唐)欧阳询撰:《艺文类聚》卷五八《杂文部四·笔》,汪绍楹校,上海古籍出版社1982年版,第1054页。《文房四谱》卷一《笔谱·四之杂说》、(清)梁同书《笔史·笔之匠》亦作引《列仙传》,《太平御览》卷六〇五《文部二一·笔》、《记纂渊海》卷八二《字学部·笔》均作引《神仙传》。

④ (晋)王嘉撰,(梁)萧绮录:《拾遗记》卷六《后汉》,齐治平校注,中华书局1988年版,第156页。

⑤ (宋)苏易简:《文房四谱》卷一《笔谱·一之叙事》,中华书局1985年版,第1页。

⑥ (唐)欧阳询:《艺文类聚》卷五八《杂文部四·笔》,汪绍楹校,上海古籍出版社1982年版,第1055页。

续表

年代	出土地点	出土实物	形制	资料来源
西汉前期	广东广州	眉笔	1066:20 镜上有眉笔 2 支,1081:1 镜上有眉笔 1 支,1152:22 镜上有眉笔 1 支,1172:1 有笔杆 4 支,1175:13 有铜眉笔 2 支,1178:1 有铜眉笔 1 支,1177:13 有铜眉笔 2 支。杆为铜质,形与现今毛笔所用的铜笔套相若,圆柱形,上小下大,中空,笔毛套在筒内。与 1178:1 铜镜共出的眉笔,通体鎏金,笔杆下半已残碎,上端有环形小钮;1177:52 的 2 支眉笔杆,形较纤细,上端作龙头形,一稍残,一完好,长 6 厘米,有横穿孔,显示可以穿线带或缚结其他装饰物品,笔杆的筒内尚有一些纤维状物保存(是否属毛质未鉴定),残长 6.7 厘米。与 1081:1 铜镜共出的 1 支眉笔,笔杆系 1 根小铁条,上端卷成环钮,笔毛裹在外面,用细线把全杆缚缠,笔锋已朽,但捆缠在杆上的笔毛尚有一小部分保存着,已呈铁锈色,残长 3 厘米。墓 1066 所出的 2 支杆也是铁质	《广州汉墓》
西汉中期	广东广州	眉笔	2029:15 有眉笔杆 1 支,2030:24 有眉笔杆 1 支,2030:47 有眉笔杆 2 支,2062:34 有眉笔杆 1 支。眉笔杆 5 支,3 支鎏银,2 支鎏金,两者器形均与西汉前期所出者相同,大小亦相类	《广州汉墓》

二、有形松烟墨的出现

秦、西汉时期,墨的形制仍是不规则的墨块,通常称为"丸"或"枚",其形制如山西浑源毕村木椁墓出土的西汉中期墨丸,长 2.5 厘米,半圆锥体,平面有格纹[①]。东汉时期,随着墨模的应用,无形制的墨块逐渐为有形制的墨锭所取代,墨的制作出现了重大转变。1956 年,河南陕县刘家渠东汉墓

[①] 参见山西省文物工作委员会、雁北行政公署文化局、大同市博物馆:《山西浑源毕村西汉木椁墓》,《文物》1980 年第 6 期,第 45 页。

出土五锭残墨,三件保存较好,作圆柱形,径 1.5—2.4 厘米、残高 1.5—3.3
厘米,其中 8 号墓出土墨径 2.3 厘米、高 1.8 厘米,37 号墓出土墨径 1.5 厘
米、残高 3 厘米①,这两锭"尚能辨出形制,均呈圆馒首形,外皮皱纹清晰,墨
质坚实,可以看出是用松烟经墨模压印而成"②。另外,墨锭在东汉壁画中
也能见到,如河北望都汉墓壁画北壁券门西侧画"主簿"中有三足圆砚 1
件,砚上立有墨 1 锭③。

　　汉代制墨业已初具规模,制墨原料主要是松树,据《墨经》记载:"汉贵
扶风、隃糜、终南山之松。"④当时的产墨区主要集中在关中地区,其中以隃
糜(今陕西千阳)所制墨最佳,"尚书令、仆、丞、郎,月赐隃糜大墨一枚,小墨
一枚"⑤。因此,后来也用隃糜代称墨。此外,据考古资料(表6)不完全统
计,今陕西、甘肃、河南、山西、山东、湖北、湖南、广东等地均出土过墨,而其
墨很有可能产自当地。又据文献记载:东汉时期,"和熹邓后即位,万国贡
献悉禁绝,惟岁时贡纸墨而已"⑥。其中"万国"虽为虚指,却也表明当时产
墨区域较多,而且已有向中央朝廷贡墨的规定。汉代,墨也作为商品在市场
上销售,如谢承《后汉书》云:"刘祐仕郡为主簿,郡将小子尝出钱付之令市
买果实,祐悉以买笔墨书具与之。"⑦

表6　秦汉时期墨出土情况统计表

年代	出土地点	出土实物	形制	资料来源	备注
秦代	湖北荆州	墨块 竹墨盒	出于周家台 30 号秦墓,保存不好	《文物》1999.6	

① 参见黄河水库考古工作队:《河南陕县刘家渠汉墓》,《考古学报》1965 年第 1 期,第
160 页。
② 王志高、邵磊:《试论我国古代墨的形制及其相关问题》,《东南文化》1993 年第 2 期,第
79 页。
③ 详见北京历史博物馆、河北省文物管理委员会编:《望都汉墓壁画》,中国古典艺术出版社
1955 年版,第 13 页。
④ (宋)晁氏:《墨经·松》,载《丛书集成初编》本,第 1495 册,中华书局 1985 年版,第 1 页。
⑤ (汉)应劭:《汉官仪》卷上,载《丛书集成初编》本,第 875 册,中华书局 1985 年版,第
23 页。
⑥ (东汉)刘珍等撰:《东观汉记校注》卷六《和熹邓皇后传》,吴树平校注,中州古籍出版社
1987 年版,第 205 页。
⑦ (唐)虞世南:《北堂书钞》卷一〇四《艺文部一〇·墨》,载《景印文渊阁四库全书》本,第
889 册,台湾商务印书馆 1985 年版,第 510 页。

续表

年代	出土地点	出土实物	形制	资料来源	备注
西汉前期	湖北江陵	墨	出于 168∶245 竹筒内,出土时已碎为五小块,其中较完整的一块为瓜子形,长 1.5 厘米、宽 1.1 厘米、厚 0.4 厘米,色纯黑	《文物》1975.9《考古学报》1993.4	汉文帝前十三年(前167 年)
西汉中期	山西浑源	墨丸	出于 M1,长 2.5 厘米,半圆锥体,平面有格纹	《文物》1980.6	
西汉时期	湖南长沙	墨		《考古》1966.4	可能是西汉宣帝、元帝时期
西汉时期	山东临沂	墨丸		《文物》1984.11	
东汉中期	甘肃永昌	墨块 1 件（M5∶2）	圆饼状,直径 2.8 厘米、厚 0.9 厘米	《文物》2009.10	
东汉时期	广东广州	黛墨	出于龙生冈 44 号墓,长条形,残长 4.2 厘米	《文物参考资料》1956.5	
东汉时期	陕西西安	墨锭 1 个	出于 MB,石制,圆形	《文物参考资料》1956.9	
东汉时期	河南陕县	墨 5 件	出于墓 8、9、37、102、1037,三件保存较好,作圆柱形,用手捏制而成,墨的一端或两端曾研磨使用,出土位置多被扰乱,径 1.5—2.4 厘米、残高 1.5—3.3 厘米,37∶45 径 1.5 厘米、残高 3 厘米、8∶60 径 2.3 厘米、高 1.8 厘米	《考古学报》1965.1	墓 37 为东汉前期;墓 8、9、1037 为东汉后期

　　汉代人工墨虽有一定发展,但生产规模有限,天然墨(主要是石墨)仍占很大比例。然而,松烟作为制墨的主要原料却成为制墨史上的重要转折,有力地提高了墨的质量,这通过考古发掘中出土简牍上的墨书文字即可证

实,如江陵凤凰山 168 号汉墓出土竹牍 1 枚(168:256),牍文"墨书隶体,字迹清晰"①。又如《神仙传》云:汉桓帝征仙人,王远"乃题宫门扇板四百余字,皆说方来之事。帝恶之,使人削之,外字始去,内字复见,字墨皆彻入板里"②,此文献记载亦可证明汉代松烟墨品质很高。汉代松烟墨质量的提高为以后相当长的一段时间内,制墨业的发展奠定了基础。

两汉时期,墨除作为文书用具外,还可用于化妆等,如广州汉墓就曾出土有西汉、东汉时期用于化妆的黛墨③。

三、纸质量的提高

秦代,书写材料主要是竹木简牍,如 1975 年 12 月,湖北云梦睡虎地 11 号秦墓出土竹简 1100 余枚;1993 年 6 月,湖北荆州周家台 30 号秦墓出土甲、乙、丙三组竹简共 387 枚;2002 年 6、7 月间,湖南龙山里耶古城出土简牍 36000 余枚,其中绝大多数为木质,少数为竹质④。

西汉时期,已出现了有墨迹的纸文书,如 1990 年,甘肃敦煌汉代悬泉置遗址中出土的文书残片和药方,其中西汉武帝、昭帝时期 3 件,色白,纸面粗且不平整,有韧性;西汉宣帝至成帝时期 4 件,为不规则残片,黄色间白,质细而薄,有韧性,表面平整光滑⑤。然而,此间书写材料仍以竹木简牍为主,如 1979 年 10 月,甘肃敦煌马圈湾汉代烽燧遗址出土简牍 1217 枚,绝大多数为木简,极少数为竹简,纪年最早为元康元年(前 65 年),最晚为新莽时期地皇二年(21 年);1983 年 12 月至 1984 年 1 月,湖北江陵张家山汉墓出土竹简 1000 余枚,年代为西汉初年⑥。另如史书记载,东方朔"初入长安,至公车上书,凡用三千奏牍。公车令两人共持举其书,仅然能胜之……(武

① 湖北省文物考古研究所:《江陵凤凰山一六八号汉墓》,《考古学报》1993 年第 4 期,第 499 页。

② (晋)葛洪:《神仙传》卷三《王远》,上海古籍出版社 1990 年版,第 17 页。

③ 详见中国社会科学院考古研究所、广州市文物管理委员会、广州市博物馆编:《广州汉墓》,文物出版社 1981 年版,第 174、453 页。

④ 参见孝感地区第二期亦工亦农文物考古训练班:《湖北云梦睡虎地十一号秦墓发掘简报》,《文物》1976 年第 6 期,第 1 页;湖北省荆州市周梁玉桥遗址博物馆:《关沮秦汉墓清理简报》,《文物》1999 年第 6 期,第 31 页;湖南省文物考古研究所:《湖南龙山县里耶战国秦汉城址及秦代简牍》,《考古》2003 年第 7 期,第 17 页。

⑤ 详见甘肃省文物考古研究所:《甘肃敦煌汉代悬泉置遗址发掘简报》,《文物》2000 年第 5 期,第 14 页。

⑥ 参见荆州地区博物馆:《江陵张家山三座汉墓出土大批竹简》,《文物》1985 年第 1 期,第 1 页;甘肃省博物馆、敦煌县文化馆:《敦煌马圈湾汉代烽燧遗址发掘简报》,《文物》1981 年第 10 期,第 5 页。

帝)读之二月乃尽"①。

东汉时期,简、帛、纸并行,如"光武车驾徙都洛阳,载素简纸经凡二千两"②。虽然蔡伦已改进了造纸法,但是纸的生产、使用仍然有限。清人赵翼就指出:"王充《论衡》云:'竹木在山林,未知所入,截竹为筒,破以为牒,加笔墨之迹,乃成文字;断木为椠,析之为板,刀加刮削,乃成奏牍。'按王充与蔡邕同时,已在伦之后,其时尚多用简牍,可知蔡伦所造流布尚未广也。"③纸之所以没有得到广泛应用,除了生产条件外,还因为在当时纸被视为不高雅的书写材料,多为家中贫困者及下层社会使用,如东汉书法家崔瑗与葛元甫书曰:"今遣奉书,钱千为赘,并送《许子》十卷,贫不及素,但以纸耳。"④

东汉末期,造纸技术又有进步,左伯在蔡伦改进造纸术的基础上,开创了纸面加工技术。据《书断》记载:"左伯字子邑,东莱人","尤甚能作纸","汉兴,用纸代简。至和帝时,蔡伦工为之,而子邑尤得其妙,故萧子良答王僧虔书云'左伯之纸,妍妙辉光'"。⑤另据考古资料可知,1974 年,甘肃武威旱滩坡东汉墓中,发现东汉晚期的残纸若干片,系麻质,出土时已裂成碎片,最大的一片约 5×5 厘米,大部分纸呈褐色,只有两片纸原放在最内层,保存较好,呈白色,且柔软,有一定强度。⑥就旱滩坡纸与悬泉置纸相比较,从中可见,东汉晚期纸的质量明显高于西汉时期。

汉代,考古出土纸主要分布在今陕西、甘肃等地,说明该地可能是当时主要的造纸区域。

四、砚形制的规范化

据考古资料(表 7)及文献记载可知,秦汉时期,砚的形制逐渐规范化,制作日趋精良,种类不断丰富,式样更加多元。

---

① (汉)司马迁:《史记》卷一二六《滑稽列传》,中华书局 1959 年版,第 3205 页。
② (东汉)应劭撰:《风俗通义校释·佚文》,吴树平校释,天津人民出版社 1980 年版,第 408 页;(南朝宋)范晔:《后汉书》卷七九上《儒林列传》,中华书局 1965 年版,第 2548 页。
③ (清)赵翼:《陔馀丛考》卷一九《造笔不始于蒙恬》,中华书局 1963 年版,第 370 页。
④ (唐)欧阳询撰:《艺文类聚》卷三一《人部十五·赠答》,汪绍楹校,上海古籍出版社 1982 年版,第 560 页。
⑤ (唐)张彦远:《法书要录》卷九《张怀瓘书断下》,人民美术出版社 1984 年版,第 292 页。
⑥ 参见党寿山:《甘肃省武威县旱滩坡东汉墓发现古纸》,《文物》1977 年第 1 期,第 59—60 页;潘吉星:《谈旱滩坡东汉墓出土的麻纸》,《文物》1977 年第 1 期,第 63 页。

表 7　汉代砚出土情况统计表

年代	出土地点	出土实物	形制	资料来源	备注
西汉初期	广东广州	石砚 8 件	出于华侨新村西汉墓,除 4、39 号墓所出的仅系砚石 1 块之外,其余的 6 件都附有研石 1 块,石质有矽质砂岩、燧石、石英岩三种,都是采用一些作卵圆而扁的石块磨制而成,故每砚的形状都不一样,砚面与研石的研磨面光滑如镜,是经长时间使用过的实用物,1 件(30:3)出土时砚面和研石还有朱砂粘着,1 件(39:2)砚面也有朱砂的残迹	《文物参考资料》1956.5《文物参考资料》1957.1《考古学报》1958.2《文物》1964.1	
西汉前期	湖北江陵	石砚附研石各 1 件	出 168:245 竹笥内,砚为细砂岩,花绿色,圆形,面径 9.5 厘米、底径 9.8 厘米、厚 1.5—1.6 厘米,研石用河卵石加工而成,质料石英岩,圆锥形,磨面直径 5 厘米、顶端径 3.7 厘米、高 3.5 厘米,出土时,砚面、研石面都有使用的墨迹	《文物》1975.9《考古学报》1993.4	汉文帝前十三年(前 167 年)
西汉前期	湖南长沙	漆黛砚 1 件(C:74)	砚盒木胎,方形,盒盖盝顶,子母口,盒身中凹,嵌入 1 块圆形砚石,砚石质地细润,略微鼓起,其上残存墨痕,盒身平面一角剜凿一凹槽,疑为置笔之用,长 19.5 厘米、宽 18.5 厘米、高 12.4 厘米	《文物》2010.4	西汉文帝至景帝初年
西汉文景时期	湖北云梦	石砚(附研墨石) 1 件(M77:18)	石砚,灰白色砂岩,直接选取自然鹅卵石使用,略呈圆饼形,扁平,周缘圆溜,通体光滑,直径 12.5—13.5 厘米、厚约 2.5 厘米;研墨石,灰白色细砂岩,背部弧面为自然鹅卵石面,研磨面平整光滑,整体略呈截卵形,研磨面呈椭圆形,高 2.3 厘米、研磨面直径 2.6—3.3 厘米	《江汉考古》2008.4	

年代	出土地点	出土实物	形制	资料来源	备注
西汉前期	山东临沂	石砚 1 件（M7:10）	页岩质,长方形,体薄,一面磨平,一面只琢击,未作修理,砚盒朽,仅见木灰,长 13.4 厘米、宽 6.2 厘米、厚 0.4 厘米	《文物》2000.11	西汉武帝时期
西汉早期	山东章丘	石砚 1 套 2 件	出于 14 号陪葬坑甬钟旁,由磨盘和磨石组成,磨盘为圆饼形,表面光滑,底面粗糙,直径 12 厘米、厚 2.3 厘米;磨石,断面呈梯形,上径 3 厘米、底径 3.7 厘米、高 3 厘米	《考古》2004.8	
西汉前期	安徽潜山	石砚 1 件（M17:9）	圆饼形厚石块,大小 2 块,大的近似椭圆形,黑石块,较厚重,表面研磨光滑,底部未经加工,较粗糙,石块的周边中部刻一周凹弦纹,上有石研杵 1 块,近椭圆形,一面磨光,一面为糙石,大的直径 10.5—11.5 厘米、厚 2 厘米,小的长 5 厘米、宽 3.6 厘米、厚 2.3 厘米	《考古学报》2006.2	
西汉早期	陕西宝鸡	石砚 1 件（M5:19）	砾石质,长方形薄片,长 13.3 厘米、宽 5.2 厘米	《考古与文物》2012.1	
西汉早期	陕西西安	研磨器 1 件（M1:10）	圆台状,纵剖面呈梯形,大端表面有黑色痕迹,质地为暗红细沙,通高 2.6 厘米、上面直径 5 厘米、下面直径 6 厘米	《考古与文物》2017.6	
西汉早期	河南洛阳	石砚 1 件	出于 C8M1630	《洛阳考古》2018.1	
西汉早期至东汉早期	江苏淮安	研石 1 件（M23:4）	方形钮座,圆钮,边长 3.2 厘米、钮径 3.1 厘米,圆钮表面有红色彩绘图案,局部残损,不可辨认	《考古与文物》2019.2	
西汉前中期	安徽萧县	石砚 1 件（99XZM 14:1）	长方形,较薄,表面及四缘均打磨平整,底部未磨,为青灰色页岩制成,长 14.2 厘米、宽 12.1 厘米、厚 0.4 厘米	《江汉考古》2000.3	

年代	出土地点	出土实物	形制	资料来源	备注
西汉中期	江西南昌	石黛砚 1 件（M14：49）	长方形青石片制成，素面，正面磨光，长 13.9 厘米、宽 5.7 厘米、厚 3 厘米，砚面上有研石和圆形青石片各 1 件，研石似环，出土时粘在圆石片上	《考古学报》1976.2	
西汉中期	山西浑源	石砚 1 件	出于 M1，石砚，长方形，长 16.8 厘米、宽 6 厘米、厚 0.3 厘米，研石，圆形，直径 2.8 厘米、厚 0.1 厘米，均为青灰色页岩加工磨制，石砚犹满存墨痕	《文物》1980.6	
西汉中期	江苏铜山	石黛板 2 件	石质细腻，呈黑色，大小各 1 件，大者残长 7.2 厘米、宽 3.4 厘米、厚 0.8 厘米	《考古学报》1985.1	
西汉中期	河北阳原	石砚板 1 件（M2：7）研石 1 件（M2：10）	石砚板，长方形，体薄，一面比较光滑，横截面呈梯形，两面涂朱色，长 14.2 厘米、宽 5.8 厘米、厚 0.9 厘米 研石，长方形，体薄，横截面呈梯形，长 3.1 厘米、宽 2.1 厘米、厚 0.9 厘米	《考古》1990.4	约在西汉昭帝、宣帝时期
西汉中期	湖南永州	砚板 1 件	出于右外藏棺，外表涂红彩，厚 0.5 厘米，长、宽残	《考古》1990.11	
西汉中期	宁夏固原	陶砚 1 件（M3：12）研磨石 1 件（M3：13）	陶砚，泥质灰陶，烧制而成，圆饼形，一面磨光并有黑色颜料研磨痕迹，出土时放置在墓主人头部东侧，磨光面上放研磨石一块，直径 16.8 厘米、边厚 2.8 厘米 研磨石，青石质，自然形成，上部无加工痕迹，下部磨平，平面上留有黑色颜料和砚面上颜色一致，长 5.4 厘米、宽 4.6 厘米、高 3 厘米	《考古学报》2004.2	

续表

年代	出土地点	出土实物	形制	资料来源	备注
西汉中期	山东蓬莱	石研板2件	均附有研石。M4:11,灰白色研板,长14厘米、宽6厘米、厚0.2厘米,所附研石为扁圆形,直径3.3厘米、厚0.2厘米;M5:3,黑色研板,已残,长8厘米、宽5.8厘米、厚0.2厘米,所附研石(M5:1)为扁圆形,亦为黑色,直径3.3厘米、厚0.2厘米	《考古》2006.3	
西汉中期	安徽天长	漆盒石砚1件(M19:40)	木胎,长方形扁体,盒表面髹朱漆,墨绘水波纹,盒内分隔成长方形、正方形和圆形,长方形空间内放置青石制成的板式砚,砚面仍有墨,圆形空间内存放用青石制作的研墨石,长23厘米、宽6.8厘米	《文物》2006.11	
西汉中期	江苏盱眙	石黛板1组（M6:35)	青石质,由长方形石板和圆形石片组成,正面抛光,素面,长方形石板长13.4厘米、宽5.7厘米、圆片直径3.2厘米、厚0.3厘米	《东南文化》2002.11	
西汉中期	陕西咸阳	石砚1组(M5:13)	灰色页岩,砚板为圆形,砚石为圆柱状,下端较上端略粗,砚石顶、侧面用朱砂绘成菱形纹,砚板直径11.5厘米、厚0.6厘米,砚石直径2.2—2.7厘米、高2厘米	《考古与文物》2006.1	
西汉中期	湖北荆门	石砚2件	长方砚1件(M5:12),未见研磨石,研磨面光洁,背面平整不光滑,磨面有使用过的墨痕,石片黑色,保存完整,长15厘米、宽5.2厘米、厚0.15厘米;圆砚1件(M8:1),出土时研磨石放在砚上,研磨面均光洁,有墨痕,砚扁平,呈不规则圆形,研磨石半圆形,一侧有损痕,便于手握,砚直径16厘米、高6.4厘米	《江汉考古》2008.3	

续表

年代	出土地点	出土实物	形制	资料来源	备注
西汉中期	浙江安吉	石黛板 2 件	M6:56,灰色页岩,长方条板状,长 12.6 厘米、宽 5.5 厘米、厚 0.2 厘米	《考古》2014.1	
西汉中期	陕西米脂	石砚 4 件	平面、截面均为长方形,M116:13-1,系用砂石磨制而成,棱角分明,制作规整,器表光滑,长 11.7 厘米、宽 6 厘米、厚 0.5 厘米	《考古与文物》2019.3	
西汉中期或稍偏晚	河南邓州	石砚 1 组	砚板(M1:2),长方形,磨制,较为精细,一端平,一端斜平,似刃,但甚钝,石料为石灰岩,长 16.8 厘米、宽 5.9 厘米、厚 0.5 厘米;研石(M1:3),圆形,打磨兼制,做工粗糙,两面加工稍精,石块四周尚留断茬,石质为砂岩,直径 3 厘米、厚 0.4 厘米	《华夏考古》2003.3	
西汉中期偏晚	陕西西安	石砚板 1 件(M18:8) 研磨器 1 件(M18:9)	砚为长方形,灰色细砂石质,长 13.9 厘米、宽 5.6 厘米、厚 0.25 厘米 研磨器为圆饼状,灰色细纱石质,宽 2.6 厘米、直径 3.4—4.4 厘米	《考古与文物》2006.4	
西汉中期偏晚至晚期早段	陕西宝鸡	石砚 1 套(M8:6)	由泥质砂岩制作,切割整齐,打磨,存黑墨迹,台石长方形,面磨光,背为劈裂面,通长 16.6 厘米、宽 6.1 厘米、厚 0.45 厘米;磨石通高 1.4 厘米,握手圆柱形,直径 2.65 厘米,磨面方形,边长 2.7—2.9 厘米	《考古与文物》2013.6	

年代	出土地点	出土实物	形制	资料来源	备注
西汉中期至西汉末或东汉初	陕西西安	研石4件	可分为两式:125:17,长方形青灰色砂石薄板,长15厘米、宽6厘米、厚0.4厘米,表面上浮着一层墨色的痕迹,另附石质方形柱一件,一面仍留有墨色痕迹,边宽5厘米、高2厘米;128:15,圆形棕色砂石,出土时面上留存有墨色痕迹,直径10.1厘米、厚2.5厘米,背面中间刻划一田字,正面中心有一直径0.6厘米圆形穴,可能为储存墨汁的	《考古》1959.12	
西汉中期至东汉初期	贵州赫章	石砚1套2件(200:27)	石砚,砾石制,砚略呈圆形,扁平,直径18.5—20厘米、厚4厘米,研石馒头状,底径约5.9厘米、高4.5厘米	《考古学报》1986.2	
		石黛砚13件	黛砚,页岩磨制的长方形薄片,标本10:15,长15.4厘米、宽5.3厘米、厚0.5厘米,研石为砾石磨制,上圆下方;标本8:34,圆面上尚残存着朱色粉末,厚1.2厘米、径3.3厘米		
西汉中后期	陕西咸阳	石黛砚2件	出于34号墓,利用卵石制成,平的一面尚有墨迹	《考古》1982.3	
西汉中晚期	江苏连云港	漆盒石砚1件	长19厘米、宽6.8厘米,砚盒上下各一半,内装石板一块,研石一件	《东南文化》1986.2	
西汉中晚期	江苏徐州	石黛板1组	石质,均残,形制相同,分为主板和研块两部分,主板为一长方形石板,附属件上圆下方,呈柱础形,M2:2,主板长14.4厘米、宽5.2厘米、厚0.8厘米,研块上部直径3.2厘米、底部边长3.2厘米、高1.6厘米	《东南文化》2008.6	
西汉中后期	江苏连云港	石板砚1件(M1:23)	出自二号棺,长方形石板,已残,残长13厘米、残宽5厘米	《文物》2012.3	

续表

年代	出土地点	出土实物	形制	资料来源	备注
西汉中晚期	浙江湖州	石黛板 1 组（M2:1）	黛板,青灰色页岩,长方形,正面光滑,背面尚见剥离痕迹,四侧面琢制,残长13厘米、宽6厘米、厚0.3厘米;研石,正方形,青色凝灰岩,研面光滑,背面略磨制,四侧面琢制痕明显,边长2.5厘米、厚0.3厘米	《东方博物》2016.3	
西汉中晚期	陕西西安	石砚 1 件研石 2 件	石砚(M110:35-3),灰黑色,圆饼状,底部粗糙,顶部被磨得较为光滑,边缘有一周细凹槽,直径7.4厘米、厚0.5厘米研石2件,呈上细下粗的圆柱体,外表打磨光滑,M110:35-1,上径1.9厘米、下径2.3厘米、高1.7厘米;M110:35-2,上径1.9厘米、下径2.1厘米、高1.8厘米	《考古》2019.2	
西汉中晚期至新莽时期	江苏东海	石板研 1 件（M6:5）	通长21厘米、宽6.5厘米,盒为木胎髹黑漆朱色图案,图案以云气纹为主,间以虎、羽人、奔鹿等,内放石质板研	《文物》1996.8	
西汉中晚期至东汉初期	湖南茶陵	滑石片 1 件（M5:10）	青灰色,两面打磨光滑,长方形,残缺一角,长10.4厘米、宽4.8厘米、厚0.4厘米	《考古》1996.6	

续表

年代	出土地点	出土实物	形制	资料来源	备注
约西汉晚期偏早	陕西西安	石砚 1 件（M26：6-2）	砂岩，由研磨器和砚板两部分组成，研磨器形状呈圆柱状，剖面呈梯形，周壁加工规整，砚板平面呈圆形，剖面呈梯形，边缘及两面磨制平整，光滑，通高5.6 厘米、研磨器高 3.1 厘米、直径 4—4.8 厘米、磨板厚 2.5 厘米、直径12—12.8 厘米	《考古与文物》2017.3	
		石砚 3 件（M30：3）	砂岩，由研磨器和砚板两部分组成，研磨器为圆柱形把手，剖面略呈梯形，研磨面呈方形；砚板体呈长方形，两面磨制平整，一面光滑，一面粗糙，边缘磨制平齐，整器表面涂有红色颜料，研磨器高 1.7 厘米、研磨面边长 2.6 厘米、柄径 2.3—2.7 厘米、砚板长11.6 厘米、宽 4.8 厘米、厚 0.6 厘米		
西汉晚期	广东广州	燧石砚 1件	出于东华 M013 号木椁墓，砚长 28 厘米，砚面有许多墨迹	《考古学报》1958.2《文物》1964.1	
西汉末期	辽宁大连	黛石板 3件	1 号墓出土的 1 件，为长方形灰石板，长 9.87 厘米、宽 4.8 厘米、厚 0.5 厘米。10 号墓出土 2 件，1件为长方形灰石板，长1.6 厘米、宽 6 厘米、厚0.6 厘米；1 件为方形石板，每边长 3.2 厘米、厚1.52 厘米，这两块石板出土时排在一起，这类石板的正面很光滑，并有涂墨的痕迹，背面粗糙，方形石板的背面是个圆形的，并有划着圆圈和向外的四条弧纹，中央刻一"上"字	《考古学报》1958.4	
西汉晚期	江苏海州	木砚盒 1件	上下一合，内装石板 1 块，盒长 22.6 厘米、宽 7.6 厘米、厚 1 厘米	《考古》1974.3	

续表

年代	出土地点	出土实物	形制	资料来源	备注
西汉晚期	山东临沂	薄石板 1 件	出墓 6,已碎,长方形,体薄,一面光滑,一面不甚平整,长 15.5 厘米、宽 4.8 厘米、厚 0.3 厘米	《考古》1975.6	
西汉后期	广西平乐	石砚 1 件(100:1)	青色页岩,长方形片状,规整光滑,已残	《考古学报》1978.4	
西汉晚期	湖南湘乡	石砚 2 件	1 件(78:3)为灰黄色砂石制成,长方形,四周及上表磨光,上表尚残留银朱,长 14.1 厘米、宽 5 厘米、厚 0.5 厘米;1 件(87:1)为灰色页岩制成,长方形,表面不很光滑,已破,残长 9.2 厘米、宽 4.7 厘米、厚 0.25 厘米	《文物资料丛刊》1978.2	
西汉晚期	青海大通	石砚 1 件	石砚长 13 厘米、宽 5 厘米、厚 0.6 厘米,正面光滑,背面较粗糙,略发黑,附研石 1 件,上圆下方,边宽 3.2 厘米、高 1.5 厘米,磨制精细,石砚和研石的光面都有墨痕	《文物》1981.2	
西汉晚期	广西合浦	石黛砚 3 件	形制相同,皆细砂石磨成,长方形片状,规整,研石皆圆饼方底。1 件(M2B:48)长 15.2 厘米、宽 5.3 厘米;1 件(M1:13)缺研石,正面刻横道八条,每道间隔 1.4—2 厘米	《文物资料丛刊》1981.4	
西汉晚期	广西合浦	泥砚 1 件	已残	《文物资料丛刊》1981.4	
西汉晚期	辽宁新金	长条形石板和研石	M7 出土,3 块石板和研石均有墨迹	《文物资料丛刊》1981.4	
西汉后期	安徽芜湖	研石 1 件(2:5)	出于 2 号墓,沙质页岩,长方形,正面平整,长 14.2 厘米、宽 5.4 厘米、厚 7 厘米	《考古学报》1983.3	
西汉晚期	江苏连云港	研石 1 件(M1:10)	石胎,外髹黑漆,正面朱书"鸾"字,下方上圆,下部直径 2.5 厘米、通体厚度为 1 厘米,研石在连云港地区汉墓中常有出土,但书有文字的尚是第一件	《东南文化》1986.1	

续表

年代	出土地点	出土实物	形制	资料来源	备注
西汉晚期	广西合浦	黛石1件（202B：2)	长方形，采用青石片制成，单面磨平光滑，长17厘米、宽6.5厘米、厚0.4厘米	《考古》1986.9	
西汉晚期	山西朔县	石砚	均为长方形石板状，多附方形或圆形研石。标本ZM1:29厘米，长14.4厘米、宽6厘米、厚0.4厘米，研石圆形，直径2.8厘米、厚0.4厘米	《文物》1987.6	
西汉晚期	陕西宝鸡	石板1件	长方形，砂岩磨制成，长17.2厘米、宽6厘米、厚0.3厘米	《考古》1987.12	
西汉晚期	山西朔县	石砚1套	由砚和研石组成，灰色页岩质，砚长方形，长14.4厘米、宽6厘米、厚0.3厘米，一面光滑，外表呈黑红色，颜色上留有丝织物经纬的压痕；研石近圆形，不甚规则，研面附着朱砂和墨色，推测该砚既研过朱砂，也曾研过墨	《考古》1988.5	
西汉晚期	上海	石砚及研石各1件	出土于M20，砚呈规整的圆形，边缘有凹口，砚面光洁平整，上有墨迹，直径9.5厘米、厚0.6厘米，研石呈圆柱体，上窄下宽，窄径2.1厘米、宽径2.5厘米、高1.5厘米，砚及研石质地均为砂页岩，并有使用痕迹	《考古》1988.8	
西汉晚期	湖南桃源	石砚板2件	M12：2，长方形，长14.6厘米、宽4.6厘米，一面光滑，同出方形研块，长2.4厘米、宽2.4厘米；M68无研块，但在砚板一端盖一凹形，以便着水，长13厘米、宽5.6厘米、面光滑	《湖南考古辑刊》1989.5	
西汉末期	湖南津市	石砚1件	青石质，长方形片状，长15.4厘米、宽6厘米	《湖南考古辑刊》1994.6	

年代	出土地点	出土实物	形制	资料来源	备注
西汉晚期	河南新乡	石砚 1 件（M8:30）	灰砂岩质，上有墨痕，下有三矮足，直径 10 厘米、高 2.4 厘米	《华夏考古》1997.4	
西汉晚期	重庆巫山	石砚 1 件	出于 M40	《考古学报》1999.2	
西汉晚期	陕西陇县	石板砚 1 组（M192:9）	用灰岩制成，长方形，较薄，一面光平，出土时表面残留有朱砂痕迹，另一面较粗糙，长 14.2 厘米、宽 3.1 厘米、厚 0.4 厘米；研石圆形片状，直径 3 厘米、厚 0.4 厘米	《考古与文物》1999.4	
西汉晚期	重庆巫山	石砚 1 件（M49:5）	长方薄片状，一面磨光，一面毛糙，长 14.4 厘米、宽 5.8 厘米	《考古学报》2005.2	
西汉晚期	辽宁普兰店	石砚 1 组	砚板（M45:59-1），长方形，扁薄体，青灰色页岩，打制，磨面光滑，长 14.1 厘米、宽 4.5 厘米、厚 0.3 厘米；研石（M45:59-2），方形，扁薄体，青灰色页岩，打制，磨面光滑，与砚板共出，长 2.5 厘米、厚 0.3 厘米	《文物》2012.7	
西汉晚期	陕西西安	石砚 1 组（M2:22）	砚板为长方形片状，一面平整，上有墨迹，长 15.9 厘米、宽 6 厘米、厚 0.6 厘米；研石为正方形，四角上翘，圆纽凸起，边长 2.9 厘米、纽径 2.9 厘米、高 1.3 厘米	《文物》2012.10	
西汉晚期	陕西西安	石砚 1 件（M24:22）	圆形，细砂石，砚面粘附黑色残留物，面、底均平整光细，上大下小，侧沿壁下斜，直径 10—10.4 厘米、厚 0.6 厘米	《考古与文物》2012.6	
西汉晚期	河南淅川	石砚 1 件（M48:26）	圆形，上大下小，侧面为梯形，直径 12—12.8 厘米、厚 2 厘米	《江汉考古》2015.1	
西汉晚期	河南淅川	石砚 1 件	M48:9，平面近圆形，横断面梯形，直径 12—12.8 厘米、厚 2 厘米	《考古学报》2015.3	

年代	出土地点	出土实物	形制	资料来源	备注
西汉晚期	安徽肥东	石黛板1组（M5：39）	砂岩,青灰色,由黛板和研子组成,保持完好,黛板为长方形,正面磨制光滑,反面较为粗糙,长12.45厘米、宽5厘米、厚0.8厘米;研子磨制精细,下为方形,四角翘起,上有圆饼状纽,长3.4厘米、宽3.3厘米、高1.5厘米	《东南文化》2016.1	
西汉晚期	浙江湖州	石黛板1组（M1：28）	残,黛板,灰色细砂岩,背面较光滑,四侧面磨制,长方形,长18厘米、宽6.2厘米、厚0.5厘米;研石,灰色细砂岩,六面皆光滑,正方形,磨面边长2.6厘米、背面边长2.5厘米、厚0.9厘米	《东方博物》2016.3	
西汉晚期	江苏淮安	石黛板1件（M35：20）		《东南文化》2016.5	
西汉晚期	浙江余杭	石砚1件（M19:6）研石1件（M19:7）	石砚,呈长方板形,紫褐色砂石质,长11厘米、宽4.4厘米、厚0.6—0.7厘米;研石,紫褐色砂石质,上方下圆,上方边长3厘米、下面直径2.9—3厘米、高0.7厘米	《东方博物》2017.2	
西汉晚期	河南淮阳	石砚1件（M244:18）	黑灰色细砂岩,残破,长方形薄片,正、背面光滑平整,磨制精细,背部残留零星朱砂痕,长16.9厘米、宽6.3厘米、厚0.35厘米	《洛阳考古》2017.2	
西汉晚期	浙江杭州	研石1件	M34:20,灰色砂岩,下方上圆,顶面和底面均磨光,边长2.8厘米、高1.05厘米	《考古学报》2018.3	
西汉晚期	安徽肥东	石研磨器1件（M11:52）	砂岩,灰色,上圆下方,直径3.15厘米、厚1.4厘米	《文物》2018.12	

续表

年代	出土地点	出土实物	形制	资料来源	备注
西汉晚期至新莽时期	河南济源	石砚1件	出于墓8,长方形,长12厘米、宽4.7厘米,砚面还残留有朱色	《文物》1973.2	
西汉晚期至新莽时期	山东微山	石砚板1件研石2件	M20G4:22,青石质,呈方形薄片状,边长3.6厘米;M28:2,褐色砂石质,呈方形,有圆形捏手,边长2.3厘米、厚1厘米,此件研石放在石砚板上;M20G4:23,泥质灰陶研石,呈方形,有圆形捏手,边长3.6厘米、厚1.2厘米	《考古》2009.10	M28 为西汉晚期;M20 为新莽时期
西汉晚期至新莽时期	重庆忠县	石黛板1件（M3:10）	长方形,灰黑色,两面较光滑,出土时粘有铁锈,长13.6厘米、宽6.2厘米、厚0.4厘米	《考古学集刊》2017.20	
西汉末期至东汉初期	江苏盐城	黛板2件	一面磨平,一面粗糙,1件(M1:28)残缺过半,系用云母岩制成,内含有发亮的砂粒,灰色,已残,原长不清,宽5.5厘米、厚0.8厘米;1件(M2:18)完整,系用板岩制成,灰褐色,扁平长方形,长16.8厘米、宽6厘米、厚0.4厘米	《考古》1964.8	
西汉晚期至东汉初期	陕西西安	石砚1件（M4:4）	圆形,子母口,底附三矮圆足,器身为砂岩,着墨面磨光,径13.2厘米、厚0.5厘米;器身径15厘米、高3.6厘米	《考古学报》1985.3	
西汉后期至东汉初期	山西大同	石砚1件（M10:20）	已残	《文物》2012.9	
西汉晚期至东汉早期	江苏淮安	石黛板1组（M37:2）	由黛板和研石组成,黛板为长方形,中间残断,两面均打磨的较平整,一面留有墨痕,长12.7厘米、宽4.3厘米、厚0.3厘米;研石,方形钮座,圆钮,边长3.2厘米、钮径3.2厘米	《考古与文物》2019.2	

续表

年代	出土地点	出土实物	形制	资料来源	备注
西汉晚期至东汉早期	江苏溧阳	石黛板 1件(M35：38)	黑色石质,长方形,表面光滑,长 13.5 厘米、宽 5.2 厘米、厚 0.5 厘米	《东南文化》2020.2	
		石研磨器 1件(M44：8)	石质,上圆下方,呈"凸"字状,边长 2.8 厘米、高 1.2 厘米		
西汉时期	湖南长沙	石砚 2件	皆作圆形,唯石质不同,1件为红色沙石琢成,周身光滑如天然而成,看不出人工磨琢的痕迹,上附石研杵,其质地色泽与石砚同,上圆滑凸起,下平整,当系磨平的,出土时,砚上有朱色残余,石砚直径 15 厘米、厚 2.8 厘米,研杵高 3.1 厘米;1件则系青石磨琢而成,上下平整,边棱完好无缺,上面放有石研杵 1 锭,作多棱形,上下平整,石砚直径 15.5 厘米、厚 1.5 厘米,石研杵长 2.8 厘米、上端直径 2.5 厘米、下端直径 3 厘米	《考古学报》1957.4	
西汉时期	广东广州	石砚 1件		《文物》1961.2	
西汉时期	河南巩县	石黛砚 1件(M13：6)	长方形,板面有墨迹,并涂有朱红,长 14.4 厘米、宽 5.1 厘米,砚旁放一下部呈正方形、上部呈圆形的石磨棒	《考古》1963.2	
西汉时期	河南洛阳	长方石板 1件 研石 1件	石板,长 14.5 厘米、宽 5.2 厘米 研石,上圆下方	《考古》1964.8	约为西汉元帝至王莽年间

年代	出土地点	出土实物	形制	资料来源	备注
西汉时期	河南洛阳	长方形石板调色器1件	出于洛阳烧沟632号墓，黄灰色页岩，经加工磨制成器，体薄，砚面光滑，上有朱、墨痕迹，底未经磨光，四边斜刹，上大下小，长12.6厘米、宽5.1厘米、厚0.5厘米，附研磨器1块，为褐色页岩打制磨光而成，底呈方形，长3厘米、宽2.8厘米、厚1.2厘米，上为圆形，直径2.9厘米	《文物》1965.12	
		长方形石板调色器1件	出于洛阳烧沟59A号墓，青褐色页岩，经加工磨制呈长方形，调色面光滑，残存有朱痕，背面不平整，未经磨光，四边斜刹呈下小上大之梯形，此调色板同方形研石和铜质小勺置于一木盒中，发掘时尚有木痕可寻，长12.5厘米、宽5厘米、厚0.7厘米		
		圆形三足石砚1件	出于十二工区6.12.3号墓，青褐色页岩，圆盘形，下有三熊足鼎力，砚面磨光，中心有一小圆孔，其上侧阴刻有"大泉五十"四字，很粗糙，砚周侧阴刻带纹图案，底面外缘有线刻鸟兽图案，但已不清晰，直径14.8厘米、高2.8厘米、砚面厚1.7厘米		
西汉时期	湖南湘乡	研磨器5件	呈长方形或圆形，表面光滑	《考古》1966.5	
西汉时期	广东广州	石砚1件（M8:23）	粉砂岩的河卵石磨制，平面呈扁圆形，有研石1块，研磨面光滑，砚长16.5厘米	《考古学报》1974.1	绝对年代应在西汉景帝到武帝的元鼎年间，即南越王国的后期阶段

续表

年代	出土地点	出土实物	形制	资料来源	备注
西汉时期	湖北江陵	石砚 1 件	出于凤凰山 8 号墓,砚盘取材于圆饼形扁平砾石,一面研磨光滑,尚有墨痕,上搁石研杵 1 块	《文物》1974.6	
西汉时期	湖北宜昌	石研 2 件 石片 2 件	石研,似为圆形扁平的河卵石琢磨成,前 9:25,直径 13 厘米;前 10:31,研面有朱色残痕,直径 12—13.5 厘米 石片,出前 9 墓内,皆一面磨光,前 9:17,长方形,长 14.2 厘米、宽 8.5 厘米、厚 0.2 厘米;前 9:18,圆形,直径 2.3 厘米、厚 0.2 厘米	《考古学报》1976.2	墓 10 为西汉前期;墓 9 为西汉后期
西汉时期	甘肃敦煌	石砚 1 件 (79.D.M.T7:03)	砚面圆形,方座,四角翘起,石砚原应装于长方木匣内,现已残,砚面直径 3.4 厘米、高 1.5 厘米	《文物》1981.10	
西汉时期	贵州安顺	石砚 1 件	出土于 M6,长方形,正面完整光滑,残留有朱红颜料,无饰纹,长 15.9 厘米、宽 6.6 厘米、厚 0.4 厘米	《文物资料丛刊》1981.4	
西汉时期	江苏扬州	黛板 2 块	1 块长 14.5 厘米,另 1 块装于褐漆扁木匣内,长 8.3 厘米,板上留有墨迹	《考古》1982.3	
西汉时期	安徽潜山	石砚 1 件	正面平滑,背面较粗糙,长 14 厘米、宽 6 厘米、厚 3 厘米	《文物》1982.11	

年代	出土地点	出土实物	形制	资料来源	备注
西汉时期	山东临沂	漆盒石砚1件（M11:7）	砚盒木胎,盒盖与盒身各长 21.5 厘米、宽 7.4 厘米、厚 0.9 厘米,盒盖里外髹赭漆,里面有长方形凹槽可扣住石板砚,有方形凹槽可扣住研磨石,外面用朱红、土黄、深灰三色漆画出云兽纹,再以黑漆勾出云兽线条,计有虎、熊、鹿、羊等六兽,身身里外也髹赭漆,里面有石板砚一块,长 16 厘米、宽 6 厘米、厚 0.2 厘米,胶合在一块长宽各 2.5 厘米、厚 1.1 厘米的坛形木块上。放置时,木块向上,研磨石向下,捏住木块,可以将研磨石压在石板砚上研磨。出土时,盒内尚残留粒状黑墨,石板砚上也留有墨迹。盒外底部绘有与盖表面相同的图案	《文物》1984.11	
西汉时期	湖南保靖	研磨器2件	M4:12,沙石质,上圆下方,表面粘有朱砂痕迹,高 17 厘米、上面径 4.4 厘米、下面边长 6.4 厘米;M4:13,石质青色,长方体,两面平整,一面粘有朱砂痕迹,长 13.8 厘米、宽 5.8 厘米、厚 0.4 厘米	《考古》1985.9	
西汉时期	湖南长沙	石砚1件	台面平整,中部微凹,四周不规则,茶 1:5,长 18.5 厘米、宽 16.8 厘米、厚 2.6 厘米	《考古学报》1986.1	

年代	出土地点	出土实物	形制	资料来源	备注
西汉时期	江苏邗江	漆砚 1 件	平面呈风字形,由砚盒和砚池两部分组成,砚面与砚盒之间有三角形的泄水孔,塞一木雕羊首形栓,木胎,长 19 厘米、前宽 9.8 厘米、后宽 8.2 厘米、高 6.6 厘米	《文物》1988.2	
		博山饰木砚 1 件	分砚池和砚盒两部分,砚池为桃形,长 4.7 厘米、宽 4.8 厘米,砚盒作博山形,雕刻羽人、瑞兽,盒内剜空,可注水,砚盒与砚池间有一长方形孔相通		
西汉时期	辽宁朝阳	黛砚 1 件	出于西 M7,灰白色石质,砚石作长方形,长 11 厘米、宽 4.4 厘米、厚 0.4 厘米,研石边长 3 厘米	《文物》1990.2	
西汉时期	湖南资兴	研石 5 件研石板 5 件	研石,上为圆形,下为方座,底面光滑,标本 M66:7,上部镂雕兽纽,通高 3.8 厘米、底长宽各 6 厘米;M427:63,通高 2.2 厘米、底长宽各 6 厘米研石板,均为长方形薄石板,标本 M427:46,长 12 厘米、宽 4.6 厘米、厚 0.8 厘米	《考古学报》1995.4	
西汉时期	浙江安吉	石研 2 套	M8:25、26,形状不规则,一面磨制光滑,另一面较粗糙,研石长 15 厘米、宽 13.5 厘米、厚 1.5 厘米;M10:33、34,平面长方形,平整光滑,研石长 14.1 厘米、宽 6 厘米、厚 0.5 厘米	《考古》1996.7	M10 为西汉中期;M8 为西汉晚期

续表

年代	出土地点	出土实物	形制	资料来源	备注
西汉时期	江苏徐州	石砚 1 件（M3:77）	为沉积岩质,俗称竹叶石,表面有侵蚀,砚圆盘形,制作规整,上下面均打磨光滑,侧面以平行线纹为地雕饰云气纹,砚上置一石研子,呈上细下粗的圆柱形,顶部抹角,底平,有磨损痕迹,砚顶面、侧面及研子底面有黑墨痕迹,砚直径 18.3 厘米、厚 2.6 厘米,研子高 5.5 厘米、底径 3.2 厘米	《文物》1997.2	
西汉时期	山东阳谷	石黛板 1 件（M1:74）石研磨器 1 件（M1:73）	石黛板,长方形薄片状,一面磨制光滑,长 12.4 厘米、宽 4.8 厘米、厚 0.5—0.8 厘米 石研磨器,下部为方形,上部为圆形,边长 2.9 厘米、高 1.4 厘米	《考古》1999.11	
西汉时期	江苏盱眙	石砚 1 件（M1:178）	用青灰色页岩磨制,长方形,长 15 厘米、宽 5.5 厘米、厚 0.5 厘米	《文物》2004.5	不晚于西汉中期
西汉时期	山东枣庄	石黛板 8 件	出自 7 座墓中,其中 M40 出土 2 件,均为长方形,体薄,一面光滑,一面不太平整,大都放在墓主的头部附近,都与石研同出,在光滑的一面上,有的涂朱色,有的在黑色上涂上朱色,再在朱色上涂白色,长 8.4—14 厘米、宽 3.5—5.8 厘米、厚 0.2—0.7 厘米	《考古学集刊》2004.14	M3,石黛板 1 件,西汉早期 M40,石黛板 2 件,西汉早期 M43,石黛板 1 件,西汉晚期 M65,石黛板 1 件,西汉晚期 M67,石黛板 1 件,西汉晚期 M106,石黛板 1 件,西汉晚期 M123,石黛板 1 件,西汉晚期
		石研 4 件	出自 3 座墓中,其中 M40 出土 2 件,都出在黛板上,出土时都与白粉放在一起,可能是研磨化妆品或颜料的工具,均上圆下方,M123 出土的一件圆的顶部呈弧形,长、宽 2.7—3 厘米		

年代	出土地点	出土实物	形制	资料来源	备注
西汉时期	重庆丰都	研磨石1件（M32：17）	方形，页岩，豆青色，顶部突出，下表面平整光滑，边长2.9厘米、厚0.9厘米	《考古与文物》2009.2	
西汉时期	山东日照	漆砚盒1件（M106：21）	木胎，器表髹漆，长方形，扁平状，器表漆面压印波折纹，盒内刻出长方形和圆形凹槽，分别盛放研子和砚板，长23.4厘米、宽7.1厘米、高2厘米	《文物》2010.1	约在西汉武帝末年至昭帝时期
西汉至西晋时期	甘肃敦煌	石砚		《文物》2000.5	
新莽时期	江苏扬州	黛板盒1件（M4：50）	薄木胎，上盖下底，内装上圆下方黛板石和长方形黛板石各1块，黛板盒内光素，外髹土黄色漆，素面无纹，长18厘米、宽6厘米、厚2厘米	《文物》1987.1	
新莽时期	陕西紫阳	砚具5件	包括"琮形研磨器"2件，长方形石板2件。IM15内各出2件，IM12内仅出石板1件，未发现研磨器。研磨器，2件相同，IM15：14，研磨面为圆形，上面残存朱砂，顶面为方形，四角为两斜面，通体磨光，长、宽各3.3厘米、直径3.3厘米、高1.9厘米。石板，3件大小相同，IM15：15，横断面为长方形，体薄，砚面残存朱砂，长12.8厘米、宽5.2厘米、厚0.5厘米	《考古学报》1995.2	
新莽时期	河南洛阳	研磨器1件（IM461：16）	长方形，体薄，两面光滑平整，深褐色，上残留朱砂痕迹，长11.7厘米、宽4.4—4.6厘米、厚0.35—0.55厘米	《文物》1995.11	
新莽时期	陕西西安	三足圆盘石砚1件（M22：21）	圆盘为平底盘下设三兽头状矮足，直径15厘米、高2.4厘米	《考古与文物》2001.3	

续表

年代	出土地点	出土实物	形制	资料来源	备注
新莽时期	江苏泰州	石黛板1组（M2：1）	褐色砂岩,分上、下两片,均长方形,内侧为磨面,与黛板同出一研子,黛板上片长13厘米、宽5.6厘米、厚0.6厘米;下片长13厘米、宽5.5厘米、厚0.6厘米;研子长3.2厘米、宽3.2厘米、厚1.6厘米	《东南文化》2002.5	
新莽时期	重庆巫山	石黛板和砚石2件（IM15：12、13）	灰色石质,长方形,板上残留朱砂印迹,砚石正方形,侧视呈梯形,长11.3厘米、宽6.1厘米、厚0.7厘米,砚石长2.9厘米、厚0.7厘米	《文物》2005.9	
新莽时期	安徽萧县	石黛砚1件（M3：14）	青灰色,石质细腻,器呈长方形,较薄,表面经打磨处理,青灰色页岩制成,素面,长14厘米、宽6厘米、厚0.4厘米	《东南文化》2007.6	
新莽时期	重庆巫山	石黛板1组（S2M3：32）	石质,青灰色,磨制,黛板长16.2厘米、宽6.2厘米、厚0.45厘米,研石为圆形	《江汉考古》2008.2	
新莽时期	陕西咸阳	石砚2件（M8：5;M9：10）	形制相同,磨砂黑灰石质,中部残断,长方形薄片状,正面朱书"十二"二字,长11.4厘米、宽4.9厘米、厚0.4厘米	《考古与文物》2017.2	
新莽时期	河南南阳	长方形石板1件（M1：178）	残,长方形,体薄,一面光滑,一面不平整,长14厘米、宽6厘米、厚0.3厘米	《考古学报》2007.2	或已晚到东汉初年
新莽时期或东汉初期	江西南昌	石砚1件	为一长方板,青灰色,粗糙,周边亦不平齐,长14厘米、宽7厘米、厚0.6厘米	《考古》1964.2	

年代	出土地点	出土实物	形制	资料来源	备注
新莽时期至东汉早期	浙江余杭	石砚1组（M17:5）	青绿色细砂石质,长方形,长13.8厘米、宽3.5厘米、厚0.6厘米;砚石下方上圆,通高1.4厘米,方形座边长2.4—2.5厘米、厚0.5—0.6厘米,圆柱直径2.5厘米、高0.8厘米	《东方博物》2015.1	
新莽时期至东汉初年	河南淅川	石砚1件	M34:9,体扁薄,一端残,长11厘米、宽7.1厘米、厚0.2厘米	《考古学报》2015.3	
新莽时期至东汉早期	浙江杭州	石黛板3件	M42:1,灰褐色砂岩,扁长方形,修治规整,正面及四边磨光,背面粗糙,长13.4厘米、宽4.3厘米、厚0.6厘米;M42:1-1,研石,灰色砂岩,边长2.8厘米、高1.05厘米 M80:3-1,灰褐色砂岩,长11.5厘米、宽6厘米、厚0.8厘米 M80:3-2,灰褐色砂岩,长11.3厘米、宽5.6厘米、厚0.5厘米	《考古学报》2018.3	
新莽时期至东汉早期	浙江宁波	石黛板1件（M2:6）研黛器1件（M2:7）	石黛板,青灰色砂岩,长方形,正面光滑,有黑色颜料痕迹,长11.6厘米、宽6.1厘米、厚0.6厘米 研黛器,青灰色砂岩,方形,圆纽,研面光滑,残留黑色颜料痕迹,边长3.4厘米、纽直径3.4厘米、通高1.4厘米	《南方文物》2020.1	

年代	出土地点	出土实物	形制	资料来源	备注
新莽时期至东汉中期	浙江绍兴	石黛板（黛砚）1件（M7：2）	板面呈长方形，长7.2厘米、宽3.3厘米、厚0.5厘米	《东南文化》2001.11	
		石黛板（黛砚）1件（M9：15）	石黛板，板面呈长方形，长11.5厘米、宽4.6厘米、厚0.5厘米		
		研黛器（研子）1件（M9：16）	研黛器，捉手为圆形，直径3.3厘米，研磨面为正方形，边长3.3厘米、高1.1厘米		
两汉之际	天津	砚板2件	T23③：8，完整，长方形石板，制作规整，一面磨光，长11.3厘米、宽5.5厘米、厚0.4厘米；T23④：4，残，长方形石板，一面磨光，残长6.5厘米、宽6.2厘米、厚0.8厘米	《考古》2001.9	
东汉初期	广东广州	黛砚1套	用灰白色的页岩制成，砚作长方形，很薄，上有小研石1块，研石平面正方形，上面带有1个直径与正方形同大的平圆钮，砚长16厘米、宽6.5厘米、厚0.5厘米，研石长、宽各2.8厘米、钮径2.8厘米、通高1厘米	《考古通讯》1956.4	
东汉初期	内蒙古磴口	石砚1件	出于墓1，长方形，用青色页岩制成，长14.5厘米、宽5.3厘米、厚0.8厘米	《考古》1965.7	
东汉初期	河南洛阳	长方形石板调色器1件	出于洛阳烧沟113号墓，长10.7厘米、宽2.7厘米、厚0.3厘米，青褐色页岩，经加工磨制呈长方形，调色面磨光，留有墨痕，背面未经磨光	《文物》1965.12	

年代	出土地点	出土实物	形制	资料来源	备注
东汉初期	河北石家庄	石砚及研石各1件	砚呈规整的圆形,砚面平整光洁,有明显的使用痕迹,砚底部不平整、较粗糙,直径17厘米、厚1厘米,研石呈梯形,上宽4.6厘米、下宽5.5厘米、长6.5厘米,砚、研石质料均为砂质页岩	《考古》1984.9	
东汉前期	辽宁大连	石砚2套	M802:23,页岩磨制,砚为长方形薄平石板,上有朱色,研石磨蚀甚重,尚可辨出其形制为上圆下方,砚长13.3厘米、宽7.2厘米、厚0.4厘米;M741:4,质地、形制与M802相同,砚长12.3厘米、宽5厘米、厚0.3厘米,研石上刻一"十"字,研面满布墨迹,高12厘米	《考古》1986.5	
东汉前期	湖北宜都	研石1件(M12:4)	长方形,残长10厘米、宽6.4厘米、厚0.8厘米,正面特别光滑,并微下凹,M11曾出土1件,其大小和形制均一样	《考古》1987.10	
东汉前期	湖南衡阳	研石1件(M6:12)	褐绛色砂石,方座圆形,圆面饰朱色一周,内朱书隶体"高(膏)"字,通高0.8厘米、座高0.45厘米、座边长与圆面直径均2.5厘米	《考古》1993.3	
东汉早期	宁夏西吉	石砚1方(XHM1:18)	砚板为长方形石质灰白色页岩,砚面作黑色,砚长15.1厘米、宽6.4厘米、厚0.4厘米,体薄,砚面光洁平整上有墨迹,另一面也较为平整	《考古》1993.5	
东汉早期	湖北武汉	陶黛板1组	黛板,长方形,素面无纹饰,长12.5厘米、宽6.5厘米、厚0.6厘米;研子,圆台方座,圆台上模制圈卧怪兽一个,方座边长3厘米、圆台直径3厘米、通高1.2厘米	《江汉考古》1998.3	

续表

年代	出土地点	出土实物	形制	资料来源	备注
东汉前期	广西贵港	石黛砚 2 件	长方形,M1:2,黑色,出土时其上放置 1 枚陶质砚石,砚石下部方形,上部作圆形如钮,钮上雕刻阳线变体蛇纹,长 13.5 厘米、宽 7.6 厘米、厚 0.5 厘米;M1:59,灰色,长 13.1 厘米、宽 5.25 厘米、厚 0.75 厘米	《考古》2002.3	
东汉初期	重庆巫山	石黛板 1 件（M1:37)	长方形,薄体,长 13.6 厘米、宽 6.5 厘米、厚 0.4 厘米	《考古》2004.10	
东汉早期	重庆巫山	石黛板 1 件（M4:80)	灰黑色石质,正面磨平磨光,背面毛坯粗糙,长 13 厘米、宽 5.5 厘米、厚 0.3 厘米	《江汉考古》2006.4	
东汉前期	湖北谷城	石板 1 件（M34:3)	青石质,长方形,体较薄,面平,两面磨光,长 12 厘米、宽 5 厘米、厚 0.5 厘米	《考古》2006.11	
东汉早期	江苏邳州	石砚 1 组（M9:13)	砚为长方形薄片状,中间略凹,长 13.3 厘米、宽 3.2 厘米、厚 1 厘米;研石,上圆下方,四边有加工时留下的切割痕迹,边长 2.5 厘米、厚 1.4 厘米	《东南文化》2007.4	
东汉早期	重庆巫山	石黛板附研石 1 组（IIIM16:114)		《江汉考古》2008.1	
东汉早期	河南禹州	石砚 2 组	含砚板和研石,砚呈板状,长方形,研石体积较小,扁圆形,M127:41,砚板长 11.9 厘米、宽 5.9 厘米、厚 0.3 厘米,研石直径 2.8 厘米、厚 0.6 厘米;M127:42,砚板长 13.3 厘米、宽 4.6 厘米、厚 0.5 厘米,研石直径 2.4 厘米、厚 0.5 厘米	《文物》2012.9	
		研石 1 件（M127:13)	扁圆形,直径 2.3 厘米、厚 0.15 厘米		

年代	出土地点	出土实物	形制	资料来源	备注
东汉早期	浙江余杭	石砚1件(M8:2)	青褐色细砂石质,长方形石板状,背面较粗糙,正面较光,表面还残留有黑色墨痕,长11.3厘米、宽5.2厘米、厚0.8厘米	《东方博物》2015.1	
东汉早中期	河北武邑	石砚1件	青石质,圆形,直径16厘米、厚0.9厘米	《文物春秋》2007.2	
东汉中期	江苏仪征	石黛板2件	长方形,器面较粗糙,显现云母细片,均用漆盒装着,漆盒很薄,内髹朱红色,外为褐色,出上时已腐朽	《考古》1966.1	
东汉中期	河南新安	石板1件	长方形,一面磨光,并有墨痕,长10.3厘米、宽4.9厘米、厚0.9厘米	《考古》1966.3	
东汉中期	安徽寿县	漆砚1件	出土于墓2棺台下,长方形,头端稍宽,顶部微弧,头部于方形浅槽中凹下作一圆池,四周有凸边,尾端已残,残长18.6厘米、头宽8厘米、尾宽7.4厘米、圆池直径4厘米、边宽0.7—2厘米、边高0.2厘米、残厚0.3厘米,砚为夹纻胎,上髹黑漆,外加朱漆	《考古》1966.3	
东汉中期	江苏丹阳	黛板(石)1件	长16厘米、宽5.5厘米、厚0.3厘米,上有墨迹	《考古》1978.3	
东汉中期	湖南长沙	石磨板2件	长方形页岩制成的薄片,磨制,每件都附1小磨饼,M1用圆形陶饰;标本M13:25,石磨板长14.3厘米、宽7厘米、厚0.5厘米,小方石板长2.82厘米、厚0.3厘米,上面有朱砂	《考古》1979.5	
东汉中期	重庆巫山	石黛板1组(S1M5:4)	石质,青灰色,磨制,黛板长13厘米、宽5厘米、厚0.56厘米,研石为方形	《江汉考古》2008.2	
东汉中期	重庆奉节	陶黛板1件(M13:46)	泥质灰陶,呈长方形,一面磨制光滑,长11.4厘米、宽6.2厘米	《江汉考古》2009.1	

续表

年代	出土地点	出土实物	形制	资料来源	备注
东汉中期	江苏邗江	石黛板 2 件	石质,出土时置铜镜下方,M1:17,长 12.2 厘米、宽 4.3 厘米、厚 0.45 厘米;M1:26,长 12 厘米、宽 6 厘米、厚 0.45 厘米	《东南文化》2009.4	
东汉中期	甘肃永昌	石板砚 1 件（M5:3）	长方形青石片,表面光滑,上留墨迹,长 14.3 厘米、宽 5 厘米、厚 0.2 厘米	《文物》2009.10	
东汉中期	湖北郧县	石黛板 1 件（M22:9）	残成三块,平面长方形,体薄,残长约 44.8 厘米、宽 30.4 厘米、厚 0.8 厘米	《江汉考古》2011.4	
东汉中期	江西靖安	石黛砚 1 组	均为灰色细砂岩质地,断面切割痕明显,正面光滑,磨制细腻,背面粗糙未磨制,正面有一层似墨汁的较薄黑色物质覆盖,黛砚（M0 棺 1:4）,长方形,长 12 厘米、宽 6.6 厘米、厚 0.5 厘米;研石（M0 棺 1:3）,上圆形,下正方形,可分离,出土时两件组合在一起,圆形器直径 3 厘米、厚 0.6 厘米,正方形器边长 3 厘米、厚 0.4 厘米	《文物》2011.10	
东汉中期	江西靖安	石黛砚 1 件（M50:19）	残,灰色细砂岩质地,长方形,四边切割痕明显,正面光滑,磨制细腻,背面粗糙未磨制,正面有一层似墨汁的较薄黑色物质覆盖,残长 7.9 厘米、宽 3.3 厘米、厚 0.4 厘米	《文物》2011.10	
东汉中期	安徽萧县	石砚 1 件（M26:3）	青灰色磨制石器,面呈长方形,长 13.4 厘米、宽 6 厘米、厚 0.4 厘米	《东南文化》2013.1	
东汉中期	重庆市	石黛板 1 件（M2:34）		《考古与文物》2019.5	
东汉中期至晚期	陕西西安	石砚 1 件（M67:32）	灰色砂岩,长方形片状,一侧有朱砂印迹,长 15 厘米、宽 6.3 厘米、厚 1 厘米	《文物》2007.11	

续表

年代	出土地点	出土实物	形制	资料来源	备注
东汉中晚期	云南呈贡	石板1件	出于墓2,长方形,黑色页岩磨制,已残缺一段,全器厚薄均匀而光滑,应是磨黛墨之类的器具,残长8.4厘米、宽3.9厘米、厚0.6厘米	《考古》1966.3	
东汉中晚期	山西朔县	陶砚	出于M3:191	《文物》1987.6	
东汉中晚期	山西广灵	石砚5件	M49:32,青石质,砚板呈长方形,长9.3厘米、宽4.5厘米、厚0.3厘米,研石上圆下方,边长2.7厘米、高1.9厘米	《文物》2001.7	
东汉中晚期	湖北襄阳	陶砚1件(M3:12)	褐红陶胎,圆形,平沿,口微敛,平底,器内施豆青釉,器外及底露胎,口径10.4厘米、底径9.2厘米、高2.2厘米	《江汉考古》2006.3	
东汉中晚期	山西原平	漆盒石砚1件(M4:9)	长方体,盒盖一端有穿孔,穿径2厘米,盒体施朱漆,盒内盛一石砚,青石质,长方形,长26厘米、宽14厘米、厚0.6厘米,上有墨痕,砚盒长30厘米、宽18厘米、高2.4厘米	《三晋考古》2006.3	
东汉中晚期	重庆奉节	陶黛砚1件(M22:46)	泥质灰陶,上部圆角方形,较厚,下部方形,较薄,长3厘米、宽2.8厘米、厚1.4厘米	《江汉考古》2009.1	
东汉中晚期	重庆丰都	石黛板1件(M1:1)	微残,平面长方形,表面较光滑,侧面有切割痕迹,长14.4厘米、宽10.4厘米、厚0.8厘米	《江汉考古》2015.4	
东汉中晚期	河南淅川	石砚1件(M2:2)	灰黄色滑石质,长方形,长8.5厘米、宽3.4厘米、厚0.3厘米	《考古与文物》2017.4	
东汉晚期	河南泌阳	石板3件	方形石板1件,出于墓9,呈黑灰色,直径3厘米;长方形石板1件,出于墓5,黑灰色,残、碎,残长4厘米、宽2厘米;墓3中也有长方形石板1件	《考古学报》1958.4	

续表

年代	出土地点	出土实物	形制	资料来源	备注
东汉晚期	江苏泰州	黛板3件	长12—17.4厘米、宽5.2—10.1厘米，大理石制，其中1件较大，和变质岩石制成的上圆下方的研磨器同出，板上有黛墨痕迹，板下有黑色漆器残片，漆片上有朱绘粗线条龙形花纹	《考古》1962.10	
东汉晚期	江西南昌	石器6件	均系青石制成的砚板，一面磨光，一面粗糙，光面遗有墨或朱痕，并有布纹，有正方形、长方形和圆形三种。正方形的4件，2件（1：7、17）边长4厘米、厚0.4—0.6厘米；1件（2：10）边长3.8厘米、厚0.5厘米；1件（1：18）边长2.8厘米、厚0.2厘米。长方形的1件（1：16），边长14厘米、宽7厘米、厚0.6厘米。圆形的1件（1：6），直径19.5厘米、厚1.1厘米	《考古》1966.3	
东汉晚期	广西梧州	黛砚2件	青石质，加工磨制，长方形，体薄，砚面光滑，附有研磨器，呈方形，其中一件砚面留有墨脂，大砚长19.5厘米、宽8.2厘米；小砚长11.5厘米、宽4.8厘米	《文物资料丛刊》1981.4	
东汉晚期	湖南郴州	青石砚板1套2件		《考古》1982.3	
东汉后期	天津	石板砚1件	长方形板状，石质细润呈灰色。表面比较光滑平整，并涂有黑色痕迹，出土时位于铁削较近，长14.4厘米、宽7.9厘米、厚0.6厘米	《考古学报》1982.3	墓主卒于东汉安帝"延光四年（125年）"，而墓碑立于桓帝"延熹八年（165年）"
东汉晚期	甘肃嘉峪关	石砚1件（M12：6）	残长18厘米、宽10.5厘米、厚0.3厘米，平板，一面有墨迹	《文物》1982.8	

年代	出土地点	出土实物	形制	资料来源	备注
东汉晚期	浙江宁波	瓷砚	出土于玉缸山类型窑址，砚面呈圆盘状为墨池，不施釉，盘下置三个乳钉状足。鄞 Y1：10 口径 13.4 厘米、足距11.8 厘米、高2.7 厘米	《考古》1986.9	
东汉晚期	河北望都	青石板 1 件（M1：43）	长方形，长 14.7 厘米、宽7.3 厘米、厚 0.3 厘米	《文物资料丛刊》1987.10	
东汉晚期	广西昭平	黛砚 1 件（M9：2）	长方形，系用砂岩石片制成	《考古学报》1989.2	
东汉后期	山东阳谷	石板 1 件	长方形，长 16.3 厘米、宽7.7 厘米、厚 0.5 厘米	《文物》1989.8	
东汉晚期	湖北襄樊（今襄阳）	长方形石板 2 件	页岩，M11：19，长 9.5 厘米、宽 4.2 厘米、厚 0.4 厘米	《考古学报》1996.3	
东汉晚期	陕西西安	石砚 1 件（M5：54）	器残，黑色片页岩，平面呈长方形，体薄，一面及四边打磨光滑，另一面保留原岩面，长约 10 厘米、宽6.3 厘米、厚 0.4 厘米	《考古与文物》1997.1	
东汉晚期	河南南阳	石砚 1 件（M3：35）	油青石，圆形，面略鼓，周边被剔去，成一周窄而浅的边槽，下附三熊形足，形态各异，刀法钝拙，留有刀痕，直径 16 厘米、高 4 厘米	《考古》2001.8	
东汉后期	广西合浦	石黛砚 2 副	1 副砚板（M6a：60）长13.3 厘米、宽 6.1 厘米、厚 0.4 厘米；研石（M6a：59）作覆斗形，斗上有朱砂书写的"寿"字，边长3.1 厘米、厚 1 厘米。另 1 副附在 M6a：62 铜镜上，砚板残缺，厚 0.2 厘米；研石呈圆形，厚 0.6 厘米	《考古》2003.10	

年代	出土地点	出土实物	形制	资料来源	备注
东汉后期	广东广州	黛砚2件青石砚1件（M8：38）	黛砚，黑色页岩，砚板为扁平长方形，研石为扁平正方形，研面光滑。M8：39，砚板长12.2厘米、宽3.5厘米、厚0.4厘米，研石边长2.8厘米、厚0.4厘米；M3：16，仅见研石，边长2.3厘米、厚0.3厘米青石砚，青色砂岩，砚板圆形，研石略呈圆锥形，研面光滑，砚板直径18.8厘米、厚1厘米，研石底径4.8厘米、高4.2厘米	《考古学报》2004.4	
东汉晚期	湖北武汉	黛板2件研石1件	黛板为青灰色石料，长方形，极薄，两面打磨较光滑，M11：9，长15厘米、宽9.3厘米、厚0.3厘米；M1：5，长19.2厘米、宽13.4厘米、厚0.4厘米M1：5附研石1件（M1：19），浅灰色石料，磨制成上圆下方状，出土时置于石黛板之上，下方形边长3.8厘米、高1.6厘米、圆钮直径3.6厘米	《考古》2006.5	
东汉后期	河南三门峡	石砚2件	形制相似，均作长方形扁平体，由细砂岩磨制而成，砚面光滑，其上遗留有墨痕，标本M17：37，长11.6厘米、宽4.9—5.2厘米、厚0.4厘米	《文物》2009.3	
东汉晚期	贵州安顺	砚石1件（M29：7）	为页岩磨制而成的长方形薄块，素面无纹，长16厘米、宽11厘米、厚0.5厘米	《考古与文物》2012.1	

续表

年代	出土地点	出土实物	形制	资料来源	备注
东汉晚期	河北鹿泉	石研磨器2组	由研磨板和研磨石构成一组,研磨板为狭长方形的薄石片,表面残存有少量研磨的残存物,研磨石为一小方形石片,原可能还有柄部等,现已不存,仅有一圆形痕迹,M56:22,长约8.5厘米、宽2.2厘米、厚0.5厘米、边长约2厘米;M58:19,长约8.5厘米、宽2.2厘米、厚0.5厘米、边长约2厘米	《考古学报》2013.1	
东汉晚期	浙江龙游	石砚板1件（M1:22)	扁平长方形,正面光滑,留有黑色颜料痕,背面粗糙,长17.4厘米、宽9.7厘米、厚0.4厘米	《考古》2016.3	
东汉晚期	河南洛阳	石板2件	IM4070:6,略呈长方形,灰质砂岩,一端有残缺痕迹,残长14厘米、宽7.2厘米、厚0.6厘米;IM4070:7,略呈长方形,墨绿石英岩,一角残,一面涂有朱砂,长13.4厘米、宽6.6厘米、厚0.2厘米	《洛阳考古》2016.2	
东汉晚期	浙江杭州	石黛板2件	M1:6,灰褐色砂岩,扁长方形,修治规整,正面磨光,长12.5厘米、宽4.2厘米、厚0.6厘米;M1:6-1,研石,灰色砂岩,下方上圆,顶面和底面均磨光,边长3厘米、高1.4厘米 M6:1,青色石,长条形,表面光滑细腻,长12.4厘米、宽4.3厘米、厚0.6厘米	《考古学报》2018.3	

续表

年代	出土地点	出土实物	形制	资料来源	备注
东汉晚期	北京昌平	石研板2件	M18:22-1,近长方形,青石质,正面平整光滑,背面略粗糙,长12.1—12.5厘米、宽5.5厘米、厚0.5厘米;M18:22-2,方形,青石质,其中一角残,正面平整光滑,背面略粗糙,边长5.5厘米、厚0.5厘米	《北京文博文丛》2019.2	
		石 研 子(研杵)1件	M18:35,半球形圆顶,青石质,方座,底平,方座边长3厘米、高2.5厘米		
东汉末期	山西孝义	瓦砚1件	出于墓21,圆形,平底,砚面凸起,周边下凹无盖	《考古》1960.7	
东汉末年	湖北当阳	盘龙三足砚1件(M1:12)	夹砂灰陶,盖纽形如五条龙,盘旋而聚,盖中为圆涡,平底,三足为蹄形,直径30厘米、通高13厘米、足高4厘米	《文物资料丛刊》1977.1	
东汉末年	河南洛阳	石黛板2件	石黛板2件(M1:16、36),均为红砂岩质,残,标本M1:36,厚0.5厘米;石研磨器1件(M1:39),与黛板同时出土,青石质,圆形纽,正方形研体,研面平整,残留有黛彩痕,研体边长2.9厘米、高2.7厘米	《文物》2016.11	
东汉晚期至曹魏时期	河南偃师	石砚1件(M34:28)	砂页岩,表面较光滑,残长9.2厘米、宽6.6厘米、厚0.5厘米	《考古》2011.2	
东汉时期	湖南长沙	石板(砚)		《考古》1963.12	
东汉时期	河北定县	石板7件(42—48)石研磨器1件(49)	石板,褐色砂岩制,平面皆为圆形,均残缺,在其外缘边上涂有宽0.2厘米朱色一周,直径15.3—16.9厘米、厚0.5—1厘米,石研磨器,质与石板同,形如瓶塞	《考古学报》1964.2	东汉明帝或章帝时期
东汉时期	广东佛山	石黛砚1件(M1:8)	残留脂粉痕迹,黑色光滑,残长4.7厘米、宽3.8厘米、厚0.4厘米	《考古》1964.9	

续表

年代	出土地点	出土实物	形制	资料来源	备注
东汉时期	河北沧县	双盘龙三足石砚 1 件	此砚分底和盖两部分,通高 15.5 厘米、直径 16 厘米,盖部为一青石雕成的立体双龙盘绕,造型极其生动,两条龙的口部衔在一起,项下透雕成孔,中腰盘转,四足匍伏、口、首和脊部均阴刻直线纹,盖四周斜面和立面也阴刻直线和斜线纹,盖内周郭略高,再内凹入为平面,正中一凹窝,平面阴刻花叶瓣状纹饰。在砚盖和砚底之间有一圆锥形"研石",高约 3 厘米,砚底通高 5.3 厘米,上部平坦,周围凸起弦纹一道,侧阴刻斜线,下面三足鼎立,足正面各阴刻同心圆纹五个。此砚盖、底合在一起,刚好把研石扣放于正中	《文物》1964.10	年代早于东汉灵帝光和五年(182 年)或同时
	河北望都	立狮砚 1 件	出于望都 2 号汉墓,仅存砚盖,为一整块青石雕成立狮形,底面外郭平、内向上凸弧形,正中有一圆锥形凹窝,是专门扣放研石而设的,盖通高 22.5 厘米、直径 22.5 厘米		
		盘龙石砚 1 件	出于望都 2 号汉墓,只存砚盖,用棕色水成岩整材雕成,盖底面有一凹窝,盖纽正中有一圆柱,上面刻"五铢"二字,七条盘龙穿叠围绕柱周,龙身刻有鳞纹,盖周边刻波浪纹,通高 8.1 厘米、直径 25.1 厘米		
		圆形石砚 2 块	出于望都 2 号汉墓,可能是一底一盖,其中 1 块上面正中有墨痕,外边涂朱色一周,直径 16.6 厘米、厚 1 厘米		

续表

年代	出土地点	出土实物	形制	资料来源	备注
东汉时期	河南陕县	石板7件	出于墓3、墓37、墓101、墓102、墓103、墓1037,1件方形,其余长方形,板岩制成,扁薄,一面琢磨光滑。长方形石板长9.4—12.6厘米,光滑面遗有研墨迹;37:16,长9.4厘米、宽3.4厘米、厚0.3厘米。方形石板(37:25)长、宽各为2.7厘米、厚0.15厘米	《考古学报》1965.1	墓37、墓101为东汉前期;墓3、墓1037为东汉后期
东汉时期	陕西西安	蹲蛙三熊足石砚1件	分砚身、研石和砚盖三部分,均青石质,通盖高13厘米、直径11.2厘米。盖部为青石雕成的立体青蛙蹲踞,蛙作昂首状,四足盘踞,造型生动,盖内周郭略高,再内凹入为平面,正中有一凹窝,深5厘米,未刻纹饰,在砚面与砚盖之间有一圆锥形的研石,不与砚面相连,高4.5厘米、底径3.5厘米,平底,上亦刻着青蛙蹲踞形,与盖上相似,砚身高5.2厘米,平面,周边有一圈凹下(与盖内周郭凸起相合),砚面尚满墨迹,下面三足,均作熊形顶立状	《文物》1965.7	

续表

年代	出土地点	出土实物	形制	资料来源	备注
东汉时期	河南洛阳	圆形石砚1件	出于三十工区15号墓,用青褐色砂石打制成圆饼形,两面磨光,边侧不加修饰,可见打击的痕迹,直径15厘米、高5厘米	《文物》1965.12	
		圆形研磨器1件研石1件	出于十二工区6.13.4号墓,研磨器,用黄色砂石磨制而成,石质较软,形似一扇无眼的磨,两面磨光,直径16厘米、高3.5厘米研石,系用石灰石质的河砾石打出断面加工磨制而成,呈圆顶方锥形,长4.6厘米、宽3.2厘米、高5.5厘米		
		兽钮圆形石砚盖1件	出于洛阳烧沟1038号墓,用青色石灰石雕制而成,圆形,稍上凸,盖里中部凹下一圆眼,砚盖上雕一朴质的辟邪为钮,兽身有阴刻图案装饰,兽身和口内都涂朱红色,直径12厘米、高8.3厘米		
东汉时期	江苏徐州	神兽铜盒砚1件	遍体鎏金,镶嵌有红珊瑚、绿松石	《文物》1973.4	
东汉时期	甘肃武威	石砚1件(161)	片麻岩薄片磨制,已残,砚面长方形,残长13.6厘米、宽14.3厘米,砚边琢出棱线,砚池平滑,满布墨迹,中心尚有磨墨时的圆圈痕迹	《考古学报》1974.2	东汉灵帝中平三年至献帝时期
东汉时期	江西南昌	黛砚1件	出于72·南M1,青石质,长方形,一端呈棱角形,砚面留有黑脂,长10厘米、宽4.5厘米、厚0.4厘米	《文物资料丛刊》1977.1	东汉早期
		黛砚5件	出于72·南M2,青石质,长方形、方形、圆形等,其中一件上作圆饼状,方形座,陶质,座下粘一石质方片,陶饼顶面有连珠纹		东汉中期或稍晚

续表

年代	出土地点	出土实物	形制	资料来源	备注
东汉时期	湖南益阳	石砚 1 件（22:28）	近方形圆角,青砺石,中间低凹,表面有经磨损痕迹,长 9 厘米、宽 7.8 厘米、厚 1.2 厘米	《考古学报》1981.4	
东汉时期	湖南资兴	陶砚 1 件（M298:21）	很小,圆座方底,面有浮雕花纹,与长方形石板成套出土,可能是作研磨之用,高 1.2 厘米	《考古学报》1984.1	
		砚石 5 件	青细砂岩,长板形,表面光滑,有墨,可能为研墨之板,长 8.6—13.8 厘米、宽 3.7—6.6 厘米		
东汉时期	湖南衡阳	石砚 1 件（M18:3）	呈长方形,青灰色,长 10.8 厘米、宽 6 厘米	《考古》1986.12	东汉中期偏晚或东汉晚期
东汉时期	甘肃天水	螭盖三足石砚 1 件	通高 12.5 厘米、直径 13.5 厘米,砚盖雕作双螭盘绕,双螭有耳,互咬对方颈部,颈下透雕成孔,前右足斜立外向,前左足曲跪,中腰盘转,后二足匍伏,盖四周斜面阴刻二虎和斜平行线纹,盖曲凹处还遗留有朱红色的痕迹,砚身通高 5 厘米,砚面平坦,周边略低,正与盖部吻合,砚面部尚留有墨迹,底下三足鼎立,足正面各阳刻熊首	《文物》1989.5	
东汉时期	河南淮阳	砚石 2 件	皆残,1 件为扇形,弧长 15 厘米、厚 1.1 厘米;1 件为圆形,器表粗糙,直径 3.8 厘米、厚 0.5 厘米	《文物》1991.4	
东汉时期	河南洛阳	石砚 1 件（M689:8）	红砂石质,长方板面光平有墨痕,长 12.4 厘米、宽 4.4 厘米、厚 0.7 厘米	《考古》1991.8	

年代	出土地点	出土实物	形制	资料来源	备注
东汉时期	河北迁安	圆饼形石砚1件（M1:144）	石砚已残，用含云母颗粒的页岩石料磨制而成，表面光滑，残留红色颜料，底面略显粗糙。与砚同出的还有一近玉质研石，底面呈圆形，十分光滑，有明显使用痕迹	《文物》1996.10	
东汉时期	广西合浦	石砚1件（M2:1）	青石质，平面略呈梯形，磨制光滑，长12.5厘米、宽7.4—16.8厘米、厚0.8厘米	《考古》1998.5	可能晚到东汉晚期
东汉时期	广西北海	黛石砚2件	形制相同，均长方形片状，残为两段，以细砂岩磨成。M3:2，长9.5厘米、宽3.6厘米；M34:2，长10.6厘米、宽3厘米	《考古》1998.11	
东汉时期	湖北蕲春	石砚6件研石1件	青石质，石砚均呈长方形，四边磨制规整，一面光滑一面粗糙，长5.3—15厘米、宽3.1—7.2厘米、厚0.25—0.45厘米。M9:28，光面黑色，出土时上面有金色腐物，较松软，质轻，贴石砚有一层布纹痕，长10厘米、宽4.1厘米、厚0.25厘米；M12出土的石砚附研石，研石圆饼形，直径3.2厘米、厚0.7厘米	《考古学报》1999.2	
东汉时期	陕西西安	石砚3件	M15:20，体扁平，平面呈圆形，上部中间内凹，周围有边棱，顶部光滑，底部未加琢磨，直径10.3厘米、高1.4厘米；M17:10，扁平长方形，表面光滑，底部较粗糙，长15.2厘米、宽7厘米、厚0.5厘米；M18:9，体扁平，已残缺，表面光滑，残留墨痕，底部较粗糙，残长10厘米、厚2厘米	《文物》2002.12	M15为东汉中晚期；M17、M18为东汉晚期

年代	出土地点	出土实物	形制	资料来源	备注
东汉时期	山东济南	石砚5件	有圆形、方形和带浮雕的三种。圆形砚台3件,砂石质,加工平整,M2:71,直径16.1厘米、厚1厘米。方形砚台1件(M2:69),砂石质,表面加工很平整,长15.7厘米、宽7.8厘米、厚0.6厘米。带浮雕的1件(M2:67),稍残,分上下两合,有座,整体呈猛兽载人形象,外部整体阴线浅刻兽身,背部有浮雕,兽口大张,口内残留红色彩绘,颌下有须,全身覆鳞,左右各两翅膀,刻画出羽毛,四肢上有带圆泡的带饰。背部浮雕尤其精美,脊上前部有盛露盘,后面左右各两人背对而坐,左面两人盘腿而坐,头戴小圆帽,都有胡须,其中一人面颊瘦长,鼻高目深,又戴小帽,不似汉人。右侧还有一兽,全身覆鳞。上合内空,呈方形母口,正对下合的砚台,前部有半圆形的凹窝,应该是放置研磨器的,长26.2厘米、宽9.4厘米、高24.5厘米	《考古》2004.8	
东汉时期	贵州黔西	石砚1件(M30:16)石黛砚2件	石砚为青石质长方形小石板,各面均经磨制加工,长15.7厘米、宽7.8厘米、厚0.9厘米 石黛砚出土于M34和M35,为青石质长方形小石板,M34:3为较规则长方形,石板两面及其中三个侧面经过磨制,长13.5厘米、宽3.05厘米、厚0.5厘米	《考古》2006.8	M35为东汉中期;M30、M34为东汉晚期
东汉时期	河北满城	石砚1组(M9:13)	由砚板、印坯组成,砚板呈长方形,薄板状,石质较细腻,表面光滑,长12厘米、宽5.7厘米、厚1厘米;印坯呈方座半球形,磨光底,长2厘米、宽1.9厘米	《文物春秋》2007.6	

续表

年代	出土地点	出土实物	形制	资料来源	备注
东汉时期	重庆市	石板1件（M54:48）	长方形,通体磨光,长约18厘米、宽8.8厘米、厚0.6厘米	《考古》2011.1	
汉代	河南禹县	长方石板4件	出于墓51、墓78和墓136,长8厘米、宽3.5厘米	《考古学报》1959.1	墓78和墓136为西汉中前期;墓51为西汉晚期至东汉中期
汉代	安徽肥东	铜神兽砚1件	通高6.5厘米、器高3厘米、长12.5厘米,造型似一猪,头部有两角,背上带一铜环,全身镶有红、蓝色料珠,两目嵌有淡绿色料质装饰,四足作蛤蟆伏地状,是砚形中最奇特的一种	《文物》1959.10	
汉代	河南洛阳	长方形石板28件		《考古学报》1963.2	
汉代		兽足石砚1件	通高3厘米、面直径19.6厘米	《文物》1964.1	
		十二峰陶砚1件	通高16.5厘米、长21.7厘米、宽21.2厘米		
		直颈单龟陶砚1件	通高9.1厘米、长22.4厘米、宽16厘米		
		屈颈单龟陶砚1件	通高10.3厘米、长24厘米、宽20厘米		
		交颈交尾双龟陶砚1件	通高7.8厘米、长17.3厘米、宽13.9厘米		
汉代		双鸠盖三足石砚1件	通盖高11.5厘米、面径14.6厘米	《文物》1964.12	
		天然卵石砚1件	径长15厘米、宽10.5厘米、高3厘米		
		三熊足带盖石砚1件	通盖高15厘米、面径13.5厘米		

续表

年代	出土地点	出土实物	形制	资料来源	备注
汉代	陕西西安	石砚1件	石砚青沙石质,圆形,面光素,满留墨迹,直径15.5厘米、高3.8厘米,上有研石1件,作圆梯形,高4厘米、上径6厘米、底径7.2厘米,研石上亦满留墨迹	《文物》1965.7	
汉代	安徽亳县	石砚1件研石1件	石砚青石质,长16.7厘米、宽7.6厘米、厚0.7厘米研石竹叶石制,把圆,下方	《考古》1974.3	不晚于东汉末年
汉代	贵州兴义、兴仁	黛石2块	1块残(M5),1块(M7:2)长17.6厘米、宽7厘米、厚0.8厘米,四边均经打磨	《文物》1979.5	
汉代	四川西昌	长方形石板3件	一面磨制较光滑,另一面较粗糙,有两件上面涂朱,石料呈灰色。M2:13,出土于墓底中部,长13.6厘米、宽5.2厘米、厚0.6厘米,上面有朱砂;另外2件出土于M1底北部	《考古》1980.5	M1为西汉晚期;M2可能晚到东汉初期
		方形石块2件	一面为正方形,另一面加工成圆形,通体磨光,出土时和长方形石板在一起,M2:14,直径3厘米、厚1.1厘米,上面有朱砂		
		圆形石片1件(M1)	一面较光滑,边缘打制粗糙,出土时和长方形石板在一起,上面有朱砂		
汉代	广西贵县	石黛砚	分别出于大圩M1、玉仓M2、煤建M1	《考古》1985.3	大圩M1与玉仓M2为西汉晚期;煤建M1为东汉晚期

续表

年代	出土地点	出土实物	形制	资料来源	备注
汉代	陕西西安	石砚3件	分两型：Ⅰ型1件（M19:10），平面长方形，一面磨制光滑，另一面粗糙，长12.8厘米、宽5厘米、厚约0.6厘米。Ⅱ型2件，M3:18，扁平圆形，附有圆台形研石1块，直径14.4厘米、高2厘米；M1:3，扁平圆形，下有三个兽蹄形足，砚体外侧刻有菱形回纹，直径13.4厘米、通高5.8厘米	《考古学报》1991.2	M3为西汉晚期；M19为新莽时期；M1为东汉中期
汉代	广西合浦	石黛砚2件	青灰色，表面磨平光滑，M5:26，仅有砚板，长方形，长14.6厘米、宽4.7厘米、高0.3厘米；M6:35，砚板，长方形，长7.7厘米、宽3.5厘米、高0.7厘米，砚石上圆下方，厚0.7厘米	《考古》2007.2	M5为西汉晚期；M6为东汉后期
汉代	河南禹州	石研磨器1件（M10:49）石砚1件（M16:21）	石研磨器，灰褐色，托板平面呈长方形，表面有墨痕，长17厘米、宽6.8厘米、厚0.5厘米，与其伴出的还有1件方形石器，边长2.4—2.8厘米、高1.4厘米石砚，已残，灰褐色，砚体前端残缺，残存部分似"箕"形，残长6厘米、宽3.2—6厘米	《考古》2010.9	M10为王莽及其稍后时期；M16为两汉之际
汉魏时期	黑龙江桦南	研磨器1件（F104:4）	磨面平整，顶端残，横截面近圆角方形，长11厘米、底部宽5.8厘米	《考古》2002.7	

汉代，砚的种类颇多，有石砚、漆砚、木砚、竹砚、玉砚、铜砚、陶砚、瓷砚、瓦砚等；砚的制作逐渐由不规范到规范，由简单到复杂，由粗糙到精良。

两汉时期，石砚极其普遍，石质有砂岩、页岩、板岩、砾石、燧石、青石、竹叶石、大理石、云母岩、石英岩等不同种类，其类型主要有5种（表8）。

表 8 汉代石砚类型统计表

年代	类型	形制
汉代	A	长方形
	B	正方形
	C	梯形
	D	圆形(扁圆形)
	E	其他

A 型,长方形石砚,可分为六式。

Ⅰ式,砚附研石一套,砚呈长方形,研石呈圆形、扁圆形、长方形、正方形、覆斗形、上圆下方形等多种式样,尤其是上圆下方形研石较为多见。

圆形研石,如山西浑源出土西汉中期石砚 1 套,石砚,长 16.8 厘米、宽 6 厘米、厚 0.3 厘米,研石,圆形,直径 2.8 厘米、厚 0.1 厘米,均为青灰色页岩加工磨制,石砚犹满存墨痕。①

扁圆形研石,如山东蓬莱出土西汉中期石砚 2 套,M4:11,灰白色砚板,长 14 厘米、宽 6 厘米、厚 0.2 厘米,所附研石为扁圆形,直径 3.3 厘米、厚 0.2 厘米;M5:3,黑色砚板,已残,长 8 厘米、宽 5.8 厘米、厚 0.2 厘米,所附研石为扁圆形,亦为黑色,直径 3.3 厘米、厚 0.2 厘米。②

长方形研石,如河北阳原出土西汉中期石砚 1 件(M2:7),一面比较光滑,横截面呈梯形,两面涂朱色,长 14.2 厘米、宽 5.8 厘米、厚 0.9 厘米;研石 1 件(M2:10),长方形,体薄,横截面呈梯形,长 3.1 厘米、宽 2.1 厘米、厚 0.9 厘米。③

正方形研石,如浙江湖州出土西汉中晚期石砚 1 套(M2:1),石砚,青灰色页岩,正面光滑,背面尚见剥离痕迹,四侧面琢制,残长 13 厘米、宽 6 厘米、厚 0.3 厘米;研石,正方形,青色凝灰岩,研面光滑,背面略磨制,四侧面琢制痕迹明显,边长 2.5 厘米、厚 0.3 厘米。④

---

① 详见山西省文物工作委员会、雁北行政公署文化局、大同市博物馆:《山西浑源毕村西汉木椁墓》,《文物》1980 年第 6 期,第 44—45 页。
② 详见烟台市文物管理委员会、蓬莱市文物局:《山东蓬莱市大迟家两座西汉墓》,《考古》2006 年第 3 期,第 87 页。
③ 详见河北省文物研究所:《河北阳原县北关汉墓发掘简报》,《考古》1990 年第 4 期,第 327—328 页。
④ 详见陈云:《湖州仁皇山汉墓发掘简报》,《东方博物》2016 年第 3 期,第 6—7 页。

覆斗形研石,如广西合浦出土东汉后期石砚2套,其中1套石砚(M6a:60),长13.3厘米、宽6.1厘米、厚0.4厘米,研石(M6a:59),作覆斗形,斗上有朱砂书写的"寿"字,边长3.1厘米、厚1厘米。[1]

上圆下方形研石,如青海大通出土西汉晚期石砚1套,石砚,长13厘米、宽5厘米、厚0.6厘米,正面光滑,背面较粗糙,略发黑;研石,上圆下方,边宽3.2厘米、高1.5厘米,磨制精细,石砚和研石的光面都有墨痕。[2] 又如安徽肥东出土西汉晚期石砚1套(M5:39)(图5),砂岩,青灰色,由石砚和研石组成,保持完好,石砚,正面磨制光滑,反面较为粗糙,长12.45厘米、宽5厘米、厚0.8厘米;研石,磨制精细,下为方形,四角翘起,上有圆饼状钮,长3.4厘米、宽3.3厘米、高1.5厘米。[3] 此外,东汉时期还出现了陶质研石,如广西贵港出土东汉前期石砚1套(M1:2),石砚黑色,长13.5厘米、宽7.6厘米、厚0.5厘米,出土时其上放置1枚陶质研石,研石下部方形,上部作圆形如钮,钮上雕刻阳线变体蛇纹。[4]

图5 安徽肥东小黄村汉墓出土西汉晚期石砚(附研石)

Ⅱ式,石板加工而成,表面磨制平整光滑,底面粗糙,西汉前期就已出现,且存在时间很长,一直持续到魏晋南北朝时期。如山东临沂出土西汉前期石砚1件(M7:10),页岩质,体薄,制作仍较简单,一面磨平,一面只琢击,

---

[1] 详见广西壮族自治区文物工作队、合浦县博物馆:《广西合浦县九只岭东汉墓》,《考古》2003年第10期,第75页。

[2] 详见青海省文物考古工作队:《青海大通县上孙家寨一一五号汉墓》,《文物》1981年第2期,第18页。

[3] 详见安徽省文物考古研究所、肥东县文物管理局:《安徽肥东县小黄村西汉墓(M5)发掘简报》,《东南文化》2016年第1期,第53页。

[4] 详见广西壮族自治区文物工作队:《广西贵港市马鞍岭东汉墓》,《考古》2002年第3期,第44页。

未作修理,长 13.4 厘米、宽 6.2 厘米、厚 0.4 厘米。① 又如河南淅川出土东汉中晚期石砚 1 件(标本Ⅱ M2:2),灰黄色滑石质,长 8.5 厘米、宽 3.4 厘米、厚 0.3 厘米。②

Ⅲ式,石板加工而成,表面磨制平整光滑且有纹饰,底面粗糙。如江西南昌出土东汉晚期石砚 1 件(M1:16),青石制成,光面遗有墨或硃痕,并有布纹,长 14 厘米、宽 7 厘米、厚 0.6 厘米。③

Ⅳ式,石板加工而成,两面磨制平整光滑。如河南淮阳出土西汉晚期石砚 1 件(M244:18),黑灰色细砂岩,残破,磨制精细,背部残留零星朱砂痕,长 16.9 厘米、宽 6.3 厘米、厚 0.35 厘米。④

Ⅴ式,石板加工而成,表面磨制平整光滑且有凹形砚池,或在中部,或在一端。如广东广州出土西汉前期石砚 1 件,滑石雕制,中间凹下成砚池,一端稍残,器底凹凸不平,布满琢凿痕迹,当中有一条开石料时锯切过的凹沟,残长 17 厘米、前端宽 7.6 厘米、后宽 8.2 厘米、高 2.1 厘米。⑤ 又如湖南桃源出土西汉晚期石砚 1 件(M68),两面光滑,砚板一端盖一凹形,以便着水,长 13 厘米、宽 5.6 厘米。⑥

Ⅵ式,石板加工而成,呈方形圆角,表面磨制平整光滑。如湖南益阳出土东汉时期石砚 1 件(M22:28),青砺石,中间低凹,表面有经磨损痕迹,长 9 厘米、宽 7.8 厘米、厚 1.2 厘米。⑦

B 型,正方形石砚,可分为二式。

Ⅰ式,石板加工而成,表面磨制平整光滑,底面粗糙。如河南陕县出土东汉前期正方形石砚 1 件(M37:25),板岩制成,扁薄,一面琢磨光滑,长、宽各为 2.7 厘米、厚 0.15 厘米。⑧

---

① 详见银雀山汉墓发掘队:《临沂银雀山西汉墓发掘简报》,《文物》2000 年第 11 期,第 55 页。
② 详见甘肃省文物考古研究所、河南省文物局南水北调文物保护办公室:《河南淅川大石桥汉晋墓发掘简报》,《考古与文物》2017 年第 4 期,第 9 页。
③ 详见江西省博物馆:《江西南昌市南郊汉六朝墓清理简报》,《考古》1966 年第 3 期,第 151 页。
④ 详见河南省文物考古研究院:《2014—2015 年河南淮阳平粮台遗址汉墓发掘简报》,《洛阳考古》2017 年第 2 期,第 9 页。
⑤ 详见中国社会科学院考古研究所、广州市文物管理委员会、广州市博物馆编:《广州汉墓》,文物出版社 1981 年版,第 327—328 页。
⑥ 详见湖南省文物考古研究所、常德市文物工作队、桃源县文化局、桃花源文管所:《桃源县狮子山汉墓发掘报告》,载《湖南考古集刊》第 5 辑,岳麓书社 1989 年版,第 96 页。
⑦ 详见湖南省博物馆、益阳县文化馆:《湖南益阳战国两汉墓》,《考古学报》1981 年第 4 期,第 547 页。
⑧ 详见黄河水库考古工作队:《河南陕县刘家渠汉墓》,《考古学报》1965 年第 1 期,第 159—160 页。

Ⅱ式,石板加工而成,表面磨制平整光滑且有纹饰,底面粗糙。如江西南昌出土东汉晚期方形砚板 4 件,均系青石制成,光面遗有墨或硃痕,并有布纹,2 件(M1:7、17)边长 4 厘米、厚 0.4—0.6 厘米,1 件(M2:10)边长 3.8 厘米、厚 0.5 厘米,1 件(M1:18)边长 2.8 厘米、厚 0.2 厘米。[①]

C 型,梯形石砚。如广西合浦出土东汉时期石砚 1 件(M2:1),青石质,表面磨制光滑,长 12.5 厘米、宽 7.4—16.8 厘米、厚 0.8 厘米。[②]

D 型,圆形(扁圆形)石砚,可分为四式。

Ⅰ式,砚附研石一套,砚呈圆形、扁圆形或圆饼形,研石呈卵形、梯形、馒头形(或半圆形)、圆柱形、多棱形、圆顶方锥形等多种式样。

卵形研石,如湖北云梦出土西汉文景时期石砚 1 套(M77:18),石砚,灰白色砂岩,直接选取自然鹅卵石使用,略呈圆饼形,扁平,周缘圆溜,通体光滑,直径 12.5—13.5 厘米、厚约 2.5 厘米;研石,灰白色细砂岩,整体略呈截卵形,背部弧面为自然鹅卵石面,研磨面平整光滑呈椭圆形,高 2.3 厘米、研磨面直径 2.6—3.3 厘米。[③]

梯形研石,如河北石家庄出土东汉初期石砚 1 套,砚呈规整的圆形,砚面平整光洁,有明显的使用痕迹,砚底部不平整、较粗糙,直径 17 厘米、厚 1 厘米;研石呈梯形,上宽 4.6 厘米、下宽 5.5 厘米、长 6.5 厘米,砚、研石质料均为砂质页岩。[④]

馒头形(或半圆形)研石,如贵州赫章出土西汉中期至东汉初期石砚 1 套(M200:27),石砚,砾石制,砚略呈圆形,扁平,直径 18.5—20 厘米、厚 4 厘米;研石,馒头状,底径约 5.9 厘米、高 4.5 厘米。[⑤] 又如湖北荆门出土西汉中期石砚 1 套(M8:1),出土时研石放在砚上,研磨面均光洁,有墨痕,砚扁平,呈不规则圆形,研石半圆形,一侧有损痕,便于手握,砚直径 16 厘米、高 6.4 厘米。[⑥]

---

① 详见江西省博物馆:《江西南昌市南郊汉六朝墓清理简报》,《考古》1966 年第 3 期,第 151 页。

② 详见广西文物工作队、合浦县博物馆:《广西合浦县母猪岭东汉墓》,《考古》1998 年第 5 期,第 42 页。

③ 详见湖北省文物考古研究所、云梦县博物馆:《湖北云梦睡虎地 M77 发掘简报》,《江汉考古》2008 年第 4 期,第 34—35 页。

④ 详见石家庄市文物保管所:《石家庄北郊东汉墓》,《考古》1984 年第 9 期,第 812 页。

⑤ 详见贵州省博物馆考古组、贵州省赫章县文化馆:《赫章可乐发掘报告》,《考古学报》1986 年第 2 期,第 227 页。

⑥ 详见湖北省文物考古研究所、荆门市博物馆:《湖北荆门十里铺土公台西汉墓发掘简报》,《江汉考古》2008 年第 3 期,第 29 页。

　　圆柱形研石,如陕西咸阳出土西汉中期石砚1套(M5:13),灰色页岩,砚为圆形,顶、侧面用朱砂绘成菱形纹,直径11.5厘米、厚0.6厘米;研石为圆柱状,下端较上端略粗,直径2.2—2.7厘米、高2厘米。①

　　多棱形研石,如湖南长沙出土西汉时期石砚1套(图6),石砚为青石磨琢而成,直径15.5厘米、厚1.5厘米,上下平整,边棱完好无缺;研石作多棱形,上下平整,长2.8厘米、上端直径2.5厘米、下端直径3厘米。②

　　圆顶方锥形研石,如河南洛阳出土东汉时期石砚1套,石砚,用黄色砂石磨制而成,石质较软,形似一扇无眼的磨,两面磨光,直径16厘米、高3.5厘米;研石,系用石灰石质的河砾石打出断面加工磨制而成,呈圆顶方锥形,长4.6厘米、宽3.2厘米、高5.5厘米。③

　　Ⅱ式,圆形石砚(或上大下小)不带研石,有的表面粗糙,如河南淮阳出土东汉时期石砚1件,器表粗糙,直径3.8厘米、厚0.5厘米④;有的表面磨制平整光滑,或带有纹饰,底面粗糙,如江西南昌出土东汉时期石砚1件(M1:6),青石制成,一面磨光,一面粗糙,光面遗有墨或硃痕,并有布纹,直径19.5厘米、厚1.1厘米⑤;有的两面磨制平整光滑,如陕西西安出土西汉晚期石砚1件(M24:22),细砂石,砚面黏附黑色残留物,面、底均平整光细,上大下小,侧沿壁下斜,直径10—10.4厘米、厚0.6厘米⑥;有的表面磨制平整光滑且有凹形砚池,陕西长安洪庆村汉墓出土圆形砚1件(M128:15),棕色砂石,出土时砚面留有墨色痕迹,直径10.1厘米、厚2.5厘米,背面中间刻划一"田"字,正面中心有一直径0.6厘米圆形穴,可能用于储存墨汁⑦。

　　Ⅲ式,带足圆形石砚。砚通常有三矮足,按照足形的不同,可分为兽首、兽蹄、熊足、圆足等式样。

　　兽首足砚,如陕西西安出土新莽时期石砚1件(M22:21),砚盘下设三

①　详见咸阳市文物考古研究所:《陕西咸阳二〇二所西汉墓葬发掘简报》,《考古与文物》2006年第1期,第9页。
②　详见湖南省文物管理委员会:《长沙沙湖桥一带古墓发掘报告》,《考古学报》1957年第4期,第56页。
③　详见洛阳市博物馆:《洛阳市十五年来出土的砚台》,《文物》1965年第12期,第39页。
④　详见周口地区文物工作队、淮阳县博物馆:《河南淮阳北关一号汉墓发掘简报》,《文物》1991年第4期,第41页。
⑤　详见江西省博物馆:《江西南昌市南郊汉六朝墓清理简报》,《考古》1966年第3期,第151页。
⑥　详见陕西省考古研究院:《西安北郊井上村西汉M24发掘简报》,《考古与文物》2012年第6期,第16页。
⑦　详见陕西省文物管理委员会:《陕西长安洪庆村秦汉墓第二次发掘简记》,《考古》1959年第12期,第667页。

兽头状矮足,直径 15 厘米、高 2.4 厘米。①

兽蹄足砚,如陕西西安出土东汉中期石砚 1 件(M1：3),扁平圆形,下有三个兽蹄形足,砚体外侧刻有菱形回纹,直径 13.4 厘米、通高 5.8 厘米。②

熊足砚,较为多见,如河

图 6 湖南长沙沙湖桥古墓
出土西汉时期石砚

南洛阳出土西汉时期石砚 1 件(图 7),直径 14.8 厘米、高 2.8 厘米、砚面厚 1.7 厘米,青褐色页岩,圆盘形,下有三熊足鼎力,砚面磨光,中心有一小圆孔,其上侧阴刻有"大泉五十"四字,很粗糙,砚周侧阴刻带纹图案,底面外缘有线刻鸟兽图案,但已不清晰。③ 又如河南南阳出土东汉晚期石砚 1 件(M3：35),油青石,圆形,面略鼓,周边被剔去,成一周窄而浅的边槽,下附三熊形足,形态各异,刀法钝拙,留有刀痕,直径 16 厘米、高 4 厘米。④

圆足砚,如陕西西安出土西汉晚期至东汉初期石砚 1 件(M4：4),圆形,子母口,底附三矮圆足,器身为砂岩,着墨面磨光,砚面直径 13.2 厘米、厚 0.5 厘米,器身直径 15 厘米、高 3.6 厘米。⑤

另外,圆形三足砚在汉墓壁画中也有见到,如河北望都东汉墓壁画北壁券门东侧画"主记史",坐于矮榻之上,榻前有三足圆砚 1 件,砚上还立有墨 1 锭⑥。

Ⅳ式,带盖圆形石砚,见于东汉时期。砚通常为三足砚,砚盖有龙、狮、螭、鸠、辟邪等式样,造型生动,制作精美。如河北沧县出土东汉时期双盘龙三足石砚 1 件,此砚分底和盖两部分,通高 15.5 厘米、直径 16 厘米,盖部为一青石雕成的立体双龙盘绕,造型极其生动。两条龙的口部衔在一起,

---

① 详见陕西省考古研究所：《西安南郊三爻村汉唐墓葬清理发掘简报》,《考古与文物》2001 年第 3 期,第 22 页。
② 详见中国社会科学院考古所唐城队：《西安北郊汉墓发掘报告》,《考古学报》1991 年第 2 期,第 260 页。
③ 详见洛阳市博物馆：《洛阳市十五年来出土的砚台》,《文物》1965 年第 12 期,第 39 页。
④ 详见张卓远、李韦男：《河南南阳市桑园路 3 号东汉墓》,《考古》2001 年第 8 期,第 96 页。
⑤ 详见中国社会科学院考古研究所栎阳发掘队：《秦汉栎阳城遗址的勘探和试掘》,《考古学报》1985 年第 3 期,第 374 页。
⑥ 详见北京历史博物馆、河北省文物管理委员会编：《望都汉墓壁画》,中国古典艺术出版社 1955 年版,第 13 页。

图7　河南洛阳出土西汉
圆形三足石砚

项下透雕成孔,中腰盘转,四足匍伏,口、首和脊部均阴刻直线纹,盖四周斜面和立面也阴刻直线和斜线纹。盖内周郭略高,再内凹入为平面,正中一凹窝,平面阴刻花叶瓣状纹饰。在砚盖和砚底之间有一圆锥形研石,高约3厘米。砚底通高5.3厘米,上部平坦,周围凸起弦纹一道,侧阴刻斜线,下面三足鼎立,足正面各阴刻同心圆纹五个。此砚盖、底合在一起,刚好把研石扣放于正中。① 又如陕西省博物馆藏东汉时期蹲蛙三足石砚1件(图8),分砚身、研石和砚盖三部分,均青石质,通盖高13厘米、直径11.2厘米。盖部为青石雕成的立体青蛙蹲蜷,蛙作昂首状,四足盘蜷,造型生动,盖内周郭略高,再内凹入为平面,正中有一凹窝,深5厘米,未刻纹饰,在砚面与砚盖之间有一圆锥形的研石,不与砚面相连,高4.5厘米、底径3.5厘米,平底,上亦刻着青蛙蹲蜷形,与盖上相似,砚身高5.2厘米,平面,周边有一圈凹下(与盖内周郭凸起相合),砚面尚满墨迹,下附三足,均作熊形顶立状。② 再如汉代双鸠盖三足石砚1件(图9),通盖高11.5厘米、面径14.6厘米。③

图8　陕西省博物馆藏东汉
时期蹲蛙三足石砚

图9　汉代双鸠盖三足石砚

E型,其他类型石砚,有不规则形、扇形、带浮雕形等。

---

① 详见郑绍宗:《汉砚资料四则》,《文物》1964年第10期,第42页。
② 详见朱捷元、黑光:《陕西省博物馆收藏的几件砚台》,《文物》1965年第7期,第44页。
③ 详见《砚史资料(一二)》,《文物》1964年第12期,图版27。

不规则形砚,如浙江安吉出土西汉晚期石砚 1 套(M8:25、26),砚为不规则形状,一面磨制光滑,另一面较粗糙,长 15 厘米、宽 13.5 厘米、厚 1.5 厘米。① 又如汉代天然卵石砚 1 件,径长 15 厘米、宽 10.5 厘米、高 3 厘米。②

扇形砚,如河南淮阳出土东汉时期石砚 1 件,扇形,弧长 15 厘米、厚 1.1 厘米。③

带浮雕形砚,如山东济南大觉寺村 2 号汉墓出土东汉带浮雕石砚 1 件(M2:67)(图 10),稍残,分上下两合,有座,整体呈猛兽载人形象。外部整体阴线浅刻兽身,背部有浮雕。兽口大张,口内残留红色彩绘,颌下有须,全身覆鳞,左右各两翅膀,刻画出羽毛,四肢上有带圆泡的带饰。背部浮雕尤其精美。脊上前部有盛露盘,后面左右各两人背对而坐,左面两人盘腿而坐,头戴小圆帽,都有胡须。其中一人面颊瘦长,鼻高目深,又戴小帽,不似汉人。右侧还有一兽,全身覆鳞。上合内空,呈方形母口,正对下合的砚台,前部有半圆形的凹窝,应该是放置研磨器的。长 26.2 厘米、宽 9.4 厘米、高 24.5 厘米。④

图 10 山东济南出土东汉带浮雕石砚

总体来看,西汉时期,石砚通常都附有研磨石。西汉前期,砚及研石的形状还不甚规范,如广东广州华侨新村西汉墓出土石砚 8 件,其中 6 件都附有研石,砚的"石质有矽质砂岩、燧石、石英岩三种,都是采用一些作卵圆而扁的石块磨制而成,故每砚的形状都不一样"⑤;砚的制作尚保留着战国时期的风格,形制较简单,表面通常较光滑,但底面粗糙,如湖北江陵凤凰山 168 号汉墓出土石砚,砚为细砂岩,花绿色,圆形,面径 9.5 厘米、底径 9.8 厘米、厚 1.5—1.6 厘米,研石用河卵石加工而成,质料石英岩,磨面直径 5 厘米、顶端径 3.7 厘米、高 3.5 厘米。⑥ 西汉中期,

① 详见安吉县博物馆:《浙江安吉县上马山西汉墓的发掘》,《考古》1996 年第 7 期,第 56 页。
② 详见《砚史资料(一二)》,《文物》1964 年第 12 期,图版 27。
③ 详见周口地区文物工作队、淮阳县博物馆:《河南淮阳北关一号汉墓发掘简报》,《文物》1991 年第 4 期,第 41 页。
④ 济南市考古研究所、长清区文物管理所:《济南市长清区大觉寺村一、二号汉墓清理简报》,《考古》2004 年第 8 期,第 39 页。
⑤ 麦英豪:《广州华侨新村西汉墓》,《考古学报》1958 年第 2 期,第 74 页。
⑥ 详见湖北省文物考古研究所:《江陵凤凰山一六八号汉墓》,《考古学报》1993 年第 4 期,第 497 页。

砚及研石的形状渐趋规范,但仍是表面光滑,底面粗糙。西汉晚期,砚及研石的形状已较规范,表面光滑,但背面粗糙。

东汉时期,随着从有研磨石逐渐变为无研磨石,长方形砚更加普遍,有的考古发掘报告中称长方形砚为"石黛板(砚)"或"石板研(砚)"。东汉前期,砚及研石的形制仍保留着西汉晚期的风格,如辽宁大连前牧城驿汉墓出土石砚2套,质地、形制相同,为页岩磨制,砚为长方形薄平石板,研石呈上圆下方。① 东汉中期以后,研磨石逐渐消失,不过,这并非绝对,即使在东汉后期,也还有研磨石存在的情况,如广西合浦九只岭汉墓出土石黛砚2副,其中,砚板呈长方形,研石分别呈覆斗形和圆形;② 又如湖南益阳三国之际墓葬出土石研磨器,已残缺,石质为板岩,颜色灰褐,出土时两件合在一起,一为长方形石板,一为扁圆形石块,石块上圆下方。③ 可见,由于地区发展的不平衡性,同一时期不同地区砚的形制仍然存在一定差异。

汉代,漆器制造水平颇高,出现了漆盒石砚、漆书砚和漆砚。

江西南昌海昏侯刘贺墓出土西汉时期长方形漆盒石砚(M1∶500)1件,漆盒为斫制木胎,长22厘米、宽7厘米、高1.5厘米,由研板、研子、盒盖、盒身组成,共四部分。研板长方形,藏于盒内,为板状青色细砂岩,平整光滑,研面有墨痕。研子呈正方形而稍扁,研磨部分为块状板岩,胶合在方形木块上,木块髹褐色漆,顶面正中以黑色漆粘附一银制小柿蒂纹,边缘以朱漆绘两圈细线。盒盖与盒身均为木板斫刻,在两块木板上还挖有一大一小两个凹槽,较大的长方形凹槽用以嵌扣研板,小的正方形凹槽嵌扣研子。漆盒表里均髹黑色漆,盒盖表面中央贴饰银制柿蒂纹,柿蒂纹外饰一圈银环,盖边再饰一圈银扣。在柿蒂纹与银箍之间,以黄褐色漆绘有八个动物纹饰,依次为猛虎、鸟头神人、神鸟、神鹿、大蛇、神兽(或为熊)、山羊、神龙,八个动物纹饰周围环绕云气纹。而在银箍与银扣之间,以黄褐色漆绘三角形变形鸟头纹。盒身仅有一圈银扣,别无他饰。④ 另外,山东临沂金雀山周氏墓群出土西汉时期漆盒石砚1件(M11∶7),"砚盒木胎,盒盖与盒身各长21.5厘米、宽7.4厘米、厚0.9厘米。盒盖里外髹赭漆,里面有长方形凹槽可扣住

---

① 详见旅顺博物馆:《辽宁大连前牧城驿东汉墓》,《考古》1986年第5期,第402页。

② 详见广西壮族自治区文物工作队、合浦县博物馆:《广西合浦县九只岭东汉墓》,《考古》2003年第10期,第75页。

③ 详见周世荣:《湖南益阳市郊发现汉墓》,《考古》1959年第2期,第110页。

④ 江西省文物考古研究院、北京师范大学:《江西南昌西汉海昏侯刘贺墓出土漆木器》,《文物》2018年第11期,第40—41页;黄可佳、王楚宁:《"研""砚"之辨:海昏侯墓出土漆砚初探》,《装饰》2020年第10期,第99页。

石板砚,有方形凹槽可扣住研磨石。外面用朱红、土黄、深灰三色漆画出云兽纹,再以黑漆勾出云兽线条,计有虎、熊、鹿、羊等六兽。盒身里外也髹赭漆,里面有石板砚一块,长 16 厘米、宽 6 厘米、厚 0.2 厘米。胶合在一块长宽各 2.5 厘米、厚 1.1 厘米的坛形木块上。放置时,木块向上,研磨石向下。捏住木块,可以将研磨石压在石板砚上研磨。出土时,盒内尚残留粒状黑墨,石板砚上也留有墨迹"[1]。这件漆盒石砚与海昏侯刘贺墓所见长方形漆盒石砚颇为相似,制作同样十分精美。

江苏邗江姚庄 101 号西汉墓出土漆书砚 2 件,M101:11,长 19 厘米、前宽 9.8 厘米、后宽 8.2 厘米、高 6.6 厘米,平面呈凤尾形,由砚盒和砚池两部分组成,前端为半椭圆形盝顶式砚盒,中空,容积 200 多毫升,后端为梯形砚池,容积 195 毫升。池面木质坚硬,髹深黑色漆,触摸似有极细砂粒的感觉。砚面与砚盒之间有三角形的泄水孔,出土时孔内用木雕羊首形栓堵塞,砚面残留墨迹。发掘简报中称之为"漆砚",而李则斌先生称之为"漆砂砚"。M101:82,长 4.7 厘米、宽 4.8 厘米,分砚池和砚盒两部分,砚池为桃形,砚盒作博山形,雕刻羽人、瑞兽,盒内刳空,可注水,砚盒与砚池间有一长方形孔相通。发掘简报中称之为"博山饰木砚"。[2] 郑珉中先生认为,M101:11 池面上并无因研墨而出现细线重叠的磨痕,却仅有残留的墨迹,这只能说明是将研好的墨汁倾入砚池之中所遗留的,所以把 M101:11 定名为"漆书砚"似乎比定作"漆砂砚"更接近实际一些;M101:82 的照像在博山形砚盒上的反光点及从他处的反光现象看,其外表应该是髹漆的。至于池面开裂,部分与池之边沿脱离,似乎是漆皮脱落后发生的现象。[3] 笔者赞同郑先生的观点,认为 M101:82 的外表应是髹漆的,而这两件砚都是作为漆书砚使用的。

近年,江苏扬州又出土西汉晚期漆书砚 1 件(M28:150),长 24 厘米、宽 9.5 厘米、残高 2.5 厘米,仅存底部,长条形,由砚盒、砚池两部分套合,砚盒呈箕形,外壁髹褐漆,内壁髹漆为红地黑彩,内外壁绘云气纹,纹饰模糊,砚池呈龟形,四爪分开,嘴前凸,通体髹褐彩。发掘简报中称之为"漆龟形砚"。[4]

---

① 临沂市博物馆:《山东临沂金雀山周氏墓群发掘简报》,《文物》1984 年第 11 期,第 48—49 页。

② 扬州博物馆:《江苏邗江姚庄 101 号西汉墓》,《文物》1988 年第 2 期,第 23、25 页;李则斌:《汉砚品类的新发现》,《文物》1988 年第 2 期,第 44 页。

③ 郑珉中:《对两汉古砚的认识兼及误区的商榷》,《故宫博物院院刊》1998 年第 4 期,第 23—24 页。

④ 扬州市文物考古研究所:《江苏扬州市小杨庄西汉墓葬 M28 的发掘》,《考古》2021 年第 4 期,第 72 页。

　　安徽寿县曾出土东汉中期的漆砚 1 件(图 11),出土于墓 2 棺台下,砚为夹纻胎,上髹黑漆,外加朱漆,长方形,头端稍宽,顶部微弧,头部于方形浅槽中凹下作一圆池,四周有凸边,尾端已残,残长 18.6 厘米、头宽 8 厘米、尾宽 7.4 厘米、圆池直径 4 厘米、边宽 0.7—2 厘米、边高 0.2 厘米、残厚 0.3 厘米。①

图 11　安徽寿县出土东汉中期漆砚

　　汉代南方地区甚至出现竹砚,如《异物志》云:"广南以竹为砚。"②

　　汉代,玉砚、铜砚常为帝王将相与皇室贵族所用。据《西京杂记》记载:汉制,天子使用玉砚,而"以玉为砚"乃"取其不冰"③之故。皇室贵族所用铜砚,其制作十分别致,如江苏徐州出土东汉时期神兽铜盒砚 1 件,通体鎏金,镶嵌有红珊瑚、绿松石,制作精致,色彩绚丽,式样别致,实为汉代稀见的精美工艺制品④,而此墓或与东汉明帝之子彭城王刘恭有关;又如安徽肥东出土汉代铜神兽砚 1 件,通高 6.5 厘米、器高 3 厘米、长 12.5 厘米,造型似一猪,头部有两角,背上带一铜环,全身镶有红、蓝色料珠,两目嵌有淡绿色料质装饰,四足作蛤蟆伏地状,该砚可称得上是砚形中最奇特的一种⑤。

　　两汉时期的陶砚在考古发掘中都曾出土过,质地有灰陶、灰白陶、褐红陶等,形态各异,有圆形、长方形、龟形、山形等。

　　A 型,圆形陶砚,形制与圆形石砚相似,可分为三式。

①　安徽省文化局文物工作队、寿县博物馆:《安徽寿县茶庵马家古堆东汉墓》,《考古》1966 年第 3 期,第 140 页。

②　佚名:《砚谱·竹砚》,载《丛书集成初编》本,第 1498 册,中华书局 1991 年版,第 5 页。

③　(汉)刘歆撰,(晋)葛洪集:《西京杂记校注》卷一《天子笔》,向新阳、刘克任校注,上海古籍出版社 1991 年版,第 9 页。

④　详见吴山菁:《江苏省文化大革命中发现的重要文物》,《文物》1973 年第 4 期,第 3 页。

⑤　详见葛介屏:《肥东、霍丘县发现汉墓》,《文物》1959 年第 10 期,第 86 页。

Ⅰ式,陶砚附研石一套,砚呈圆形或圆饼形,如宁夏固原出土西汉中期陶砚1件(M3:12)(图12),砚为泥质灰陶,烧制而成,圆饼形,直径16.8厘米、边厚2.8厘米,一面磨光并有黑色颜料研磨痕迹,磨光面上放研石一块,研石,青石质,自然形成,上部无加工痕迹,下部磨平,平面上留有黑色颜料和砚面上颜色一致,长5.4厘米、宽4.6厘米、高3厘米。①

图12　宁夏固原出土西汉中期陶砚

Ⅱ式,圆形陶砚不带研石,如湖北襄阳出土东汉中晚期陶砚1件(马M3:12),褐红陶胎,圆形,平沿,口微敛,平底,器内施豆青釉,器外及底露胎,口径10.4厘米、底径9.2厘米、高2.2厘米。②

Ⅲ式,带盖带足圆形陶砚,见于东汉时期。如广东广州汉墓出土东汉后期陶砚1件(M5080:59),为灰白胎硬陶,圆形,由盖、身两部分组成,砚面平圆高起,四周有一圈凹槽,底附三蹄形短足,盖顶平圆高起,中有圆穿孔,盖面施黄褐色釉,周边有旋纹一周,通高8厘米,直径16.5厘米。③

B型,长方形陶砚,分二式。

Ⅰ式,陶砚附研石一套,如湖北武汉出土东汉早期陶砚1套,砚,长方形,素面无纹饰,长12.5厘米、宽6.5厘米、厚0.6厘米;研石,圆台方座,圆台上模制圈卧怪兽一个,方座边长3厘米、圆台直径3厘米、通高1.2厘米。④

Ⅱ式,长方形陶砚不带研石,如重庆奉节出土东汉中期陶砚1件(M13:46),泥质灰陶,一面磨制光滑,长11.4厘米、宽6.2厘米。⑤

C型,龟形陶砚,形象生动,制作精致,有直颈单龟、屈颈单龟、交颈交尾双龟三种不同造型。⑥汉代直颈单龟陶砚,通高9.1厘米、长22.4厘米、宽

① 详见固原博物馆:《宁夏固原城西汉墓》,《考古学报》2004年第2期,第189页。
② 详见湖北省文物考古研究所、襄樊市襄阳区文物管理处:《湖北襄阳马集、李食店墓葬发掘简报》,《江汉考古》2006年第3期,第26页。
③ 详见中国社会科学院考古研究所、广州市文物管理委员会、广州市博物馆编:《广州汉墓》,文物出版社1981年版,第416页。
④ 详见武汉市新洲县文物管理所、武汉市博物馆:《武汉市新洲技校汉墓发掘简报》,《江汉考古》1998年第3期,第57—58页。
⑤ 详见武汉大学考古与博物馆学系、武汉大学科技考古中心:《重庆奉节赵家湾墓地2004年发掘简报》,《江汉考古》2009年第1期,第37页。
⑥ 有学者认为龟形陶砚应是唐代之物,参见华慈祥:《龟砚与十二峰砚》,《上海文博论丛》2006年第4期,第35页。

16 厘米;屈颈单龟陶砚,通高 10.3 厘米、长 24 厘米、宽 20 厘米;交颈交尾双龟陶砚,通高 7.8 厘米、长 17.3 厘米、宽 13.9 厘米。砚都有盖,盖即为龟背,刻画有龟甲纹。直颈单龟陶砚底部有一“寅”字。①

D 型,山形陶砚。如汉代十二峰陶砚(图 13)②,通高 16.5 厘米、长 21.7 厘米、宽 21.2 厘米,砚面前部塑造十二山峰,内左右两峰下,各有一负山人象,砚底三足为叠石状,似为西汉时物,堪称珍品。③

图 13　汉代十二峰陶砚

汉代瓷砚虽已出现,但不多见,形制为圆形三足砚,如浙江宁波汉代窑址出土东汉晚期瓷砚,砚面呈圆盘状为墨池,不施釉,砚底置三个乳钉状足,鄞 Yl:10 口径 13.4 厘米、足距 11.8 厘米、高 2.7 厘米④。

汉代瓦砚在考古发掘中也有发现,如山西孝义出土东汉末期瓦砚 1 件,圆形,平底,砚面凸起,周边下凹无盖。⑤

汉代,石砚分布区域广泛,据不完全统计,今陕西、甘肃、宁夏、青海、内蒙古、黑龙江、辽宁、山西、河北、天津、山东、河南、安徽、江苏、上海、浙江、江西、广东、湖北、湖南、重庆、四川、贵州、广西、云南等省区市均有出土。由于制砚所用多为天然石,故而上述省区市所出石砚可能多为本地制造。两汉时期,石砚的制作技术日益精良,加工水平不断提高,形制日趋复杂,装饰更加多样。特别是东汉时期,逐渐从有研磨石发展到无研磨石,制砚出现重大变革,成为砚发展史上的一个里程碑。制砚的变化与这一时期制墨工艺的发展有很大关系。

此间,南北等地都出土过陶砚,而生产技术的逐步提高,对后世陶砚的制作具有重要影响。东汉时期,瓷砚、瓦砚的出现,又进一步丰富了砚的种类。

汉代,砚以圆形、方形为基本形制,有厚有薄,如繁钦《砚赞》云:“或薄

---

①　详见冶秋:《刊登砚史资料说明》,《文物》1964 年第 1 期,第 50 页。
②　有学者认为十二峰陶砚应是唐代之物,参见郑珉中:《对两汉古砚的认识兼及误区的商榷》,《故宫博物院院刊》1998 年第 4 期,第 19—21 页;华慈祥:《龟砚与十二峰砚》,《上海文博论丛》2006 年第 4 期,第 34—35 页。
③　详见冶秋:《刊登砚史资料说明》,《文物》1964 年第 1 期,第 50 页。
④　详见林士民:《浙江宁波汉代窑址的勘察》,《考古》1986 年第 9 期,第 804—805 页。
⑤　详见山西省文物管理委员会、山西省考古研究所:《山西孝义张家庄汉墓发掘记》,《考古》1960 年第 7 期,第 52 页。

或厚,乃圆乃方。方如地象,圆似天光。"①带足者多为三足,如繁钦《砚颂》曰:"钧三趾于夏鼎,象辰宿之相扶。"②这些特点对魏晋南北朝时期的制砚业影响深远。

两汉时期,砚除了作为文书工具,也可作研磨工具,还作为化妆用具,如广东广州西汉前期墓葬中发现长方形砚与铜镜、条墨同出,东汉前期、后期墓葬中也发现石砚及研石与黛墨、铜镜共出③,因此,这类石砚应是化妆用具,被称为"黛砚""黛板"。正是因为学者们的认识不同,所以考古发掘资料中对砚的命名有所差异,或称为"石砚""石板",或称为"黛砚""黛石""黛板",或称为"调色器""研磨器"等。然而,需要说明的是,西汉时人称长方形砚为"板研",如江苏东海尹湾汉墓2号墓出土木牍遣策1枚,13号牍正面标题"君兄缯方缇中物疏",其中就记有"板研"1件。④ 由此推知,板研似是汉代人对长方形砚甚或石砚的特定称呼。

第三节 魏晋南北朝时期笔墨纸砚制造业的发展

魏晋南北朝时期,尽管政治上长期分裂割据,但是社会经济曲折前行,区域经济得到开发,民族交流与融合不断加强,文化艺术兴盛,宗教多元。正是在此时代背景下,笔墨纸砚制造业继续发展,呈现出一些新的特点。以往研究中对这一时期的造纸业涉论较多,而对制笔业、制墨业和制砚业疏于探讨。本节充分利用考古资料和文献记载来分析此间笔墨纸砚制造业的发展特点。

一、制笔原料的增加与技术的完善

魏晋南北朝时期,制笔原料进一步扩大,笔毛有兔毫、鹿毛、羊毛、羊须、鼠毛、鼠须、虎仆毛、鸡雉毛等,甚至有胎发、人须。然而,兔毫仍是最主要的制笔原料,备受称道的还是赵国毫,其原因在于"赵国平原广泽,无杂草木,惟有细草,是以兔肥,肥则毫长而锐,此则良笔也"⑤。此外,还有鹿毛笔,如

---

① (宋)吴淑:《事类赋》卷一五《什物部·砚》,载《景印文渊阁四库全书》本,第892册,台湾商务印书馆1985年版,第938页。
② (宋)苏易简:《文房四谱》卷三《砚谱·二之造》,中华书局1985年版,第39页。
③ 详见中国社会科学院考古研究所、广州市文物管理委员会、广州市博物馆编:《广州汉墓》,文物出版社1981年版,第174、351、453页。
④ 详见连云港市博物馆:《江苏东海县尹湾汉墓群发掘报告》,《文物》1996年第8期,第16页;滕昭宗:《尹湾汉墓简牍概述》,《文物》1996年第8期,第35页。
⑤ (宋)苏易简:《文房四谱》卷一《笔谱上·二之造》引《笔经》,中华书局1985年版,第7页。

晋王隐《笔铭》曰:"岂其作笔,必兔之毫,调利难秃,亦有鹿毛。"①羊须笔,如"陶隐居烧丹封鼎际用羊须笔"②。鼠毛笔,郭义恭《广志》云:鼠毛"可以为笔"③;鼠须笔,世传"王羲之得用笔法于白云先生,先生遗之鼠须笔"④。虎仆毛笔,如《博物志》云:"有兽缘木,文似豹,名虎仆,毛可以取为笔。"鸡雉毛笔,如"岭外尤少兔,人多以鸡雉毛作笔亦妙"⑤。胎发笔,如"南朝有姥善作笔,萧子云常书用,笔心用胎发"⑥。人须笔,如《岭表记》云:"岭外既无兔,有郡牧得兔毫,令匠人做之。匠人者醉,因失之,惶惧,乃以己须制之,甚善。诘之,工以实对。郡牧乃令人户必输之须,或不能逮,辄责其值。"⑦当时,制笔业的发展不甚均衡,地区差异较大,在西域于阗国则使用木笔,"书则以木为笔札"⑧。

此间,笔管有竹木、琉璃、麟角、象牙、金银等材质。不过,仍以漆竹管最为普遍,据《东宫旧事》记载:"(晋)皇太子初拜,给漆笔四枝。"⑨又据《笔经》可知,曾经有人赠给王羲之"绿沉漆竹管及镂管"⑩,因此,不论是皇室贵胄,还是士族文人,都在使用漆竹管笔。琉璃笔管,如曹操有琉璃笔一支,"刘婕好以七月七日折琉璃笔管"⑪。麟角笔管,如《拾遗记》中记载:张华造《博物志》成,晋武帝赐麟角笔,"以麟角为笔管,此辽西国所献"⑫。象牙笔管,如南朝庾易,"字幼简,侍中袁豸雅慕之",赠其象牙笔管,南朝范岫,

---

① (唐)欧阳询撰:《艺文类聚》卷五八《杂文部四·笔》,汪绍楹校,上海古籍出版社1982年版,第1056页。
② (明)陈耀文:《天中记》卷三八《笔》,载《景印文渊阁四库全书》本,第966册,台湾商务印书馆1985年版,第754页。
③ (唐)段公路著,(唐)崔龟图注:《北户录》卷二《鸡毛笔》注引《广志》,载《丛书集成初编》本,第3021册,中华书局1985年版,第21页。
④ (宋)苏易简:《文房四谱》卷一《笔谱上·一之叙事》引《笔经》,中华书局1985年版,第3页。
⑤ (宋)朱长文:《墨池编》卷六《器用一·笔》,载《景印文渊阁四库全书》本,第812册,台湾商务印书馆1985年版,第915页。
⑥ (唐)段成式撰:《西阳杂俎》前集卷六《艺绝》,方南生点校,中华书局1981年版,第61页。
⑦ (宋)朱长文:《墨池编》卷六《器用一·笔》,载《景印文渊阁四库全书》本,第812册,台湾商务印书馆1985年版,第915—916页。
⑧ (唐)姚思廉:《梁书》卷五四《诸夷传·西北诸戎》,中华书局1973年版,第814页。
⑨ (唐)欧阳询撰:《艺文类聚》卷五八《杂文部四·笔》,汪绍楹校,上海古籍出版社1982年版,第1054页。
⑩ (宋)苏易简:《文房四谱》卷一《笔谱上·二之造》引《笔经》,中华书局1985年版,第8页。
⑪ (宋)苏易简:《文房四谱》卷一《笔谱上·四之杂说》引《时照新书》,中华书局1985年版,第18页。
⑫ (晋)王嘉撰,(梁)萧绮录:《拾遗记》卷九《晋时事》,齐治平校注,中华书局1988年版,第211页。

字懋宾,"每居常以廉洁著称,为晋陵太守,虽牙管一双,犹以为费"①。金银笔管,如"梁元帝为湘东王时,好文学著书,尝记录忠臣义士及文章之美者,笔有三品,或金银雕饰,或用斑竹为管。忠孝双全者,用金管书之;德行精粹者,用银管书之;文章赡丽者,用斑竹管书之"②。至于琉璃、麟角、象牙、金银等笔管都属奢侈品,绝非一般人可以使用,如西晋傅玄所云:东汉末年以来,"一笔之押(匣),雕以黄金,饰以和璧,缀以随珠,发以翡翠,此笔非文犀之桢,必象齿之管,丰狐之柱,秋兔之翰,用之者必被朱绣之衣,践雕玉之履"③。

这一时期,制笔之法虽承袭汉制,但选材日益精良、技术更加完善。制笔过程主要是精选兔毫,尔后将笔毛插入笔杆一端镂空的毛腔,并以丝线缠绕扎紧,外层髹漆。文献中对此有所记载,如西晋傅玄《笔赋》曰:"简修毫之奇兔,选珍皮之上翰,濯之以清水,芬之以幽兰,嘉竹翠色,彤管含丹,于是班匠竭巧,名工逞术,缠以素枲,纳以玄漆。"又如魏晋时期成公绥《弃故笔赋》云:"采秋毫之颖芒,加胶漆之绸缪,结三束而五重,建犀角之玄管,属象齿于纤锋。"④另据考古资料(表9)可知,2005年12月至2006年8月,江苏南京六朝墓中曾出土孙吴晚期的青瓷毛笔2件,笔杆呈圆柱形,上刻弦纹,笔头呈尖锥形,上刻斜直纹,象征笔毛,其中M1:25,长22.6厘米⑤,此青瓷毛笔虽为明器,但形制与实际所用毛笔相似;1993年6月,江苏江宁东晋墓出土毛笔1件(M1:15),仅见笔头,两端均见笔锋,中以宽2.5厘米的丝帛束紧,长10.2厘米、中宽1.4厘米,⑥此笔虽未见笔杆,但笔头的选材及制作却相当精细。

① (宋)苏易简:《文房四谱》卷一《笔谱上·一之叙事》引《笔经》,中华书局1985年版,第6—7页。
② (宋)朱长文:《墨池编》卷六《器用一·笔》,载《景印文渊阁四库全书》本,第812册,台湾商务印书馆1985年版,第914页。
③ (唐)欧阳询撰:《艺文类聚》卷五八《杂文部四·笔》,汪绍楹校,上海古籍出版社1982年版,第1054页。
④ (唐)欧阳询撰:《艺文类聚》卷五八《杂文部四·笔》,汪绍楹校,上海古籍出版社1982年版,第1055页。
⑤ 详见南京市博物馆、南京市江宁区博物馆:《南京江宁上坊孙吴墓发掘简报》,《文物》2008年第12期,第23页。
⑥ 详见南京市博物馆、江宁县文管会:《江苏江宁县下坊村东晋墓的清理》,《考古》1998年第8期,第51页。

表9　魏晋南北朝时期笔出土情况统计表

年代	出土地点	出土实物	形制	资料来源	备注
三国时期	江苏南京	青瓷毛笔2件	笔杆呈圆柱形,上刻弦纹,笔头呈尖锥形,上刻斜直纹,象征笔毛,M1:25,长22.6厘米	《文物》2008.12	孙吴晚期
东晋时期	江苏江宁	毛笔1件(M1:15)	仅见笔头,两端均见笔锋,中以宽2.5厘米的丝帛束紧,长10.2厘米、中宽1.4厘米	《考古》1998.8	
前凉时期	新疆吐鲁番	木笔杆1件(06TAM605:23)	木棍削制,截面圆形,尾端细,前端稍粗,粗端掏挖出圆形凹槽,深2.1厘米,用以插笔毛,笔杆长18.5厘米、径1.1—1.7厘米、凹槽直径1.4厘米	《考古与文物》2016.5	出土东晋咸安五年(375年)衣物疏

此间,制笔史上出现带有总结性的理论成果——《笔方》《笔经》等。曹魏时期,韦诞(字仲将)作《笔方》曰:

　　先以铁梳梳兔毫及羊青毛,去其秽毛,盖使不髯。茹讫,各别之。皆用梳掌痛拍,整齐毫锋端,本各作扁,极令均调平好,用衣羊青毛——缩羊青毛去兔毫头下二分许。然后合扁,卷令极圆。讫,痛颉之。以所整羊毛中截,用衣中心——名曰"笔柱",或曰"墨池""承墨"。复用毫青衣羊青毛外,如作柱法,使中心齐,亦使平均。痛颉内管中,宁随毛长者使深。宁小不大。笔之大要也。①

由上可知,三国时期,制笔过程中,对笔毛的选择、加工,对笔头的制作已非常留心。东晋时期,王羲之作《笔经》云:

　　凡作笔,须用秋兔。秋兔者,仲秋取毫也,所以然者,孟秋去夏近,则其毫焦而嫩,季秋去冬近,则其毫脆而秃。惟八月寒暑调和,毫乃中用。其夹脊上有两行毛,此毫尤佳,胁际扶疏,乃其次耳。采毫竟,以纸裹石灰汁,微火上煮令薄沸,所以去其腻也。先用人发抄数十茎,杂青

---

① (北魏)贾思勰:《齐民要术校释》卷九《笔墨·笔法》,缪启愉校释,中国农业出版社1998年版,第683页。

羊毛并兔毳,惟令齐平,以麻纸裹柱根令治;次取上毫薄薄布柱上,令柱不见,然后安之。惟须精择去其倒毛,毛秒合锋令长九分,管修二握,须圆正方可。后世人或为削管,或(故)笔轻重不同,所以笔多偏握者,以一边偏重故也。自不留心加意,无以详其至。此笔成合,蒸之令熟三斗米饭,须以绳穿管,悬之水器上一宿,然后可用……昔人或以琉璃、象牙为笔管,丽饰则有之,然笔须轻便,重则踬矣。①

从中可见,这时,制笔过程中,对兔毫、笔管的选择,对笔头的加工、制作更加讲究。《笔方》《笔经》的出现,意味着这一时期制笔技术逐渐成熟、完善。

魏晋南北朝时期,制笔区域较广,可惜文献大多失于记载。据文献及考古资料可知,江南、岭南等地的制笔业在六朝时期有了很大发展,如前所述,岭南地区出现鸡毛笔、人须笔等。此间,南北各地都有不少制笔能手。北方地区的文人韦诞、韦昶皆善制笔,"韦诞笔""韦昶笔"均为笔中名品,备受文人青睐,如韦昶,"字文休,韦诞兄,官至散骑常侍","好作笔,王子敬(即东晋王献之——笔者按)得其笔,叹为绝世"。② 南方地区宣城的陈氏、诸葛氏自东晋以来精于制笔,如陈氏"家传右军求笔帖"③,诸葛氏"素工管城子,自右军以来世其业"④。宣城之笔"虽管束至妙,而佳者亦少,大约供进或达寮为则稍工"⑤,因此精者非常人可以拥有、使用。

随着社会的不断发展进步,笔的重要性更加凸显。魏晋时期,成公绥《弃故笔赋》云:"圣人之志,非笔不能宣,实人天之伟器也。"⑥西晋郭璞《笔赞》曰:"上古结绳,易以书契。经纬天地,错综群艺。日用不知,功盖万世。"⑦笔对于文人而言,不论家境如何都已不可或缺,如《三国志·吴书·阚泽传》云:"阚泽字德润,会稽山阴人也。家世农夫,至泽好学,居贫无资,尝为人佣书,以供纸笔。"⑧当然,对于那些实在无法用笔者,只能用其他方

① (宋)苏易简:《文房四谱》卷一《笔谱上·二之造》引《笔经》,中华书局1985年版,第7—8页。

② (清)梁同书:《笔史·笔之匠》,中华书局1985年版,第9页。

③ (宋)邵博撰:《邵氏闻见后录》卷二八,刘德权、李剑雄点校,中华书局1983年版,第218页。

④ (宋)蔡絛撰:《铁围山丛谈》卷五,冯惠民、沈锡麟点校,中华书局1983年版,第94页。

⑤ (宋)朱长文:《墨池编》卷六《器用一·笔》,载《景印文渊阁四库全书》本,第812册,台湾商务印书馆1985年版,第916页。

⑥ (唐)虞世南:《北堂书钞》卷一○四《艺文部一○·笔》,载《景印文渊阁四库全书》本,第889册,台湾商务印书馆1985年版,第507页。

⑦ (唐)徐坚等:《初学记》卷二一《文部·笔》,中华书局2004年版,第516页。

⑧ (晋)陈寿:《三国志》卷五三《吴书·阚泽传》,中华书局1959年版,第1249页。

法代替,如南朝时期,陶弘景"年四五岁,恒以荻为笔,画灰中学书"①。

这一时期,笔的使用日益广泛,上至官府,下至民间,文书契约、书法绘画、宗教祭祀等方面都有需要,如《老君音诵诫经》云:"唯听民户岁输纸三十张,笔一管,墨一挺,以供治表救度之功。"②当时人认为,即使在冥界,鬼怪也需用笔,如北魏世宗时,元景(字寿兴)为王显诬告赐死之际,顾谓其子曰:"我棺中可着百张纸,笔两枚,吾欲讼显于地下。"③又如《异苑》记载:南朝元嘉中,魏郡张承吉子元庆"见一鬼,长三尺一足而鸟爪,背有鳞甲",鬼曾向其家"求纸笔"④。

二、松烟墨产地的增多与质量的提高

魏晋南北朝时期,天然石墨与人工松烟墨并用。

曹魏时,天然石墨仍有大量使用,"陆云与兄机书曰:'一日上三台,曹公藏石墨数十万斤,云烧此消复可用,然不知兄颇见之不,今送二螺。'"⑤郦道元《水经注》中对三台所藏石墨有详细说明:邺都铜雀台"北曰冰井台,亦高八丈,有屋百四十五间,上有冰室,室有数井,井深十五丈,藏冰及石墨焉。石墨可书"⑥。晋代,石墨产地不少,时人用以书写,如顾微《广州记》曰:"怀化郡掘堑,得石墨甚多,精好可写书。"戴延之《西征记》云:"石墨山北五十里,山多墨,可以书。"⑦又据考古资料可知,1958年,江苏南京老虎山晋墓2号墓出土有东晋墨,经有关专家化验,该墨呈"黄黑色,轻,在显微镜下,显无色不规则的晶体,质硬如砂粒,与现代墨无相似之处,加热微燃烧,似含有机质,猛烧后,留下之物,体积与未烧前相同,因有机物质被烧去,颜色变淡"⑧,当为石墨。南朝时,石墨仍在使用,如盛弘之《荆州记》云:"筑阳县有墨山,山石悉如墨。"⑨

---

①　(唐)李延寿:《南史》卷七六《隐逸下》,中华书局1975年版,第1897页。

②　(北魏)寇谦之:《老君音诵诫经》,载《道藏》第18册,文物出版社、上海书店、天津古籍出版社影印本1988年版,第212页。

③　(北齐)魏收:《魏书》卷一五《昭成子孙列传》,中华书局1974年版,第377页。

④　(南朝宋)刘敬叔:《异苑》卷六,载《景印文渊阁四库全书》本,第1042册,台湾商务印书馆1985年版,第531页。

⑤　(宋)李昉等:《太平御览》卷六〇五《文部二一·墨》,中华书局影印本1960年版,第2723页。

⑥　(北魏)郦道元:《水经注》卷一〇,陈桥驿点校,上海古籍出版社1990年版,第213页。

⑦　(唐)徐坚等:《初学记》卷二一《文部·墨》,中华书局2004年版,第520页。

⑧　南京市文物保管委员会:《南京老虎山晋墓》,《考古》1959年第6期,第295页。

⑨　(唐)徐坚等:《初学记》卷二一《文部·墨》,中华书局2004年版,第520页。

魏晋南北朝时期,人工制墨原料仍以松树为主,如曹植诗云:"墨出青松烟。"①随着人工制墨业的不断发展,"石墨自晋魏以后无闻②,松烟之制尚矣"③。此间,制墨产地较多,据文献记载及考古资料(表10)不完全统计,生产和出土过墨的地区有今陕西、甘肃、河北、河南、辽宁、江苏、浙江、江西、广东等地。其中,关中地区自汉代起就是北方主要制墨区,而南方庐山、北方易水、上党等地迅速发展成为这一时期著名的制墨区。东晋时期,"贵九江、庐山之松"④,卫夫人《笔阵图》曰:"墨取庐山之松烟,代郡之鹿胶,十年已上强如石者为之。"⑤南北朝时期,范阳郡易水所产易墨十分有名,齐王僧虔《笔意赞》云:"剡纸易墨,心圆管直。"⑥上党郡亦产名墨,南朝江淹《扇上彩画赋》云:"墨则上党松心。"⑦此外,在西域地区也产佳墨,"西域僧书,言彼国无砚、笔、纸,但有好墨,中国者不及也,云是鸡足山古松心为之"⑧。

表 10 魏晋南北朝时期墨出土情况统计表

年代	出土地点	出土实物	形制	资料来源	备注
三国时期	江西南昌	墨 1 件	呈圆柱状,上部略小,有叶脉纹,长 9.5 厘米、下端直径 3.5 厘米	《考古》1980.3	孙吴前期
魏晋时期	甘肃酒泉	墨 1 件 (M7:24)	长方形,黑腻如漆,表面滑润,手感轻而坚致,长 4.2 厘米、宽 2.9 厘米、厚 1.7 厘米	《文物》1996.7	
西晋早期	河南巩义	墨 1 件 (M1:56)	圆锥形,顶部残,底径 2.5 厘米、残高 1.9 厘米	《文物》2004.11	

① (唐)虞世南:《北堂书钞》卷一〇四《艺文部一〇·墨》,载《景印文渊阁四库全书》本,第889 册,台湾商务印书馆 1985 年版,第 510 页。
② 作者按:晁氏此说不妥。其实在魏晋以后,石墨仍有使用,如《括地志》云:"东都寿安县洛水之侧,有石墨山,山石尽黑,可以书疏,故以石墨名山。"见(宋)苏易简:《文房四谱》卷五《墨谱·一之叙事》,中华书局 1985 年版,第 66 页。
③ (宋)晁氏:《墨经·松》,中华书局 1985 年版,第 1 页。
④ (宋)晁氏:《墨经·松》,中华书局 1985 年版,第 1 页。
⑤ (唐)张彦远:《法书要录》卷一《晋卫夫人笔阵图》,人民美术出版社 1984 年版,第 6 页。
⑥ (唐)韦续:《墨薮·笔意》,载《丛书集成初编》本,第 1621 册,中华书局 1985 年版,第 40 页。
⑦ (南朝)江淹,(明)胡之骥注:《江文通集汇注》卷二《扇上彩画赋》,李长路、赵威点校,中华书局 1999 年版,第 66 页。
⑧ (宋)苏易简:《文房四谱》卷五《墨谱·三之杂说》,中华书局 1985 年版,第 69 页。

续表

年代	出土地点	出土实物	形制	资料来源	备注
西晋时期	广东广州	墨	出于 4 号墓,因被积水浸透,已溶解成一团,原来形状已不可知	《考古通讯》1955.5	
东晋中期	江苏南京	墨 2 件	出于 2 号墓,均残碎,M2:108,置漆盒中,墨质坚硬细腻,残长 3.8 厘米;M2:81,圆柱形,碎为 4 块,最大一块长 5 厘米、宽 2.1 厘米	《文物》2001.3	
东晋时期	江西南昌	墨 1 件（M3:20）	黑色,扁圆条状,两端切平,一面阳刻长方框,框内隶体直书"雷寿"二字,框外有曲纹线,长 5.5 厘米、宽 4.1 厘米、厚 2 厘米	《文物》2001.2	东晋永和八年（352年）
东晋时期	浙江新昌	墨 1 件	出于新昌 21 号墓,出土时形如锄,圆头方口,上有几何纹饰,出土后碎成多块,最大的长 4 厘米、宽 1 厘米、厚 1 厘米左右	《文物资料丛刊》2019.8	东晋太元十八年（393年）
东晋时期	江苏南京	墨 2 件	1 件出于 2 号墓,黄黑色,轻,长约 6 厘米、宽约 2.5 厘米 1 件出于 3 号墓,黑色,轻,有黄色小粒,已破碎	《考古》1959.6	
东晋时期	江苏南京	黑墨 1 包	已碎成小块和粉末	《文物》1972.11	
东晋时期	江苏江宁	黑墨 1 件（M1:14）	出土时置青瓷砚上,残碎成多块,质轻,最大一块长 4.8 厘米、宽 3.7 厘米	《考古》1998.8	
晋代	江西南昌	墨 2 件	M1:43,长 12.3 厘米、宽端 6 厘米、窄端 3 厘米,可能系长期被积水泡浸而变形;M2:15,圆柱形,长 9 厘米、直径 2.5 厘米	《考古》1974.6	

续表

年代	出土地点	出土实物	形制	资料来源	备注
南朝中晚期	江苏南京	墨1件（M1:25）	模制,墨质坚实,出土时漆黑若新,未见使用痕迹,呈上宽下窄的圆台形,底略内凹,端面模印莲瓣纹,质料均属松烟,脱水后重60.6克,面径6.5厘米、底径4.5厘米、高3.7厘米	《东南文化》1993.2	
十六国北燕时期	辽宁北票	墨	出于1号墓,已破碎,原似是2丸,体轻质细,色黑易染,经试用,胶性尚未完全脱失,形状和望都汉墓壁画所见略同,下大上小,近圆锥形,横截面椭圆形,表面模印花纹,一面为突出横带纹,一面状似花瓣,有的地方用刀修整过,大的一块存高5.6厘米、长径3.7厘米	《文物》1973.3	墓主冯素弗卒于415年

据考古资料可知,这一时期,松烟墨的形制大体上保留着汉代的风格,但是制作更加精巧,表面往往模印纹饰,如江西南昌高荣墓出土孙吴前期墨1件,呈圆柱状,上部略小,有叶脉纹,长9.5厘米、下端直径3.5厘米[1];又如辽宁北票冯素弗墓1号墓出土北燕时期墨,已破碎,体轻质细,色黑易染,经试用,胶性尚未完全脱失,形状和望都汉墓壁画所见略同,下大上小,近圆锥形,横截面椭圆形,表面模印花纹,一面为突出横带纹,一面状似花瓣,大的一块存高5.6厘米、长径3.7厘米。[2] 另外,出土墨中也见到有长方形等形状,如甘肃酒泉出土魏晋时期墨1件(M7:24),长方形,黑腻如漆,表面滑润,手感轻而坚致,长4.2厘米、宽2.9厘米、厚1.7厘米。[3] 又据考古资料可知,此间松烟墨的构成、性质已与现代墨相近,如江苏南京老虎山晋墓3号墓出土有东晋墨,经化验,该墨"黑色,轻,有黄

---

[1] 详见江西省历史博物馆:《江西南昌市东吴高荣墓的发掘》,《考古》1980年第3期,第227页。

[2] 详见黎瑶渤:《辽宁北票县西官营子北燕冯素弗墓》,《文物》1973年第3期,第9页。

[3] 详见甘肃省文物考古研究所:《甘肃酒泉西沟村魏晋墓发掘报告》,《文物》1996年第7期,第24页。

色小粒,似杂质黄土,在显微镜下与现代墨比较,粒子很相似,成团状,加热能燃烧,留下少量灰,此点与现代墨比较,也很相似"①,说明这一时期墨的质量较高。

魏晋南北朝时期,制墨工匠分官府工匠和民间工匠两种。据文献记载,西晋时期,民间杰出墨工有张金,"石崇奴券云:张金好墨,过市数蠢,并市豪笔,备郎写书",宋代吴淑《墨赋》中称赞佳墨时亦有"名重张金"②之语。又据考古资料可知,1997 年,江西南昌东晋永和八年(352 年)墓出土墨 1件(M3:20),该墨黑色,扁圆条状,两端切平,一面阳刻长方框,框内隶体直书"雷寿"2 字,框外有曲纹线,长 5.5 厘米、宽 4.1 厘米、厚 2 厘米,③此处"雷寿"为当时东晋墨工之名。此外,文人中也不乏制墨高手,韦诞、张永均是杰出代表。史载:"洛阳、许、邺三都宫观始就,诏令(韦)诞题署以为永制,给御笔墨皆不任用,因奏:'蔡邕自矜能书,兼斯喜之法,非纨素不妄下笔。夫欲善其事必利其器,若用张芝笔、左伯纸及臣墨,兼此三具又得臣手,然后可以逞径丈之势,方寸之言。'"④"韦诞墨"品质甚高,肖子良答王僧虔书直言:"仲将之墨,一点如漆。"⑤南朝张永"善隶书","又有巧思","纸及墨皆自营造,上每得永表启,辄执玩咨嗟,自叹供御者了不及也",⑥从中可见"张永墨"质量很好,不亚于官府工匠所制供墨。

这一时期,不仅制墨技术日益精良,而且制墨史上出现带有总结性的理论成果——《合墨法》等。曹魏时期,韦诞作《合墨法》云:

> 好醇烟,捣讫,以细绢筛——于缸内筛去草莽若细沙、尘埃;此物至轻微,不宜露筛,喜失飞去,不可不慎。墨屑一斤,以好胶五两,浸梣皮汁中——梣,江南樊鸡木皮也,其皮入水绿色,解胶,并益墨色;可下鸡子白——去黄——五颗;亦以真朱砂一两,麝香一两,别治,细筛:都合调。下铁臼中,宁刚不宜泽,捣三万杵,杵多益善。合墨不得过二月、九月:温时败臭,寒则难干潼溶,见风自解碎。重不得过三二两。墨之大

---

① 南京市文物保管委员会:《南京老虎山晋墓》,《考古》1959 年第 6 期,第 295 页。
② (元)陆友:《墨史》卷上《晋》,载《丛书集成初编》本,第 1495 册,中华书局 1985 年版,第 2 页。
③ 详见江西省文物考古研究所、南昌市博物馆:《南昌火车站东晋墓葬群发掘简报》,《文物》2001 年第 2 期,第 39 页。
④ (元)陆友:《墨史》卷上《魏》,中华书局 1985 年版,第 1 页。
⑤ (唐)张怀瓘:《书断》卷下《能品》,载《景印文渊阁四库全书》本,第 812 册,台湾商务印书馆 1985 年版,第 67 页。
⑥ (南朝梁)沈约:《宋书》卷五三《张永传》,中华书局 1974 年版,第 1511 页。

诀如此。宁小不大。①

由上可知，当时制墨过程中，对选烟、配料、加工、择时、大小等都相当讲究。《合墨法》是韦诞自己制墨心得与前人经验的系统总结，在制墨方法上对后世贡献不小。与韦诞同时的孙吴书法家皇象论墨，"已有多胶黝黑之说"②，可见，当时制墨已加入了胶，而采用胶配制，就使得墨的质量又有很大提高。东晋时，陶侃"献晋帝笺纸三十枚，墨二十丸，皆极精妙"③；南朝时，元嘉年间书"纸墨极精奇"④，说明当时墨的质量的确很好。

魏晋南北朝时期，墨的使用愈加广泛，涵盖政治、经济、文化、社会等领域。政治方面，如朝廷赐皇室贵族、文武官僚墨，《东宫旧事》记载："（晋）皇太子初拜，给香墨四丸。"⑤文化方面，如书法绘画用墨，赵壹《非草书》云："十日一笔，月数丸墨。"⑥宗教祭祀方面，如《搜神记》记载："益州之西，云南之东，有神祠"，祈祷者需"持一百钱，一双笔，一丸墨，置石室中"。⑦ 社会生活方面，如墨用于化妆，"后周宣帝令外妇人以墨画眉，盖禁中方得施粉黛"⑧。

三、书写用纸与造纸业的发展

三国时期，简、帛、纸三种书写材料仍然并行不悖，上至皇帝，下至朝臣都有使用。文献记载如《三国志·吕布传》注引《英雄记》曰："初，天子在河东，有手笔版书召布来迎。"⑨《三国志·陈思王传》注引《典略》曰："尝亲见执事握牍持笔。"⑩考古资料如江西南昌高荣墓出土孙吴前期墨书文字的木简 21 件、木方 2 件，⑪湖北鄂城水 M1 出土孙吴初期墨书文字的木

---

① （北魏）贾思勰:《齐民要术校释》卷九《笔墨·笔法》，缪启愉校释，中国农业出版社 1998 年版，第 683—684 页。
② （明）麻三衡:《墨志·纪原》，载《丛书集成初编》本，第 1496 册，中华书局 1985 年版，第 1 页。
③ （宋）苏易简:《文房四谱》卷五《墨谱·一之叙事》，中华书局 1985 年版，第 66 页。
④ （南朝梁）孝元帝:《金楼子》卷二《聚书篇》，载《景印文渊阁四库全书》本，第 848 册，台湾商务印书馆 1985 年版，第 820 页。
⑤ （唐）徐坚等:《初学记》卷二一《文部·墨》，中华书局 2004 年版，第 520 页。
⑥ （宋）苏易简:《文房四谱》卷五《墨谱·三之杂说》，中华书局 1985 年版，第 72 页。
⑦ （晋）干宝撰:《搜神记》卷四，汪绍楹校注，中华书局 1979 年版，第 52 页。
⑧ （宋）苏易简:《文房四谱》卷五《墨谱·三之杂说》，中华书局 1985 年版，第 69 页。
⑨ （晋）陈寿:《三国志》卷七《魏书七·吕布传》，中华书局 1959 年版，第 225 页。
⑩ （晋）陈寿:《三国志》卷一九《魏书一九·陈思王传》，中华书局 1959 年版，第 560 页。
⑪ 详见江西省历史博物馆:《江西南昌市东吴高荣墓的发掘》，《考古》1980 年第 3 期，第 226 页。

牍6件。① 缣帛有时也作为书写材料,如《抱朴子内篇》云:"罗阳仕于吴朝,鬼神之事,著于竹帛。"②纸张作为书写材料,使用渐趋广泛,即使在今云南地区也出现用纸的记载,如《三国志·吕凯传》曰:"时雍闿等闻先主薨于永安,骄黠滋甚。都护李严与闿书六纸,解喻利害,闿但答一纸。"③时人逐渐改变视纸张为不高雅书写材料的观念,甚至出现用纸起草诏令,如《三国志·刘放传》曰:魏明帝曾"以黄纸授放作诏"④。此间,尤其在南方孙吴统治区域,简牍使用量颇大。据1996年考古发掘,湖南长沙走马楼出土孙吴嘉禾(232—237年)纪年简牍数万片⑤,数量之多,震惊学界。又据相关学者统计,走马楼简出土后,吴简数量远超其他朝代,此种数量对比可能反映出东汉后期以后,南方造纸尚不如北方发达。⑥

　　西晋时期,简牍和纸张还是一并使用。然而,随着纸张质量的不断提高,其作为书写材料的优越性很快凸显出来,正如傅咸《纸赋》所云:"盖世有质文,则治有损益,故礼随时变,而器与事易。既作契以代绳兮,又造纸以当策。夫其为物,厥美可珍;廉方有则,体洁性真;含章蕴藻,实好斯文。"⑦另据考古资料(表11)不完全统计,"楼兰历次发现的汉文木简、纸文书,统计共576件,其中木简412件,纸文书164件",其绝对纪年上起曹魏嘉平四年(252年),下迄前凉建兴十八年(330年),这些出土木简、纸文书中许多是魏晋时期的纪年简和中央朝廷的诏令文书,它既表明"曹魏西晋对经营西域的重视,楼兰与当时的中原王朝有着不可分割的隶属关系",也表明"我国的书法在魏晋时期处于隶书、楷书、行书、草书并行的阶段,书写材料也正由使用简牍向使用纸张发展"⑧。

---

① 详见鄂城县博物馆:《湖北鄂城四座吴墓发掘报告》,《考古》1982年第3期,第266页。
② 王明:《抱朴子内篇校释》卷二《论仙》,中华书局1996年版,第225页。
③ (晋)陈寿:《三国志》卷四三《蜀书一三·吕凯传》,中华书局1959年版,第1046—1047页。
④ (晋)陈寿:《三国志》卷一四《魏书一四·刘放传》,中华书局1959年版,第459页。
⑤ 参见胡平生、宋少华:《新发现的长沙走马楼简牍的重大意义》,《光明日报》1997年1月14日。
⑥ 参见王菊华主编:《中国古代造纸工程技术史》,山西教育出版社2006年版,第107页。
⑦ (唐)欧阳询撰:《艺文类聚》卷五八《杂文部四·纸》,汪绍楹校,上海古籍出版社1982年版,第1053页。
⑧ 侯灿:《楼兰新发现木简纸文书考释》,《文物》1988年第7期,第40、54页。

表 11　楼兰所出魏晋时期木简、纸文书统计表①

挖掘者	发现时间	文书数目			有纪年文书数	纪年文书年代上下限
		总数	木简	纸文书		
斯文赫定	1901 年 3 月	155	120	35	15	嘉平四年(252 年) 永嘉四年(310 年)
斯坦因	1906 年 12 月	219	173	46	19	景元四年(263 年) 建兴十八年(330 年)
桔瑞超	1909 年 3 月	44	5	39	1	泰始五年(269 年)
斯坦因	1914 年 2 月	93	51	42	9	泰始二年(266 年) 泰始五年(269 年)
新疆楼兰考古队	1980 年 4 月	65	63	2	4	泰始二年(266 年) 泰始五年(269 年)
总计		576	412	164	48	

　　随着造纸技术的进步和推广,至东晋时,纸逐渐成为主要书写材料,据《桓玄伪事》记载:"古无纸,故用简,非主于敬也,今诸用简者,皆以黄纸代之。"②

　　魏晋南北朝时期,造纸业的发展主要表现在以下五个方面③。

　　第一,技术不断改进。东晋时期,已经使用染黄技术用以防蛀,从而延长纸的寿命。两晋南北朝时期,出现了早期的施胶技术,经过植物淀粉糊剂的处理,用以提高纸的强度。此时,抄纸帘已逐步从布帘、草帘过渡到床架式抄纸帘(或称活动抄纸帘),更有利于纸张的抄造。④

　　第二,原料更加多样。除麻纸之外,这一时期还采用藤皮、桑皮、树皮、藻类等原料造纸。桑皮纸,如"雷孔璋曾孙穆之,犹有张华与其祖书,所书乃桑根纸⑤也"⑥。树皮纸有蜜香树皮纸和穀树皮纸等,如《南方草木状》云:"蜜香纸,以蜜香树皮叶作之,微褐色,有纹如鱼子,极香而坚韧,水渍

---

① 该表引自侯灿:《楼兰新发现木简纸文书考释》,《文物》1988 年第 7 期,第 41 页。

② (宋)李昉等:《太平御览》卷六〇五《文部二一·纸》,中华书局影印本 1960 年版,第 2724 页。

③ 参见陈涛:《唐宋时期造纸业重心的地理变迁》,载杜文玉主编:《唐史论丛》第 12 辑,三秦出版社 2010 年版,第 404 页。

④ 参见王菊华主编:《中国古代造纸工程技术史》,山西教育出版社 2006 年版,第 115—116 页。

⑤ 有关学者认为,所谓"桑根纸"就是"桑皮纸",参见王菊华主编:《中国古代造纸工程技术史》,山西教育出版社 2006 年版,第 126 页。

⑥ (宋)苏易简:《文房四谱》卷四《纸谱·一之叙事》,中华书局 1985 年版,第 51 页。

之,不溃烂。"①《广州记》曰:"取榖树皮熟搥,堪为纸。"②藻类如用海苔造纸,《拾遗记》云:张华造《博物志》成,晋武帝赐"侧理纸万番,此南越所献。后人言'陟里'与'侧理'相乱,南人以海苔为纸,其理纵横邪侧,因以为名"③。

第三,质量逐渐提高。这一时期,随着质量的提高,涌现出不少纸中名品,如有"侧理纸"(即"苔纸")、"藤纸""六合纸""蚕茧纸""张永纸""凝霜纸"等。六合纸,"自晋已用,乃蔡侯渔网遗制也"④。"蚕茧纸","纸似茧而泽"⑤,王羲之"永和九年(353年)曲水会,用鼠须笔蚕茧纸为《兰亭记叙》,平生之札,最为得意"⑥。"张永纸",南朝张永所制,"紧洁光丽,辉日夺目"⑦。"凝霜纸",又称"凝光纸""银光纸",《丹阳记》云:"江宁县东十五里有纸官署,齐高帝于此造纸之所也,常送(造)凝光纸赐王僧虔。"⑧由于藤纸质量较好,东晋时已用于文书,如"范宁教云:'土纸不可以作文书,皆令用藤角纸。'"⑨

第四,纸色种类愈加丰富。此间,纸色有黄、白、赤、青、缥、绿等类,如《桓玄伪事》曰:"玄令平准作青、赤、缥、绿、桃花纸,使极精。"⑩《邺中记》云:"石虎诏书,以五色纸著木凤凰口中,令衔之飞下端门。"⑪《真诰》记载:"荆州白笺。"⑫陈朝徐陵在《玉台新咏序》中曾提及,"五色花笺,河北胶东

---

①　(晋)嵇含:《南方草木状》卷中《蜜香纸》,载《丛书集成初编》本,第1352册,中华书局1985年版,第9页。

②　(宋)苏易简:《文房四谱》卷四《纸谱·三之杂说》,中华书局1985年版,第59页。

③　(晋)王嘉撰,(梁)萧绮录:《拾遗记》卷九《晋时事》,齐治平校注,中华书局1988年版,第211页。

④　(宋)米芾:《十纸说》,载黄正雨、王心裁辑校:《米芾集》,湖北教育出版社2002年版,第103页。

⑤　(清)张英等:《御定渊鉴类函》卷二〇五《文学部一四·纸二》,载《景印文渊阁四库全书》本,第987册,台湾商务印书馆1985年版,第347页。

⑥　(唐)李冗撰:《独异志》卷中,张永钦、侯志明点校,中华书局1983年版,第49页。

⑦　(唐)张彦远:《法书要录》卷二《梁中书侍郎虞龢论书表》,人民美术出版社1984年版,第41页。

⑧　(宋)苏易简:《文房四谱》卷四《纸谱·二之造》,中华书局1985年版,第54页。

⑨　(唐)虞世南:《北堂书钞》卷一〇四《艺文部一〇·纸》,载《景印文渊阁四库全书》本,第889册,台湾商务印书馆1985年版,第509页。

⑩　(宋)李昉等:《太平御览》卷六〇五《文部二一·纸》,中华书局1960年版,第2724页。

⑪　(宋)苏易简:《文房四谱》卷四《纸谱·三之杂说》,中华书局1985年版,第54页。《五朝小说大观》本《邺中记》作"石虎诏书,以五色纸著凤雏口中",见(晋)陆翙:《邺中记》,《五朝小说大观》,中州古籍出版社影印本1991年版,第96页。

⑫　[日]吉川忠夫等编:《真诰校注》卷一九《翼真检一》,朱越利译,中国社会科学出版社2006年版,第570页。

之纸"①。

第五,产量用量日益增加。此间,造纸产量颇大,如王羲之为"会稽令,谢公就乞笺纸,库中唯有九万枚,悉与之"②,"九万枚"之数足见当时产量不少。纸的用量也迅速增加,如敦煌吐鲁番地区出土这一时期的大量写经,仅以《禹域出土墨宝书法源流考》所载写经题记中有明确用纸数的经卷来看,有南朝宋文帝元嘉二十六年(449年)写经"用纸廿六枚";南朝齐武帝永明元年(483年)写《佛说欢普贤经》"用纸十四枚";北魏孝明帝神龟二年(519年)写《摩诃衍经卷卅一》"用纸卅三张";北凉时期,写《佛说菩萨藏经第一》用纸"廿六纸半",写《十住论第七》"用纸廿三张"③。除去写经用纸外,官私文书、史书、医书、文学著作等都需消费大量纸张,而消费的增长反过来又刺激着产量不断提高。

这一时期,随着造纸业的发展,南北各地(包括有些少数民族地区)都建立了官私纸坊,如东晋时期的平准,南朝齐江宁的纸官署均为官府纸坊,就地取材造纸,逐渐形成若干造纸中心。北方以洛阳、长安及山西、河北、山东等地为中心,主要产麻纸、楮皮纸、桑皮纸。晋室南渡后,南方造纸生产也发展起来,浙江会稽、安徽南部和建业(今江苏南京)、扬州、广州等地,成了南方的造纸中心,也主要产麻纸、桑皮纸和楮纸。④ 此外,浙江嵊县剡溪沿岸,盛产藤纸,此为北方所无。

此间,随着造纸技术的进步,纸的用途更趋广泛。从官府文书到民间契约,从文学作品到书画艺术,从科技著作到儒释道典籍,从日常娱乐到丧葬习俗等,纸在政治、军事、宗教祭祀、社会生产生活等领域都有使用。政治方面,如纸可用于书写诏令、起居注等,《初学记》载晋虞预《请秘府纸表》曰:"秘府中有布纸三万余枚,不任写御书,而无所给。愚欲请四百枚,付著作吏,书写起居注。"⑤军事方面,如南朝时期,曾制作纸鸢进行军事联络,《南史·侯景传》云:"既而中外断绝,有羊车儿献计,作纸鸢系以长绳,藏敕于中。简文出太极殿前,因西北风而放,冀得书达。"⑥宗教祭祀方面,纸张已成必备之物,如《赤松子章历·禳灾却祸延年拔命却杀都章》记载:"命素一

---

① (陈)徐陵撰:《玉台新咏笺注》,穆克宏点校,中华书局1985年版。
② (唐)徐坚等:《初学记》卷二一《文部·纸》,中华书局2004年版,第517页。
③ [日]中村不折:《禹域出土墨宝书法源流考》,李德范译,中华书局2003年版,第34、36、37、61、66页。
④ 参见潘吉星:《中国造纸技术史稿》,文物出版社1979年版,第55页。或见王菊华主编:《中国古代造纸工程技术史》,山西教育出版社2006年版,第119页。
⑤ (唐)徐坚等:《初学记》卷二一《文部·纸》,中华书局2004年版,第518页。
⑥ (唐)李延寿:《南史》卷八〇《侯景传》,中华书局1975年版,第2004页。

匹,钱一千二百文,油一斗二升,米一石二斗,纸二百四十张,笔二管,墨二笏,香二两,果子。"①社会生产生活方面,如纸用于书写契约,有名的典故即是《颜氏家训·勉学》中记载:"邺下谚云:'博士买驴,书券三纸,未有驴字。'"②尽管纸的产量不断提高,使用更加广泛,但是仍有不少缺乏纸张或者无法用纸者,他们只能采用其他办法,如晋代葛洪曾言:"伐薪卖之,以给纸笔。就营田园处,以柴火写书。坐此之故,不得早涉艺文。常乏纸,每所写反复有字,人鲜能读也。"③又如南朝齐高帝为方伯时,"居处甚贫,诸子学书无纸笔,昼常以指画空中及画掌学字"④。

四、砚种类的丰富与形制的定型

魏晋南北朝时期,砚的形制趋于定型化,式样不断艺术化,种类进一步增多,制作更加精巧。据文献记载及考古资料(表12)可知,此间,砚的种类有石砚、漆砚、陶砚、瓷砚、银砚、铜砚、铁砚、木砚、蟀砚等。

表 12　魏晋南北朝时期砚出土情况统计表

年代	出土地点	出土实物	形制	资料来源	备注
曹魏时期	河南洛阳	石黛板 1 件(ZM44:24)	青灰色页岩,为扁薄石板,残长 8.4 厘米、残宽 6.4 厘米、厚 0.4 厘米	《文物》2011.9	
曹魏时期	河南洛阳	石黛板 1 件		《考古》2017.7	
孙吴前期	安徽马鞍山	石黛板 1 件	长方形,长 16 厘米、宽 11 厘米、厚 0.25 厘米	《东南文化》2007.3	
孙吴晚期	江苏南京	石黛板 1 件(M3:10)	石质,黑色,长方形,残长 19.5 厘米、残宽 10.5 厘米	《东南文化》2009.3	
孙吴时期	江苏南京	石黛板 1 件(M1:29)	石质,青灰色,已残,原为长方形,长 21.5 厘米、残宽 14.2 厘米、厚 3.5 厘米	《东南文化》2001.11	

① 《赤松子章历》卷一《禳灾却祸延年拔命却杀都章》,载《道藏》第 11 册,文物出版社、上海书店、天津古籍出版社影印本 1988 年版,第 173 页。
② 王利器:《颜氏家训集解》(增补本)卷三《勉学》,中华书局 1996 年版,第 177 页。
③ 杨明照:《抱朴子外篇校笺》卷五〇《自叙》,中华书局 1997 年版,第 653 页。
④ (唐)李延寿:《南史》卷四三《齐高帝诸子传下·武陵昭王晔》,中华书局 1975 年版,第 1081 页。

年代	出土地点	出土实物	形制	资料来源	备注
三国之际	湖南益阳	石研磨器	已残缺,石质为板岩,颜色灰褐,出土时2件合在一起,一为长方形石板,一为扁圆形石块,石块上圆下方	《考古》1959.2	
三国时期	江苏南京	瓷砚1件	青瓷,三足	《文物》1959.4	曹魏正始二年(241年)
三国时期	河南洛阳	石板1块(M35:50)	长方形薄板,表面留有黑色痕迹	《考古通讯》1958.7《考古》1989.4	曹魏正始八年(247年)
三国时期	河南偃师	石砚1件(M6:6)	分砚盖、砚身两部分,砚盖圆形,高浮雕,似五龙盘绕,中间刻出五铢钱状图案,砚面周边稍隆,有网状花纹,一侧凹坑刻成耳杯状,下附三粗矮实足,雕刻精细,构思巧妙,造型颇生动,直径11.2厘米、通高7厘米	《考古》1985.8	曹魏时期
三国时期	湖北鄂城	石砚2件	均出自水M1,水M1:17,保存完整,呈长方弧形,内嵌石板,可作磨墨蘸笔之用,长24厘米、宽13.8厘米、厚0.8厘米	《考古》1982.3	孙吴初期
三国时期	江西南昌	石黛砚1件	平板长方形,长14.5厘米、宽9.5厘米、厚0.4厘米	《考古》1980.3	孙吴前期

续表

年代	出土地点	出土实物	形制	资料来源	备注
三国时期	安徽马鞍山	漆砂砚1件	木胎,长方盒形,分为四层,为三盘一盖,可以叠合,下为底盘,可以放置研石、颜料等,附壶门状足;上为砚盘,砚池长27.4厘米、宽24厘米,池内涂黑漆和细砂粒,以增强磨擦糙度,池上方有一方形小水池;再上为笔架盘,内嵌两条锯齿状笔架;最上面是盖,外髹黑红漆,内髹赭红漆,出土时已散碎漂移,待修复,长37.2厘米、宽26.8厘米	《文物》1986.3	孙吴赤乌十二年(249年)
三国时期	江苏南京	石板1件陶砚1件	石板出于M1,其周有黑色残痕,长方形,板面光滑细润,长10.7厘米、宽7.3厘米、厚0.4厘米陶砚出于上坊79M1,灰陶,圆盘,子母口,圆唇,兽足,砚盘内近边处有一椭圆形砚池,盘径20.8厘米、高5.3厘米,砚池长4厘米、宽2.8厘米	《文物资料丛刊》1983.8	M1为孙吴五凤元年(254年);上坊79M1为孙吴天册元年(275年)
三国时期	湖北武昌	陶砚1件长方形青石板1件	陶质灰色,残长5.2厘米、宽6.9厘米、厚1.6厘米,仅存水槽一端	《考古》1959.4	孙吴永安五年(262年)
三国时期	湖北鄂州	石黛板2件	平面呈长方形,通体青黑色,M2:7,一面光滑,另一面较粗糙,长14厘米、宽6.35厘米、厚0.6厘米	《文物》2005.10	孙吴中晚期

续表

年代	出土地点	出土实物	形制	资料来源	备注
三国时期	江苏南京	石黛板4件	1件出于1号墓(M1：10)，青石质，两面磨光，长方形，长15.3厘米、宽11.5厘米、厚0.4厘米；3件出于5号墓，2件呈长方形，1件呈正方形，均为青石质，薄片状，两面磨光，标本M5：3，长方形，长18.6厘米、宽13.3厘米、厚0.3厘米；标本M5：28，正方形，边长3.1厘米、厚0.15厘米	《文物》2007.1	1号墓可能为孙吴中晚期；5号墓可能为孙吴时期
三国时期	江苏南京	石黛板1件(M2：19)	出于2号墓，长方形，青石质，器表磨光，长25厘米、宽19.1厘米、厚0.35厘米	《文物》2007.1	孙吴中晚期
三国时期	江西南昌	黛砚1件	出于4号墓	《考古》1983.10	孙吴时期
三国时期	江苏镇江	陶砚1件	出于高淳金山下M1(高·金M1)，直口，浅盘，置三熊形足，口径23.6厘米、高7厘米	《考古》1984.6	孙吴时期
三国时期	江苏镇江	石砚1件(城内M1：1)	青灰色，质细腻，形近长方，两端稍外弧，一端刻水池，底部中收，两端稍向上弧，长19厘米、宽7.2厘米、高2.2厘米	《考古》1986.5	孙吴时期
三国时期	江苏金坛	黛砚1方	长方形，用沉积灰砂质页岩制成，石质细腻，表面光滑，长17.3厘米、宽13.7厘米、厚0.4厘米	《文物》1989.8	孙吴时期
三国时期	浙江嵊县	黛砚1件	长方形，用沉积灰砂质页岩制成，石质细腻，长17.3厘米、宽13.3厘米、厚0.5厘米	《考古》1991.3	孙吴时期

续表

年代	出土地点	出土实物	形制	资料来源	备注
三国时期	湖北鄂州	铁砚1件（M1横:7）石黛板2件	铁砚,箕形,长13.6厘米、宽7.2—9.2厘米、厚2.4—5.6厘米、池深1厘米 石黛板,M1棺:26,长方形,正面光滑,通体黑色,长10厘米、宽2.7厘米、厚0.3厘米,出土时黛板四周有漆皮残迹	《考古学报》1998.1	孙吴时期
三国时期	安徽合肥	陶砚3件	均为泥质灰陶,形制相同,上部呈盘形,外壁略斜,墨池较浅,平底,三柱状足,T5043④:012,口径16.8厘米、高3.6厘米	《考古》2008.12	
三国末西晋初	浙江安吉	石黛板1件（M3:23）	青灰质页岩,平面长方形,表面光滑,上有一边长3.1厘米的方形槽,长20.2厘米、宽15厘米	《文物》1995.6	
曹魏至西晋时期	甘肃高台	石砚	出于M2	《考古》2003.6	
魏晋时期	辽宁沈阳	石板3件	1件出于墓1,已残,存两片,残长13厘米、宽12.5厘米、厚0.5厘米,灰白色,面上残有朱痕;1件出于墓5,长23.1厘米、宽13.5厘米、厚0.45厘米;1件出于墓6,长22.2厘米、宽14厘米、厚0.5厘米,是一种变质的紫色页岩	《考古》1964.11	
魏晋时期	甘肃酒泉	石砚1件（M7:25）	长方形石片制成,一侧边缘修成斜面,砚面有墨痕,长13.5厘米、宽6.5厘米、厚0.7厘米	《文物》1996.7	

续表

年代	出土地点	出土实物	形制	资料来源	备注
魏末晋初至十六国时期	甘肃酒泉、嘉峪关	陶砚 2 件石砚 3 件	陶砚,为泥质灰陶石砚,长方形,丁 M5:14 装于夹纻漆盒内,盒外髹黑漆,内髹红漆,盒边以薄木条作骨,木条接合部以两铜片相夹,四小铜钉固定,漆盒已残,砚长 20.5 厘米、宽 12.5 厘米、厚 0.5 厘米	《文物》1979.6	丁 M5 的年代在后凉至北凉之间,即公元四世纪末至五世纪中(386—441 年)
蜀汉至两晋之际	贵州赤水	石砚 1 件(M12:4)	正面光滑平整,边缘磨光,残长 7.7 厘米、宽 7.3 厘米、厚 0.5 厘米	《考古》2005.9	
三国至东晋早期	湖北鄂城	石黛板 1 件(M3:3)	长方形,灰褐石制成,出土时背面附着有漆皮残痕,长 21.8 厘米、宽 14.5 厘米、厚 0.7 厘米	《考古》1991.7	可能为孙吴时期
三国至南朝时期	贵州清镇、平壩	青瓷砚 1 件	出于清墓 105,为盘形,有四乳钉足	《考古》1961.4	
西晋初期	江苏江宁	长方形石板 1 件	出于索墅砖瓦厂 1 号墓,石质黑色,正面光滑,中区微微呈椭圆形下凹,背面较毛糙,长 13.9 厘米、宽 10.3 厘米、厚 0.25 厘米	《考古》1987.7	
西晋前期	江西瑞昌	黛砚 1 件	青石质,体薄,已残	《考古》1974.1	
西晋前期	河南巩义	石砚板 2 件	形制基本相同,均为长方形薄板状,表面磨制光滑,M1: 34,形制规整,长 21 厘米、宽 13.2 厘米、厚 0.6 厘米;M1: 54,一侧有残损,长 20.2 厘米、宽 12.2 厘米、厚 0.5 厘米	《文物》2004.11	
西晋中期	河南洛阳	石砚板 2 件	形制基本相同,长方形薄板形,表面磨制光滑,CM2349:32,四周镶铜边,长 23.7 厘米、宽 16.2 厘米、厚 0.2—0.3 厘米;CM2349:23,形制规整,长 15 厘米、宽 10 厘米、厚 0.3 厘米	《文物》2006.12	

年代	出土地点	出土实物	形制	资料来源	备注
西晋中期	河南洛阳	石板砚2件	质地相同,大小不同,长方形薄板,一面磨制光滑,四周镶铜边,标本CM3034:12,长21厘米、宽13厘米、厚0.6厘米;CM3034:14,长14厘米、宽8厘米、厚0.5厘米	《文物》2009.11	
西晋中后期	湖北鄂州	石黛板1件(M9:3)	青石磨光制成,残损严重	《江汉考古》1993.4	
西晋中晚期	河南卫辉	石板1件(M21:51)	长方形,长14.6厘米、宽9.5厘米、厚0.6厘米,出土时正面涂满朱砂	《考古》2010.10	
西晋中晚期	河南荥阳	石砚板2件	形制相似,均为页岩质,长方形薄板状,表面磨制,M19:52,长16.8厘米、宽10.8厘米、厚0.75厘米;M19:21,长20.6厘米、宽13.4厘米、厚0.7厘米	《洛阳考古》2013.3	
西晋中晚期	河南洛阳	石砚板1件(HM1545:30)	长方薄板形,表面有磨痕,长11.8厘米、宽8.9厘米、厚0.55厘米	《文物》2014.8	
西晋中晚期	河南洛阳	石砚板1件(C7M6180:10)	页岩质,长方形薄板状,长11.2厘米、宽7.6厘米、厚0.6厘米	《洛阳考古》2016.1	
西晋中晚期	河南偃师	石砚板1件(M20:58)	长方形薄板,一面经打磨,较光滑,长20.3厘米、宽13厘米、厚0.9厘米	《文物》2016.9	
西晋中晚期	河南洛阳	石黛板1件(C5M2260:10)	长方形,残,较光滑,残长5.85厘米、残宽4.4—5.8厘米、厚0.7厘米	《洛阳考古》2017.2	
西晋中晚期	江苏邳州	石黛板1件(M1:64)	锈残,石质,平面长方形,四边铜片包边,长26.6厘米、宽16.4厘米、厚0.8厘米,包边宽1.1厘米、厚0.1厘米	《东南文化》2018.2	

续表

年代	出土地点	出土实物	形制	资料来源	备注
西晋中晚期	河南洛阳	石砚板 1 件（C7M6238：8）	页岩质，长方形薄板状，表面磨制，长 17.1 厘米、宽 11.1 厘米、厚 0.7 厘米	《洛阳考古》2019.1	
西晋晚期	江苏南京	瓷砚 1 件（M1:12）	出于 1 号墓，子口，浅直壁，砚底中央上凸，三熊足，外底饰多道凹弦纹，青灰釉泛绿色，口沿及砚池内未施釉，内底有一周十四个支烧痕，口径 19.2 厘米、底径 18.2 厘米、高 4.5 厘米	《文物》2007.1	
西晋晚期	陕西咸阳	石黛砚 1 组（M1:25）	砚板平面长方形，长 12.6 厘米、宽 5.6 厘米、厚 0.8 厘米，上有一白色圆球形石，石高 2.4 厘米、直径 2.3 厘米	《考古与文物》2012.1	
西晋时期	浙江安吉	石黛板 1 件（M2:17）	青灰质页岩，平面长方形，表面光滑，长 20.2 厘米、宽 15 厘米	《文物》1995.6	西晋太康六年（285 年）
西晋时期	浙江宁波	青瓷三足砚 1 件（M16:2）	出于 M16，圆唇，子口，浅盘中间微凸，斜腹，平底略内凹，下附三个简化兽形足，砚面涩圈，中心隐约可见淡墨痕，器身通体施釉，口径 18.3 厘米、底径 1.8 厘米、高 1.5 厘米	《考古》2008.11	西晋元康元年（291 年）左右
西晋时期	江苏句容	青瓷砚 1 件	子母口，三兽形足，口径 11.9 厘米、高 4.4 厘米	《考古》1976.6	西晋元康四年（294 年）
西晋时期	江苏宜兴	熊足砚 1 件		《文物》1965.9	西晋元康七年（297 年）
西晋时期	山东滕州	陶三足盘形器 1 件（M:15）	泥质灰陶，方唇，敞口，斜壁，三足残，盘内底饰四周凸弦纹，弦纹之上有三个均距离分布的柱状支点，可能系连结熏足之处，口径 19 厘米、残高 4.2 厘米	《考古》1999.12	西晋元康九年墓（299 年）

年代	出土地点	出土实物	形制	资料来源	备注
西晋时期	山东邹城	石砚板4件	均为长方形石板,其中1件镶有铜边,M1:1,石质较细腻,四周镶有铜边,上面有墨痕,底面有朽木痕,可能原来有木托,长26厘米、宽20厘米、厚0.5厘米;M1:28,长方形,上面有朱砂痕,长17厘米、宽10厘米、厚0.5厘米	《文物》2005.1	西晋永康二年(301年)
西晋时期	湖南安乡	石黛板1件	标本33,长16.2厘米、宽12厘米、厚0.5厘米	《文物》1993.11	西晋光熙元年(306年)
西晋时期	江苏南京	青瓷砚1件	青绿色釉,灰白色胎,子母口,内底稍凹,三扁熊足,外口径20.4厘米、内口径18.2厘米、底径18.7厘米、高3.5厘米	《考古》1966.4	西晋永嘉二年(308年)
西晋时期	安徽马鞍山	三足瓷砚1件(M3:2)	砚面圆形,三兽足,外表施青绿色釉,光泽明亮,腹径13.3厘米、口径11.1厘米、通高3.5厘米	《文物》1993.11	西晋永嘉二年(308年)
西晋时期	江苏宜兴	青石黛板2件	1件出于墓5,长17.9厘米、宽12.6厘米、厚0.35厘米,略残;1件出于墓6,残长16厘米、宽14.5厘米	《考古》1977.2	墓5为西晋建兴四年(316年)
西晋时期	广东广州	石砚1件	出于4号墓,长方形,长27厘米、宽20厘米、高1.5厘米,砚上还有一些墨的痕迹	《考古通讯》1955.5	
西晋时期	江苏宜兴	石板3件	出于1号墓,其中1件镶铜边,出于砖台上,2件没有铜边,与铜叉共出	《考古学报》1957.4	
西晋时期	江苏仪征	石黛板1件	长方形	《考古》1965.4	

年代	出土地点	出土实物	形制	资料来源	备注
西晋时期	河南洛阳	方形四足石砚1件	出于十四工区17号墓,长、宽均23.9厘米、高10.3厘米、砚面直径23厘米、砚面厚3.6厘米、足高7.5厘米,用青色石灰岩雕成,正方形,正中突出圆形砚盘,四角雕青龙、白虎(头残)、朱雀(用一水池代之)、玄武(头残),玄武背部雕有一圆形孔,可供插笔用,水池中间有一圆形凸起,平滑可供蘸润笔用,水池近底侧有一圆形小孔,堵住后,可盛水,如不堵塞,可排水,砚面内凹,为使用的痕迹,砚底正中雕出覆莲一朵,莲周琢成图案,有清晰的斧凿痕迹,四足周边线刻旋涡纹。此砚早期残破一角,使用者曾用铁棍把它连起来,痕迹尚存	《文物》1965.12	
西晋时期	湖南长沙	三足陶砚1件	出于长沙黄泥塘第3号墓,泥质灰陶,质脆,呈深灰色,三足,直径16厘米、口径14厘米、通高4厘米、深1.5厘米,砚心略凸,形不规则,可能是烧制时造成	《文物》1965.12	
西晋时期	江苏南京	青瓷砚1件	出于M34	《考古》1976.5	
西晋时期	北京	青石板3件	长方形,表面留有朱砂痕迹,其中M2:15,长14厘米、宽7.5厘米;M4:15,长18.3厘米、宽11.5厘米;M5:18,长18厘米、宽12.7厘米	《文物》1983.10	

续表

年代	出土地点	出土实物	形制	资料来源	备注
西晋时期	江西新干	黛砚2方	均为青石质,1方长18厘米、宽12.3厘米、厚0.5厘米;另1方长14厘米、宽11.5厘米、厚0.5厘米	《考古》1983.11	
西晋时期	江苏镇江	青瓷砚2件陶砚1件	青瓷砚,1件出于丹徒长岗沙库M1(丹·沙M1),1件出于镇江砖瓦厂M3(镇·砖M3),子口,盘沿平出,平底,置三蹄足,口径11.5—18厘米、高3—6.2厘米陶砚,出于镇江砖瓦厂M3(镇·砖M3),灰陶,槽形口,平沿,浅盘,底微内凹,置三兽蹄足,口径26厘米、高5.8厘米	《考古》1984.6	
西晋时期	河南洛阳	石板1件	出于墓4,呈长方形,一端稍宽,长16.5厘米、宽10.8—11厘米、厚0.9厘米,石质细坚,色灰黑,石面平整,或为研磨用具	《考古》1984.12	
西晋时期	江西南昌	青瓷砚1件	出于青云谱岱山西晋墓,子母口,三短足,砚面无釉,有少许遗墨,底部施豆青釉,唇边有十点黑斑,口径14厘米、高2厘米	《考古》1986.9	
西晋时期	浙江绍兴	青瓷砚1件	直口,尖唇,平底,砚面较浅,中部微隆,露暗红色胎,底部饰一圈斜方格网带纹,下置四熊足,施青灰色釉,口径20.3厘米、高4厘米	《文物》1987.4	
西晋时期	河南洛阳	石片1件	长方形,长8.8厘米、宽6.6厘米、厚0.7厘米	《文物》1992.3	
西晋时期	河南洛阳	长方形石板1件(M4:52)	层积岩石质,一角残缺,长19.3厘米、宽14.5厘米、厚0.85厘米	《文物》1996.8	

年代	出土地点	出土实物	形制	资料来源	备注
西晋时期	陕西西安	石砚 1 件（M7:1）	黑灰色细砂岩,圆形平底,砚面光滑,高出盘面0.2—0.3厘米,盘下有等距三短兽足,每足上方有一鸟嘴形乳突,面径2.8厘米、足高1.5厘米、通高2.8厘米	《考古与文物》2003.6	
西晋时期	浙江诸暨	青瓷砚 1 件（M4:9）	圆形三足砚,直口,尖唇,子母口,宽沿,平底,底下等距置三熊足,外底饰二组弦纹,釉色青黄,砚池内露胎无釉,可见制作时留下的细密轮旋纹,表面有五点垫烧痕,口径10.2厘米、底径10.4厘米、通高3.1厘米	《东南文化》2006.3	
西晋时期	江苏南京	石黛板 1 件（M7:12）	出于7号墓,长方形,较薄,两面磨光,一面有墨痕,长16.4厘米、宽13厘米、厚0.3厘米	《文物》2007.1	
西晋时期	甘肃高台	石板砚 1 件（M1:17）	出于1号墓,青石质,长方形,表面打磨光滑,上残留墨迹,残长16厘米、宽12厘米、厚0.6厘米	《文物》2008.9	
西晋时期	重庆丰都	青瓷砚 1 件（M5:22）	敛口,圆唇,浅直壁,平底,底部有三个锥形足,微残,灰白胎,器表及底部施青色釉,有细小开片,口沿及砚池内未施釉,底部有一周18个支烧点痕,口径16.2厘米、底径17.4厘米、高3.6厘米	《东南文化》2008.6	
西晋时期	河南卫辉	石砚板 1 件（M18:16）	黑色石质,长方形薄板状,表面磨制光滑,平面四周边界各有一条朱红色边线,长17.4厘米、宽10.7厘米、厚0.4厘米	《文物》2009.1	

续表

年代	出土地点	出土实物	形制	资料来源	备注
西晋时期	江苏南京	石黛板 1 件（M11:6）	长方形薄片,青石质,素面,长 11.6 厘米、宽 8 厘米、厚 0.15 厘米	《东南文化》2009.3	
西晋时期	浙江宁波	石黛板 1 件（M9:12）	石质,长方形,正面光滑,背面稍粗,残长 9.9 厘米、残宽 3—6 厘米、厚 0.6 厘米	《东南文化》2011.2	
西晋时期	河南焦作	石板砚 2 件	M1:13,残,青石质,呈不规则梯形,两条边较直,另两条边不规则,应为一长方形石板砚的一部分,板面上布满黑色墨渍,长 10.6 厘米、宽 6 厘米、厚 1 厘米 M2:7,青石质,长方形,板面上布满黑色墨渍,长 23.6 厘米、宽 13.2 厘米、厚 1 厘米	《文物》2011.9	
西晋时期	河南洛阳	石黛砚 1 件（EM268:9）	长方形页岩,有一面表层已部分脱落,长 15 厘米、宽 8.5 厘米、厚 0.5 厘米	《文物》2012.12	
西晋时期	安徽含山	石研板 1 件（M1:11）	器身呈长方形,等厚,正面光滑,有使用痕迹,背面略粗糙,四周立面经加工磨制较为平直,长 17.8 厘米、宽 12 厘米、厚 0.5 厘米	《江汉考古》2014.6	
西晋时期	江苏邳州	石黛板 4 件	平面呈长方形,M1:64,四边铜片包边,长 26.6 厘米、宽 16.4 厘米、厚 0.8 厘米;包边宽 1.1 厘米、厚 0.1 厘米	《考古学报》2019.2	
西晋末或东晋初	湖南长沙	灰黑陶砚 1 件	直领,砚面凸起,三蹄足,灰黑陶,火候低,无釉,口径 14.4 厘米、高 4.5 厘米	《考古》1965.5	

年代	出土地点	出土实物	形制	资料来源	备注
西晋末至东晋初	江苏扬州	青瓷砚 1 件（90:2）研石 1 件（90:4）	青瓷砚,砚面呈圆盘形,内心略高,近口沿处有子母口,下有三熊足,施青釉,砚面无釉,釉色光亮,口径 18.6 厘米、通高 4 厘米 研石,玉质,色泛白,间杂以黄、红等色,出土时置于瓷砚台的上面,近方形,长 2.1 厘米、宽 2 厘米、高 1.4 厘米	《考古学报》1988.2	
西晋末至东晋初	广东和平	青瓷砚 1 件（HLM2:32）	残,浅盘,平底,三矮足,口径 18 厘米、高 4 厘米	《考古》2000.6	
西晋晚期或东晋早期	山东临沂	瓷砚 1 件石黛板 2 件	均出于 1 号墓 瓷砚（M1 西:87）,黄胎,无釉,带盖,子母口,浅盘,砚面上凸,中间留有朱砂痕迹,平底,下附三蹄足,盖顶平,顶正中有一圆柱形纽,带盖通高 3.8 厘米、口径 7 厘米 石黛板,黑色石质,长方形,表面光滑,M1 西:89,长 12.5 厘米、宽 8.7 厘米、厚 0.5 厘米;M1 西:86,已断裂,四边缘有包镶铜扣,三边已脱落,长 20.3 厘米、宽 12.8 厘米、厚 0.4 厘米	《文物》2005.7	
两晋之际	江苏江宁	石砚 1 件	仅残存长 19.4 厘米、宽 14.4 厘米、厚 0.4 厘米的石砚板	《文物》1988.9	
两晋之际	浙江德清	青瓷三足砚 1 件（M6:2）	直口圆唇,斜折腹,平底下附三个熊足,胎呈灰白色,砚面有支垫痕迹 8 个,呈梯形,砚底有三道弦纹,外施淡青色全釉,釉色滋润,口径 10 厘米、高 4.4 厘米	《东方博物》2013.1	

续表

年代	出土地点	出土实物	形制	资料来源	备注
东晋初期	江苏南京	青瓷三足砚1件	出于墓1,口沿残,直唇,盘内露胎,盘外全釉,下附三兽蹄形足,高4厘米、盘径17.1厘米	《考古》1966.5	东晋太兴二年(319年)
东晋前期	浙江奉化	瓷砚1件(M1:4)	圆形,砚面上凸,三兽蹄足,施青釉,内底饰一周弦纹,外底边缘饰三道弦纹,外底有支钉烧印痕,残高5厘米、直径22厘米	《考古》2003.2	东晋太兴四年(321年)
东晋前期	江苏镇江	陶砚3件铜砚1件	陶砚,凹槽口,浅盘式,底平,三兽蹄足,口径18.6—23厘米、高3.6—4.6厘米铜砚形同上述陶砚,设弧面盖,圆球钮,口径24厘米、高8.8厘米	《文物资料丛刊》1983.8	
东晋前期	江苏南京	青瓷砚1件	子母口,内平底,三蹄形足,灰胎,青灰釉,口径11.2厘米、通高4.1厘米	《考古》1989.7	
东晋前期	江苏南京	铜砚1件(M6:19)	出于6号墓,子母口,浅盘,直壁,平底,三兽蹄形足,内底边沿饰凹弦纹三道,砚内置一砂结的圆板,板上有墨痕,口径24.4厘米、底径24.8厘米、通高5.2厘米	《文物》2001.3	
东晋前期	江苏南京	黛板4件	M9:33,一角残缺,长方形,表面光滑,灰色,长21.2厘米、宽17.5厘米、厚0.6—0.8厘米;M9:34,长方形,灰黑色,两侧边缘磨出单面刃,表面光滑,长22厘米、宽18厘米、厚0.5厘米;M9:74,残,制作规整,灰色,长25.2厘米、宽17.2厘米、厚0.4厘米	《文物》2002.7	

续表

年代	出土地点	出土实物	形制	资料来源	备注
东晋前期	江苏南京	陶砚 1 件（M1:28）青瓷砚 1 件（M2:1）	陶砚,出于 M1,砚盘已残碎,下附兽蹄形足青瓷砚,出于 M2,子母口,浅盘,近直壁,平底略内凹,下附三兽蹄形足,外底部近边沿处饰一周凹弦纹,青灰色胎,器表施青灰色釉,内底无釉,在砚面留有一圈圆形支烧痕迹,口径 11.7 厘米、底径 12.2 厘米、高 4.8 厘米	《考古》2005.2	
东晋早期	江苏南京	陶砚 1 件（M9:15）	泥质灰陶胎,器残,圆唇、子母口、弧腹、平底,底部附三足,外撇,内底有一处椭圆形凹痕,口径 18.4 厘米、底径 16.4 厘米、高 4.2 厘米	《东南文化》2014.6	
东晋早期	江苏镇江	青瓷砚 1 件（M11:6）	胎体厚重,子口,折腹,平底,底部饰 3 组弦纹（每组 3 道）,内底一侧较高,另一侧挖椭圆墨池,下设三兽蹄形足,一足残,灰色胎,外施青绿色釉,圆形,口径 23.5 厘米、底径 23.4 厘米、高 6.1 厘米	《东南文化》2019.2	
东晋中期	湖南长沙	石砚 1 件	近长方形,两端带弧形,青灰色,长 11 厘米、宽 8.5 厘米	《文物参考资料》1955.11	东晋宁康三年(375 年)
东晋中期	江苏镇江	瓷砚 3 件陶砚 1 件	瓷砚二式:Ⅰ 式 2 件,口径 18 厘米、高 4.8—5.6 厘米;Ⅱ 式 1 件,盘形,底面稍凸,有朱砂痕,下置三锥形足,口径 10.8 厘米、高 2.1 厘米陶砚,凹槽口,浅盘式,底平,三兽蹄足,外表涂黑漆,口径 18.3 厘米、高 4.8 厘米	《文物资料丛刊》1983.8	

年代	出土地点	出土实物	形制	资料来源	备注
东晋中期	湖北枝江	石砚 1 件	质料为水沉岩,长方形,一端平齐,一端弦形,长 16 厘米、宽 12 厘米、厚 2 厘米	《江汉考古》1983.1	
东晋中期	江苏南京	石黛板	出于 2 号墓	《文物》2001.3	
东晋中期	安徽马鞍山	陶砚 1 件（M3:1）	泥质灰胎,弧壁,平底,下承以三足,两足残,直径 16.3 厘米、通高 3.8 厘米	《江汉考古》2012.1	
东晋中晚期	江苏南京	石黛板 1 件	出于 4 号墓,青灰色,长方形,长 20.5 厘米、宽 16.2 厘米、厚 0.5 厘米	《文物》1990.8	
东晋中晚期	湖南津市	陶砚 1 件（M1:21）	敞口,沿面呈台棱状,平底微凹,有三个矮蹄形足,口径 19.2 厘米、高 4.8 厘米	《湖南考古辑刊》2014.10	
东晋中晚期	江苏南京	陶砚 1 件（M1:17）	圆形,圆唇,直内壁,平底,三足,直径 8.4 厘米、高 4 厘米	《东南文化》2017.4	
东晋晚期	江苏镇江	瓷砚 2 件黛板 1 件青石板 2 件	瓷砚二式：Ⅰ式 1 件,口径 17.2 厘米、高 5.2 厘米；Ⅱ式 1 件,三锥足,砚面凸起,几与口平,口径 20 厘米、高 3.6 厘米	《文物资料丛刊》1983.8	
东晋晚期	江苏邗江	陶砚 2 件	灰陶胎,砚面皆留有墨,M109:31,呈圆形,双唇,砚面一侧有椭圆形小窝,浅平底,三兽蹄足,直径 16 厘米、通高 3.8 厘米；M109:14,方形,砚面中间高,四周低,呈弧状,砚面四边起楞可蓄水,一角有小浅窝,四侧呈壶门状,四足,足呈方形,内置圆柱,边长 14.4—15 厘米、高 4.4 厘米	《东南文化》1986.2	
东晋晚期	江苏南京	陶三足砚 1 件（M5:5）	灰陶,圆唇,口微侈,三足外撇,凹底,口径 18.6 厘米、底径 17.8 厘米、高 4.2 厘米	《文物》1998.5	东晋义熙二年（406 年）

年代	出土地点	出土实物	形制	资料来源	备注
东晋晚期	江苏南京	陶砚1件（M3:16）	出于3号墓，外施一层黑衣，子母口，浅盘，平底略内凹，三足残	《文物》2001.3	
东晋晚期	江苏南京	陶砚1件（M3:14）	残碎，泥质灰陶，子口，直壁，平底，下附蹄足	《考古》2008.6	
东晋时期	广东韶关	陶砚1件（M10）	盘状，下有三蹄足，表里挂黄色透明釉，高6.2厘米、口径21.8厘米	《考古》1961.8	东晋建元元年（343年）
东晋时期	江苏南京	三足陶砚4件 三足瓷砚1件 石砚1件	三足陶砚，1件出于1号墓，灰陶，砚内有窝，通高4.5厘米、直径20厘米；1件出于2号墓，质灰色，形同圆盘，内有窝，直径25厘米、足高2.6厘米；1件出于3号墓，质灰色，其形制与1、2号墓所出相同，砚内亦有窝，直径15厘米、通高4.3厘米；1件出于4号墓，质灰色，其形制与上述三墓所出相同 三足瓷砚出于2号墓，淡黄色釉，与陶砚的形制大体相同，但无窝，砚内四周低凹，中间突起，釉已大半磨掉，显出灰白色的瓷胎，并附有一层墨迹，高4.2厘米、直径13厘米 石砚出于3号墓，长方形，长15.5厘米、宽12.5厘米、厚1厘米	《考古》1959.6	1号墓为东晋永和元年（345年）
东晋时期	江西南昌	木砚1件（M3:39）	木胎，近正方形，上下两端为弧形，正面中间斫一长宽8厘米的正方形池，其上亦斫有一正方形小池，底稍有弧度，长13.5厘米、宽11.1厘米、厚0.9厘米	《文物》2001.2	东晋永和八年（352年）

续表

年代	出土地点	出土实物	形制	资料来源	备注
东晋时期	江苏镇江	青瓷三足砚1件 黑陶三足砚1件	青瓷三足砚,已残 黑陶三足砚,有研磨墨迹,直径7.8厘米、高4.5厘米	《考古》1964.5	东晋升平元年(357年)
东晋时期	浙江瑞安	瓷砚1件	出于M160,圆盘形,三足,底部微向上鼓,外施青绿色釉,磨台上无釉,高3厘米、口径13厘米	《考古》1960.10	东晋太和三年(368年)
东晋时期	湖南衡阳	石砚1件	出于M3,黑色,长方形,用4厘米宽的凸边将其分隔为水池和墨池,长22.6厘米、宽17.6厘米、厚6厘米	《文物资料丛刊》1987.10	同出东晋太和四年(369年)铭文砖
东晋时期	江苏南京	陶三足砚1件(M8:8) 滑石板1件(M8:13) 石黛板2件 瓷三足砚1件(M10:2) 石砚1件(M10:6)	陶三足砚和滑石板出于8号墓,陶三足砚,口沿作出子母口状,浅盘身,平底,蹄形足,口径13.2厘米、高3.8厘米;滑石板,方形,出土时上有红色痕迹,长10.3厘米、宽9.7厘米、厚2厘米 石黛板出于9号墓,均有使用痕迹,M9:20,原镶边,边宽0.8厘米,青灰色石板,长27.2厘米、宽19.4厘米、厚0.6厘米;M9:9,长16.8厘米、宽13.8厘米、厚0.8厘米 瓷三足砚和石砚出于10号墓,瓷三足砚,蹄形足,青釉,砚面不施釉,红胎,口径12厘米、高3.8厘米;石砚,青灰色,砚面四周刻出凸棱,中间略下凹,有黑墨使用痕迹,上部刻出小方槽,长17.6厘米、宽13.2厘米、厚1厘米	《文物》2000.7	8号墓为东晋泰和二年(367年);9号墓为东晋泰和六年(371年)

续表

年代	出土地点	出土实物	形制	资料来源	备注
东晋时期	福建泉州	瓷砚 1 件	出于 2 号墓,圆盘形,底内凹,下附三足,青绿釉,径 17.5 厘米、高 4 厘米,其中足高 1.6 厘米	《考古》1983.11	东晋宁康三年(375 年)
东晋时期	浙江新昌	三足青瓷砚 1 件	出于新昌 20 号墓,只存半块,圆形,内径 11 厘米、外径 13 厘米,外施釉,墨池沿高 0.8 厘米,胎色灰白,不施釉	《文物资料丛刊》1983.8	东晋太元十八年(393 年)
东晋时期	广东高要	陶砚 1 件	浅盘三足,施青色透明釉,高 4 厘米、盘径 12 厘米	《考古》1961.9	
东晋时期	江苏南京	青瓷砚 1 件	圆形,三足作蹄形,砚面无釉,高 5.5 厘米、直径 16.7 厘米	《考古》1963.6	
东晋时期	浙江鄞县	瓷砚	圆盘形,砚面微凸,下装兽蹄足三个,子口,应有盖	《考古》1964.4	
东晋时期	广东韶关	陶砚 1 件	圆形,三足,无釉,砚心隆起	《考古》1965.5	
东晋时期	江苏南京	石板 2 件	均已残破,一大而厚,长 20.5 厘米、宽 15.5 厘米、厚 0.8 厘米;一小而薄,长 17.2 厘米、宽 14.5 厘米、厚 0.2 厘米	《文物》1965.6	
东晋时期	江苏南京	陶砚 2 件	1 件出于 5 号墓,表面呈黑灰色,内外双重口沿,中间为一凹槽,三兽蹄足,内底稍凸,尚残存编织物痕,内口径 14.7 厘米、外口径 16.5 厘米、高 3.9 厘米;1 件出于 7 号墓,圆形,子母口,砚面一侧有椭圆形水池,三兽蹄足,直径 22.8 厘米、高 4.5 厘米	《文物》1972.11	

续表

年代	出土地点	出土实物	形制	资料来源	备注
东晋时期	江苏南京	陶砚 1 件	长方形带盖,两端作凸弧形,砚面四周有一圈凸起的边框,并在一端作成方形水池。砚盖四周则为一圈凹入的边槽,并在一端作成方形凹槽,以与砚面相合,砚面及盖均长 29 厘米、宽 20 厘米、厚 1.5 厘米	《文物》1973.4	
东晋时期	贵州平坝	石砚 1 件	出于墓 35,椭圆长方形,长 4.1 厘米、宽 12.1 厘米	《考古》1973.6	
东晋时期	江苏南京	青瓷三足砚 1 件 青瓷砚 1 件	青瓷三足砚出于 M5 (5:11),高 4 厘米 青瓷砚出于 M24	《考古》1976.5	
东晋时期	江苏南京	三足瓷砚 3 件 黛板 3 件	瓷砚均为圆形,子母口,砚面无釉,其中青灰色釉 2 件,兽蹄足。M2:17 砚盘直径 12 厘米、通高 4.6 厘米;釉色青翠的 1 件 M3:28,熊状足,砚盘直径 10.8 厘米、通高 3.2 厘米 黛板,长方形,均残,有的板面遗有红、黑等颜料痕迹	《文物》1981.12	
东晋时期	江苏南京	石板 3 件	青灰色,1 件圆形的直径 8 厘米、厚 0.7 厘米,一面有生漆和木纹痕迹,另一面有漆皮残迹;另 2 件长方形的,可能是当黛板用的,分别长 21.2 厘米、宽 14.1 厘米、厚 0.9 厘米,长 32.1 厘米、宽 26.6 厘米、厚 0.9 厘米	《考古》1983.4	

续表

年代	出土地点	出土实物	形制	资料来源	备注
东晋时期	江苏南京	陶砚 3 件 三足瓷砚 1 件	陶砚,1 件出于吕家山东晋墓,泥质灰陶,砚面圆形,子母口,下附三足,口径 15.3 厘米、足高 1.8 厘米、通高 4.1 厘米;2 件出于五塘村东晋墓,大小相同,砚盘圆形,口沿内收,凹底附三个马蹄形足,口径 14 厘米。三足瓷砚,出于娘娘山东晋墓,青绿釉,砚盘圆形,子母口,三兽形足,砚内有支烧痕,口径 11.5 厘米、通高 4 厘米	《考古》 1983.4	吕家山东晋墓和娘娘山东晋墓为东晋中期;五塘村东晋墓为东晋晚期
东晋时期	湖北枝江	三足陶砚 2 件	均呈黑色,浅盘,底微上凸,附三矮兽蹄足,M3:19 成子母口外撇,高 4.5 厘米、口径 19.5 厘米;M2:3 口微敛,高 3.6 厘米、口径 16.4 厘米	《考古》 1983.6	
东晋时期	江苏吴县	石黛板	残片数块	《考古》 1987.3	
东晋时期	江苏镇江	陶砚 3 件	分二型:I 型 2 件,1 件灰陶,1 件黄陶,子口,平底,下置三兽蹄足,1 件径 14.8 厘米、高 4.4 厘米,另 1 件 M26:21,径 18.2 厘米、高 5.2 厘米;II 型 1 件,黄陶,平口,口沿上一周凹槽,平底,三兽蹄足,M23:7,径 17 厘米、高 3.5 厘米	《考古》 1988.7	
东晋时期	广东始兴	陶砚 1 件	出于 M3,砚面圆形,子母口,浅腹,底微向上凸起,有数周弦纹,下附三足,盘口内不施釉,口径 12 厘米、足高 1.2 厘米、通高 2.8 厘米	《考古》 1990.12	

续表

年代	出土地点	出土实物	形制	资料来源	备注
东晋时期	江苏江宁	瓷砚1件（M1:3）	瓷砚,砚盘圆形,子母口,圆唇,平底微内凹,下附三蹄形足,外底有十个均匀分布的支烧痕迹,胎釉结合牢固,砚面不施釉呈红褐色,且有研墨的痕迹,口径18厘米、底径17.5厘米、通高5.3厘米	《考古》1998.8	
东晋时期	广东鹤山	青瓷三足砚1件（M1:5）	敞口,平沿,口沿里壁有一周贮水环槽,砚面平,三小蹄形足,口径12.4厘米、通高3.8厘米	《考古》1998.9	
东晋时期	江苏南京	陶砚2件石黛板1件	陶砚,1件出于1号墓（M1:8）,浅盘,子母口,斜腹,平底,三蹄形足,砚盘内一侧有一较浅的椭圆形砚池,口径18.8厘米、通高4.2厘米;1件出于3号墓（M3:3）,泥质红褐胎,器表施一层黑衣,子母口,浅盘,斜壁,平底,三蹄形足,砚面有一椭圆形砚池,口径15.6厘米、通高3.5厘米 石黛板出于2号墓（M2:23）,残碎,青石质,薄长方形,器表平滑,残长8厘米、宽7厘米、厚0.5厘米	《文物》2000.7	

续表

年代	出土地点	出土实物	形制	资料来源	备注
东晋时期	江苏南京	瓷三足砚 3 件 石黛板 1 件	瓷三足砚,1 件出于 2 号墓;1 件出于 3 号墓(M3:3),砚盘圆形,子母口,三兽蹄足,青色釉,口径 10.6 厘米、底径 10.8 厘米、高 4.6 厘米;1 件出于 4 号墓(M4:8),子母口,砚面稍上凸,三兽蹄形足,青灰釉,口径 8.6 厘米、底径 5.4 厘米、高 4 厘米 石黛板出于 4 号墓(M4:25),黑色石质,长方形,边沿微残,长 12 厘米、宽 8.3 厘米、厚 0.5 厘米	《文物》2000.7	
东晋时期	江苏镇江	灰陶砚 1 件(M2:19)	泥质灰陶,子母口微敛,圆唇,折腹,凹底,内底上凸,底下承三兽蹄形足,口径 14 厘米、高 4 厘米	《东南文化》2008.4	
东晋时期	浙江兰溪	青瓷三足砚 1 件	直口,圆唇,平底,蹄形三足,内外施满釉,釉色青绿滋润,局部开片,胎质灰褐色,内底有九个支烧泥点痕迹,缺盖,口沿微损,经修补,口径 11.1 厘米、腹径 12.6 厘米、足径 1.7 厘米、高 4.5 厘米	《东方博物》2011.1	
东晋时期	福建南安	石黛砚 1 件(M15:5)	黑色岩石磨制而成,长方形,板状,正面磨制平整光滑,仅有两处凹疤未磨平,背面粗糙,三个侧面磨制平整,一侧面粗糙且有切割痕,长 16 厘米、宽 14.4 厘米、厚 1.3 厘米	《考古》2014.5	

续表

年代	出土地点	出土实物	形制	资料来源	备注
东晋时期	浙江富阳	青瓷砚 1 件（M11:2）	砚内未施釉，上有 5 个红褐色支烧痕，砚外和底面均施青绿色釉，底面有烧结痕，下附三蹄形足，口径 12.5 厘米、底径 11.5 厘米、腹径 13.5 厘米、高 4.5 厘米	《东方博物》2016.3	
晋代	湖南长沙	陶砚 1 件（3:5）石砚 1 件（2:8）	陶砚，出于墓 3，圆形，直口，池心平坦，下附三蹄足，器外施黄绿色釉，开冰裂纹，直径约 7 厘米 石砚，出于墓 2，近长方形，两端略呈弧形，池心微向上凸起，以深灰色滑石雕成，长 11 厘米、宽 8.5 厘米	《考古学报》1959.3	墓 2 为东晋宁康三年(375 年)
晋代	江西南昌	石砚 1 件（M1:39）黛砚 2 件（M2:3、12）	石砚，石质，已残破，长 19.5 厘米、残宽 12.2 厘米、厚 0.8 厘米 黛砚，青料石质，平面呈长方形，1 件长 16.3 厘米、宽 12.9 厘米、厚 0.6 厘米；另 1 件长 15.3 厘米、宽 12.4 厘米、厚 0.8 厘米	《考古》1974.6	
晋代	湖南衡阳	石板 1 件	残，呈长方形，为青石质	《考古》1986.12	
晋代	广东广州	青瓷三足砚 1 件		《广州文博》2011.5	
东晋至南朝时期	江西丰城	瓷砚	圆池形，浅盘，砚心突起并露胎，周围下凹形成不明显的水槽，盘下有三乳钉状足，通高 3.5 厘米、砚径 17.5 厘米	《考古》1993.10	东晋永和年间到南朝时期（345—557 年）

续表

年代	出土地点	出土实物	形制	资料来源	备注
东晋至南朝时期	江苏南京	黛板3件	2件出于M4,一大一小,石质,灰黑色,出土时似承放于漆盒中,M4:47,长10.1厘米、宽5.3厘米、厚0.5厘米,M4:53,长20.4厘米、宽13.6厘米、厚0.7厘米;1件出于M6,M6:14,石质,灰黑色,涂朱,长22.9厘米、宽16.2厘米、厚1.2厘米	《考古》1998.8	M4为东晋早期;M6为东晋晚期至南朝早期
东晋晚期至南朝早期	福建建瓯	石黛砚1件(M1:10)	已残破,方形,两面磨平,一面较精细平整,另一面较粗糙,用黑色将乐石加工而成,残长20.3厘米、残宽12厘米、厚0.35厘米	《福建文博》2011.4	
东晋晚期至南朝初期	湖南长沙	青瓷三足砚1件(M1:3)	平面呈圆形,侈口,圆唇,腹部束收,下腹折内收,平底略内凹,底部等分贴塑三个尖锥足,内底外鼓,足外撇,内底中间留有墨汁印迹,通体施釉,口径14.2厘米、高4厘米	《湖南省博物馆馆刊》2010.7	
东晋晚期至南朝早期	江苏南京	青瓷砚2件	瓷质灰白胎,青黄釉,小开片,形制相同,平面呈圆形,圆唇、直口、下沿外凸、平底微内凹、三个兽足,器表施满釉,外底饰三道凹弦纹,M10:12,内底有4个支烧痕迹,外底有3个支烧痕迹,口径11.2厘米、残高3厘米;M10:25,内外底各有8个支烧痕迹,口径12厘米、高4.4厘米	《东南文化》2014.6	

年代	出土地点	出土实物	形制	资料来源	备注
两晋至隋唐之际	湖南湘阴	瓷砚 26 件	上一层 4 件,蹄足,器足四至十六不等,釉色酱绿、米黄,或青釉开片,个别砚底残留支钉痕;上二层 22 件,形制与一层出土蹄足砚相似,其中 1 件下承十八只垂露形器足,施青黄色釉开片	《文物》1978.1	
六朝前期	江苏镇江	三足瓷砚 1 件(T6⑤B:15)	青灰胎,身呈扁圆形,折口,平底微凹,外底边缘有三足残,施青釉,内底无釉,口径 14.4 厘米、残高 2.8 厘米	《考古学报》2010.4	
六朝中晚期	湖北武昌	瓷砚 1 件	已残,砚盘为圆形,盘底微向上鼓,六足呈兽蹄形,盘内无釉,其他部分皆施釉,釉色青中带黄,有鱼子纹,通高 4.7 厘米	《考古》1966.1	
六朝时期	湖北鄂州	石黛板 3 件石黛砚 1 件(M15:10)	石黛板,2 件出于 M2,1 件出于 M3,均残,长方形,正面磨光,背面凹凸不平,M2:47,长 14.4 厘米、宽 4.8 厘米、厚 0.3 厘米石黛砚,出于 M15,长方形,中部有一 14.7×17.7 厘米的光滑砚面,砚面呈弧形,砚首下有一 3×2.6 厘米的小方格,砚长 23 厘米、宽 18.7 厘米、厚 1.9 厘米	《考古》1996.11	M2 为孙吴永安四年(261 年);M3 为西晋时期;M15 为东晋早中期
六朝时期	四川彰明	方石板 3 件	往往出现在女墓中,完整的 1 件长 12 厘米、宽 11 厘米、厚 0.7 厘米,一角上钻有小圆孔 1 个,残的 2 件,都是青灰色的页岩制成,质不很坚,一面磨光,一面比较粗糙,有的上面还置有椭圆石 1 个	《考古通讯》1955.5	

年代	出土地点	出土实物	形制	资料来源	备注
六朝时期	广东广州	陶砚		《文物参考资料》1956.6	
六朝时期	江苏南京	铜砚1件	出于万墓1,通高6.4厘米、直径12厘米、深3厘米,下有三足	《考古》1959.5	
六朝时期	江西九江	青瓷砚2件	均残,分二式:Ⅰ式,高3.5厘米、口径10.2厘米,青黄釉,中部稍凸,边有水槽,矮足;Ⅱ式,残高5.3厘米、径23厘米,中部稍凸,边有水槽,呈酱色釉,矮足,稍稀,半边有三只足,可能为六只足	《考古》1987.7	
六朝时期	湖北大冶	青瓷三足砚1件(M1:7)	圆唇,厚壁,砚盘较大,底附三乳足稍外撇,通体施青黄色釉,口径13厘米、足高1.2厘米、通高3厘米	《江汉考古》1997.4	
南朝宋时期	山东苍山	石板1件	长方形,一面磨平,上留红色和黑色残痕,长16.9厘米、宽10.9厘米、厚0.4厘米	《考古》1975.2	宋元嘉元年(424年)
南朝宋时期	江西赣县	青瓷三足砚1件黛砚1方	青瓷三足砚,直口,砚面微鼓,三爪状足,高3.8厘米、直径14厘米黛砚,青石质,正方形,边长12厘米、厚1厘米	《考古》1990.5	刘宋初年
南朝宋时期	福州闽侯	青瓷砚1件(M1:4)	赭色胎,除砚面外,余皆施釉,釉色青绿,砚身为浅盘形,砚面凸起,周边有十一个支烧的印迹,砚面经过再次打磨,十分光滑,砚盘外腹有一周凸棱,底部有五个支钉印痕,下边为四个外撇的兽足,通高6.5厘米、砚盘径16.2厘米	《考古》1994.5	
南朝宋时期	江苏南京	陶砚1件(M2:6)	出于2号墓,残碎,泥质灰陶,浅盘口,平底内凹,三蹄形足	《文物》2002.7	刘宋中晚期

续表

年代	出土地点	出土实物	形制	资料来源	备注
南朝宋时期	湖北鄂州	陶三足砚 1 件（M8 右：6）	泥质灰陶，底下残存一足，口径 20.2 厘米、底径 17.2 厘米、通高 4.1 厘米	《文物》2005.10	
南朝宋时期	江苏句容	三足铜砚 1 件（J444）	方唇，直口，腹部略内凹，内凹底，腹下施三蹄状足，口、腹交接处饰突棱一周，口径 22.8 厘米、底径 22 厘米、通高 5 厘米	《东南文化》2010.3	出土有元嘉十六年（439 年）纪年文字砖
		三足瓷砚 1 件（J428）	圆唇，子口直，底较厚、内凹，腹下设三蹄状足，器外底部饰凹弦纹一周，口及器外施青绿釉，有开片纹，内底见支烧痕，口径 13.8 厘米、底径 13.4 厘米、通高 4.5 厘米		
		三足灰陶砚 2 件（J430、J454）	J430,圆唇，直口，直腹，平底微内凹，腹下设三蹄状足，口径 17.8 厘米、底径 17.8 厘米、通高 5.8 厘米；J454，圆唇，子口敞，底内凹，腹下设三熊足，口径 14.4 厘米、底径 14.6 厘米、通高 4.8 厘米		
南朝宋、齐时期	广西藤县	瓷砚 1 件	出于 M1，圆形，子母口，浅腹直壁，厚平底，附三个乳状足，砚盘无釉，通高 4 厘米、口径 12.2 厘米	《考古》1991.6	
南朝宋、齐时期	湖北荆州	青瓷砚 1 件（M1:13）	灰白胎，青釉，直口，圆唇较厚，折肩，斜直腹，内底较平，外底略凹，附三个小蹄足，口径 14.4 厘米、底径 11.8 厘米、通高 3.6 厘米	《江汉考古》2000.1	

续表

年代	出土地点	出土实物	形制	资料来源	备注
南朝齐时期	湖北武汉	青瓷三足砚1件 陶砚1件	青瓷三足砚,圆唇,敛口,底微上凹,足似兽蹄,釉色为青中略带黄绿,底的边沿饰弦纹二圈,高5.2厘米、口径15.2厘米、足高2.4厘米、底厚1.5厘米 陶砚,泥质黑陶,圆唇,微向内敛,砚面突起,下有三足,底微上凹,素面无纹,直径12.6厘米、通高4厘米	《考古》1965.4	齐永明三年(485年)
南朝齐时期	江西赣县	青瓷砚2件	直口,砚面微鼓,下有三乳状足,施黄绿色釉,砚面及底部均露胎,高2—2.5厘米、直径9.5厘米	《考古》1984.4	齐建武四年(497年)
南朝齐时期	湖南长沙	瓷砚1件	出于2号墓,边沿塑六只蹄形足,器表施有青绿色釉	《文物参考资料》1957.12 《文物》1965.9	齐永元元年(499年)
南朝齐、梁时期	福建闽侯	青瓷砚1件	高3.9厘米、圆盘口径14.4厘米,唇微侈,底下有三蹄足,砚面微凸并露胎,其上尚留有黑墨碎块	《考古》1980.1	
南朝梁时期	广西融安	滑石砚1件 瓷砚1件	均处于M2 滑石砚,直领圆唇,砚面微隆,八足,残五足,雕刻粗糙,口径7.7厘米、高2.9厘米 瓷砚,直领圆唇,砚面微隆,底微凹,十二乳足,施青黄釉,部分已脱落,砚面无釉,口径24厘米、通高5.2厘米	《考古》1983.9 《考古》1989.4	梁天监十八年(519年)
南朝梁时期	江西宁都	青瓷砚1件	唇沿外撇,砚心凸起,口沿下有储水凹槽,底有三足(均残),胎质青灰,釉全剥落,残高2厘米、口径14厘米	《文物》1973.11	梁大同七年(541年)

年代	出土地点	出土实物	形制	资料来源	备注
南朝梁时期	浙江瑞安	瓷砚1件	出于 M124,圆盘形,附四只较高的马蹄形足,除砚面不施釉外,通体施青绿色釉,釉层均匀,并有开片,出土时砚面上还留有墨痕,高 5.5 厘米、口径 12 厘米、足高 2.6 厘米	《考古》1960.10	梁大同八年(542 年)
南朝梁时期	江苏南京	陶砚1件	口径 16 厘米、高 6 厘米,子口,蹄形足,仅存二足	《文物》1981.12	
南朝梁时期	江苏南京	陶砚1件	已残,存部分砚盘和一足,砚盘高 3.2 厘米、口径 9.8 厘米、底径 10 厘米	《文物》1990.8	
南朝初期	江苏南京	陶砚1件	微残,灰陶胎,表里黑色,下附三足,作兽蹄形,盘底略凹,口稍尜,直唇,通高 5.4 厘米、盘径 14.8 厘米,带盖	《考古》1963.6	
南朝早期	江苏南京	陶砚1件	泥质黑陶,子母口,砚心微鼓,三兽蹄形矮足,最大径 16.4 厘米、通高 4.9 厘米、口沿深 1.6 厘米	《考古》1985.11	刘宋时期
南朝早期	广东深圳	陶砚2件	M12:5,三蹄足浅盘式,直口,平底微内凹,腹施凸弦纹一周,通高 5.8 厘米、口径 13 厘米;M21:2,四柱足浅盘式,侈口,平底内凹,砚面略高出盘口,腹施凸弦纹一周,通高 4.6 厘米、口径 14.8 厘米	《文物》1990.11	
南朝中期	浙江金华	青瓷砚1件	砚面平坦,中心微凸,四周高出似直口浅盘,平底,下为三蹄足,施青釉,砚面无釉,口径 22.8 厘米、高 5.2 厘米	《考古》1984.9	

续表

年代	出土地点	出土实物	形制	资料来源	备注
南朝中晚期	江苏南京	陶砚1件	出于仙鹤门南朝墓,黄陶,子母口,盘心上凸,三蹄足,直径14.1厘米、高4.7厘米	《考古》1983.4	
南朝中晚期	江苏南京	青瓷砚1件	高5厘米、口径16.3厘米、足高2.7厘米、底径15.4厘米,里外施黄绿釉,口外敞,为子母口,圆形砚面,稍凸,面有墨迹,砚面因使用而大部分釉色脱落,砚底有七个支点印,下附四个蹄形足	《考古》1985.1	
南朝中晚期	江苏南京	青瓷砚1件（M1:2）	子母口,直壁,外缘突出,砚面圆形,中部突起,四周凹下处因磨损脱釉并有6个明显的支钉痕迹,上有墨迹,四兽蹄足,青灰色胎,淡黄绿釉,口径15.5厘米、通高3.8厘米	《东南文化》1993.2	
南朝中晚期	湖北武汉	青瓷五足砚1件（M2:1）	青灰胎质,敞口,尖圆唇,折腹,腹有一道凸弦纹,砚心上凸,砚底微内凹,设五只马蹄形矮足,施青釉,釉面呈黄绿色,釉汁匀润光亮,砚心及底部无釉,器形端庄,古朴典雅,高6.3厘米、口径20.8厘米、底径21.6厘米	《江汉考古》2010.1	
南朝晚期	江苏江宁	青瓷三足砚1件(3:15)	灰白色胎,除盘心外周身施罩淡黄绿色釉,环盘底边沿有三蹄形足,口径8厘米、高4厘米	《考古》1978.2	
南朝晚期	广东梅县	陶砚1件	灰白胎,无釉,敞口,浅平盘,三足,盘径10.2厘米、高4.5厘米	《考古》1987.3	

年代	出土地点	出土实物	形制	资料来源	备注
南朝晚期	广东罗定	青瓷五足砚1件	通高 4.7 厘米、口径 14.7 厘米、底径 14.8 厘米、足高 2 厘米、子母口，微侈，圆形砚面，稍凸，砚面留有数点墨迹，凹底，砚下附五个乳状形足	《考古》1994.3	
南朝晚期	广西桂林	瓷砚 13 件	出于 1 号窑，圆形，可分二式：Ⅰ式 8 件，砚面略凹，边有水槽，砚盘单薄，五至六个蹄足，略显瘦高，施酱色釉，制作较粗糙，Y1③:200，面径 15.6 厘米、高 6.9 厘米；Ⅱ式 5 件，砚面较Ⅰ式稍凸，水槽较深，联珠状足稍外撇，上部三分之一与砚盘相连，酱褐色釉，Y1③:202，面径 19.8 厘米、高 6.6 厘米	《考古学报》1994.4	
南朝晚期	湖北应城	瓷砚 1 件	瓷色乳白，浅缘略外侈，平底内凹，三蹄形足，砚面向上突起无釉，无盖，通高 4.9 厘米、底径 13.6 厘米	《江汉考古》1990.2	
南朝晚期	福建南安	青瓷三足砚1件(M1:8)	圆盘形，直口，圆唇，内底鼓凸，平底内凹，三蹄形足，灰白胎，从口沿内壁起向外施青黄釉，釉多脱落，口径 10 厘米、腹径 10.8 厘米、通高 3.9 厘米	《福建文博》2016.1	
南朝时期	湖北襄樊（今襄阳）	陶砚 1 件（M47:8）	泥质灰陶，直口，浅盘，平底，三矮蹄足，口径 20.6 厘米、高 5.8 厘米	《考古》2010.12	刘宋时期
南朝时期	江苏南京	陶砚 2 件	形制相同，M1:24，圆形，圆唇，子母口，砚堂较浅，中心向上凸起，底部有三个兽蹄形足，口径 16.8 厘米、底径 16.4 厘米、高 6 厘米	《考古》2008.6	刘宋晚期至萧齐早期

续表

年代	出土地点	出土实物	形制	资料来源	备注
南朝时期	湖南长沙	陶砚 4 件	圆形,下附六蹄足,池心向上鼓起很高,除砚心外,通体施黄绿色釉,开冰裂纹,最大的 1 件(3:16),高 6.5 厘米,外底有 16 点方形窑具印痕;最小的 1 件(2:6),高 5.2 厘米、口径 14 厘米	《考古学报》1959.3	墓 2 为齐永元元年(499 年)
南朝时期	广西恭城	青瓷三足砚 1 件（M3:20）青瓷五足砚 1 件（M1:4）	青瓷三足砚出于 M3,直领圆唇,砚面微隆,底微凹,三足已残,口径 14 厘米、残高 2.5 厘米,施青黄釉,砚面无釉,底不露胎 青瓷五足砚出于 M1,形制颇似 M3 所出者,唯多二足,口径 8.7 厘米、高 7 厘米	《考古》1979.2 《考古》1989.4	南朝齐或稍晚
南朝时期	江苏南京	青瓷三足砚 1 件	茶黄色釉,圆唇、斜腹、腹壁有一道折棱,底上弧,三足略呈兽蹄形,口径 16.4 厘米、底径 15 厘米、通高 4.2 厘米	《文物》1980.2	大约在梁普通二年(521 年)左右
南朝时期	湖北武汉	青瓷砚 1 件	圆形,多足,高 4 厘米、径 25.2 厘米	《文物》1975.6	梁普通四年(523 年)和陈天嘉三年(562 年)之间
南朝时期	福建福州	三足盘 1 件 六足盘 1 件	三足盘,出于 1 号墓,釉作黄色,盘面釉脱落,底部尚存釉,盘内很平,这类盘几乎同时代的墓葬都有出土,疑为砚属,高 4 厘米、径 13 厘米 六足盘,出于 3 号墓,釉色青而带灰,盘内平坦无釉,与 1 号墓的三足盘相仿,似亦为砚属,已往发现的都是三足或四足,唯有此器六足成对角,较为特殊,通高 3 厘米、盘径 9.5 厘米	《考古通讯》1957.5	

年代	出土地点	出土实物	形制	资料来源	备注
南朝时期	贵州平坝	圆石砚 1 件 方石砚 1 件	均为浅红色砂石制,砚池平滑,四周有水槽	《考古》1959.1	
南朝时期	江西清江	青瓷砚 1 件（2:3）	直唇,砚心上凸,并有五个支烧痕点,底平微内凹,边缘设四乳足,施黄绿釉,砚心及底无釉,高 3.5 厘米、口径 14.4 厘米	《考古》1962.4	
南朝时期	江西永丰	瓷砚 1 件	唇稍侈,敞口,腹部有一道突出的弦纹,砚心上突,并有五马蹄形短足,底微内凹,施青绿釉,砚心及底无釉,高 14 厘米、口径 22 厘米	《文物》1964.1	
南朝时期	湖南长沙	青釉五足砚 1 件	直领,底微凹,内无釉,底下有釉,并有支钉痕十三个,下有五蹄足,口径 14.1 厘米、高 4.8 厘米	《考古》1965.5	
南朝时期	江西新干	瓷砚 1 件	出于墓 33,砚心上凸,底内凹,三足,口径 13.2 厘米、高 3 厘米	《考古》1966.2	
南朝时期	福建福州	青瓷砚 1 件	出于 2 号墓,三足外斜,高 1.8 厘米、砚径 8 厘米	《考古》1974.4	
南朝时期	江苏南京	石砚 1 件	出于 M6	《考古》1976.5	
南朝时期	浙江绍兴	瓷砚 2 件	1 件周围作子口状,但无盖,砚面圆鼓,下安五个蹄足,砚面无釉,其余施青黄色釉,釉层透明,易剥落,开片细密,胎色灰白,外底有方块泥点痕九个,高 5.6 厘米、口径 20.3 厘米、底径 19.5 厘米;另 1 件砚面圆鼓,直唇,外平底,内凹,圆珠形足,灰胎,质较粗,有气孔,釉色青黄透明,细裂纹,内外底无釉,高 2.8 厘米、口径 13.2 厘米、底径 13.8 厘米	《文物》1977.1	

续表

年代	出土地点	出土实物	形制	资料来源	备注
南朝时期	广东曲江	青瓷三足砚3件	分二式:I式1件,圆形,敞口,直壁,厚平底,三足向外撤,砚心不施釉,高2.9厘米、口径10.8厘米;Ⅱ式2件,敛口,余同I式,高3.5厘米、口径11厘米	《考古》1983.7	
南朝时期	广东揭阳	瓷砚1件	浅腹,内底微向上凸起,六条兽蹄形足,盘内不施釉,有四个垫痕,口径25厘米、通高9.1厘米、足高5.5厘米	《考古》1984.10	
南朝时期	湖北大冶	青瓷五足砚1件	砚心隆起,体外施黄色釉,脱釉严重,高5.6厘米、口径15.2厘米	《江汉考古》1985.4	
南朝时期	湖南衡阳	石板5件	长方形,青灰色	《考古》1986.12	
南朝时期	江西广昌	瓷辟雍砚1件	圆盘形,砚心微凸,周围为环形砚池,砚身施米黄色釉,砚心无釉,灰黑色瓷胎,坚硬粗糙,高5.6厘米、外径19.5厘米、砚心径15.3厘米、底径18.8厘米、池深1.3厘米,砚下有十一足座,足高2.8厘米、厚1.7厘米、间距2.3厘米,足呈虎爪形,上饰云雷纹	《文物》1988.7	
南朝时期	湖北应城	青瓷砚1件	底施绿釉,浅缘略外侈,砚面内凹,无釉、无盖,有一三蹄足,二足跟残,砚台口沿无釉,口径14厘米	《江汉考古》1990.2	
南朝时期	福建福州	青瓷砚4件	圆形,砚心微鼓,无釉,三足、四足、五足不等,M9:8,五足,通高4.2厘米、盘径21.5厘米、底径12厘米、胎厚0.5厘米	《考古》1992.10	

年代	出土地点	出土实物	形制	资料来源	备注
南朝时期	广西恭城	青瓷三足砚1件(M2:7)	高4厘米、盘口径13厘米、口沿平直,砚面凸起,周有凹槽,三蹄足,底略内凹,外施青黄釉	《考古》1996.8	
南朝时期	湖北安陆	陶砚1件(M5:11)	泥质深灰陶,轮制,呈圈足状,侈口,浅壁,四周有水槽,圈足外撇,足上有圆孔8个,足径7.6厘米、高3.1厘米	《江汉考古》2004.4	
南朝时期	福建福州	青瓷砚2件	M2:5,六足砚,圆形,直口,尖唇,折腹,砚心突起与沿口齐平,砚内四周呈凹槽,附六蹄足外撇,外壁施青绿釉,砚面露胎,略有变形,口径10.1厘米、底径9厘米、高3.3—3.6厘米;M2:21,三足砚,圆形,直口,圆唇,腹内折,砚心略突,附三蹄足外撇,略有变形,里外施青绿釉,内壁腹下露胎,口径11厘米、底径11.4厘米、高4—4.8厘米	《福建文博》2012.1	

续表

年代	出土地点	出土实物	形制	资料来源	备注
南朝时期	福建南安	瓷砚5件	直口,圆唇,底内凹,砚面上凸,按足的数量可分为四型: A型:1件(M1:13),灰白胎,外施青黄釉,外底中心无釉,下附八个蹄形足,口径20.5厘米、底径21.3厘米、高7.3厘米 B型:1件(M10:6),灰胎,外施青黄釉,外底中心无釉,直口稍内敛,下附六个乳钉状足,口径12.8厘米、底径13.8厘米、高2.55厘米 C型:1件(M12:9),灰黄胎,外施青黄釉,直口稍内敛,下附五个蹄形足,口径11.4厘米、底径12.4厘米、高3.5厘米 D型:2件,下附三个蹄形足,M22:40,灰胎,外施青绿釉,足尖残,口径14.8厘米、底径14.1厘米、残高4.6厘米	《考古》2014.5	
南朝时期	福建南安	青瓷砚1件(M12:9)	直口稍内敛,圆唇,底内凹,砚面上凸,下附"兽足形"足,灰黄胎,外施青黄釉,口径11.4厘米、底径12.4厘米、高3.5厘米	《东南文化》2017.4	出土有"天监十壹年(512年)"纪年墓砖
南朝末期至隋唐之际	湖南长沙	瓷砚1件	出于3号墓,通高3厘米,砚身扁圆,底部有珠形圆足八个,外壁敷开片酱青色釉	《文物》1960.2	
南朝后期至唐初	广西桂林	瓷砚	圆形辟雍砚,有镂孔刻划纹圈足、水滴足、扁三角形刻划纹足多种,高5厘米、直径19厘米	《文物》1991.12	

续表

年代	出土地点	出土实物	形制	资料来源	备注
南朝晚期至唐代前期	福建晋江	青瓷三足砚1件（M1:12）	圆形盘，侈口，圆唇，浅腹，平底微鼓，底部间隔均匀地贴塑三锥形足，足尖外撇，一足残，施青釉，釉稀薄光亮，有开片，内外底无釉露胎，质地坚硬粗糙，口径9.5厘米、底径10.2厘米、高3.8厘米	《福建文博》2011.2	
十六国后燕时期	辽宁朝阳	砚1件	残半，泥板岩制，平整光滑，中部微内凹，遗有墨迹，长方形，残长7.9厘米、宽8.6厘米、厚0.7厘米	《考古》1982.3	
十六国北燕时期	辽宁北票	石砚2件	出于1号墓，蛋青色砂岩，两砚形制略同，都是长方形，四足，各在砚面的不同位置雕出长方形砚池、方形墨床、耳杯形水池和笔榻，榻上刻出笔槽，笔锋向上，笔尾出一分叉，砚侧线雕水涛纹，两砚都没有使用痕迹。尺寸：长27厘米，18.2厘米；宽23.4厘米，14.6厘米；高8.4厘米，5.5厘米	《文物》1973.3	墓主冯素弗卒于415年
十六国西凉、北凉时期	甘肃敦煌	小石板1件（M1:5）	出于M1，青灰色，长9厘米、宽6.4厘米、厚0.7厘米，表面光滑，有墨迹	《文物》1983.10	
北魏早期	山西大同	石砚1件	砂石制成，甚粗糙，圆形，外沿有联珠纹图案，已残缺，直径18.8厘米、厚0.7厘米	《文物》1972.3	
北魏时期	山西大同	陶六足砚1件	略残，砚面圆形凸起，高于口沿，马蹄形足，砚面施白彩，直径20.4厘米、通高7厘米	《文物》1989.8	北魏正始四年（507年）
北魏时期	河南洛阳	陶砚2件（HM555:43）	形制相同，盘形，口径10.1厘米、高1.4厘米	《文物》2002.9	北魏正光三年（522年）

续表

年代	出土地点	出土实物	形制	资料来源	备注
北魏时期	河南洛阳	圆形陶砚 1件	出于盘龙塚元邵墓,泥质灰陶,火候较高,轮制,磨光,圆形,有盖(残),砚盘周边有子口以承盖,砚面凸起,残存墨迹,周边微凹为砚池,直径 10 厘米、通高 3.3 厘米、砚高 1.8 厘米、砚面厚 0.7 厘米、深 1 厘米	《文物》1965.12	北魏建义元年(528年)
北魏时期	河北景县	青石板 1件	长方形,一面磨光,长 16.5 厘米、宽 6 厘米	《文物》1979.3	
北魏时期	山西大同	石雕方砚 1件	用浅灰色细砂岩石雕成,正方形,长宽均 21.6 厘米、高 9.1 厘米,造型优美,正中突出长宽各 12 厘米的方形砚盘,以联珠纹和莲花纹作花边,砚心两侧各有一耳杯形水池和方形笔舔,两端有鸟兽作饮水状,砚面对角有莲座笔插及联珠纹圆形笔舔,周边雕人物图案四组:骑兽、角觚、舞蹈、沐猴,砚的四侧,也各有图案,雕刻力士、云龙、朱雀、水禽衔鱼等,砚底正中雕莲花一朵,以它为中心,周边雕莲花八朵,并以九朵莲花纹构成砚底图案	《文物》1979.7	
北魏时期	山西大同	石砚		《考古》1983.11	

年代	出土地点	出土实物	形制	资料来源	备注
北魏时期	河南洛阳	方形四足陶砚 4 件	形制、大小相同，砚面皆方形，中心为一圆形浅墨池，墨池之一侧（确切说是在砚面之一角）做出一耳杯形水池，而在与水池相对之墨池的另一侧，刻一毛笔状凹槽，砚面之下，四角各有一足，足已残，足间有花牙装饰，砚均无使用痕迹，91jLM：9，长、宽约 18 厘米、残高 2.7 厘米	《考古》1994.9	
北魏时期	河南洛阳	石砚 1 件（C9M315：23）	正方形，砚池为圆形，较浅，四角下各有一方柱足，边长 7.2 厘米、砚池直径 6.8 厘米、高 2.4 厘米	《考古》2011.9	
东魏时期	陕西西安	箕形平底陶砚 1 件	长 15.7 厘米、宽 11 厘米、厚 2.5 厘米，前低后高，边沿突起，砚面留有墨迹，背面左端有模印纹人首鸟身的画面，右端刻有阳文"武定七年，为庙造"七字，现藏陕西省博物馆	《文物》1965.7	
北齐时期	山东临朐	石研磨器 1 件	短牛角状，上端尖，下端成圆弧面，器身下半部及研磨面涂有朱红颜色，高 10.2 厘米、研磨面直径 4 厘米	《文物》2002.4	北齐天保元年（550 年）
北齐时期	山西太原	青石板 2 件	皆一面光滑，一面粗糙，色深青，1 件长 10.3 厘米、宽 5.9 厘米、厚 0.4 厘米；另 1 件长、宽各 3.9 厘米、厚 0.3 厘米	《文物》1963.6	北齐天保七年（556 年）
北齐时期	河南安阳	瓷砚 1 件（M54:11）	圆唇，直领，砚面上鼓，底内凹，有八个蹄形足，除底外，通体施釉，釉色黄中泛绿，砚面中心脱釉，直径 15.5 厘米、高 7.5 厘米	《考古》2011.4	墓主贾进卒于北齐武平二年（571 年）

续表

年代	出土地点	出土实物	形制	资料来源	备注
北朝末期	河南洛阳	箕形陶砚 1 件	出于洛阳钢厂 024 号墓,泥质灰陶,火候高,模制,砚面磨光并残存有墨迹,底部在烧制前印有表示"吉祥"的文字装饰,长 16.5 厘米、后宽 11.5 厘米、前宽 6.3 厘米、高 2.3 厘米、砚面厚 1.1 厘米、深 0.3 厘米	《文物》1965.12	

　　三国两晋时期,石砚仍较为普遍;南北朝时期,石砚逐渐减少。此间,石质有板岩、页岩、砂岩、石灰岩、层积岩、滑石等不同种类,尤以青石(石灰岩的俗称)为多;砚形趋于定型化,圆形、长方形成为基本形式,装饰更加艺术化,如西晋傅玄《砚赋》云:"采阴山之潜朴,简众材之攸宜,即(节)方圆以定形,锻金铁而为池。"①石砚类型主要有 3 种(表 13),其中以长方形砚最为常见。

表 13　魏晋南北朝时期石砚类型统计表

年代	类型	形制
魏晋南北朝时期	A	长方形
	B	正方形
	C	圆形

　　A 型,长方形石砚,可分为八式。②

　　Ⅰ式,石板砚附研石一套,已非常少见。如湖南益阳出土三国之际石砚 1 套,已残缺,石质为板岩,颜色灰褐,出土时 2 件合在一起,一为长方形石板,一为扁圆形研石,研石上圆下方。③ 又如陕西咸阳出土西晋晚期石砚 1

---

① (唐)徐坚等:《初学记》卷二一《文部·砚》,中华书局 2004 年版,第 519 页。又见《艺文类聚》卷五八《杂文部四·砚》、《太平御览》卷六〇五《文部二一·砚》。

② 有学者认为,可以分为"石板加工而成,表面磨制平整光滑,一般附研石配合使用;石板加工而成,表面磨制平整光滑,四周镶嵌铜边;两端作弧形,砚面有凸字形棱线组成砚堂、水池"等三式。详见臧天杰:《三国两晋南北朝出土砚研究》,《东方博物》2014 年第 2 期,第 70 页。

③ 详见周世荣:《湖南益阳市郊发现汉墓》,《考古》1959 年第 2 期,第 110 页。

组（M1:25），砚板平面长方形，长 12.6 厘米、宽 5.6 厘米、厚 0.8 厘米，上有一白色圆球形研石，研石高 2.4 厘米、直径 2.3 厘米。①

Ⅱ式，石板加工而成，表面磨制平整光滑，底面粗糙，制作仍保留有汉代风格，最为常见。如湖北鄂州出土孙吴中晚期长方形砚 2 件，通体青黑色，其中 M2:7，一面光滑，另一面较粗糙，长 14 厘米、宽 6.35 厘米、厚 0.6 厘米。② 又如山西太原出土北齐时期石砚 1 件，一面光滑，一面粗糙，色深青，长 10.3 厘米、宽 5.9 厘米、厚 0.4 厘米。③

Ⅲ式，石板加工而成，表面磨制平整光滑，四周镶嵌铜边。如江苏邳州出土西晋中晚期石砚 1 件（M1:64），锈残，石质，平面长方形，四边铜片包边，长 26.6 厘米、宽 16.4 厘米、厚 0.8 厘米，包边宽 1.1 厘米、厚 0.1 厘米。④

Ⅳ式，石板加工而成，两面磨制平整光滑。如江苏南京出土西晋时期长方形砚 1 件（M7:12），较薄，两面磨光，一面有墨痕，长 16.4 厘米、宽 13 厘米、厚 0.3 厘米。⑤

Ⅴ式，石板加工而成，表面磨制平整光滑，中部下凹或凸起。如辽宁朝阳出土十六国时期长方形砚 1 件，残半，泥板岩制，平整光滑，中部微内凹，遗有墨迹，残长 7.9 厘米、宽 8.6 厘米、厚 0.7 厘米。⑥ 又如湖南衡阳出土东晋时期石砚 1 件，黑色，长 22.6 厘米、宽 17.6 厘米、厚 6 厘米，用 4 厘米宽的凸边将表面分隔为水池和墨池。⑦

Ⅵ式，石板加工而成，表面磨制平整光滑，两端呈弧形。如湖南长沙出土东晋时期石砚 1 件（M2:8），近长方形，两端略呈弧形，池心微向上凸起，以深灰色滑石雕成，长 11 厘米、宽 8.5 厘米。⑧

---

① 详见咸阳市文物考古研究所:《咸阳师院附中西晋墓清理简报》,《考古与文物》2012 年第 1 期,第 22 页。
② 详见黄义军、徐劲松、何建萍:《湖北鄂州郭家细湾六朝墓》,《文物》2005 年第 10 期,第 44 页。
③ 详见王玉山:《太原市南郊清理北齐墓葬一座》,《文物》1963 年第 6 期,第 49 页。
④ 详见南京博物院、徐州博物馆、邳州市博物馆:《江苏邳州煎药庙西晋墓地 M1 发掘简报》,《东南文化》2018 年第 2 期,第 32 页。
⑤ 详见南京市博物馆、南京师范大学文物与博物馆学系:《南京仙鹤山孙吴、西晋墓》,《文物》2007 年第 1 期,第 32 页。
⑥ 详见陈大为、李宇峰:《辽宁朝阳后燕崔遹墓的发现》,《考古》1982 年第 3 期,第 272—273 页。
⑦ 详见贺兴武:《衡阳市发现东晋纪年墓》,载文物编辑委员会编:《文物资料丛刊》10,文物出版社 1987 年版,第 194 页。
⑧ 详见湖南省博物馆:《长沙两晋南朝隋墓发掘报告》,《考古学报》1959 年第 3 期,第 84 页。

Ⅶ式,石板加工而成,表面磨制平整光滑,一端呈弦形(弧形)。如湖北枝江出土东晋中期石砚 1 件,质料为水沉岩,长 16 厘米、宽 12 厘米、厚 2 厘米,一端平齐,一端弦形。①

Ⅷ式,石材雕成,带四足,制作精细。如辽宁北票出土十六国时期石砚大小 2 件,蛋青色砂岩,形制略同,都是长方形,四足,各在砚面的不同位置雕出长方形砚池、方形墨床、耳杯形水池和笔榻,榻上刻出笔槽,笔锋向上,笔尾出一分叉,砚侧线雕水涛纹,两砚都没有使用痕迹,大砚长 27 厘米、宽 23.4 厘米、高 8.4 厘米,小砚长 18.2 厘米、宽 14.6 厘米、高 5.5 厘米。②

B 型,正方形石砚,可分为三式。

Ⅰ式,石板加工而成,表面磨制平整光滑,底面粗糙。如山西太原出土北齐时期石砚 1 件,色深青,长、宽各 3.9 厘米、厚 0.3 厘米。③

Ⅱ式,石板加工而成,两面平整光滑。如江苏南京出土孙吴时期正方形砚 1 件(M5:28),青石质,薄片状,边长 3.1 厘米、厚 0.15 厘米。④

Ⅲ式,石材雕成,带四足,造型优美,制作精巧。按照砚面形状,又可分为圆形砚面和方形砚面两种式样。

圆形砚面,如河南洛阳出土西晋时期方形四足石砚 1 件,长、宽均 23.9 厘米、高 10.3 厘米、砚面直径 23 厘米、砚面厚 3.6 厘米、足高 7.5 厘米,用青色石灰岩雕成,正中突出圆形砚盘,四角雕青龙、白虎(头残)、朱雀(用一水池代之)、玄武(头残),玄武背部雕有一圆形孔,可供插笔用,水池中间有一圆形凸起,平滑可供蘸润笔用,水池近底侧有一圆形小孔,堵住后,可盛水,如不堵塞,可排水,砚面内凹,为使用的痕迹,砚底正中雕出覆莲一朵,莲周琢成图案,有清晰的斧凿痕迹,四足周边线刻旋涡纹,此砚早期残破一角,使用者曾用铁棍把它连起来,痕迹尚存。⑤

方形砚面,如山西大同出土北魏时期石雕方砚 1 件,浅灰色细砂岩石雕成,长、宽均 21.6 厘米、高 9.1 厘米,正中突出长宽各 12 厘米的方形砚盘,以联珠纹和莲花纹作花边,砚心两侧各有一耳杯形水池和方形笔舔,两端有鸟兽作饮水状,砚面对角有莲座笔插及联珠纹圆形笔舔,周边雕人物图案四

① 详见宜昌地区博物馆:《湖北枝江巫回台东晋墓的发掘》,《江汉考古》1983 年第 1 期,第 56 页。

② 详见黎瑶渤:《辽宁北票县西官营子北燕冯素弗墓》,《文物》1973 年第 3 期,第 9 页。

③ 详见王玉山:《太原市南郊清理北齐墓葬一座》,《文物》1963 年第 6 期,第 49 页。

④ 详见南京市博物馆、南京师范大学文物与博物馆学系:《南京仙鹤山孙吴、西晋墓》,《文物》2007 年第 1 期,第 29 页。

⑤ 详见洛阳市博物馆:《洛阳市十五年来出土的砚台》,《文物》1965 年第 12 期,第 40 页。

组:骑兽、角骶、舞蹈、沐猴。砚的四侧,也各有图案,雕刻力士、云龙、朱雀、水禽衔鱼等,砚底正中雕莲花一朵,以它为中心,周边雕莲花八朵,并以九朵莲花纹构成砚底图案。①

C 型,圆形石砚,可分为三式。

Ⅰ式,无足圆形石砚。如山西大同出土北魏早期石砚 1 件,砂石质,甚粗糙,圆形,外沿有联珠纹图案,已残缺,直径 18.8 厘米、厚 0.7 厘米。②

Ⅱ式,带足圆形石砚。按照足数的不同,又可分为三足石砚和多足石砚。

三足石砚,如陕西西安出土西晋时期石砚 1 件(M7:1),黑灰色细砂岩,圆形平底,砚面光滑,高出盘面 0.2—0.3 厘米,盘下有等距三短兽足,每足上方有一鸟嘴形乳突,面径 2.8 厘米、足高 1.5 厘米、通高 2.8 厘米。③

多足石砚,如广西融安出土南朝梁武帝时期滑石砚 1 件,直领圆唇,砚面微隆,八足,残五足,雕刻粗糙,口径 7.7 厘米、高 2.9 厘米。④

Ⅲ式,带盖带足圆形石砚,制作精美。如河南偃师出土曹魏时期石砚 1 件(M6:6)(图 14),分砚盖、砚身两部分,砚盖圆形,高浮雕,似五龙盘绕,中间刻出五铢钱状图案,砚面周边稍隆,有网状花纹,一侧凹坑刻成耳杯状,下附三粗矮实足,雕刻精细,构思巧妙,造型生动,直径 11.2 厘米、通高 7厘米。⑤

图 14　河南偃师出土曹魏时期圆形三足石砚

据考古出土实物来看,中原地区圆形石砚的制作精美程度高于其他地区,似乎可以表明此间中原地区的技术水平相对较高。

魏晋南北朝时期,漆砚仍有使用,制作精细,如安徽马鞍山曾出土孙吴时期漆砚 1 件,木胎,长方盒形,分为四层,为三盘一盖,可以

---

① 详见解廷琦:《大同市郊出土北魏石雕方砚》,《文物》1979 年第 7 期,第 96 页。
② 详见山西省大同市博物馆、山西省文物工作委员会:《山西大同石家寨北魏司马金龙墓》,《文物》1972 年第 3 期,第 24 页。
③ 详见陕西省考古研究所:《西安北郊晋唐墓葬发掘简报》,《考古与文物》2003 年第 6 期,第 22 页。
④ 详见广西壮族自治区文物工作队:《广西壮族自治区融安县南朝墓》,《考古》1983 年第 9 期,第 790 页。
⑤ 详见中国社会科学院考古研究所河南第二工作队:《河南偃师杏园村的两座魏晋墓》,《考古》1985 年第 8 期,第 726 页。

叠合,下为底盘,可以放置研石、颜料等,附壶门状足;上为砚盘,砚池长27.4厘米、宽24厘米,池内涂黑漆和细砂粒,以增强磨擦糙度,池上方有一方形小水池;再上为笔架盘,内嵌两条锯齿状笔架;最上面是盖,外髹黑红漆,内髹赭红漆,出土时已散碎漂移,待修复,长37.2厘米、宽26.8厘米。①又据文献记载,晋代"皇太子初拜,给漆砚一枚"②,而"太子纳妃",亦"有漆砚"③。

陶砚、瓷砚,虽在汉代就已出现,但并不普遍。魏晋南北朝时期,陶砚、瓷砚使用渐广,并十分流行。此间,陶砚、瓷砚皆用模制,如《晋司徒颍川庾亮书》云:"研今作之,支发枕,今作无作模,若有可权付之。"④

陶砚陶胎有灰色、黑色、黄色、灰黑色、灰白色、红褐色等,尤以灰色居多;类型主要有4种(表14),尤以圆形陶砚最为常见。

表 14　魏晋南北朝时期陶砚类型统计表

年代	类型	形制
魏晋南北朝时期	A	长方形
	B	正方形
	C	圆形
	D	箕形

A型,长方形陶砚,可分为二式。

Ⅰ式,带盖长方形陶砚。如江苏南京出土东晋时期陶砚1件,长方形,带盖,两端作凸弧形,砚面四周有一圈凸起的边框,并在一端作成方形水池,砚盖四周则为一圈凹入的边槽,并在一端作成方形凹槽,以与砚面相合,砚面及盖均长29厘米、宽20厘米、厚1.5厘米。⑤

Ⅱ式,无盖长方形陶砚。如天津市艺术博物馆收藏有两方带年款的长方形陶砚,"一为东魏兴和二年(540年)陶砚,底有阳文印款'大魏兴和二

---

① 详见安徽省文物考古研究所、马鞍山市文化局:《安徽马鞍山东吴朱然墓发掘简报》,《文物》1986年第3期,第5—6页。

② (唐)虞世南:《北堂书钞》卷一〇四《艺文部一〇·砚》引《东宫旧事》,载《景印文渊阁四库全书》本,第889册,台湾商务印书馆1985年版,第510页。

③ 佚名:《砚谱·漆砚》,中华书局1991年版,第5页。

④ (清)于敏中等:《钦定重刻淳化阁帖释文》卷二《上古至晋人法帖》,载《景印文渊阁四库全书》本,第683册,台湾商务印书馆1984年版,第577页。

⑤ 详见南京大学历史系考古组:《南京大学北园东晋墓》,《文物》1973年第4期,第41页。

年造记'，并有回纹图案及一印"；"一为北齐天保八年（557 年）陶砚，底有阳文印款‘天保八年造□'"。①

总的来看，长方形陶砚并不多见，其形制与此间有些长方形石砚相似，制作精美。②

B 型，正方形陶砚，按照砚面形状，又可分为圆形砚面和方形砚面二式。

Ⅰ式，圆形砚面。如河南洛阳出土北魏时期正方形四足陶砚 4 件，其形制、大小相同，制作十分精巧，砚面皆为正方形，中心为一圆形浅墨池，墨池之一侧（确切说是在砚面之一角）做出一耳杯形水池，而在与水池相对之墨池的另一侧，刻一毛笔状凹槽，砚面之下，四角各有一足，足已残，足间有花牙装饰，陶砚均无使用痕迹，长、宽约 18 厘米、残高 2.7 厘米。③

Ⅱ式，方形砚面。如江苏邗江出土东晋晚期陶砚 1 件（M109：14），灰陶胎，砚面皆留有墨，方形，砚面中间高，四周低，呈弧状，砚面四边起楞可蓄水，一角有小浅窝，四侧呈壶门状，四足，足呈方形，内置圆柱，边长 14.4—15 厘米、高 4.4 厘米。④

总的来看，正方形陶砚也较为少见，其形制与此间有些正方形石砚相似。

C 型，圆形陶砚，其形制与此间圆形石砚相似，但制作更加精细，式样日趋多元，大体可分为二式。

Ⅰ式，无足圆形陶砚，并不常见。如河南洛阳出土北魏时期陶砚 1 件，泥质灰陶，火候较高，轮制，磨光，有盖（残），圆形，直径 10 厘米、通高 3.3 厘米、砚高 1.8 厘米、砚面厚 0.7 厘米、深 1 厘米，砚盘周边有子口以承盖，砚面凸起，残存墨迹，周边微凹为砚池。⑤

Ⅱ式，带足圆形陶砚，极为常见。

按口形，可分为侈口（敞口）、直口、敛口、凹槽口和子母口。

侈口（敞口），如广东梅县出土南朝晚期陶砚 1 件，灰白胎，无釉，敞口，浅平盘，三足，盘径 10.2 厘米、高 4.5 厘米。⑥

直口，如湖北襄樊（今襄阳）出土南朝刘宋时期陶砚 1 件（M47：8），泥

---

①　蔡鸿茹：《古砚浅谈》，《文物》1979 年第 9 期，第 77 页。

②　详见王玉山：《太原市南郊清理北齐墓葬一座》，《文物》1963 年第 6 期，第 49 页。

③　详见中国社会科学院考古研究所洛阳汉魏城队、洛阳古墓博物馆：《北魏宣武帝景陵发掘报告》，《考古》1994 年第 9 期，第 811 页。

④　详见扬州博物馆：《江苏邗江甘泉六里东晋墓》，《东南文化》1986 年第 2 期，第 24—25 页。

⑤　详见洛阳市博物馆：《洛阳市十五年来出土的砚台》，《文物》1965 年第 12 期，第 40 页。

⑥　详见广东省博物馆：《广东梅县古墓葬和古窑址调查、发掘简报》，《考古》1987 年第 3 期，第 209 页。

质灰陶,直口,浅盘,平底,三矮蹄足,口径20.6厘米、高5.8厘米。[1]

敛口,如江苏南京出土东晋晚期陶砚2件,大小相同,砚盘圆形,口沿内收,凹底附三个马蹄形足,口径14厘米。[2]

凹槽口,如江苏镇江出土东晋时期陶砚1件(M23:7),黄陶,口沿上一周凹槽,平底,三兽蹄足,直径17厘米、高3.5厘米。[3]

子母口,有的无盖,有的带盖。如广东始兴出土东晋时期陶砚1件,砚面圆形,子母口,浅腹,底微向上凸起,有数周弦纹,下附三足,盘口内不施釉,口径12厘米、足高1.2厘米、通高2.8厘米。[4]

按砚面形状,可分为平整、上凸和下凹。

平整,如湖南长沙出土晋代陶砚1件(M3:5),圆形,直口,池心平坦,下附三蹄足,器外施黄绿色釉,开冰裂纹,直径约7厘米。[5]

上凸,如江苏南京出土刘宋晚期至萧齐早期陶砚2件,形制相同,其中M1:24,圆形,圆唇,子母口,砚堂较浅,中心向上凸起,底部有三个兽蹄形足,口径16.8厘米、底径16.4厘米、高6厘米。[6] 有的砚面凸起高于口沿,如山西大同出土北魏时期陶六足砚1件,略残,砚面圆形凸起,高于口沿,马蹄形足,砚面施白彩,直径20.4厘米、通高7厘米。[7]

下凹,如江苏南京出土东晋早期陶砚1件(M9:15),泥质灰陶胎,器残,圆唇、子母口、弧腹、平底,底部附三足,外撇,内底有一处椭圆形凹痕,口径18.4厘米、底径16.4厘米、高4.2厘米。[8]

按照足数的不同,可分为三足、多足和圈足,而足形主要有熊形、柱形和蹄形。

三足陶砚,最为常见,如江苏镇江出土孙吴时期陶砚1件(M1),直口,浅盘,置三熊形足,口径23.6厘米、高7厘米。[9]

多足陶砚,有四足、六足等。四足陶砚,如广东深圳出土南朝早期陶砚

---

[1] 详见襄樊市文物考古研究所:《湖北襄樊市韩岗南朝"辽西韩"家族墓的发掘》,《考古》2010年第12期,第39页。

[2] 详见南京市博物馆考古组:《南京郊区三座东晋墓》,《考古》1983年第4期,第326页。

[3] 详见镇江博物馆:《江苏镇江谏壁砖瓦厂东晋墓》,《考古》1988年第7期,第630页。

[4] 详见始兴县博物馆:《广东始兴县老虎岭古墓清理简报》,《考古》1990年第12期,第1083页。

[5] 详见湖南省博物馆:《长沙两晋南朝隋墓发掘报告》,《考古学报》1959年第3期,第84页。

[6] 详见南京市博物馆:《南京市栖霞区东杨坊南朝墓》,《考古》2008年第6期,第39页。

[7] 详见大同市博物馆:《大同东郊北魏元淑墓》,《文物》1989年第8期,第60页。

[8] 详见南京市博物馆、雨花台区文化广播电视局:《南京市雨花台区宁丹路东晋墓发掘简报》,《东南文化》2014年第6期,第33—34页。

[9] 详见镇江博物馆:《镇江东吴西晋墓》,《考古》1984年第6期,第531页。

1件(M21:2),四柱足浅盘式,侈口,平底内凹,砚面略高出盘口,腹施凸弦纹一周,通高4.6厘米、口径14.8厘米。① 六足陶砚,如湖南长沙出土南朝时期陶砚4件,皆为圆形,下附六蹄足,池心向上鼓起很高,除砚心外,通体施黄绿色釉,开冰裂纹,最大的1件(M3:16)(图15),高6.5厘米,外底有16点方形窑具印痕,最小的1件(M2:6),高5.2厘米、口径14厘米。②

圈足陶砚,如湖北安陆出土南朝时期陶砚1件(M5:11),泥质深灰陶,轮制,呈圈足状,侈口,浅壁,四周有水槽,圈足外撇,足上有圆孔8个,足径7.6厘米、高3.1厘米。③

图15　湖南长沙出土南朝圆形六足陶砚

D型,箕形陶砚,汉代未见,魏晋南北朝时出现。如陕西省博物馆藏西安出土东魏武定七年(549年)箕形平底陶砚1件,砚长15.7厘米、宽11厘米、厚2.5厘米,前低后高,边沿凸起,砚面留有墨迹,背面左端有模印纹人首鸟身的画面,右端刻有阳文"武定七年,为庙造"七字。④ 又如河南洛阳出土北朝末期箕形陶砚1件,泥质灰陶,火候高,模制,砚面磨光且残存有墨迹,底部在烧制前印有表示"吉祥"的文字装饰,砚长16.5厘米、后宽11.5厘米、前宽6.3厘米、高2.3厘米、砚面厚1.1厘米、深0.3厘米。⑤ 该砚形制与前述东魏武定七年陶砚类似。从中可见,箕形陶砚采用模制,形状大体相同,制作相当精致。

瓷砚瓷胎有灰色、赭色、红色、黄色、青灰色、灰白色、灰黑色、红褐色、暗红色等;釉色有青色、酱色、米黄、酱绿、青绿色、青灰色、青黄色、黄绿色、酱褐色、茶黄色、淡黄色、淡黄绿色等,尤以青色系为多,1949年后,瓷砚在"浙江、江苏、江西、湖北、湖南、四川等省都有发现,大都是'青瓷'"⑥;类型大体上为圆(盘)形,砚面通常不施釉,带多足;足数三至十六个不等,以三足居多;足形有熊足、乳钉足、爪形足、锥形足、纹圈足、水滴足、兽蹄形足、圆珠形足、联珠状足、扁三角形刻划纹足等多种。

① 详见深圳博物馆:《广东深圳宝安南朝墓发掘简报》,《文物》1990年第11期,第42页。
② 详见湖南省博物馆:《长沙两晋南朝隋墓发掘报告》,《考古学报》1959年第3期,第93页。
③ 详见湖北省文物考古研究所、安陆市博物馆:《安陆黄金山墓地发掘报告》,《江汉考古》2004年第4期,第35页。
④ 详见朱捷元、黑光:《陕西省博物馆收藏的几件砚台》,《文物》1965年第7期,第48页。
⑤ 详见洛阳市博物馆:《洛阳市十五年来出土的砚台》,《文物》1965年第12期,第41页。
⑥ 冶秋:《刊登砚史资料说明》,《文物》1964年第1期,第50页。

魏晋南北朝时期,瓷砚形制按照不同的划分标准具体又可分成不同式样。

按是否带砚盖,可分为二式。

Ⅰ式,无盖瓷砚。如江苏南京出土西晋时期青瓷砚1件,灰白色胎,青绿色釉,子母口,内底稍凹,三扁熊足,外口径20.4厘米、内口径18.2厘米、底径18.7厘米、高3.5厘米。①

Ⅱ式,有盖瓷砚。如山东临沂出土西晋晚期或东晋早期瓷砚1件(M1:87),黄胎,无釉,带盖,子母口,浅盘,砚面上凸,中间留有朱砂痕迹,平底,下附三蹄足,盖顶平,顶正中有一圆柱形纽,带盖通高3.8厘米、口径7厘米。②

按口形,可分为侈口(敞口)、直口、敛口和子母口等四式。

Ⅰ式,侈口(敞口)。如江西永丰出土南朝时期瓷砚1件,唇稍侈,敞口,腹部有一道突出的弦纹,砚心上凸,并有五马蹄形短足,底微内凹,施青绿釉,砚心及底无釉,高14厘米、口径22厘米。③

Ⅱ式,直口。如湖南长沙出土南朝时期青瓷砚1件,直口,砚面无釉,底微凹,底下有釉,并有支钉痕十三个,下有五蹄足,口径14.1厘米、高4.8厘米。④

Ⅲ式,敛口:如湖北武汉出土南朝齐时期青瓷砚1件,圆唇,敛口,底微上凹,足似兽蹄,釉色为青中略带黄绿,底的边沿饰弦纹二圈,高5.2厘米、口径15.2厘米、足高2.4厘米、底厚1.5厘米。⑤

Ⅳ式,子母口:如广东罗定出土南朝晚期青瓷五足砚1件,子母口,微侈,圆形砚面,稍凸,砚面留有数点墨迹,凹底,砚下附五个乳状形足,通高4.7厘米、口径14.7厘米、底径14.8厘米、足高2厘米。⑥

按砚面形状,可分为平整、上凸和下凹等三式。

Ⅰ式,砚面平整。如广东鹤山出土东晋时期青瓷砚1件(M1:5),敞口,平沿,口沿里壁有一周贮水环槽,砚面平整,底有三小蹄形足,口径12.4厘

---

① 详见南京市文物保管委员会:《南京迈皋桥西晋墓清理》,《考古》1966年第4期,第226页。

② 详见山东省文物考古研究所、临沂市文化局:《山东临沂洗砚池晋墓》,《文物》2005年第7期,第15页。

③ 详见彭适凡:《江西永丰出土一批青瓷器》,《文物》1964年第1期,第55页。

④ 详见湖南省博物馆:《长沙南郊的两晋南朝隋代墓葬》,《考古》1965年第5期,第228页。

⑤ 详见湖北省博物馆:《武汉地区四座南朝纪年墓》,《考古》1965年第4期,第183页。

⑥ 详见罗定县博物馆:《广东罗定县鹤咀山南朝墓》,《考古》1994年第3期,第218页。

米、通高 3.8 厘米。①

Ⅱ式,砚面上凸,又可分为微凸、较凸和高凸。如广西恭城、融安出土六朝时期瓷砚,砚面上凸,一类池心微凸,三蹄足,通体施青黄釉,多已脱落,高24.5 厘米、口径 12 厘米;一类池心凸起较高,五蹄足,釉色青中泛黄,有的已脱落,高 7 厘米、口径 8.7 厘米;一类池心高凸出池沿,十二乳状矮足,外施青黄釉,池心无釉,高 5.2 厘米,口径 24 厘米。②

Ⅲ式,砚面下凹。如广西桂州窑遗址出土瓷砚中有南朝晚期的 8 件,砚面略凹,边有水槽,砚盘单薄,五至六个蹄足,略显瘦高,施酱色釉,制作较粗糙(Y1③:200),面径 15.6、高 6.9 厘米。③

按足数,可分为三足砚和多足砚等二式。

Ⅰ式,三足砚,极为流行。如浙江宁波出土西晋时期青瓷砚 1 件(M16:2),圆唇,子口,浅盘中间微凸,斜腹,平底略内凹,下附三个简化兽形足,砚面涩圈,中心隐约可见淡墨痕,器身通体施釉,口径 18.3 厘米、底径 1.8 厘米、高 1.5 厘米。④

Ⅱ式,多足砚,足数四五个至十多个乃至二十多个不等。四足砚,如福州闽侯出土南朝宋时期青瓷砚 1 件(M1:4),赭色胎,除砚面外,余皆施釉,釉色青绿,砚身为浅盘形,砚面凸起,周边有十一个支烧的印迹,砚面经过再次打磨,十分光滑,砚盘外腹有一周凸棱,底部有五个支钉印痕,下边为四个外撇的兽足,通高 6.5 厘米、砚盘径 16.2 厘米。⑤ 五足砚,如福建福州出土南朝时期青瓷砚(M9:8),五足,通高 4.2 厘米、盘径 21.5 厘米、底径 12 厘米、胎厚 0.5 厘米。⑥ 十二足砚,如广西融安出土南朝时期瓷砚 1 件,直领圆唇,砚面微隆,底微凹,十二乳足,施青黄釉,部分已脱落,砚面无釉,口径 24 厘米、通高 5.2 厘米。⑦

按足形,可分为熊足砚、乳钉足砚、兽蹄形足砚、爪形足砚、锥形足砚、水滴足砚、圆珠形足砚、联珠状足砚、镂孔刻划纹圈足砚、扁三角形刻划纹足砚等式样,尤以熊足砚、乳钉足砚和兽蹄形足砚为多。

---

① 详见刘成基:《广东鹤山市雅瑶东晋墓》,《考古》1998 年第 9 期,第 91 页。
② 详见覃义生:《广西出土的六朝青瓷》,《考古》1989 年第 4 期,第 360 页。
③ 详见桂林博物馆:《广西桂州窑遗址》,《考古学报》1994 年第 4 期,第 507 页。
④ 详见宁波市文物考古研究所、宁波市鄞州区文物管理委员会办公室:《浙江宁波市蜈蚣岭吴晋纪年墓葬》,《考古》2008 年第 11 期,第 51 页。
⑤ 详见杨琮、严晓辉:《福州闽侯发现南朝墓》,《考古》1994 年第 5 期,第 474—475 页。
⑥ 详见曾凡:《福州洪塘金鸡山古墓葬》,《考古》1992 年第 10 期,第 905 页。
⑦ 详见广西壮族自治区文物工作队:《广西壮族自治区融安县南朝墓》,《考古》1983 年第 9 期,第 792 页。

Ⅰ式,熊足砚。如浙江诸暨出土西晋时期青瓷砚1件(M4:9)(图16),子母口,宽沿,平底,底下等距置三熊足,外底饰二组弦纹,釉色青黄,砚池内露胎无釉,可见制作时留下的细密轮旋纹,表面有五点垫烧痕,口径10.2厘米、底径10.4厘米、通高3.1厘米。①

Ⅱ式,乳钉足砚。如江西清江出土南朝时期瓷砚1件(M2:3),直唇,砚心上凸,并有五个支烧痕点,底平微内凹,边缘设四乳足,施黄绿釉,砚心及底无釉,高3.5厘米、口径14.4厘米。②

Ⅲ式,兽蹄形足砚。如福建闽侯出土南朝齐梁时期瓷砚1件,高3.9厘米,圆盘口径14.4厘米,唇微侈,砚面微凸并露胎,底下有三蹄足。③

Ⅳ式,爪形足砚。如江西赣县出土南朝刘宋初年瓷砚1件,直口,砚面微鼓,三爪状足,高3.8厘米、直径14厘米。④

Ⅴ式,锥形足砚。如江苏镇江出土东晋晚期瓷砚1件,三锥足,砚面凸起,几与口平,口径20厘米、高3.6厘米。⑤

Ⅵ式,圆珠形足砚。如浙江绍兴出土南朝时期瓷砚1件,灰胎,质较粗,有气孔,釉色青黄透明,细裂纹,内外底无釉,砚面圆鼓,直唇,外平底,内凹,圆珠形足,高2.8厘米、口径13.2厘米、底径13.8厘米。⑥

魏晋南北朝时期,银砚、铜砚、铁砚制作精巧,却多为帝王将相与高官显贵所用之物。

银砚,如魏武帝上杂物疏曰:"御物有纯银参带台砚一枚,纯银参带员(圆)砚大小各一枚。"⑦又如晋怀帝陷于平阳,刘聪引帝入燕,谓帝曰:"卿为豫章王

图16　浙江诸暨出土西晋熊足瓷砚

---

① 详见浙江省文物考古研究所、诸暨市博物馆:《浙江诸暨牌头六朝墓的发掘》,《东南文化》2006年第3期,第49—50页。

② 详见江西省博物馆考古队:《江西清江南朝墓》,《考古》1962年第4期,第192页。

③ 详见福建省博物馆:《福建闽侯南屿南朝墓》,《考古》1980年第1期,第64页。

④ 详见赣州地区博物馆、赣县博物馆:《江西赣县南朝宋墓》,《考古》1990年第5期,第480页。

⑤ 详见刘建国:《镇江东晋墓》,载文物编辑委员会编:《文物资料丛刊》8,文物出版社1983年版,第26页。

⑥ 详见绍兴县文物管理委员会:《绍兴县南池公社尹相公山出土一批南朝青瓷器》,《文物》1977年第1期,第94页。

⑦ (唐)欧阳询撰:《艺文类聚》卷五八《杂文部四·砚》,汪绍楹校,上海古籍出版社1982年版,第1056—1057页。

时","赠朕柘弓银砚①,卿颇忆否"②。

铜砚,形制颇类瓷砚。据文献记载可知,东晋时期,见于顾恺之画者,尚有"十蹄圆铜砚"③;东魏孝静帝"天保初四月禾夜,生于帝铜砚中"④;南朝梁庾肩吾作《谢赉铜砚笔格启》云:"烟磨青石,已践孔氏之坛;管插铜龙,还笑王生之璧。"⑤又据考古资料可知,江苏南京、镇江、句容等地都曾出土过铜砚。按口形,铜砚可分为直口、凹槽口和子母口等三种式样。

Ⅰ式,直口。如江苏句容出土南朝宋时期三足铜砚1件(J444),方唇、直口,腹部略内凹,内凹底,腹下施三蹄状足,口、腹交接处饰突棱一周,口径22.8厘米、底径22厘米、通高5厘米。⑥

Ⅱ式,凹槽口。如江苏镇江出土东晋早期铜砚1件,凹槽口,浅盘式,底平,三兽蹄足,设弧面盖,圆球钮,口径24厘米、高8.8厘米。⑦

Ⅲ式,子母口。如江苏南京出土东晋早期铜砚1件(M6:19),子母口,浅盘,直壁,平底,三兽蹄形足,内底边沿饰凹弦纹三道,砚内置一砂结的圆板,板上有墨痕,口径24.4厘米、底径24.8厘米、通高5.2厘米。⑧

铁砚,据考古资料可知,湖北鄂州出土孙吴时期铁砚1件(M1:7),箕形,长13.6厘米、宽7.2—9.2厘米、厚2.4—5.6厘米、池深1厘米⑨,墓主孙邻为江南贵族。又据文献记载,张华造《博物志》成,晋武帝"赐青铁砚,此铁是于阗国所出,献而铸为砚"⑩。

木砚、竹砚、瓦砚,在汉代就已出现。西晋傅玄《砚赋》曰:"木贵其能

① 《砚谱》中作"铜砚"(第4页),疑误。《初学记》卷二一《文部·砚》《文房四谱》卷三《砚谱·一之叙事》等均作"银砚"。

② (宋)李昉等:《太平御览》卷六〇五《文部二一·砚》,中华书局影印本1960年版,第2723页。

③ (宋)米芾:《砚史·样品》,载《丛书集成初编》本,第1497册,中华书局1985年版,第7页。

④ (宋)李昉等:《太平御览》卷八三九《百穀部三·禾》引《广五行记》,中华书局影印本1960年版,第3748页。

⑤ (唐)徐坚等:《初学记》卷二一《文部·笔》,中华书局2004年版,第516页。

⑥ 详见南京市博物馆:《江苏句容春城南朝宋元嘉十六年墓》,《东南文化》2010年第3期,第40页。

⑦ 详见刘建国:《镇江东晋墓》,载文物编辑委员会编:《文物资料丛刊》8,文物出版社1983年版,第21页。

⑧ 详见南京市博物馆:《江苏南京仙鹤观东晋墓》,《文物》2001年第3期,第9页。

⑨ 详见鄂州博物馆、湖北省文物考古研究所:《湖北鄂州鄂钢饮料厂一号墓发掘报告》,《考古学报》1998年第1期,第121页。

⑩ (晋)王嘉撰,(梁)萧绮录:《拾遗记》卷九《晋时事》,齐治平校注,中华书局1988年版,第211页。

软,石美其润坚。"①可知当时确有木砚。另据考古资料可知,1997 年,江西南昌出土木砚(按:发掘简报中称为"黛砚",据其材质,当为木砚)1 件(M3:39),木胎,近正方形,上下两端为弧形,正面中间斫一长宽8 厘米的正方形池,其上亦斫有一正方形小池,底稍有弧度,长 13.5 厘米、宽 11.1 厘米、厚 0.9 厘米。② 魏晋南北朝时期,竹砚和瓦砚在西域地区仍有使用,如《文房四谱》云:"西域无纸笔,但有墨。彼人以墨磨之甚浓,以瓦合或竹节,即其砚也。"③

　　蟀砚,秦汉时未见,魏晋南北朝时亦极少见,仅据文献记载可知,南朝庾易有高尚之节,齐"永明三年(485 年),诏征太子舍人,不就。以文义自乐"。安西长史袁彖"钦其风"④,"赠庾易蟀砚"⑤。

图 17　江西广昌出土南朝辟雍瓷砚

　　魏晋南北朝时期,石砚分布广泛,可惜文献中仅有一些产地的零星记载,如南朝时期郑辑之《永嘉郡记》云:"砚溪一源,中多石砚。"刘澄之《永初山川古今记》⑥曰:"兴平石穴,深二百许丈,石青色,堪为砚。"⑦虞龢《论书表》中言及:"兼使吴兴郡作青石圆砚,质滑而停墨,殊胜南方瓦石之器。"⑧不过,据考古资料不完全统计,今北京、甘肃、辽宁、山西、河北、山东、河南、江苏、浙江、江西、湖北、湖南、四川、贵州、广西、广东等地均有出土。由于石砚材质系天然石,其分布广泛,故而上述省区市所出石砚可能多为当地制造。总的来看,这一时期,石砚逐渐减少,而陶砚、瓷砚不断增多。据考古资料不完全统计,今陕

① (宋)苏易简:《文房四谱》卷三《砚谱·二之造》,中华书局 1985 年版,第 39 页。
② 详见江西省文物考古研究所、南昌市博物馆:《南昌火车站东晋墓葬群发掘简报》,《文物》2001 年第 2 期,第 29 页。
③ (宋)苏易简:《文房四谱》卷三《砚谱·三之杂说》,中华书局 1985 年版,第 40 页。
④ (南朝梁)萧子显:《南齐书》卷五四《庾易传》,中华书局 1974 年版,第 940 页。
⑤ (宋)苏易简:《文房四谱》卷三《砚谱·一之叙事》,中华书局 1985 年版,第 37 页。
⑥ 《初学记》原作"《宋永初山川今古记》"。然《隋书》卷三三《经籍志二》作"《永初山川古今记》二十卷,齐都官尚书刘澄之撰"。见(唐)魏徵、令狐德棻:《隋书》,中华书局 1973 年版,第 984 页,笔者据《隋书》改之。
⑦ (唐)徐坚等:《初学记》卷二一《文部·砚》,中华书局 2004 年版,第 518 页。
⑧ (唐)张彦远:《法书要录》卷二《梁中书侍郎虞龢论书表》,人民美术出版社 1984 年版,第 41 页。

西、甘肃、山西、河南、山东、安徽、江苏、浙江、湖北、湖南、广东等地均出土过陶砚；今山东、安徽、江苏、浙江、江西、福建、广东、湖北、湖南、四川、贵州、广西等地均出土过瓷砚。由于当时的生产和消费大多具有区域性特点，所以陶砚、瓷砚的产地应该较为广泛。

北朝时期，始见箕形陶砚，该形制在隋唐以后非常流行。魏晋时期，瓷砚大多是三足或四足圆砚；南北朝时期，瓷砚足数逐渐增多，出现多足辟雍砚，如江西广昌出土南朝时期辟雍砚1件（图17），灰黑色瓷胎，坚硬粗糙，砚身施米黄色釉，砚心无釉，圆盘形，砚心微凸，周围为环形砚池，高5.6厘米、外径19.5厘米、砚心径15.3厘米、底径18.8厘米、池深1.3厘米，砚下有十一足座，足高2.8厘米、厚1.7厘米、间距2.3厘米，足呈虎爪形，上饰云雷纹[①]。隋唐时期，多足辟雍砚更加流行。由此可见，魏晋南北朝时期陶砚、瓷砚的形制对后世制砚业的发展具有重要影响。

与汉代相同，魏晋南北朝时期，砚除了作为文书工具，还用作化妆用具，即所谓的"黛板"。如江苏南京东晋墓出土石板3件，其中1件长方形，青灰色，长32.1厘米、宽26.6厘米、厚0.9厘米，与铁镜同出[②]，显是作为黛板使用，而此种黛板尤其在女墓中多有发现。

小　　结

笔、墨、纸、砚作为最主要的文书用具，关于它们出现的时代，文献记载中各有不同，迄今仍无定说。据考古出土实物可知，早在战国时代，就已有了毛笔，经历漫长的时代演变后，到秦时，毛笔已愈加完善。我国古人用墨最初是天然石墨，及至后来，才逐渐出现人工墨，至少在战国时期人工墨就已出现。早在蔡伦以前，西汉时期就已出现植物纤维纸，并出现有墨迹的纸文书。古人之所以多把蔡伦作为纸的发明者，主要是因为蔡伦扩大了造纸原料。砚最早是作为研磨器具使用的，经历长期演变，砚才从原来的研磨器具和调色器具脱胎出来，至少在战国时期，就已出现专门用作文书工具的砚。由此可见，笔、墨、纸、砚伴随着中华文明的发端而起源，它们的出现时间并不完全同步，普遍经历了一个漫长的演进过程。

秦汉时期，笔墨纸砚制造业开始兴起，笔墨纸砚不仅是官府所需用品，

---

①　详见广昌县博物馆：《广昌一座南朝墓出土辟雍砚及花纹砖》，《文物》1988年第7期，第94页。
②　详见南京市博物馆：《南京北郊东晋墓发掘简报》，《考古》1983年第4期，第319页。

而且也成为民间商品。虽然制笔业、制墨业、造纸业和制砚业的发展进程各不相同,但是它们在发展中彼此也互相促进,东汉时期都出现了一些显著变化,如毛笔的形制确立并得以发展;墨模的应用,无形制的墨块逐渐为有形制的墨锭所取代;造纸原料扩大,技术提高;砚逐渐从有研磨石发展到无研磨石,并且以圆形、方形为基本形制。这些变化甚至带有"革命性",极大地推动了此后笔墨纸砚制造业的继续发展。东汉时期笔墨纸砚制造业的革新,在某种程度上反映着此一时代的社会变迁。

魏晋南北朝时期,笔墨纸砚制造业持续发展,在继承前代风格的同时,其制作技术和水平显著提高。随着笔墨纸砚制造业的不断发展,其使用范围渐趋广泛,从官府文书到民间契约,从文学作品到书画艺术,从科技著作到儒释道典籍,从日常娱乐到丧葬习俗等诸多领域都有所需,笔、墨、纸、砚日益成为重要的消费品。笔、墨、纸、砚生产与消费的扩大,体现了当时社会经济的进步、科技文化的发展。不过,也应看到当时制笔业、制墨业、造纸业和制砚业的发展进程仍然具有不平衡性。

第二章 制作技术体系的成熟与完善

——唐宋时期笔墨纸砚制造业发展特点之一

隋唐时期,国家再次实现大一统,经济繁荣、文教昌明,极大地促进了官私手工业的发展,笔墨纸砚制造业更是取得显著进步。五代十国时期,笔墨纸砚制造业在此前的基础上继续得到发展。宋代,社会经济高度繁荣,科技相当进步,文化极为昌盛,官私手工业十分发达,而笔墨纸砚制造业更是取得空前发展。由唐到宋,笔墨纸砚制造业的制作技术体系不断成熟、完善。

第一节 唐宋时期制笔技术的传承与革新

秦汉时期,作为中国古代重要手工业门类之一的制笔业开始兴起。魏晋南北朝时期,制笔业持续发展。① 唐宋时期,制笔业空前繁荣②,制笔技术体系最终成熟、完善③。

制笔技术史是中国古代科技史的重要研究内容之一,而以往学界对此关注不够。本节将通过揭示唐宋时期制笔原料的变化过程,勾勒制笔技术不断成熟、完善的轨迹,并重点探讨唐宋时期制笔技术的时代特点。

一、制笔原料的因袭与革新

1. 隋唐五代时期的制笔原料

隋唐五代时期,制笔业有了很大进步,制作原料更加多样化,笔毛有兔毫、狐毫、狼毫、虎仆毛④、虎毛、鼠毛、鼠须、狸毛、麝毛、鹿毛、羊毛、马毛、羫(兽毫毛)、雉毛、鸡毛、鸭毛、鹅毛、胎发、龙筋等(表15),如《树萱录》记载:

---

① 参见陈涛:《秦汉魏晋南北朝时期制笔业考述》,《南都学坛》2012年第4期,第23—26页。
② 参见陈涛:《隋唐五代的制笔业》,《聊城大学学报》(社会科学版)2015年第3期,第60—67页;《宋代制笔业考述》,《南都学坛》2013年第4期,第26—32页。
③ 参见陈涛:《唐宋时期制笔技术的传承与革新》,《南都学坛》2019年第3期,第36—40页。
④ 虎仆者,"小兽,状似狸,善缘树,皮毛斑蔚如豹,取其尾毛缚笔最健,即九节狸也"。见(明)李日华:《六研斋二笔》卷三,载《景印文渊阁四库全书》本,第867册,台湾商务印书馆1985年版,第630页。

"番禺诸郡多以青羊毛为笔,或用山雉、丰狐之毫、鼠须、麝毛、狸毛。"①狼毫笔,即用黄鼠狼(黄鼬)毛制笔。宋人陆佃《埤雅》云:"鼬鼠,健于捕鼠,似貂,赤黄色,大尾,今俗谓之鼠狼。广雅曰鼠狼鼬是也。一名鼪。"②据《宣和画谱》记载:范阳人胡环,"工画番马,铺叙巧密,近类繁冗,而用笔清劲","凡画驼驰及马等,必以狼毫制笔疏染,取其生意,亦善体物者也"。③鹅毛笔,如白居易《渭村退居寄礼部崔侍郎翰林钱舍人诗一百韵》曰:"对秉鹅毛笔,俱含鸡舌香。"④胎发笔,如齐己《送胎发笔寄仁公》云:"内唯胎发外(一作内)秋毫,绿玉新栽管束牢。老病手疼无那尔,却资年少写风骚。"⑤另外,还有综合多种原料的所谓"五色笔",如"昔溪源有鸭毛笔,以山鸡毛雀雉毛间之,五色可爱"⑥。唐代文人十分珍爱五色笔,杜甫诗云:"雕章五色笔,紫殿九华灯。"⑦窦紃《五色笔赋》曰:"物有粲奇,文抽藻思。含五彩而可宝,焕六书而增媚。"⑧段成式曾寄余知古秀才五色笔,余知古作状答谢:"伏蒙郎中殊恩,赐及前件笔","捧戴明恩,伏增感激"。⑨然而,在诸多原料中仍以兔毫为主,兔毫又以中山所出最为著名。据《元和郡县图志》记载:"溧水县,本汉溧阳县地,隋开皇十一年宇文述割溧阳之西、丹阳之东置。中山,在县东南一十五里。出兔毫,为笔精妙。"⑩而大诗人李白亦有"笔锋杀尽中山兔"⑪之诗句。

① 佚名:《锦绣万花谷》前集卷三二《笔》,载《景印文渊阁四库全书》本,第924册,台湾商务印书馆1985年版,第410页。
② (宋)陆佃:《埤雅》卷一一《释虫·鼠》,载《景印文渊阁四库全书》本,第222册,台湾商务印书馆1983年版,第155页。
③ 俞剑华注释:《宣和画谱》卷八《胡环》,江苏美术出版社2007年版,第197页。
④ (唐)白居易:《白居易集》卷一五,顾学颉校点,中华书局1999年版,第297页。或见《白居易集笺校》卷一五,朱金城笺校,上海古籍出版社1988年版,第875页。又见谢思炜:《白居易诗集校注》卷一五,中华书局2006年版,第1150页。
⑤ (清)彭定求等编:《全唐诗》卷八四六,中华书局1979年版,第9580—9581页。
⑥ (唐)段公路纂,(唐)崔龟图注:《北户录》卷二《鸡毛笔》,中华书局1985年版,第21页。
⑦ (唐)杜甫,(清)仇兆鳌注:《杜诗详注》卷一九《寄刘峡州伯华使君四十韵》,中华书局1999年版,第1718页。
⑧ (宋)李昉等编:《文苑英华》卷一〇六《赋一〇六·器用五》,中华书局影印本1982年版,第484页。
⑨ (宋)苏易简:《文房四谱》卷二《笔谱下·五之辞赋》,中华书局1985年版,第32—33页。
⑩ (唐)李吉甫撰:《元和郡县图志》卷二八《江南道四·宣州》,贺次君点校,中华书局1983年版,第684—685页。
⑪ 《李白集校注》卷八《草书歌行》,瞿蜕园、朱金城校注,上海古籍出版社1980年版,第587页。

表 15　隋唐五代时期制笔原料统计表

原料名称	原料产地	资料来源	备注
兔毫	宣州 河间、景城、清河、博平	《元和郡县图志》卷二八《江南道四·宣州》 《北户录》卷二 《新唐书》卷五七《艺文志一》	《新唐书·艺文志一》云：太府岁给集贤书院"河间、景城、清河、博平四郡兔千五百皮为笔材"。
狐毫	番禺	《锦绣万花谷》前集卷三二《笔》引《树萱录》	
狼毫		《宣和画谱》卷八《胡环》	
虎仆毛		《文苑英华》卷九九《幽居赋并序》	陆龟蒙赋云："书抽（一作袖）虎仆。"
虎毛		《云仙散录》引《纂异记》	
鼠毛	蜀地	《文房四谱》卷一《笔谱上》	
鼠须	番禺 均州	《锦绣万花谷》前集卷三二《笔》引《树萱录》 《北户录》卷二	《北户录》注云："均州出。"
狸毛	番禺	《锦绣万花谷》前集卷三二《笔》引《树萱录》 《岭表录异》卷上	
麝毛	番禺	《锦绣万花谷》前集卷三二《笔》引《树萱录》	
鹿毛	番禺 蕲州	《岭表录异》卷上 《新唐书》卷四一《地理志五》	《新唐书·地理志五》记载：蕲州土贡鹿毛笔。
羊毛	番禺 陇右 邛州	《锦绣万花谷》前集卷三二《笔》引《树萱录》 《北户录》卷二	《北户录》云："番禺诸郡如陇右，多以青羊毫为笔。" 《北户录》注云："邛州取腋下族毛。"
马毛	嘉州	《北户录》卷二	
𪖖		《一切经音义》卷一八	《一切经音义》云："𪖖，考声云兽毫毛也，可以制笔。"
雉毛	番禺	《锦绣万花谷》前集卷三二《笔》引《树萱录》	
鸡毛	昭、富、春、勤等州 韶州	《岭表录异》卷上 《北户录》卷二	《北户录》云："韶州择鸡毛为笔。"
鸭毛	昔溪	《北户录》卷二	

续表

原料名称	原料产地	资料来源	备注
鹅毛		《白居易集》卷一五《渭村退居寄礼部崔侍郎翰林钱舍人诗一百韵》	
胎发		齐己《送胎发笔寄仁公》,《全唐诗》卷八四六	
龙筋		《北户录》卷二	

　　这一时期,笔管有竹、木、松枝、葫芦、象牙、犀角、玉石等材质。不过,仍以竹管最为普遍,尤其是斑竹管很受青睐,如李德裕曾"寓居郊外精舍,有湘中守赠以斑竹笔管,奇彩烂然",李作赋云:"惟兹物之日用,与造化之齐均。方资此以终老,永躬耕于典坟。"①后梁开平二年(908 年),梁太祖"赐宰相张文蔚、杨涉、薛贻宝相枝各二十","宝相枝,斑竹笔管也,花点匀密,纹如兔毫"。② 南方盛产竹类,越州等地的竹管十分有名,如薛涛《十离诗·笔离手》曰:"越管宣毫始称情,红笺纸上撒(一作散)花琼。"③木笔管,如李靖五代孙彦芳,"大和中,为凤翔司录参军","其旧物有佩笔,以木为管铋,刻金其上,别为环以限其间,笔尚可用"。④ 松枝笔管,如《汗漫录》曰:"司空图隐于中条山,芟松枝为笔管。"⑤葫芦笔管,如段成式自"桐乡往还,见遗葫芦笔管"⑥,分一枚寄赠温庭筠,温作状答谢"伏蒙雅赐葫芦笔管一茎","然则产于何地? 得自谁人? 而能絜以裁筠,轻同举羽","足使玳瑁惭华,琉璃掩耀"。⑦ 象牙笔管,如《景龙文馆集》云:唐中宗"令诸学士入甘露殿,其北壁列书架,架前有银砚一,碧镂牙管十,银函盛纸数十种"⑧。犀角笔

① 傅璇琮、周建国校笺:《李德裕文集校笺》别集卷二《斑竹管赋并序》,河北教育出版社 1999
　　年版,第 428 页。
② (宋)陶穀:《清异录》卷下《文用门·宝相枝》,载朱易安、傅璇琮等主编:《全宋笔记》第一
　　编(二),大象出版社 2003 年版,第 90 页。
③ (清)彭定求等编:《全唐诗》卷八〇三,中华书局 1979 年版,第 9043—9044 页。
④ (宋)欧阳修、宋祁:《新唐书》卷九三《李彦芳传》,中华书局 1975 年版,第 3816 页。
⑤ (后唐)冯贽撰:《云仙散录·幽人笔》引《汗漫录》,张力伟点校,中华书局 2008 年版,第
　　17 页。
⑥ (唐)段成式:《温飞卿葫芦管笔往复书》,载(清)董诰等编:《全唐文》卷七八七,中华书局
　　影印本 1983 年版,第 8232 页。
⑦ 刘学锴:《温庭筠全集校注》卷一一《答段柯古赠葫芦管笔状》,中华书局 2007 年版,第
　　1047—1048 页。
⑧ (宋)吴淑:《事类赋》卷一五《什物部·笔》,载《景印文渊阁四库全书》本,第 892 册,台湾
　　商务印书馆 1985 年版,第 936 页。

管,如《朝野佥载》曰:欧阳通,"询之子,善书,瘦怯于父。常自矜能书,必以象牙、犀角为笔管,狸毛为心,覆以秋兔毫"①。玉笔管,如《博异志》记载:许汉阳名商,"本汝南人也","贞元中舟行于洪饶间",在一湖中遇龙女,"观其笔,乃白玉为管"②;又如《研北杂志》云:"袁伯长有李后主所用玉笔,管上有镂字文,镂甚精。"③至于象牙、犀角、玉石等笔管,仍为奢侈品,非一般文人常用。

2. 宋代的制笔原料

宋代,制笔业有了极大进步,制作原料丰富,笔毛既有动物毫毛,也有植物纤维丝,据不完全统计(表16),有兔毫、羊毛、鹿毛、狸毛、鼠须、栗尾、鸡毛、雁翎、猩猩毛、獭毛、狨毫、植物纤维丝(竹丝、麻丝等)等多种,如方岳《诸公赋翠毛笔因次韵为羊毛笔叹》诗云:"犉参草卧残阳浦,拔毛竟作文中虎。金华化石久已陈,玉署摘辞疾于羽。醉猩耆酒少遒劲,狡兔饱霜工媚妩。磔残鼠须肯收录,剥落鸡毛谁比数。"④其中就提到兔毫、羊毛、猩猩毛、鼠须、鸡毛等制笔原料。

表 16　宋代制笔原料统计表

原料名称	原料产地	资料来源	备注
兔毫	宣州 德州	《萍洲可谈》卷二 《负暄野录》卷下 《宋会要辑稿》食货五六之一〇	
羊毛	江南 蜀地 江浙 桂州静江府	《文房四谱》卷一《笔谱上·二之造》 《鸡肋编》卷上 《岭外代答校注》卷六《器用门·笔》	《文房四谱》云:"今江南民间使者,则皆以山羊毛焉。蜀中亦有用羊毛笔者,往往亦不下兔毫也。"《岭外代答》曰:"静江府羊毫笔则绝佳,盖驰声于深广也。"
鹿毛	江浙	《鸡肋编》卷上	
狸毛	临安府	《负暄野录》卷下	

① (唐)张鷟撰:《朝野佥载》卷三,赵守俨点校,中华书局1979年版,第67页。
② (唐)谷神子:《博异志·许汉阳》,中华书局1980年版,第4—5页。
③ (元)陆友:《研北杂志》卷上,载《景印文渊阁四库全书》本,第866册,台湾商务印书馆1985年版,第579页。
④ 北京大学古文学研究所编:《全宋诗》卷三二二二,第61册,北京大学出版社1998年版,第38465页。

续表

原料名称	原料产地	资料来源	备注
鼠须	江南 宣城 临安府	《梅尧臣集编年校注》卷二二《依韵和石昌言学士求鼠须笔之什鼠须鼠尾者前遗君谟今以松管代赠》 《墨庄漫录》卷五《何去非和翟公巽诗》 《负暄野录》卷下	《墨庄漫录》引何去非诗云："坐令宣城工，无复夸栗须。"注云："宣城出栗鼠须笔。"
栗尾	江南	《梅尧臣集编年校注》卷二二《依韵和石昌言学士求鼠须笔之什鼠须鼠尾者前遗君谟今以松管代赠》 《埤雅》卷一一《鼠》 《黄庭坚全集》别集卷一一《笔说》	
鸡毛	广南 湖南二广 岭外 广西 闽广	《萍洲可谈》卷二 《鸡肋编》卷上 《桂海虞衡志·志器》 《岭外代答校注》卷六《器用门·笔》 《负暄野录》卷下	
雁翎	闽广	《负暄野录》卷下	
猩猩毛		《毗陵集》卷一五《友人惠猩猩毛笔一枝秃甚作诗戏之》	宋人张守撰《毗陵集》
獭毛	嘉阳	《黄庭坚全集》外集卷二三《示王孝子孙寒山诗后》	嘉州（嘉定府）
狨毫		《黄庭坚全集》别集卷一一《笔说》	
竹丝	吴地 庐陵	《负暄野录》卷下 《玉楮集》卷八《试庐陵贺发竹丝笔》	

　　此间，制笔原料仍以兔毫为主，如唐仲友《笔记》曰："造笔当以兔毫为正。"[1]而朱彧《萍洲可谈》云："造笔用兔毫最佳，好事者用栗鼠须或猩猩毛以为奇，然不若兔毫便于书也。"[2]除了宣州（南宋乾道二年（1166年）升为

---

① （宋）唐仲友：《悦斋文钞》卷九，载《续修四库全书》本，第1318册，上海古籍出版社2002年版，第253页。

② （宋）朱彧撰：《萍洲可谈》卷二，李伟国点校，中华书局2007年版，第146页。

宁国府）兔毫之外,德州兔毫亦很有名,被列为土贡之物。①

羊毛笔,使用甚广,在江南、蜀中、桂州（静江府）等地皆有制作,宋代诗文中对此记载颇多,如黄庭坚《试张耕老羊毛笔》云:"老羝拔颖,霜竹斩干。双钩虚指,八法回腕。张子束笔,无心为朴。鸡着金距,鹿戴千角。"②又如刘克庄《羊毫笔一首》诗云:"拔到髯生族,多因兔颖稀。只宜茅舍用,难向玉堂挥。弄翰虚名似,吹毛本质非。儿曹贪价贱,鸦蚓扫如飞。"③

鹿毛笔,如庄绰《鸡肋编》记载:"江浙无兔,系笔多用羊毛,惟明、信州为佳,毛柔和而不挛曲;亦用鹿毛,但脆易秃。"④

狸毛笔,如陈槱《负暄野录》云:古人制笔或用狸毛,"今都下亦有制此笔者"⑤。

鼠须笔、栗尾笔,出自江南等地,梅尧臣《依韵和石昌言学士求鼠须笔之什鼠须鼠尾者前遗君谟今以松管代赠》诗云:"江南飞鼠拔长尾,劲健颇胜中山毫,其间又有苍鼠须,入用不数南鸡毛。"⑥栗尾,"江南人所谓蛞蝓鼠者"⑦,即栗鼠,"苍黑而小,取其毫于尾,可以制笔,世所谓鼠须栗尾者也,其锋乃健于兔"⑧。宋代文人对鼠须笔、栗尾笔颇为珍视,蔡襄为欧阳修作《集古目录序》,"其字尤精劲,为世所珍",欧"以鼠须栗尾笔、铜绿笔格、大小龙茶、惠山泉等物为润笔"⑨。宋代诗文中对鼠须笔亦多有言及,如李纲《鼠须笔》诗二首曰:"鼠能为虎亦何功,用舍之间系所逢。谁谓有皮为有礼,颎须犹得管城封。""中山毛颖久中书,鼠辈胡为亦可俱。寝庙穴居真得计,畏人端恐擢其须。"⑩

---

①　参见(清)徐松辑:《宋会要辑稿》食货五六之一〇,中华书局1957年版,第5777页。

②　(宋)黄庭坚:《黄庭坚全集》外集卷二四,刘琳等校点,四川大学出版社2001年版,第1431页。

③　(宋)刘克庄:《后村集》卷四,载《景印文渊阁四库全书》本,第1180册,台湾商务印书馆1985年版,第42页。

④　(宋)庄绰撰:《鸡肋编》卷上,萧鲁阳点校,中华书局1997年版,第24页。

⑤　(宋)陈槱:《负暄野录》卷下《论笔料》,载《丛书集成初编》本,第1552册,中华书局1985年版,第12—13页。

⑥　(宋)梅尧臣:《梅尧臣集编年校注》卷二二,朱东润编年校注,上海古籍出版社1980年版,第622—623页。

⑦　(宋)黄庭坚:《黄庭坚全集》别集卷一一《笔说》,刘琳等校点,四川大学出版社2001年版,第1689页。

⑧　(宋)陆佃:《埤雅》卷一一《释虫·鼠》,载《景印文渊阁四库全书》本,第222册,台湾商务印书馆1983年版,第155—156页。

⑨　(宋)欧阳修撰:《归田录》卷二,李伟国点校,中华书局1997年版,第27页。

⑩　北京大学古文学研究所编:《全宋诗》卷一五六一,第27册,北京大学出版社1996年版,第17725页。

鸡毛笔、雁翎笔，如陈槱《负暄野录》云："闽广间有用鸡羽、雁翎等为笔。"①据庄绰《鸡肋编》记载："湖南二广又用鸡毛，尤为软弱。"②又据范成大《桂海虞衡志》云："岭外亦有兔，然极少。俗不能为兔毫笔，率用鸡毛。"③叶寘《爱日斋丛抄》曰："黄鲁直崇宁二年（1103年）④十一月谪宜州为资源书卷，用三钱买鸡毛笔书两帖，风流特相宜。"⑤

猩猩毛笔，如张守《友人惠猩猩毛笔一枝秃甚作诗戏之》诗云："猩毛意重鹅毛赠，老不中书一怅然。宜付削毫贫郑灼，政堪握笔晋僧虔。判冥即合防抛失，瘗塚宁甘便弃捐。瓦研蓬窗吾臭味，秃翁相对且忘年。"⑥另外，也有从朝鲜半岛输入的猩猩毛笔，如黄庭坚作有《戏咏猩猩毛笔二首》诗，跋云："钱穆父奉使高丽，得猩猩毛笔，甚珍之。惠予，要作诗。"⑦

獭毛笔，如黄庭坚《示王孝子孙寒山诗后》云："戎州城南僦舍中，试嘉阳严永獭毛笔。"⑧

狨毫笔，较为少见。狨，"盖猿狖之属。轻捷，善缘木，大小类猿，长尾，尾作金色，今俗谓之金线狨者是也，生川峡深山中"⑨。黄庭坚《笔说》记载：黔州道人吕大渊见黄庭坚家"有割余狨皮，以手撼之，其毫能触人手，则以作丁香笔"，黄"试作大小字，周旋可人，亦是古今作笔者所未知也"。⑩

除了动物毫毛可以制笔外，宋代还用植物纤维丝制笔，有竹丝笔、麻丝笔等。竹丝笔，如南宋淳熙十三年（1186年）三月十九日，杨万里请宋孝宗赐御书斋名，宋孝宗"欣然索一大研，命磨潘衡墨，染屠觉竹丝笔，乘兴一挥

---

① （宋）陈槱：《负暄野录》卷下《论笔料》，中华书局1985年版，第13页。

② （宋）庄绰撰：《鸡肋编》卷上，萧鲁阳点校，中华书局1997年版，第24页。

③ （宋）范成大撰：《桂海虞衡志·志器》，孔凡礼点校，载《范成大笔记六种》，中华书局2004年版，第101页。

④ 据《山谷年谱》应为"崇宁三年（1104年）"。

⑤ （宋）叶寘撰：《爱日斋丛抄》卷五，孔凡礼点校，中华书局2010年版，第106页。

⑥ 北京大学古文学研究所编：《全宋诗》卷一六〇四，第28册，北京大学出版社1998年版，第18026页。

⑦ （宋）黄庭坚撰，（宋）任渊、史容、史季温注：《山谷诗集注》卷三，刘尚荣校点，载《黄庭坚诗集注》，中华书局2003年版，第150页。或见（宋）黄庭坚著，（宋）任渊、史容、史季温注：《山谷诗集注》卷三，黄宝华点校，上海古籍出版社2003年版，第89页。

⑧ （宋）黄庭坚：《黄庭坚全集》外集卷二三，刘琳等校点，四川大学出版社2001年版，第1406页。

⑨ （宋）陆佃：《埤雅》卷四《释兽·狨》，载《景印文渊阁四库全书》本，第222册，台湾商务印书馆1983年版，第92页。

⑩ （宋）黄庭坚：《黄庭坚全集》别集卷一一，刘琳等校点，四川大学出版社2001年版，第1689页。

'诚斋'二大字"①；又如岳珂《试庐陵贺发竹丝笔》诗云："此君素以直节名，延风揖月标韵清。何人心匠出天巧，缕析毫分匀且轻。居然束缚复其始，即墨纤朱封管城。世门官爵岂必计，且幸一家同汗青。"②又据陈槱《负暄野录》记载："吴俗近日却有用竹丝者，往往以法揉制，使就挥染，或谓是苕枝，而冒称曰竹丝。"③

此外，宋代也有木笔，如李龏《木笔》诗云："巧如鸡距锐如簪，蘸紫濡红粉不深。青帝合教随侍史，万花国里写春心。"④另据考古资料可知，湖南衡阳出土北宋后期的木笔3支，皆以桃枝作杆，杆上树皮尚存，笔尖经砍削加工，通长20厘米、直径0.8—1.2厘米、笔尖长2.5厘米。⑤

据文献记载和考古资料可知（表17），这一时期，笔管有竹、木、松、芦苇、银、玉、象牙等材质。然而，仍以竹管最为普遍，上至帝王，下至文人都有使用，如宋仁宗嘉祐七年（1062年）十二月二十三日，"召近臣天章阁下观书、阅瑞物"，赐近臣物品，其中就有"太宗时斑竹管笔"⑥。文人梅尧臣作诗歌咏斑竹管笔，诗云："翠管江潭竹，斑斑红泪滋，束毫何劲直，在囊许操持。欲写湘灵怨，堪传虞舜辞，蔚然君子器，安用俗人知。"⑦另据考古资料可知，江苏、安徽、福建等地均出土过竹管笔。木管中有用沉香所制笔管，如梅尧臣《汤珙秘校遗沉水管笔一枝》诗云："沉香细干天通中，束毫为呼诸葛翁，久从海上厌持握，乞与阮籍书途穷。物珍岂宜贱子有，更后应合归王公，虚堂净几尘不到，砚傍置架珊瑚红。乃知用遇自有处，君今莫叹居蒿蓬。"⑧松管笔较为多见，著名的有九华山松管笔，如梅尧臣《九华隐士居陈生寄松管笔》诗云："春松抽瘦梗，削束费长毫，鸡距初含润，龙鳞不自韬。尝为大

① （宋）杨万里撰：《杨万里集笺校》卷九八《杂著·跋御书诚斋二大字》，辛更儒笺校，中华书局2007年版，第3751—3752页。

② （宋）岳珂：《玉楮集》卷八，载《景印文渊阁四库全书》本，第1181册，台湾商务印书馆1985年版，第497页。

③ （宋）陈槱：《负暄野录》卷下《论笔料》，中华书局1985年版，第13页。

④ 北京大学古文学研究所编：《全宋诗》卷三一三〇，第59册，北京大学出版社1999年版，第37412页。

⑤ 详见陈国安、冯玉辉：《衡阳县何家皂北宋墓》，《文物》1984年第12期，第74页。

⑥ （宋）范镇撰：《东斋记事》卷一，汝沛点校，中华书局1997年版，第8页。

⑦ （宋）梅尧臣：《梅尧臣集编年校注》卷七《斑竹管笔》，朱东润编年校注，上海古籍出版社1980年版，第107页。

⑧ （宋）梅尧臣：《梅尧臣集编年校注》卷二五，朱东润编年校注，上海古籍出版社1980年版，第812页。

夫后,欲写伯夷高,一获山家赠,令吾愧汝曹。"①又如孔武仲《赋得九华松管笔》诗云:"松枝为管京邑无,山翁持赠最勤渠。千年自饱幽涧雪,一日忽快南窗书。但知来处已潇洒,况复毫端精有余。茅斋举眼有真率,象齿琅玕浑不如。"②芦苇管笔,因芦苇轻便,被用来制作笔管,方岳《郑总幹致芦管笔》一诗描绘了芦苇管笔:"中书采邑初管城,笛材饱霜摇绿云。春烟落纸黑蛟瘦,不可一日无此君。九华真人出奇计,笑指秋江雪无际。并刀失手刘寄奴,爨余得与诗为地。双钩入握如虚空,飘飘轻捷翻群鸿。翰林夜召陶学士,草制进封卢国公。"③另据考古资料可知,江苏金坛周瑀墓出土南宋时期毛笔 1 支,笔杆长 12 厘米、笔头长 2.8 厘米、笔套长 6 厘米,杆、套均系芦苇管制成。④ 银管笔,如王庭珪《次韵裴主簿述怀》诗中有"著书尚有银管笔"⑤之句,陈与义《留别葛汝州》诗云:"为公剩买银管笔,容我时亲玉柄尘。"⑥玉管笔,如《钱氏私志》记载:宋神宗曾用"珊瑚笔格、玉管笔"⑦等物,又如《建炎以来系年要录》云:建炎三年(1129 年)七月乙巳,"吴国长公主入朝,以易元吉画、玉管笔、小玉山为献,上谕以朕平生无玩好,长主厚费致之,殊可惜,复还之"⑧。象牙管笔,据《宋史》记载:钱俶曾"以旧所书绢图上之,诏书褒美"⑨,并赐红绿象牙管笔等物。又《钱氏私志》曰:宋徽宗"闻米元章有字学,一日于瑶林殿张绢图,方广二丈许,设玛瑙砚、李廷珪墨、牙管笔、金砚匣、玉镇纸、水滴,召米书之"⑩。玉管笔、象牙管笔皆为奢侈品,非一般文人常用。

① (宋)梅尧臣:《梅尧臣集编年校注》卷一九,朱东润编年校注,上海古籍出版社 1980 年版,第 524 页。

② 北京大学古文学研究所编:《全宋诗》卷八八一,第 15 册,北京大学出版社 1993 年版,第 10273 页。

③ 北京大学古文学研究所编:《全宋诗》卷三二二〇,第 61 册,北京大学出版社 1998 年版,第 38456 页。

④ 详见《金坛南宋周瑀墓》,《考古学报》1977 年第 1 期,第 107 页。

⑤ 北京大学古文学研究所编:《全宋诗》卷一六四三,第 25 册,北京大学出版社 1995 年版,第 16790 页。

⑥ (宋)陈与义撰:《陈与义集》外集,吴书荫、金德厚点校,中华书局 1982 年版,第 530 页。

⑦ (宋)钱世超:《钱氏私志》,载朱易安、傅璇琮等主编:《全宋笔记》第二编(七),大象出版社 2006 年版,第 67 页。

⑧ (宋)李心传:《建炎以来系年要录》卷二五,中华书局 1956 年版,第 516 页。

⑨ (元)脱脱等:《宋史》卷四八〇《世家三·吴越钱氏》,中华书局 1977 年版,第 530 页。

⑩ (宋)钱世超:《钱氏私志》,载朱易安、傅璇琮等主编:《全宋笔记》第二编(七),大象出版社 2006 年版,第 69 页。

表 17　宋代笔出土情况统计表

年代	出土地点	出土实物	形制	资料来源	备注
北宋后期	湖南衡阳	木笔 3 支	以桃枝作杆,杆上树皮尚存,笔尖经砍削加工,通长 20 厘米、直径 0.8—1.2 厘米、笔尖长 2.5 厘米	《文物》1984.12	
北宋后期	安徽合肥	毛笔 5 支	出土时置于文具盒内,笔杆和笔套均为竹制,多已弯曲,笔毛无存,仅残留笔芯,为植物纤维麻丝制成,通长 19.5—21 厘米、笔杆直径 0.8—1 厘米、笔套长 8.2—9 厘米、直径 1.8—1.9 厘米	《文物》1991.3	政和戊戌年(1118 年)
北宋末年	江苏泰州	毛笔 2 件	杆、套系芦苇制成,出土时饱吸水分,呈深褐色,手感柔软,已弯曲变形,一支有套,其笔长 17 厘米、径 1.1 厘米、套长 10.2 厘米、径 1.7 厘米;一支无套,长 16.5 厘米、径 1 厘米	《东南文化》2006.5	
宋代	江苏武进	毛笔 1 件	出于 1 号墓,竹管,丝质笔头,插入笔管的一端用丝扁带包紧,笔头露丝束,这种丝束笔头,可以更换,通长 26.5 厘米、笔管径粗 1.3 厘米、笔套径粗 1.7 厘米	《考古》1986.3	1 号墓上限不会早于北宋徽宗宣和元年(1119 年);4 号墓在南宋 1260 年以后
南宋时期	江苏金坛	毛笔 1 支	杆、套系芦苇管做成,笔杆长 12 厘米、笔头长 2.8 厘米、笔套长 6 厘米	《考古学报》1977.1	墓主周瑀卒于景定二年(1261 年)
南宋时期	福建福州	毛笔 1 件(M1:16)	笔杆竹制,笔毛无存,笔套银制,喇叭形状	《文物》1995.10	墓主许峻卒于咸淳八年(1272 年)

3. 不同历史时期制笔原料的比较

通过比较不同历史时期的制笔原料(表18),我们可以发现,其中既有因袭,也有革新。

表18　不同历史时期制笔原料对比表

时代	笔头	笔管
秦汉	兔毫、狼毫、鼠须等	竹、木、象牙等
魏晋南北朝	兔毫、鹿毛、羊毛、羊须、鼠毛、鼠须、虎仆毛、鸡雉毛、胎发、人须等	竹、木、金、银、琉璃、麟角、象牙等
隋唐五代	兔毫、狐毫、狼毫、虎仆毛、虎毛、鼠毛、鼠须、狸毛、麝毛、鹿毛、羊毛、马毛、雉毛、鸡毛、鸭毛、鹅毛、胎发、龙筋等	竹、木、松枝、葫芦、象牙、犀角、玉石等
宋代	兔毫、羊毛、鹿毛、狸毛、鼠须、栗尾、鸡毛、雁翎、猩猩毛、獭毛、狨毫、植物纤维丝(竹丝、麻丝等)等	竹、木、松枝、芦苇、银、玉、象牙等

　　总体而言,自秦汉至宋代,制笔原料包括笔头和笔管都不断丰富和多元化,常见原料与珍贵原料并存,满足不同社会阶层的消费需求。不同历史时期,自始至终,笔头均以兔毫为主要原料,笔管皆是竹管最为普遍。唐宋时期,笔头制作原料更加丰富和多样化,而宋代与唐代相比,又出现以下新的特点。

　　其一,宋代虽仍以兔毫笔为主,但是羊毛笔的使用范围扩展,且颇为盛行。唐代,陇右、邛州、番禺等地都出羊毛笔,《北户录》云:"番禺诸郡如陇右,多以青羊毫为笔。"[①]宋代,不仅蜀中和岭南等地有羊毛笔,而且江南地区也用羊毛笔,如《文房四谱》记载,北宋时期,"江南民间使者,则皆以山羊毛焉。蜀中亦有用羊毛笔者,往往亦不下兔毫也"[②]。

　　其二,宋代鼠须笔较流行,深得文人士大夫青睐。据文献记载,东汉时期,传言"钟繇、张芝皆用鼠须笔"[③];魏晋南北朝时期,世传"王羲之得用笔法于白云先生,先生遗之鼠须笔"[④]。唐代,番禺、均州等地用鼠须笔,如《树萱录》记载,番禺诸郡或用鼠须为笔。[⑤] 北宋时期,江南等地有鼠须笔,其中宣州诸葛高所制鼠须笔最有名,蔡襄曰:"诸葛高造鼠须散卓及长心

① (唐)段公路纂,(唐)崔龟图注:《北户录》卷二《鸡毛笔》,中华书局1985年版,第21页。

② (宋)苏易简:《文房四谱》卷一《笔谱上・二之造》引《笔经》,中华书局1985年版,第9页。

③ (宋)苏易简:《文房四谱》卷一《笔谱上・二之造》引《笔经》,中华书局1985年版,第3页。

④ (宋)苏易简:《文房四谱》卷一《笔谱上・一之叙事》引《笔经》,中华书局1985年版,第3页。

⑤ 佚名:《锦绣万花谷》前集卷三二《笔》,载《景印文渊阁四库全书》本,第924册,台湾商务印书馆1985年版,第410页。

笔,绝佳。"①

其三,宋代二毫笔流行。二毫笔,即合两种毫毛制笔,唐代时就已出现,如"欧阳通以狸毛为笔,以兔毫覆之"。宋代,二毫笔颇兴,其中"以羊合兔,盛于今时。盖不但刚柔得中,差宜作字,而且价廉工省,故人所竞趋"②。

其四,宋代笔毛中出现猩猩毛、獭毛、狨毫、植物纤维丝等,尤其是北宋时期植物纤维丝笔的出现,这是制笔史上的重要革新,极大地开拓了原料来源。考古发掘中出土过植物纤维丝笔,如安徽合肥马绍庭夫妻合葬墓出土北宋时期毛笔5支,笔杆和笔套均为竹制,多已弯曲,笔毛无存,仅残留笔芯,系植物纤维麻丝制成,通长19.5—21厘米、笔杆直径0.8—1厘米、笔套长8.2—9厘米、直径1.8—1.9厘米;③又如江苏武进出土宋代植物纤维丝笔1支,竹管,丝质笔头,插入笔管的一端用丝扁带包紧,笔头露丝束,通长26.5厘米、笔管径粗1.3厘米、笔套径粗1.7厘米。④

其五,唐宋时期,所用笔管种类亦大体相同,尤以竹管笔最为普遍。不过,与唐代相比,宋代松管笔非常流行,而且宋代出现更为轻便的芦苇管笔,如宣州人"善治竹管,莹洁可爱,亦有以苇为管者,贵其轻"⑤。

二、制笔技术的传承与创新

1. 隋唐五代时期的制笔技术

隋唐五代时期,制笔技术在继承前代的基础上,又有重大突破,主要体现在如下两个方面。

其一,不仅重视笔头的选料、加工,而且关注笔管的大小、制作。

《柳公权谢惠笔帖》中对此曾有精辟论断:"虽毫管甚佳,而出锋太短。伤于劲硬,所要优柔。出锋须长,择毫须细。管不在大,副切须齐。副齐则波碟有冯,管小则运动省力,毛细则点画无失,锋长则洪润自由。"⑥

正因如此,当时笔头的制作日益精细,如敦煌S.5073号文书背面"若人

① (宋)蔡襄撰:《蔡襄全集》卷三一《文房杂评》(一作文房四说),陈庆元等校注,福建人民出版社1999年版,第699页。
② (宋)陈槱:《负暄野录》卷下《二毫笔》,中华书局1985年版,第13页。
③ 详见合肥市文物管理处:《合肥北宋马绍庭夫妻合葬墓》,《文物》1991年第3期,第35页。
④ 详见陈晶、陈丽华:《江苏武进村前南宋墓清理纪要》,《考古》1986年第3期,第258页。
⑤ (宋)朱彧撰:《萍洲可谈》卷二,李伟国点校,中华书局2007年版,第146页。
⑥ (宋)吴曾:《能改斋漫录》卷一四《类对·柳公权谢惠笔帖》,上海古籍出版社1979年版,第433页。

造笔先看头七言句"云"若人造笔先看头,腰粗尾细似箭镞"①;笔管的加工更加精美,如

> 唐德州刺史王倚家有笔一管,稍粗于常用笔,管两头各出半寸已来,中间刻《从军行》一铺,人马毛发,亭台远水,无不精绝。每一事刻《从军行》诗两句。若"庭前琪树已堪攀,塞外征人殊未还"是也。似非人功。其画迹若粉描,向明方可辨之,云用鼠牙雕刻,故崔铤郎中文集有《王氏笔管记》,体类韩愈《记画》。②

根据长期的实践经验,时人已总结出最佳的制笔时间,即八月"造笔"③,如段成式《温飞卿葫芦管笔往复书》中有言:"八月断来,固是佳者。"④

其二,在同样注重笔头、笔管的制作之外,制笔技术不断创新,发明了鸡距笔、二毫笔、散卓笔、健笔、纤锋细管笔等。

鸡距笔,笔管圆直,笔锋犀利,因形如鸡之足矩,故名鸡距笔。白居易作《鸡距笔赋》云:

> 足之健兮有鸡足,毛之劲兮有兔毛。就足之中,奋发者利距;在毛之内,秀出者长毫。合为手笔,正得其要;象彼足距,曲尽其妙。圆而直,始造意于蒙恬;利而铦,终骋能于逸少。斯则创因智士,传在良工;拔毫为锋,截竹为筒。视其端,若武安君之头锐;窥其管,如玄元氏之心空。岂不以中山之明视,劲而迅;汝阴之翰音,勇而雄⑤。一毛不成,采众毫于三穴之内;四者可弃,取锐武于五德之中。双美是合,两揆而同。故不得兔毫,无以成起草之用;不名鸡距,无以表入木之功。及夫亲手

---

① 中国社会科学院历史研究所等编:《英藏敦煌文献》第7卷,四川人民出版社1992年版,第23页。

② (宋)郭若虚:《图画见闻志》卷五《故事拾遗·卢氏宅》,俞剑华注释,江苏美术出版社2007年版,第213—214页。

③ (唐)韩鄂:《四时纂要校释》卷四《八月·杂事》,缪启愉校释,农业出版社1981年版,第205页。

④ (清)董诰等编:《全唐文》卷七八七,中华书局影印本1983年版,第8233页。

⑤ 按:《白居易集》与《白居易集笺校》中标点皆作:"岂不以中山之明,视劲而迅;汝阴之翰,音勇而雄。"误矣。韩愈《毛颖传》中称毛颖祖先为"明视(一作明眎)";《礼记·曲礼下》云:"凡祭宗庙之礼,牛曰一元大武……羊曰柔毛,鸡曰翰音。"(清)孙希旦:《礼记集解》卷六,沈啸寰、王星贤点校,中华书局1989年版,第154页,后因以"翰音"代称鸡。笔者据此重新标点。

泽,随指顾;秉以律,动以度。染松烟之墨,洒鹅毛之素。莫不画为屈
铁,点成垂露。若用之交战,则催敌而先鸣;若用之草圣,则擅场而独
步。察所以,稽其故:虽云任物以用长,亦在假名而善喻。向使但随物
弃,不与人遇:则距畜缩于晨鸡,毫摧残于寒兔。又安得取名于彼,移用
在兹?映赤筦,状绀趾乍举;对红笺,疑锦臆初披。辍翰停毫,既象乎翘
足就栖之夕;挥芒拂锐,又似乎奋拳引斗之时。苟名实之相副者,信动
静而似之。其用不困,其美无俦。因草为号者质陋,折蒲而书者体柔。
彼皆琐细,此实殊尤。是以搦之而变成金距,书之而化作银钩。夫然则
董狐操,可以勃为良史;宣尼握,可以删定《春秋》。其不象鸡之羽者,
鄙其轻薄;不取鸡之冠者,恶其软弱。斯距也,如剑如戟,可击可搏。
将壮我之毫芒,必假尔之锋锷。遂使见之者书狂发,秉之者笔力作。
挫万物而人文成,草八行而鸟迹落。缥囊盛处,类藏锥之沈潜;团扇
或书,同舞镜之挥霍。儒有学书临水,负笈辞山;含毫既至,握管回
还。过兔园而易感,望鸡树以难攀。愿争雄于爪趾之下,冀得携于笔
砚之间。①

从中可知,该笔讲究选毫,制作精细,极便书写,深受文人推崇。唐代制笔技
术还传播到边地(吐蕃)与海外(朝鲜、日本等地)。806 年,日本僧人空海
从唐朝返回日本,传播了唐代先进的制笔技术。② 现今日本正仓院还收藏
有唐代的鸡距笔。

二毫笔,即合两种毫毛制笔,"欧阳通以狸毛为笔,以兔毫覆之,此二毫
笔之所由始也"③。

散卓笔,"其笔甚大,全用劲毫"④。段成式曾寄余知古秀才散卓笔十
管、软健笔十管,其中"散卓尤精,能用青毫之长"⑤。

健笔,如韦充《笔赋》曰:"笔之健者,用有所长。惟兹载事,或表含章。"⑥而

---

① (唐)白居易:《白居易集》卷三八,顾学颉点校,中华书局1999 年版,第872—873 页。或见
   《白居易集笺校》卷三八,朱金城笺校,上海古籍出版社1988 年版,第2610—2611 页。
② 详见[日]田淵实夫:《笔》,法政大学出版局1978 年版,第20—22 页。
③ (宋)陈槱:《负暄野录》卷下《二毫笔》,中华书局1985 年版,第13 页。
④ (宋)江少虞:《宋朝事实类苑》卷五二《书画伎艺·置御书院》引《杨文公谈苑》,上海古籍
   出版社1981 年版,第654 页。
⑤ (唐)段成式:《寄余知古秀才散卓笔十管软健笔十管书》,载(清)董诰等编:《全唐文》卷
   七八七,中华书局影印本1983 年版,第8232 页。
⑥ (宋)李昉等编:《文苑英华》卷一〇六《器用五》,中华书局影印本1982 年版,第484 页。

杜甫诗云："健笔凌鹦鹉，铦锋莹鹔鹴。"①由于文人对此十分珍爱，故而健笔有时指代文章等，如刘禹锡诗云："健笔高科早绝伦，后来无不揖芳尘。"②

纤锋细管笔(又名毫锥笔)，白居易《代书诗一百韵寄微之》云："毫锋锐如锥。"注曰："时与微之各有纤锋细管笔，携以就试，相顾辄笑，目为毫锥。"③于是，"毫锥笔之名起于此"④。

除了制作之外，当时还特别重视笔的养护，《文房宝饰》曰："养笔以硫黄酒舒其毫。"⑤

2. 宋代的制笔技术

宋代，制笔技术虽是沿袭前代，但是技艺更加精湛，呈现出如下四个显著特点。

一是笔毛的选择更加讲究。

以选用兔毫为例，时人认为："兔有南北之殊，南兔毫短而软，北兔毫长而劲。生背领者其白如云，霜毫作笔极有力。然纯用北毫，虽健且耐久，其失也不婉；用南毫，虽入手易熟，其失也弱而易乏。善为笔者，但以北毫束心，而以南毫为副，外则又有霜白覆之，斯能兼尽其美矣。"⑥又如宋代二毫笔流行，其中"以羊合兔"，盛于当时，该笔"不但刚柔得中，差宜作字，而且价廉工省，故人所竞趋"⑦。

二是笔心的制作技术愈益精良。

笔心是笔头的关键，决定着笔头的质量。宋代的笔工对笔心的制作格外重视，如宣州"诸葛家捻心法如此，唯倒毫净便是其妙处，盖倒毫一株便能破笔锋尔。宣城诸葛高系散卓笔，大概笔长寸半，藏一寸于管中，出其半削管，洪纤与半寸相当。其捻心用栗鼠尾，不过三株耳，但要副毛得所，则刚

---

① (唐)杜甫著，(清)仇兆鳌注：《杜诗详注》卷三《奉赠太常张卿垍二十韵》，中华书局 1999 年版，第 221 页。

② (唐)刘禹锡：《刘禹锡集笺证》外集卷五《酬国子崔博士立之见寄》，瞿蜕园笺证，上海古籍出版社 1989 年版，第 1331 页。或见(唐)刘禹锡撰：《刘禹锡集》卷三五《酬国子崔博士立之见寄》，卞孝萱校订，中华书局 1990 年版，第 527 页。

③ (唐)白居易：《白居易集》卷一三，顾学颉校点，中华书局 1999 年版，第 246 页。或见(唐)白居易：《白居易集笺校》卷一三，朱金城笺校，上海古籍出版社 1988 年版，第 704 页。又见谢思炜：《白居易诗集校注》卷一三，中华书局 2006 年版，第 978 页。

④ (宋)洪迈撰：《容斋五笔》卷七《元白习制科》，孔凡礼点校，载《容斋随笔》，中华书局 2005 年版，第 913 页。

⑤ (后唐)冯贽撰：《云仙散录·芙蓉粉》引《文房宝饰》，张力伟点校，中华书局 2008 年版，第 29 页。

⑥ (宋)陈槱：《负暄野录》卷下《论笔料》，中华书局 1985 年版，第 12 页。

⑦ (宋)陈槱：《负暄野录》卷下《二毫笔》，中华书局 1985 年版，第 13 页。

柔随人意,则最善笔也",又如"张遇丁香笔,捻心极圆,束颉有力","作藏锋笔写如许大字,极可人意,最妙是锋少而有力也"。①

三是笔的形制既继承前代式样,又开创全新风格。

一方面,宋代仍有鸡距笔、散卓笔等。鸡距笔,如叶寘《爱日斋丛抄》记载:"东坡谪海外,用鸡距笔。"②又如谢薖《戏咏鼠须笔》诗云:"编须捋取蜗毛磔,裁管缚成鸡距长。"③散卓笔,如"宣州诸葛氏,素工管城子,自右军以来世其业,其笔制散卓也。"④

另一方面,为适应文人喜好与社会需求,宋代散卓笔的制作又开创新风,分为无心散卓笔和有心散卓笔两种。无心散卓笔,自宋神宗熙宁(1068—1077年)后,"世始用无心散卓笔,其风一变"⑤,黄庭坚《书吴无至笔》曰:"有吴无至者,豪士,晏叔原之酒客","作无心散卓,小大皆可人意"。⑥有心散卓笔,分多种式样,据蔡絛《铁围山丛谈》记载:"及大观间(1107—1110年)偶得诸葛笔,则已有黄鲁直样作枣心者。鲁公不独喜毛颖,亦多用长须主簿,故诸葛氏遂有鲁公羊毫样,俄为叔父文正公又出观文样。"⑦笔工侍其瑛以制作枣心散卓笔著称,黄庭坚《书侍其瑛笔》云:"南阳张义祖喜用郎奇枣心散卓,能作瘦劲字,他人所系笔多不可意。今侍其瑛秀才,以紫毫作枣心笔,含墨圆健,恐义祖不得独贵郎奇而舍侍其也。"⑧

此外,还有长锋笔(长心笔)等。不过,蔡襄认为长锋笔并不好用,"今世笔例皆锋长难使,比至锋锐少损,已秃,不中使矣"⑨。

四是制作记述更加丰富。

宋代还出现关于笔的多部(篇)专著,有苏易简《文房四谱·笔谱》、欧阳修《笔说》、黄庭坚《笔说》、唐仲友《笔记》、陈槱《负暄野录·论笔料》等,

①　(宋)黄庭坚:《黄庭坚全集》别集卷一一《笔说》,刘琳等校点,四川大学出版社 2001 年版,第 1689—1690 页。

②　(宋)叶寘撰:《爱日斋丛抄》卷五,孔凡礼点校,中华书局 2010 年版,第 106 页。

③　北京大学古文学研究所编:《全宋诗》卷一三七八,第 24 册,北京大学出版社 1995 年版,第 15809 页。

④　(宋)蔡絛撰:《铁围山丛谈》卷五,冯惠民、沈锡麟点校,中华书局 1983 年版,第 94 页。

⑤　(宋)叶梦得:《避暑录话》卷上,载朱易安、傅璇琮等主编:《全宋笔记》第二编(十),大象出版社 2006 年版,第 235 页。

⑥　(宋)黄庭坚:《黄庭坚全集》正集卷二七,刘琳等校点,四川大学出版社 2001 年版,第 742 页。

⑦　(宋)蔡絛撰:《铁围山丛谈》卷五,冯惠民、沈锡麟点校,中华书局 1983 年版,第 95 页。

⑧　(宋)黄庭坚:《黄庭坚全集》正集卷二七,刘琳等校点,四川大学出版社 2001 年版,第 743 页。

⑨　(宋)蔡襄撰:《蔡襄全集》卷三一《文房杂评》(一作文房四说),陈庆元等校点,福建人民出版社 1999 年版,第 699 页。

而《太平御览》《事类赋》《墨池编》《事物纪原》《海录碎事》《锦绣万花谷》《记纂渊海》《六帖补》《古今事文类聚》《古今合璧事类备要》等书中也专门列有相关子目,这既表明宋代的制笔备受瞩目,又反映出当时的制笔技术已经形成完善的体系。

除了制作之外,当时还非常重视笔的养护和珍藏,如《负暄野录》云:"用笔时当先以清水濡毫,令稍软,然后循毫理点染,仍别置洗具,用毕,随即涤濯,勿使留墨,则难秃也","藏笔宜皂角子水调铅粉蘸上,则不生蠹"。① 又如杜君懿《胶笔法》曰:"每一百枚,用水银粉一钱,上皆以沸汤调研和稀糊,乃以研墨胶笔,永不蠹,且润软不燥。"②此法"藏笔能二三十年"③。

总体来看,秦、西汉时期,毛笔的形制确立,制笔技术逐步发展。至东汉时期,制笔过程中已经关注到笔头的选料,标志着制笔技术开始走向成熟。魏晋南北朝时期,制笔过程中更加注重对笔头原料的加工和处理,标志着制笔技术逐渐成熟、完善。唐宋以前,笔头的制作原料多为动物毫毛;唐宋时期,笔头的制作原料更加丰富和多样化,尤其是北宋时期开始以竹丝、麻丝等植物纤维丝制作笔头,创造性地开拓了原料来源,成为制笔史上的重要革新。唐宋时期,制笔过程中既重视笔头的选料和加工,又关注笔管的大小与制作,还突出风格及式样的创新,形成精选笔毛、精制笔心、精雕笔管、精创式样的成熟的、完善的技术体系。元明清以降的制笔技术都是在此前技术体系基础上的进一步发展而已。

第二节 唐宋时期制墨技术的传承与革新

中国古代用墨最初为天然石墨,及至后来,逐渐出现人工墨。秦汉时期,作为中国古代重要手工业门类之一的制墨业开始兴起。魏晋南北朝时期,制墨业持续发展。④ 唐宋时期,制墨业空前繁荣⑤,制墨技术体系最终

① (宋)陈槱:《负暄野录》卷下《论笔墨砚》,中华书局1985年版,第10页。
② (宋)祝穆:《古今事文类聚》别集卷一四《文房四友部·笔》,载《景印文渊阁四库全书》本,第927册,台湾商务印书馆1985年版,第743页。
③ (清)梁同书:《笔史·笔之制》,中华书局1985年版,第6页。
④ 参见陈涛:《秦汉魏晋南北朝时期制墨业考述》,《石家庄学院学报》2013年第1期,第34—38页。
⑤ 参见陈涛:《隋唐五代的制墨业》,《五邑大学学报》(社会科学版)2010年第3期,第82—84页;《宋代制墨业考述》,《廊坊师范学院学报》(社会科学版)2014年第5期,第62—65页。

成熟、完善①。

制墨技术史是中国古代科技史的重要研究内容之一,以往研究中,已有学者简要概述了中国制墨技术的源流②,也有学者提出中国制墨工艺经历了五次重大突破和三个关键。五次重大突破分别是用人工烧制的松烟取代天然材料制墨,从而开始了真正意义上的人工制墨;开始以胶作为黏接剂,使中国传统的制墨工艺得以最终形成;墨模的使用;在制墨时添加各种辅料,尤以名贵中药材居多;油烟成为制墨的主要原料,保证了我国传统制墨业的可持续发展。三个关键时期,分别是中国传统制墨工艺体系的初成时期汉代;形质并重、松油共存的宋代;重形胜于重质的明代。③ 可以说,上述成果对制墨技术史的研究都有一定贡献,但是在对制墨技术体系的探讨方面仍有待进一步深入分析。本节将通过揭示唐宋时期制墨原料的变化过程,勾勒制墨技术不断成熟、完善的轨迹,并重点探讨唐宋时期制墨技术的时代特点。

一、 制墨原料由单一到多元

1. 隋唐五代时期制墨原料的单一性

自秦汉至隋唐五代,制墨原料自始至终以松烟为主,比较单一。隋唐五代时期,尽管天然石墨仍有使用,如《括地志》曰:"东都寿安县洛水之侧,有石墨山,山石尽黑,可以书疏。"④但是整体上却以使用人工松烟墨为主,如白居易诗云:"花纸瑶缄松墨字。"⑤此间,人工制墨业比较发达,制墨原料主要是松烟,如《墨经》记载:"唐则易州、潞州之松,上党松心尤先见贵。后唐则宣州黄山、歙州黟山、松罗山之松。"⑥据考古资料(表19)可知,今陕西、河南、湖南等地均出土过松烟墨。

---

① 参见陈涛:《唐宋时代制墨技术的传承与革新》,《自然辩证法通讯》2021年第2期,第58—63页。
② 参见李亚东:《中国制墨技术的源流》,载《科技史文集》第15辑,上海科学技术出版社1989年版,第113—127页。
③ 参见王伟:《中国传统制墨工艺研究》,中国科学技术大学博士学位论文,2010年,第24—27页;方晓阳、王伟、吴丹彤:《制砚·制墨》,大象出版社2015年版,第449—452页。
④ (宋)苏易简:《文房四谱》卷五《墨谱·一之叙事》,中华书局1985年版,第66页。
⑤ (唐)白居易:《白居易集》卷一七《送萧炼师步虚诗十首卷后以二绝继之》,顾学颉校点,中华书局1999年版,第368页。或见《白居易集笺校》卷一七《送萧炼师步虚诗十首卷后以二绝继之》,朱金城笺校,上海古籍出版社1988年版,第1115页。又见谢思炜:《白居易诗集校注》卷一七《送萧炼师步虚诗十首卷后以二绝继之》,中华书局2006年版,第1398页。
⑥ (宋)晁氏:《墨经·松》,中华书局1985年版,第2页。

表 19　隋唐五代时期墨出土情况统计表

年代	出土地点	出土实物	形制	资料来源	备注
隋代	湖南长沙	墨 1 件（4：2）	出于墓 4,色灰黑,已破碎不成形	《考古学报》1959.3	
唐代	河南温县	墨 1 锭	已残裂过甚,似圆柱体,残长约 9 厘米左右	《考古》1964.6	墓主杨履庭卒于长寿元年（692 年）
唐代	陕西铜川	墨 1 块（M4:23）	已残碎,顶端圆弧,底端较平,颜色乌黑,质较疏松,当为松烟墨	《考古与文物》2019.1	玄宗至代宗时期
唐代	河南陕县	残墨	出于墓 5	《考古通讯》1957.4	开成三年（838 年）墓
唐五代	湖南长沙	墨 1 锭	出于红莲塘 12 号墓	《考古》1960.5	
五代	湖南长沙	墨 1 件	一端已磨成斜口,长 4 厘米、宽 2 厘米、厚 1 厘米	《文物参考资料》1957.6《文物》1960.3	

2. 宋代制墨原料的多元化

宋代,天然石墨还有使用,如《文房四谱》记载:"今常侍徐公铉云:建康东有云穴,西山有石墨,亲常使之。"[1]不过,整体上却以使用人工墨为主。据考古资料(表 20)可知,今陕西、内蒙古、河北、安徽、江苏、浙江、福建、湖南等地均出土过人工墨。

表 20　宋代墨出土情况统计表（含辽金时期）

年代	出土地点	出土实物	形制	资料来源	备注
辽代	内蒙古宁城	墨 1 块	出于 3 号墓,质粗,色不甚黑,扁条形,边圆滑,两面印有文字痕迹,现厚 7 毫米	《文物》1961.9	

---

① （宋）苏易简:《文房四谱》卷五《墨谱·三之杂说》,中华书局 1985 年版,第 71 页。

年代	出土地点	出土实物	形制	资料来源	备注
北宋后期	安徽合肥	墨	系油烟所制,出土时已碎成数小块,有的已成粉末,最大的一块长2.4厘米、宽1.2厘米	《文物资料丛刊》1986.3	墓主包绶卒于崇宁四年(1105年)
北宋后期	安徽合肥	墨1锭(1:31)	部分残,可复原,似为松烟制成,牛舌形,一面模印阳文篆书"歙州黄山□□□"七字款,长25厘米、宽5厘米、厚1.4厘米	《文物》1991.3	政和戊戌年(1118年)
		墨1锭	出土时置于文具盒内,似为油烟墨,牛舌形,墨面模印阳文楷书"九华朱觐墨"五字款,底两端模印阳文"香"字款,中部模印对鸟图案,长21厘米、宽3.4厘米、厚0.7厘米		
北宋时期	湖南长沙	墨		《考古通讯》1957.5《文物》1960.3	
北宋时期	河北石家庄	墨	长条形	《考古》1959.7	
北宋时期	陕西蓝田	墨		《考古》2010.8	
北宋末年	江苏泰州	墨锭1块	已碎,但可以拼对复原,平面长方形,正面中间方框内有六字铭文"金丝槐□□□",方框外饰竖凸线纹,墨锭背面饰横凸线纹,侧面无纹,长20厘米、宽4厘米、厚1.5厘米	《东南文化》2006.5	
南宋时期	江苏江浦	墨2锭	形制相同,均上窄下宽,长14厘米、上宽1.5厘米、下宽3.4厘米、厚1厘米,1锭完整,1锭已用过,仅长8.5厘米	《文物》1973.4	墓主张同之卒于庆元二年(1196年)

年代	出土地点	出土实物	形制	资料来源	备注
南宋时期	江苏金坛	墨	残存1小块	《考古学报》1977.1	墓主周瑀卒于景定二年(1261年)
南宋时期	福建福州	墨1件(M1:17)	松烟制成,长方形,残长3.6厘米、宽2.1厘米	《文物》1995.10	墓主许峻卒于咸淳八年(1272年)
南宋时期	浙江衢州	墨1锭	圆角长方形,系印模压制而成,正面有图像,因风化模糊不清,色黑无光,质松体轻,残长5厘米、宽2.5厘米、厚0.8厘米	《考古》1983.11	
宋代	江苏武进	墨2件	1件出土1号墓,牛舌形,烟质,质较松,残长8.3厘米、宽3.5厘米、厚0.9厘米;1件出于4号墓,长条形,墨色黑而光亮,上半段已失,下半段正面有模印贴金字,只剩一完整"玉"字,"玉"字上部有一残字,背面中间阴刻长方框,框内残存模印"实制"两字,其上尚有"茂"字的残剩笔画,残长5.5厘米、宽2.2厘米、厚0.5厘米	《文物》1979.3《考古》1986.3	1号墓上限不会早于北宋徽宗宣和元年(1119年);4号墓在南宋1260年以后
金代	陕西西安	墨1锭(M1:32)	残,呈长条形,边棱浑圆,长13.8厘米、宽4.7厘米、厚1.3厘米	《考古与文物》2017.2	

这一时期,制墨原料较唐代更加多元,有松烟、漆烟、油烟、石油烟和混合烟等。

松烟墨较为普遍,如《墨经》云:北宋时期,"兖州泰山、徂徕山、岛山、峄山,沂州龟山、蒙山,密州九仙山,登州牢山,镇府五台,刑(邢)州、潞州太行山,辽州辽阳山,汝州灶君山,随州桐柏山,卫州共山,衢州柯山,池州九华山及宣歙诸山,皆产松之所"①,故出松烟墨。另据考古资料可知,今安徽、福建等地均出土过松烟墨。

漆烟墨,据叶梦得《避暑录话》记载:"古未有用漆烟者,三十年来人始为之,以松渍漆并烧。"②著名墨工沈珪,"出意取古松煤,杂用脂漆滓,烧之得烟极精黑,名为漆烟"③。宋代文人间亦有相赠漆烟墨者,如周紫芝《孙耘老惠龙尾砚漆烟墨报以二诗》之二云:"诗翁无复思如泉,墨客能回漆作烟。何意峥嵘四君子,肯来相伴一灯前。"④

油烟墨,即用动植物油脂取煤合墨,包括桐油、麻油、皂青油、豆油、猪油等类⑤。关于其制法,《避暑录话》中有记载:"近有授余油烟墨法者,用麻油然(燃)密室中,以一瓦覆其上,即得煤,极简易。胶用常法,不多以外料参之,试其所作良佳。"不过,叶梦得又指出:"大抵麻油则黑,桐油则不黑。世多以桐油贱,不复用麻油。"⑥另外,《云麓漫钞》中也记载有桐油烟的制法,"迩来墨工以水槽盛水,中列瓿碗,然以桐油,上复覆以一碗,专人扫煤,和以牛胶,揉成之,其法甚快便,谓之油烟"⑦。宋代油烟墨,尤以今四川等地最为著名,"蜀人以桐花为墨"⑧,杨万里《试蜀中梁杲桐烟墨书玉板纸》诗云:"子规乡里桐花烟,浣花溪头琼叶纸。"⑨另据考古资料可知,今安徽等地出土过油烟墨。

石油烟墨,《梦溪笔谈》云:"鄜延境内有石油","生于水际,沙石与泉水相杂,惘惘而出。土人以雉尾裛之,乃采入缶中。颇似淳漆,然(燃)之如麻,但烟甚浓,所沾幄幕皆黑。予疑其烟可用,试扫其煤以为墨,黑光如漆,松墨不及也,遂大为之,其识文为'延川石液'者是也"。沈括认为石油烟墨

---

① (宋)晁氏:《墨经·松》,中华书局1985年版,第2—3页。
② (宋)叶梦得:《避暑录话》卷上,载朱易安、傅璇琮等主编:《全宋笔记》第二编(十),大象出版社2006年版,第235页。
③ (宋)何薳撰:《春渚纪闻》卷八《记墨·漆烟对胶》,张明华点校,中华书局1983年版,第123页。
④ 北京大学古文学研究所编:《全宋诗》卷一五二一,第26册,北京大学出版社1996年版,第17303—17304页。
⑤ 参见胡小鹏:《中国手工业经济通史·宋元卷》,福建人民出版社2004年版,第499页。
⑥ (宋)叶梦得:《避暑录话》卷上,载朱易安、傅璇琮等主编:《全宋笔记》第二编(十),大象出版社2006年版,第236页。
⑦ (宋)赵彦卫:《云麓漫钞》卷一〇,傅根清点校,中华书局1996年版,第166页。
⑧ (宋)吴儆:《竹洲集》卷一四《墨说》,载《景印文渊阁四库全书》本,第1142册,台湾商务印书馆1985年版,第271页。
⑨ 北京大学古文学研究所编:《全宋诗》卷二二八八,第42册,北京大学出版社1998年版,第26257页。

"后必大行于世","盖石油至多,生于地中无穷,不若松木有时而竭"。①

混合烟墨,即合多种原料取煤制墨,有的是为了提高墨的质量,使之较松烟墨和油烟墨更为进步。据《云麓漫钞》记载:油烟墨太坚,"少以松节或漆油同取煤,甚佳"②,如宋代"所用蒲大韶墨,盖油烟墨也",其墨坚久,但实为混合烟墨,蒲大韶曰:"半以松烟和之,不尔则不得经久也。"③另如《墨说》云:"三衢郑彦珪得法于歙,取千岁之松枯朽腐败之余,剀剔而琢削之,如粤人治香之法,醮以梧桐之液,髹漆之滓,积其烟之轻而远者,以穷冬沍寒之时,凿深山涧谷之凝冰煮,坚革而埏埴,色绝黑而胶清,藏之十年必有能辨之者,岁寒然后知松栢虽其煨烬之余,犹耐久也。"④也有的是为了追求经济利益,降低成本,如三衢蔡瑶制墨,"其煤或杂取桦烟为之,止取利目前也"⑤。

宋代,制墨原料中漆烟、油烟、石油烟与混合烟皆为前代所无,这是制墨史上的重要革新,极大地开拓了原料来源。

由于制墨原料不同,南北墨色有异,《洞天清录集》云:"北墨多用松烟,故色青黑,更经蒸润,则愈青矣;南墨用油烟,故墨纯黑,且有油蜡,可辨。"⑥另外,当时也有白墨,《文房四谱》曰:"近黟歙间有人造白墨,色如银,迨研讫即与常墨无异,即未知所制之法。"⑦

二、制墨技术的更趋成熟与墨形制的不断变化

1. 隋唐五代时期的制墨技术

隋唐五代时期,制墨技术在继承前代的基础上,又有创新,主要体现在如下五个方面。

其一,墨的形制更加多样。

一方面,松烟墨的形制保留有前代的风格,有圆柱状、长方形等。如河

---

① (宋)沈括:《梦溪笔谈校证》卷二四《杂志一》,胡道静校证,上海古籍出版社1987年版,第745页。

② (宋)赵彦卫撰:《云麓漫钞》卷一〇,傅根清点校,中华书局1996年版,第166页。

③ (宋)何薳撰:《春渚纪闻》卷八《记墨·油松烟相半则经久》,张明华点校,中华书局1983年版,第128—129页。

④ (宋)吴儆:《竹洲集》卷一四《墨说》,载《景印文渊阁四库全书》本,第1142册,台湾商务印书馆1985年版,第271页。

⑤ (宋)何薳撰:《春渚纪闻》卷八《记墨·杂取桦烟》,张明华点校,中华书局1983年版,第128页。

⑥ (宋)赵希鹄:《洞天清录集·古今石刻辩》,载《丛书集成初编》本,第1552册,中华书局1985年版,第19页。

⑦ (宋)苏易简:《文房四谱》卷五《墨谱·二之造》,中华书局1985年版,第68页。

南温县杨履庭墓出土唐代前期墨 1 件，呈圆柱体，残长约 9 厘米左右；①又如湖南长沙出土五代时期墨 1 件，已用过，一端磨成斜口，长 4 厘米、宽 2 厘米、厚 1 厘米。②

另一方面，松烟墨的形制又有新的突破，出现舟形、"乌玉块""双脊鲤鱼"等多种样式，甚至出现巨型墨。如唐高宗时的镇库墨，"重二斤许，质坚如玉石，铭曰'永徽二年（651 年）镇库墨'"③；又如大历二年（767 年）李阳冰所制贡墨一巨铤，"其制如碑，高逾尺而厚二寸，面蹙犀文，坚泽如玉"④，墨上有泰卦麒麟装饰，及分别用篆文、行书所写的铭文。

其二，墨色种类不断增加。

随着制墨技术的极大提高，墨的颜色种类不仅有常用的黑墨，还出现红墨、白墨等彩色墨。《大唐龙髓记》曰："楚王灵夔使人造红白二墨为戏，又书写衣服：黑衣用白书，白衣用红书，自成一家。"⑤另外，"黟歙间有人造白墨，色如银，迨研讫即与常墨无异"⑥。

其三，墨面铭文类型丰富。

松烟墨的面上所刻铭文日益丰富，包括制者姓名、原料属性、归属机构等多种类型。据文献记载，王景源家藏唐墨一笏，"背铭曰'唐水部员外郎李愐制'"⑦。新疆吐鲁番唐墓出土墨锭 1 件，长方形，两端作椭圆状，中为白底，上有清晰的楷书阴文"松心真"三字。⑧ 安徽祁门北宋墓出土唐代初期墨 1 件，墨质坚实，墨面朴素，上有楷书阴文"大府"二字。⑨ 此"大府"即是中央官僚机构九寺之一的"太府"，唐初"大明宫光顺门外、东都明福门外，皆创集贤书院，学士通籍出入。既而太府月给蜀郡麻纸五千番，季给上

---

① 详见河南省文化局文物工作队：《河南温县唐代杨履庭墓发掘简报》，《考古》1964 年第 6 期，第 295 页。

② 详见高至喜：《长沙烈士公园清理了一座五代墓》，《文物参考资料》1957 年第 6 期，第 93 页。

③ （宋）何薳撰：《春渚纪闻》卷八《记墨·唐高宗镇库墨》，张明华点校，中华书局 1983 年版，第 127 页。

④ （元）陆友：《墨史》卷上《唐》，中华书局 1985 年版，第 5 页。

⑤ （唐）冯贽撰：《云仙散录·红白墨》引《大唐龙髓记》，张力伟点校，中华书局 2008 年版，第 171 页。

⑥ （宋）苏易简：《文房四谱》卷五《墨谱·二之造》，中华书局 1985 年版，第 68 页。

⑦ （宋）何薳撰：《春渚纪闻》卷八《记墨·唐水部李愐制墨》，张明华点校，中华书局 1985 年版，第 130 页。

⑧ 参见王志高、邵磊：《试论我国古代墨的形制及其相关问题》，《东南文化》1993 年第 2 期，第 82 页。

⑨ 详见尹润生：《中国墨创始年代的商榷》，《文物》1983 年第 4 期，第 94 页。

谷墨三百三十六丸"①。

其四,制墨技艺愈益精湛。

当时官私手工业中的能工巧匠不断涌现,制作技艺愈加精湛。如唐代墨官祖敏,其墨妙者,"必以鹿角胶煎为膏而和之"②。因祖氏为易水人,故其墨"以济土为号",是墨"年载已远,罕有存者"。③ 又如唐末官府名工张遇,其所制"大墨有二品:一曰'易水供堂墨',一曰'易水进贡墨',其漫皆有'张遇'字。又有圆墨二品,面皆有蟠龙,四角有'供御香墨'字,其漫一曰'射香张遇',一曰'龙脑张遇'"④。此外,唐末民间工匠王君德,亦精于制墨,其法捣用石臼,"捣三二千杵"⑤,其药"用醋石榴皮、水犀角、屑胆矾三物",又法用"梣木皮、皂角、胆矾、马鞭草四物"。⑥

其五,技术传承表现突出。

技术传承在制墨等手工业发展中往往具有重要作用,尤其在家庭手工业中表现突出。由唐到宋,如李超善制墨,其子庭珪、庭宽,庭珪之子承浩,庭宽之子承晏,承晏之子文用,文用之子仲宣,仲宣之子惟益、惟庆,皆能世其业。除李氏之外,张遇之子张谷,"自易水徙歙,如李氏",谷之子张处厚"在黄山起灶作煤,制墨为世业"。⑦

唐末五代,易州著名墨工奚超、奚庭珪父子以及张谷等人迁居歙州,直接推动了当地制墨业的迅速崛起,歙墨(徽墨)是歙州墨工在唐末来到江南创制的⑧。如李超、李庭珪父子,"唐末自易水度(渡)江至歙州。地多美松,因而留居,遂以墨名家。本姓奚,江南(即南唐)赐姓李氏"⑨。李超墨,"精者,其坚如玉,其文如犀,写千幅纸不耗三分"⑩。李庭珪墨,"丰肌腻

① (宋)欧阳修、宋祁:《新唐书》卷五七《艺文志一》,中华书局 1975 年版,第 1422 页。
② (元)陆友:《墨史》卷上《唐》,中华书局 1985 年版,第 6 页。
③ (宋)李孝美:《墨谱法式》卷中《式》,载《景印文渊阁四库全书》本,第 843 册,台湾商务印书馆 1985 年版,第 635 页。
④ (宋)李孝美:《墨谱法式》卷中《式》,载《景印文渊阁四库全书》本,第 843 册,台湾商务印书馆 1985 年版,第 639 页。
⑤ (宋)晁氏:《墨经·捣》,中华书局 1985 年版,第 11 页。
⑥ (宋)晁氏:《墨经·药》,中华书局 1985 年版,第 13 页。
⑦ (元)陆友:《墨史》卷上《唐》,中华书局 1985 年版,第 24 页。
⑧ 参见张泽咸:《唐代工商业》,中国社会科学出版社 1995 年版,第 199 页。
⑨ (宋)蔡襄撰:《蔡襄全集》卷二八《墨辨》,陈庆元等校注,福建人民出版社 1999 年版,第 658 页。
⑩ (宋)李孝美:《墨谱法式》卷中《式》,载《景印文渊阁四库全书》本,第 843 册,台湾商务印书馆 1985 年版,第 636 页。

理,光泽如漆"①,"其墨能削木,误坠沟中,数月不坏"②。又如易水张遇也善于制墨,其墨"有题光启年者,妙不减庭珪"③。宋代时,"以歙州李庭珪为第一,易水张遇为第二","欲求李庭珪墨,终难得"。④

制作之外,当时还特别重视墨的养护,《文房宝饰》曰:"养墨以豹皮囊,贵乎远湿。"⑤还出现对墨的品评,当时所谓的佳墨,如《成老相墨经》曰:"墨染纸三年,字不昏暗者为上。"⑥"丸墨日日用之,一岁才减半寸者,万金不换,然至难得。"⑦"墨纹如履皮,磨之有油晕者,一两可染三万笔。"⑧

隋唐五代时期,还出现《冀公墨法》等理论成果。《冀公墨法》云:

　　　松烟二两,丁香、麝香、干漆各少许,以胶水漫作挺,火烟上薰之,一月可使。入紫草末,色紫;入秦皮末,色碧,其色俱可爱。⑨

从中可知,当时制墨时对选烟、用药、配胶、火候、时间等都很讲究,并能制出质量精良的彩色墨。当然,高品质的墨,定是深得文人喜爱,如欧阳通善书,必以"松烟为墨,末以麝香"⑩,方才下笔。这一时期,根据长期的实践经验,时人已总结出最佳的制墨时间,即八月"造墨"⑪。《冀公墨法》的问世,反映了隋唐五代时期制墨技术更加成熟、完善。

　　2. 宋代的制墨技术

　　宋代,制墨技术虽是沿袭前代,但是技艺更加高超绝伦,呈现出如下四

---

① (宋)李孝美:《墨谱法式》卷中《式》,载《景印文渊阁四库全书》本,第843册,台湾商务印书馆1985年版,第637页。

② (元)陆友:《墨史》卷上《唐》,中华书局1985年版,第12页。

③ (元)陆友:《墨史》卷上《唐》,中华书局1985年版,第23页。

④ (宋)蔡襄撰:《蔡襄全集》卷三一《文房杂评》(一作文房四说),陈庆元等校注,福建人民出版社1999年版,第700页。

⑤ (后唐)冯贽撰:《云仙散录·芙蓉粉》引《文房宝饰》,张力伟点校,中华书局2008年版,第30页。

⑥ (后唐)冯贽撰:《云仙散录·字能三年不昏》引《成老相墨经》,张力伟点校,中华书局2008年版,第80页。

⑦ (后唐)冯贽撰:《云仙散录·岁磨半寸墨》引《成老相墨经》,张力伟点校,中华书局2008年版,第124页。

⑧ (后唐)冯贽撰:《云仙散录·油晕墨》引《成老相墨经》,张力伟点校,中华书局2008年版,第50页。

⑨ (宋)苏易简:《文房四谱》卷五《墨谱·二之造》,中华书局1985年版,第67页。

⑩ (唐)张鷟撰:《朝野佥载》卷三,赵守俨点校,中华书局1979年版,第67页。

⑪ (唐)韩鄂编:《四时纂要校释》卷四《八月·杂事》,缪启愉校释,农业出版社1981年版,第205页。

个显著特点。

一是形成一套完整的制作、加工程序。

宋代松烟墨的制作,一般经历采松、造窑、发火、取煤、和制、入灰、出灰、磨试等道工序,[①]如古松是制墨的基本原料,采松作为制墨的第一步,即要"采松之肥润者,截作小枝,削去签刺"[②]。而油烟墨的制作工序与松烟墨大体类似,以制作麻油烟墨为例:

> 以大麻子油沃糯米半碗强碎,剪灯心堆于上,燃为灯,置一地坑于中,用一瓦钵微穿透其底,覆其焰上,取烟煤重研过,以石器中煎煮皂荚膏,并研过者糯米膏,入龙脑、麝香、秦皮末和之,捣三千杵,溲为挺,置荫室中俟干。[③]

从中可见,麻油烟墨的制作工序也很完善。当时为了提高墨的质量,对选料、取煤、制胶、和墨、用药、捣制、式样、版印、荫干及制墨时间等环节都极为关注,并且对墨的颜色、声音、轻重等特别在意。

二是墨的形制既继承前代式样,又开创全新风格。

这一时期,墨的形制不仅保留有前代风格,而且开创了新的式样。

一方面,仍有长方形等式样,如江苏武进出土南宋墨1件,长条形,墨色黑而光亮,上半段已失,下半段正面有模印贴金字,只剩一完整"玉"字,"玉"字上部有一残字,背面中间阴刻长方框,框内残存模印"实制"两字,其上尚有"茂"字的残剩笔画,残长5.5厘米、宽2.2厘米、厚0.5厘米。[④] 此墨或为南宋著名墨工叶茂实所制。

另一方面,又出现玉梭形、牛舌形、圆角长方形等式样。北宋初年著名墨工柴珣,其墨"作玉梭样,铭曰'柴珣东窑'者,士大夫得之,盖金玉比也"[⑤]。牛舌形墨,如安徽合肥出土北宋后期墨2件,均为牛舌形,1件部分残,可复原,似为松烟制成,一面模印阳文篆书"歙州黄山□□□"七字款,长25厘米、宽5厘米、厚1.4厘米;1件似为油烟墨,墨面模印阳文楷书"九

① (宋)李孝美:《墨谱法式》卷上《图》,载《景印文渊阁四库全书》本,第843册,台湾商务印书馆1985年版,第629—634页。

② (宋)李孝美:《墨谱法式》卷上《图》,载《景印文渊阁四库全书》本,第843册,台湾商务印书馆1985年版,第630页。

③ (宋)苏易简:《文房四谱》卷五《墨谱·二之造》,中华书局1985年版,第68页。

④ 详见陈晶、陈丽华:《江苏武进村前南宋墓清理纪要》,《考古》1986年第3期,第258页。

⑤ (宋)何薳撰:《春渚纪闻》卷八《记墨·二李胶法》,张明华点校,中华书局1983年版,第124页。

华朱觐墨"五字,底两端模印阳文"香"字,中部模印对鸟图案,长 21 厘米、宽 3.4 厘米、厚 0.7 厘米。① 圆角长方形墨,如浙江衢州出土南宋墨 1 件,圆角长方形,系印模压制而成,正面有图像,因风化模糊不清,色黑无光,质松体轻,残长 5 厘米、宽 2.5 厘米、厚 0.8 厘米。②

三是制作技术广泛传播。

在李氏的影响和带动下,制墨技术广泛传播,制作高手不断涌现,如"李氏以墨显于江南,而(张)遇妙得其法",张遇之子张谷"制墨得李氏法,而世不多有"。③ 又有"宣道、宣德,不知何许人,其形制俱类庭珪,疑歙州人也"④。宣州等地制墨业亦多受李氏影响,如柴珣,北宋初期人,"得二李胶法,出潘张之上"⑤;又有"盛匡道、盛通、盛真、盛舟、盛信、盛皓,已上六人皆宣州一族,大率如奚庭珪样,幕立篆文,依歙样"⑥。即使在岭南地区,也有融州人僧仲球"世传李氏胶法,在都峤山中为朱仪伯(一作相)作墨"⑦。

四是制作记述更加丰富。

宋代还出现关于墨的多部(篇)专著,如有苏易简《文房四谱·墨谱》、蔡襄《墨辨》和《文房杂评(一作文房四说)》、晁氏《墨经》、何薳《记墨》、李孝美《墨谱法式》、吴儆《墨说》、陈槱《负暄野录·论笔墨砚》等,而在《太平御览》《事类赋》《墨池编》《事物纪原》《海录碎事》《锦绣万花谷》《记纂渊海》《六帖补》《古今事文类聚》《古今合璧事类备要》等书中也专门列有相关子目,这既表明宋代的制墨备受瞩目,又反映出当时的制墨技术已经形成完善的体系。

除了制作之外,当时还非常重视墨的养护和珍藏,如《墨经》云:"大凡养新墨,纳轻器中,县(悬)风处,每丸以纸封之。恶湿气相搏,不可卧放,卧放多曲。凡蓄故墨,亦利频风日,时以手润泽之,时置于衣袖中,弥善。"⑧又如《负暄野录》曰:"藏墨当以茶蒻包之,又以绵里而入于椟,则蒸溽不

---

① 详见合肥市文物管理处:《合肥北宋马绍庭夫妻合葬墓》,《文物》1991 年第 3 期,第 31、35 页。

② 详见衢州市文管会:《浙江衢州市南宋墓出土器物》,《考古》1983 年第 11 期,第 1008 页。

③ (宋)陆友:《墨史》卷上《唐》,中华书局 1985 年版,第 24—25 页。

④ (宋)李孝美:《墨谱法式》卷中《式》,载《景印文渊阁四库全书》本,第 843 册,台湾商务印书馆 1985 年版,第 642 页。

⑤ (宋)何薳撰:《春渚纪闻》卷八《记墨·二李胶法》,张明华点校,中华书局 1983 年版,第 124 页。

⑥ (元)陆友:《墨史》卷中《宋》,中华书局 1985 年版,第 29—30 页。

⑦ (元)陆友:《墨史》卷中《宋》,中华书局 1985 年版,第 48 页。

⑧ (宋)晁氏:《墨经·养蓄》,中华书局 1985 年版,第 21 页。

能入。"①

总体来看,秦、西汉时期,人工松烟墨的生产规模不大,墨的形制尚不规则。东汉时期,随着墨模的应用,规范的墨锭出现,成为制墨技术史上的重要转折,标志着制墨技术开始走向成熟。魏晋南北朝时期,制墨过程中更加注重选烟、配料、加工等细节,标志着制墨技术逐渐成熟、完善。宋代以前,制墨原料仅以松烟为主;北宋以降,制墨原料多元化,尤其是漆烟、油烟、石油烟和混合烟的使用,成为制墨史上的重要革新。唐宋时期,制墨过程中既重视技术的传承与广播,又关注原料的选取和加工,还突出风格及式样的创新,形成精选原料、精练技艺、精创式样的成熟的完善的技术体系。元明清以降的制墨技术都是在此前技术体系基础上的进一步发展而已。

第三节　唐宋时期造纸技术的传承与革新

两汉时期,作为中国古代重要手工业门类之一的造纸业开始兴起;魏晋南北朝时期,造纸业持续发展;唐宋时期,造纸业空前繁荣,②造纸技术体系最终成熟、完善。③

造纸技术史是中国古代科技史的重要研究内容之一,以往研究中,已有学者将中国造纸技术史划分为五个阶段:第一阶段是造纸术的兴起阶段,为公元前3世纪至公元3世纪,相当于两汉时期,造纸作为新兴独立的手工业部门出现,初具技术体系的规模,但不够完备;第二阶段是造纸术发展阶段,时间上为3至6世纪,相当于魏晋南北朝时期,整个造纸生产技术体系基本定型;第三阶段是造纸术大发展阶段,6至10世纪,相当于隋唐五代时期,造纸生产技术体系定型之后,又向纵深及横广两个方面发展;第四阶段是造纸术的成熟阶段,10至14世纪,相当于宋元时期,造纸生产体系已趋成熟;第五阶段是造纸术集大成阶段,14至20世纪,相当于明清时期,持续时间最长。④

可以说,上述成果对造纸技术史的研究有积极贡献,但是在对造纸技术体系的探讨方面仍留有余地。有鉴于此,本节将通过揭示唐宋时期造纸原

① (宋)陈槱:《负暄野录》卷下《论笔墨砚》,中华书局1985年版,第10页。

② 参见陈涛:《唐宋时期造纸业重心的地理变迁》,载杜文玉主编:《唐史论丛》第12辑,三秦出版社2010年版,第403—419页。

③ 参见陈涛:《唐宋时期造纸技术的传承与革新》,载吕变庭主编:《科学史研究论丛》第5辑,科学出版社2019年版,第49—65页。

④ 参见潘吉星:《中国造纸史》,上海人民出版社2009年版,第32页。

料的变化过程,勾勒造纸技术不断成熟、完善的轨迹,并重点探讨唐宋时期造纸技术的时代特点。

一、造纸原料更加丰富

1. 隋唐五代时期造纸原料的多样

隋唐五代时期,造纸原料主要有麻类(主要原料)、皮类(楮皮、桑皮、藤皮、香树皮、檀皮等)、竹类等。

麻纸,以今四川地区为最主要产地,《唐六典》中记录有当时四方进献之物,其中纸有"益府之大小黄、白麻纸"①。杜甫《寄彭州高三十五使君适虢州岑二十七长史参三十韵》诗云:"彭门(一云天彭)剑阁外,虢略鼎湖傍。荆玉簪头冷,巴笺染翰光。乌麻蒸续晒,丹橘露应尝。岂异神仙宅,俱兼山水乡。"②其中"巴笺"当意指四川麻纸,"乌麻蒸续晒"系指麻类造纸的前工序,"即亚麻剥皮后经过蒸煮、水洗并晒干成为制浆造纸的半成品"③。

皮纸,包括藤皮纸、桑皮纸、楮皮纸、香皮纸等。藤皮纸,在魏晋南北朝时期产于今浙江嵊县,唐代产区进一步扩大,当时的杭州、衢州、婺州、信州等地皆向朝廷上贡藤纸④。由于藤皮纸质量精良,深受文人士子喜爱,唐代诗文中对此多有赞誉,如刘禹锡诗云:"波澜起剡藤。"⑤皮日休诗云:"剡纸光与月。"⑥桑皮纸,在敦煌石室中发现有隋末的《妙法莲华经》,系用桑皮纸书写⑦。楮皮纸,《华严经传记》中记载了释德圆造楮皮纸之事,释德圆,"不知氏族,天水人也,少出家,常以华严为业","修一净园,树诸榖楮,并种香草杂花,洗濯入园,溉灌香水,楮生三载,馥气氛氲",匠人"剥楮取皮,浸

---

① (唐)李林甫等撰:《唐六典》卷二〇《太府寺·右藏署》,陈仲夫点校,中华书局1992年版,第546页。

② (唐)杜甫著,(清)仇兆鳌注:《杜诗详注》卷八《寄彭州高三十五使君适虢州岑二十七长史参三十韵》,中华书局1999年版,第643页。

③ 王菊华主编:《中国古代造纸工程技术史》,山西教育出版社2006年版,第179页。

④ 详见《唐六典》卷三《尚书户部》,《元和郡县图志》卷二五《江南道一》、卷二六《江南道二》、卷二八《江南道四》,《新唐书》卷四一《地理志五》。

⑤ (唐)刘禹锡:《刘禹锡集笺证》外集卷四《牛相公见示新什谨依本韵次用以抒下情》,瞿蜕园笺证,上海古籍出版社1989年版,第1271页。或见(唐)刘禹锡撰:《刘禹锡集》卷三四《牛相公见示新什谨依本韵次用以抒下情》,卞孝萱校订,中华书局1990年版,第502页。

⑥ (唐)皮日休:《二游诗·徐诗》,载(清)彭定求等编:《全唐诗》卷六〇九,中华书局1979年版,第7028页。

⑦ 参见潘吉星:《中国造纸技术史稿》,文物出版社1979年版,第69—70页。

以沈水,护净造纸,毕岁方成".① 香皮纸,出于岭南,《北户录》云:"罗州多栈香,树身如柜柳,其花繁白,其叶似橘皮,堪捣为纸,土人号为'香皮纸',作灰白色,文如鱼子笺."②

竹纸,《唐国史补》载有"韶之竹笺"③;《北户录》在记述罗州香皮纸时,言其"小不及桑根、竹膜纸",注云:"睦州出之."④可知当时睦州产竹膜纸。

此外,还有苔纸,隋代薛道衡《咏苔纸》诗云:"昔时应春色,引渌泛清流。今来承玉管,布字转银钩."⑤

2. 宋代造纸原料的丰富

宋代,造纸原料更加丰富,主要有麻、桑、楮、藤、竹、海苔、麦茎、稻秆等类,如《文房四谱》云:"蜀中多以麻为纸,有玉屑、屑骨之号;江浙间多以嫩竹为纸;北土以桑皮为纸;剡溪以藤为纸;海人以苔为纸;浙人以麦茎、稻秆为之者,脆薄焉,以麦膏(藁)、油藤为之者,尤佳."⑥

麻纸,尤以今四川地区所产最为著名,其自唐代以来一直久负盛名,据《笺纸谱》⑦记载:"今天下皆以木肤为纸而蜀中乃尽用蔡伦法。笺纸有玉版,有贡余,有经屑,有表光。玉版、贡余杂以旧布、破履、乱麻为之,惟经屑、表光非乱麻不用."⑧赵蕃则有"麻纸敷腴色胜银"⑨之诗句。另外,真州等地也向朝廷上贡麻纸。⑩当时的官府文书多用麻纸,如"文武百官听宣读者,乃黄麻纸所书'制可'也。若自内降而不宣者,白麻纸也,故曰白麻"⑪。另如大中祥符八年(1015年)四月二十一日礼仪院言:"臣僚所进章表文字,不许使阔幅大纸修写。近日中外颇违约束,望令阁门、御史台、进奏院申戒,

① (唐)释法藏:《华严经传记》卷五《书写》,载国家图书馆分馆编:《中华佛教人物传记文献全书》第21册,线装书局2005年版,第11009—11010页。
② (唐)段公路纂,(唐)崔龟图注:《北户录》卷三《香皮纸》,中华书局1985年版,第42页。或参见(唐)刘恂:《岭表录异》卷中,鲁迅校勘,广东人民出版社1983年版,第20页。
③ (唐)李肇:《唐国史补》卷下,上海古籍出版社1979年版,第60页。
④ (唐)段公路纂,(唐)崔龟图注:《北户录》卷三《香皮纸》,中华书局1985年版,第42页。
⑤ (宋)苏易简:《文房四谱》卷四《纸谱·四之辞赋》,中华书局1985年版,第60页。
⑥ (宋)苏易简:《文房四谱》卷四《纸谱·二之造》,中华书局1985年版,第53页。
⑦ 《景印文渊阁四库全书》本和《丛书集成初编》本等,皆作"(元)费著撰《笺纸谱》"。然据有关学者考证,《笺纸谱》的成书年代"大致应在淳熙三年(1176年)至端平二年(1235年)之间",作者应为南宋袁说友。详见谢元鲁:《岁华纪丽谱等九种校释》,载《巴蜀丛书》(第1辑),巴蜀书社1988年版,第93—97页。
⑧ (宋)袁说友:《笺纸谱》,载《巴蜀丛书》(第1辑),巴蜀书社1988年版,第156页。
⑨ (宋)赵蕃:《淳熙稿》卷一八《从赵崇道求蜀纸五首之四》,载《丛书集成初编》本,第2259册,中华书局1985年版,第396页。
⑩ 详见《宋史》卷八八《地理志四》,中华书局1977年版,第2181页。
⑪ (宋)赵升撰:《朝野类要》卷四《文书·白麻》,王瑞来点校,中华书局2007年版,第84页。

除用常程表纸、三抄西川麻纸外,更不得别用展样大纸、笺纸、屑纸。"①

　　皮纸,包括桑皮纸、楮皮纸、藤皮纸等。桑皮纸主要产于北方,如"河北桑皮纸白而慢,爱糊浆,捶成,佳如古纸"②。楮皮是宋代的主要造纸原料之一,"楮,亦谓之縠,其实入药,其皮造纸,济世之用也"③。成都府广都县所产楮纸亦颇有名,"广都纸有四色:一曰假山南,二曰假荣,三曰冉村,四曰竹丝,皆以楮皮为之。其视浣花笺纸最精洁,凡公私簿书、契券、图籍、文牒,皆取给于是。广幅无粉者,谓之假山南;狭幅有粉者,谓之假荣;造于冉村曰清水;造于龙溪乡曰竹纸。蜀中经史子籍,皆以此纸传印"④。当时的纸币因以楮纸印造,故又名楮币,《夷坚支乙》中记载:"饶州东岳行宫遭火荡尽,后来草创修理,仅有屋一二十间。绍熙五年(1194年)十二月,判官孟滋同妻往谒","其妻有整治之意",后"即令工往,装绘一新,正用楮币三千"。⑤南宋以后,所用公文书牍多用札子,而"札子必以楮纸"⑥。藤皮纸,杭州(临安府)、婺州、衢州等地皆向朝廷上贡藤纸⑦。官府文书亦用藤纸,如"乾道中,李仁父为礼部郎中,洪景卢直学士院。时占城入贡,诏学士院答敕,景卢引故事,乞用金花白藤纸写诏。而仁父上言当从绍兴近例,用白藤纸作敕书"⑧。藤纸中尤以余杭县由拳村所出最为著名,"自尚书省施行事,以由拳山所造纸书押给降,下百司、监司、州军去处是也"⑨。另据考古资料可知,上海嘉定嘉祐七年(1062年)墓出土北宋中期糯米砖和皮纸:

　　　　糯米砖,数以千计,大小都不规则,一般长约18厘米、宽约16厘米、厚约6厘米。皮纸,用作包装,其量与砖同,纸的边框规整,并无粘接痕迹,应为独张,由于糯米砖已硬化故很难揭下,大约长48厘米、宽

---

①　(清)徐松辑:《宋会要辑稿》仪制七之二○,中华书局影印本1975年版,第1959页。

②　(宋)米芾:《十纸说》,载《米芾集》,湖北教育出版社2002年版,第103页。

③　(宋)郑樵撰:《通志二十略·昆虫草木略二·木类》,王树民点校,中华书局1995年版,第2016页。

④　(宋)袁说友:《笺纸谱》,载《巴蜀丛书》(第1辑),巴蜀书社1988年版,第182页。

⑤　(宋)洪迈撰:《夷坚支乙》卷七《劝善大师》,何卓点校,载《夷坚志》,中华书局1981年版,第848—849页。

⑥　(宋)施宿等:《会稽志》卷一七《纸》,载《景印文渊阁四库全书》本,第486册,台湾商务印书馆1984年版,第384页。

⑦　详见《太平寰宇记》卷九三《江南东道五》、《元丰九域志》卷五《两浙路》、《宋史》卷八八《地理志四》。

⑧　(宋)李心传撰:《建炎以来朝野杂记》甲集卷九《故事·礼官学士争诏纸》,徐规点校,中华书局2000年版,第187页。

⑨　(宋)赵升撰:《朝野类要》卷四《文书·省札》,王瑞来点校,中华书局2007年版,第85页。

22 厘米。从揭下的皮纸来看，入水不濡，年久不蛀，色泽洁白，纤维交接匀度好，纵横向拉力强，完全可与现代皮纸媲美①。

竹纸，在北宋前期，质量并不太高，据《文房四谱》记载："今江浙间有以嫩竹为纸，如作密书，无人敢拆发之，盖随手便裂，不复粘也。"②蔡襄亦曾云："吾尝禁所部不得辄用竹纸，至于狱讼未决，而案牍已零落，况可存之远久哉！"③北宋中期以后，竹纸质量不断改进。南宋时期，竹纸更是驰名中外，《会稽志》曰：

> 然今独竹纸名天下，他方效之，莫能彷佛，遂掩藤纸矣……自王荆公好用小竹纸，比今邵公样尤短小，士大夫翕然效之。建炎、绍兴以前，书柬往来，率多用焉……惟工书者独喜之，滑，一也；发墨色，二也；宜笔锋，三也；卷舒虽久，墨终不渝，四也；性不蠹，五也。东坡先生自海外归，与程得孺书云：告为买杭州程奕笔百枝、越州纸二千幅，常使及展手各半。汪圣锡尚书在成都，集故家所藏东坡帖，刻为十卷，大抵竹纸居十七八。米元章礼部著《书史》云：予尝硾越州竹，光透如金版，在由拳上，短截作轴，入笈，番覆，一日数十纸，学书。前辈贵会稽竹纸，于此可见。④

南宋时期，竹纸发展更加迅速，《淳熙三山志》记载："竹纸出古田、宁德、罗源村落间。"⑤福建建阳甚至成为竹纸印书中心之一。⑥ 此外，据纸史专家研究，宋代除用纯竹纸外，还将竹料与其他原料混合制浆造纸，这又是一项新的发明。⑦

3. 不同历史时期造纸原料的比较

通过比较不同历史时期的造纸原料（表21），我们可以发现，其中既有传承，也有变化。

---

① 王正书：《上海嘉定宋赵铸夫妇墓》，《文物》1982 年第 6 期，第 90 页。
② （宋）苏易简：《文房四谱》卷四《纸谱·三之杂说》，中华书局 1985 年版，第 55 页。
③ （宋）蔡襄撰：《蔡襄全集》卷三一《文房杂评（一作文房四说）》，陈庆元等校注，福建人民出版社 1999 年版，第 701 页。
④ （宋）施宿等：《会稽志》卷一七《纸》，载《景印文渊阁四库全书》本，第 486 册，台湾商务印书馆 1984 年版，第 384 页。
⑤ （宋）梁克家：《淳熙三山志》卷四一《土俗类三·物产·货·纸》，载《景印文渊阁四库全书》本，第 484 册，台湾商务印书馆 1984 年版，第 587 页。
⑥ 参见王菊华主编：《中国古代造纸工程技术史》，山西教育出版社 2006 年版，第 261 页。
⑦ 参见潘吉星：《中国造纸技术史稿》，文物出版社 1979 年版，第 92 页。

表 21　不同历史时期造纸原料对比表

时代	主要造纸原料
汉代	麻、树皮、弊布、鱼网
魏晋南北朝	麻、树皮、桑、藤、海苔
隋唐五代	麻、楮、桑、藤、香树皮、檀皮、竹、海苔
宋代	麻、桑、楮、藤、竹、海苔、麦茎、稻秆

自汉代至宋代,麻类和树皮自始至终都是主要造纸原料。唐宋时期,造纸原料种类增加明显,尤其是竹类成为唐代造纸的新原料,麦茎、稻秆等成为宋代造纸的新原料,这是造纸史上的重要转折,极大地开拓了原料来源,并对后世产生重要影响。

历史时期,麻纸一直是大宗用品,这是几个时代的共同特点。不同之处在于,藤纸在唐代十分盛行,至宋代已大为减少;竹纸在唐代使用不广,至宋代则日渐兴盛。

二、造纸技术的进步与纸品种类的增多

1. 隋唐五代时期的造纸技术与纸品种类

隋唐五代时期,造纸业已有比较完整的一套制作、加工程序,经历备料、蒸煮、漂洗、切碎、舂捣、打槽、捞纸、压榨、干燥等道工序。[1] 此间,造纸设备和技术再次改进,抄纸器绝大部分使用的是活动帘床纸模,根据编制纸帘子的材料不同区分为粗条帘和细条帘。纸幅进一步增大,其横长有的已接近1米。为了适应社会需求,唐纸已经明确区分为生纸和熟纸,据《邵氏闻见后录》记载,"唐人有熟纸、有生纸。熟纸,所谓研妙辉光者,其法不一;生纸,非有丧故不用"[2]。生纸就是直接从纸槽抄出后经烘干而成的未加处理过的纸,而熟纸则是对生纸经过若干加工处理后的纸。[3] 唐代生纸、熟纸的功用自不相同,张彦远在谈到装裱书画时曾言:"勿以熟纸背,必皱起;宜用白滑漫薄大幅生纸。"[4]"纸的加工主要目的在于阻塞纸面纤维间的多余毛

---

[1] 石谷风:《谈宋代以前的造纸术》,《文物》1959 年第 1 期,第 35 页。又见潘吉星:《中国造纸技术史稿》,文物出版社 1979 年版,第 71 页。

[2] (宋)邵博撰:《邵氏闻见后录》卷二八,刘德权、李剑雄点校,中华书局 1983 年版,第 218 页。

[3] 参见潘吉星:《中国造纸技术史稿》,文物出版社 1979 年版,第 80 页。

[4] (唐)张彦远:《历代名画记》卷三《论装背褾轴》,剑剑华注释,上海人民美术出版社 1964 年版,第 58 页。

细孔,以便在运笔时不致因走墨而晕染,达到书画预期的艺术效果。有效措施是砑光、拖浆、填粉、加蜡、施胶等。这样处理过的纸,就逐渐变'熟'。"①因而,在官府中,就有专门从事加工的工匠,有熟纸匠等,如"史馆有装潢直一人,熟纸匠六人"②;"崇文馆有熟纸匠三人,装潢匠五人"③;"弘文馆有熟纸装潢匠九人"④;"秘书省有熟纸匠、装潢匠各十人"⑤。另外,唐代已出现多种染色纸,名为"彩笺""花笺""云笺"等,其制造方法有"浸染法、拖染法、刷色法、撒压花瓣法、洒粘金箔粉与云母粉法等","还有一种在水面形成表面张力后洒以颜色,用生纸蒙水面吸色产生云状浅色纹,则每张花色图案各不相同"⑥。制作之外,当时还特别重视纸的养护,《文房宝饰》曰:"养纸以芙蓉粉惜其色。"⑦

　　这一时期,纸品种类甚多,据《清秘藏》记载:"唐有短白帘硬黄纸、粉蜡纸、布纸、藤角纸、麻纸(有黄白二色)、桑皮纸、桑根纸、鸡林纸、苔纸、建中女儿青纸、卵纸(一名卵品,晃滑如镜面,笔至上多退,非善书者不敢用)。"⑧其中,名品甚多,《唐国史补》中记载:"纸则有越之剡藤苔笺,蜀之麻面、屑末、滑石、金花、长麻、鱼子、十色笺,扬之六合笺,韶之竹笺,蒲之白薄、重抄,临川之滑薄。又宋亳间有织成界道绢素,谓之乌丝栏、朱丝栏,又有茧纸。"⑨唐代是藤纸的极盛时期,舒元舆"过数十百郡,泊东洛、西雍,历见言文书者,皆以剡纸相夸"⑩。此间,蜀纸(蜀笺)亦名擅天下,其"古已有名,至唐而后盛,至薛涛而后精"⑪。文人士子对蜀纸多有咏赞,如鲍溶诗

①　潘吉星:《中国造纸技术史稿》,文物出版社1979年版,第81页。
②　(后晋)刘昫等:《旧唐书》卷四三《职官志二》,中华书局1975年版,第1853页。
③　(后晋)刘昫等:《旧唐书》卷四四《职官志三》,中华书局1975年版,第1908页。
④　(唐)李林甫等撰:《唐六典》卷八《门下省·弘文馆》,陈仲夫点校,中华书局1992年版,第255页。
⑤　(唐)李林甫等撰:《唐六典》卷一〇《秘书省》,陈仲夫点校,中华书局1992年版,第298页。
⑥　王菊华主编:《中国古代造纸工程技术史》,山西教育出版社2006年版,第183页。
⑦　(后唐)冯贽撰:《云仙散录·芙蓉粉》引《文房宝饰》,张力伟点校,中华书局2008年版,第29页。
⑧　(明)张应文:《清秘藏》卷上《论纸》,载《景印文渊阁四库全书》本,第872册,台湾商务印书馆1985年版,第15页。
⑨　(唐)李肇:《唐国史补》卷下,上海古籍出版社1979年版,第60页。
⑩　(唐)舒元舆:《悲剡溪古藤文》,载(清)董诰等编:《全唐文》卷七二七,中华书局影印本1983年版,第7495页。
⑪　(明)何宇度:《益部谈资》卷中,载《丛书集成初编》本,第3190册,中华书局1985年版,第14页。

云：“蜀川笺纸彩云初”①；姚合诗云：“题诗应费益州笺”②；唐彦谦诗云：“蜀纸裁深色”③；齐己诗云：“精光动蜀笺”④；等等。此外，唐代纸中名品尚有班石文纸、云蓝纸等。唐玄宗时，兰陵人萧诚“善造班石文纸，用西山野麻及虢州土谷，五色光滑”⑤。段成式在九江出意造“云蓝纸”⑥。

五代十国时期，纸中名品亦颇多，北方地区有五色笺，据《清异录》记载：“姚顗（后唐长兴四年（933 年）拜相）子侄善造五色笺，光紧精华。砑纸版乃沉香，刻山水林木、折枝花果、狮凤虫鱼、寿星八仙、钟鼎文，幅幅不同，文缕奇细，号‘砑光小本’。”⑦南方地区有澄心堂纸、川蜀笺纸等。据《通雅》记载：“南唐有澄心堂纸，细薄光润，为一时之甲。”⑧南唐后主李煜“留意笔札，所用澄心堂纸、李廷珪墨、龙尾石砚三物为天下之冠”⑨。正由于澄心堂纸品质好，非常名贵，故而“江南李氏有国日，百金不许市一枚”⑩。宋人韩维诗云：“江南国土未破前，澄心名纸世已传。”⑪至宋代，澄心堂纸仍然备受珍视，“宋诸名公写字，及李伯时画，多用此纸”⑫。川蜀笺纸中著名的有霞光笺、百韵笺、学士笺等，据史书记载，前蜀后主王衍曾以“霞光笺五百幅赐金堂，今张蠙霞光即深红笺也”，而百韵笺之名源自“以其幅长可写百韵诗”，学士笺则“比百韵较短”⑬。

①　（唐）鲍溶：《寄王璠侍御求蜀笺》，载（清）彭定求等编：《全唐诗》卷四八七，中华书局 1979 年版，第 5537 页。

②　（唐）姚合：《寄主客刘郎中》，载（清）彭定求等编：《全唐诗》卷四九七，中华书局 1979 年版，第 5646 页。

③　（唐）唐彦谦：《红叶》，载（清）彭定求等编：《全唐诗》卷六七二，中华书局 1979 年版，第 7691 页。

④　（唐）齐己：《谢人墨》，载（清）彭定求等编：《全唐诗》卷八四〇，中华书局 1979 年版，第 9478 页。

⑤　（唐）张彦远：《法书要录》卷六《述书赋下》，人民美术出版社 1984 年版，第 205 页。

⑥　（唐）段成式：《寄温飞卿笺纸》，载（清）彭定求等编：《全唐诗》卷五八四，中华书局 1979 年版，第 6767 页。

⑦　（宋）陶穀：《清异录》卷下《文用门·砑光小本》，载朱易安、傅璇琮等主编：《全宋笔记》第一编（二），大象出版社 2003 年版，第 92 页。

⑧　（明）方以智：《通雅》卷三二《器用·纸》，载侯外庐主编：《方以智全书》第 1 册（下），上海古籍出版社 1989 年版，第 989 页。

⑨　（宋）王辟之撰：《渑水燕谈录》卷八《事志》，吕友仁点校，中华书局 1997 年版，第 97 页。

⑩　（宋）梅尧臣：《梅尧臣集编年校注》卷一〇《永叔寄澄心堂纸二幅》，朱东润编年校注，上海古籍出版社 1980 年版，第 156 页。

⑪　（宋）韩维：《奉同原甫赋澄心堂纸》，载《全宋诗》卷四二〇，第 8 册，北京大学出版社 1992 年版，第 5156 页。

⑫　（明）屠隆：《考槃徐事》卷二《纸笺·宋纸》，载《丛书集成初编》本，第 1559 册，中华书局 1985 年版，第 36 页。

⑬　（明）何宇度：《益部谈资》卷中，中华书局 1985 年版，第 15 页。

2. 宋代的造纸技术与纸品种类

宋代,造纸技术相比前代有了更大进步,主要表现在以下六个方面①。

第一,竹纸制造技术的突破。宋代以前,"造纸原料以麻桑楮藤等长纤维为主,这一类纤维抄纸(除了纸帐、纸被等外)之前要在备料、打浆(剉、舂捣)时适当切短,打浆强度较大"。而竹纸纤维短,"纤维细胞壁较厚,纤维结合力低","若按对皮纸的打浆方法与强度来打浆,则纤维被切更短,成纸拉力差",就会出现"纸脆易断的缺点"。宋代采用捶打工艺,使更多的纤维紧密结合,提高了纸的强度,"改善了竹纸性能"。②

第二,水碓打浆的推广。"所谓水碓是靠水力使叶轮旋转,然后再通过齿轮等传动装置,将旋转运动变为直线运动,带动碓头捣料。"③宋代,充分利用自然条件,采用水碓打浆造纸,不仅扩大了造纸规模和产量,而且节省了人力、保证了质量。

第三,纸药种类的丰富。在抄纸前,向纸浆中添加纸药,有利于提高纸的质量。宋代,纸药种类不断丰富,据《癸辛杂识》记载:"凡撩纸,必用黄蜀葵梗叶新捣,方可以撩,无则沾粘不可以揭。如无黄葵,则用杨桃藤、槿叶、野蒲萄皆可,但取其不粘也。"④从中可知,当时的纸药有黄蜀葵、杨桃藤、槿叶、野葡萄等类。

第四,抄纸技术的发展。宋代,抄纸器和抄纸技术日益进步。不过,由于南北抄纸器不同,纸纹亦不同,《洞天清录集》云:"北纸用横帘造纸,纹必横,又其质松而厚。""南纸用竖帘,纹必竖。"⑤当时,已经能够制造出巨幅的"匹纸",如《考槃馀事》云:"有匹纸长三丈至五丈,陶穀家藏数幅,长如匹练,名鄱阳白。"⑥关于大幅匹纸的制作过程,《文房四谱》中有详细记载:"黟、歙间多良纸,有凝霜、澄心之号。复有长者,可五十尺为一幅。盖歙民数日理其楮,然后于长船中以浸之,数十夫举抄以抄之,傍一夫以鼓而节之。

---

① 关于宋代的造纸技术,相关学者已有专门研究,笔者主要是参考了这些成果。详见潘吉星:《中国造纸技术史稿》,文物出版社 1979 年版,第 103—107 页;王菊华主编:《中国古代造纸工程技术史》,山西教育出版社 2006 年版,第 266—274 页;漆侠:《中国经济通史·宋代经济卷》,经济日报出版社 1999 年版,第 800—801 页;[日]斯波义信:《宋代商业史研究》,庄景辉译,稻乡出版社 1997 年版,第 233—239 页;胡小鹏:《中国手工业经济通史·宋元卷》,福建人民出版社 2004 年版,第 454—457 页;葛金芳:《南宋手工业史》,上海古籍出版社 2008 年版,第 243—245 页。

② 王菊华主编:《中国古代造纸工程技术史》,山西教育出版社 2006 年版,第 263 页。

③ 潘吉星:《中国造纸技术史稿》,文物出版社 1979 年版,第 103 页。

④ (宋)周密撰:《癸辛杂识》续集卷下《撩纸》,吴企明点校,中华书局 1988 年版,第 213 页。

⑤ (宋)赵希鹄:《洞天清录集·古翰墨真迹辩》,中华书局 1985 年版,第 18 页。

⑥ (明)屠隆:《考槃馀事》卷二《纸笺·宋纸》,中华书局 1985 年版,第 36 页。

于是以大薰笼周而焙之，不上于墙壁也。由是自首至尾，匀薄如一。"①从中可见，黟、歙间大幅匹纸有五十尺长，以楮皮等为原料，经长时间备料，方才抄纸，抄纸系数十人合作进行，另有一人击鼓指挥，以保证举帘操作同步。抄出的湿纸幅经专门设计的大薰笼焙干后，成纸厚度均匀。②

第五，纸张厚薄加工技术的提高。纸张的厚薄是造纸技术水平高低的重要标志之一。宋代，既能制造薄纸，也能加工厚纸。由于当时造纸原料纤维分散均匀且悬浮良好，加之造纸工艺精湛、水碓打浆、使用纸药，故在纸帘上浆时可使纸浆很薄且纤维分布均匀，抄成湿纸页后，纸虽薄，但揭纸容易分离。③这种薄纸，在诸多方面都有使用，如《燕翼诒谋录》云：宋代，铨试弊端其多，"承平时，假手者用薄纸书所为文，揉成团，名曰'纸球'，公然货卖"④。宋代的书画及官私文牒已用多层的厚纸，即将压榨的湿纸页揭成双张或三张后烘干，遂为2至3层的厚纸。⑤据明人张萱曰："余幸获校秘阁书籍，每见宋板书多以官府文牒翻其背以印行者，如《治平类篇》一部四十卷，皆元符二年（1099年）及崇宁五年（1106年）公私文牒笺启之故纸也。其纸极坚厚，背面光泽如一，故可两用。"⑥宋代，有的纸产地在制造厚薄纸方面，已有地区分工，如《淳熙三山志》云："薄藤纸出侯官赤岸，厚藤纸出福辜岭。"⑦此外，宋代各地的造纸技术也相互交流，厚纸与薄纸的制造时有变化，据《笺纸谱》记载："蜀笺体重，一夫之力仅能荷五百番。""然徽纸、池纸、竹纸在蜀，蜀人爱其轻细，客贩至成都，每番视川笺价几三倍。"因此，蜀笺遂效仿徽纸制法作薄纸，"澄心堂纸，取李氏澄心堂样制也，盖表光之所轻脆而精绝者。中等则名曰玉冰纸，最下者曰冷金笺"⑧。

第六，纸张染色砑花技术的完善。宋纸的染色和砑花技术在前代的基础上逐渐完善，如"宋颜方叔尝创制诸色笺，有杏红、露桃红、天水碧，俱砑花竹、麟羽、山林、人物，精妙如画，亦有金缕五色描成者，士夫甚珍之"⑨。

---

① （宋）苏易简：《文房四谱》卷四《纸谱·二之造》，中华书局1985年版，第53页。
② 详见王菊华主编：《中国古代造纸工程技术史》，山西教育出版社2006年版，第267页。
③ 详见王菊华主编：《中国古代造纸工程技术史》，山西教育出版社2006年版，第268—269页。
④ （宋）王林撰：《燕翼诒谋录》卷一，诚刚点校，中华书局1981年版，第2—3页。
⑤ 详见王菊华主编：《中国古代造纸工程技术史》，山西教育出版社2006年版，第269页。
⑥ （明）张萱：《疑耀》卷三《宋纸背面皆可书》，载《景印文渊阁四库全书》本，第856册，台湾商务印书馆1985年版，第215页。
⑦ （宋）梁克家：《淳熙三山志》卷四一《土俗类三·物产·货·纸》，载《景印文渊阁四库全书》本，第484册，台湾商务印书馆1984年版，第587页。
⑧ （宋）袁说友：《笺纸谱》，载《巴蜀丛书》（第1辑），巴蜀书社1988年版，第178、180页。
⑨ （明）陈继儒：《妮古录》卷二，载《丛书集成初编》本，第1558册，中华书局1985年版，第25页。

《文房四谱》中专门记载了蜀地十色笺的制造方法：

> 蜀人造十色笺，凡十幅为一榻，每幅之尾必以竹夹夹之，和十色水逐榻以染。当染之际，弃置捶埋，堆盈左右，不胜其委顿，逮干，则光彩相宣，不可名也。然逐幅于方版之上研之，则隐起花木麟鸾，千状万态。又以细布，先以面浆胶令劲挺，隐出其文者，谓之鱼子笺，又谓之罗笺。今剡溪亦有焉。亦有作败面糊，和以五色，以纸曳过令沾濡，流离可爱，谓之流沙笺。亦有煮皂荚子膏并巴豆油，傅于水面，能点墨或丹青于上，以姜揾之则散，以狸须拂头垢引之则聚，然后画之为人物，研之为云霞及鸷鸟翎羽之状，繁缛可爱，以纸布其上而受采焉。必须虚窗幽室，明盘净水，澄神虑而制之，则臻其妙也。①

从中可见，当时的制造方法非常精湛。

这一时期，各地造纸有显著的地域性，"纸则麻楮藤竹，随其地产所宜"②。因此，纸品种类相比前代更加繁多，明人屠隆《考槃徐事》中记载有澄心堂纸、乌丝栏、歙纸、黄白经笺、碧云春树笺、龙凤笺、团花笺、金花笺、藤白纸、观音帘纸、鹄白纸、蚕茧纸、竹纸、大笺纸、彩色粉笺等③类。日本学者斯波义信曾对宋代各地的纸品种类做了详细统计④，其中越州有藤纸、竹纸（姚黄、学士、邵公、常使、展手）、敲冰纸、剡藤、剡纸、剡锤、剡溪玉叶纸、澄心堂纸、玉版纸、罗笺、竹纸、越薄纸、越陶竹等；徽州有垂纸、绩溪纸、麦光、白滑、冰翼、凝霜、龙须纸、上贡七色纸（常样、降样、大抄京运、三抄京运、小抄）、学士院纸、右曹纸、盐钞纸、引纸、澄心堂纸等；成都府有薛涛十色笺、染色笺、笺纸、蜀牌、布头笺、松花牌、薛涛牌、十样蛮笺、彩霞金粉、蜀中藤纸、松花纸、杂色流沙纸、龙凤纸、绫纹纸、十色笺、鱼子笺、罗笺、玉屑、屑骨、玉版、贡余、经屑、表光、薛涛笺、谢公十色笺、浣花笺（玉版、表光、百韵笺、青白笺、学士笺、小学士笺、假苏笺、澄心堂、玉水纸、冷金笺、广都纸、假山南、假荣、冉存、竹纸、双流纸）、蜀笺（松花纸、金沙纸、流沙纸、彩霞纸、金粉纸、龙凤纸、桃花令金）等。

此间，纸中名品甚多，如《负暄野录》云：

---

① （宋）苏易简：《文房四谱》卷四《纸谱·二之造》，中华书局1985年版，第53页。
② （宋）黄庭坚：《黄庭坚全集》外集卷二四《笔说》，刘琳等校点，四川大学出版社2001年版，第1431页。
③ 参见（明）屠隆：《考槃徐事》卷二《纸笺·宋纸》，中华书局1985年版，第36—37页。
④ 详见［日］斯波义信：《宋代商业史研究》，庄景辉译，稻乡出版社1997年版，第240—242页。

布縷为纸,今蜀笺犹多用之。……古称剡藤,本以越溪为胜。今越之竹纸,甲于他处,而藤乃独推抚之清江。清江佳处,在于坚滑而不留墨。新安玉版,色理极腻白,然质性颇易软弱。今士大夫多糯而后用,既光且坚,用得其法,藏久亦不蒸蠹。又吴人取越竹,以梅天水淋晾令稍干,反复硾之,使浮茸去尽,筋骨莹澈,是谓春膏,其色如蜡,若以佳墨作字,其光可鉴,故吴笺近出,而遂与蜀产抗衡。江南旧称澄心堂纸,今亦有造者,然为吴蜀笺所掩,遂不盛行于时。①

　　《负暄野录》中提到流行的名纸有蜀笺、越州竹纸、江东纸和吴笺等。其中蜀笺(又称为川笺、巴笺、蜀纸、川纸等)自唐代以来一直受到文人青睐,宋代时仍很流行,如赵蕃《从赵崇道求蜀纸五首》之三诗云:"人伪区区信日穷,楮藤苔竹互争雄。自从蜀纸东南见,凡马真成一洗空。"②越州竹纸又有多种品类,"上品有三:曰姚黄,曰学士,曰邵公,三等皆又有名。展手者,其修如常而广倍之③。米芾对越州竹纸十分赞赏,作诗云:"越筠万杵如金板,安用杭油与池茧。高压巴郡乌丝栏,平欺泽国清华练。"④吴笺(又称为苏笺、姑苏纸等)在宋代非常有名,《吴郡志》记载:"彩笺,吴中所造,名闻四方。"⑤其深受文人士大夫喜爱,如张镃诗云:"苏州粉笺美如花,萍文霜粒古所夸。近年专制浅蜡色,软玉莹腻无纤瑕。"⑥江东是宋代最大的造纸业中心,歙州(徽州)是江东纸的著名产地,出产名纸品类有"麦光、白滑、冰翼、凝霜之目",纸名则有"所谓进劄、殿劄、玉版观音、京帘堂劄之类"⑦。时人有言:"有钱莫买金,多买江东纸。江东纸白如春云。"⑧江东宣州的宣纸在唐代已经驰名海内,除向朝廷岁贡之外,更是受到喜好书法之人的格外

①　(宋)陈槱:《负暄野录》卷下《论纸品》,中华书局 1985 年版,第 11 页。

②　(宋)赵蕃:《淳熙稿》卷一八,中华书局 1985 年版,第 395 页。

③　(宋)施宿等:《会稽志》卷一七《纸》,载《景印文渊阁四库全书》本,第 486 册,台湾商务印书馆 1984 年版,第 384 页。

④　北京大学古文学研究所编:《全宋诗》卷一〇七五《硾越竹学书作诗寄薛绍彭刘泾》,第 18 册,北京大学出版社 1995 年版,第 12241 页。

⑤　(宋)范成大撰:《吴郡志》卷二九《土物》,陆振岳点校,江苏古籍出版社 1999 年版,第 428 页。

⑥　北京大学古文学研究所编:《全宋诗》卷二六八二《寄春膏笺与何同叔监簿因成古体》,第 50 册,北京大学出版社 1998 年版,第 31549 页。

⑦　(明)彭泽:《弘治徽州府志》卷二《食货一·土产·纸》,载《天一阁藏明代方志选刊》第 21 册,上海古籍书店影印本 1982 年版。

⑧　(宋)王令:《王令集》卷三《再寄满子权二首之一》,沈文倬校点,上海古籍出版社 1980 年版,第 44 页。或见(宋)王令:《再寄满子权二首之一》,载《全宋诗》卷六九三,第 12 册,北京大学出版社 1993 年版,第 8089 页。

重视,据唐人张彦远《历代名画记》记载:"江南地润无尘,人多精艺","好事家宜置宣纸百幅,用法蜡之,以备摹写"。① 及至宋代,宣纸需求量进一步增加,以至于供不应求,宋神宗时,"诏降宣纸式下杭州,岁造五万番。自今公移常用纸,长短广狭,毋得用宣纸相乱"②。宋代以后,宣纸在书画界更是名震海内,取得垄断天下的地位。③ 此外,温州蠲纸在当时也非常有名,宋人钱康公《植跋简谈》云:"温州作蠲纸,洁白坚滑,大略类高丽纸。东南出纸处最多,此当为第一焉,自余皆出其下。"④

这一时期还出现关于纸的多部(篇)专著,如有苏易简《文房四谱·纸谱》、欧阳修《峡州河中纸说》、蔡襄《文房杂评(一作文房四说)》、米芾《十纸说》、陈槱《负暄野录·论纸品》、袁说友《笺纸谱》等,而在《太平御览》《事类赋》《墨池编》《事物纪原》《海录碎事》《锦绣万花谷》《记纂渊海》《六帖补》《古今事文类聚》《古今合璧事类备要》等书中也专门列有目,这既表明宋代的造纸业备受瞩目,又反映出当时的造纸技术已经形成完善的体系。

总的来看,西汉时期,开始用麻类造纸,但是造纸技术还比较有限。东汉时期,随着造纸术的不断改进,麻类和树皮作为主要造纸原料,成为造纸技术史上的重要转折,标志着造纸技术开始走向成熟。魏晋南北朝时期,已经出现纸药技术、施胶技术、抄纸技术、纸张染色技术等,标志着造纸技术逐渐成熟、完善。唐宋时期,竹类、麦茎、稻秆等成为造纸的新原料,这是造纸史上的又一次重要转折,极大地开拓了原料来源,成为造纸史上的重要革新。而造纸过程中也形成了关注原料及纸药的选用、重视技术及工艺的传承与改进、突出纸品种类及式样的创新等一整套成熟的完善的技术体系。元明清以降的造纸技术都是在此前技术体系基础上的进一步发展而已。

第四节 唐宋时期制砚技术的传承与革新

秦汉时期,作为中国古代重要手工业门类之一的制砚业开始兴起。魏

---

① (唐)张彦远:《历代名画记》卷二《论画体工用揭写》,俞剑华注释,上海人民美术出版社1964年版,第40页。

② (宋)李焘:《续资治通鉴长编》卷二五四《神宗》"熙宁七年(1074年)六月"条,中华书局2004年版,第6212页。

③ 参见王赛时:《唐宋时期皖南的造纸业》,《志苑》1993年第2期,第14页。

④ (宋)钱康公:《植跋简谈》,载(明)陶宗仪等编:《说郛三种》卷二〇,上海古籍出版社影印本1988年版,第374页。

晋南北朝时期,制砚业持续发展。① 唐宋时期,制砚业空前繁荣②,制砚技术体系最终成熟、完善③。

制砚技术史是中国古代科技史的重要研究内容之一,而以往学界对此关注不够。本节将通过揭示唐宋时期制砚原料的变化过程,勾勒制砚技术不断成熟、完善的轨迹,并重点探讨唐宋时期制砚技术的时代特点。

一、砚种类日益多样

1. 隋唐五代时期砚的种类

隋唐五代时期,砚的种类较前代又有增加,式样更趋艺术化,制作愈加精美。据文献记载及考古资料(表 22)可知,此间,砚的种类有玉砚、银砚、铁砚、漆砚、骨砚、琉璃砚、砖砚、瓦砚、陶砚、瓷砚、澄泥砚、石砚等。

表 22　隋唐五代时期砚出土情况统计表

年代	出土地点	出土实物	形制	资料来源	备注
隋代初期	湖北武昌	青瓷砚 1 件	高 4.7 厘米、宽 15 厘米,中部作弧状隆起,周呈凹槽状,方唇侈口,腹壁凸出,底部内凹,六乳足,足均向外撇,施褐色釉,釉薄,色泽光亮精美	《考古》1994.11	
隋代	山西太原	青瓷砚 1 件(176B)	稍残,高 3.5 厘米、直径 7.2 厘米,圆形,砚面直径 4.8 厘米,外有凹槽一周,外壁上部饰联珠纹一周,下有六个蹲跪的力士,力士间饰以忍冬花纹,底部略外撇,通体施青釉,底部与砚面无釉	《文物》1992.10	墓主卒于开皇十五年(595年),开皇十七年葬于太原

---

① 参见陈涛:《秦汉魏晋南北朝时期的制砚业》,《五邑大学学报》(社会科学版)2014 年第 1 期,第 56—60 页。

② 参见陈涛:《隋唐五代时期的制砚业》,《中国社会经济史研究》2012 年第 4 期,第 10—18 页;《宋代的制砚业》,载姜锡东主编:《宋史研究论丛》第 16 辑,河北大学出版社 2015 年版,第 121—147 页。

③ 参见陈涛:《唐宋时期制砚技术的传承与革新》,载吕变庭主编:《科学史研究论丛》第 7 辑,科学出版社 2021 年版,第 107—117 页。

续表

年代	出土地点	出土实物	形制	资料来源	备注
隋代	福建惠安	陶砚 2 件	白陶,圆形,砚心稍凸起,砚底内凹,砚下有四个小乳足,M2:4,直径 10 厘米、高 3 厘米	《考古》1998.11	墓砖铭文为"开皇十七年(597 年)十一月十二日"
隋代	安徽亳县	白瓷砚 1 件	辟雍砚,高 2.7 厘米	《考古》1977.1	开皇二十年(600 年)迁葬
隋代	陕西西安	黄釉五足瓷砚 1 件	圆形,黄釉,砚面凸起(未施釉),周围有水槽,底部有五个柱形足,高 3.5 厘米、直径 13.5 厘米,现藏陕西省博物馆	《文物》1965.7	大业七年(611 年)
		影青釉瓷砚 1 件	圆形,影青釉,底部凹下,周围有十六柱相连圈足,砚面凸起(未施釉),周围有水槽,高 4.5 厘米、直径 11.8 厘米,现藏陕西省博物馆		大业十二年(616 年)
隋代	江西清江	青瓷砚 2 件	圆形,下有五乳足,池心稍隆起,环水槽较深,砚侧饰凹弦纹一周,池心和底部素胎,通高 3 厘米、直径 9 厘米	《考古》1977.2	
		青瓷砚 1 件	高 3.3 厘米、直径 9.5 厘米		大业七年(611 年)
隋代	湖北武汉	陶砚 1 件(M29:10)	灰陶,方形,下有八足,高 2.3 厘米、宽 6.5 厘米	《考古》1983.9	大业年间(605—617 年)
隋代	陕西西安	瓷砚 1 件	胎青色,釉褐色	《文物参考资料》1957.8	

年代	出土地点	出土实物	形制	资料来源	备注
隋代	湖南长沙	陶砚 3 件	分二式：I 式 2 件,1 件（4：5）,圆形,池心凸出,有 5 个水滴状足,胎土黄色,夹细砂,池外边沿施酱色釉,口径 14.7 厘米、高 4.2 厘米；Ⅱ式 1 件（7：1）,圆形,下为镂孔圈足,黄绿色釉,口径 14.5 厘米、高 5 厘米	《考古学报》1959.3	
隋代		陶砚 1 件	长 17.9 厘米、宽 13.7 厘米、通高 3.8 厘米、深 2 厘米	《文物》1964.3	
隋代	湖南长沙	青瓷砚 1 件	出于长沙黄泥坑第 95 号墓,火候高,质坚,为多柱圈足辟雍圆形砚,砚面、底及圈足内部均露胎,呈黄白色,砚面略向上凸,四周有水槽,圈足有二十一柱,水槽及砚身施青黄色釉,有冰裂纹,口径 14.3 厘米、座径 15.5 厘米、通高 4.5 厘米、深 1 厘米,现藏湖南省博物馆	《文物》1965.12	
隋代	河南安阳	瓷砚 1 件（标本 110）	有盖,圆形,尖圆式纽,砚口圆形,直领,砚内面微上凸,周有凹槽,砚底部有间隔相等的十七个马蹄形足圈成一周,砚面及底部未施釉,余满施淡青色釉,微泛白色,釉色明亮而有光泽,有细开片,通高 10.1 厘米、口径 11.4 厘米、沿深 1.1 厘米、足高 3.6 厘米	《考古》1992.1	

续表

年代	出土地点	出土实物	形制	资料来源	备注
隋代	山东兖州	瓷砚1件	青瓷质,圆形,小开片呈冰裂纹状,砚面呈辟雍形,有砚墙、水池,中间为雍台,略凹,台面粗糙,有斑点,以便研墨,台四周呈斜坡状伸向水池,与砚墙相连,斜坡四周上面有印纹八组,如水鸟啄鱼图,砚下部由二十八个高浮雕象头组成圈足,砚外部施青袖,通高9厘米、口径20厘米、底径28厘米	《考古》1995.9	
隋代	陕西西安	白瓷辟雍砚1件（M37：12）	平面呈圆形,16足带托,通高5.8厘米、面径7.6厘米、底径13.6厘米	《考古与文物》2010.3	

年代	出土地点	出土实物	形制	资料来源	备注
隋代	江西吉水	瓷砚5件	M2:10,圆形,直壁,砚心微凸,外底周边较平、中心略凹,下接五乳足,深灰色胎,青黄色釉,釉面开细冰裂纹,砚心和外底心不施釉,高4.8厘米、口径15.3厘米;M11:17,圆形,直壁,砚心骤然突起,下接八个圆蹄足,灰色胎,釉已全部脱落,内外底心不施釉,口径17.2厘米、高6.5厘米;M21:2,已修复,圆形,直壁,砚心渐凸,下接四乳足,深灰色胎,青褐色釉,脱釉严重,仅内、外底心不施釉,口径11.8厘米、高3.8厘米;M4:2,圆形,直壁,砚心凸起,下有五乳足,深灰色胎,釉层已脱落,仅内、外底心不施釉,高5.2厘米、口径14.6厘米;M1:10,圆形,直壁,砚心骤凸,环四周有浅水槽,底接四乳足,深灰色胎,青黄色釉,脱釉严重,仅内、外底心不施釉,口径11.3厘米、高3.7厘米	《文物》2014.2	
隋代	陕西西安	陶砚1件(M1:113)	呈圆形,中心砚台凸起,砚面内凹,四周为环形砚池,下附5个蹄形足,灰陶胎,口径15厘米、高6厘米	《文物》2018.1	
隋末唐初	江苏扬州	青釉辟雍砚1件 三彩小辟雍砚1件	青釉辟雍砚有19足,为洪州窑产品,隋末唐初的典型器物,随后砚足的数量逐渐减少	《考古》2014.7	隋炀帝萧后墓出土
隋代至唐初	广东英德、连阳	青釉十足陶砚1件	盘表的边缘与底施釉,径20厘米	《考古》1961.3	

年代	出土地点	出土实物	形制	资料来源	备注
隋代至唐初	山东枣庄	瓷砚 2 件	胎体厚重,质细腻,灰白色或青灰色,圆形多足,青釉,C1:21,方唇,敞口,砚面中部隆起,沿下饰一周突棱,高圈足,足上贴约二十二个蹄形足,口径约 18.4 厘米、高 7.4 厘米	《考古学报》1989.3	
隋代至唐代		青瓷多足大圆砚 1 件	通高 12.1 厘米、面径 29.1 厘米、足径 32.8 厘米	《文物》1964.3	
		兽面多足大陶砚 1 件	通高 12.9 厘米、面径 21 厘米、足径 33.7 厘米		
隋末至唐代中期	湖南郴州	陶砚 1 件 (J1:23)	龟状,平面呈椭圆形,龟背面为砚池,前侧排列三个小水池,中为椭圆,两侧为圆形,龟头及四足残缺,质地细腻坚硬,为陶质砚,残长 11.6 厘米、残高 3.6 厘米	《考古》1987.2	
隋唐时期	湖南长沙	石砚 1 件	呈梯形,小端厚而大端薄,大处有敞口,口底有方形足两个,使之与厚端等高,使墨汁不致外流	《考古通讯》1958.5	

续表

年代	出土地点	出土实物	形制	资料来源	备注
隋唐时期	山东曲阜、泗水	瓷砚	出于宋家村和尹家城窑址,圆形,方唇,直口微内敛,砚面隆出,周有槽,口沿下有一周突棱,其下贴附若干模制足,砚面无釉,其余部位均施青釉,根据足部的不同,可分三式: I式　狮首人身足砚,狮首,头顶生角,鬣毛长竖,瞋目隆鼻,双唇紧闭,人身裸体,乳、腹丰满高凸,呈跪坐状,双手握拳抵于腿上,灰白胎,火候高,质坚硬,釉色淡青。QS:68,狮首人身砚足的下部残缺,上部贴附于一段残砚上;QS:55,系一完整的砚足 II式　花蕾足砚,花蕾饱满肥硕,蒂残,白胎,质较软,釉色青黄,有脱釉现象。QS:67,砚面直径约24厘米 III式　蹲狮足砚,SY:28,口沿下突棱成连珠带状,外壁贴有模制圆形狮首和蹲狮形足,狮首呈图案形,鬣毛卷曲,生动逼真,左下部残,蹲狮造型雄健,足端残,胎体厚重,呈灰白色,釉汁较厚,不甚均匀,釉厚处呈青绿色,其余青黄	《考古》1985.1	I、II式砚的烧造年代为隋代;III式砚的烧造年代为隋末至唐初
隋唐时期	陕西西安	箕形陶砚1件（M4:4）	泥质灰陶,砚形后窄前宽,墨堂后低前翘,砚底后端落地,前端瓜蒂形双足支撑,长9.5厘米、宽7.5厘米、高2.2厘米	《考古与文物》2010.3	

年代	出土地点	出土实物	形制	资料来源	备注
唐代初期	广西全州	青瓷砚 1 件（M1:9）	圆形,砚面中间隆起,周围有水槽,圈足,足周围镂五个大小相同的半月形孔,孔与孔之间刻划四至六根斜线纹,除砚面外皆挂青黄釉,釉色青中泛黄,厚薄不一,有釉泪痕,釉层开细小冰裂纹,器胎灰白色,质地坚硬,烧制火候很高,通高 5 厘米、面径 15.3 厘米、底径 16.5 厘米	《考古》1987.3	贞观十二年(638年)
唐代初期	广西兴安	瓷砚 1 件（M1:2）	圆形,砚盘敞口,砚面中间隆起,与盘沿平,砚面平整、光滑,周围有水槽,砚底内凹,下有八乳足,除砚面以外,器物表面均挂釉,釉层较厚,且不均匀,有泪痕,高 8 厘米、面径 17 厘米、口径 21.8 厘米	《考古》1996.8	墓砖铭文为"贞观十五年(641年)"
唐代初期	广西桂林	瓷砚 3 件	面微凹,圈足,周围有五至七个不规则小镂孔,孔之间刻划三至七道斜线纹,除砚面外,均施青釉或青黄釉,前者釉色均匀光亮,开细片,后者薄厚不匀,有釉泪痕,胎灰白色,质地坚硬,火候较高,Y1 ①: 20,面径 11.2 厘米、高 5.1 厘米	《考古学报》1994.4	
唐代早期	福建福州	青瓷四足砚 1 件（M1:10）	盘形砚,台面鼓起与盘沿齐平,内一周稍低,平底内凹,下附四扁圆锥足,施青绿釉,盘芯及外底无釉,稍有变形,口径 12 厘米、底径 12 厘米、高 3.2 厘米	《福建文博》2012.4	

年代	出土地点	出土实物	形制	资料来源	备注
唐代前期	四川万县	瓷砚 1 件	形似圆盘状,砚内四周有一道凹槽,腹心微上凸,兽蹄足十二只,底微上凹,不施釉,面径 5 厘米、高 1.8 厘米	《考古学报》1980.4	墓主冉仁才卒于永徽三年(652 年),五年(654 年)归葬万州
唐代前期	陕西西安	瓷砚 1 件	半残,圆形,下面有十六个蹄足,施青釉,高 3.5 厘米、面径 11.5 厘米	《文物》1959.3	墓主卒于总章元年(668 年)
唐代前期	福建泉州	瓷三足砚		《考古》1984.12	咸亨二年(671 年)
唐代前期	宁夏固原	陶砚 1 件	箕形,椭圆状,一端直口沿,另一端宽口敞开,宽端下部有两撇足,一端无足,利用砚底作足,出土时砚内有墨迹,通体长 10.4 厘米、宽 7.8 厘米、高 2.2 厘米	《文物》1993.6	圣历二年(699 年)墓
唐代前期	陕西乾县	灰陶砚 2 件		《文物》1964.1	永泰公主卒于大足元年(701 年),神龙二年(706 年)与驸马武延基合葬
唐代前期	内蒙古准格尔旗	陶砚 1 件	已残,泥质灰陶,呈椭圆形,底有三足,头部做荷叶形,尾部残缺,残长 13.7 厘米、宽 13 厘米	《文物》1976.2	墓主姜义贞卒于开元十九年(731 年)
唐代前期	广东韶关	陶砚 1 件	泥质灰陶,风字形,有二足,表里磨光,里略残,存有墨迹,底刻一"拯"字,长 20.5 厘米、宽 18.3 厘米、高 5 厘米	《文物》1961.6	开元二十八年(740 年)

续表

年代	出土地点	出土实物	形制	资料来源	备注
唐代前期	河南上蔡	陶砚 1 件	龟形,盖上印着龟背纹,砚面前部,特制一新月形的蓄水池,从蓄水池到尾部之间,为一凹形的砚面,龟头昂伸,眉、目、耳、鼻、口都很清晰,砚底有四足直立,泥质灰陶,通长 21.5 厘米	《文物》1964.2	
唐代前期	江西黎川	瓷砚 1 件(M8)	圆形,下有四乳足,高 2 厘米、直径 9 厘米	《考古》1964.5	

年代	出土地点	出土实物	形制	资料来源	备注
唐代前期	河南洛阳	陶砚 1 件	出于洛阳钢厂 035 号墓,泥质灰陶,火候高,手捏和模制并用,砚首作七曲,斜面,磨光,前部有隔墙分为砚池,底面遗留有手捏痕迹,双足用刀削尖,不加修饰,长 12 厘米、宽 10.4 厘米、高 2.7 厘米砚面厚 0.5 厘米、深 1.8 厘米	《文物》1965.12	
		陶砚 1 件	出于十二工区 6.2.2 号墓,泥质灰陶,火候高,用内模制成,足用刀削尖,不加修饰,砚面有加工痕迹,其中部有弧形隔墙,分成砚池,砚首作七曲形,双足与箕口两端相连,砚面磨光,但仍遗留有制作时的指痕,长 14.5 厘米、宽 9 厘米、高 3.5 厘米、砚面宽 0.6 厘米、深 0.8 厘米		
		陶砚 1 件	出于洛阳市机瓦厂 73 号墓,泥质灰陶,火候高,内模制坯,然后润湿抹平磨光,砚面留有磨制的指纹,斜面,双足连箕口两端,长 11.5 厘米、宽 10 厘米、高 2.5 厘米、砚面厚 0.6 厘米、深 1.5 厘米		
		箕形陶砚 1 件	出于洛阳钢厂 032 号墓,泥质灰陶,火候较高,内模制成坯,然后加工抹平,斜面,中心内凹,残存有墨迹,双足与箕口两端相连,为后按,用刀削成,不加修饰,长 16.2 厘米、宽 13.7 厘米、高 3.6 厘米、砚面厚 0.8 厘米、深 2.1 厘米		

续表

年代	出土地点	出土实物	形制	资料来源	备注
唐代前期	河南洛阳	陶砚1件	机瓦厂采集:1,泥质灰陶,火候高,内模制成,砚面磨光,双足,较原始,制作粗糙,底面有凸凹指纹,双足有刀削痕,砚首已残,残长8.7厘米、宽7.5厘米、高2.2厘米、砚面厚0.4厘米、深1.4厘米	《文物》1965.12	
		陶砚1件	机瓦厂采集:2,泥质灰陶,陶质较硬,内模制成坯后,通体磨光,双足有刀削痕,底面刻有"元王大□砚",砚面微凹,留有墨迹,长15.2厘米、宽11.3厘米、高3.2厘米、砚面厚0.7厘米、深1.2厘米		
唐代前期	河南洛阳	灰陶砚1件	残长16厘米、残宽9厘米、高4.4厘米	《考古》1972.3	
唐代前期	江苏扬州	石砚1件	箕形	《文物》1979.4	
唐代前期	湖南长沙	多足瓷砚1件	出于墓1,圆形,砚面内稍凹,边上有一凹槽,底部周围有水滴状足十三个,釉色脱落,直径7.5厘米、通高3厘米	《考古》1980.6	
唐代前期	河南洛阳	澄泥砚1件	砚如龟状,残存前面局部,残长14.5厘米、带座高5厘米,原平面呈椭圆形,龟腹部为砚池,前侧有一弯月状的小墨池,池中有墨痕,前方龟首高昂,双耳斜竖瞪目闭口,砚下有足,造型生动逼真,砚表里呈青灰色,质地细腻坚硬,是为澄泥砚	《文物》1984.8	

年代	出土地点	出土实物	形制	资料来源	备注
唐代前期	河南偃师	陶砚1件（42）	细泥模制，呈立体长方形，砚面刻箕形砚槽与葵花形水盂，两侧有两道细长凹槽以置笔，砚身四面各有一对壶门状镂孔，沿镂孔周围细刻网纹，作工细腻，造型精巧，长21.4厘米、宽20厘米、通高10.2厘米	《考古》1986.11	
唐代前期	湖北郧县	瓷砚1件（M5:60）	辟雍砚，高岭土胎，下有15足，足下有一圜形托座，通体施白釉，造型规整，釉色莹亮，底径12.6厘米、高5.6厘米	《文物》1987.8	
唐代前期	河北内丘	瓷砚	圆形多足辟雍砚，分青瓷砚和白瓷砚	《文物》1987.9	
唐代前期	河南郑州	陶砚1件	出于中原制药厂唐墓，灰色，圆形辟雍砚，砚面稍凹，外有凹槽，仅存一足，从形状推测此砚原有十二足，直径12.2厘米、通高4厘米	《文物》1995.5	
唐代前期	河南郑州	瓷砚1件	出于西陈庄唐墓，圆形辟雍砚，砚面微凹，上遗有墨迹，底部有十一个兽足，其下有垫圈，砚面及底露胎，其余部分满施豆青釉，直径17厘米、通高10.4厘米	《文物》1995.5	
唐代前期	辽宁朝阳	瓷砚1件	圆形，施绿釉，砚面平凸，外有凹槽，底部有十三个兽足，其下有垫圈，直径5.8厘米、通高2.3厘米	《文物》1998.3	
唐代前期	河南巩义	三彩瓷砚1件（M1:20）	辟雍砚，台面略小，四周设一周凹槽，砚身饰红、黄、绿釉，砚面直径3.5厘米、水槽直径5厘米、足径5.3厘米、高2.6厘米	《文物》1998.11	

年代	出土地点	出土实物	形制	资料来源	备注
唐代前期	福建惠安	瓷砚 1 件（M1:43）	灰胎,圆盘形,平底,底较厚,砚面与外壁施褐色釉,釉大多已剥落,口径 6 厘米、底径 5.8 厘米、高 1.5 厘米	《考古》2004.4	
唐代前期	湖北巴东	石砚 1 件（M4:4）	长方形,长 9.2 厘米、宽 7.7 厘米、厚 0.8 厘米	《考古》2006.1	
唐代前期	河南洛阳	陶砚 4 件	模制与手捏制并用,根据形制不同分两型:A 型 1 件(ZY1:5),砚首已残,仅存砚面,砚面较宽大而浅,双足用刀削尖,砚面磨光,底面有手捏痕迹,残长 14.2 厘米、最宽 15 厘米、高 4.3 厘米、砚面厚 0.7 厘米B 型 3 件,ZY1:6,尖圆形砚首,斜面,前部有弧形隔墙,分隔出砚池,双足与箕口两端相连,双足削成短柱状,砚面磨光,平滑,底面较粗糙,有手捏痕迹,长 14.8 厘米、最宽 9 厘米、高 2.6 厘米、砚面厚 0.7 厘米、深 1.5 厘米	《考古》2007.12	
唐代前期	河南洛阳	陶砚 1 件（H1③:23）	平面近椭圆形,砚首已残,仅存部分平滑砚面,两侧浅,中部深,双足削成短柱状,模制与手捏并用	《考古》2008.2	

年代	出土地点	出土实物	形制	资料来源	备注
唐代前期	河南洛阳	陶砚 3 件	分别出于 M1284、M1333、M1340 墓,可分二式: Ⅰ式 1 件(M1284∶3),细泥蓝灰陶胎,平面近椭圆形,两端弧度不同,墨池一端较底圆,器身两侧呈波浪形弯曲,另一端下有两个长方形实足,长 21.2 厘米、宽 17.2 厘米、高 4.2 厘米 Ⅱ式 2 件,造型基本相同,M1333∶11,细泥蓝灰陶胎,器身平面一端呈七曲花瓣状,另一端下附二长方形实足,长 15 厘米、宽 9.2 厘米、高 3.8 厘米	《考古学报》2008.4	
唐代前期	陕西西安	陶砚 1 件(M7∶40)	"风"字砚,残余一角,泥质灰陶质,捏塑尖足,残长 9 厘米	《文物》2016.11	
唐代前期	陕西西安	陶砚 1 件(M3∶4)	泥质灰陶,平面呈箕形,前低后高,后部下附两足,内部磨光,前端可见三道凹痕,长 16 厘米、前宽 10 厘米、后宽 13.8 厘米、高 3 厘米	《文物》2019.7	墓主卒于开元二十三年(735年)
唐代前期	湖北武昌	青瓷多足辟雍砚 2 件	砚平面呈圆形,砚身侧面附足,足上窄下宽,胎质较细腻,砚堂、砚底不施釉,足底有粘釉痕迹,砚釉色均青褐,剥落严重,M147∶4,有 14 足,露胎处灰黄,通高 4 厘米、砚面直径 10.6 厘米;M147+2,有 13 足,露胎处黄褐,3 足经复原,通高 3.8 厘米、砚面直径 10.4 厘米	《江汉考古》2020.5	

年代	出土地点	出土实物	形制	资料来源	备注
盛唐时期	河南洛阳	陶砚 1 件（M5657:6）	泥质灰陶胎，平面近椭圆形，墨池一端贴地，另一端有两个三角形足，使得砚体稳固且一端翘起，长 12.4 厘米、宽 9.6 厘米、高 2.6 厘米	《文物》2020.2	
唐代中期	河南洛阳	灰陶砚 1 件	长方形，圆角，长 24 厘米，一端底部有两个乳丁形足	《文物参考资料》1956.5	墓主卒于至德二载（757 年），乾元元年（758 年）迁葬河南
唐代中期	湖南益阳	陶砚 1 件	表面为灰黑色，灰色胎，风字形，有矮双足，长 14.5 厘米、前宽 13 厘米、高 3 厘米，后宽 10.8 厘米、高 1.5 厘米	《考古》1981.4	墓主卒于宝应二年（763 年）
唐代中期	江苏南京	陶砚 1 件	风字形，前低后高，后部有乳钉状双足，浅黄色，长 8 厘米、宽 6.2 厘米、后高 1.8 厘米	《考古》1966.4	墓主卒于贞元元年或三年（785—787 年）
唐代中期	四川成都	陶砚 1 件（M1:3）	簸箕砚，平面近椭圆形，圆唇、弧腹、圜底，底部前端有两个乳丁状足，内壁底部有三道划痕，泥质灰陶，长 14 厘米、宽 11.6 厘米、高 3.4 厘米	《文物》2002.1	墓主卒于贞元二年（786 年）
唐代中期	河南洛阳	陶砚 1 件（HM588:39）	残，泥质灰陶，船形，中凸起一棱，内底略弧，外底似船底较平，残长 10.7 厘米、高 2.1 厘米	《文物》2011.1	
8 世纪末至 9 世纪初	陕西西安	陶砚 1 件（M1:3）	泥质灰陶，呈箕状，内底中部有一凸棱，将陶砚分为两部分，前端略凹，后部六道凸棱，底部有两锥状足，长 9.1 厘米、高 2.5 厘米、最大宽度 7.5 厘米	《考古与文物》2013.2	

续表

年代	出土地点	出土实物	形制	资料来源	备注
唐代中后期	河南洛阳	陶砚 2 件（C5M1542：4、5）	细泥灰陶，模制，形制相同，大小不一，平面呈风字形，底部一端有二长方形足，残存墨汁痕迹，长 7—14 厘米、宽 6—11.4 厘米	《文物》2004.7	墓主高秀峰卒于元和十四年（819 年），太和三年（829 年）与夫人李氏合葬
唐代中后期	湖南长沙	石砚 1 件（CM284：2）	灰砂石，质硬，长方形，长 10.2 厘米、宽 6.5—7.5 厘米	《考古》1966.4	
唐代中后期	广东高明	瓷砚 1 件	残，砚心下凹，四周有一道水槽，尖足，足与足之间挖成半圆形，残长 5.5 厘米、宽 9.5 厘米、高 2.7 厘米	《考古》1993.9	
唐代中晚期	陕西陇县	陶砚 1 件（M244：1）	平面近长方形，一端平齐，另一端圆弧，底下有两个小乳足，长 12.8 厘米、宽 8.4 厘米、高 2.4 厘米	《考古与文物》1999.4	
唐代中晚期	湖北襄阳	陶砚 1 件（M5：1）	泥质灰陶，陶质纯净细腻，火候高，平面呈"风"字形，底部一端有两足，足呈长方条形，通长 14.4 厘米、口宽 10 厘米、腰宽 7.6 厘米、后端宽 8.4 厘米	《江汉考古》2002.2	

年代	出土地点	出土实物	形制	资料来源	备注
唐代中后期	陕西西安	风字形陶砚3件	均为夹细砂泥质灰陶,呈箕形,浅敞口,尾端窄深且有弧挡,宽端底部两侧有两个足。H1:36,制作精细,宽端底部模印铭文两个,已模糊不清,长16.8厘米、宽11.6厘米、高4.3厘米、厚0.7—1厘米;H1:55,细泥胎中夹杂金砂粒,宽口略残,一足已残失。底面中间竖行刻划"澄(?)泥金砂砚"铭文,长20.9厘米、宽13.5厘米、高4.5厘米、厚0.8—1厘米;H1:56,仅存宽口部分,底部两足之间残留模印的"口造"铭文,残长6厘米、宽10.5厘米、高3.6厘	《考古》2006.1	
		石砚1件（H1:03）	青灰色细砂岩,已残成两块,中间缺失,口沿残,圆形,口沿低直,内底弧凹,平底略内凹,外表近底饰两道凹弦纹,直径13.8厘米、残高3.5厘米		
唐代中后期	福建武夷山	石砚1件（M1:12）	青灰石质偏红,呈长方箕形,砚面成斜坡墨池,下附四个曲尺形足,砚背刻有三个文字,刻划较浅,长10.8厘米、宽6.1—7.5厘米、高2.4厘米	《文物》2008.6	

年代	出土地点	出土实物	形制	资料来源	备注
唐代中后期	福建晋江	瓷砚 2 件	皆施青釉，表面有流釉现象，灰黄胎，M1：22，直口、折肩、直腹、下腹内收、平底、底附贴三支乳钉足（残一足），口径 9 厘米、底径 6.4 厘米、高 3.6 厘米；M1：23，侈口、直腹、下腹内收外撇、平底、底附贴八支乳钉足（残一支），口径 8.1 厘米、底径 8.3 厘米、高 2.4 厘米	《福建文博》2018.2	
唐代后期	河南陕县	紫石风字砚 1 件	出于墓 5	《考古通讯》1957.4	开成三年（838 年）墓
唐代后期	安徽合肥	石砚 1 件	箕形，石质细腻，磨制光平，呈暗绿色，朴素无雕饰，长 20 厘米、高 3.5 厘米、宽 11—15 厘米	《文物》1978.8	开成五年（840 年）墓
唐代后期	安徽巢湖	石砚 1 件	风字形，呈紫红色，质细，首尾皆弧形，腰成弧线内收，背斜直，底有两梯形小足，一残，背刻"伍"字，砚长 14.1 厘米	《考古》1988.6	墓主葬于会昌二年（842 年）
唐代后期	河南偃师	紫石砚 1 件（M54：18）	外形呈簸箕状，底部一端有二长方形足，石质坚硬，磨制光滑，长 15 厘米、宽 11 厘米	《考古》1984.10《考古》1986.5	墓主李存卒于会昌五年（845 年）
唐代后期	山西长治	陶砚 1 件	灰陶质，表面磨制光滑，砚体呈簸箕形，砚底前部两侧有对称的锥形足，其背部阴刻楷书"十六日"三字，通长 11.6 厘米、中宽 6.6 厘米、前高 2.8 厘米、后高 2.2 厘米	《考古》1989.3	墓主卒于大中三年（849 年）
唐代后期	河南三门峡	石砚 1 件（M1：11）	灰色，箕形，砚身前端下两侧有长方形底座，池内有墨痕，长 13 厘米、高 3.6 厘米	《考古》2007.5	大中九年（855 年）

续表

年代	出土地点	出土实物	形制	资料来源	备注
唐代后期	河北易县	陶砚2件	均为圆形,敞口,圆沿。M1:12 口径10.2厘米、深1厘米、底径11.2厘米;M1:13 口径9.4厘米、深1厘米、底径10.4厘米	《文物》1988.4	墓主卒于咸通五年（864年）
唐代后期	陕西西安	石砚1件（M3:3）	风字形,有盖,子母口,稍残,石质为浅灰色细砂岩,内外皆打磨光滑,长8厘米、宽3.6～5.9厘米、通高2.8厘米	《文物》2002.12	乾符三年（876年）墓
唐代后期	河南偃师	石砚1件（M1:11）	近簸箕形,底无足,器表紫黑,长14.5厘米、宽9.6厘米、高2.4厘米	《考古》1992.11	墓主崔凝葬于乾宁三年（896年）
唐代后期	浙江丽水	石砚1件	一端下有两脚,一端低,作水池,磨面很平,长14厘米	《考古》1964.5	

年代	出土地点	出土实物	形制	资料来源	备注
唐代后期	河南洛阳	箕形陶砚 1 件	出于十六工区 43 号墓,细泥灰陶,质地坚硬,内模制成,经刀削修正,最后抹平,砚面磨光,为浅腹箕形,底面后部有梯形足一对,后部用刀削成棱饰,长 11.5 厘米、首宽 7 厘米、高 2.7 厘米、砚面厚 0.5 厘米、深 0.8 厘米	《文物》1965.12	
		箕形带盖石砚 1 件	出于杨岭,用红褐色岩石琢制成形,通体经细磨滑润,砚身有子口承盖,斜坡砚面,砚首呈一凹槽,成水池,砚首底部凸出,后部有长方形双足,砚面留有墨迹,长 13.5 厘米、宽 10.5 厘米、通高 5.8 厘米、砚高 4.3 厘米、砚面厚 1.2 厘米、深 2 厘米		
		箕形陶砚 1 件	机瓦厂采集:6,残,泥质灰陶,火候较高,内模制,通体磨光,双足,有刀削的痕迹,砚首作圆形,砚面因使用而下凹,长 16.5 厘米、宽 11 厘米、高 4.5 厘米、砚面厚 1 厘米、深 2.1 厘米		
		箕形陶砚 1 件	机瓦厂采集:5,泥质灰褐陶,火候较高,内模制,通体磨光,砚面残存墨迹,长 16.5 厘米、宽 11.2 厘米、高 4.5 厘米、砚面厚 1 厘米、深 2.2 厘米		
唐代后期	陕西西安	陶砚 1 件	风字形,前有双扁足,池内及边沿尚有少许墨迹,显系使用的痕迹,通长 13.6 厘米、前端宽 9.1 厘米、后端宽 7 厘米、通高 3.3 厘米	《考古》1991.3	

续表

年代	出土地点	出土实物	形制	资料来源	备注
唐代后期	安徽无为	石砚1件（M1:25）	器表乌黑,石质较硬,长11厘米、宽8厘米、高2.3厘米	《考古》2001.6	
唐代后期	湖北秭归	陶砚1件（M14:12）	已残,黑陶,素面,残长9厘米	《江汉考古》2002.3	
唐代后期	河南洛阳	陶砚1件（T3⑧:6）	灰陶,簸箕形,底部残存两乳钉状足,尾部残,残长8厘米、最宽6.8厘米、高2.8厘米	《考古》2007.12	
唐代后期	陕西西安	陶砚1件（M92:11）	泥质灰陶,箕形,前端略外弧,后端呈方形,后端及两侧边缘上折,前端底部有两个矮足,长9.4厘米、宽4.7—6.8厘米、高2.8厘米	《文物》2016.7	墓主杨筹卒于866年
唐代晚期	福建厦门	石砚1件（M:16）	青石质,带紫红色花斑,质细,砚面磨制较光滑,外形呈簸箕形,砚首上翘,浅池平滑,砚底后部鼓出着地,前部有矩形双足,长16.7厘米、宽11.2厘米、高2.2厘米	《考古》2002.9	
唐代晚期	山东临沂	陶砚1件（M1:3）	为一青灰色砖改刻而成,制作粗糙,长18厘米、宽13.5厘米、厚3.3厘米	《考古》2003.9	
唐代晚期	江苏仪征	陶砚1件（M5:5）	砚近似长方形,砚面为斜坡,前高后低,带有唐代箕形砚向宋代抄手砚过渡的特征,砚壁模印宝相花朵纹,宝相花朵有三瓣、四瓣和七瓣之分,交错排列装饰,砚背上阴刻花朵一株,亦呈斜坡,前低后高,砚体端庄,做工规整,小巧别致,长8.3厘米、宽5.1厘米、高2.8厘米	《东南文化》2008.5	

续表

年代	出土地点	出土实物	形制	资料来源	备注
唐代晚期	湖南长沙	石砚 1 件	银鎏金包边抄手石砚,长 15.5 厘米、上宽 10.3 厘米、下宽 8.5 厘米,砚身箕形,前高后低,底部平整,四周以银鎏金包边	《湖南省博物馆馆刊》2014.11	
唐代晚期	四川成都	石砚 1 件(M41:2)	灰褐色砂石质,砚面呈箕形,底部带二条形足,长 13.3 厘米、宽 8.2 厘米、高 2.9 厘米	《考古学集刊》2018.21	
唐代末期	湖北黄州	陶砚 1 件(91WM4:10)	泥质灰陶,火候较低,器身呈锅铲状,前端下有对称方形立柱,通长 14.6 厘米	《江汉考古》1997.2	
唐代	河南偃师	陶砚 1 件(20)	出于宋祯墓,风字形,形制颇大,器表灰色,器身下附二长方形足,长 15 厘米、宽 10 厘米、高 4.2 厘米	《考古》1986.5	神龙二年(706 年)迁葬偃师
		陶砚 1 件(14)	出于郑绍方墓,风字形,制作粗糙,长 18.8 厘米、宽 13.3 厘米、通高 4 厘米		元和九年(814 年)迁葬偃师
		陶砚 2 件	出于李桅墓,标本 12,近簸箕形,器表黑灰色,长 9.8 厘米;标本 2,风字形,器表灰色,长 9.2 厘米		咸通十年(869 年)墓
唐代	广东梅县	瓷砚 2 件	分二式:Ⅰ 式 1 件(M8),灰白胎,青黄釉,砚心凸起不上釉,周围有一水槽,子口,八足,砚面宽 35.5 厘米、高 10.5 厘米;Ⅱ 式 1 件(M4),灰白胎,青黄釉,砚心微凹不上釉,周围有一水槽,器身近口沿处有一凹弦纹,收腰,底外撇,器身饰十二个圆孔,砚面宽 22.5 厘米、底宽 24.3 厘米、通高 6 厘米	《考古》1987.3	M4 为唐代中期;M8 为唐代晚期

年代	出土地点	出土实物	形制	资料来源	备注
唐代	山东宁津	陶砚1件	泥质灰陶,陶质较硬,砚呈箕形,砚首上翘,浅池平滑,砚底鼓出着地,形似足跟,与后部双圆锥形足成鼎立之势,砚面有墨迹,口部略残,长8.8厘米、宽6.8厘米、通高3厘米	《考古》1993.10	墓主王斌卒于元和九年(814年)
唐代	河南偃师	陶砚1件(M5036:22)	出于郑洵墓,风字形,细泥灰陶,模制,长8.6厘米、宽6.4厘米	《考古》1996.12	大历十三年(778年)合祔于偃师
		石砚1件(M1921:16)	出于李郁墓,呈簸箕状,周边圆润,底部有两个长方形足,石质坚硬,打磨光润,制作精细,长16.6厘米、宽12.3厘米、通高5.3厘米		墓主李郁卒于会昌三年(843年)
唐代	陕西商州	陶砚1件(M1:2)	正方形,砚面略鼓,中间有墨池,砚首呈箕状,砚后端有长方形凹槽,两侧有对称圆洞,底部四周呈锯齿状,砚边长10.5厘米、厚3.6厘米	《考古》1996.12	中唐或较晚时期
唐代	河南禹县	瓷砚1件	出于172号墓内,圆座,有蹄足十七个围成一周,两足相间隔处,均镂孔,上平,中心稍稍隆起,周边有棱,釉作淡黄色,有开片	《考古通讯》创刊号《考古通讯》1955.6	
唐代	陕西西安	陶砚3件	分出于墓11、14、38内,都是陶质很细的灰陶,11:9为椭圆形砚,底有双柱形足,手制,其砚面光滑而背部留有手捏痕,长12.6厘米,厚0.6厘米;14:12为风字砚,底有双长方形足,手制而成,周身打磨光滑,长10.3厘米,厚0.6厘米;38:1为辟雍砚,座形,无足,其砚身轮制而中心砚面另接	《考古学报》1956.3	

年代	出土地点	出土实物	形制	资料来源	备注
唐代	广东广州	陶砚		《文物参考资料》1957.1	
唐代	湖南	石砚		《文物》1960.3	
唐代	湖南长沙	陶砚1件	胎色灰白,敷酱绿色釉汁,深处作黑色,不开片,砚面及砚底皆露胎,底径14厘米,砚面微凹,边缘有凹槽一圈,座足共二十只,作垂珠状排成一圈	《文物》1960.3	
唐代		青瓷四足圆砚1件	口径12厘米、面直径12.3厘米、通高4.2厘米	《文物》1964.2	
		青瓷六足圆砚1件	口径13.5厘米、面直径14.6厘米、通高3.4厘米		
唐代	河南洛阳	陶砚1件	长14.4厘米、宽9.6厘米、通高3.8厘米、深1.7厘米	《文物》1964.3	
唐代	陕西	陶砚1件	长12.6厘米、宽9.3厘米、通高2厘米、深0.9厘米	《文物》1964.4	
		陶砚1件	长14.5厘米、宽9厘米、通高3.5厘米、深2.2厘米		
		小陶砚1件	长8厘米、宽6厘米、通高2.4厘米、深0.8厘米		
		陶砚1件	长14厘米、宽10.9厘米、通高3厘米、深2.2厘米		

年代	出土地点	出土实物	形制	资料来源	备注
唐代		邛瓷砚 1 件	长 22.9 厘米、宽 20.8 厘米、通高 5.3 厘米、深 3.7 厘米	《文物》1964.5	
		邛瓷砚 1 件	长 16.8 厘米、宽 13.7 厘米、通高 4 厘米、深 2.6 厘米		
		邛瓷砚 1 件	长 10.6 厘米、宽 9.4 厘米、通高 2.9 厘米、深 2.1 厘米		
		邛瓷砚 1 件	长 14.5 厘米、宽 13.8 厘米、通高 4 厘米、深 2.4 厘米		
唐代		石砚 1 件	长 13.4 厘米、宽 9.5 厘米、高 2.1 厘米、深 6 厘米	《文物》1964.6	
唐代		石砚 1 件	长 16 厘米、宽 9 厘米、高 3.5 厘米、深 2 厘米	《文物》1965.1	
唐代		大型箕形斜面澄泥砚 1 件	长 33.5 厘米、宽 26 厘米、通高 6.3 厘米、深 4 厘米	《文物》1965.5	
唐代	陕西大荔	箕形陶砚 1 件	前低后高,砚面留有墨迹,边沿为虫鱼蔓草纹,背面后部有两个方扁形柱足,长 20 厘米、宽 19 厘米、厚 3 厘米,现藏陕西省博物馆	《文物》1965.7	

续表

年代	出土地点	出土实物	形制	资料来源	备注
唐代	河南洛阳	箕形大陶砚1件	出于十七工区88号墓，泥质灰陶，火候较高，模制成坯后，再用刀削平，内用手抹平，底按双锥形足，用刀削尖，砚面稍凹，可能是使用的痕迹，长24.5厘米、宽18.7厘米、高5.5厘米、砚面厚1.1厘米、深2.6厘米	《文物》1965.12	乾元二年（759年）男墓入葬，兴元元年（784年）女墓入葬
		大陶砚1件	出于十六工区76号墓，细泥灰陶，火候较高，内模制成坯，磨光，较浅，唯砚首及两侧斜度较大，后沿突出双锥形足，长24厘米、宽19厘米、高4.5厘米、深2厘米		
		平台双面陶砚1件	出于一一〇工区13号墓，泥质红陶，火候较高，模制成坯，加工修整，刻图案花纹，砚的全形呈马蹄形，圆首，砚面斜，后、左、右侧有宽边，左右两侧上、下各有两条平行阴刻线纹，中部有模印的圆形图案八个，首部有一竖带，用阴线刻成三角形图案，沿部已残，砚面因使用而凹下，并有痕迹，此砚为双砚面，底面也为一砚面，有使用痕迹，长8.4厘米、宽6.5厘米、高4厘米、砚面厚3、深1厘米		
		小陶砚1件	出于十六工区26号墓，泥质灰陶，火候较高，似为手制，抹平，砚面斜，池较浅，双锥足，长6厘米、宽4.8厘米、高1.5厘米、砚面厚0.4、深0.4厘米		
		陶砚1件	机瓦厂采集:3，泥质灰陶，火候高，内模制成，通体磨光，有使用痕迹，长11.8厘米、宽8.7厘米、高2.2厘米、砚面厚0.5厘米、深1.4厘米		

年代	出土地点	出土实物	形制	资料来源	备注
唐代	湖南长沙	箕形端石砚1件	出于长沙仰天湖第705号墓,石质细润,呈青紫色,砚面由后向前斜凹,砚首圆形,边沿则向上凸起,成砚池,砚池底部鼓出着地,形似足跟,恰与后部双长方形柱足成三足鼎立之势,雕琢规矩,前后高低与足距比例,都很相称,长13.5厘米、宽9.6厘米、高3.6厘米、深2.7厘米,现藏湖南省博物馆	《文物》1965.12	
	湖南益阳	鳌头陶砚1件	出于鹿角山,火候高,质坚,箕形,砚首饰有两眼龙形鳌头,砚面露胎,呈灰白色,沿作弧形向上,内外各施褐釉一层,制作精工,造型奇特,长15.5厘米、宽10.5厘米、前高2.5厘米、后高4厘米、深1.5厘米,现藏湖南省博物馆		
	湖南长沙	单足石砚1件	出于长沙砂子塘中医院工地第4号墓,箕形,青石制成,砚背距后端5.5厘米处雕琢一锥形足,置于桌上前低后高,长15.8厘米、前宽9.3厘米、后宽11厘米、深0.5厘米、足高2厘米。出土砚台中只有一足的甚少见。此砚后角残破大块,左角微残,砚背四周有浅刻单线条边纹,四角刻有不规则的半圆纹,中部刻似着宫服的仕女像,刻有披发,未开面孔,似为使用者生前用刀随意刻划,现藏湖南省博物馆		

年代	出土地点	出土实物	形制	资料来源	备注
唐代	湖南长沙	莲瓣形小陶砚1件	出于长沙九尾冲第3号墓,灰陶,形似莲瓣,后有两矮尖足,砚面平坦,烧制粗糙,松脆易破,长11厘米、宽9厘米、前高1.3厘米、后高2.3厘米,现藏湖南省博物馆	《文物》1965.12	
	湖南长沙	三足陶砚1件	出于长沙赤冈冲,砚面露胎,边沿内外原施黄釉,大部分已剥落,口径11.5厘米、底径12.5厘米、通高2.8厘米、深0.5厘米,现藏湖南省博物馆		
唐代		扭颈单龟陶砚1件	龟形,失盖,残一足(后配),砚池为一斜坡砚面,后高前低,龟头扭颈右昂,眉、眼、鼻、耳、嘴和脚爪,塑刻清晰,神态生动,腹上部刻"开方"二字,泥质灰陶,长22.2厘米、宽17.7厘米、高5厘米、深2厘米,现藏上海市博物馆	《文物》1965.12	
唐代	四川成都	瓷砚1件	圆形,砚心微凹,周围有凹水槽,下有四个小泥突足,紫胎酱釉	《文物》1966.2	
唐代	湖南长沙	瓷砚2件	一为尖头四足小砚,高2厘米、长8.8厘米、宽7.8厘米;一为风字砚残片	《考古学报》1980.1	
唐代	江苏扬州	青瓷辟雍砚1件	残存一半	《文物》1980.3	

续表

年代	出土地点	出土实物	形制	资料来源	备注
唐代	辽宁朝阳	陶砚1件（M1:11）	轮制,泥质灰陶,圆形,中有凸圆形墨台,周有沟槽,周边有插笔用的二孔,圈足,通高5.6厘米、直径22厘米	《文物资料丛刊》1986.6	武德至天宝年间
	广东高州	青瓷三筒圆形砚1件	底径22.5厘米、通高11.5厘米,以瓷土为胎,砚面无釉,中心微凹,周围环以水槽,高圈足三十三隔,不明显分柱,砚后部边缘上有突起三筒:两侧圆筒口径3厘米、高4.2厘米,中夹一椭圆形水盂,高2.8厘米,圈足、圆筒、水盂均施淡青色釉,洁净均匀		
唐代	福建福安	三足瓷砚1件	釉色淡青,底露胎,通高2.4厘米、口径10厘米	《考古》1983.7	
	福建福州	五足瓷砚1件	砚盘四周稍低,中间微凸,施青黄色釉,砚心及砚底露胎,高3.7厘米、砚径9.2厘米		
唐代	福建福州	五足瓷砚1件	敞口,圆唇,砚面露胎凸起,平底,底安五锥足,通高2.5厘米、口径9.2厘米、底径8.5厘米	《考古》1987.5	
唐代	陕西西安	陶砚	残片数片,其中一片较大,为多角形圆砚	《考古学报》1989.2	
		石砚	残片一片,为风字形砚,只残存一角,下有锥形足		

年代	出土地点	出土实物	形制	资料来源	备注
唐代	陕西西安	残陶砚 3 件	1 件为唐代常见的箕形砚;1 件是龟形砚,仅残存龟头和一只足,根据西安郊区隋唐墓 M305 出土的只剩龟身的残砚,可以复原,龟首微昂伸颈,栩栩如生;1 件为大型的须弥山砚,宽 29 厘米、残高 11 厘米,水盂旁有假山和插笔的圆孔,砚面上留有墨迹	《考古》1990.1	
唐代	江西铅山	瓷砚 1 件	圆面,轮台式体,口缘有突弦边,底边外凸一周,砚面涩胎,四周有储墨沟,腰壁呈对称状挖有四圆孔,砚体较大,器形低矮,外壁施青绿釉,釉面滋润,但易剥落,高 7.4 厘米、面径 28.5 厘米、底径 35 厘米	《考古》1991.3	
唐代	山东济南	陶砚 1 件	陶质细腻,砚体龟形,龟引颈侧视,四足踞地,背下凹为砚堂,砚长 20 厘米、宽 13.4 厘米,现藏山东济南市博物馆藏	《文物》1992.8	

续表

年代	出土地点	出土实物	形制	资料来源	备注
唐代	陕西凤翔	五峰陶砚 1 件（馆藏号 4007·IM4·12）	细泥灰陶,高 6.5 厘米,砚呈不规则圆形,环绕砚池的左右两侧和后方,耸立有五座山峰,沿陶砚边沿连亘兀立,砚池呈箕形,砚底略凸,下有三个圆锥形足,左右两足较中间一足稍高,砚呈前高后低状,现藏陕西宝鸡市博物馆	《文物》1994.5	
		陶箕砚 1 件（馆藏号 2292·IM4·6）	长 12.2 厘米,呈箕形,陶质,砚底部有两个小方尖足,墨池边沿有残口,现藏陕西宝鸡市博物馆		
		陶圆砚 1 件（馆藏号 2294·IM4·8）	径 7×4.5 厘米,圆形,灰色,背面形状与正面相同,墨池上部较深,且向池边凹进,下部较浅,现藏陕西宝鸡市博物馆		
唐代	河南洛阳	瓷砚 1 件（T1③Q:1）	砚盘呈圆形,盘内周沿有一圈凹槽,盘外沿突起两孔圆形笔插,圈足呈镂孔柱状,盘径 18.2 厘米、通高 6.6 厘米	《考古》1994.8	
唐代	陕西西安	陶砚		《文物》1999.3	
唐代	河南洛阳	瓷砚 3 件	砚盘作圆形,中间微凹,盘沿内有一圈凹槽,兽形足（数目不等）,凹槽、口沿及足部施釉,釉色泛青。95LTGT642Ⅰ区④:23,直径 22.3 厘米、高 6.2 厘米;95LTGT642Ⅰ区④:24,砚面有墨迹,直径 5.3 厘米、高 1.7 厘米	《考古》1999.3	
唐代	湖南望城	瓷砚 1 件（T1②:62）	形似马蹄形,一端较窄呈弧形,另一端平,器表部分施绿釉,长 10.4 厘米、厚 2.4 厘米	《考古》2003.5	

年代	出土地点	出土实物	形制	资料来源	备注
唐代	陕西西安	风字陶砚1件（M101：248）	泥质灰陶，长 21.2 厘米、宽 18.8 厘米、高 4 厘米	《考古与文物》2003.6	墓主卒于开元年间
唐代	河南洛阳	陶砚 3 件	分三式： Ⅰ式 1 件（97LTH 临 T17②：5），砚盘呈圆形，沿内卷，浅腹，砚盘正中有一个圆柱形台面，台面中部略凹，盘外底部正中内凹，边缘一周的六足皆残，口径 19.4 厘米、高 7.2 厘米 Ⅱ式 1 件（84LTHT5② H11：34），砚盘呈圆形，浅腹，盘内正中有一个十字形花瓣状台面，台面两侧有两个相对称的小圆筒形笔插，另外一侧饰作假山状，底部有四个蹄形足，口径 11.7 厘米、高 7.2 厘米 Ⅲ式 1 件（84LTHT5② H11：30），砚体呈箕形，后端堆塑为十二峰假山状，底部有三个柱形足，长 14.2 厘米、高 7.3 厘米	《考古》2005.10	

年代	出土地点	出土实物	形制	资料来源	备注
唐代	河北正定	龟形陶砚1件	泥质灰陶,质地较细,制作规整,造型生动逼真,长17厘米、宽13.7厘米、高5.7厘米;龟首前伸上昂,颈部刻饰三道弦纹,耳、鼻、口刻划清晰,广口紧闭,獠牙外露勾下唇,阔鼻瞠目,鼻孔深圆双耳后抿,自嘴角向后于耳下阴线刻饰一卧式如意朵云,极具装饰性;龟腹周边与四足在同一水平面上,四足向后用力,尾巴甩向一侧,栩栩如生;龟背上为箕形墨池,龟甲环绕四周,墨池后高前低呈斜坡状,池内尚残留墨痕,显系实用之物,墨池前部阴刻双摩竭戏宝珠纹,摩竭形状酷似鱼,遍体鳞片,口大张,上唇翻卷,腹、背饰鳍;箕形墨池边沿外侧及尾部各饰如意云一朵;砚底依龟腹、足轮廓留一宽窄不等的边框,框内稍凹,中部偏左侧阴刻2竖行4字"马家砚瓦"	《文物春秋》2006.5	
唐代	陕西铜川	陶砚1件(M4:17)	泥质,褐色陶,砚池略残,一足缺失,一足略残,可复原;陶砚呈椭圆形,砚面向砚池作斜坡式,下有四个兽蹄形足,砚池有残墨痕;砚长6.9厘米、宽4.8厘米、残高2.1厘米	《考古与文物》2019.1	玄宗至代宗时期

续表

年代	出土地点	出土实物	形制	资料来源	备注
唐五代时期	湖南长沙	风字形石砚1件	出于左家公山 32 号墓,长 10.4 厘米、宽 7—8 厘米,平面作长方形,平底,敞口,后端及两侧有直边,可保墨汁不致外流	《考古》1960.5	
唐五代时期	浙江温州	瓷砚 1 件	已残,胎厚实,平底,外刻"入朝以官上"等字	《文物》1965.11	
唐五代时期	江西赣州	瓷砚 1 件	出于湖头塘,圆形,台面一圈砚沟,斜腹收杀,假圈足,红胎,黄褐釉大部分脱落,口外直径 9.8 厘米、高 1.7 厘米	《考古》1993.8	
唐末五代时期	江苏扬州	陶箕形砚1 件（M5:11）	灰黑陶,砚内残留墨迹,长 19.1 厘米、宽 10.8—13.8 厘米、高 3.1 厘米	《考古》2017.4	

续表

年代	出土地点	出土实物	形制	资料来源	备注
晚唐至五代时期	河南洛阳	箕形陶砚 1 件	出于十七工区 93 号墓,长 17.7 厘米、宽 11.8 厘米、高 4 厘米、砚面厚 0.7 厘米、深 1.8 厘米,泥质黄褐色陶,火候较高,内模制成,加工磨光,首部作三曲形,成三道粗凹槽,作水池之用,砚面平滑,砚底留有指痕,双足	《文物》1965.12	
		陶砚 1 件	出于二十九工区 658 号墓,泥质黄褐色陶,火候较高,内模制成,加工修整,形制同上,唯两侧稍平直,砚首较尖,平底,但有双足痕迹,似在未烧前削平,砚面因使用而下凹,砚面残留墨迹,长 17 厘米、宽 11 厘米、高 4.5 厘米、砚面厚 0.7 厘米、深 2.1 厘米		
		箕形陶砚 1 件	出于二十九工区 403 号墓,稍残,泥质褐色陶,质地坚硬,模制后抹平磨光,砚首稍作弧形,四角规正(一角残),梯形双足,砚周身光滑而涂墨,砚面复涂白粉,部分地方还有遗迹,长 14.2 厘米、宽 10.5 厘米、高 3 厘米、砚面厚 0.5 厘米、深 1.2 厘米		
		箕形陶砚 1 件	出于二十九工区 587 号墓,泥质灰陶,质坚,内模制成,削平磨光,四角平正,后部双梯形足,砚面光滑,有刀削痕,有白粉遗迹,长 11.3 厘米、宽 8 厘米、高 2.8 厘米、砚面厚 0.5 厘米、深 1.2 厘米		

年代	出土地点	出土实物	形制	资料来源	备注
晚唐至五代时期	河南洛阳	陶砚 1 件	出于二十九工区 294 号墓,泥质灰陶含有羼合物,火候高,内模制成坯,然后加工修整,砚首饰有莲瓣四枚,首沿用细绳按成线纹一道,长方形双足已残,砚面有使用痕迹,长 20 厘米、宽 10.2 厘米、高 4.8 厘米、砚面厚 0.6 厘米、深 2 厘米	《文物》1965.12	
		箕形陶砚 1 件	机瓦厂采集:4,泥质灰陶,火候较高,内模制成,稍加工修整,双足为圆锥形,用手捏制,制造比较粗糙,砚面有墨迹,长 9.5 厘米、宽 6.8 厘米、高 2.2 厘米、砚面厚 0.6 厘米、深 1 厘米		
晚唐至五代时期	广东和平	陶砚 1 件（HPDM6:3）	泥质灰陶,风字形,方口一端翘起,下有两方形矮足,口宽 6.2 厘米、长 8.2 厘米	《考古》2000.6	
		石砚 1 件（HFZM1:4）	风字形,平底,长 18 厘米		
晚唐五代时期	江苏扬州	陶砚 2 件	M48:1,砚面呈风字形,砚首、尾微弧,砚首较窄,砚尾略宽,砚堂呈斜坡状,首低尾高,砚尾部下附两梯形足,砚长 6.9 厘米、砚首宽 4.2 厘米、砚尾宽 5 厘米、高 2.1 厘米	《东南文化》2020.4	

年代	出土地点	出土实物	形制	资料来源	备注
唐代中期至宋初	广东新会	瓷砚	分五型： Ⅰ型 T101③：82，砚心微凹，龟形四足，有尾，通体施青黄釉，釉面有光泽，残长 10.2 厘米、残宽 13.2 厘米、高 5.1 厘米 Ⅱ型 T102③：1117，砚盘侈口，砚心微凹，口沿与砚心之间有一周贮水凹槽，口沿处有立筒痕迹，砚座圈足，饰相间镂孔和凸栅纹，口径 19 厘米、足径 19 厘米、高 4.6 厘米 Ⅲ型二式：1 式，T102③：109，砚盘侈口，砚心内凹，砚心与口沿之间有一贮水凹槽，盘部与足部间有凸棱。砚座圈足，足下部外撇，饰相间镂孔和凸栅纹，施青黄釉，砚心露胎，口径 19 厘米、足径 20 厘米、高 3.6 厘米；2 式，T702③：316，侈口浅盘，砚心内凹，盘沿与砚心之间有一道贮水槽，盘座镂孔圈足，足底略残，内外施褐色薄釉，砚心露胎，口径 10.6 厘米、残高 1.8 厘米 Ⅳ型 T102③：346，砚盘侈口，砚心微凹，口沿与砚心之间一贮水凹槽，砚座圈足，足外撇，饰刻划水波纹，青黄釉，砚心露胎，口径 16 厘米、足径 19 厘米、高 4 厘米 Ⅴ型 T102③：1500，砚盘敞口方唇，砚心微凹，砚座残，砚沿与砚心间有一较宽深贮水槽，青黄釉，釉面有光泽，口径 14.4 厘米、残高 3.2 厘米	《文物》2000.6	

年代	出土地点	出土实物	形制	资料来源	备注
唐代至宋代		小石砚1件	长9.4厘米、宽6.8厘米、高2.8厘米、深2.4厘米	《文物》1964.6	
		石砚1件	长14.1厘米、宽8.9厘米、高3.4厘米		
唐代至宋代	湖南长沙	石砚6件	长11—13厘米、宽6.5—7.5厘米，底部有两短足，颜色为灰色	《文物参考资料》1955.11	
晚唐至北宋时期	浙江绍兴	瓷砚1件	风字形，两侧和上下端划有花纹，砚面中部稍上饰花瓣，下半部未施釉，但表面光洁，底部四周无釉，有支烧点痕迹，残长11厘米、宽10.1厘米	《文物》1981.10	
晚唐至北宋时期	江西玉山	瓷砚1件	标本T0324②:1，残，平面呈长方形，底向一端倾斜，灰白色胎，青釉，长10.6厘米、宽7.9厘米	《文物》2007.6	
晚唐至宋代	河南洛阳	箕形陶砚1件	出于洛阳机瓦厂579号墓,泥质灰陶,火候高,质地坚,内模制成,抹平磨光,砚首微上弧而陡削,很规正,双足,制作较粗劣,长11.7厘米、宽8厘米、高2.3厘米、砚面厚0.7厘米、深1.1厘米	《文物》1965.12	
		箕形陶砚1件	机瓦厂采集:7,褐陶,火候高,内模制成后用工具打磨光滑,周身有墨迹,长10.2厘米、宽7.6厘米、高2.6厘米、砚面厚0.6厘米、深1.3厘米		

年代	出土地点	出土实物	形制	资料来源	备注
晚唐至北宋时期	江苏仪征	石砚2件	平面呈凤字形,侧面呈倒梯形,平底,上残留墨迹,M95:3,背面刻划有文字"吴",笔划较为随意,长8.1厘米、宽5.1厘米、高1.2厘米	《东南文化》2010.4	
		陶砚2件	平面为长方形,砚面弧凸,砚池较深,M13:2,长12.5厘米、宽7厘米、高2厘米		
9世纪中期至10世纪初	辽宁岫岩	陶砚2件	亚腰形,底呈喇叭口状,ST3③:22,砚面边缘饰两周附加堆纹,直径19.2厘米、底径16厘米、高8.8厘米;ST4③:23,砚面与底部边缘各饰一周附加堆纹,直径28.8厘米、底径27.2厘米、高12.8厘米	《考古》1999.6	
五代时期	河南洛阳	陶砚1件	泥质灰陶,风字形,底前部有两个条形足,砚内有墨迹,长14厘米、口宽10.1厘米、高2.7厘米	《文物》1995.8	墓主卒于后梁开平三年(909年)
五代时期	河南洛阳	陶砚1件	出于二十九工区354号墓,泥质灰陶,质地特别坚硬,用模制成坯,再阴刻花纹和铭文,砚面磨光,斜面呈箕形,后宽前窄,背面为长方形框,凹下,阴刻铭文二十八字,似七言律诗一首,砚前、后侧有桃形图案,左侧有回字纹饰,右侧上端刻一鹰,下有五言绝句一首,并有纪年"天福二年八月营造记之",长12厘米、宽9.5厘米、高4.2厘米、砚面厚3厘米、深1.7厘米	《文物参考资料》1957.11《文物》1965.12	后晋天福二年(937年)

年代	出土地点	出土实物	形制	资料来源	备注
五代时期	河南洛阳	陶砚 1 件（M1:11）	箕形，一侧有双足，砚池残存墨迹，长 19 厘米、宽 14.5 厘米、高 4.5 厘米	《文物》2007.6	后晋天福五年（940年）
五代时期	湖南长沙	石砚 1 件	呈青灰色，近似梯形，长 19 厘米、宽 10—14 厘米，砚内光滑平整，宽的一端底部有一对长方形矮足	《文物参考资料》1957.6《文物》1960.3	
五代时期	江苏扬州	陶砚 1 件（10:3）	泥质灰陶，簸箕形，底有二长方形足，长 17.2 厘米、厚 0.5 厘米	《考古》1964.10	
五代时期	江苏苏州	石砚 1 件	箕形，砚面前低后高，长 20.2 厘米、宽 12.7—14.7 厘米、高 3.7 厘米	《文物》1981.2	
五代时期	浙江乐清	陶砚 1 件	簸箕形，面大底小，底空，质地细腻，为黑色细泥制成，长 12.8 厘米、宽 7.2—10.4 厘米、高 6.4 厘米	《考古》1992.8	
五代时期		石箕砚 1 件（馆藏号 2291·IM4·5）	长 16.3 厘米，砚正面作梯形，尤如簸箕，底部有两个方形展足，一个残缺，为陶色板石制成，现藏陕西宝鸡市博物馆	《文物》1994.5	
五代时期	河南洛阳	石砚 1 件（M4539:3）	暗紫色石质，整体呈"风"字形，砚台整体经过磨光，做工比较精细，砚盖周围阴刻两周实线，中间靠下部阴线刻一只站鹿，砚底附满墨渍，子母口周围也附着很多墨渍	《洛阳考古》2013.2	
五代至北宋时期	江西吉安	石砚 1 件（T3③）	已残，青灰岩，平面呈簸箕形，正面有凹槽，背面内凹，有边棱，残长 8 厘米、宽 7 厘米	《考古学报》1995.2	

续表

年代	出土地点	出土实物	形制	资料来源	备注
五代至宋代	河南洛阳	箕形陶砚 1 件	出于二十九工区 492 号墓，泥质灰陶，陶质较硬，内模制成，双足系用手制，抹平，砚首上翘，斜面，双锥形足，长 14 厘米、宽 10.8 厘米、高 3.7 厘米、砚面厚 0.9 厘米、深 1.4 厘米	《文物》1965.12	
十国时期	湖南长沙	石砚 4 件	出于墓 37、墓 52、墓 233、墓 268 墓中，全部是风字形砚，根据底部不同可分二式：I 式 3 件，正面作梯形，腰部微束，底有屐足二个，故又可称为屐砚，在 M37:13 底部刻"闻人"二字，石色紫灰，长 13 厘米；II 式 1 件(M268:2)，正面形制与 I 式相同，底面中心有圆柱形独足一只，周围刻柿蒂纹，青灰色板岩制成，器身长 16 厘米	《考古》1966.3	马楚墓（909—930 年）
十国时期	江苏邗江	箕形端砚 1 件	磨制规整，砚内残存墨迹。长 12 厘米、宽 8 厘米、厚 1.6 厘米	《文物》1980.8	杨吴时期
十国时期	安徽青阳	陶砚 1 件（M1:1）	泥质灰黑陶，箕形，底有两个长三角形矮足，边长 12 厘米、前沿宽 10 厘米、后沿宽 8 厘米、高 2 厘米	《考古》1999.6	南唐时期

　　玉砚，多为帝王皇室所用之物。韩偓诗云："宫司持玉研"，注云：宫司乃"宫人职名"[1]；杜甫诗云："宫砚玉蟾蜍"[2]；常衮诗云："赐砚玉蟾蜍"[3]，

① （唐）韩偓：《韩偓诗注》卷二《感事三十四韵》，陈继龙注，学林出版社 2001 年版，第 99 页。或见（唐）韩偓：《韩内翰别集·感事三十四韵》，载《景印文渊阁四库全书》本，第 1083 册，台湾商务印书馆 1985 年版，第 559 页。

② （唐）杜甫，（清）仇兆鳌注：《杜诗详注》卷一七《赠李八（一作公）秘书别三十韵》，中华书局 1999 年版，第 1458 页。

③ （唐）常衮：《晚秋集贤院即事寄徐薛二侍郎》，载（清）彭定求等编：《全唐诗》卷二五四，中华书局 1979 年版，第 2858 页。

从中可知,唐代宫廷中有玉砚。即使在唐代笔记小说中,玉砚也非属常人,而为龙女所有,据《博异志》记载:许汉阳,"贞元中舟行于洪饶间",在一湖中遇龙女,观其砚,"乃碧玉,以颇黎(玻璃)为匣,砚中皆研银水"。① 五代十国时期,杨吴统治者也有玉砚。显德三年(956年),周世宗征淮南,"周先锋都部署刘重进得其玉砚、马脑(玛瑙)碗、翡翠瓶以献"②。

银砚、铁砚、漆砚、骨砚和琉璃砚在隋唐五代时期并不常见。银砚,《景龙文馆集》曰:唐中宗"令诸学士入甘露殿,其北壁列书架,架前有银砚一"③,这表明唐代宫廷中有银砚。铁砚,后晋时期,桑维翰曾铸铁砚,据《旧五代史》记载:"桑维翰字国侨,河南人也。为人丑怪,身短而面长","初举进士,主司恶其姓","人有劝其不必举进士,可以从佗求仕者,维翰慨然,乃著《日出扶桑赋》以见志。又铸铁砚以示人曰:'砚弊则改而佗仕。'卒以进士及第"。④ 漆砚,据考古资料可知,1954年,四川广元出土孟蜀广政二十二年(959年)"利州都督府皇泽寺唐则天皇后武氏新庙记"石碑,而碑阴中记载有"朱漆砚台壹"⑤。由此可知,这一时期,漆砚仍有使用。骨砚,如"李司徒勉,在汀州曾出异骨一节,上可为砚。云在南海时,有远方客所赠,云是蜈蚣脊骨"⑥。琉璃砚,李白《自汉阳病酒归寄王明府》诗云:"去岁左迁夜郎道,琉璃砚水常枯槁。"⑦说明当时有琉璃砚。

此间,有用古砖、古瓦制成的砖砚和瓦砚。砖砚,如唐代宜城驿"东北有井","井东北数十步有楚昭王庙",庙中"多砖可为书砚"。⑧ 另据考古资料可知,山东临沂唐墓出土唐代晚期砚1件(M1:3),为一青灰色砖改刻而成,制作粗糙,长18厘米、宽13.5厘米、厚3.3厘米。⑨ 瓦砚,据《文房四谱》记载:"魏铜雀台遗址,人多发其古瓦,琢之为砚,甚工,而贮水数日不渗。世传云:昔人制此台,其瓦俾陶人澄泥以绨绤滤过,碎胡桃油方埏埴之,

---

① (唐)谷神子:《博异志·许汉阳》,中华书局1980年版,第4—5页。
② (宋)欧阳修:《新五代史》卷六一《吴世家·杨溥》,中华书局1974年版,第759页。
③ (宋)吴淑:《事类赋》卷一五《什物部·砚》,载《景印文渊阁四库全书》本,第892册,台湾商务印书馆1985年版,第936页。
④ (宋)欧阳修:《新五代史》卷二九《晋臣传·桑维翰》,中华书局1974年版,第319页。
⑤ 张明善、黄展岳:《四川广元县皇泽寺调查记》,《考古》1960年第7期,第55页。
⑥ (唐)封演撰:《封氏闻见记校注》卷八《巨骨》,赵贞信校注,中华书局2005年版,第77页。
⑦ (唐)李白著:《李白集校注》卷一四,瞿蜕园、朱金城校注,上海古籍出版社1980年版,第874页。
⑧ (唐)韩愈撰:《韩昌黎文集校注》外集上卷《记宜城驿》,马其昶校注,上海古籍出版社1986年版,第684—685页。
⑨ 参见邱播、苏建军:《山东临沂市药材站发现两座唐墓》,《考古》2003年第9期,第94页。

故与众瓦有异焉。"①唐代诗赋中对瓦砚皆有赞誉,如贯休诗云:"浅薄虽顽朴,其如近笔端。低心蒙润久,入匣更身安。应念研磨苦,无为瓦砾看。傥然仁不弃,还可比琅玕。"②吴融作赋曰:"勿谓乎柔而无刚,土埏而为瓦;勿谓乎废而不用,瓦砺而为砚。藏器蠖屈,逢时豹变。陶甄已往,含古色之几年;磨莹俄新,贮秋光之一片。厥初在冶成象,毁方效姿,论坚等甓,斗缥胜瓷,人莫我知。"③

隋唐五代时期,陶砚大为盛行。据考古资料可知,陶砚陶胎有灰色、白色、黑色、红色、褐色、灰白色、灰黑色、灰褐色、浅黄色、土黄色、黄褐色、蓝灰色等,尤以灰色居多。

隋唐时期,瓷砚十分流行,五代时期,逐渐少见。据考古资料可知,瓷砚瓷胎有白色、灰色、青色、紫色、红色、灰白色、黄白色、青灰色等;釉色有白色、青色、绿色、酱色、褐色、黄色、红色、豆青色、淡青色、淡黄色、黄褐色、青黄色、青绿色等。

澄泥砚,兴起于唐代④,"是由陶砚发展而来的一种制砚工艺"⑤。"澄泥,即过滤的细泥。用以制砚,与一般的陶砚或瓦砚有所区别。"⑥澄泥砚的制作虽然是从一些砖、瓦、陶砚的制作工艺中得到启示,但是其既非陶砚,又非砖瓦砚。⑦ 唐人甚重此砚,绛州、青州等地均有所出。

隋代至唐代前期,石砚较为少见;唐代中期以后,石砚逐渐增多。据考古资料可知,隋唐五代时期,石砚石质有砂岩、板岩(板石)、岩石、石灰岩(青石)等;石色有青灰色、青紫色、紫红色、紫灰色、红褐色、灰色、黑色等。

2. 宋代砚的种类

宋代(含辽金时期),砚的种类丰富,制作日趋精美,式样更加多元。据文献记载及考古资料(表23)可知,此间,砚的种类有玉砚、水晶砚、玛瑙砚、金砚、铜砚、铁砚、漆砚、木砚、缸砚、砖砚、瓷砚、陶砚、瓦砚、澄泥砚、石砚等。

① (宋)苏易简:《文房四谱》卷三《砚谱·二之造》,中华书局1985年版,第38页。
② (唐)贯休:《砚瓦》,载(清)彭定求等编:《全唐诗》卷八二九,中华书局1979年版,第9347页。
③ (宋)苏易简:《文房四谱》卷三《砚谱·四之辞赋》,中华书局1985年版,第44页。
④ 有学者认为:"中唐后期,已经出现了澄泥砚。"参见郑珉中:《砚林初探——学砚心得三论》,《故宫博物院院刊》1997年第4期,第16页。
⑤ 萧高洪:《新见唐宋砚图说》,湖北美术出版社2002年版,第1页。
⑥ 蔡鸿茹:《澄泥砚》,《文物》1982年第9期,第76页。
⑦ 参见蔡鸿茹:《澄泥砚》,《文物》1982年第9期,第76页。

表 23　宋代砚出土情况统计表（含辽金时期）

年代	出土地点	出土实物	形制	资料来源	备注
北宋初期	安徽潜山	石砚 1 件（M1:4）	通体呈墨绿色,质细洁净,长方形"抄手式",有使用墨痕,长 13.1 厘米、宽 8.5 厘米、高 2.5 厘米	《考古》2008.10	墓主潘景唐卒于乾德四年（966 年）
北宋初期	上海	石砚 1 件（T3M1）	砂质页岩,风字形,风口呈弧形,底平,墨池靠近窄端,至风口处成斜面,甩以研磨及舔笔,留有墨痕,长 14.5 厘米、窄端宽 6.5 厘米、风口宽 10 厘米、厚 2 厘米	《考古》1986.2	
北宋初期	江苏连云港	陶砚 1 件（2:6）	出于 2 号墓,泥质黑灰陶,为风字形砚,前缘底部有两个小足,长为 13.2 厘米、后部宽 8.4 厘米、高 3 厘米	《考古》1987.1	
北宋早期	江苏镇江	葫芦形端砚 1 件	出于乌龟山 M1,砚面椭圆形,与底成相对的斜面,水池半月形,内留粗凿痕,边刻平行线纹,池盖雕饰缠枝菊花,花心镂一小孔,在砚面和水池隔墙下有小孔相通,砚长 17.2 厘米、宽 8.2—13.9 厘米、高 3.3 厘米	《文物资料丛刊》1986.10	
北宋早期	江西景德镇	石砚 1 件（标本 T3③:3）	稍残,灰沙页岩质,整体呈风字形,砚堂前凹,顶平,砚堂外两侧略下凹,长 17.6 厘米	《文物》2007.5	建隆元年至乾兴元年（960—1022 年）
北宋前期	福建建瓯	砚盖 1 件（M2）	青石质,长方形,四侧平斜,子母口,器面磨平,刻划有 S 形密集纹饰,长 14.7 厘米、宽 9.3 厘米	《考古》1995.2	
北宋中期	陕西西安	石砚 1 件（M2:6）	风字形,底短边一端较低,宽边一端较高,长 18.5 厘米、宽 11.5—13.8 厘米、高 2 厘米	《文物》2008.6	墓主卒于天圣元年（1023 年）
北宋中期	江西德安	石砚		《文物》1980.5	景祐四年（1037 年）

年代	出土地点	出土实物	形制	资料来源	备注
北宋中期	江苏江宁	漆砚盒1件 铁砚1件	砚盒扁平,内置风字形铁砚,髹漆绝薄,已残破,全长16厘米、盒高5厘米	《考古》1959.8	庆历五年(1045年)
北宋中期	江西彭泽	石砚1件		《考古》1962.10	墓主刘宗卒于庆历七年(1047年)
北宋中期	江苏淮安	石砚1方	有盖	《文物》1960.8、9	嘉祐五年(1060年)
北宋中期	江苏无锡	石砚1件	青灰石质,呈长方箕形,砚面向前倾斜,砚背后部内凹,可以抄手,长15.4厘米、宽8—10厘米、厚2.9厘米	《考古》1986.12	墓主刘十三郎葬于嘉祐七年(1062年)
北宋中期	江苏江宁	石砚1件		《考古》1959.1	墓主徐伯通卒于元丰二年(1079年),元丰四年(1081年)葬于江宁
北宋中期	浙江武义	陶砚1件	陶色浅灰略黄,陶质粗松,整体略似箕形,墨池由后至前逐渐加深,砚沿四周刻划篱笆形纹,底部一个长方形沟槽,两侧底部中段微微上曲,成抄手曲线,头宽尾窄,长11.2厘米、宽7厘米	《文物》1984.8	元丰六年(1083年)
北宋中期	江苏无锡	石砚1件	长方形,砚底刻有"至和三年(1056年)……"铭文	《考古》1959.6	
北宋中期	江苏无锡	石砚1件	长方形,砚面呈圆角方形,砚首刻长方形砚池,中间刻长方形浅槽,与砚面相通,长17厘米、宽11.6厘米、厚1.8厘米	《考古》1982.4	

年代	出土地点	出土实物	形制	资料来源	备注
北宋中期	江苏镇江	端砚1件	出于登云山M1，圆形，宽边，砚面倾斜，斜面中轴线下端雕一圆形齿边带小尾的堆饰，砚底内凹成弧形，石质细腻，琢磨精致，砚口径16厘米、边宽1.15厘米、高3厘米、底径14.6厘米	《文物资料丛刊》1986.10	
北宋中期	江苏无锡	石砚1件（M1:15）	长方形"抄手"歙砚，砚堂部刻长方形浅槽，石质细腻，银星密布，有使用痕迹，长20厘米、宽11.4厘米、高4.1厘米	《文物》1990.3	
北宋中后期	安徽宿松	石砚		《文物》1965.3	元祐丁卯年（1087年）
北宋中后期	湖南洪江	陶砚1件（T1④:114）	已残，出土时置于匣钵内，体呈圆形，砚面缓平，底有矮足，棕红色胎厚实，火候较高，未施釉，外底部竖刻三行铭文，为"元祐肆年在烟口村作造艺瓦"十二字，长6.3厘米、残宽5.9厘米	《考古》2006.11	元祐四年（1089年）
北宋中后期	安徽全椒	端砚1件（22号）	船形，前部阴刻三朵梅花和两片花叶，系针刻，刻纹内涂以金色颜料，长10.6厘米、宽7厘米、高1.7厘米	《文物》1988.11	墓主张之纮元祐四年（1089年）卒于吴郡（今江苏苏州），元祐七年（1092年）迁葬于此
北宋中后期	江苏溧阳	抄手石砚1方	平面，四周浅刻边沿，砚首斜琢为砚池，背作箕形成半凹状，石色青略灰，长方形，长22.2厘米、前宽12.6厘米、后宽14.2厘米、高4厘米	《文物》1980.5	元祐六年（1091年）

续表

年代	出土地点	出土实物	形制	资料来源	备注
北宋中后期	安徽无为	石砚 1 件（M1:9）	抄手形端砚,长 16.6 厘米、宽 10.7 厘米、高 3.2 厘米	《考古》2005.3	
北宋中晚期	江苏南京	石砚 2 件	均为抄手端砚,M:18,正面长 23.6 厘米、宽 12.8—14 厘米、高 4.8 厘米,底部长 21.6 厘米、宽 11.2—12.4 厘米,石质精美,为紫褐色,加工精细,通体抛光,形为簸箕形,砚的右口部有眼;M:27,正面长 11.8 厘米、宽 6.6—7.4 厘米、高 2.5 厘米,底部长 9.4 厘米、宽 5.6—7.8 厘米,石质、造形和加工程度均与上同,比上一件小些,并在砚池内有墨迹,该件出土在墓主人的身旁,证明这件应是墓主人生前使用之物	《东南文化》1995.2	M：18 为国家一级文物
北宋后期	安徽合肥	石砚 1 件	长方形歙石,前部凿椭圆形水池,底部内收成瓦形,长 17 厘米、宽 10.8 厘米、高 2 厘米	《文物资料丛刊》1986.3	墓主包绶卒于崇宁四年(1105年)
北宋后期	江西金溪	石砚 1 件	青石质,浅灰色,平面呈梯形,砚面划框线,四角各刻一卷曲纹,下底内凹,形制同簸箕砚而小,长 10.5 厘米、宽 6.4—6.9 厘米、高 1.2—1.4 厘米	《文物》1990.9	大观二年(1108 年)
北宋后期	湖北麻城	石砚 1 件	长方形,有盖,完整无缺,石质比较细腻,为青色泥灰岩,砚下有四个矩形足,盖上刻花草纹,磨墨台呈一弧形斜面,砚长 17 厘米、宽 11.2 厘米、高 5.1 厘米	《考古》1965.1	墓主阎良佐卒于大观四年(1110年),葬于政和三年(1113年)

续表

年代	出土地点	出土实物	形制	资料来源	备注
北宋后期	山东栖霞	石砚 1 件（M3:2）	绿色花岗岩，抄手砚，正面呈长方形，侧面呈梯形，顶面长 19.7 厘米、宽 12—12.7 厘米，底面长 18 厘米、宽 11.6—12.3 厘米、厚 2.8—3.1 厘米	《考古》1998.5	墓主慕优卒于政和四年（1114 年）
北宋后期	安徽合肥	石砚 1 件（M1:29）	长方形"抄手"端砚，砚堂部刻长方形墨池，石质细腻，光滑，石色灰黑泛红，长 19.2 厘米、上宽 12.6 厘米、下宽 13.2 厘米、高 3.4 厘米	《文物》1991.3	政和戊戌年（1118 年）
		漆砚 1 件（M2:16）	圆形，有盖，木胎，素面，内外髹黑漆，砚面平滑，微鼓，周围形成浅槽，通高 2.2 厘米、口径 15.7 厘米、底径 11.8 厘米		
		石砚 1 件	出土时置于漆砚盒内，为长方形歙砚，石色青莹，石理缜密，坚润如玉，砚堂部刻卵形墨池，边线凸起，平底，底部刻有长方形线框，长 22.1 厘米、上宽 12.3 厘米、下宽 13 厘米、高 3.5 厘米		
北宋后期	湖南衡阳	石砚 1 件	青石质，风字形，长 16.8 厘米、宽 11 厘米、高 4.4 厘米	《文物》1984.12	
		木砚 1 件	略呈长方形，圆木凿成，一端有斫痕，表面粗糙，残长 7.2 厘米、宽 3.8 厘米、厚 2 厘米		

年代	出土地点	出土实物	形制	资料来源	备注
北宋后期	湖北浠水	石砚1件	完整,无墨迹,未曾用过,石质细腻、光滑,系泥岩制成,台面比底稍大,略呈梯形,墨池系由两个圆形池相切,略呈鳞片状,底部均向一边倾斜,利于调笔和蓄存墨汁,台面长15.9厘米、宽9.3厘米、底长15厘米、宽8.9厘米、砚厚1.8厘米、墨池最深处1.6厘米、最浅处0.2厘米、大池径8.5厘米、小池径7.6厘米	《江汉考古》1989.3	
北宋后期	河南洛阳	陶砚1件(C8M1814:21)	细泥黑陶,砚面呈等腰梯形,砚堂呈箕形,堂面呈斜坡状,砚底为抄手式底,堂面中部阴刻"翠微堂"3字,长21.2厘米、宽13.8厘米、高3.8厘米	《洛阳考古》2014.4	
北宋晚期	江西南丰	石砚2件	形制基本相似,石质坚细,石色青灰,长方形略呈等腰梯形,砚面三边有栏,小头有蓄墨池,小砚出女室,砚面倾斜度大于大砚,砚底由尾部向头部凿有斜向空缝,俗称簸箕砚,大砚出自男室,长16.9厘米、宽10—10.4厘米、高2.7厘米,石色浅褚,小砚长14.2厘米、宽9—9.7厘米、高2厘米	《考古》1988.4	
北宋晚期	广东深圳	石砚1件(南M2)	残缺一角,石质为纹理细腻的板岩,长方形,长12.5厘米、宽7.6厘米、厚1.5厘米,砚底往内斜收0.5厘米,水池在砚首,呈长弧形,砚面微凹,有使用痕迹	《考古》1990.2	

年代	出土地点	出土实物	形制	资料来源	备注
北宋晚期	安徽潜山	澄泥砚 1 件	出于 M1,箕形,长 16.3 厘米、最宽 12.4 厘米、高 2.5 厘米,通体呈青绿色,质细洁净,砚背前端有两个椭圆柱状足,砚堂微凹,前部无缘	《考古》1994.4	
北宋晚期	安徽舒城	抄手石砚 1 件(M1:4)	青石质,砚身为长方形,上面为砚池,墨堂呈长方形,受墨处微凸,斜入墨池,边沿凸出成长条状,下面凿空成三面壁,一面倾斜,既轻且稳,长 16.4 厘米、宽 9.8 厘米、高 2.7 厘米	《考古》2005.1	
北宋晚期	湖南益阳	青石砚 1 件(M2:2)	抄手砚,平面呈"风"字形,砚面椭圆形,水池在砚首,长 18 厘米、宽 11—12 厘米、厚 2 厘米	《湖南考古辑刊》2011.9	
北宋末期	河南洛阳	陶砚 3 件	形制相同,长方形,砚面均有墨迹残痕,T45③:6,灰色,质地细腻,砚底刻有"马文"二字,字迹潦草,长 12.8 厘米、宽 7.2—7.8 厘米、高 2 厘米	《考古》1996.6	
北宋末年	江苏泰州	石砚 1 件	青石质,平面长方形,形制同"抄手"砚,砚堂部有略带弧度的浅槽,石质细腻,有使用痕迹,背内凹,有刀刻铭文"王□"二字,长 8.8 厘米、宽 5.5—5.9 厘米	《东南文化》2006.5	
北宋时期		枣心纹圆形砚 1 件	婺源歙石石品陈列室藏	《文物》2005.12	北宋中期
		古犀罗纹斧形砚 1 件			北宋早期
		眉纹椭圆砚 1 件			北宋宣和五年(1123年)至靖康二年(1127年)以后

续表

年代	出土地点	出土实物	形制	资料来源	备注
北宋时期		陶砚1件	长方形抄手砚,稍残,泥质灰陶,砚池为淌池,砚面后高前低成斜坡形,背面刻行书三行,左读"己巳元祐四裸(祀)姑洗月(三月)中旬一日,雕造是者,萝土澄泥,打摸割刻,张思净题(花押)",长18.2厘米、宽11.9厘米、高4厘米、深2.9厘米,现藏上海市博物馆	《文物》1965.12	元祐四年(1089年)
		陶砚1件	长方形,泥质灰陶,砚池作半圆形,砚面后高前低,背面圆凹,可以抄手,方框三道,内刻行书三行"邢州平乡县王固村王功靖自造砚子,绍圣五年三月日(花押)",长16厘米、宽9.7厘米、高2.5厘米、深2厘米,现藏上海市博物馆		绍圣五年(1098年)
北宋时期	河南方城	石砚1件	长方形,尾端成圆形,中间凹,两边有凸起的沿,最长处11厘米	《文物参考资料》1958.11	
北宋时期	河北石家庄	陶砚1件	方形	《考古》1959.7	
北宋时期	湖南长沙	石砚		《文物》1960.3	
北宋时期		澄泥砚1件	褐色,砚面前部刻砚池,前低后高,前后两端刻有半叶形纹饰,背面真书两行"绍圣元年八月二十八日,大刘希造砚记(花押)",长17.2厘米、宽10.9厘米、厚5.4厘米,现藏陕西省博物馆藏	《文物》1965.7	绍圣元年(1094年)
北宋时期	浙江海宁	抄手砚1件(M2)		《文物》1983.8	

年代	出土地点	出土实物	形制	资料来源	备注
北宋时期	福建顺昌	凤字形石砚1件	残存大半部分,墨石制成,长方形,器身残长8.6—9.8厘米、宽4.4—5.5厘米、厚2—2.4厘米、槽深2厘米	《考古》1987.3	
北宋时期	江苏江阴	石砚2件	1件为箕形砚,前窄后宽,储水处刻有一日珥状凸起,长12厘米、宽7—8厘米;1件为钺形砚,长14厘米、边沿高阔各4厘米,储水池深3厘米,外形如"凤"字,储水池口呈月牙状,砚一端安有八角形柄一个,径粗2.2—3.5厘米	《文物资料丛刊》1986.10	
北宋时期	湖北英山	陶砚1件	出于大屋基宋墓,泥质灰陶,质地细而较坚硬,梯形,墨池靠近窄端,砚边三面有栏,墨池至前缘呈斜坡状,砚底前缘至中部凿有舌形缝隙,深0.3厘米,俗称簸箕砚,长12厘米、窄端宽7.3厘米、前缘宽8.1厘米、厚2.7厘米	《考古》1993.1	
		石砚1件	出于郭家塆宋墓,青灰石,质地坚硬细腻,梯形,砚面有椭圆形墨池,砚底凿成箕形凹窝,长13.9厘米、宽8—8.4厘米、厚2.3厘米		墓主谢文诣卒于熙宁十年(1077年)
北宋时期	河南洛阳	澄泥砚1件(T40②:14)	残,陶色灰,质地细腻,长圆形,砚底印有"魏家虢州,澄泥砚瓦"八字,残长10.2厘米、最宽9厘米、通高2.4厘米	《考古》1994.8	

年代	出土地点	出土实物	形制	资料来源	备注
北宋时期	山东牟平	石砚 2 件	M1:2,石质,为褐色沉积岩,略近方形,上缘刻有装饰性短线,底面为四个曲尺形宽平足,前端残损后又经磨平,砚内留有墨迹,长 6.4 厘米;M2:2,陶质抄手式,淡黄色,含砂稍多,前端残损,壁较薄,亦经使用,残长 13.5 厘米	《考古》1997.3	
北宋时期		澄泥袋形砚 1 件	台北故宫博物院藏,色棕黄,质坚如石,砚面作袋形,颈部绑有一绳,袋口因颈部被绑紧而出现褶皱,袋腹较圆,口为墨池,袋腹为砚堂,绳状物下凿有小孔以使砚堂与墨池相通,其手法写实,砚面刻"元丰六年制"楷书五字,底有四矮足,砚长 16.5 厘米、宽 9.8—12.4 厘米、高 2.5 厘米	《文物》2005.5	
北宋时期	江苏泰州	箕形陶砚 1 件(M7:1)	形状象箕形,口部有双锥足,灰陶,夹砂、炭,保存完好,长 10.7 厘米、宽 7.4 厘米、高 2.7 厘米	《东南文化》2008.4	
		石砚 1 件(M9)	素面无纹,圆角长方形,砚堂较浅,砚唇较宽,砚池为深槽形,材质细腻,长 15 厘米、宽 9.4 厘米、厚 2.1 厘米		
北宋时期	陕西蓝田	砚	有豆绿色俏红边贺兰石砚、黛色三足歙砚、鱼肚白澄泥砚等	《考古》2010.8	

年代	出土地点	出土实物	形制	资料来源	备注
北宋中晚期至南宋时期	江苏扬州	陶砚2件	质细、硬,H4:1,方形砚,残半,灰陶质,外表灰黑,背面略凹、有细密戳印纹,正面光滑,中心凹印一圆折角砚槽,槽面不平,一边略深,残长13.5厘米、宽11厘米、厚2.7厘米;T0202⑤:2,圆形砚,残半,可复原,红陶质,背面平整、轮制弦纹明显,正面近边缘处略凹,直径19.9厘米、厚1.7厘米	《东南文化》2019.2	
北宋晚期至南宋初期	江苏南京	石砚2件	M12:6,箕形砚,灰黑色,砚身布满水波状纹,墨堂浅平,墨池箕形,砚尾底部有船形双足,双足间用细阴线浅刻"夏拾得石"四字铭文,长17.2厘米、宽7.7—9厘米、高1.7厘米	《文物》2001.8	
北宋末年或金代初年	河南安阳	石砚1件	青石制成,正方形,中央雕作圆形,其周围雕八瓣荷花水槽,长宽15.5厘米、高4厘米	《考古》1959.5	
北宋末年至金代初年	河南新乡	石砚1件（M11:14）	砂质灰岩,质较粗,长方形,正面上首有桃形凹槽,长17.8厘米、宽11.5厘米、厚2.2厘米	《考古》1996.1	
南宋初期	四川大邑	端砚1方	石黑似漆,细润如玉,长22.5厘米、宽12厘米、高5.6厘米	《文物》1984.7	
南宋初期	湖南祁阳	石砚1方	长13厘米、宽6.7厘米、深2.7厘米,砚台呈盒式,加有长方形薄盖,长9厘米、宽5.7厘米、厚0.2厘米	《考古》1994.10	

续表

年代	出土地点	出土实物	形制	资料来源	备注
南宋初年	浙江余杭	石砚 3 件	抄手砚 1 件,M12:4,平面略呈梯形,紫砂石质,长 15.8 厘米、宽 6.1—7.15 厘米、高 3.7 厘米,表面残留有黑色墨痕 长方形砚 2 件,上面有凸出的边栏,一端斜向下凹,背面手指托握之处微凹,M12:2,长 11 厘米、宽 6.2 厘米、高 2.1—2.25 厘米,砚槽长 9.5 厘米、宽 4.7 厘米,上面残留有少量朱砂;M12:3,长 12.7 厘米、宽 6.9—7.1 厘米、高 1.8—1.95 厘米,砚槽长 11.3 厘米、宽 5.8—6 厘米	《东方博物》2015.3	
南宋早期	福建南平	石砚 1 件	长方形,砚面有一周凸槽及长方形墨池,砚底内凹,墨池长 5.4 厘米、宽 3.6 厘米、深 1.1 厘米,砚长 17.7 厘米、宽 11.6 厘米、厚 1.7 厘米	《考古》1992.4	
南宋前期	福建南平	石砚 1 方	长方形,砚首有墨池,砚面平整至墨池处下斜,边缘有沟,平底微内凹,墨池与凹槽相连,长 14.4 厘米、宽 10.2 厘米、厚 2.2 厘米	《考古》1991.12	
南宋中晚期	湖北麻城	石砚 1 件（SM1:2）	石质浅灰绿色,似为歙石砚,长方形,四侧斜收,椭圆形砚堂,堂内斜坡状,一端设池,平底,一端有凹槽,为典型的"抄手砚",长 11 厘米、宽 7 厘米、厚 1.6 厘米	《江汉考古》2007.2	
南宋末期	湖南临湘	石砚 1 件	长方形,似端砚,一端设水池,中腰横断面呈"门"形,器高 3.5 厘米、长 15.1 厘米	《考古》1988.1	

续表

年代	出土地点	出土实物	形制	资料来源	备注
南宋时期	江苏南京	石砚1件	M16：7，抄手砚，黑色，整体如船形，砚身布满牛毛状纹，长25.2厘米、宽13.6—14.4厘米、高4.3厘米	《文物》2001.8	绍兴十五年（1145年）
南宋时期	江苏镇江	石砚2件瓷砚1件		《文物》1973.5	绍兴二十六年(1156年)
南宋时期	湖南长沙	石砚1件	灰黑色，长方形，制作较精，底部阴刻一"万"字，长23厘米、宽14.2厘米、厚3.5—3.8厘米	《考古》1961.3	乾道庚寅年（1170年）
南宋时期	广东潮州	端砚1件	灰色端石，长方形，底有抄手槽，长15.5厘米、宽10.4厘米、厚2.45厘米	《考古》1963.9	墓主刘景卒于乾道八年(1172年)
南宋时期	江苏江浦	石砚2方	1方端石，作钟形，前部厚1.8厘米，凿有水池，后部0.8厘米，下附双足，砚长13.3厘米、前宽8.8厘米、后宽10.7厘米、高1厘米；1方歙石，作腰圆形，前部凿有水池，平底，砚长19.8厘米、中宽11.3厘米、高4.5厘米	《文物》1973.4	墓主张同之卒于庆元二年（1196年）
南宋时期	江西临川	石砚1件	石色青灰，圆台形，上大下小，砚面中部稍鼓，一边蓄墨沟较深，直径12厘米、厚1.7厘米	《考古》1988.4	墓主朱济南卒于庆元三年（1197年）
南宋时期	浙江诸暨	蕉叶白端砚1件	圆形，边缘不规则，砚体呈紫黑色，底部磨平光滑，砚面不开墨堂和墨池，以乳白色为主，伴以青色和淡黄色，石质细腻温润，砚面一侧阴刻隶书"碧玉子"三字，直径23厘米、高4厘米	《文物》1988.11	墓主董康嗣卒于庆元六年（1200年）

年代	出土地点	出土实物	形制	资料来源	备注
南宋时期	湖北武汉	石砚1件	出于1号墓（武汉M541），青石，长方形，通体磨光，砚的一头有水槽一条，背面为长方形斜面，长13.4厘米、宽8.2厘米、高2.3厘米	《考古》1964.5	墓主卒于南宋嘉定五年（1212年）
		石砚1件	出于2号墓（武汉M542），红色泥岩，椭圆形，通身磨光，微有残缺，可能为顶砖下塌时碰击所致，周围起边，一头有水槽，长13厘米、宽7.8厘米、厚1.5厘米		不早于光宗时期（1190—1194年）
南宋时期	江西清江	石砚1方	圆棱长方形，一端略方，一端弧形，断面呈梯形，二面均有水槽，长10.5厘米、宽8.3厘米、厚1.7厘米	《考古》1965.11	墓主王宣义卒于宝庆丙戌年（1226年），葬于宝庆三年（1227年）
	江西永修	石砚1方	长方形，正面开一水槽，背面微凹，剖面呈梯形，长8厘米、宽4.5厘米、厚1.3厘米		嘉熙四年（1240年）
南宋时期	江西高安	鸡肝石石砚2件	1件为长方形，长11厘米、宽5厘米；1件为双连砚，长7厘米、宽8厘米	《文物》1959.10	宝祐三年（1255年）
	江西清江	鸡肝石石砚1件	长方形，长23.5厘米、宽15厘米		绍兴二十九年（1159年）
南宋时期	福建福州	石砚1件（M1:18）	石质，为长方形抄手端砚，石质细腻光滑，石色灰黑泛白，长16.7厘米、宽10.2厘米、厚1.8厘米	《文物》1995.10	墓主许峻卒于咸淳八年（1272年）

续表

年代	出土地点	出土实物	形制	资料来源	备注
南宋时期	浙江衢州	石砚 2 件	形制与上基本相同,1件长 15 厘米、宽 10.2 厘米、厚 2.5 厘米,椭圆形,边宽 0.25 厘米;1件长 9.2 厘米、宽 6.7 厘米、厚 2 厘米	《考古》1983.11	墓主卒于南宋咸淳十年(1274年)
南宋时期	湖南长沙	陶砚 1 件	出于长沙杨家山,长方形,质细腻,呈青灰色,背镌一篆书"万"字,砚首刻一椭圆形水池,砚面与砚池紧接处开一斜坡缺口,砚面磨墨可直注砚池,砚底由后向前作弧形圆凹,长 22.9 厘米、宽 14.8 厘米、高 3.3 厘米,现藏湖南省博物馆	《文物》1965.12	
南宋时期	四川温江	石砚 4 件	有长方形、椭圆形和圆形等形制,方砚(编号17)长 21.5 厘米、宽 13 厘米、高 2.5 厘米,椭圆形砚(编号 18)长径 14.5 厘米、短径 11 厘米、高 1.8 厘米,圆砚已残缺	《考古》1977.4	
南宋时期	浙江杭州	抄手石砚 1 件	长方形,砚面较浅,一端为墨池,长 18.1 厘米、宽 10—10.7 厘米	《文物》1988.11	
南宋时期	浙江兰溪	抄手砚 1 件	长 19.5 厘米、宽 11 厘米、厚 3.6 厘米,底部刻有"及斋"二字	《考古》1991.7	
南宋时期	福建三明	石砚 1 件（M1:2）	长方形抄手式,前部稍窄,边缘微突,墨池上大下小,砚面微倾斜,十分平光,砚石呈灰色,石质纹路清晰,长 18.9 厘米、宽 8.3—8.6 厘米、高 3.7—4.5 厘米	《考古》1995.10	

续表

年代	出土地点	出土实物	形制	资料来源	备注
宋代	江苏武进	石砚 2 件	1 件端石砚,出于 1 号墓,长 7.3 厘米、宽 11.9 厘米、高 1.8 厘米;1 件歙石砚,出于 4 号墓,砚底有双足,外套灰黑色金属盒,盒底有一圆孔,启盖后用指在盒底圆孔中一顶即可将砚取出,长 12.6 厘米、宽 7.8 厘米、高 1.5 厘米,这 2 件砚的特征都是台面与砚口相平,仅在顶端挖有一线水槽	《文物》1979.3《考古》1986.3	1 号墓上限不会早于北宋徽宗宣和元年（1119 年）;4 号墓在南宋 1260 年以后
宋代	甘肃灵台	陶砚 1 件	灰陶质,长方形,面刻有长条形砚二个,为斜坡状,三个侧面印有凸起的牡丹花纹,一面有椭圆形孔,平底,高 11 厘米、面 21×17 厘米、底 18×15 厘米	《考古》1987.4	南宋建炎四年(1130 年)前后
宋代	安徽郎溪	石砚 1 方（M16:4）	质坚硬,青灰色,簸箕形,砚面墨池倾斜,较深,砚底斜向镂空,长 9 厘米、宽 6 厘米、高 2.6 厘米	《考古》1992.4	北宋晚期至南宋初期
宋代	湖南长沙	石砚 1 件	出于 81 号墓,长方形,砚底上有刻划极细的"吉砚子……"文字	《考古通讯》1957.5	
宋代	江苏	澄泥砚 1 件	梯形	《文物》1959.4	
宋代	湖南长沙	石砚 1 件		《考古》1959.4	
宋代		陶砚 1 件	长 18.5 厘米、宽 11.8 厘米、高 2.7 厘米、深 2.1 厘米,砚底文字"虢州法造闰金砚子"	《文物》1964.7	
		东鲁柘砚 1 件	长 20.2 厘米、宽 9.3 厘米、高 2.1 厘米、深 1.6 厘米,砚底文字"东鲁柘砚"		

年代	出土地点	出土实物	形制	资料来源	备注
宋代		陶砚 1 件	长 12.7 厘米、宽 8 厘米、高 2.5 厘米,砚底文字"虔州裴第三罗土澄泥造"	《文物》1964.8	
宋代		澄泥砚 1 件	残,长 11.5 厘米、宽 7.8 厘米、通高 3.3 厘米、深 1.8 厘米,砚底文字"元丰六年造砚子记"	《文物》1964.9	元丰六年(1083 年)
		柘沟陶砚 1 件	长 14.5 厘米、宽 9.1 厘米、通高 2.1 厘米、深 1.6 厘米,砚底文字"柘沟石砚"		
宋代		陶砚 1 件	长 18 厘米、宽 11.5 厘米、高 2.5 厘米、深 1.9 厘米	《文物》1964.10	
		陶砚 1 件	长 18.5 厘米、宽 11.4 厘米、高 2.4 厘米、深 1.7 厘米,砚底文字"泽州吕砚"		
宋代		瓷砚 1 件	长 9.5 厘米、宽 5 厘米、高 3 厘米、深 1.5 厘米,砚底文字"元符三年七月廿三日史五"	《文物》1964.11	元符三年(1100 年)
		陶砚 1 件	长 13 厘米、宽 7.5 厘米、高 1.2 厘米、深 0.5 厘米,砚底文字"熙宁三年钧造"		熙宁三年(1070 年)
宋代		雕狮石砚 1 件	长 23.5 厘米、宽 14.1 厘米、高 5.4 厘米、深 1.5 厘米	《文物》1965.1	
		歙石砚 1 件	长 22 厘米、宽 12 厘米、高 3.5 厘米、深 3 厘米		
		端石砚 1 件	长 17 厘米、宽 10 厘米、高 4.5 厘米、深 2 厘米		

续表

年代	出土地点	出土实物	形 制	资料来源	备注
宋代		端石抄手砚 1件	长方形,长 18.3 厘米、宽 11 厘米、通高 7 厘米		
		端石抄手砚 1件	长方形,长 17.7 厘米、宽 11 厘米、通高 7.5 厘米	《文物》1965.2	
		石砚 1件	长方形,长 21 厘米、宽 13.3 厘米、通高 5.5 厘米		
宋代		雕"鱼龙变化"石砚 1件	长 20 厘米、宽 12.2 厘米、高 2.5 厘米	《文物》1965.3	
宋代		"卞夫子"押文抄手澄泥砚 1件	长 24.5 厘米、宽 15 厘米、通高 6.4 厘米、深 1.8 厘米	《文物》1965.5	
		橘形澄泥砚 1件	长 13 厘米、宽 10.5 厘米、通高 2.8 厘米		
宋代	陕西乾县	陶砚 1件	灰陶质,箕形,经磨光,前低后高,留有墨迹,背面后部靠两端处有双柱形足,长 17.3 厘米、宽 15.5 厘米、高 4.8 厘米,现藏陕西省博物馆藏	《文物》1965.7	
宋代	安徽凤台	石砚 1件	红砂岩制成,少残	《文物》1965.10	
		陶砚 2件	1件残;1件完整,上刻"魏铎"二字		

续表

年代	出土地点	出土实物	形制	资料来源	备注
宋代	河南洛阳	箕形陶砚 1 件	出于二十九工区 473 号墓,泥质灰陶,质较坚,内模制砚身,手制双足,抹平磨光,砚首稍外弧而上跷,双足扁长,磨光,长 13.5 厘米、宽 10 厘米、高 2.9 厘米、砚面厚 0.6 厘米、深 1.3 厘米	《文物》1965.12	
		长方形抄手陶砚 1 件	出于二十九工区 378 号墓,泥质灰陶,质地坚硬,似为内模制成,通体磨光,砚呈后宽首窄之梯形,砚面四边抹角,斜面,淌池,周围有棱线一道,底面后部内凹,向前倾斜,可以抄手,砚面残留墨迹,长 19.2 厘米、宽 12.2 厘米、高 2.8 厘米、砚面厚 1.5 厘米、深 1.7 厘米		
		长方形抄手陶砚 1 件	出于十三工区 M9.7.1 号墓,泥质灰陶,质地坚硬,模制,通体磨光,斜面,砚池作半圆形,底面后部内凹,向前倾斜,砚首侧阴刻"吕"字,砚周身涂有厚墨,长 16.6 厘米、宽 10.2 厘米、高 2.3 厘米、砚面厚 1 厘米、深 1.5 厘米		
		箕形陶砚 1 件	机瓦厂采集:10,灰陶,火候高,模制后加工修整,打磨光滑,斜面,浅池,底部圈足,圈足后高,前渐低,至砚首与底平,砚面残存墨迹,长 15.4 厘米、宽 11.7 厘米、高 2.5 厘米、砚面厚 1.2 厘米、深 0.8 厘米		

年代	出土地点	出土实物	形制	资料来源	备注
宋代	湖南衡阳	抄手石砚 1件	出于衡阳砖瓦厂附近,砚为长沙、衡阳等地常见的红砂岩所制,呈紫色并满布白棉纹,长方形,平面,四周浅刻边沿,砚首斜琢为砚池,背作箕形成半凹,一边破损,长 16.8 厘米、宽 9.8 厘米、前高 2.3 厘米、后高 2.7 厘米、深 1.2 厘米,现藏湖南省博物馆	《文物》1965.12	
	湖南长沙	箕形石砚 1件	长沙九尾冲第 4 号墓,红砂岩石琢成,箕形,呈紫色,前低后高成斜面,底部凿痕多起,底后部琢长方形柱足,长 14 厘米、前宽 8.4 厘米、后宽 10 厘米、高 2 厘米、深 1 厘米,现藏湖南省博物馆		
宋代		铁火砚 1件	长 15.8 厘米、宽 9.2 厘米、高 9 厘米	《文物》1965.12	
宋代	福建邵武	石砚 2件	1 件圆形,通体磨光,周围起边,一头有水槽,下附三个短足,直径 12.5 厘米;1 件长方形,通体磨光,正面斜直,长 11 厘米、宽 6.5 厘米、高 2.5 厘米	《考古》1981.5	
宋代	湖南岳阳	瓷砚 1件	长方形,砚面刻有水池,侧边雕印阳文"首登龙虎榜,身到凤凰池"十字,砚的前端饰莲花纹	《考古》1984.10	
宋代	河南新乡	澄泥砚 4件箕形砚 2件风字砚 2件带盖箕形砚 2件		《文物》1986.2	
宋代	河北邯郸	石砚 1件	长方形	《考古》1990.8	

年代	出土地点	出土实物	形制	资料来源	备注
宋代	山东济南	陶砚 1 件	抄手砚,长 15 厘米、宽 10.5 厘米,砚背印长方框,内有二竖行阴文楷书铭文"柘沟徐老功夫细砚",现藏济南市博物馆	《文物》1992.8	
宋代		抄手式柘砚 1 件	呈青灰色,长方形,砚面微凸,墨堂呈椭圆形,砚四边有弦纹,墨堂与墨池间有流槽,受墨处微凹,斜入墨池,下有四方足,砚背有篆体"东鲁柘砚"四字,为烧前所印,长 17 厘米、宽 8.5 厘米、高 2 厘米,现藏山东济宁市博物馆	《文物》1994.5	
宋代		抄手端砚 1 件(馆藏号 2289·IM4·3)	长 23 厘米、宽 13.6 厘米、高 7.9 厘米,上面为砚池,边沿略凸,下面凿空成三面壁,既轻且稳,腹壁内有九根参差不齐的石柱呈不规则分布,其中四根残失,仅留根部,两根残断半截,靠近砚底部石柱长 3.5 厘米、靠近砚尾石柱长 5.4 厘米,石柱上部均较粗,下部较细,上部直径 1.5 厘米、下部直径 1.3 厘米,石柱顶部上有似黄豆大小的坑眼,砚石质地细腻缜密,形制淳朴、古雅,色泽柔润,现藏陕西宝鸡市博物馆	《文物》1994.5	
宋代		陶砚 1 件	陶质,青灰色,长方形,内凹,为箕形抄手砚,砚背有"柘沟石砚"四字铭文,长 14.5 厘米、宽 9 厘米、高 2 厘米,现藏山东邹城市文物管理处	《文物》1996.2	

年代	出土地点	出土实物	形制	资料来源	备注
宋代	湖北巴东	石砚1件（BYIM2：30）	砚面规整平滑,使用痕迹明显,长16.5厘米、宽13.6厘米、厚0.5厘米	《江汉考古》2009.4	
宋代	福建将乐	石砚1件（M4:15）	残,较粗糙,长方形抄手,砚池呈斜坡状,磨制光滑,背面呈弧形,系用黑色板岩制成,可能是由将乐本地龙池石加工而成,残长6.1厘米、宽6.1厘米、厚2.1厘米	《福建文博》2012.2	
南宋至金代	山西临汾	砚		《文物》1959.3	
南宋或元代		铁砚1件	箕形,铁质,背面铸阳文真书铭四行:"匪邺之鉴,匪端之石,烈士之心,君子之德,磨而不磷,惟圣是则。畏庵",署款下有一朱文印似"秀泉□",不甚可辨,长18.1厘米、宽16.6厘米、高3.3厘米、深1.4厘米,现藏上海市博物馆	《文物》1965.12	
南宋至元代	江西萍乡	陶砚1件	土红色陶胎,有气孔,圆盘形,中有凹形磨墨台,边有蓄墨沟一周,浅圈足,高2.6厘米、直径11厘米	《考古》1984.3	
宋元时期	江西景德镇	瓷砚3件	其中1件T8③:4,施影青釉,平面呈长方箕形,截面凹状,底刻"蔡书",两侧分刻"□和三年""□月初六日"	《考古》2000.12	
宋代至明代		浮雕桃形石砚1件	长19.7厘米、宽13厘米、高2.8厘米	《文物》1965.3	

续表

年代	出土地点	出土实物	形制	资料来源	备注
辽代早期	内蒙古敖汉旗	陶砚 2 件	出于沙子沟 1 号辽墓，风字形。沙 M1:2,浅灰泥质陶，底部前端为两足，后端圆鼓状，正面后端边缘浮雕出卷草花纹，长 10.3 厘米、宽 6.5 厘米、高 3.5 厘米；沙 M1:1,黑灰陶，镂孔方底座，正面边缘浮雕出卷草花，后端右侧穿一孔为插笔用，长 22.8 厘米、宽 14 厘米、高 10.2 厘米	《考古》1987.10	
		陶砚 1 件（大 M1:3）	出于大横沟 1 号辽墓，风字形，黑陶，底部四个足钉，正中刻划一“王”字，后端一侧有一孔为插笔用，长 12.7 厘米、宽 11 厘米、高 3.6 厘米		
辽代中晚期	内蒙古巴林右旗	风字形陶暖砚 1 件	上平面中间有一风字形凸起堆沿，砚身后端有一弧形斜靠壁，壁上划勾纹，砚身长 27.6 厘米、宽 20.5 厘米、厚 1.5 厘米，砚身下加一暖炉，高 11 厘米，前有一方形火门，旁有气眼，暖炉底托长方形，长 23.5 厘米、宽 17.3 厘米，底托上部边沿密排一周乳钉，计七十八个	《文物资料丛刊》1986.10	
辽代	内蒙古赤峰	石砚 1 件	出于 1 号墓，形似箕，黑色，由滑石制成，前下有二长方足，后身半圆状，前宽 16 厘米、后宽 11 厘米、足高 1.1 厘米	《考古学报》1956.3	辽穆宗应历九年（959 年）
辽代	北京	陶砚 1 件	灰陶，风字形，砚池微倾，池内有墨痕，高 3 厘米、长 15.5 厘米	《考古学报》1984.3	墓主韩佚生于辽太宗天显十一年（936 年），死于辽圣宗统和十三年（995 年）

年代	出土地点	出土实物	形制	资料来源	备注
辽代	内蒙古奈曼旗	风字形玉砚2件	青白色软玉,平面呈风字形,墨池为斜面,前部有两矮足,1件长12厘米、宽7.1厘米、厚2.6厘米、足高0.8厘米,另1件长8.5厘米、宽5.2厘米、厚1.9厘米、足高1.1厘米	《文物》1987.11	陈国公主卒于开泰七年(1018年)
辽代	内蒙古巴林左旗	三彩陶砚1件	砚体圆而中空,径约二十多厘米,高不及十厘米,根据陶质、釉调、印工、火候上看,可能是赤峰缸瓦窑屯辽窑产品	《文物参考资料》1958.2	墓东南方不远处有辽咸雍二年(宋治平三年,1066年)石经幢一座
	辽宁新民	黄釉鼓式陶砚1件	砚圆鼓式无底,砚面留胎无釉,即研墨处,侧有弦纹乳钉装饰,胎质釉色同三彩釉器		
辽代	内蒙古昭乌达盟	瓷砚1件	长方形,四周外侧下部向内倾斜,砚池作长圆形,底厚0.7厘米,前低后高成坡度,长18.3厘米、宽10.3厘米、高2.2厘米	《文物》1961.9	辽寿昌五年(1099年)
辽代	辽宁新民	黄釉鼓式砚1件	鼓形,腹壁上下两端各有弦纹一道,下端并有乳钉一周,腹部黄釉,砚面留素胎粗面不施釉,以便研墨,腹部透穿一孔,高4.8厘米、砚面径12.8厘米	《考古》1960.2	
辽代	内蒙古宁城	陶砚1件	出于3号墓,澄泥,红褐色,砚池内低外高,厚1.8—2.3厘米	《文物》1961.9	
辽代	辽宁北票	石砚1件	青绿砂岩,平面成箕形,研磨面呈斜坡状,平底,底上有凿痕,长14厘米、宽13厘米、厚4厘米	《文物》1977.12	

年代	出土地点	出土实物	形制	资料来源	备注
辽代	内蒙古巴林右旗	澄泥砚 1 件	灰色澄泥制成,砚身为长方八角形,墨堂呈椭圆形,周边弦纹一道,砚面微凸,墨堂与墨池间有流槽,墨池作扇形花瓣,砚底有一深槽,和砚面椭圆形墨堂相对称,中间偏上有两行凹印款识,右行为"西京仁和坊李让",左行为"罗土澄泥砚瓦记",砚长 18.3 厘米、宽 12—12.5 厘米、厚 2.3 厘米	《文物》1981.4	
金代	山西汾阳	澄泥砚 1 件(M5:004)	澄泥质,黑色,素面,宋式抄手砚,砚海与砚堂之间没有隔断,砚正面四周有一条较细的凹线,砚背面抄手处留有一个长方形戳记,内容为"泽州路家,丹粉箩土,澄泥砚记",从背面可见砚中央夹杂有大片红色朱砂痕迹,系仿红丝砚而做,器物保存完好,且有使用痕迹,长 34.6 厘米、厚 4.1 厘米	《文物》2010.2	金明昌六年(1195年)
金代	河北曲阳	陶砚 1 件(M8:1)	两侧刻有简单花纹,背底后端有两足,并刻有年款"□崇庆元龟仲冬拾贰月中旬三日造",长 14 厘米、宽 9.5 厘米	《考古》1965.10	金崇庆元年(1212年)
金代	黑龙江肇东	砚 3 件	其中长砚方形砚 2 件,1 件长 10 厘米、宽 5 厘米、厚 2.5 厘米,底刻"砚台"二字;圆砚 1 件,径 9.5 厘米、厚 2 厘米	《考古》1960.2	
金代		陶砚 1 件	长 12.1 厘米、宽 7 厘米、高 1.9 厘米,砚底文字"西京□关□刘砚□"	《文物》1964.8	

续表

年代	出土地点	出土实物	形制	资料来源	备注
金代	北京	陶砚1件	褐陶，圆形，矮圈足，三足，砚面有墨迹，砚前部有口状水盂，砚底有"鼎砚铭"十九字，通高2厘米、口径10.7厘米、足径1.4厘米	《文物》1981.8	
金代	北京	陶砚1件（M2:18）	略呈长方形，用陶片磨制，斜坡墨池，底部有细绳纹，长10.6厘米、宽7—7.8厘米	《文物》1988.7	
金代	陕西西安	石砚1件（M1:33）	为变体风字形砚，石质，微粗，紫色，底部有两足，一残，砚面上有墨锭痕，外底部阴刻篆体"颐斋"二字，长17.3厘米、高3厘米、上宽9.5厘米、下宽12厘米	《考古与文物》2017.2	

玉砚、水晶砚、玛瑙砚和金砚皆是奢侈品，常为帝王皇室所用之物，一般文人士大夫较少使用。

玉砚，自古以来，即为帝王皇室所用之物。雍熙中，宋太宗赐钱俶玉砚等物。[1] 又据考古资料可知，内蒙古哲里木盟奈曼旗辽开泰七年（1018年）陈国公主驸马合葬墓出土风字形玉砚2件，青白色软玉制成，平面呈风字形，墨池为斜面，前部有两矮足，1件长12厘米、宽7.1厘米、厚2.6厘米、足高0.8厘米，另1件长8.5厘米、宽5.2厘米、厚1.9厘米、足高1.1厘米。[2] 不过，宋代士大夫中也有用玉砚者，朱长文在杭州，"尝得镇潼留后李元伯书云：近求得玉材，令匠人琢为圆砚，其发墨可爱"[3]。米芾认为："玉出光为砚，着墨不渗，甚发墨，有光。"其曾"自制成苍玉砚"[4]。当时，成州还有栗玉砚，该砚"理坚，色如栗，不甚着墨，为器甚佳"[5]。

---

① 详见（元）脱脱等：《宋史》卷四八〇《世家三·吴越钱氏》，中华书局1977年版，第530页。

② 详见内蒙古文物考古研究所：《辽陈国公主驸马合葬墓发掘简报》，《文物》1987年第11期，第19页。

③ （宋）朱长文：《墨池编》卷六《器用一·砚》，载《景印文渊阁四库全书》本，第812册，台湾商务印书馆1985年版，第927页。

④ （宋）米芾：《砚史·玉砚》，中华书局1985年版，第1页。

⑤ （宋）米芾：《砚史·成州栗玉砚》，中华书局1985年版，第4页。

水晶砚,帝王和士大夫均有使用。《钱氏私志》记载:宋神宗曾用"水晶砚"①等物。唐询《砚录》曰:"水精亦可为砚",询"曾于屯田员外郎丁恕处见之,大才四寸许,为风字样,其用墨处即不出光,尝以墨试之,发墨如歙石"。② 当时,信州出产水晶砚③。

玛瑙砚,据《钱氏私志》记载:宋徽宗御物中有玛瑙砚。④

金砚,《玉海》云:宋高宗绍兴十六年(1146年)三月十九日,"讲《孟子》终篇,翌日,赐讲官鞍马、象笏、金砚、水瓶、笔墨等"⑤。

铜砚,《春渚纪闻》云:何薳曾于钱塘得一乌铜提研,该砚"制作非近世所为,柄容墨浆,可半升许。亦为章序臣易去,关子东见之,而铭之曰:'铸金为觚,提携颠倒。时措之宜,发于隐奥。寒暑燥湿,不改其操。君子宝之,庶几允蹈。'"⑥

铁砚,出青州等地,据《砚谱》记载:"青州熟铁砚,甚发墨,有柄可执。"⑦文人士大夫中多有用者,诗文中屡有言及,如李新诗云:"一生著作惊磨灭,欲借君家铁砚看。"⑧又如薛嵎诗云:"铁砚几磨研,依然萤雪边。"⑨另据考古资料可知,江苏江宁北宋庆历五年(1045年)宋徐的墓出土漆砚盒1件,盒扁平,内置风字形铁砚1件。⑩

漆砚,宋人中仍有使用者,如李洪有漆砚,曾言:"得之永嘉糅工,凝漆而成,勒铭识之。"⑪另据考古资料可知,安徽合肥北宋政和戊戌年(1118年)马绍庭夫妻合葬墓出土漆砚1件(M2:16),圆形,有盖,木胎,素面,内外

① (宋)钱世超:《钱氏私志》,载朱易安、傅璇琮等主编:《全宋笔记》第二编(七),大象出版社2006年版,第67页。
② (宋)唐询:《砚录》,载桑行之等编:《说砚》,上海科技教育出版社1994年版,第315页。
③ (宋)米芾:《砚史·信州水晶砚》,中华书局1985年版,第6页。
④ 详见(宋)钱世超:《钱氏私志》,载朱易安、傅璇琮等主编:《全宋笔记》第二编(七),大象出版社2006年版,第69页。
⑤ (宋)王应麟:《玉海》卷二七《帝学·绍兴讲孟子书易赐讲读官 读宝训燕赐》,江苏古籍出版社、上海书店影印本1987年版,第532页。
⑥ (宋)何薳撰:《春渚纪闻》卷九《记砚·乌铜提研》,张明华点校,中华书局1983年版,第138页。
⑦ 佚名:《砚谱·铁砚》,中华书局1991年版,第4页。
⑧ 北京大学古文学研究所编:《全宋诗》卷一二六三《登西楼呈桑彦周》,第21册,北京大学出版社1995年版,第14235页。
⑨ 北京大学古文学研究所编:《全宋诗》卷三三三九《闲居杂兴十首之三》,第63册,北京大学出版社1998年版,第39878页。
⑩ 详见王德庆:《江苏江宁东冯村宋徐的墓清理记》,《考古》1959年第8期,第485页。
⑪ (宋)李洪:《芸庵类稿》卷六《漆砚铭有序》,载《景印文渊阁四库全书》本,第1159册,台湾商务印书馆1985年版,第138页。

髹黑漆,砚面平滑,微鼓,周围形成浅槽,通高 2.2 厘米、口径 15.7 厘米、底径 11.8 厘米。①

木砚、缸砚和砖砚,并不多见。

木砚,如湖南衡阳出土北宋后期木砚 1 件,略呈长方形,圆木凿成,一端有斫痕,表面粗糙,残长 7.2 厘米、宽 3.8 厘米、厚 2 厘米。②

缸砚,在蜀地有制造,如苏辙曰:"先蜀之老有姓滕者,能以药煮瓦石使软,可割如土。尝以破酿酒缸为砚,极美,蜀人往往得之,以为异物。余兄子瞻尝游益州,有以其一遗之。子瞻以授余,因为之赋。"赋云:"有物于此,首枕而足履,大胸而大膴,杯首而箕制。其寿百年,骨肉破碎,而独化为是。其始也,生乎黄泥之中;其成也,出乎烈火之下。尾锐而腹幡,长颈而巨口。"③从赋中可知,该缸砚形制为箕形。

砖砚,黄庭坚曾作有《砖砚铭》一首:"宜为础而为砚,不荐柱而登几。世皆尔耳,何独怪此。"④陆游作有《桑泽卿砖砚铭》一首:"古名砚以瓦,今名砚以砖。瓦以利于用,砖全全其天。砖乎砖乎,宁用之纯而保其全乎? 尚无愧之,日陈于前。放翁铭桑甥泽卿砚砖。"⑤

隋唐五代以后,瓷砚逐渐少见,在今内蒙古、江苏、江西、湖南等地均曾有出土。如内蒙古昭乌达盟辽寿昌五年(1099 年)尚暐符墓出土瓷砚 1 件,长方形,四周外侧下部向内倾斜,砚池作长圆形,底厚 0.7 厘米,前低后高成坡度,长 18.3 厘米、宽 10.3 厘米、高 2.2 厘米。⑥ 又如湖南岳阳鹿角窑出土宋代瓷砚 1 件,长方形,砚面刻有水池,侧边雕印阳文"首登龙虎榜,身到凤凰池"十字,砚的前端饰莲花纹。⑦

宋代,陶砚较为常见,陶胎有灰色、黑色、褐色、红色、浅灰色、青灰色、黑灰色、棕红色、红褐色等。瓦砚十分流行,产地有相州、魏州(大名府)、定州(中山府)、保州、沧州南皮、鄂州武昌、赣州雩都等地,其中尤以相州铜雀台

---

① 详见合肥市文物管理处:《合肥北宋马绍庭夫妻合葬墓》,《文物》1991 年第 3 期,第 34 页。

② 详见陈国安、冯玉辉:《衡阳县何家皂北宋墓》,《文物》1984 年第 12 期,第 74 页。

③ (宋)苏辙:《栾城集》卷一七《缸砚赋并叙》,曾枣庄、马德富校点,上海古籍出版社 1987 年版,第 411 页。或见《苏辙集》卷一七《缸砚赋并叙》,陈宏天、高秀芳校点,中华书局 1990 年版,第 329—330 页。

④ (宋)黄庭坚:《黄庭坚全集》别集卷三,刘琳等校点,四川大学出版社 2001 年版,第 1507 页。

⑤ (宋)陆游:《渭南文集》卷二二,载《陆游集》,中华书局 1976 年版,第 2182 页。

⑥ 详见郑隆:《昭乌达盟辽尚暐符墓清理简报》,《文物》1961 年第 9 期,第 51 页。

⑦ 详见周世荣、张中一、盛定国:《湖南古窑址调查之一——青瓷》,《考古》1984 年第 10 期,第 922 页。

瓦砚最为著名。

澄泥砚非常兴盛。据考古资料可知,澄泥砚有灰色、黑色、褐色、青灰色、青绿色、红褐色、鱼肚白等类。澄泥砚的制作尤以今山东泗水柘沟镇最为有名,考古发掘中出土了不少,如山东济南出土宋代柘沟澄泥砚 1 件,为抄手砚,砚背印长方框,内有二竖行阴文楷书铭文"柘沟徐老功夫细砚",长15 厘米、宽 10.5 厘米,①该砚制作精细,故称"功夫细砚",现藏山东济南市博物馆。此外,宋代相州、虢州、泽州、潭州等地所制澄泥砚亦甚佳。比如泽州,自北宋至金代,一直是澄泥砚的重要产地之一,据《砚笺》记载:"泽州金道人澄泥砚,有吕字,坚致可试墨。"②另据考古资料可知,山西汾阳出土金代中期泽州澄泥砚 1 件(M5:004),黑色,素面,抄手砚,砚海与砚堂之间没有隔断,砚正面四周有一条较细的凹线,砚背面抄手处留有一个长方形戳记,内容为"泽州路家,丹粉笭土,澄泥砚记",长 34.6 厘米、厚 4.1 厘米。③

宋代,石砚极其普遍。石砚石质有端石、歙石、洮河石、板岩、页岩、泥岩、墨石、青石(石灰岩)、花岗岩、泥灰岩、红砂岩等;石色有青色、灰色、黑色、红色、紫色、褐色、黛色、青绿色、青灰色、墨绿色、豆绿色、浅灰色、灰黑色、紫黑色等。

3. 不同历史时期制砚材质的比较

通过比较不同历史时期的制砚材质(表 24),我们可以发现,其中既有因袭,也有革新。

表 24　不同历史时期制砚材质对比表

时代	制砚材质
秦汉	石砚、漆砚、木砚、竹砚、玉砚、铜砚、陶砚、瓷砚、瓦砚
魏晋南北朝	石砚、漆砚、木砚、蟀砚、银砚、铜砚、铁砚、陶砚、瓷砚
隋唐五代	玉砚、银砚、铁砚、漆砚、骨砚、琉璃砚、砖砚、瓦砚、陶砚、瓷砚、澄泥砚、石砚
宋代	玉砚、水晶砚、玛瑙砚、金砚、铜砚、铁砚、漆砚、木砚、缸砚、砖砚、瓦砚、陶砚、瓷砚、澄泥砚、石砚

总体而言,自秦汉至宋代,制砚材质一直比较丰富,前后相承且不断出

---

① 详见赵智强:《介绍两方陶砚》,《文物》1992 年第 8 期,第 94 页。
② (宋)高似孙:《砚笺》卷三《澄泥砚》,载《景印文渊阁四库全书》本,第 843 册,台湾商务印书馆 1985 年版,第 124 页。
③ 详见山西省考古研究所、汾阳市文物旅游局:《2008 年山西汾阳东龙观宋金墓地发掘简报》,《文物》2010 年第 2 期,第 33 页。

现新材质,常见材质与珍贵材质并存,满足不同社会阶层的消费需求。

然而不同历史时期,砚的流行情况有所不同:汉代,石砚和漆砚最为常见,陶砚、瓷砚尚不普遍;魏晋南北朝时期,出现石砚由较为普遍到逐渐减少,而陶砚、瓷砚非常流行的新变化;隋唐五代时期,经历了由陶砚、瓷砚盛行到澄泥砚兴起、石砚逐渐增多的转变;宋代承袭前代的变化,出现陶砚仍较常见、瓦砚十分流行、澄泥砚非常兴盛、石砚极其普遍的新格局。

唐宋时期,不仅正式确立了后世的主要制砚材质,包括陶砚、澄泥砚和石砚等,而且出现了砚中名品,如唐代名砚有虢州、绛州、青州等地的澄泥砚,青州红丝石砚,端州端砚,歙州歙砚等;宋代名砚有端砚、歙砚、澄泥砚、洮河石砚、红丝石砚、黑角砚、黄玉砚、鹊金砚、褐石砚、宁石砚、归石砚、夔石砚、潭石砚、凤咮砚、铜雀台瓦砚、吕道人陶砚等。由唐到宋,名砚品类极大丰富,并且形成后世所谓的"四大名砚",即端砚、歙砚、澄泥砚和洮河石砚。

二、制砚技术的提高与砚式的革新

1. 隋唐五代时期的制砚技术与砚式风格

隋唐五代时期,砚的制作渐趋细腻,造型更加精巧,不仅更加专业化,而且日趋艺术化,这从考古出土实物中可见一斑,另在唐诗中亦有体现,如李贺《杨生青花紫石砚歌》云:"端州石工巧如神,踏天磨刀割紫云。佣刓抱水含满唇,暗洒苌弘冷血痕。纱帷昼暖墨花春,轻沤漂沫松麝薰。干腻薄重立脚匀,数寸光秋无日昏。圆毫促点声静新,孔砚宽顽何足云。"[1]又如皮日休《以紫石砚寄鲁望兼酬见赠》诗云:"样如金蹙小能轻,微润将融紫玉英。石墨一研为凤尾,寒泉半勺是龙睛。"[2]除了制作之外,当时还非常重视砚的养护,《文房宝饰》云:"养砚以文绫盖,贵乎隔尘。"[3]士人中又出现了品评之风,如柳公权评砚,"以青州石末(澄泥砚)为第一,言墨易冷,绛州黑砚次之"[4]。

这一时期,陶砚多用模制,也有的为手捏与模制并用,形制在继承前代风格的同时,又有突破,制作更加精美;类型主要有 12 种(表 25),其中箕形陶砚非常普遍,风字形陶砚十分流行。

---

[1]　(唐)李贺著,(清)王琦等注:《李贺诗歌集注》卷三,上海古籍出版社 1977 年版,第 217—218 页。

[2]　(清)彭定求等编:《全唐诗》卷六一三,中华书局 1979 年版,第 7075 页。

[3]　(后唐)冯贽撰:《云仙散录·芙蓉粉》引《文房宝饰》,张力伟点校,中华书局 2008 年版,第 29—30 页。

[4]　(后晋)刘昫等:《旧唐书》卷一六五《柳公权传》,中华书局 1975 年版,第 4312 页。

表 25　隋唐五代时期陶砚类型统计表

年代	类型	形制
隋唐五代时期	A	圆形
	B	椭圆形
	C	长方形
	D	正方形
	E	龟形
	F	箕形
	G	风字形
	H	莲瓣形
	I	马蹄形
	J	亚腰形
	K	船形
	L	其他

A 型,圆形陶砚,有的砚心上凸,有的砚心下凹。可分为二式。

Ⅰ式,无足圆形陶砚,又有不同式样。

辟雍形,如陕西西安出土唐代辟雍陶砚(M38:1),座形,无足,其砚身轮制而中心砚面另接。①

敞口形,如河北易县出土唐代后期陶砚 2 件,均为圆形,敞口,圆沿,M1:12,口径 10.2 厘米、深 1 厘米、底径 11.2 厘米;M1:13,口径 9.4 厘米、深 1 厘米、底径 10.4 厘米。②

其他形制,如陕西宝鸡市博物馆藏唐代陶砚 1 件(馆藏号 2294·IM4·8),径 7×4.5 厘米,圆形,灰色,背面形状与正面相同,墨池上部较深,且向池边凹进,下部较浅。③

Ⅱ式,带足圆形陶砚。

按照砚面,可分为辟雍形和其他形制,尤以辟雍形最为常见。如河南郑州出土唐代前期陶砚 1 件,灰色,圆形辟雍砚,砚面稍凹,外有凹槽,仅存一

---

① 详见俞伟超:《西安白鹿原墓葬发掘报告》,《考古学报》1956 年第 3 期,第 63 页。
② 详见河北省文物研究所:《河北易县北韩村唐墓》,《文物》1988 年第 4 期,第 66 页。
③ 详见高次若、刘明科:《宝鸡市博物馆藏砚选介》,《文物》1994 年第 5 期,第 82 页。

足,从形状推测此砚原有十二足,直径 12.2 厘米、通高 4 厘米。①

按照足数,可分为三足砚、多足砚和圈足砚,其中多足砚,四至二十多足不等。按照足形,可分为乳钉足砚、水滴状足砚、镂孔圈足砚、蹄形足砚、圆锥形足砚和兽足砚等。

乳钉足砚,如福建惠安出土隋代陶砚 2 件,白陶,圆形,砚心稍凸起,砚底内凹,砚下有四个小乳足。②

水滴状足砚和镂孔圈足砚,如湖南长沙出土隋代圆形陶砚,其中 1 件(M4:5)(图 18),胎土黄色,夹细砂,池外边沿施酱色釉,池心凸出,有五个水滴状足,口径 14.7 厘米、高 4.2 厘米;另外 1 件(M7:1)(图 19),为镂孔圈足,黄绿色釉,口径 14.5 厘米、高 5 厘米。③

图 18　湖南长沙出土隋代水滴状足陶砚　　图 19　湖南长沙出土隋代镂孔圈足陶砚

蹄形足砚,如河南洛阳隋唐东都皇城遗址出土唐代陶砚 1 件(84LTHT5②H11:34),砚盘呈圆形,浅腹,盘内正中有一个十字形花瓣状台面,台面两侧有两个相对称的小圆筒形笔插,另外一侧饰作假山状,底部有四个蹄形足,口径 11.7 厘米、高 7.2 厘米。④

圆锥形足砚,如陕西凤翔出土唐代五峰陶砚,细泥灰陶制成,高 6.5 厘米,砚呈不规则圆形,环绕砚池的左右两侧和后方,耸立有五座山峰,沿陶砚边沿连亘兀立,砚池呈箕形,砚底略凸,下有三个圆锥形足,左右两足较中间一足稍高,砚呈前高后低状,该砚现藏陕西宝鸡市博物馆(馆藏号 4007·IM4·12)。⑤

兽足砚(图 20),如隋唐时期兽面多足辟雍大陶砚,通高 12.9 厘米、面

① 详见郑州市文物工作队:《郑州地区发现的几座唐墓》,《文物》1995 年第 5 期,第 27 页。
② 详见泉州市文管会、惠安县博物馆:《福建惠安县曾厝村发现两座隋墓》,《考古》1998 年第 11 期,第 74 页。
③ 详见湖南省博物馆:《长沙两晋南朝隋墓发掘报告》,《考古学报》1959 年第 3 期,第 98 页。
④ 详见中国社会科学院考古研究所洛阳唐城队:《河南洛阳隋唐东都皇城遗址出土的红陶器》,《考古》2005 年第 10 期,第 44 页。
⑤ 详见高次若、刘明科:《宝鸡市博物馆藏砚选介》,《文物》1994 年第 5 期,第 81—82 页。

径 21 厘米、足径 33.7 厘米。①

图 20　隋唐时期兽面多足大陶砚

B 型，椭圆形陶砚。按照足数，可分为二足砚和多足砚，足形主要有柱形、三角形、兽蹄形等。

Ⅰ式，二足椭圆形陶砚。如陕西西安出土唐代椭圆形陶砚（M11:9），底有双柱形足，手制，其砚面光滑而背部留有手捏痕，长 12.6 厘米、厚 0.6 厘米。② 又如河南洛阳出土盛唐时期陶砚 1 件（M5657:6），泥质灰陶胎，平面近椭圆形，墨池一端贴地，另一端有两个三角形足，使得砚体稳固且一端翘起，长 12.4 厘米、宽 9.6 厘米、高 2.6 厘米。③ 此外，还有带墨池的二足椭圆形陶砚，如河南洛阳出土盛唐时期陶砚 1 件（M1284:3）（图 21），细泥蓝灰陶胎，平面近椭圆形，两端弧度不同；墨池一端较底圆，器身两侧呈波浪形弯曲；另一端下有两个长方形（柱形）实足；长 21.2 厘米、宽 17.2 厘米、高 4.2 厘米。④

Ⅱ式，多足椭圆形陶砚。如陕西铜川出土唐代陶砚 1 件（M4:17），泥质、褐色陶，砚池略残，一足缺失，一足略残，可复原；陶砚呈椭圆形，砚面向砚池作斜坡式，下有四个兽蹄形足，砚池有残墨痕；砚长 6.9 厘米、宽 4.8 厘米、残高 2.1 厘米。⑤ 此外，还有带墨池的多足椭圆形陶砚，如内蒙古准格尔旗出土盛唐时期陶砚 1 件，已残，泥质灰陶，呈椭圆形，底有三足，头部做荷叶形，尾部残缺，残长 13.7、宽 13 厘米。⑥

C 型，长方形陶砚，可分为二式。

Ⅰ式，带足长方形陶砚。如河南洛阳出土唐代中期灰陶砚 1 件，长方形，圆角，长 24 厘米，一端底部有两个乳丁形足。⑦

---

① 详见《砚史资料（三）》，《文物》1964 年第 3 期，图版玖。
② 详见俞伟超：《西安白鹿原墓葬发掘报告》，《考古学报》1956 年第 3 期，第 62—63 页。
③ 详见山东大学历史文化学院、洛阳市文物考古研究院：《河南洛阳关林唐代三彩墓（C7M5657）发掘简报》，《文物》2020 年第 2 期，第 31 页。
④ 详见洛阳市文物工作队：《洛阳关林镇唐墓发掘报告》，《考古学报》2008 年第 4 期，第 545 页。
⑤ 详见铜川市考古研究所：《陕西铜川新区西南变电站唐墓发掘简报》，《考古与文物》2019 年第 1 期，第 42 页。
⑥ 详见李作智：《隋唐胜州榆林城的发现》，《文物》1976 年第 2 期，第 78 页。
⑦ 详见河南省文化局文物工作队第二队：《洛阳 16 工区 76 号唐墓清理简报》，《文物参考资料》1956 年第 5 期，第 41 页。

Ⅱ式，无足长方形陶砚，又可分成不同
式样。

简易长方形陶砚，如山东临沂出土唐代
晚期陶砚 1 件（M1：3），为一青灰色砖改刻
而成，制作粗糙，长 18 厘米、宽 13.5 厘米、
厚 3.3 厘米。①

**图 21　河南洛阳出土唐代二足
椭圆形带墨池陶砚**

繁复长方形陶砚，如河南偃师出土唐代
前期陶砚 1 件（M42）（图 22），细泥模制，呈
立体长方形，砚面刻箕形砚槽与葵花形水
盂，两侧有两道细长凹槽以置笔，砚身四面各有一对壶门状镂孔，沿镂孔周
围细刻网纹，长 21.4 厘米、宽 20 厘米、通高 10.2 厘米。②

向抄手砚过渡的长方形陶砚，如江苏仪征出土唐代晚期陶砚 1 件（M5：
5），砚近似长方形，砚面为斜坡，前高后低，带有唐代箕形砚向宋代抄手砚
过渡的特征，砚壁模印宝相花朵纹，宝相花朵有三瓣、四瓣和七瓣之分，交错
排列装饰，砚背上阴刻花朵一株，亦呈斜坡，前低后高，砚体端庄，做工规整，
小巧别致，长 8.3 厘米、宽 5.1 厘米、高 2.8 厘米。③ 又如河南洛阳出土后
晋天福二年（937 年）造平台斜面灰陶砚，长 12 厘米、宽 9.5 厘米、高 4.2 厘
米、砚面厚 3 厘米、深 1.7 厘米，泥质灰陶，质地特别坚硬，用模制成坯，再
阴刻花纹和铭文，砚面磨光，斜面呈箕形，后宽前窄，背面为长方形框，凹
下，阴刻铭文二十八字，似七言律诗一首，砚前、后侧有桃形图案，左侧有
回字纹饰，右侧上端刻一鹰，下有五言绝句一首，并有纪年"天福二年八
月营造记之"。④

D 型，正方形陶砚。较为少见，按照砚面形状，又可分为方形砚面和其
他砚面二式。

Ⅰ式，方形砚面。如湖北武汉出土隋代大业年间陶砚 1 件（M29：10），
灰陶，正方形，下有八足，高 2.3 厘米、宽 6.5 厘米。⑤

Ⅱ式，其他砚面。如陕西商州出土唐代中晚期陶砚 1 件（M1：2），正方

①　详见邱播、苏建军：《山东临沂市药材站发现两座唐墓》，《考古》2003 年第 9 期，第 94 页。
②　详见偃师县文物管理委员会：《河南偃师县隋唐墓发掘简报》，《考古》1986 年第 11 期，第
998 页。
③　详见仪征博物馆：《仪征南洋尚城唐墓发掘简报》，《东南文化》2008 年第 5 期，第 29—
30 页。
④　详见洛阳市博物馆：《洛阳市十五年来出土的砚台》，《文物》1965 年第 12 期，第 45 页。
⑤　详见武汉市文物管理处：《武汉市东湖岳家嘴隋墓发掘简报》，《考古》1983 年第 9 期，第
797 页。

**图 22　河南偃师出土唐代
前期长方形陶砚**

形,砚面略鼓,中间有墨池,砚首呈箕状,砚后端有长方形凹槽,两侧有对称圆洞,底部四周呈锯齿状,砚边长 10.5 厘米、厚 3.6 厘米。①

E 型,龟形陶砚,可分为二式。

Ⅰ式,直颈龟形陶砚。如河南上蔡出土盛唐时期龟形陶砚 1 件,泥质灰陶,通长 21.5 厘米,盖上印着龟背纹,砚面前部,特制一新月形的蓄水池,从蓄水池到尾部之间,为一凹形的砚面,龟头昂伸,眉、目、耳、鼻、口都很清晰,砚底有四足直立。② 又如河北正定出土唐代直颈龟形陶砚 1 件,泥质灰陶,质地较细,制作规整,造型生动逼真,长 17 厘米、宽 13.7 厘米、高 5.7 厘米;龟首前伸上昂,颈部刻饰三道弦纹,耳、鼻、口刻划清晰,广口紧闭,獠牙外露勾下唇,阔鼻瞠目,鼻孔深圆,双耳后抿,自嘴角向后于耳下阴线刻饰一卧式如意朵云,极具装饰性;龟腹周边与四足在同一水平面上,四足向后用力,尾巴甩向一侧,栩栩如生;龟背上为箕形墨池,龟甲环绕四周,墨池后高前低呈斜坡状,池内尚残留墨痕,显系实用之物,墨池前部阴刻双摩竭戏宝珠纹,摩竭形状酷似鱼,遍体鳞片,口大张,上唇翻卷,腹、背饰鳍;箕形墨池边沿外侧及尾部各饰如意云一朵;砚底依龟腹、足轮廓留一宽窄不等的边框,框内稍凹,中部偏左侧阴刻 2 竖行 4 字“马家砚瓦”。③

Ⅱ式,扭颈龟形陶砚。如上海市博物馆藏唐代扭颈单龟陶砚 1 件,失盖,残一足(后配),砚池为一斜坡砚面,后高前低,龟头扭颈右昂,眉、眼、鼻、耳、嘴和脚爪,塑刻清晰,神态生动,腹上部刻“开方”二字,泥质灰陶,长 22.2 厘米、宽 17.7 厘米、高 5 厘米、深 2 厘米。④

F 型,箕形陶砚,非常普遍,其形制类似“日常生活中使用的簸箕,内凹”,⑤可分为二式。

Ⅰ式,无足箕形陶砚。如浙江乐清出土五代时期陶砚 1 件,箕形,面大

① 详见王昌富、陈良和:《陕西商州市发现唐代墓葬群》,《考古》1996 年第 12 期,第 51 页。
② 详见河南省文化局文物工作队:《河南上蔡县贾庄唐墓清理简报》,《文物》1964 年第 2 期,第 63 页。
③ 详见杜平、王巧莲:《正定出土一方唐代龟形陶砚》,《文物春秋》2006 年第 5 期,第 74、76 页。
④ 详见吴朴:《介绍上海市博物馆所藏的几方古砚》,《文物》1965 年第 12 期,第 55 页。
⑤ 蔡鸿茹:《古砚浅谈》,《文物》1979 年第 9 期,第 78 页。

底小,底空,质地细腻,为黑色细泥制成,长 12.8 厘米、宽 7.2—10.4 厘米、高 6.4 厘米。①

Ⅱ式,带足箕形陶砚,大多为二足,也有的三足,足形有锥形、梯形、柱形、乳钉形、长方形、方扁形、方尖形、瓜蒂形、三角形等多种。

锥形足砚,如山东宁津出土陶砚 1 件,泥质灰陶,陶质较硬,砚呈箕形,砚首上翘,浅池平滑,砚底鼓出着地,形似足跟,与后部双圆锥形足成鼎立之势,砚面有墨迹,口部略残,长 8.8 厘米、宽 6.8 厘米、通高 3 厘米。②

梯形足砚,如河南洛阳出土晚唐时期箕形陶砚 1 件,长 11.5 厘米、首宽 7 厘米、高 2.7 厘米、砚面厚 0.5 厘米、深 0.8 厘米,细泥灰陶,质地坚硬,内模制成,经刀削修正,最后抹平,砚面磨光,为浅腹箕形,底面后部有梯形足一对,后部用刀削成棱饰。③

柱形足砚,如河南洛阳隋唐东都皇城遗址出土唐代陶砚 1 件(84LTHT5②H11:30)(图 23),砚体呈箕形,后端堆塑为十二峰假山状,底部有三个柱形足,长 14.2 厘米、高 7.3 厘米。④

乳钉形足砚,如四川成都出土陶砚 1 件(M1:3),泥质灰陶,箕形,平面近椭圆形,圆唇、弧腹、圜底,底部前端有两个乳丁状足,内壁底部有三道划痕,长 14 厘米、宽 11.6 厘米、高 3.4 厘米。⑤

长方形足砚,如江苏扬州出土五代时期陶砚 1 件(M10:3),泥质灰陶,箕形,底有两长方形足,长 17.2 厘米、厚 0.5 厘米。⑥

图 23　河南洛阳出土唐代柱形足箕形陶砚

方扁形足砚,如陕西大荔出土唐代箕形陶砚 1 件,前低后高,砚面留有墨迹,边沿为虫鱼蔓草纹,背面后部有两个方扁形柱足,长 20 厘米、宽 19 厘米、厚 3 厘米。⑦

---

① 详见温州市文物处:《浙江乐清县发现五代土坑墓》,《考古》1992 年第 8 期,第 765 页。

② 详见吕来升、王玉芝:《山东宁津发现纪年唐墓》,《考古》1993 年第 10 期,第 955 页。

③ 详见洛阳市博物馆:《洛阳市十五年来出土的砚台》,《文物》1965 年第 12 期,第 43 页。

④ 详见中国社会科学院考古研究所洛阳唐城队:《河南洛阳隋唐东都皇城遗址出土的红陶器》,《考古》2005 年第 10 期,第 44 页。

⑤ 详见成都市文物考古研究所:《成都市南郊唐代冀公墓清理简报》,《文物》2002 年第 1 期,第 68 页。

⑥ 详见江苏省文物管理委员会、南京博物院:《江苏扬州五台山唐、五代、宋墓发掘简报》,《考古》1964 年第 10 期,第 536 页。

⑦ 详见朱捷元、黑光:《陕西省博物馆收藏的几件砚台》,《文物》1965 年第 7 期,第 49 页。

方尖形足砚,如陕西宝鸡市博物馆藏箕形陶砚 1 件(馆藏号 2292·IM4·6),长 12.2 厘米,砚底部有两个小方尖足,墨池边沿有残口。①

瓜蒂形足砚,如陕西西安出土隋唐时期箕形陶砚 1 件(M4:4),泥质灰陶,砚形后窄前宽,墨堂后低前翘,砚底后端落地,前端瓜蒂形双足支撑,长 9.5 厘米、宽 7.5 厘米、高 2.2 厘米。②

三角形足砚,如安徽青阳出土南唐时期陶砚 1 件(M1:1),泥质灰黑陶,箕形,底有两个长三角形矮足,边长 12 厘米、前沿宽 10 厘米、后沿宽 8 厘米、高 2 厘米。③

箕形陶砚砚首形状有圆形、弧形、椭圆形、尖圆形、三曲形、七曲形、莲瓣形、龙形鳌头等不同式样。

圆形,如河南洛阳出土晚唐时期箕形陶砚 1 件(机瓦厂采集:6),残,泥质灰陶,火候较高,内模制,通体磨光,双足,有刀削的痕迹,砚首作圆形,砚面因使用而下凹,长 16.5 厘米、宽 11 厘米、高 4.5 厘米、砚面厚 1 厘米、深 2.1 厘米。④

弧形,如河南洛阳出土晚唐至五代时期箕形陶砚 1 件,稍残,泥质褐色陶,质地坚硬,模制后抹平磨光,砚首稍作弧形,四角规正(一角残),梯形双足,砚周身光滑而涂墨,砚面复涂白粉,部分地方还有遗迹,长 14.2 厘米、宽 10.5 厘米、高 3 厘米、砚面厚 0.5 厘米、深 1.2 厘米。⑤

椭圆形,如宁夏固原出土唐代前期陶砚 1 件,通体长 10.4 厘米、宽 7.8 厘米、高 2.2 厘米,呈箕形,椭圆状,一端直口沿,另一端宽口敞开,宽端下部有两撇足,一端无足,利用砚底作足,出土时砚内有墨迹。⑥

尖圆形,如河南洛阳出土盛唐时期箕形陶砚 3 件,其中 ZY1:6 尖圆形砚首,斜面,前部有弧形隔墙,分隔出砚池,双足与箕口两端相连,双足削成短柱状,砚面磨光,平滑,底面较粗糙,有手捏痕迹,长 14.8 厘米、最宽 9 厘米、高 2.6 厘米、砚面厚 0.7 厘米、深 1.5 厘米。⑦

三曲形,如河南洛阳出土晚唐至五代时期箕形陶砚 1 件,泥质黄褐色

---

①　详见高次若、刘明科:《宝鸡市博物馆藏砚选介》,《文物》1994 年第 5 期,第 82 页。

②　详见陕西省考古研究院:《西安南郊傅村隋唐墓发掘简报》,《考古与文物》2010 年第 3 期,第 15 页。

③　详见黄忠学:《安徽青阳县发现一座南唐砖室墓》,《考古》1999 年第 6 期,第 92 页。

④　详见洛阳市博物馆:《洛阳十五年来出土的砚台》,《文物》1965 年第 12 期,第 47 页。

⑤　详见洛阳市博物馆:《洛阳十五年来出土的砚台》,《文物》1965 年第 12 期,第 44 页。

⑥　详见宁夏固原博物馆:《宁夏固原唐梁元珍墓》,《文物》1993 年第 6 期,第 6—7 页。

⑦　详见四川大学历史文化学院考古学系、洛阳市文物工作队:《河南洛阳市瀍河西岸唐代砖瓦窑址》,《考古》2007 年第 12 期,第 35 页。

陶,火候较高,内模制成,加工磨光,首部作三曲形,成三道粗凹槽,作水池之用,砚面平滑,砚底留有指痕,双足,长 17.7 厘米、宽 11.8 厘米、高 4 厘米、砚面厚 0.7 厘米、深 1.8 厘米。①

七曲形,如河南洛阳出土盛唐时期陶砚 1 件,长 12 厘米、宽 10.4 厘米、高 2.7 厘米、砚面厚 0.5 厘米、深 1.8 厘米,泥质灰陶,火候高,手捏和模制并用,砚首作七曲,斜面,磨光,前部有隔墙分为砚池,底面遗留有手捏痕迹,双足用刀削尖,不加修饰。②

莲瓣形,如河南洛阳出土晚唐至五代时期陶砚 1 件,泥质灰陶含有羼合物,火候高,内模制成坯,然后加工修整,砚首饰有莲瓣四枚,首沿用细绳按成线纹一道,长方形双足已残,砚面有使用痕迹,长 20 厘米、宽 10.2 厘米、高 4.8 厘米、砚面厚 0.6 厘米、深 2 厘米。③

龙形鳌头,如湖南益阳出土唐代陶砚 1 件,火候高,质坚,箕形,砚首饰有两眼龙形鳌头,砚面露胎,呈灰白色,沿作弧形向上,内外各施褐釉一层,长 15.5 厘米、宽 10.5 厘米、前高 2.5 厘米、后高 4 厘米、深 1.5 厘米,该砚现藏湖南省博物馆。④

G 型,风字形陶砚。十分流行,与箕形陶砚相比,砚面更加平坦,⑤多带二足,足形有乳钉形、长方形、条形、梯形、尖形等不同式样。

乳钉形足砚,如江苏南京出土唐代中期陶砚 1 件,浅黄色,风字形,前低后高,后部有乳钉状双足,长 8 厘米、宽 6.2 厘米、后高 1.8 厘米。⑥

长方形足砚,如陕西西安出土唐代陶砚 1 件(M14:12),风字形,底有双长方形足,手制而成,周身打磨光滑,长 10.3 厘米、厚 0.6 厘米。⑦

条形足砚,如河南洛阳出土后梁时期陶砚 1 件,泥质灰陶,风字形,底前部有两个条形足,砚内有墨迹,长 14 厘米、口宽 10.1 厘米、高 2.7厘米。⑧

梯形足砚,如江苏扬州出土晚唐五代时期陶砚 1 件(M48:1),砚面呈风字形,砚首、尾微弧,砚首较窄,砚尾略宽,砚堂呈斜坡状,首低尾高,砚

① 详见洛阳市博物馆:《洛阳市十五年来出土的砚台》,《文物》1965 年第 12 期,第 43 页。
② 详见洛阳市博物馆:《洛阳市十五年来出土的砚台》,《文物》1965 年第 12 期,第 41 页。
③ 详见洛阳市博物馆:《洛阳市十五年来出土的砚台》,《文物》1965 年第 12 期,第 44 页。
④ 详见王启初:《湖南省博物馆的几方藏砚》,《文物》1965 年第 12 期,第 51 页。
⑤ 参见蔡鸿茹:《古砚浅谈》,《文物》1979 年第 9 期,第 78 页。
⑥ 详见南京市文物保管委员会:《南京钱家渡丁山发现唐墓》,《考古》1966 年第 4 期,第 228 页。
⑦ 详见俞伟超:《西安白鹿原墓葬发掘报告》,《考古学报》1956 年第 3 期,第 63 页。
⑧ 详见洛阳市文物工作队:《洛阳后梁高继蟾墓发掘简报》,《文物》1995 年第 8 期,第 52 页。

尾部下附两梯形足,砚长 6.9 厘米、砚首宽 4.2 厘米、砚尾宽 5 厘米、高 2.1 厘米。①

尖形足砚,如陕西西安出土唐代前期陶砚 1 件(M7:40),风字砚,残余一角,泥质灰陶质,捏塑尖足,残长 9 厘米。②

H 型,莲瓣形陶砚,并不多见。如湖南长沙出土唐代莲瓣形小陶砚 1 件,灰陶,形似莲瓣,后有两矮尖足,砚面平坦,烧制粗糙,松脆易破,长 11 厘米、宽 9 厘米、前高 1.3 厘米、后高 2.3 厘米,该砚现藏湖南省博物馆。③

I 型,马蹄形陶砚,较为少见。如河南洛阳出土唐代平台双面陶砚 1 件,长 8.4 厘米、宽 6.5 厘米、高 4 厘米、砚面厚 3 厘米、深 1 厘米,泥质红陶,火候较高,模制成坯,加工修整,刻图案花纹,砚的全形呈马蹄形,圆首,砚面斜,后、左、右侧有宽边,左右两侧上、下各有两条平行阴刻线纹,中部有模印的圆形图案八个,首部有一竖带,用阴线刻成三角形图案,沿部已残,此砚为双砚面,底面也为一砚面,有使用痕迹。④

J 型,亚腰形陶砚,不多见。如辽宁岫岩出土 9 世纪中期至 10 世纪初期陶砚 2 件,亚腰形,底呈喇叭口状,ST3③:22,砚面边缘饰两周附加堆纹,直径 19.2 厘米、底径 16 厘米、高 8.8 厘米;ST4③:23,砚面与底部边缘各饰一周附加堆纹,直径 28.8 厘米、底径 27.2 厘米、高 12.8 厘米。⑤

K 型,船形陶砚,亦不多见。如河南洛阳出土唐代中期陶砚 1 件(HM588:39),已残,泥质灰陶,船形,中凸起一棱,内底略弧,外底似船底较平,残长 10.7 厘米、高 2.1 厘米。⑥

L 型,其他形制陶砚,有山形砚、不规则圆形砚等。

山形砚,如陕西西安西明寺遗址出土唐代残陶砚 3 块,其中 1 块为大型的须弥山砚,宽 29 厘米、残高 11 厘米,水盂旁有假山和插笔的圆孔,砚面上留有墨迹,该种砚在陶砚中不太常见。⑦

---

① 详见南京博物院、扬州市文物考古研究所:《江苏省扬州市邗江区侯庄组汉、晚唐至五代墓葬发掘简报》,《东南文化》2020 年第 4 期,第 50 页。
② 详见陕西省考古研究院:《西安南郊唐代杨贵夫妇墓发掘简报》,《文物》2016 年第 11 期,第 36 页。
③ 详见王启初:《湖南省博物馆的几方藏砚》,《文物》1965 年第 12 期,第 52 页。
④ 详见洛阳市博物馆:《洛阳十五年来出土的砚台》,《文物》1965 年第 12 期,第 42 页。
⑤ 详见辽宁省文物考古研究所、岫岩满族博物馆:《辽宁岫岩县长兴辽金遗址发掘简报》,《考古》1999 年第 6 期,第 62—63 页。
⑥ 详见洛阳市第二文物工作队:《洛阳红山工业园区唐墓发掘简报》,《文物》2011 年第 1 期,第 30 页。
⑦ 详见中国社会科学院考古研究所西安唐城工作队:《唐长安西明寺遗址发掘简报》,《考古》1990 年第 1 期,第 53 页。

不规则圆形砚,如陕西宝鸡市博物馆藏唐代五峰陶砚 1 件(馆藏号 4007·IM4·12),细泥灰陶,高 6.5 厘米,砚呈不规则圆形,环绕砚池的左右两侧和后方,耸立有五座山峰,沿陶砚边沿连亘兀立,砚池呈箕形,砚底略凸,下有三个圆锥形足,左右两足较中间一足稍高,砚呈前高后低状。[①]

隋唐五代时期,瓷砚多用模制,形制在继承前代风格的同时,不断创新,制作更加细腻;类型主要有 6 种(表 26),其中圆(盘)形瓷砚最为常见,尤以辟雍瓷砚为多。

表 26　隋唐五代时期瓷砚类型统计表

年代	类型	形制
隋唐五代时期	A	圆(盘)形
	B	箕形
	C	风字形
	D	龟形
	E	马蹄形
	F	长方形

A 型,圆(盘)形瓷砚,最为常见,尤以辟雍瓷砚为多,砚面通常不施釉。圆形瓷砚式样按照划分标准具体可分成不同种类。

(1)按是否带砚盖,可分为有盖和无盖二式。

Ⅰ式,有盖,如河南安阳出土隋代瓷砚 1 件(图 24),有盖,圆形,尖圆式纽,砚口圆形、直领,砚面微上凸,周有凹槽,砚底部有间隔相等的 17 个马蹄形足圈成一周,砚面及底部未施釉,余满施淡青色釉,微泛白色,釉色明亮而有光泽,有细开片,通高 10.1 厘米、口径 11.4 厘米、沿深 1.1 厘米、足高 3.6 厘米。[②]

Ⅱ式,无盖,如福建福州出土唐代瓷砚 1 件,砚盘四周稍低,中间微凸,施青黄色釉,砚心及砚底露胎,高 3.7 厘米、砚径 9.2 厘米。[③]

(2)按口形,可分为侈口(敞口)和直口二式。

Ⅰ式,侈口(敞口),如广西兴安出土唐代初期瓷砚 1 件(M1:2),圆形,

---

① 详见高次若、刘明科:《宝鸡市博物馆藏砚选介》,《文物》1994 年第 5 期,第 81—82 页。

② 详见安阳市文物工作队:《河南安阳市两座隋墓发掘报告》,《考古》1992 年第 1 期,第 42 页。

③ 详见福建省博物馆:《福建福安、福州郊区的唐墓》,《考古》1983 年第 7 期,第 617 页。

图 24　河南安阳出土隋代带盖圆形瓷砚

敞口,砚面中间隆起,与盘沿平,砚面平整、光滑,周围有水槽,砚底内凹,下有八乳足,除砚面以外,器物表面均挂釉,釉层较厚,且不均匀,有泪痕,高 8 厘米、面径 17 厘米、口径 21.8厘米。①

Ⅱ式,直口,如山东曲阜、泗水出土隋唐时期瓷砚,圆形,方唇,直口微内敛,砚面隆出,周有槽,口沿下有一周突棱,其下贴附若干模制足,砚面无釉,其余部位均施青釉。②

(3)按砚面形状,可分为上凸和下凹。

Ⅰ式,砚面上凸,如湖北武昌出土隋代初期青瓷砚 1 件,砚面上凸,周呈凹槽状,方唇侈口,腹壁凸出,底部内凹,六乳足,足均向外撇,施褐色釉,釉薄,色泽光亮精美,高 4.7 厘米、宽 15 厘米。③

砚面上凸中,有的砚心是渐凸,有的是骤凸,如江西吉水出土隋代瓷砚多件,M21:2,圆形,直壁,砚心渐凸,下接四乳足,深灰色胎,青褐色釉,脱釉严重,仅内、外底心不施釉,口径 11.8 厘米、高 3.8 厘米;M1:10,圆形,直壁,砚心骤凸,环四周有浅水槽,底接四乳足,深灰色胎,青黄色釉,脱釉严重,仅内、外底心不施釉,口径 11.3 厘米、高 3.7 厘米。④

Ⅱ式,砚面下凹,如广东梅县出土唐代中期瓷砚 1 件(M4),灰白胎,青黄釉,砚心微凹无釉,周围有一水槽,器身近口沿处有一凹弦纹,收腰,底外撇,器身饰十二个圆孔,砚面宽 22.5 厘米、底宽 24.3 厘米、通高 6 厘米。⑤

(4)按足数,可分为圈足和多足。

Ⅰ式,圈足,如江西铅山出土唐代瓷砚 1 件,圆面,轮台式体,口缘有突弦边,底边外凸一周,砚面涩胎,四周有储墨沟,腰壁呈对称状挖有四圆孔,砚体较大,器形低矮,外壁施青绿釉,釉面滋润,但易剥落,高 7.4 厘米、面径 28.5 厘米、底径 35 厘米;⑥又如山西太原出土隋代青瓷砚 1 件(176B),稍

①　详见李珍、彭鹏程:《广西兴安县红卫村发现纪年唐墓》,《考古》1996 年第 8 期,第 94 页。

②　详见宋百川、刘凤君:《山东曲阜、泗水隋唐窑址调查》,《考古》1985 年第 1 期,第 38 页。

③　详见武汉市博物馆:《湖北武昌马房山隋墓清理简报》,《考古》1994 年第 11 期,第 998—999 页。

④　详见江西省文物考古研究所、吉水县博物馆:《江西吉水房后山隋代墓葬发掘简报》,《文物》2014 年第 2 期,第 52、60 页。

⑤　详见广东省博物馆:《广东梅县古墓葬和古窑址调查、发掘简报》,《考古》1987 年第 3 期,第 212 页。

⑥　详见陈定荣:《江西铅山县古埠唐代瓷窑》,《考古》1991 年第 3 期,第 285 页。

残,高3.5厘米、直径7.2厘米,圆形,砚面直径4.8厘米,外有凹槽一周,外壁上部饰联珠纹一周,下有六个蹲跪的力士(狮首人身),力士间饰以忍冬花纹,底部略外撇,通体施青釉,底部与砚面无釉。①

Ⅱ式,多足,足数三至数十个不等。三足砚,如福建福安出土唐代青釉三足瓷砚1件,釉色淡青,底露胎,通高2.4厘米、口径10厘米;②十六足砚,如陕西西安出土唐代前期青瓷砚1件,半残,圆形,施青釉,底有十六个蹄足,高3.5厘米、面径11.5厘米。③

(5)按足形,可分为圈足、尖足、乳钉足、锥形足、柱形足、兽形足、兽蹄足、花蕾足、水滴状足、狮首人身足等类,其中圈足又有柱形、蹄形、兽形、镂孔形等式样。

柱形圈足,如陕西西安出土隋代瓷砚1件,圆形,影青釉,底部凹下,周围有十六柱相连圈足,砚面凸起无釉,周围有水槽,高4.5厘米、直径11.8厘米。④

蹄形圈足,如山东枣庄出土隋唐时期瓷砚1件(C1:21),方唇,敞口,砚面中部隆起,沿下饰一周突棱,高圈足,足上贴约22个蹄形足,口径约18.4厘米、高7.4厘米。⑤

兽形圈足,如山东兖州出土隋代瓷砚1件,圆形,小开片呈冰裂纹状,砚面呈辟雍形,有砚墙、水池,中间为雍台,略凹,台面粗糙,有斑点,台四周呈斜坡状伸向水池,与砚墙相连,斜坡四周上面有印纹八组,如水鸟啄鱼图,砚下部由28个高浮雕象头组成圈足,砚外部施青釉,通高9厘米、口径20厘米、底径28厘米。⑥

镂孔形圈足,如广西桂州窑遗址出土唐代初期瓷砚3件,砚面微凹,圈足,周围有五至七个不规则小镂孔,孔之间刻划三至七道斜线纹,其中YI①:20,面径11.2厘米、高5.1厘米。⑦

尖足,如广东高明唐代窑址出土唐代中晚期瓷砚1件,已残,砚心下凹,

① 详见山西省考古研究所、太原市文物管理委员会:《太原隋斛律徹墓清理简报》,《文物》1992年第10期,第13页。
② 详见福建省博物馆:《福建福安、福州郊区的唐墓》,《考古》1983年第7期,第615页。
③ 详见陕西省文物管理委员会:《西安羊头镇唐李爽墓的发掘》,《文物》1959年第3期,第44页。
④ 详见朱捷元、黑光:《陕西省博物馆收藏的几件砚台》,《文物》1965年第7期,第49页。
⑤ 详见山东大学历史系考古专业、枣庄市博物馆:《山东枣庄中陈郝瓷窑址》,《考古学报》1989年第3期,第373页。
⑥ 详见解华英、王登伦:《山东兖州发现一件隋代瓷砚》,《考古》1995年第9期,第853页。
⑦ 详见桂林博物馆:《广西桂州窑遗址》,《考古学报》1994年第4期,第507页。

四周有一道水槽,尖足,足与足之间挖成半圆形,残长 5.5 厘米、宽 9.5 厘米、高 2.7 厘米。①

乳钉足,如江西清江出土隋代瓷砚 2 件,圆形,下有五乳足,池心稍隆起,环水槽较深,砚侧饰凹弦纹一周,池心和底部素胎,通高 3 厘米、直径 9 厘米。②

锥形足,如福建福州出土唐代瓷砚 1 件,敞口,圆唇,砚面露胎凸起,平底,底安五锥足,通高 2.5 厘米、口径 9.2 厘米、底径 8.5 厘米。③

柱形足,如陕西西安出土隋代瓷砚 1 件(图 25),圆形,黄釉,高 3.5 厘米、直径 13.5 厘米,砚面凸起未施釉,周围有水槽,底部有五个柱形足,该砚现藏陕西省博物馆。④

图 25　陕西西安出土隋代柱足瓷砚

兽形足,如山东泗水出土隋末唐初蹲狮足瓷砚 1 件(SY:28),胎体厚重,呈灰白色,釉汁较厚,不甚均匀,釉厚处呈青绿色,其余青黄,口沿下突棱成连珠带状,外壁贴有模制圆形狮首和蹲狮形足,狮首呈图案形,鬃毛卷曲,生动逼真,左下部残,蹲狮造型雄健,足端残。⑤

兽蹄足,如四川万县出土唐代初期瓷砚 1 件,形似圆盘状,砚内四周有一道凹槽,腹心微上凸,12 个兽蹄足,底微上凹,不挂釉,面径 5 厘米、高 1.8 厘米⑥;又如河南郑州出土盛唐时期瓷砚 1 件,圆形辟雍砚,砚面微凹,底部有 11 个兽足,其下有垫圈,砚面及底露胎,其余部分满施豆青釉,直径 17 厘米、通高 10.4 厘米。⑦

花蕾足,如山东曲阜宋家村窑址出土隋代花蕾足瓷砚,白胎,质较软,釉

①　详见广东省博物馆、高明县文物普查办公室:《广东高明唐代窑址发掘简报》,《考古》1993 年第 9 期,第 814 页。
②　详见清江博物馆:《江西清江隋墓》,《考古》1977 年第 2 期,第 142 页。
③　详见福州市文物管理委员会:《福州东郊清理一座唐代墓葬》,《考古》1987 年第 5 期,第 440 页。
④　详见朱捷元、黑光:《陕西省博物馆收藏的几件砚台》,《文物》1965 年第 7 期,第 48—49 页。
⑤　详见宋百川、刘凤君:《山东曲阜、泗水隋唐瓷窑址调查》,《考古》1985 年第 1 期,第 38 页。
⑥　详见四川省博物馆:《四川万县唐墓》,《考古学报》1980 年第 4 期,第 508 页。
⑦　详见郑州市文物工作队:《郑州地区发现的几座唐墓》,《文物》1995 年第 5 期,第 29 页。

色青黄,有脱釉现象,花蕾饱满肥硕,蒂残,砚面直径约24厘米。[1]

水滴状足,如湖南长沙出土唐代初期瓷砚1件,直径7.5厘米、通高3厘米,圆形,砚面内稍凹,边上有一凹槽,底部周围有十三个水滴状足,釉色脱落。[2]

狮首人身足,如山东曲阜宋家村窑址出土隋代狮首人身足瓷砚,灰白胎,火候高,质坚硬,釉色淡青;狮首,头顶生角,鬣毛长竖,瞋目隆鼻,双唇紧闭;人身裸体,乳、腹丰满高凸,呈跪坐状,双手握拳抵于腿上;QS:68,狮首人身砚足的下部残缺,上部贴附于一段残砚上;QS:55,系一完整的砚足。[3]

B 型,箕形瓷砚,不多见,如唐代邛瓷砚,箕形,长16.8厘米、宽13.7厘米、通高4厘米、深2.6厘米。[4]

C 型,风字形瓷砚,不常见,如浙江绍兴越窑出土晚唐至北宋时期瓷砚,风字形,两侧和上下端划有花纹,砚面中部稍上饰花瓣,下半部未施釉,但表面光洁,底部四周无釉,有支烧点痕迹,残长11厘米、宽10.1厘米。[5]

D 型,龟形瓷砚,并不多见,如广东新会官冲古窑址出土中晚唐至宋初瓷砚多件,其中T101③:82,通体施青黄釉,釉面有光泽,砚心微凹,龟形四足,有尾,残长10.2厘米、残宽13.2厘米、高5.1厘米。[6]

E 型,马蹄形瓷砚,较为少见,如湖南望城长沙窑出土唐代瓷砚1件(T1②:62),形似马蹄形,一端较窄呈弧形,另一端平,器表部分施绿釉,长10.4厘米、厚2.4厘米。[7]

F 型,长方形瓷砚,如江西玉山渎口窑址出土晚唐至北宋中晚期瓷砚1件(标本T0324②:1),已残,灰白色胎,青釉,长方形,底向一端倾斜,长10.6厘米、宽7.9厘米。[8]

澄泥砚,类型主要有箕形、龟形等。

A 型,箕形澄泥砚,如唐代大型箕形斜面澄泥砚,长33.5厘米、宽26厘

---

[1] 详见宋百川、刘凤君:《山东曲阜、泗水隋唐瓷窑址调查》,《考古》1985年第1期,第39页。

[2] 详见湖南省博物馆:《湖南长沙咸嘉湖唐墓发掘简报》,《考古》1980年第6期,第510页。

[3] 详见宋百川、刘凤君:《山东曲阜、泗水隋唐瓷窑址调查》,《考古》1985年第1期,第39页。

[4] 详见《砚史资料(五)》,《文物》1964年第5期,图版拾叁。

[5] 详见绍兴市文物管理委员会:《绍兴上灶官山越窑调查》,《文物》1981年第10期,第46页。

[6] 详见广东省文物考古研究所、新会市博物馆:《广东新会官冲古窑址》,《文物》2000年第6期,第39页。

[7] 详见长沙市文物考古研究所:《湖南望城县长沙窑1999年发掘简报》,《考古》2003年第5期,第58页。

[8] 详见江西省文物考古研究所、玉山县博物馆:《江西玉山渎口窑址发掘简报》,《文物》2007年第6期,第26页。

米、通高 6.3 厘米、深 4 厘米。①

图 26　河南洛阳出土唐代龟形澄泥残砚

B 型,龟形澄泥砚,如河南洛阳隋唐东都城遗址出土唐代前期龟形澄泥残砚 1 件(图 26),龟状,残存前面局部,残长 14.5 厘米、带座高 5 厘米;原平面呈椭圆形,龟腹部为砚池,前侧有一弯月状的小墨池,池中有墨痕;前方龟首高昂,双耳斜竖瞪目闭口;砚下有足,造型生动逼真;砚表里呈青灰色,质地细腻坚硬。②

石砚,有的无盖,有的带盖;有的无足,有的带足,足数一至四个不等,足形有锥形、条形、矩形、梯形、扆形、长方形、圆柱形、曲尺形等多种;类型主要有 5 种(表 27),以箕形、风字形最常见。

表 27　隋唐五代时期石砚类型统计表

年代	类型	形制
隋唐五代时期	A	箕形
	B	风字形
	C	长方形
	D	梯形
	E	抄手形

A 型,箕形石砚,可分为四式。

Ⅰ式,无足箕形石砚,如江苏苏州出土五代时期石砚 1 件,箕形,砚面前低后高,长 20.2 厘米、宽 12.7—14.7 厘米、高 3.7 厘米。③

Ⅱ式,单足箕形石砚,非常少见,如湖南长沙出土唐代单足石砚 1 件,箕形,青石制成,砚背距后端 5.5 厘米处雕琢一锥形足,置于桌上前低后高,长 15.8 厘米、前宽 9.3 厘米、后宽 11 厘米、深 0.5 厘米、足高 2 厘米,此砚后角残破大块,左角微残,砚背四周有浅刻单线条边纹,四角刻有不规则的半圆纹,中部刻似着宫服的仕女像,刻有披发,未开面孔,似为使用者生前用刀随

① 参见《砚史资料(一七)》,《文物》1965 年第 5 期,图版叁拾柒。
② 详见李德方:《隋唐东都城遗址出土一件龟形澄泥残砚》,《文物》1984 年第 8 期,第 63 页。
③ 详见苏州市文管会、吴县文管会:《苏州七子山五代墓发掘简报》,《文物》1981 年第 2 期,第 41 页。

意刻划,现藏湖南省博物馆。①

Ⅲ式,双足箕形石砚,有的无盖,如河南偃师出土唐代后期紫石砚 1 件(M54:18),外形呈簸箕状,底部一端有二长方形足,石质坚硬,磨制光滑,长 15 厘米、宽 11 厘米。② 有的带盖,如河南洛阳出土晚唐箕形带盖石砚 1 件,用红褐色岩石琢制成形,通体经细磨滑润,砚身有子口承盖,斜坡砚面,砚首呈一凹槽,成水池,砚首底部凸出,后部有长方形双足,砚面留有墨迹,长 13.5 厘米、宽 10.5 厘米、通高 5.8 厘米、砚高 4.3 厘米、砚面厚 1.2 厘米、深 2 厘米。③

Ⅳ式,多足箕形石砚,如福建武夷山出土唐代中后期石砚 1 件(M1:12),青灰石质偏红,呈长方箕形,砚面成斜坡墨池,下附四个曲尺形足,砚背刻有三个文字,刻划较浅,长 10.8 厘米、宽 6.1—7.5 厘米、高 2.4 厘米。④

B 型,风字形石砚,可分为三式。

Ⅰ式,无足风字形石砚,有的无盖,如广东和平出土晚唐至五代时期石砚 1 件(HFZM1:4),风字形,平底,长 18 厘米。⑤ 有的带盖,如陕西西安出土唐代后期石砚 1 件(M3:3)(图 27),风字形,有盖,子母口,稍残,石质为浅灰色细砂岩,内外皆打磨光滑,长 8 厘米、宽 3.6—5.9 厘米、通高 2.8 厘米。⑥

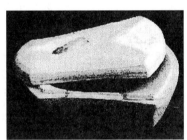

图 27 陕西西安出土唐代后期风字形石砚

Ⅱ式,单足风字形石砚,如湖南长沙出土马楚时期(909—930 年)风字形石砚 1 件(M268:2),正面作梯形,底面中心有圆柱形独足一只,周围刻柿蒂纹,青灰色板岩制成,器身长 16 厘米。⑦

Ⅲ式,双足风字形石砚,如湖南长沙出土马楚时期(909—930 年)石砚 4 件,全部是风字形砚,其中 M37:13 石色紫灰,正面作梯形,腰部微束,底有

---

① 详见王启初:《湖南省博物馆的几方藏砚》,《文物》1965 年第 12 期,第 51—52 页。
② 详见中国社会科学院考古研究所河南第二工作队:《河南偃师杏园村的两座唐墓》,《考古》1984 年第 10 期,第 910 页。
③ 详见洛阳市博物馆:《洛阳市十五年来出土的砚台》,《文物》1965 年第 12 期,第 43 页。
④ 详见赵爱玉:《福建武夷山市发现唐墓》,《文物》2008 年第 6 期,第 72 页。
⑤ 详见广东省文物考古研究所、和平县博物馆:《广东和平县晋至五代墓葬的清理》,《考古》2000 年第 6 期,第 70 页。
⑥ 详见王自力:《西安唐代曹氏墓及出土的狮形香熏》,《文物》2002 年第 12 期,第 67 页。
⑦ 详见湖南省博物馆:《湖南长沙市郊五代墓清理简报》,《考古》1966 年第 3 期,第 164 页。

展足两个,底部刻"闻人"二字,长 13 厘米。① 安徽巢湖出土唐代后期石砚 1 件,风字形,呈紫红色,质细,首尾皆弧形,腰成弧线内收,背斜直,底有两梯形小足,一残,背刻"伍"字,砚长 14.1 厘米。②

C 型,长方形石砚,如湖北巴东出土唐代前期石砚 1 件(M4:4),长方形,长 9.2 厘米、宽 7.7 厘米、厚 0.8 厘米。③

D 型,梯形石砚,如湖南长沙出土隋唐时期石砚 1 件,呈梯形,小端厚而大端薄,大处有敞口,口底有方形足两个,使之与厚端等高,使墨汁不致外流。④

E 型,抄手形石砚,如湖南长沙出土唐代晚期石砚 1 件,银鎏金包边抄手石砚,长 15.5 厘米、上宽 10.3 厘米、下宽 8.5 厘米,砚身箕形,前高后低,底部平整,四周以银鎏金包边。⑤

2. 宋代砚式的多元化

宋代,制砚技术不断进步。如北宋时期,泽州吕道人所制陶砚极精,《砚史》云:"泽州有吕道人陶砚,以别色泥于其首纯作'吕'字,内外透。后人效之,有缝不透也。其理坚重与凡石等,以历(沥)青火油之坚响渗入三分许,磨墨不乏。"⑥《砚史资料(一〇)》中刊载有陶砚 1 件,长 18.5 厘米、宽 11.4 厘米、高 2.4 厘米、深 1.7 厘米,砚底有"泽州吕砚"四字铭文⑦,可知其为泽州吕氏所制。南宋时期,武昌万道人所制陶砚十分有名,《独醒杂志》记载:"今人制陶砚,惟武昌万道人所制以为极精,余初未信也……顷因歉岁,有野人持一'风'字样求售。易以斗米,涤濯视之,亦陶砚也。其底有'万'字篆文,意其为万所制。用之今余三十年,受墨如初,虽高要、歙溪之佳石不是过也。闻武昌今尚有制者,乃万之后。"⑧据考古资料可知,湖南长沙出土南宋陶砚 1 件,青灰色,质细腻,长方形,背镌一篆书"万"字,砚首刻一椭圆形水池,砚面与砚池紧接处开一斜坡缺口,砚面磨墨可直注砚池,砚

① 详见湖南省博物馆:《湖南长沙市郊五代墓清理简报》,《考古》1966 年第 3 期,第 164 页。
② 详见巢湖地区文物管理所:《安徽巢湖市唐代砖室墓》,《考古》1988 年第 6 期,第 524 页。
③ 详见武汉大学考古系、湖北省文物局三峡办:《湖北巴东县汪家河遗址墓葬发掘简报》,《考古》2006 年第 1 期,第 42 页。
④ 详见周世荣:《长沙容园两汉、六朝、隋、唐、宋墓清理简报》,《考古通讯》1958 年第 5 期,第 16 页。
⑤ 详见长沙市博物馆:《长沙市中南工业大学桃花岭唐墓发掘简报》,《湖南省博物馆馆刊》第 11 辑,2014 年,第 204 页。
⑥ (宋)米芾:《砚史·吕砚》,中华书局 1985 年版,第 5 页。
⑦ 详见《砚史资料(一〇)》,《文物》1964 年第 10 期,图版贰拾肆。
⑧ (宋)曾敏行:《独醒杂志》卷八,朱杰人标校,上海古籍出版社 1986 年版,第 77 页。

底由后向前作弧形圆凹,长22.9厘米、宽14.8厘米、高3.3厘米,①该砚现藏湖南省博物馆,或为武昌万氏所制。

随着制砚技术的提高,宋代砚的形制,在保留前代风格的同时,又有许多新的开创,如《墨池编》云:

> 古今相传有如鼎足者,如人面者,如蟾蜍者,如风字者,如瓜状者,如龟形者,如马蹄者,如葫芦者,如壁池者,如鸡卵者,如琴足者,亦有如琴者。有外方内圆者,有内外皆方者,或有虚其下者,亦有实之者,此二种皆上锐下广。又有外皆正方,别为台于其中,谓之墨池。②

此间,陶砚多用模制,也有的为手捏与模制并用,制作更加精细。有的无足,有的带足;有的无釉,有的带釉;类型主要有5种(表28)。

表28　宋代陶砚类型统计表(含辽金时期)

年代	类型	形制
宋代 (含辽金时期)	A	圆形
	B	梯形
	C	箕形
	D	风字形
	E	长方形

A型,圆形陶砚,可分为二式。

Ⅰ式,带足圆形陶砚,如湖南洪江出土北宋陶砚1件(T1④:114),已残,棕红色胎厚实,火候较高,未施釉,呈圆形,砚面缓平,底有矮足,外底部竖刻三行铭文,为"元祐肆年(1089年)在烟口村作造艺瓦"十二字,长6.3厘米、残宽5.9厘米。③

Ⅱ式,圆鼓式圆形陶砚,如内蒙古巴林左旗出土辽代三彩陶砚1件,砚

---

① 详见王启初:《湖南省博物馆的几方藏砚》,《文物》1965年第12期,第52页。
② (宋)朱长文:《墨池编》卷六《器用一·砚》,载《景印文渊阁四库全书》本,第812册,台湾商务印书馆1985年版,第927页。
③ 详见湖南省文物考古研究所:《湖南洪江市宋代烟口窑址的发掘》,《考古》2006年第11期,第47页。

体圆而中空,径约20多厘米,高不及10厘米。① 又如辽宁新民出土辽代黄釉鼓式陶砚1件,腹壁上下两端各有弦纹一道,下端并有乳钉一周,腹部黄釉,砚面留素胎粗面不施釉,以便研墨,腹部透穿一孔,高4.8厘米、砚面径12.8厘米。②

B型,梯形陶砚,如湖北英山出土北宋时期陶砚1件,泥质灰陶,质地细而较坚硬,梯形,墨池靠近窄端,砚边三面有栏,墨池至前缘呈斜坡状,砚底前缘至中部凿有舌形缝隙,深0.3厘米、长12厘米、窄端宽7.3厘米、前缘宽8.1厘米、厚2.7厘米。③ 又如河南洛阳出土北宋后期陶砚1件(C8M1814:21),细泥黑陶,砚面呈等腰梯形,砚堂呈箕形,堂面呈斜坡状,砚底为抄手式底,堂面中部阴刻"翠微堂"3字,长21.2厘米、宽13.8厘米、高3.8厘米。④

C型,箕形陶砚,可分为二式。

Ⅰ式,无足箕形陶砚,如浙江武义出土北宋中期陶砚1件,陶色浅灰略黄,陶质粗松,整体略似箕形,墨池由后至前逐渐加深,砚沿四周刻划篱笆形纹,底部一个长方形沟槽,两侧底部中段微微上曲,成抄手曲线,头宽尾窄,长11.2厘米、宽7厘米。⑤

Ⅱ式,带足箕形陶砚,有的为双足,足形有锥形、柱形、扁长形等,如河南洛阳二十九工区473号墓出土宋代箕形陶砚1件,泥质灰陶,质较坚,内模制砚身,手制双足,抹平磨光,砚首稍外弧而上跷,双足扁长,磨光,长13.5厘米、宽10厘米、高2.9厘米、砚面厚0.6厘米、深1.3厘米。⑥ 有的为圈足,如河南洛阳机瓦厂采集箕形陶砚1件,灰陶,火候高,模制后加工修整,打磨光滑,斜面,浅池,底部圈足,圈足后高,前渐低,至砚首与底平,长15.4厘米、宽11.7厘米、高2.5厘米、砚面厚1.2厘米、深0.8厘米。⑦

D型,风字形陶砚,可分为二式。

Ⅰ式,无足风字形陶砚,如北京出土辽代陶砚1件,灰陶,风字形,砚池

① 详见李文信:《辽瓷简述》,《文物参考资料》1958年第2期,第13页。
② 详见冯永谦:《辽宁省建平、新民的三座辽墓》,《考古》1960年第2期,第22页。
③ 详见黄冈地区博物馆、英山县博物馆:《湖北英山三座宋墓的发掘》,《考古》1993年第1期,第30—31页。
④ 详见洛阳市文物考古研究院:《洛阳宋代赵思温夫妇合葬墓发掘简报》,《洛阳考古》2014年第4期,第20页。
⑤ 详见李知宴、童炎:《浙江省武义县北宋纪年墓出土陶瓷器》,《文物》1984年第8期,第91页。
⑥ 详见洛阳市博物馆:《洛阳市十五年来出土的砚台》,《文物》1965年第12期,第46页。
⑦ 详见洛阳市博物馆:《洛阳市十五年来出土的砚台》,《文物》1965年第12期,第48页。

微倾,长 15.5 厘米、高 3 厘米。①

Ⅱ式,带足风字形陶砚,又有双足和多足等不同式样。

双足风字形陶砚,如江苏连云港出土北宋初期陶砚 1 件(M2:6),泥质黑灰陶,风字形,前缘底部有两个小足,长 13.2 厘米、后部宽 8.4 厘米、高 3.0 厘米。②

多足风字形陶砚,如内蒙古敖汉旗大横沟 1 号辽墓出土辽代早期陶砚 1 件(M1:3),黑陶,风字形,底部四个足钉,正中刻划一"王"字,后端一侧有一孔为插笔用,长 12.7 厘米、宽 11 厘米、高 3.6 厘米。③

E 型,长方形陶砚,可分为二式。

Ⅰ式,无足长方形陶砚,又有普通长方形陶砚和长方形抄手陶砚等不同式样。

普通长方形陶砚,如河南洛阳出土北宋末期陶砚 3 件,形制相同,长方形,砚面均有墨迹残痕,T45③:6,灰色,质地细腻,砚底刻有"马文"二字,字迹潦草,长 12.8 厘米、宽 7.2—7.8 厘米、高 2 厘米。④

长方形抄手陶砚,如上海市博物馆藏北宋绍圣五年(1098 年)王功靖造陶砚 1 件,泥质灰陶,长方形,砚池作半圆形,砚面后高前低,背面圆凹,可以抄手,方框三道,内刻行书三行"邢州平乡县王固村王功靖自造砚子,绍圣五年三月日(花押)",长 16 厘米、宽 9.7 厘米、高 2.5 厘米、深 2 厘米。⑤

Ⅱ式,带足长方形陶砚,如河北曲阳出土金代陶砚 1 件(M8:1),两侧刻有简单花纹,背底后端有两足,并刻有年款"□崇庆元龟仲冬拾贰月中旬三日造",长 14 厘米、宽 9.5 厘米。⑥

宋代,澄泥砚类型颇多,有箕形、梯形、橘形、袋形、长方形、长圆形、长方八角形等,尤以长方形抄手澄泥砚最为常见。

箕形澄泥砚,如安徽潜山出土北宋晚期澄泥砚 1 件,青绿色,箕形,质细洁净,砚背前端有两个椭圆柱状足,砚堂微凹,前部无缘,长 16.3 厘米、最宽

---

① 详见北京市文物工作队:《辽韩佚墓发掘报告》,《考古学报》1984 年第 3 期,第 368 页。

② 详见南京博物院、连云港市博物馆:《江苏连云港市清理四座五代、北宋墓葬》,《考古》1987 年第 1 期,第 55 页。

③ 详见敖汉旗文物管理所:《内蒙古敖汉旗沙子沟、大横沟辽墓》,《考古》1987 年第 10 期,第 900 页。

④ 详见中国社会科学院考古研究所洛阳唐城队:《洛阳宋代衙署庭园遗址发掘简报》,《考古》1996 年第 6 期,第 3 页。

⑤ 详见吴朴:《介绍上海市博物馆所藏的几方古砚》,《文物》1965 年第 12 期,第 55 页。

⑥ 详见河北省文化局文物工作队:《河北曲阳涧磁村发掘的唐宋墓葬》,《考古》1965 年第 10 期,第 510、524 页。

12.4 厘米、高 2.5 厘米。①

橘形澄泥砚,见于《砚史资料(一七)》中刊载的图版,该砚长 13 厘米、宽 10.5 厘米、通高 2.8 厘米。②

袋形澄泥砚,如中国台北故宫博物院所藏 1 件,棕黄色,质坚如石,砚面作袋形,颈部绑有一绳,袋口因颈部被绑紧而出现褶皱,袋腹较圆,口为墨池,袋腹为砚堂,绳状物下凿有小孔以使砚堂与墨池相通,砚面刻楷书"元丰六年制"五字,底有四矮足,长 16.5 厘米、宽 9.8—12.4 厘米、高 2.5 厘米。③

长圆形澄泥砚,如河南洛阳出土北宋澄泥砚 1 件(T40②:14),已残,灰色,质地细腻,长圆形,砚底印有"魏家虢州,澄泥砚瓦"八字,字体雄浑苍劲,残长 10.2 厘米、最宽 9 厘米、通高 2.4 厘米。④

长方八角形澄泥砚,如内蒙古巴林右旗辽庆州古城出土澄泥砚 1 件,灰色,砚身为长方八角形,墨堂呈椭圆形,周边弦纹一道,砚面微凸,墨堂与墨池间有流槽,墨池作扇形花瓣,砚底有一深槽,和砚面椭圆形墨堂相对称,中间偏上有两行凹印款识,右行为"西京仁和坊李让",左行为"罗土澄泥砚瓦记",长 18.3 厘米、宽 12—12.5 厘米、厚 2.3 厘米。⑤

长方形抄手澄泥砚,有的带足,如山东济宁市博物馆藏澄泥砚 1 件,青灰色,长方形,砚面微凸,墨堂呈椭圆形,砚四边有弦纹,墨堂与墨池间有流槽,受墨处微凹,斜入墨池,下有四方足,砚背有篆体"东鲁柘砚"四字,长 17 厘米、宽 8.5 厘米、高 2 厘米。⑥ 多数无足,如上海市博物馆藏澄泥砚 1 件,稍残,泥质灰陶,长方形抄手砚,砚池为淌池,砚面后高前低成斜坡形,背面刻行书三行,左读"己巳元祐四禩(祀)姑洗月(三月)中旬一日,雕造是者,萝土澄泥,打摸割刻,张思净题(花押)",长 18.2 厘米、宽 11.9 厘米、高 4 厘米、深 2.9 厘米。⑦

此间,澄泥砚的制作愈加精湛,《文房四谱》中专门记载了澄泥砚的制作方法:

---

① 详见李丁生:《安徽潜山彰法山宋墓》,《考古》1994 年第 4 期,第 382 页。
② 详见《砚史资料(一七)》,《文物》1965 年第 5 期,图版叁拾捌。
③ 详见刘新园:《袋形砚考——北宋文人设计的一种砚式》,《文物》2005 年第 5 期,第 80 页。
④ 详见中国社会科学院考古研究所洛阳唐城队:《洛阳唐东都履道坊白居易故居发掘简报》,《考古》1994 年第 8 期,第 699 页。
⑤ 详见成顺:《辽庆州古城出土"西京古砚"》,《文物》1981 年第 4 期,第 38 页。
⑥ 详见姜德鑫:《济宁市博物馆藏砚台》,《文物》1994 年第 5 期,第 74 页。
⑦ 详见吴朴:《介绍上海市博物馆所藏的几方古砚》,《文物》1965 年第 12 期,第 55 页。

以堇泥令入于水中,授之,贮于瓮器内。然后别以一瓮贮清水,以夹布囊盛其泥而摆之。俟其至细,去清水,令其干。入黄丹团和溲如面,作一模如造茶者,以物击之,令至坚,以竹刀刻作砚之状,大小随意。微荫干,然后以刺刀子刻削如法。曝过,间空垛于地,厚以稻糠并黄牛粪搅之,而烧一伏时。然后入墨蜡贮米醋而蒸之,五七度含津益墨,亦足亚于石者。①

从中可见,当时澄泥砚的制作包括取泥、摆泥、荫干、入药、制模、打击、刻作、曝晒、火烧、醋蒸等十几道工序,而经过这些工序所制成的砚质地坚硬,颇便发墨。

宋代,石砚,有的无盖,有的带盖;有的无足,有的带足,足数二至四个不等,足形有矩形、船形、曲尺形、长方柱形等。石砚类型较前代更加多样,有圆形、梯形、箕形、船形、钟形、斧形、钺形、椭圆形、长方形、正方形、风字形、马蹄形、葫芦形、圆棱长方形,等等,较常见的有9种(表29)。

表29 宋代石砚类型统计表(含辽金时期)

年代	类型	形制
宋代 (含辽金时期)	A	圆形
	B	箕形
	C	船形
	D	椭圆形
	E	正方形
	F	风字形
	G	马蹄形
	H	葫芦形
	I	长方形

A型,圆形石砚,可分为二式。

I式,带足圆形石砚,如福建邵武出土宋代石砚1件,圆形,通体磨光,周围起边,一头有水槽,下附三个短足,直径12.5厘米。②

---

① (宋)苏易简:《文房四谱》卷三《砚谱·二之造》,中华书局1985年版,第39页。
② 详见福建省博物馆:《福建邵武沿山宋墓》,《考古》1981年第5期,第430页。

Ⅱ式,无足圆形石砚,又有形状规则和不规则之分。

规则无足圆形石砚,如江西临川出土南宋时期石砚 1 件,石色青灰,圆台形,上大下小,砚面中部稍鼓,一边蓄墨沟较深,直径 12 厘米、厚 1.7厘米。①

不规则无足圆形石砚,如浙江诸暨出土南宋蕉叶白端砚 1 件,圆形,边缘不规则,石质细腻温润,呈紫黑色,底部磨平光滑,砚面不开墨堂和墨池,砚面一侧阴刻隶书"碧玉子"三字,直径 23 厘米、高 4 厘米。②

B 型,箕形石砚,可分为二式。

Ⅰ式,带足箕形石砚,如湖南长沙九尾冲 4 号墓出土宋代石砚 1 件,红砂岩石制成,箕形,紫色,前低后高成斜面,底部凿痕多起,底后部有长方形柱足,长 14 厘米、前宽 8.4 厘米、后宽 10 厘米、高 2 厘米、深 1 厘米,该砚现藏湖南省博物馆。③

Ⅱ式,无足箕形石砚,如辽宁北票出土辽代石砚 1 件,青绿砂岩,平面成箕形,研磨面呈斜坡状,平底,底上有凿痕,长 14 厘米、宽 13 厘米、厚 4厘米。④

C 型,船形石砚,如安徽全椒出土北宋端砚 1 件(22 号),船形,前部阴刻三朵梅花和两片花叶,系针刻,刻纹内涂以金色颜料,长 10.6 厘米、宽 7厘米、高 1.7 厘米。⑤

D 型,椭圆形石砚,如浙江衢州出土南宋石砚 2 件,形制基本相同,椭圆形,1 件长 15 厘米、宽 10.2 厘米、厚 2.5 厘米,边宽 0.25 厘米,1 件长 9.2厘米、宽 6.7 厘米、厚 2 厘米。⑥

E 型,正方形石砚,如河南安阳出土北宋末或金初石砚 1 件,青石制成,正方形,中央雕作圆形,其周围雕八瓣荷花水槽,长、宽各 15.5 厘米、高 4厘米。⑦

F 型,风字形石砚,可分为二式。

---

① 详见陈定荣、徐建昌:《江西临川县宋墓》,《考古》1988 年第 4 期,第 332 页。
② 详见方志良:《浙江诸暨南宋董康嗣夫妇墓》,《文物》1988 年第 11 期,第 49 页。
③ 详见王启初:《湖南省博物馆的几方藏砚》,《文物》1965 年第 12 期,第 52 页。
④ 详见辽宁省博物馆文物队:《辽宁北票水泉一号辽墓发掘简报》,《文物》1977 年第 12 期,第 47 页。
⑤ 详见滁县地区行署文化局、全椒县文化局:《安徽全椒西石北宋墓》,《文物》1988 年第 11期,第 70 页。
⑥ 详见衢州市文管会:《浙江衢州市南宋墓出土器物》,《考古》1983 年第 11 期,第 1008 页。
⑦ 详见考古所安阳工作队:《河南安阳西郊唐、宋墓的发掘》,《考古》1959 年第 5 期,第244 页。

Ⅰ式，带足风字形石砚，如陕西西安出土金代石砚 1 件（M1∶33），变体风字形，石质微粗，紫色，底部有两足，一残，砚面上有墨锭痕，外底部阴刻篆体"颐斋"二字，长 17.3 厘米、高 3 厘米、上宽 9.5 厘米、下宽 12 厘米。①

Ⅱ式，无足风字形石砚，如上海出土北宋初期石砚 1 件（T3M1），砂质页岩，风字形，风口呈弧形，底平，墨池靠近窄端，至风口处成斜面，长 14.5 厘米、窄端宽 6.5 厘米、风口宽 10 厘米、厚 2 厘米。②

G 型，马蹄形石砚，如《砚史》记载："唐彦猷作红丝辟雍砚，心高凸，至作马蹄样，亦心凸。"③宋人诗文中亦有咏赞马蹄形石砚的，如刘敞《马蹄砚》诗云："巴巫之山足奇石，气含秋云如黛色。君家宝砚安所得，圆为马蹄莹为璧。"④《黛陀石马蹄砚》诗云："一片苍山石，遥怜巧匠心。能存辟雍法，宛是裹蹄金。"⑤

H 型，葫芦形石砚，如江苏镇江乌龟山 M1 出土北宋早期葫芦形端砚 1件，砚面椭圆形，与底成相对的斜面，水池半月形，内留粗凿痕，边刻平行线纹，池盖雕饰缠枝菊花，花心镂一小孔，在砚面和水池隔墙下有小孔相通，长17.2 厘米、宽 8.2—13.9 厘米、高 3.3 厘米。⑥

Ⅰ型，长方形石砚，最为常见，可分为二式。

Ⅰ式，带足长方形石砚，如湖北麻城出土北宋后期石砚 1 件，长方形，有盖，完整无缺，石质比较细腻，为青色泥灰岩，砚下有四个矩形足，盖上刻花草纹，磨墨台呈一弧形斜面，砚长 17 厘米、宽 11.2 厘米、高 5.1 厘米。⑦

Ⅱ式，无足长方形石砚，又有普通长方形石砚、圆角长方形石砚和长方形抄手石砚等不同式样。

普通长方形石砚，如河南新乡出土北宋末年至金代初年石砚 1 件（M11∶14），砂质灰岩，质较粗，长方形，正面上首有桃形凹槽，长 17.8 厘米、宽 11.5 厘米、厚 2.2 厘米。⑧

---

① 详见陕西省考古研究院：《陕西西安金代李居柔墓发掘简报》，《考古与文物》2017 年第 2期，第 48 页。

② 详见上海市博物馆：《上海福泉山唐宋墓》，《考古》1986 年第 2 期，第 136 页。

③ 《砚史·样品》，中华书局 1985 年版，第 8 页。

④ 北京大学古文学研究所编：《全宋诗》卷四七七，第 9 册，北京大学出版社 1992 年版，第5771 页。

⑤ 北京大学古文学研究所编：《全宋诗》卷四八〇，第 9 册，北京大学出版社 1992 年版，第5817 页。

⑥ 详见镇江市博物馆：《镇江宋墓》，载文物编辑委员会编：《文物资料丛刊》10，文物出版社1987 年版，第 163 页。

⑦ 详见王善才、陈恒树：《湖北麻城北宋石室墓清理简报》，《考古》1965 年第 1 期，第 24 页。

⑧ 详见张新斌：《河南新乡市宋金墓》，《考古》1996 年第 1 期，第 63 页。

　　圆角长方形石砚,如江苏泰州出土北宋时期石砚 1 件(M9),素面无纹,圆角长方形,砚堂较浅,砚唇较宽,砚池为深槽形,材质细腻,长 15 厘米、宽9.4 厘米、厚 2.1 厘米。[①]

　　长方形抄手石砚,如陕西宝鸡市博物馆藏抄手端砚(馆藏号 2289·IM4·3)1 件,砚石质地细腻缜密,色泽柔润,长方形,上面为砚池,边沿略凸,下面凿空成三面壁,既轻且稳,长 23 厘米、宽 13.6 厘米、高 7.9 厘米。[②]

　　宋代,砚材种类繁多,而每种砚材往往又有不同式样,特别是名砚的形制相比前代更为多元,如端砚,《端溪砚谱》中记载其形制多达近五十类:

　　　　曰平底风字,曰有脚风字,曰垂裙风字,曰古样风字,曰凤池,曰四直,曰古样四直,曰双锦四直,曰合欢四直,曰箕样,曰斧样,曰瓜样,曰卵样,曰璧样,曰人面,曰莲,曰荷叶,曰仙桃,曰瓢样,曰鼎样,曰玉台,曰天研,曰蟾样,曰龟样,曰曲水,曰钟样,曰圭样,曰笏样,曰梭样,曰琴样,曰鏊样,曰双鱼样,曰团样,曰八棱角柄秉砚,曰八棱秉砚,曰竹节秉砚,曰砚砖,曰砚板,曰房相样,曰琵琶样,曰月样,曰腰鼓,曰马蹄,曰月池,曰阮样,曰歙样,曰吕样,曰琴足风字,曰蓬莱样[③]。

又如歙砚,《歙州砚谱》记载其形制多达四十类,有:

　　　　端样,舍人样,都官样,玉堂样,月样,方月样,龙眼样,圭样,方龙眼样,瓜样,方葫芦样,八角辟雍样,方辟雍样,马蹄样,新月样,鏊样,眉心样,石心样,瓢样,天池样,科斗样,银铤样,莲叶样,人面样,球头样,宝饼样,笏头样,风字样,古钱样,外方里圆,筒砚样,蟾蜍样,辟雍样,方玉堂样,尹氏样,蛤蟆样,犀牛样,鹦鹉样,琴样,龟样。

　　而这些仅仅是"择取样制古雅者",另有"余数名虽多种,状样都俗",[④]未加收录。此外,《砚笺》中还记录了当时"近雅者"的一些砚形,有"凤池、玉堂、玉台、蓬莱、辟雍、院样、房相样、郎官样、天砚、风字、人面、圭、璧、斧、

①　详见泰州市博物馆:《江苏泰州宋代墓葬群清理简报》,《东南文化》2008 年第 4 期,第42 页。
②　详见高次若、刘明科:《宝鸡市博物馆藏砚选介》,《文物》1994 年第 5 期,第 81 页。
③　(宋)叶樾:《端溪砚谱》,载《丛书集成初编》本,第 1497 册,中华书局 1985 年版,第 4 页。
④　(宋)唐积:《歙州砚谱·名状》,载《丛书集成初编》本,第 1497 册,中华书局 1985 年版,第5—6 页。

鼎、鏊、笏、瓢、曲水、八棱、四直、莲叶、蟾、马蹄"①等二十四类之多。此外，宋人诗文中也有不少关于砚形的记载，如李之仪《丁希韩圆砚铭》、李光《孟珍端溪方砚铭》、张嵲《风字砚铭》等。

自秦汉至宋代，圆形、方形始终是砚的主要式样。

宋代，除了制作之外，当时还非常重视砚的养护，如《负暄野录》曰："爱砚之法，当以髹匣相之，不惟养润，亦可护尘。"②《砚谱》云："几砚须旦涤之，纵未能，亦须日易其水。洗宜用小毡片或纸。若久用，石色为墨渍污，即以麸炭磨洗，复如新矣。苦寒不宜用佳砚，石理既冻，墨亦少光。"③

这一时期还出现关于砚的多部（篇）专著，如有苏易简《文房四谱·砚谱》、欧阳修《砚谱》、蔡襄《文房杂评（一作文房四说）》和《研记》、米芾《砚史》、佚名《砚谱》、唐询《砚录》、何薳《记砚》、叶樾《端溪砚谱》、唐积《歙砚砚谱》、洪适《歙砚说》和《辨歙石说》、高似孙《砚笺》、陈槱《负暄野录·论砚材》等，而在《太平御览》《事类赋》《墨池编》《事物纪原》《海录碎事》《锦绣万花谷》《记纂渊海》《六帖补》《古今事文类聚》《古今合璧事类备要》等书中也专门列有与砚相关的子目。其中，《文房四谱》记载，当时澄泥砚的制作包括取泥、摆泥、荫干、入药、制模、打击、刻作、曝晒、火烧、醋蒸等十几道工序。由此可见，这些砚史著述的出现，既表明宋代的制砚备受瞩目，又反映出当时的制砚技术已经形成完善的体系。

总的来看，秦汉时期，砚的形制逐渐规范化。尤其是东汉时期，砚逐渐从有研磨石发展到无研磨石，并且以圆形、方形为基本形制，成为制砚技术史上的重要转折，标志着制砚技术开始走向成熟。魏晋南北朝时期，砚的形制趋于定型化，式样不断艺术化，标志着制砚技术逐渐成熟、完善。唐宋时期，砚的制作不仅日益专业化，而且更加艺术化，标志着制砚技术体系的成熟、完善。元明清以降的制砚技术都是在此前技术体系基础上的进一步发展而已。

小　结

唐宋时期，笔墨纸砚制造业在繁荣发展的同时，制作技术体系日臻成熟、完备。

---

① （宋）高似孙：《砚笺》卷一《砚图》，载《景印文渊阁四库全书》本，第843册，台湾商务印书馆1985年版，第101页。

② （宋）陈槱：《负暄野录》卷下《论笔墨砚》，中华书局1985年版，第10页。

③ 佚名：《砚谱·涤砚》，中华书局1991年版，第5页。

　　唐宋以前，笔头的制作原料多为动物毫毛。唐宋时期，笔头的制作原料更加丰富和多样化，尤其是北宋时期开始以植物纤维丝制作笔头，创造性地开拓了原料来源，成为制笔史上的重要革新。这一时期，制笔过程中既重视笔头的选料和加工，又关注笔管的大小与制作，还突出风格及式样的创新，最终形成精选笔毛、精制笔心、精雕笔管、精创式样的成熟的完善的技术体系。

　　宋代以前，制墨原料以松烟为主。北宋以降，制墨原料多元化，包括松烟、漆烟、油烟、石油烟和混合烟等，成为制墨史上的重要革新。唐宋时期，制墨过程中既重视技术的传承与广播，又关注原料的选取和加工，还突出风格及式样的创新，形成精选原料、精练技艺、精创式样的成熟的完善的技术体系。

　　唐宋时期，竹类、麦茎、稻秆等成为造纸的新原料，这是造纸史上的又一次重要转折，极大地开拓了原料来源，成为造纸史上的重要革新，且造纸过程中形成了关注原料及纸药的选用、重视技术及工艺的传承与改进、突出纸品种类及式样的创新等一整套成熟的完善的技术体系。

　　秦汉时期，砚的形制逐渐规范化；魏晋南北朝时期，砚的形制趋于定型化；唐宋时期，正式确立了后世的主要制砚材质，砚的制作不仅日益专业化，而且更加艺术化，砚式种类显著增加，砚中名品不断涌现，形成一套成熟的完善的技术体系。

第三章　产地扩展与重心南移
——唐宋时期笔墨纸砚制造业发展特点之二

唐宋时期,笔墨纸砚制造业繁荣发展的同时,其地理分布出现显著变化,一方面是制作区域向全国范围迅速扩展,另一方面是制作重心向南方地区逐渐转移。笔墨纸砚制造业地理分布的变化反映着中国古代经济文化重心的改变。本章中所言南北,以秦岭淮河一线为分界线。

第一节　制笔业地理分布的变化[①]

一、隋唐五代时期制笔业的地理分布

隋唐五代时期,制笔区域甚广,据文献记载及考古资料不完全统计(表30),主要分布在今陕西、甘肃、新疆、河北、河南、山东、安徽、江苏、浙江、江西、湖北、湖南、四川、广西、广东等地。此外,唐代的毛笔以及制笔技术也传播到边地(吐蕃)与海外(朝鲜、日本等地)。

表30　隋唐五代时期制笔区域统计表

今属地区	考古资料		文献记载		备注
	出土地点	资料来源	制作区域	资料来源	
陕西			长安	《冥报记》卷下《唐长安市里》	笔工赵土次
甘肃			陇右地区	《北户录》卷二《鸡毛笔》	羊毫笔
新疆	吐鲁番	《文物》1973.10《考古》2006.12			
河北			瀛州、沧州、贝州	《新唐书》卷五七《艺文志一》	出兔皮作笔材

---

① 参见陈涛:《唐宋时期制笔业重心的地理变迁》,《徐州工程学院学报》(社会科学版)2016年第5期,第41—48页。

续表

今属地区	考古资料		文献记载		备注
	出土地点	资料来源	制作区域	资料来源	
河南			相州	《旧唐书》卷六九《张亮传》	
			汝州	《文房四谱》卷一《笔谱上·四之杂说》	
山东			博州	《新唐书》卷五七《艺文志一》	出兔皮作笔材
安徽			宣州	《元和郡县图志》卷二八《江南道四》	中山兔毫为笔精妙
				《北户录》卷二《鸡毛笔》	岁贡青毫六两,紫毫三两,次毫六两
				《新唐书》卷四一《地理志五》	土贡笔
			舒州	《能改斋漫录》卷一四《类对·柳公权谢惠笔帖》	
江苏			升州	《新唐书》卷四一《地理志五》	土贡笔
			扬州	《九国志》卷一一《楚》	笔工李郁
浙江			杭州	《北户录》卷二《鸡毛笔》	鸭毛笔
			越州	《新唐书》卷四一《地理志五》	土贡笔
江西			吉州	段成式《寄余知古秀才散卓笔十管软健笔十管书》,《全唐文》卷七八七《玉楮集》卷二	
湖北安徽			蕲州	《新唐书》卷四一《地理志五》	土贡鹿毛笔
湖北			均州	《北户录》卷二《鸡毛笔》	鼠须笔

续表

今属地区	考古资料		文献记载		备注
	出土地点	资料来源	制作区域	资料来源	
湖南			郴州	《韩昌黎诗系年集释》卷二《李员外寄纸笔》《柳宗元集》卷四二《杨尚书寄郴笔知是小生本样令更商榷使尽其功辄献长句》	
四川			邛州、嘉州	《北户录》卷二《鸡毛笔》	邛州羊毛笔嘉州马毛笔
			蜀中	《文房四谱》卷一《笔谱上·二之造》	鼠毛笔
广西			昭州、富州	《岭表录异》卷上	鸡毛笔
广东			春州、勤州	《岭表录异》卷上	鸡毛笔
			韶州	《北户录》卷二《鸡毛笔》	鸡毛笔
			番禺	《岭表录异》卷上	鹿毛、狸毛为笔
				《北户录》卷二《鸡毛笔》	羊毛笔

1. 北方地区制笔业的地理分布

隋唐五代时期,北方制笔区域主要有长安、陇右、西州、瀛州、沧州、贝州、博州、相州、汝州等地。

唐都长安,是全国最主要的制笔中心之一,这里荟萃了大量官私制笔工匠。仅中央及东宫机构中的弘文馆、集贤殿书院、秘书省、崇文馆、司经局等就有官府制笔工匠二十余人。[①] 除此之外,也有不少民间工匠,如《冥报记》记载:

> 长安市里风俗,每岁元日已后,递作饮食相邀,号为"传坐"。东市笔工赵士次当设之,有客先到,如厕,见其碓上有童女,年可十三四,着青裙白衫,以汲索系颈,属于碓柱,泣谓客曰:"我是主人女也,往年未

---

① 详见《唐六典》卷二《尚书吏部》"吏部郎中、员外郎"条、卷八《门下省·弘文馆》、卷一〇《秘书省》,《旧唐书》卷四三《职官志二》、卷四四《职官志三》,《新唐书》卷四七《百官志二》、卷四九上《百官志四上》。

死时,盗父母钱一百,欲置脂粉,未及而死,其钱今在厨舍内西北角壁中。然虽未用,既已盗之,坐此得罪,今偿父母命。"言毕,化为青羊白项。客惊告主人,主人问其形貌,乃其小女,死二年矣。于厨壁取得百钱,似久安处。于是送羊僧寺,合门不复食肉。①

从中可知,笔工赵士次就是活动于东市中的民间工匠。可以想见,在繁华的都城长安两市,当时的笔匠并不会仅有赵士次一人,应该为数不少。

陇右地区,"多以青羊毫为笔"②。关于该地制笔的具体情况,文献记载不详,但据 S.4411 号文书《樊崇圣纳笔历》可以窥知一二:

> 樊崇圣四月廿九日纳笔肆拾管。又,五月卅日纳笔肆拾肆管。又,六月十六日纳笔叁拾管。六月廿日纳笔玖管。又,六月廿三日纳笔陆管。又,廿五日纳笔壹拾伍管。廿九日纳笔柒管。七月七日纳笔贰拾管。七月十五日纳笔玖管。七月廿一日纳笔肆拾管。又,廿一日纳笔五管。又,八月廿四日纳笔叁拾伍管。九月廿六日纳笔肆管。十一月三日纳笔肆管。计纳二百六十八管。③

从中可见,仅笔匠樊崇圣一人自四月二十九日至十一月三日的六个多月里就纳笔 268 管,而敦煌地区的笔匠恐怕不会只有一人。由此可以推断,当地的制笔业应有一定规模。

西州,治高昌(今新疆吐鲁番东南)。据考古资料可知,新疆吐鲁番地区阿斯塔那——哈拉和卓墓地出土有盛唐至中唐时期(7 世纪中至 8 世纪中)的毛笔④,巴达木墓地出土有麹氏高昌国(6 世纪初至 7 世纪中)至唐西州时期的毛笔。其中巴达木墓地出土毛笔为圆柱状,木笔杆,狼毫笔尖,出土时插在笔筒内,笔尖向下,杆径 1.3 厘米、长 14.7 厘米、尖长 1.9 厘米,与毛笔同出的还有笔筒和笔架。⑤ 由于唐代制笔技术开始传向边地,故而当

---

① (唐)唐临撰:《冥报记》卷下《唐长安市里》,方诗铭辑校,中华书局 1992 年版,第 58—59 页。
② (唐)段公路纂,(唐)崔龟图注:《北户录》卷二《鸡毛笔》,中华书局 1985 年版,第 21 页。
③ 中国社会科学院历史研究所等编:《英藏敦煌文献》第 6 卷,四川人民出版社 1992 年版,第 61 页。
④ 参见新疆维吾尔自治区博物馆:《吐鲁番县阿斯塔那——哈拉和卓古墓群发掘简报(1963—1965)》,《文物》1973 年第 10 期,第 11 页。
⑤ 详见吐鲁番地区文物局:《新疆吐鲁番地区巴达木墓地发掘简报》,《考古》2006 年第 12 期,第 57 页。

地所出毛笔有可能为本地制造。

瀛州、沧州、贝州、博州等地出笔材。既然瀛州河间郡、沧州景城郡、贝州清河郡、博州博平郡四地所出兔皮为集贤殿书院制笔的笔材,[1]那么当地亦或有制笔业。另据《北户录》记载:隋炀帝"取沧州兔养于扬州海陵县,至令劲快,不堪全用,盖兔食竹叶故耳"[2]。此则材料进一步说明沧州等地兔毫佳,便于制笔。

相州,治安阳(今河南安阳)。《旧唐书·张亮传》云:张亮"至相州,有邺县小儿,以卖笔为业"[3]。由此可知,相州应有制笔业。

汝州也有制笔业。《文房四谱》记载:

> 石晋之末,汝州有一高士,不显姓名,每夜作笔十管,付其室家,至晓,阖户而出,面街凿壁,贯以竹筒,如引水者。或人置三十钱,则一管跃出,十笔告尽。虽势要官府督之,亦无报也。其人则携一榼,吟啸于道宫佛庙酒肆中,至夜酣畅而归,其匹妇亦怡然自得。复为十管,来晨卖之,如此三十载。后或携室徙居,杳不知所终。[4]

汝州一个笔工一晚可制笔十管,数量颇为可观。

2. 南方地区制笔业的地理分布

隋唐五代时期,南方制笔区域主要有宣州、舒州、扬州、升州、杭州、越州、吉州、蕲州、均州、郴州、邛州、嘉州、昭州、富州、春州、勤州、韶州、番禺等地。

宣州制笔业自东晋以来颇具名气,此后获得更大发展。隋唐五代时期,宣州成为重要的制笔中心,《北户录》记载:"宣城岁贡青毫六两,紫毫三两,次毫六两。"[5]《新唐书·地理志五》记载:宣州宣城郡土贡笔[6]。唐代,宣笔名扬海内外,深得百官公卿、文人士子青睐,诗歌辞赋中对其多有咏赞,如耿湋《咏宣州笔》曰:"寒竹惭虚受,纤毫任几重。影端缘守直,心劲懒藏锋。落纸惊风起,摇空见露浓。丹青与文事,舍此复何从。"[7]皮日休《二游诗·

① 参见(宋)欧阳修、宋祁:《新唐书》卷五七《艺文志一》,中华书局1975年版,第1422页。
② (唐)段公路纂,(唐)崔龟图注:《北户录》卷二《鸡毛笔》,中华书局1985年版,第21页。
③ (后晋)刘昫等:《旧唐书》卷六九《张亮传》,中华书局1975年版,第2515页。
④ (宋)苏易简:《文房四谱》卷一《笔谱上·四之杂说》,中华书局1985年版,第16页。
⑤ (唐)段公路纂,(唐)崔龟图注:《北户录》卷二《鸡毛笔》,中华书局1985年版,第21页。
⑥ 参见(宋)欧阳修、宋祁:《新唐书》卷四一《地理志五》,中华书局1975年版,第1066页。
⑦ (清)彭定求等编:《全唐诗》卷二六八,中华书局1979年版,第2980—2981页。

徐诗》云:"宣毫利若风。"①

舒州有制笔业,柳公权"曾得舒州青练笔,指挥教示,颇有性灵"②。

扬州亦有制笔业,著名笔工为李郁。据《九国志》记载:彭玕雅好儒学,"广陵笔工李郁者,善为诗什,玕尝贻书于郁,以白金十两市一笔;又令郁访石本五经,卷以白金百两为直"③。

升州所制笔精良,为土贡之物,《新唐书·地理志五》记载:"升州江宁郡土贡笔。"④

杭州以鸭毛制笔。《北户录》记载:"昔溪源有鸭毛笔,以山鸡毛雀雉毛间之,五色可爱。"⑤据《浙江通志》:"昔溪出黄岭。"⑥又据《咸淳临安志》:黄岭,在於潜县西二十里⑦,而於潜县隶属杭州⑧。由此推之,杭州当有制笔业。

越州所制笔亦颇精细,为土贡之物,《新唐书·地理志五》记载:"越州会稽郡土贡笔⑨"。

吉州新淦县有制笔业。段成式《寄余知古秀才散卓笔十管软健笔十管书》中云:"前寄笔出自新淦,散卓尤精,能用青毫之长,似学铁头之短。"⑩据《元和郡县图志》记载:新淦县,"本汉旧县,豫章南部都尉所居,县有淦水,因以为名。陈割属巴山郡。隋开皇中废郡,县属吉州"⑪。宋人岳珂《玉楮集》中亦云:"唐世有刺郡江表者,时宰嘱以新淦出笔,令制以寄。"⑫

蕲州所制鹿毛笔十分有名,为土贡之物,《新唐书·地理志五》记载:

---

① (清)彭定求等编:《全唐诗》卷六〇九,中华书局 1979 年版,第 7028 页。

② (宋)吴曾:《能改斋漫录》卷一四《类对·柳公权谢惠笔帖》,上海古籍出版社 1979 年版,第 433 页。

③ (宋)路振撰:《九国志》卷一一《楚》,连人点校,载《二十五别史》13,齐鲁书社 2000 年版,第 122 页。

④ 参见(宋)欧阳修、宋祁:《新唐书》卷四一《地理志五》,中华书局 1975 年版,第 1057 页。

⑤ (唐)段公路纂,(唐)崔龟图注:《北户录》卷二《鸡毛笔》,中华书局 1985 年版,第 21 页。

⑥ (清)嵇曾筠等监修,沈翼机等编纂:《浙江通志》卷五二《水利一·通省水道》,载《景印文渊阁四库全书》本,第 520 册,台湾商务印书馆 1984 年版,第 383 页。

⑦ 详见(宋)潜说友:《咸淳临安志》卷二八《山川七·岭》,载《景印文渊阁四库全书》本,第 490 册,台湾商务印书馆 1984 年版,第 328 页。

⑧ 详见(唐)李吉甫撰:《元和郡县图志》卷二五《江南道一·杭州》,贺次君点校,中华书局 1983 年版,第 604 页。

⑨ 参见(宋)欧阳修、宋祁:《新唐书》卷四一《地理志五》,中华书局 1975 年版,第 1060 页。

⑩ (清)董诰等编:《全唐文》卷七八七,中华书局影印本 1983 年版,第 8232 页。

⑪ (唐)李吉甫撰:《元和郡县图志》卷二八《江南道四·吉州》,贺次君点校,中华书局 1983 年版,第 674 页。

⑫ (宋)岳珂:《玉楮集》卷二,载《景印文渊阁四库全书》本,第 1181 册,台湾商务印书馆 1985 年版,第 455 页。

"蕲州蕲春郡土贡鹿毛笔①"。

均州以鼠须制笔,《北户录》注云:"均州出鼠须笔②"。

郴州有制笔业。李伯康为郴州刺史时,曾寄赠纸笔给韩愈,韩作《李员外寄纸笔》诗云:"题是临池后,分从起草余。兔尖针莫并,茧净雪难如。莫怪殷勤谢,虞卿正著书。"韩醇注曰:韩愈"贬阳山,过郴州,谒李使君。明年以黄柑遗李,李寄以纸笔,公作此诗以谢"③。又,杨於陵曾寄赠郴州笔给柳宗元,柳作《杨尚书寄郴笔知是小生本样令更商榷使尽其功辄献长句》曰:"截玉铦锥作妙形,贮云含雾到南溟。尚书旧用裁天诏,内史新将写《道经》。曲艺岂能裨损益,微辞祇欲播芳馨。桂阳卿月光辉徧,毫末应传顾兔灵。"④

邛州、嘉州等蜀地亦有制笔业。《北户录》注云:"邛州取羊腋下族毛为笔,嘉州以马毛为笔。"⑤另据《文房四谱》记载:"蜀中出石鼠,毛可以为笔。"⑥则知蜀地尚有鼠毛笔。

昭州、富州、春州、勤州等地多以鸡毛制笔,《岭表录异》云:"昭、富、春、勤等州,则择鸡毛为笔。其为用也,亦与兔毫不异。"⑦

韶州亦以鸡毛制笔,《北户录》曰:"韶州择鸡毛为笔。"⑧

番禺等地以鹿毛、野狸毛制笔,如《岭表录异》云:"番禺地无狐兔,用鹿毛、野狸毛为笔。"⑨又据《北户录》记载:番禺诸郡"多以青羊毫为笔"⑩,则可知当地也有羊毫笔。

二、北宋时期制笔业的地理分布

宋代,制笔区域更加广泛,据文献记载及考古资料不完全统计(表31),

---

①　参见(宋)欧阳修、宋祁:《新唐书》卷四一《地理志五》,中华书局1975年版,第1054页。

②　参见(唐)段公路纂,(唐)崔龟图注:《北户录》卷二《鸡毛笔》,中华书局1985年版,第21页。

③　(唐)韩愈:《韩昌黎诗系年集释》卷二《李员外寄纸笔》,钱仲联集释,上海古籍出版社1984年版,第213—214页。

④　(唐)柳宗元:《柳宗元集》卷四二《杨尚书寄郴笔知是小生本样令更商榷使尽其功辄献长句》,中华书局1979年版,第1145页。或见《柳宗元诗笺释》卷三《杨尚书寄郴笔知是小生本样令更商榷使尽其功辄献长句》,王国安笺释,上海古籍出版社1998年版,第345页。

⑤　参见(唐)段公路纂,(唐)崔龟图注:《北户录》卷二《鸡毛笔》,中华书局1985年版,第21页。

⑥　(宋)苏易简:《文房四谱》卷一《笔谱上·二之造》,中华书局1985年版,第9页。

⑦　(唐)刘恂:《岭表录异》卷上,鲁迅校勘,广东人民出版社1983年版,第8页。

⑧　(唐)段公路纂,(唐)崔龟图注:《北户录》卷二《鸡毛笔》,中华书局1985年版,第21页。

⑨　(唐)刘恂:《岭表录异》卷上,鲁迅校勘,广东人民出版社1983年版,第8页。

⑩　(唐)段公路纂,(唐)崔龟图注:《北户录》卷二《鸡毛笔》,中华书局1985年版,第21页。

主要分布在今山西、河北、河南、山东、安徽、江苏、浙江、江西、福建、湖北、湖南、四川、广西、广东等地。

表 31　宋代制笔区域统计表

今属地区	考古资料		文献记载		备注
	出土地点	资料来源	制作区域	资料来源	
山西			河东路	《姑溪居士集》前集卷一七《书柳材笔》	笔工柳材
河北			沧州	《太平寰宇记》卷六五《河北道一四》	土产兔毫
河南			东京开封府	《欧阳修全集》卷五四《圣俞惠宣州笔戏书》《黄庭坚全集》正集卷二七《书侍其瑛笔》	
				《谈苑》	笔工李文政
				《黄庭坚全集》正集卷二七《书吴无至笔》	笔工吴无至
				《墨史》卷中《宋》	笔工侍其瑛
				《东京梦华录笺注》卷三《相国寺内万姓交易》	笔工赵文秀
				《宋会要辑稿》职官三六之九五	笔匠十七人
			宋州（南京应天府）	《乐静集》卷九《书笔工王玠》	笔工元道宁
山东			曹州（兴仁府）	《乐静集》卷九《书笔工王玠》	笔工屈士安
			潍州	《乐静集》卷九《书笔工王玠》	笔工梁道
			济州	《乐静集》卷九《书笔工王玠》	笔工韩振、秦颖、丘自然
			单州	《乐静集》卷九《书笔工王玠》	笔工王玠
			德州	《宋会要辑稿》食货五六之一〇	贡兔毫毛

今属地区	考古资料		文献记载		备注
	出土地点	资料来源	制作区域	资料来源	
安徽	合肥	《文物》1991.3	庐州	《黄庭坚全集》别集卷七《跋所书戏答陈元舆诗》	笔工张真
			和州	《姑溪居士集》前集卷一七《书柳材笔》	笔工柳东
				《景迂生集》卷一八《题萧询笔》	笔工柳载
				《相山集》卷二《赠笔工柳之庠》	笔工柳之庠
			宣州（宁国府）	《太平寰宇记》卷一〇三《江南西道一》	土产笔
				《元丰九域志》卷六《江南东路》	土贡笔五百管
				《宋史》卷八八《地理志四》	贡笔
				《宋会要辑稿》食货五六之一〇	贡细笔
				《墨庄漫录》卷五《何去非和翟公巽诗》	栗鼠须笔
				《蔡襄全集》卷三一《文房杂评（一作文房四说）》《欧阳修全集》卷五四《圣俞惠宣州笔戏书》《梅尧臣集编年校注》卷二九《次韵永叔试诸葛高笔戏书》	笔工诸葛高
				《黄庭坚全集》正集卷二六《论黔州时字》	笔工诸葛方
				《景迂生集》卷一八《题萧询笔》《黄庭坚全集》外集卷二四《笔说》	笔工诸葛言
				《黄庭坚全集》别集卷一一《笔说》	笔工诸葛元
				《铁围山丛谈》卷六《萍洲可谈》卷二《避暑录话》卷上	笔工诸葛氏

续表

今属地区	考古资料		文献记载		备注
	出土地点	资料来源	制作区域	资料来源	
安徽	合肥	《文物》1991.3	歙州（徽州）	《林和靖诗集》卷四《予顷得宛陵葛生所茹笔十余筒其中复得精妙者二三焉每用之如麾百胜之师横行于纸墨间所向无不如意惜其日久且弊作诗二篇以录其功》	笔工葛生
				《黄庭坚全集》别集卷一一《笔说》	笔工吕道人、吕大渊、张遇
				《六研斋笔记》卷四	笔工汪伯立
			池州	《梅尧臣集编年校注》卷一九《九华隐士居陈生寄松管笔》孔武仲《赋得九华松管笔》，《全宋诗》卷八八一	松管笔

续表

今属地区	考古资料		文献记载		备注
	出土地点	资料来源	制作区域	资料来源	
江苏	武进	《考古》1986.3	徐州	《乐静集》卷九《书笔工王玠》	笔工彭嵩
			扬州	《苏轼诗集》卷四八《觅俞俊笔》	笔工吴政、吴说
			泰州	《景迁生集》卷一八《题萧询笔》	笔工萧询
			苏州（平江府）	《景迁生集》卷一八《题萧询笔》《东观余论》卷下《跋〈干禄字碑〉后》	笔工仲璋
				《景迁生集》卷一八《题萧询笔》《苏轼诗集》卷四八《觅俞俊笔》	笔工俞俊
	泰州	《东南文化》2006.5	润州	《景迁生集》卷一八《题萧询笔》	笔工陶颖
			升州（江宁府）	《元丰九域志》卷六《江南东路》	土贡笔五百管
				《宋史》卷八八《地理志四》	贡笔
				《文忠集》卷一六《跋刘季高与溧阳笔工顾纲帖》	笔工顾纲
	金坛	《考古学报》1977.1	常州	《蔡襄全集》卷三一《文房杂评(一作文房四说)》	笔工许顿
				《景迁生集》卷一八《题萧询笔》	笔工许遇
				《萍洲可谈》卷二	笔工许氏
				《诚斋集》卷一二《试毗陵周寿墨池样笔》	笔工周寿
			吴地	《负暄野录》卷下	竹丝笔
			吴中	《江湖长翁集》卷三一《题笔工俞生所藏书法》	笔工俞生
浙江			秀州（嘉兴府）	《景迁生集》卷一八《题萧询笔》	笔工沈明

续表

今属地区	考古资料		文献记载		备注
	出土地点	资料来源	制作区域	资料来源	
浙江			杭州（临安府）	《宋朝事实类苑》卷五一《书画伎艺·李无惑》	笔工吴皓
				《苏轼文集》卷七〇《题跋·书钱塘程奕笔》	笔工程奕
				《景迁生集》卷一八《题萧询笔》	笔工李正方
				《负暄野录》卷下	狸毛笔
			明州（庆元府）	《鸡肋编》卷上	羊毛笔
				《攻媿集》卷七九《赠笔工吕文质》	笔工吕文质
江西			信州	《黄庭坚全集》正集卷二七《书侍其瑛笔》《萍洲可谈》卷二	笔工李展
				《鸡肋编》卷上	羊毛笔
			袁州	王庭珪《赠宜春笔工》,《全宋诗》卷一四七五	
				《文定集》卷二四《宜春士愿朴而虚蒙珥笔之名每欲为邦人一洗之偶笔工傅氏求诗作此》	笔工傅氏
			吉州	《玉楮集》卷八《试庐陵贺发竹丝笔》	笔工贺发竹丝笔
福建	福州	《文物》1995.10	闽广间	《负暄野录》卷下	鸡羽、雁翎等为笔
			建州（建宁府）	《晦庵集》卷七七《赠笔工蔡藻》	笔工蔡藻
湖北			安州（德安府）	《萍洲可谈》卷二	笔工成安道
湖南	衡阳	《文物》1984.12	荆湖南路	《鸡肋编》卷上	鸡毛笔

今属地区	考古资料		文献记载		备注
	出土地点	资料来源	制作区域	资料来源	
四川			蜀中	《文房四谱》卷一《笔谱上·二之造》	羊毛笔
			嘉州（嘉定府）	《黄庭坚全集》外集卷二三《示王孝子孙寒山诗后》	笔工严永
			梓州路	《邵氏闻见录》卷一六	
广西			广南西路	《萍洲可谈》卷二《鸡肋编》卷上	鸡毛笔
			宜州（庆远府）	《黄庭坚全集》正集卷二六《跋与张载熙书卷尾》《爱日斋丛抄》卷五	鸡毛笔
			桂州（静江府）	《岭外代答校注》卷六《器用门·笔》	羊毫笔
			闽广间	《负暄野录》卷下	鸡羽、雁翎等为笔
广东			广南东路	《萍洲可谈》卷二《鸡肋编》卷上	鸡毛笔
			闽广间	《负暄野录》卷下	鸡羽、雁翎等为笔
			封州	《北山集》卷一九《无兔而用鸡毛无直干而用粗竹坐是二者故封川难得笔近有工以羊毛易鸡以松梢当竹笔既劲利而管尤可喜为赋四绝句》	鸡毛笔

1. 北方地区制笔业的地理分布

北宋时期,北方制笔区域主要有开封府(东京)、京东路宋州(南京应天府)、曹州(兴仁府)、潍州、徐州、济州、单州、河北东路沧州、德州、河东路等地,其中尤以汴京及京东地区为最盛。

都城开封府,是全国最主要的制笔中心之一,聚集了大量官私制笔工匠。仅翰林院中就有官府"笔匠十七人"①。民间笔匠更是人数众多，欧阳修诗云："京师诸笔工，牌榜自称述。累累相国东，比若衣缝虱。"②黄庭坚《书侍其瑛笔》曰："今都下笔师如猬毛，作无心枣核笔，可作细书，宛转左右，无倒毫破其锋。"③都城笔匠中名手不少，如有李文政、吴无至、侍其瑛、赵文秀等人。据《谈苑》记载："是时，京师有李文政善系笔，士大夫多用之。"④吴无至，初为"豪士，晏叔原之酒客"，后"乃持笔刀行，卖笔于市"，黄庭坚"问其居，乃在晏丞相园东"，吴"作无心散卓，大小皆可人意"。⑤侍其瑛，"本良家子，少年流宕京师。元丰中(1078—1085年)，以笔为业，入太学供诸生甚勤，不计其直辄与之，率日至或二三日一至。自尔稍稍受知当世公卿大夫，遂以笔名家"⑥。赵文秀亦以制笔闻名京师，相国寺每月五次的万姓交易中即有"赵文秀笔"⑦。

京东路制笔业兴盛，名工辈出。李昭玘言：

> 东州笔工，视他处为最胜。前辈如睢阳元道宁、曹南屈士安、金乡韩振、营丘梁道，皆为士大夫所称。近时彭门出一彭嵩，与数人相先后，今已亡矣。惟巨野秦颖、丘自然，工虽不同，各有妙处。比又得单父王玠，制作精密，已与时流并驰而独骎骎未已也！⑧

从中可知，京东地区宋州(应天府)、曹州(兴仁府)、潍州、徐州、济州、单州等地皆有不少制笔名手。

河北东路沧州、德州。《太平寰宇记》记载，沧州土产兔毫毛⑨；《宋会

① (清)徐松辑：《宋会要辑稿》职官三六之九五，中华书局影印本1957年版，第3119页。
② (宋)欧阳修：《欧阳修全集》卷五四《圣俞惠宣州笔戏书》，李逸安点校，中华书局2001年版，第768页。
③ (宋)黄庭坚：《黄庭坚全集》正集卷二七，刘琳等校点，四川大学出版社2001年版，第744页。
④ (宋)孔平仲：《谈苑》卷二，载朱易安、傅璇琮等主编：《全宋笔记》第二编(五)，大象出版社2006年版，第312页。
⑤ (宋)黄庭坚：《黄庭坚全集》正集卷二七《书吴无至笔》，刘琳等校点，四川大学出版社2001年版，第742页。
⑥ (元)陆友：《墨史》卷中《宋》，中华书局1985年版，第40页。
⑦ (宋)孟元老撰：《东京梦华录笺注》卷三《相国寺内万姓交易》，伊永文笺注，中华书局2006年版，第288页。
⑧ (宋)李昭玘：《乐静集》卷九《书笔工王玠》，载《景印文渊阁四库全书》本，第1122册，台湾商务印书馆1985年版，第301页。
⑨ (宋)乐史撰：《太平寰宇记》卷六五《河北道一四·沧州》，王文楚等点校，中华书局2007年版，第1325页。

要辑稿》记载，德州土贡兔毫毛①，说明这两地制笔原料甚佳，可能也有制笔业。

河东路亦有制笔业，著名笔工有柳材，《姑溪居士集》云："元祐中（1086—1094 年），钱塘倪本敦复通守当涂，一日抵书相问劳，藉以十笔，其籤云：河东柳材。予时方学书，得笔试之，颇相入。"②

2. 南方地区制笔业的地理分布

北宋时期，南方制笔区域主要有淮南东路扬州、泰州、淮南西路庐州、和州、两浙路杭州、苏州（平江府）、润州、明州、常州、秀州、江南东路升州（江宁府）、宣州、歙州（徽州）、池州、信州、江南西路袁州、荆湖南路、荆湖北路安州（德安府）、成都府路嘉州（嘉定府）、梓州路、广南东路、广南西路等地，其中尤以淮南路、两浙路和江南东路为盛，而宣州最为著名。

淮南路制笔业发达，东路有扬州、泰州等地，西路有庐州、和州等地。

扬州著名笔工有吴政、吴说父子。广陵人吴政精于制笔，政亡后，"其子说颇得家法"③。苏轼用吴说笔甚感满意，有言曰："前史谓徐浩书锋藏画中，力出字外"，"若用今时笔工虚锋涨墨，则人人皆作肥皮馒头矣。用吴说笔，作此数字，颇适人意"。④ 苏轼与吴说相交多年。宋哲宗绍圣乙亥（1095年）春，苏轼至广陵，"吴说以笔工得子瞻书吴砚铭"⑤。

泰州著名笔工有海陵县人萧询，询"少能识毫作笔"⑥。

庐州舒城县有制笔名工张真，黄庭坚《跋所书戏答陈元舆诗》云："绍圣三年（1096 年）九月壬寅，林表亭与东莱吕东玉对棋罢，眉山杨明叔作墨瀋，请作大字，试舒城张真笔，烧烛寸余。"⑦

和州著名笔工有柳东、柳载、柳之庠等人。李之仪曾寻访河东笔工柳材，未果，后得知"材乃历阳人，死已久矣，为之怅然"，其后，"过少广书室，

① 参见（清）徐松辑：《宋会要辑稿》食货五六之一〇，中华书局影印本 1957 年版，第 5777 页。
② （宋）李之仪：《姑溪居士集》前集卷一七《书柳材笔》，载《景印文渊阁四库全书》本，第 1120 册，台湾商务印书馆 1985 年版，第 467 页。
③ （宋）苏轼撰：《苏轼文集》卷七〇《题跋·书吴说笔》，孔凡礼点校，中华书局 1986 年版，第 2235 页。
④ （宋）苏轼撰：《苏轼文集》卷七〇《题跋·书吴说笔》，孔凡礼点校，中华书局 1986 年版，第 2235 页。
⑤ （宋）苏轼撰：《苏轼文集》卷七〇《题跋·书王定国赠吴说帖》，孔凡礼点校，中华书局 1986 年版，第 2236 页。
⑥ （宋）晁说之：《景迂生集》卷一八《题萧询笔》，载《景印文渊阁四库全书》本，第 1118 册，台湾商务印书馆 1985 年版，第 358 页。
⑦ （宋）黄庭坚：《黄庭坚全集》别集卷七，刘琳等校点，四川大学出版社 2001 年版，第 1613 页。

得柳东,所艺宛转抑扬,二十年之负悒然见慰。问之,盖材族人。于是知典型渊源,不无所自来也"①。晁说之《题萧询笔》所载杰出笔工中有和州柳载②。王之道曾作诗赠给笔工柳之庠,诗云:"我昔丞历阳,好笔得柳生。维时习治久,群盗方纵横。生售数毛颖,一一简择精。作字可人意,为我供笔耕。"③

两浙路杭州、苏州(平江府)、润州、明州、常州、秀州等地制笔业兴盛。

杭州著名笔工有吴皓、程奕、李正方等人。钱塘人吴皓为官府造笔,其笔尤妙,"世莫能偕"。李无惑,"同安人,善小篆,为翰林待诏","徐铉、郑文宝、查道、高绅、申革、葛湍皆江东人,善篆,弗能及也",其字劲健端妙,"士大夫家藏之以为宝"。无惑常蓄藏吴皓笔数十百管,语人曰:"皓死,当绝笔。"后为常参官,"宰邑岁常寄万钱,市大笔于皓"④。程奕制笔精良,深得苏轼推重,苏轼曰:"近世笔工,不经师匠,妄出新意,择毫虽精,形制诡异,不与人手相谋。独钱塘程奕所制,有三十年先辈意味,使人作字,不知有笔,亦是一快。吾不久行当致数百枝而云,北方无此笔也。"⑤晁说之《题萧询笔》所载杰出笔工中有杭州李正方。⑥

苏州(平江府)著名笔工有仲璋、俞俊。晁说之《题萧询笔》所载杰出笔工中有苏州仲璋、俞俊。⑦ 黄伯思曾于"崇宁壬午岁(1102年)九月十二夜,试姑苏仲璋笔"⑧。苏轼十分推崇俞俊笔,作诗云:"笔工近岁说吴、俞,李、葛虚名总不如。虽是玉堂挥翰手,自怜白首尚抄书。"⑨

① (宋)李之仪:《姑溪居士集》前集卷一七《书柳材笔》,载《景印文渊阁四库全书》本,第1120册,台湾商务印书馆1985年版,第467页。

② 参见(宋)晁说之:《景迁生集》卷一八《题萧询笔》,载《景印文渊阁四库全书》本,第1118册,台湾商务印书馆1985年版,第358页。

③ (宋)王之道:《〈相山集〉点校》卷二《赠笔工柳之庠》,沈怀玉等点校,北京图书馆出版社2006年版,第20页。

④ (宋)江少虞:《宋朝事实类苑》卷五一《书画伎艺·李无惑》,上海古籍出版社1981年版,第671页。

⑤ (宋)苏轼撰:《苏轼文集》卷七〇《题跋·书钱塘程奕笔》,孔凡礼点校,中华书局1986年版,第2233页。

⑥ 参见(宋)晁说之:《景迁生集》卷一八《题萧询笔》,载《景印文渊阁四库全书》本,第1118册,台湾商务印书馆1985年版,第358页。

⑦ 参见(宋)晁说之:《景迁生集》卷一八《题萧询笔》,载《景印文渊阁四库全书》本,第1118册,台湾商务印书馆1985年版,第358页。

⑧ (宋)黄伯思撰:《东观余论》卷下《跋〈干禄字碑〉后》,李萍点校,人民美术出版社2010年版,第95页。

⑨ (宋)苏轼著,(清)王文诰辑注:《苏轼诗集》卷四八《觅俞俊笔》,孔凡礼点校,中华书局1982年版,第2622页。

润州有制笔业,晁说之《题萧询笔》所载杰出笔工中有润州陶颖①。

明州所制羊毛笔甚好,《鸡肋编》云:"江浙无兔,系笔多用羊毛,惟明、信州为佳,毛柔和而不挛曲;亦用鹿毛,但脆易秃。"②

常州许氏,世代制笔,《萍洲可谈》记载:"近世笔工,宣州诸葛氏,常州许氏,皆世其家。"③其中许顿所制笔甚精,蔡襄称"常州许顿所造"笔极佳,为"奇物"④。晁说之《题萧询笔》所载杰出笔工中有常州许遇⑤。

秀州亦有制笔业,晁说之《题萧询笔》所载杰出笔工中有秀州沈明。⑥

江南东路升州(江宁府)、宣州、歙州(徽州)、池州、信州等地制笔业繁荣。

升州(江宁府)所制笔质量精良,《元丰九域志》记载:该地每年土贡笔五百管。⑦

宣州,是全国最主要的制笔中心之一,每年土贡笔五百管。⑧ 当地的诸葛氏精于制笔,世代以此为业,苏轼曾言:"诸葛氏笔,譬如内库法酒、北苑茶,他处纵有佳者,殆难得其髣髴。"⑨《墨庄漫录》引何去非诗云:"坐令宣城工,无复夸栗须。"注云:"宣城出栗鼠须笔。"⑩而鼠须笔尤以诸葛高所制最有名,蔡襄言:"宣州诸葛高造鼠须散卓及长心笔,绝佳。"⑪诸葛高制笔技术精湛,欧阳修赞曰:"宣人诸葛高,世业守不失。紧心缚长毫,三副颇精

① 参见(宋)晁说之:《景迂生集》卷一八《题萧询笔》,载《景印文渊阁四库全书》本,第1118册,台湾商务印书馆1985年版,第358页。

② (宋)庄绰撰:《鸡肋编》卷上,萧鲁阳点校,中华书局1983年版,第24页。

③ (宋)朱彧撰:《萍洲可谈》卷二,李伟国点校,中华书局2007年版,第146页。

④ (宋)蔡襄撰:《蔡襄全集》卷三一《文房杂评(一作文房四说)》,陈庆元等校注,福建人民出版社1999年版,第699页。

⑤ 参见(宋)晁说之:《景迂生集》卷一八《题萧询笔》,载《景印文渊阁四库全书》本,第1118册,台湾商务印书馆1985年版,第358页。

⑥ 参见(宋)晁说之:《景迂生集》卷一八《题萧询笔》,载《景印文渊阁四库全书》本,第1118册,台湾商务印书馆1985年版,第358页。

⑦ 参见(宋)王存撰:《元丰九域志》卷六《江南东路》,王文楚等点校,中华书局1984年版,第240页。

⑧ 参见(宋)王存撰:《元丰九域志》卷六《江南东路》,王文楚等点校,中华书局1984年版,第241页。

⑨ (宋)赵令畤撰:《侯鲭录》卷四《东坡评诸葛氏笔》,孔凡礼点校,中华书局2002年版,第105页。

⑩ (宋)张邦基撰:《墨庄漫录》卷五《何去非和翟公巽诗》,孔凡礼点校,中华书局2002年版,第151页。

⑪ (宋)蔡襄撰:《蔡襄全集》卷三一《文房杂评(一作文房四说)》,陈庆元等校注,福建人民出版社1999年版,第699页。

密。硬软适人手，百管不差一。"①梅尧臣更是直言："笔工诸葛高，海内称第一。"②正是由于宣笔闻名于世，故而文人士大夫常将宣笔馈赠友人，魏野作《送宣笔与成都司理刘大著》诗云："宣城彩笔真堪爱，蜀邑红笺更可夸。雅称风流刘大著，闲时题咏海棠花。"③除诸葛氏之外，著名笔工还有葛生。林逋曾得葛生所制笔十余筒，其中"精妙者二三焉。每用之，如麾百胜之师，横行于纸墨间，所向无不如意"，故"作诗二篇，以录其功"。④

歙州（徽州）作为重要的制笔中心，名工颇多，有吕道人、吕大渊、张遇等人。黄庭坚云："吕道人非为贫而作笔，故能工"，"吕大渊心悟韦仲将作笔法，为余作大小笔，凡二百余枝，无不可人意"，"张遇丁香笔，捻心极圆，束颖有力"，"作藏锋笔写如许大字，极可人意，最妙是锋少而有力也"。⑤

池州所制松管笔十分有名，宋人诗文中多有称赞，如梅尧臣《九华隐士居陈生寄松管笔》诗云："春松抽瘦梗，削束费长毫，鸡距初含润，龙鳞不自韬。尝为大夫后，欲写伯夷高，一获山家赠，令吾愧汝曹。"⑥又如孔武仲《赋得九华松管笔》诗云："松枝为管京邑无，山翁持赠最勤渠。千年自饱幽涧雪，一日忽快南窗书。但知来处已潇洒，况复毫端精有余。茅斋举眼有真率，象齿琅玕浑不如。"⑦

信州弋阳县笔工李展以能作鸡距笔驰名于世，黄庭坚《书侍其瑛笔》云："弋阳李展鸡距，书蝇头万字而不顿，如庖丁发硎之刃。"⑧另外，信州所制羊毛笔亦极佳。⑨

---

① （宋）欧阳修：《欧阳修全集》卷五四《圣俞惠宣州笔戏书》，李逸安点校，中华书局2001年版，第767—768页。
② （宋）梅尧臣：《梅尧臣集编年校注》卷二九《次韵永叔试诸葛高笔戏书》，朱东润编年校注，上海古籍出版社1980年版，第1093—1094页。
③ 北京大学古文学研究所编：《全宋诗》卷八一，第2册，北京大学出版社1991年版，第922页。
④ （宋）林逋：《林和靖诗集》卷四《予顷得宛陵葛生所茹笔十余筒其中复得精妙者二三焉每用之如麾百胜之师横行于纸墨间所向无不如意惜其日久且弊作诗二篇以录其功》，沈幼征校注，浙江古籍出版社1986年版，第146页。
⑤ （宋）黄庭坚：《黄庭坚全集》别集卷一一《笔说》，刘琳等校点，四川大学出版社2001年版，第1689—1690页。
⑥ （宋）梅尧臣：《梅尧臣集编年校注》卷一九，朱东润编年校注，上海古籍出版社1980年版，第524页。
⑦ 北京大学古文学研究所编：《全宋诗》卷八八一，第15册，北京大学出版社1993年版，第10273页。
⑧ （宋）黄庭坚：《黄庭坚全集》正集卷二七，刘琳等校点，四川大学出版社2001年版，第744页。
⑨ 详见（宋）庄绰撰：《鸡肋编》卷上，萧鲁阳点校，中华书局1983年版，第24页。

　　江南西路袁州有制笔业,王庭珪曾赠诗给宜春笔工,诗云:"宜城一变宣城样,入手便如锥画沙。但喜中书头未秃,不妨诗老梦生花。"①

　　荆湖南路多以鸡毛制笔,《鸡肋编》云:"湖南二广又用鸡毛,尤为软弱。"②

　　荆湖北路安州(德安府)亦有制笔业,著名笔工"安陆成安道"③,驰名于世。

　　成都府路嘉州(嘉定府)等地的制笔业自唐代以来发展较快。《文房四谱》记载:"蜀中亦有用羊毛为笔者,往往亦不下兔毫也。"④嘉州(嘉定府)著名笔工有严永,黄庭坚《示王孝子孙寒山诗后》云:"戎州城南僦舍中,试嘉阳严永獭毛笔。"⑤

　　梓州路有制笔业,《邵氏闻见录》云:"薛俅肃之为梓州路提刑,市有道人卖兔毫笔。"⑥

　　广南地区自唐代以来就有制笔业,北宋时期,制笔区域已不断扩大。不过,当时广南东路和西路仍多以鸡毛制笔,《萍洲可谈》云:"广南无兔,用鸡毛,然毛匾不可书,代匮而已。"⑦宋徽宗崇宁三年(1104年)十一月,黄庭坚谪居广南西路宜州,时"案上有墨潘而佳,笔莫在"⑧,因以三钱买鸡毛笔。

三、唐宋时期制笔业的产地扩展与重心变迁

　　自隋唐五代至北宋时期,制笔业的地理分布在发展中出现较大变化,这种变化突出表现在两个方面。

1. 制笔业产地不断扩大

　　通过对比隋唐五代与北宋时期制笔产地的地理分布(表32),我们可以明显地看出:北宋时期,南北区域的制笔产地都在不断扩大。在北方地区,位于今河南、山东等地多个州县的制笔业取得重大发展,以今山东省为例,

---

① (宋)王庭珪:《赠宜春笔工》,载北京大学古文学研究所编:《全宋诗》卷一四七五,第25册,北京大学出版社1995年版,第16861页。

② (宋)庄绰撰:《鸡肋编》卷上,萧鲁阳点校,中华书局1983年版,第24页。

③ (宋)朱彧撰:《萍洲可谈》卷二,李伟国点校,中华书局2007年版,第146页。

④ (宋)苏易简:《文房四谱》卷一《笔谱上·二之造》,中华书局1985年版,第9页。

⑤ (宋)黄庭坚:《黄庭坚全集》外集卷二三,刘琳等校点,四川大学出版社2001年版,第1406页。

⑥ (宋)邵伯温撰:《邵氏闻见录》卷一六,李剑雄、刘德权点校,中华书局1983年版,第174页。

⑦ (宋)朱彧撰:《萍洲可谈》卷二,李伟国点校,中华书局2007年版,第146页。

⑧ (宋)黄庭坚:《黄庭坚全集》正集卷二六《跋与张载熙书卷尾》,刘琳等校点,四川大学出版社2001年版,第679页。

隋唐五代时期的制笔产地有博州 1 处,而北宋时期有曹州(兴仁府)、潍州、济州、单州、德州 5 处,增加了 4 处;在南方地区,位于今安徽、江苏、浙江等地多个州县的制笔业取得极大进步,以今安徽省为例,隋唐五代时期的制笔产地有宣州、舒州 2 处,而北宋时期有庐州、和州、宣州、歙州(徽州)、池州 5 处,增加了 3 处。

表 32　隋唐至北宋时期制笔产地数量对比表

地区	隋唐五代时期		北宋时期	
	地名	数量	地名	数量
北方	长安、陇右、西州、瀛州、沧州、贝州、博州、相州、汝州	9 处	东京开封府、京东路宋州(南京应天府)、曹州(兴仁府)、潍州、徐州、济州、单州、河北东路沧州、德州、河东路	10 处
南方	宣州、舒州、扬州、升州、杭州、越州、吉州、蕲州、均州、郴州、邛州、嘉州、昭州、富州、春州、勤州、韶州、番禺	18 处	淮南东路扬州、泰州、淮南西路庐州、和州、两浙路杭州、苏州(平江府)、润州、明州、常州、秀州、江南东路升州(江宁府)、宣州、歙州(徽州)、池州、信州、江南西路袁州、荆湖南路、荆湖北路安州(德安府)、成都府路嘉州(嘉定府)、梓州路、广南东路、广南西路	22 处

2. 制笔业重心逐渐南移

隋唐五代时期,制笔业产地分布较广,从数量统计上看,北方产地 9 处,南方产地 18 处,南方比北方占有优势。不过,需要注意的是,《北户录》《岭表录异》等记载南方制笔业的史料,成书较晚,其反映的多是唐代中后期的情况。

唐代前期,制笔业重心仍在北方,都城长安是全国最大的制笔中心,其他地区均无法与之相比。此间,长安聚集有大量制笔工匠,官府用笔,多可自制,以集贤殿书院为例,集贤殿书院有造笔(直)4 人,[①]所需制笔原料由太府岁给兔皮 1500 张,而这些笔材皆来自瀛州河间郡、沧州景城郡、贝州清河郡、博州博平郡等北方地区。这就表明,北方地区的笔材乃至制笔业在当时具有很大优势,制笔重心尚在北方。

---

① 参见《唐六典》卷二《尚书吏部》"吏部郎中、员外郎"条,《旧唐书》卷四三《职官志二》、《新唐书》卷四七《百官志二》。

唐代中后期,如《北户录》《岭表录异》及唐人诗文等资料中所反映,南方制笔业有了进一步发展,尤其是宣州成为重要的制笔中心,当地的陈氏和诸葛氏世代以制笔为业,如《邵氏闻见后录》云:"宣城陈氏家传右军求笔帖,后世益以作笔名家。柳公权求笔,但遗以二枝,曰:'公权能书,当继来索,不必却之。'果却之,遂多易以常笔。曰'前者右军笔,公权固不能用也。'"①又如《避暑录话》云:宣州制笔业"自唐惟诸葛一姓世传其业"②。当时,宣州还贡笔材,《北户录》记载:"宣城岁贡青毫六两,紫毫三两,次毫六两,劲健无以过也。"③另据贡笔地区统计情况(表33)看,由于《唐六典》《通典》《元和郡县图志》《贞元十道录》中未见记载,只有《新唐书》记载宣州宣城郡、蕲州蕲春郡、升州江宁郡、越州会稽郡贡笔,这些州郡都位于南方(江南),所以说明南方笔的质量精良,而《新唐书》反映的是唐代中后期的土贡④情况。有关学者的研究表明,土贡不仅只是具有象征意义,而且具有实用性,"在制定天下贡物的当初,是以实用目的来制定物品种类的。以后贡物的不断改变和增加,可能也反映了不同时期皇帝的实用目的"⑤。因此从实用角度考察,南方地区的制笔业在唐代中后期已经具有显著优势,制笔业重心正逐渐向江南地区转移。

表 33　唐代贡笔地区统计表⑥

地名	资料来源		备注
	《北户录》	《新唐书》	
宣州宣城郡	岁贡青毫六两,紫毫三两,次毫六两	贡笔	《旧唐书·韦坚传》云:宣城郡船载笔

---

① (宋)邵博撰:《邵氏闻见后录》卷二八,刘德权、李剑雄点校,中华书局 1983 年版,第218 页。

② (宋)叶梦得:《避暑录话》卷上,载朱易安、傅璇琮等主编:《全宋笔记》第二编(十),大象出版社 2006 年版,第 235 页。

③ (唐)段公路纂,(唐)崔龟图注:《北户录》卷二《鸡毛笔》,中华书局 1985 年版,第 21 页。

④ 王永兴先生曾对《唐六典》《通典》《元和郡县图志》《贞元十道录》和《新唐书》五种文献所载六次土贡的时间做过研究,认为《唐六典》所载土贡是开元贡,《通典》所载土贡是天宝贡,《元和郡县图志》所载土贡是开元贡与元和贡,《贞元十道录》所载土贡是贞元贡,《新唐书》所载土贡是长庆贡。详见王永兴:《唐代土贡资料系年——唐代土贡研究之一》,《北京大学学报》(哲学社会科学版)1982 年第 4 期,第 59、61—65 页。

⑤ 黄正建:《试论唐代前期皇帝消费的某些侧面》,载荣新江主编:《唐研究》第 6 卷,北京大学出版社 2000 年版,第 197 页。

⑥ 表中内容详见《北户录》卷二《鸡毛笔》、《旧唐书》卷一○五《韦坚传》、《新唐书》卷四一《地理志五》。

续表

地名	资料来源		备注
	《北户录》	《新唐书》	
蕲州蕲春郡		贡鹿毛笔	
升州江宁郡		贡笔	
越州会稽郡		贡笔	

　　五代十国时期,宣州的制笔业继续发展。南唐李从谦"用宣城诸葛笔,一枝酬以十金,劲妙甲当时,号为'翘轩宝帚',士人往往呼为'宝帚'"①。

　　北宋时期,南北各地的制笔业都有很大发展,北方产地10处,南方产地22处,而主要的制笔中心有5个:东京开封府、京东路、淮南路、两浙路和江南东路,其中北方占2个,南方占3个。总体来看,南方具有明显优势。另据贡笔地区统计情况(表34)看,北方的沧州、德州贡兔毫,南方的升州(江宁府)、宣州贡笔,其中《太平寰宇记》反映的是五代至宋初的情况,《宋会要辑稿》反映的是北宋前期的情况,《元丰九域志》和《宋史》反映的则是北宋中期的情况。因此,北宋中期,南北相比,仍是南方占有优势。此外,若横向比较,从制笔产地的地理分布来看,南方比北方更有绝对优势;若纵向比较,从制笔业的发展情况来看,尤其是今江南、四川和两广地区较之唐代有极大进步。

表34　北宋时期贡笔地区统计表②

地名	资料来源				备注
	《太平寰宇记》	《元丰九域志》	《宋史》	《宋会要辑稿》	
沧州	土产兔毫毛				

① (宋)陶穀:《清异录》卷下《文用门·宝帚》,载朱易安、傅璇琮等主编:《全宋笔记》第一编(二),大象出版社2003年版,第90页。

② 表中内容详见《太平寰宇记》卷六五《河北道一四》、卷一〇三《江南西道一》,《元丰九域志》卷六《江南东路》,《宋史》卷八八《地理志四》,《宋会要辑稿》食货五六之一〇。

续表

地名	资料来源				备注
	《太平寰宇记》	《元丰九域志》	《宋史》	《宋会要辑稿》	
德州				土贡兔毫毛	《宋会要辑稿》云：景德四年（1007年）闰五月，下诏蠲免
升州（江宁府）		土贡笔五百管	贡笔		
宣州	土产笔	土贡笔五百管	贡笔	贡细笔	《宋会要辑稿》云：景德四年（1007年）闰五月，下诏蠲免

又据《笔史》及宋人诗文集等资料可知，北宋著名笔工有李昱、许颂、张武、杨仲、张耕老、张通、郎奇、吴希照、林为之、阎生、李庆、张鼎、郑友直、马生、柳材、李文政、吴无至、侍其瑛、赵文秀、元道宁、屈士安、梁道、韩振、秦颖、丘自然、王玠、彭嵩、吴政、吴说、萧询、仲璋、俞俊、陶颖、许顿、许遇、张真、柳东、柳载、柳之庠、诸葛高、诸葛方、诸葛言、诸葛元、葛生、吕道人、吕大渊、张遇、沈明、吴皓、程奕、李正方、李展、成安道、严永等人。这些杰出工匠的制作技术往往能够反映当地的制笔业发展水平，因此从制笔名工的地区分布统计情况（表35）看，可以发现在诸多制笔工匠中，明确记载地域的共有40人，其中北方有13人，南方有27人，南方是北方的2倍多，南方地区占据绝对优势。南方的宣州、和州、扬州、常州等地制笔业多是家族世代承袭，宣州有诸葛氏，和州有柳氏，扬州有吴氏，常州有许氏。其他地区的制笔名工也不少，如"安陆成安道、弋阳李展之徒，尚多驰名于时"[1]。总地来看，江南地区的笔工人数甚多，名手辈出，如许景衡诗云："闻说江南多笔工，马生所作尤瑰异。十年江海得妙旨，一日声名倾众技……敬谢故人因及马，梳毫截管惟精致。"[2]

---

[1]　（宋）朱彧撰：《萍洲可谈》卷二，李伟国点校，中华书局2007年版，第146页。

[2]　北京大学古文献研究所编：《全宋诗》卷一三五六《故人惠马生笔》，第23册，北京大学出版社1995年版，第15519页。

表 35　北宋时期制笔名工分布地区统计表

今属地区	地名	人名	数量	资料来源
北方	东京开封府	李文政 吴无至 侍其瑛 赵文秀	4 人	《谈苑》 《黄庭坚全集》正集卷二七《书吴无至笔》 《墨史》卷中《宋》 《东京梦华录笺注》卷三《相国寺内万姓交易》
	宋州(应天府)	元道宁	1 人	
	曹州(兴仁府)	屈士安	1 人	
	潍州	梁道	1 人	《乐静集》卷九《书笔工王玠》
	济州	韩振 秦颖 丘自然	3 人	
	单州	王玠	1 人	
	徐州	彭嵩	1 人	
	河东路	柳材	1 人	《姑溪居士集》前集卷一七《书柳材笔》
小计			13 人	

今属地区	地名	人名	数量	资料来源
南方	扬州	吴政 吴说	2人	《苏轼诗集》卷四八《觅俞俊笔》
	泰州	萧询	1人	《景迂生集》卷一八《题萧询笔》
	苏州(平江府)	仲璋 俞俊	2人	《景迂生集》卷一八《题萧询笔》 《东观余论》卷下《跋干禄字碑后》
	润州	陶颖	1人	《景迂生集》卷一八《题萧询笔》
	常州	许顿 许遇	2人	《蔡襄全集》卷三一《文房杂评(一作文房四说)》 《景迂生集》卷一八《题萧询笔》
	庐州	张真	1人	《黄庭坚全集》别集卷七《跋所书戏答陈元舆诗》
	和州	柳东 柳载 柳之序	3人	《姑溪居士集》前集卷一七《书柳材笔》 《景迂生集》卷一八《题萧询笔》 《相山集》卷二《赠笔工柳之序》
	宣州	诸葛高 诸葛方 诸葛言 诸葛元 葛生	5人	《欧阳修全集》卷五四《圣俞惠宣州笔戏书》 《黄庭坚全集》正集卷二六《论黔州时字》 《景迂生集》卷一八《题萧询笔》 《黄庭坚全集》别集卷一一《笔说》 《林和靖诗集》卷四《予顷得宛陵葛生所茹笔十余筒其中复得精妙者二三焉每用之如麾百胜之师横行于纸墨间所向无不如意惜其日久且弊作诗二篇以录其功》
	歙州(徽州)	吕道人 吕大渊 张遇	3人	《黄庭坚全集》别集卷一一《笔说》
	秀州	沈明	1人	《景迂生集》卷一八《题萧询笔》
	杭州	吴皓 程奕 李正方	3人	《宋朝事实类苑》卷五一《书画伎艺·李无惑》 《苏轼文集》卷七〇《题跋·书钱塘程奕笔》 《景迂生集》卷一八《题萧询笔》
	信州弋阳县	李展	1人	《黄庭坚全集》正集卷二七《书侍其瑛笔》 《萍洲可谈》卷二
	安州(德安府)	成安道	1人	《萍洲可谈》卷二
	嘉州(嘉定府)	严永	1人	《黄庭坚全集》外集卷二三《示王孝子孙寒山诗后》
小计			27人	
总计			40人	

由上观之,北宋时期,不论是制笔产地,还是著名笔工的地理分布,都是南方具有绝对优势,且这种优势一直延续到后世。至北宋中期,制笔业重心已完全转移到南方,尤其是江南地区。

第二节　制墨业地理分布的变化①

一、隋唐五代时期制墨业的地理分布

隋唐五代时期,据文献记载及考古资料不完全统计(表36),出土和制作过松烟墨的地区有今北京、陕西、新疆、辽宁、吉林、山西、河北、河南、安徽、江西、湖南、四川等地。

表 36　隋唐五代时期制墨区域统计表

今属地区	考古资料		文献记载		备注
	出土地点	资料来源	制作区域	资料来源	
北京			燕州	《唐六典》卷三《尚书户部》	贡墨
陕西	铜川	《考古与文物》2019.1	岐州(凤翔府)	张说《夏州都督太原王公神道碑》,《文苑英华》卷九一三	
			陇州	《通典》卷二二《职官四·尚书上·历代郎官》	
新疆	吐鲁番	《东南文化》1993.2			
辽宁			辽东地区	《清异录》卷下《文用门·五剑堂》	
吉林					

---

① 参见陈涛:《唐宋时期制墨业重心的地理变迁》,《中国社会经济史研究》2010 年第 1 期,第 80—84 页;《唐宋時期制墨業重心南移補論》,載《明大アジア史論集》第 18 号,富士リプロ株式会社 2014 年版,第 336—344 页。

续表

今属地区	考古资料		文献记载		备注
	出土地点	资料来源	制作区域	资料来源	
山西			绛州	《通典》卷六《食货六·赋税下》	贡墨千四百七十挺
				《新唐书》卷三九《地理志三》	贡墨
			潞州	《唐六典》卷三《尚书户部》《新唐书》卷三九《地理志三》	贡墨
				《通典》卷六《食货六·赋税下》	贡墨三挺
				《元和郡县图志》卷一五《河东道四》	开元贡墨
河北			易州	《唐六典》卷三《尚书户部》《新唐书》卷三九《地理志三》	贡墨
				《通典》卷六《食货六·赋税下》	贡墨二百挺
				《元和郡县图志》卷一八《河北道三》	开元贡墨
				《墨史》卷上《唐》	墨工祖敏、奚鼐、奚鼎、奚超、奚起、李超、李庭珪、张遇、陈赟
河南	温县	《考古》1964.6	河南府	安鸿渐《题杨少卿书后》,《全唐诗》卷七七〇	
	陕县	《考古通讯》1957.4			
安徽	祁门	《文物》1983.4	歙州	《墨谱法式》卷中《式》	墨工李超、李庭珪
				《清异录》卷下《文用门·麝香月》	墨工朱逢
江西			饶州	《后山谈丛》卷二《论墨二》	

续表

今属地区	考古资料		文献记载		备注
	出土地点	资料来源	制作区域	资料来源	
湖南	长沙	《文物参考资料》1957.6《考古学报》1959.3《文物》1960.3《考古》1960.5	朗州	《湖广通志》卷一二《山川志·常德府·武陵县》	
			洞庭湖一带	《唐才子传校笺》卷一〇《吕岩》	
四川			益州（成都府）	《酉阳杂俎》前集卷八《黥》	
				《清异录》卷下《文用门·副墨子》	景焕制墨

　　1. 北方地区制墨业的地理分布

　　隋唐五代时期,制墨业比较发达,此间,仍以松烟为主要制作原料,北方制墨区域主要有岐州(凤翔府)、陇州、绛州、潞州、易州、河南府、燕州、辽东等地,其中岐州、陇州等地自汉代以来一直是关中重要的制墨产地,潞州、易州等地自魏晋南北朝以来也成为重要的制墨区域。

　　岐州郿县,地近终南山①,而终南山多松,宜于制墨。据《夏州都督太原王公神道碑》云:王方翼"字仲翔,太原祁人",幼随母徙居岐州郿墅,当时"储无斗粟,庇无尺椽",而方翼能"躬率佣保,肆勤给养,垦山出田,燎松鬻墨",所以很快致富,"一年而良畴千亩,二年而夏屋百间"。②

　　陇州汧阳县,"本汉隃糜县地"③,此地出产佳墨。《通典》记载:汉代"丞、郎月赐赤管大笔一双,隃糜墨一丸"。杜佑注云:"隃糜,今汧阳县,出墨。"④而刘禹锡亦有"符彩添隃墨"⑤之诗句。

---

① 《元和郡县图志》卷二《关内道二·凤翔府》载:"终南山,在县南三十里。"
② (宋)李昉等编:《文苑英华》卷九一三,中华书局影印本1982年版,第4804页。
③ (唐)李吉甫撰:《元和郡县图志》卷二《关内道二·陇州》,贺次君点校,中华书局1983年版,第45页。
④ (唐)杜佑撰:《通典》卷二二《职官四·尚书上·历代郎官》,王文锦等点校,中华书局1988年版,第604页。
⑤ (唐)刘禹锡:《刘禹锡集笺证》外集卷四《牛相公见示新什谨依本韵次用以抒下情》,瞿蜕园笺证,上海古籍出版社1989年版,第1271页。或见《刘禹锡集》卷三四《牛相公见示新什谨依本韵次用以抒下情》,卞孝萱校订,中华书局1990年版,第502页。

绛州(开元改称绛郡)是重要的制墨中心之一,据《通典》记载:绛州绛郡土贡墨千四百七十挺。①

易州(开元改称上谷郡)、潞州(开元改称上党郡)等地多松且松名贵,对制造好墨极为有利,所以成为当时主要的制墨区,《墨经》云:"唐则易州、潞州之松,上党松心尤先见贵。"②《通典》记载:"易州上谷郡土贡墨二百挺,潞州上党郡土贡墨三挺。"③唐代文人对潞州名墨多有咏赞,如李峤《墨》诗云:"长安分石炭,上党结松心。"④李白《酬张司马赠墨》诗云:"上党碧松烟,夷陵丹砂末。兰麝凝珍墨,精光乃堪掇。"⑤此外,士人之间时或以名墨相赠,如段成式曾得集仙旧吏献易州墨二挺,便分一挺赠与温庭筠,温庭筠作书答谢:"蒙赍易州墨一挺。竹山奇制,上蔡轻烟。色夺紫帷,香含漆简。虽复三台故物,贵重相传;五两新胶,干轻入用。"⑥易州作为主要产墨区,制墨名工自然不少,墨工祖敏曾担任唐朝墨官,"其后,奚(奚鼐、奚鼎、鼐之子超、鼎之子起)李(李超、李庭珪)张(张遇)陈(陈赟)皆出易水,制作之盛,有由来矣"⑦。

河南府王屋县王屋山产松,有制墨业。《元和郡县图志》载:"王屋山,在县北十五里。周回一百三十里,高三十里。"⑧安鸿渐诗云:"端溪石砚宣城管,王屋松烟紫兔毫。"⑨诗中王屋松烟即指王屋县所出松烟墨。

燕州有制墨业,据《唐六典》记载:燕州土贡墨。⑩

辽东地区亦有制墨业,据《清异录》记载:后周丞相范质有一墨,"表曰'五剑堂造',里曰'天关第一煤'。下有臣字而磨灭其名。究其所来,实辽

① (唐)杜佑撰:《通典》卷六《食货六·赋税下》,王文锦等点校,中华书局1988年版,第113页。

② (宋)晁氏:《墨经·松》,中华书局1985年版,第2页。

③ (唐)杜佑撰:《通典》卷六《食货六·赋税下》,王文锦等点校,中华书局1988年版,第117、113页。

④ (清)彭定求等编:《全唐诗》卷五九,中华书局1979年版,第707页。

⑤ (唐)李白:《李白集校注》卷一九,瞿蜕园、朱金城校注,上海古籍出版社1980年版,第1097页。

⑥ 刘学锴:《温庭筠全集校注》卷一一《答段成式书七首》,中华书局2007年版,第1053页。

⑦ (元)陆友:《墨史》卷上《唐》,中华书局1985年版,第7页。

⑧ (唐)李吉甫撰:《元和郡县图志》卷五《河南道一·河南下》,贺次君点校,中华书局1983年版,第135页。

⑨ (唐)安鸿渐:《题杨少卿书后》,载(清)彭定求等编:《全唐诗》卷七七〇,中华书局1979年版,第8738页。

⑩ (唐)李林甫等撰:《唐六典》卷三《尚书户部》"户部郎中、员外郎"条,陈仲夫点校,中华书局1992年版,第67页。

东物也"①。

2. 南方地区制墨业的地理分布

隋唐五代时期,南方制墨区域主要有益州(成都府)、潭州、朗州、洞庭湖一带、饶州、歙州等地。

益州(成都府)有制墨业,且墨的质量颇佳。据《酉阳杂俎》记载:"蜀人工于刺,分明如画。或言以黛则色鲜,成式问奴辈,言但用好墨而已。"②正由于蜀中纸墨制造业发达,所以有利地促进了当地雕版印刷业的发展,唐文宗太和九年(835年)十二月丁丑,东川节度使冯宿奏:"准敕,禁断印历日版。剑南、两川及淮南道,皆以版印历日鬻于市。每岁司天台未奏颁下新历,其印历已满天下。"③五代十国时期,蜀人景焕所制墨甚精,"景焕,博雅士也,志尚静隐,卜筑玉垒山,茅堂花榭,足以自娱。尝得墨材甚精,止造五十团,曰:'以此终身。'墨印文曰'香璧',阴篆曰'副墨子'"。④随着制墨业的进步,蜀中雕版印刷业发展很快,对促进当地的学校教育助益不少,据《资治通鉴》记载:"自唐末以来,所在学校废绝,蜀毋昭裔出私财百万营学馆,且请刻板印《九经》;蜀主从之。由是蜀中文学复盛。"⑤

潭州,治长沙(今湖南长沙)。据考古资料可知,长沙分别出土过隋、唐及五代时期的墨。由于墨的生产大多具有区域性的特点,因此这些墨可能都是当地制造,表明隋唐五代时期潭州一直从事墨的生产。

朗州亦有制墨业。《湖广通志》记载:唐李翱为朗州刺史时,曾见到卖墨道士。⑥

洞庭湖一带。据《唐才子传》记载:晚唐时,吕岩"尝白襕角带,卖墨于市,得者皆成黄金。往往遨游洞庭、潇湘、溢浦间"⑦,想必洞庭湖一带也有制墨业。

① (宋)陶谷:《清异录》卷下《文用门·五剑堂》,载朱易安、傅璇琮等主编:《全宋笔记》第一编(二),大象出版社2003年版,第88页。

② (唐)段成式撰:《酉阳杂俎》前集卷八《黥》,方南生点校,中华书局1981年版,第78页。

③ (北宋)王钦若等编:《册府元龟》卷一六〇《帝王部·革弊二》,中华书局影印本1960年版,第1932页。

④ (宋)陶谷:《清异录》卷下《文用门·副墨子》,载朱易安、傅璇琮等主编:《全宋笔记》第一编(二),大象出版社2003年版,第90页。

⑤ (宋)司马光:《资治通鉴》卷二九一《后周纪二》"太祖广顺三年(953年)五月"条,中华书局1956年版,第9495页。

⑥ (清)迈柱等监修,(清)夏力恕等编纂:《湖广通志》卷一二《山川志·常德府·武陵县》,载《景印文渊阁四库全书》本,第531册,台湾商务印书馆1984年版,第370页。

⑦ 傅璇琮主编:《唐才子传校笺》卷一〇《吕岩》,中华书局2000年版,第398—399页。

　　饶州、歙州等地自唐末以来，制墨业迅速发展。宋人罗愿云："墨出于歙之黄山，肇于唐末李超、廷珪父子，自南唐以来贵之。"①南唐时，于饶州置墨务官，"岁贡有数"，并且"求墨工于海东"，使李氏"世为墨官"②，进一步推动了江南制墨业的发展。李超所制墨"有二品，其面或有特龙者，或有'新安香墨'者，其漫曰'歙州李超造'，一止曰'李超'"③，品质精者，"其坚如玉，其纹如犀，写逾数十幅，不耗一二分"④。徐铉曾云："幼年常得李超墨一挺，长不过尺，细裁如筋，与其爱弟错共用之。日书不下五千字，凡十年乃尽。磨处边际如刀，可以裁纸。"⑤李庭珪所制"大墨有二品，其一面曰'歙州李庭珪墨'，漫有特龙；其一面曰'歙州李庭珪造'，漫有双脊特龙。小墨有握子者，上止有一'香'字，其丰肌腻理，光泽如漆。又有小饼子，面有蟠龙，四角有'供御香墨'字，漫止有一'歙'字"⑥。李庭珪墨品质精良，"其墨能削木，误坠沟中，数月不坏"⑦。因此，蔡襄有言："李庭珪墨为天下第一品。"宋代"欲求李庭珪墨，终难得"⑧。除李氏而外，歙州朱逢等人也精于制墨，南唐名臣韩熙载载"留心翰墨，四方胶煤，多不合意。延歙匠朱逢，于书馆傍烧墨供用，命其所曰'化松堂'，墨又曰'玄中子'，又自名'麝香月'，匣而宝之"⑨。

二、北宋时期制墨业的地理分布

　　宋代（包括辽金时期），据文献记载及考古资料不完全统计（表37），出土和制作过墨的地区有今陕西、内蒙古、山西、河北、河南、山东、安徽、江苏、浙江、江西、福建、湖北、湖南、四川、重庆、广西、海南等地。

① （宋）罗愿：《新安志》卷二《叙物产·货贿》，载《景印文渊阁四库全书》本，第485册，台湾商务印书馆1984年版，第368页。
② （宋）陈师道撰：《后山谈丛》卷二《论墨二》，李伟国点校，中华书局2007年版，第32页。
③ （宋）李孝美：《墨谱法式》卷中《式》，载《景印文渊阁四库全书》本，第843册，台湾商务印书馆1985年版，第636页。
④ （宋）苏易简：《文房四谱》卷五《墨谱·二之造》，中华书局1985年版，第68页。
⑤ （宋）苏易简：《文房四谱》卷五《墨谱·三之杂说》，中华书局1985年版，第71页。
⑥ （宋）李孝美：《墨谱法式》卷中《式》，载《景印文渊阁四库全书》本，第843册，台湾商务印书馆1985年版，第637页。
⑦ （元）陆友：《墨史》卷上《唐》，中华书局1985年版，第12页。
⑧ （宋）蔡襄撰：《蔡襄全集》卷三一《文房杂评（一作文房四说）》，陈庆元等校注，福建人民出版社1999年版，第700页。
⑨ （宋）陶穀：《清异录》卷下《文用门·麝香月》，载朱易安、傅璇琮等主编：《全宋笔记》第一编（二），大象出版社2003年版，第90页。

表 37　宋代制墨区域统计表（含辽金时期）

今属地区	考古资料		文献记载		备注
	出土地点	资料来源	制作区域	资料来源	
陕西	蓝田	《考古》2010.8			
	西安	《考古与文物》2017.2			
内蒙古	宁城	《文物》1961.9			
山西			潞州（隆德府）	《太平寰宇记》卷四五《河东道六》	土产墨
				《元丰九域志》卷四《河东路》	贡墨一百枚
				《宋史》卷八五《地理志一》	贡墨
				《墨史》卷中《宋》	墨工李清
			绛州	《元丰九域志》卷四《河东路》	贡墨一百枚
				《宋史》卷八六《地理志二》	贡墨
			代州	《墨经·松》	
			泽州	《容斋三笔》卷一一《宫室土木》	
			辽州	《墨经·松》	
河北	石家庄	《考古》1959.7	易州	《太平寰宇记》卷六七《河北道一六》	土产墨
				《墨史》卷中《宋》	墨工陈赟
			镇州（真定府）	《春渚纪闻》卷八《记墨·陈赡传异人胶法》《墨史》卷中《宋》	墨工陈赡
				《墨史》卷中《宋》	墨工董仲渊、张顺、胡德、刘宁、张滋
			邢州（信德府）	《墨经·松》	

续表

今属地区	考古资料		文献记载		备注
	出土地点	资料来源	制作区域	资料来源	
河南			东京开封府	《春渚纪闻》卷八《记墨·潘谷墨仙揣囊知墨》《东京梦华录笺注》卷三《相国寺内万姓交易》	墨工潘谷、潘遇
				《墨史》卷中《宋》	墨工裴言、郭玉、侍其瑛、郑涓
				《春渚纪闻》卷八《记墨·都下墨工》《墨史》卷中《宋》	墨工张孜、陈昱、关珪、关琪、郭遇明
			西京河南府	《春渚纪闻》卷八《记墨·烟香自有龙麝气》《墨史》卷中《宋》	墨工王迪
				《春渚纪闻》卷八《记墨·紫霄峰墨》《墨史》卷中《宋》	墨工常和、常遇
			孟州	《文房四谱》卷五《墨谱·二之造》	
			汝州	《墨史》卷中《宋》	墨工薛安、薛容
			卫州	《墨经·松》	
				《墨史》卷下《宋》	墨工侯璋
河南湖北			唐州	《墨庄漫录》卷六《李文叔破墨癖说》《墨史》卷中《宋》	墨工张浩

今属地区	考古资料		文献记载		备注
	出土地点	资料来源	制作区域	资料来源	
山东			兖州（袭庆府）	《元丰九域志》卷一《京东路》	贡墨一百枚
				《宋史》卷八五《地理志一》	贡墨
				《墨经·工》《墨史》卷中《宋》	墨工陈朗、陈远、陈惟进、陈惟迨
				《墨史》卷中《宋》	墨工陈己、陈湘、陈相、陈和、陈显、姜潜、周明法、林鉴、陈泰、王顺、东野晖
			沂州	《墨经·松》	
			密州		
			登州		

今属地区	考古资料		文献记载		备注
	出土地点	资料来源	制作区域	资料来源	
安徽	合肥	《文物》1991.3	庐州	《黄庭坚诗集注》内集卷一〇《秘书省冬夜宿直寄怀李德素》	
			蕲州黄梅县	《青箱杂记》卷一〇	
			宣州（宁国府）	《墨经·工》《墨史》卷中《宋》	墨工盛匡道、盛通、盛真、盛舟、盛信、盛浩、柴珣、柴承务、朱君德
			歙州（徽州）	《太平寰宇记》卷一〇四《江南西道二》	土产墨
				《新安志》卷二《叙贡赋·进贡》《弘治徽州府志》卷二《食货一·土产》	贡大龙凤墨
				《墨史》卷中《宋》	墨工李承晏、李文用、李仲宣、李惟益、李惟庆、张谷、张处厚、耿仁遂、耿文政、耿文寿、耿盛、耿德真、张居靖、高庆和、汪通、高景修、宣道、宣德
			池州	《墨史》卷下《宋》	墨工戴彦衡、吴滋、胡智
				《春渚纪闻》卷八《记墨·软剂出光墨》《墨史》卷中《宋》	墨工朱觐、朱聪

续表

今属地区	考古资料		文献记载		备注
	出土地点	资料来源	制作区域	资料来源	
江苏	江浦	《文物》1973.4	苏州（平江府）	《墨史》卷中《宋》	墨工王惟清、丁真一
	金坛	《考古学报》1977.1			
	武进	《文物》1979.3《考古》1986.3			
	泰州	《东南文化》2006.5			
浙江	衢州	《考古》1983.11	杭州（临安府）	《太平寰宇记》卷九三《江南东道五》	
				《墨史》卷下《宋》	墨工李世英、李克恭
			温州（瑞安府）	《春渚纪闻》卷八《记墨·墨工制名多蹈袭》	墨工叶谷
			衢州	《春渚纪闻》卷八《记墨·杂取桦烟》	墨工蔡瑫
			台州	《墨史》卷下《宋》	墨工叶子震、柴德言、周朝式、张公明、孙永清、朱仲益、林杲、舒泰之、舒天瑞、陈伯升
浙江上海			秀州（嘉兴府）	《春渚纪闻》卷八《记墨·漆烟对胶》	墨工沈珪、沈晏
江西			江州	《搜神秘览》卷中《胡用琼》	
			饶州	《后山谈丛》卷二《论墨二》	
			吉州	《避暑录话》卷上《墨史》卷中《宋》	墨工潘衡及女、孙秉彝
				《墨史》卷下《宋》	墨工姚孟明、李英才、李果、徐禧、戴溶、谢东、黄表之、潘士衡、潘士龙、杨逢辰
福建	福州	《文物》1995.10			

续表

今属地区	考古资料		文献记载		备注
	出土地点	资料来源	制作区域	资料来源	
湖南	长沙	《考古通讯》1957.5《文物》1960.3	潭州	《松隐集》卷一九《题人画扇》	
				《春渚纪闻》卷八《记墨·桐花烟如点漆》《墨史》卷下《宋》	墨工胡景纯、郑子仪、胡俊臣、胡世英、胡友直、胡国瑞、胡沛然、胡文中
				《墨史》卷下《宋》	墨工石宪、萧凤
			鼎州（常德府）	《画墁集》卷八《郴行录》	
四川			蜀地	《苏轼文集》卷七〇《题跋·书清悟墨》	僧清悟制墨
			蓬州	《宋会要辑稿》食货五六之一〇	贡墨
			剑州（隆庆府）	《黄庭坚全集》别集卷一一《墨说遗张雅》	墨工张雅
			渠州	《墨史》卷下《宋》	墨工文子安、梁杲、梁思温
			遂州（遂宁府）		墨工何南翔
			泸州	《墨史》卷下《宋》	墨工彭云、彭绍、张楠
重庆			涪州	《墨史》卷下《宋》	墨工蒲大韶、蒲知微、蒲序、蒲云、蒲彦辉、蒲庭璋
广西			容州	《墨史》卷中《宋》	僧仲球制墨
				《岭外代答校注》卷六《器用门·墨》	
海南			儋州（昌化军、南宁军）	《春渚纪闻》卷八《记墨·海南松煤》	

1. 北方地区制墨业的地理分布

北宋时期,制墨业更为繁盛,制墨区域遍及南北。北方东京开封府、西京河南府、京东路兖州（袭庆府）、沂州、密州、登州、京西路孟州、汝州、唐州、河北路易州、镇州（真定府）、邢州（信德府）、卫州、河东路潞州（隆德府）、绛州、代州、泽州、辽州等地形成若干制墨中心，尤以开封府、京东路、河北路、河东路为盛。

东京开封府是当时主要制墨中心之一，荟集了一大批优秀墨工，如有潘谷、裴言、郭玉、张孜、陈昱、关珪、关璠、郭遇明、郑涓等人。潘谷原为"伊、洛间墨师"[①]，后"卖墨都下"[②]，其所制墨，"香彻肌骨，磨研至尽而香不衰"[③]，在都城汴京十分有名，相国寺每月五次的万姓交易中即有"潘谷墨"[④]。苏轼曾赞曰："珍材取乐浪，妙手惟潘翁。"[⑤]潘谷死后，东坡赠诗称其为"墨仙"[⑥]。宋哲宗元祐年间（1086—1094 年），裴言为曹王造墨，"故料精而墨善，比常品差胜"。墨工郭玉"汲人玉所制墨，铭曰'供御郭玉'"[⑦]。此后，京师名手辈出，宋徽宗"崇宁已来，都下墨工，如张孜、陈昱、关珪、弟璠、郭遇明，皆有声称，而精于样制。"[⑧]重和年间（1118—1119 年），郑涓造墨，"铭曰凝香阁者，张达明试之，谓不愧李氏"[⑨]。

西京河南府洛阳县、登封县等地也有制墨业。西洛王迪精于制墨，"其墨法止用远烟鹿胶二物，铣泽出陈赡之右"[⑩]。常和隐居嵩山，"墨虽晚出，颇自珍惜，胶法殊精，必得佳煤然后造，故其价与潘陈特高"[⑪]。常和所制墨精致，何薳曾得其墨数饼，"铭曰'紫霄峰造'者，岁久，磨处真可截纸"，其子常遇制墨"减胶售俗"，"败其家法"。[⑫]

① （元）陆友：《墨史》卷中《宋》，中华书局 1985 年版，第 34 页。
② （宋）何薳撰：《春渚纪闻》卷八《记墨·潘谷墨仙揣囊知墨》，张明华点校，中华书局 1983 年版，第 122 页。
③ （宋）陈师道撰：《后山谈丛》卷二《论墨一》，李伟国点校，中华书局 2007 年版，第 32 页。
④ （宋）孟元老撰：《东京梦华录笺注》卷三《相国寺内万姓交易》，伊永文笺注，中华书局 2006 年版，第 288 页。
⑤ （宋）苏轼著，（清）王文诰辑注：《苏轼诗集》卷二五《孙莘老寄墨四首其一》，孔凡礼点校，中华书局 1982 年版，第 1320 页。
⑥ （宋）孟元老撰：《墨史》卷中《宋》，中华书局 1985 年版，第 33 页。
⑦ （元）陆友：《墨史》卷中《宋》，中华书局 1985 年版，第 33 页。
⑧ （宋）何薳撰：《春渚纪闻》卷八《记墨·都下墨工》，张明华点校，中华书局 1983 年版，第 124 页。
⑨ （元）陆友：《墨史》卷中《宋》，中华书局 1985 年版，第 40 页。
⑩ （宋）何薳撰：《春渚纪闻》卷八《记墨·烟香自有龙麝气》，张明华点校，中华书局 1983 年版，第 121 页。
⑪ （元）陆友：《墨史》卷中《宋》，中华书局 1985 年版，第 38—39 页。
⑫ （宋）何薳撰：《春渚纪闻》卷八《记墨·紫霄峰墨》，张明华点校，中华书局 1983 年版，第 125 页。

京东路兖州(袭庆府)、沂州、密州、登州①等地制墨业繁荣,尤以兖州墨最为著名。宋初,兖州人陈朗制墨甚精,"不独造作有法,松烟自异"②。陈朗弟远,远之子惟进、惟迨③,朗诸孙陈己、陈湘、陈相、陈和、陈显④皆世代制墨,其中"陈相作方圭样,铭之曰:'洙泗之珍。'佳墨也"⑤。另有姜潜、周明法、林鉴、陈泰,"并兖州名手,作墨其得意者,皆不减诸陈"⑥。"徂徕独称诸陈",兖人王顺虽"晚出,而其法尤精"⑦。此外,兖人东野晖也精于制墨,苏轼云:"晖所制,每枚必十千,信亦非凡墨之比也。"⑧北宋时期,兖墨即是朝廷贡物,每年土贡墨一百枚⑨,又为士大夫所重⑩,如冯山《谢人惠兖墨》诗云:"故人山东来,遗我数丸墨……庭珪死已久,至宝世罕识。御府徒仅存,人间万金直。"⑪欧阳修亦云:"兖墨、宣笔、表远信。"⑫

京西路孟州、汝州、唐州等地皆产松之所,故多出名墨。孟州地区,"太行、济源、王屋,亦多好墨"⑬。汝州灶君山多松,少室人薛容"所造墨用灶君山煤"⑭,堪真奇品。唐州桐柏山有墨工张浩,其墨"制作精致,妙法甚奇"⑮。

河北路易州、镇州(真定府)、邢州(信德府)、卫州等地制墨业发达。易

---

① (宋)晁氏:《墨经·松》,中华书局1985年版,第2页。
② (宋)蔡襄撰:《蔡襄全集》卷三一《文房杂评(一作文房四说)》,陈庆元等校注,福建人民出版社1999年版,第699页。
③ (宋)晁氏:《墨经·工》,中华书局1985年版,第23页。
④ (元)陆友:《墨史》卷中《宋》,中华书局1985年版,第28页。
⑤ (宋)何薳撰:《春渚纪闻》卷八《记墨·洙泗之珍》,张明华点校,中华书局1983年版,第124页。
⑥ (元)陆友:《墨史》卷中《宋》,中华书局1985年版,第30—31页。
⑦ (元)陆友:《墨史》卷中《宋》,中华书局1985年版,第32页。
⑧ (宋)苏轼撰:《苏轼文集》卷七〇《题跋·试东野晖墨》,孔凡礼点校,中华书局1986年版,第2228页。
⑨ 参见(宋)王存撰:《元丰九域志》卷一《京东西路》,王文楚等点校,中华书局1984年版,第16页。
⑩ "宋时,士大夫多重兖墨",见(清)王士祯:《居易录》卷一〇,载《景印文渊阁四库全书》本,第869册,台湾商务印书馆1985年版,第424页。
⑪ (宋)冯山:《安岳集》卷四《谢人惠兖墨》,载《景印文渊阁四库全书》本,第1098册,台湾商务印书馆1985年版,第304页。
⑫ (宋)欧阳修:《欧阳修全集》卷一五三《书简一〇·与十四弟二》,李逸安点校,中华书局2001年版,第2526页。
⑬ (宋)苏易简:《文房四谱》卷五《墨谱·二之造》,中华书局1985年版,第67页。
⑭ (元)陆友:《墨史》卷中《宋》,中华书局1985年版,第41页。
⑮ (宋)张邦基撰:《墨庄漫录》卷六《李文叔破墨癖说》,孔凡礼点校,中华书局2002年版,第173页。

州,自唐代以来一直是北方重要的制墨中心,北宋初年,"进墨五百锭,入翰林院"①,著名墨工有陈赟,"其墨铭曰'易水光真墨',幕曰'陈赟'"②。至宋太宗雍熙北伐失败后,易州陷入契丹,易墨遂不显于世。③ 此后,真定墨继之而起。真定人陈赡"初造墨遇异人传和胶法,因就山中古松取煤",所制墨甚佳,"又受异人之教,每斤止售半千,价虽廉而利常赢余",真定公库多蓄其墨,至宣和年间(1119—1125 年),"已自贵重,斤直五万",比陈赡在世时,墨价"盖百倍矣"④。陈赡之后,其婿董仲渊、张顺和外孙胡德继续从事制墨业,而真定墨工刘宁与同郡张顺"各尊其艺,素不相下"⑤。不过,这时真定杰出墨工是"善和墨,色光黳,胶法精绝,举胜江南李廷珪"的张滋,其墨深受皇室和百官公卿的喜爱,大观初年奉命"造墨入官库","无虑数万斤"。⑥ 此外,邢州、卫州等地多产松之所⑦,故也有制墨业。

河东路潞州(隆德府)、绛州、代州、泽州、辽州等地皆有制墨业,其中潞州、绛州自唐代以来一直是北方重要的制墨中心,都向朝廷贡墨,北宋时期,亦是如此,潞州(隆德府)、绛州每年分别土贡墨一百枚。⑧ 宋真宗大中祥符元年(1008 年)增建玉清昭应宫,所用建材中有"兖、泽之墨"⑨,泽州墨既为宫廷所用,足见其质量精良。潞州松木特宜制墨,《文房四谱》载:"上党松心为之尤佳,突之末者为上。"⑩代州、辽州等地多产松之所⑪,故也有制墨业。此间,河东路著名墨工有李清、解子诚等人。潞州上党人李清"以墨著名"⑫,河东解子诚所制墨极厚重,胶力不乏,"精采与新制敌,可与李氏父子甲乙也"⑬。

---

① (宋)乐史撰:《太平寰宇记》卷六七《河北道一六·易州》,王文楚等点校,中华书局 2007 年版,第 1358 页。

② (元)陆友:《墨史》卷中《宋》,中华书局 1985 年版,第 27 页。

③ 参见程民生:《宋代地域经济》,河南大学出版社 1999 年版,第 200—201 页。

④ (宋)何薳撰:《春渚纪闻》卷八《记墨·陈赡传异人胶法》,张明华点校,中华书局 1983 年版,第 121—122 页。

⑤ (元)陆友:《墨史》卷中《宋》,中华书局 1985 年版,第 38 页。

⑥ (宋)蔡絛撰:《铁围山丛谈》卷五,冯惠民、沈锡麟点校,中华书局 1983 年版,第 95 页。

⑦ (宋)晁氏:《墨经·松》,中华书局 1985 年版,第 2 页。

⑧ 参见(宋)王存撰:《元丰九域志》卷四《河东路》,王文楚等点校,中华书局 1984 年版,第 163 页。

⑨ (宋)洪迈撰:《容斋三笔》卷一一《宫室土木》,孔凡礼点校,载《容斋随笔》,中华书局 2005 年版,第 556 页。

⑩ (宋)苏易简:《文房四谱》卷五《墨谱·二之造》,中华书局 1985 年版,第 67 页。

⑪ (宋)晁氏:《墨经·松》,中华书局 1985 年版,第 2 页。

⑫ (元)陆友:《墨史》卷中《宋》,中华书局 1985 年版,第 40 页。

⑬ (宋)张邦基撰:《墨庄漫录》卷六《李文叔破墨癖说》,孔凡礼点校,中华书局 2002 年版,第 174 页。

2. 南方地区制墨业的地理分布

北宋时期,南方淮南西路庐州、蕲州、两浙路杭州、苏州(平江府)、温州、衢州、秀州、江南东路宣州、歙州(徽州)、江州、池州、饶州、江南西路吉州、荆湖南路潭州、荆湖北路鼎州、成都府路、利州路蓬州、剑州、夔州路涪州、梓州路、广南西路容州、儋州(昌化军)等地都有很多制墨中心,尤以两浙路、江南东路和西路以及巴蜀地区为盛,而以江南东路歙州(徽州)为最。

淮南西路庐州、蕲州等地有制墨业。黄庭坚作《秘书省冬夜宿直寄怀李德素》一诗,任渊注云:"山谷有《题薛醇老家李西台书》云:德素,舒城李粲也,浮沉于俗,操行如古人。往时隐龙眠山,驾青牛,往来皖公三祖,自烧古松作墨。"①李德素家世居庐州舒城,其烧松作墨,足见此地出墨。北宋初年,张咏"布衣时素善陈抟,尝因夜话谓抟曰:'某欲分先生华山一半住得无?'抟曰:'余人则不可,先辈则可。'及旦取别,抟以宣毫十枝、白云台墨一剂、蜀笺一角为赠。"②白云台在五祖山侧,五祖山在蕲州黄梅县东北二十五里③。据《五灯会元》记载:"五祖弘忍大师者,蕲州黄梅人也。先为破头山中栽松道者。"④由于蕲州产松,所以出白云台墨。

两浙路杭州、苏州(平江府)、温州、衢州、秀州等地制墨业兴盛。杭州昌化县晚山自南朝以来就产墨,《太平寰宇记》记载:晚山,"山悉松木,真墨所出"⑤。苏州(平江府)的制墨名工有王惟清、丁真一二人。"丁真一,吴郡道士,善制墨,面云'玄中子'。王惟清制墨,面云'净名斋',幕云'姑苏山人王惟清'。"⑥此二人"隐居吴郡,皆能制墨,尤为米元章所赏识"⑦。温州

---

① (宋)黄庭坚撰,(宋)任渊、史容、史季温:《黄庭坚诗集注》内集卷一〇《秘书省冬夜宿直寄怀李德素》,刘尚荣校点,中华书局2003年版,第370页。

② (宋)吴处厚撰:《青箱杂记》卷一〇,李裕民点校,中华书局1985年版,第107页。

③ (宋)祝穆撰,(宋)祝洙增订:《方舆胜览》卷四九《蕲州》,施和金点校,中华书局2003年版,第881页。

④ (宋)释普济撰:《五灯会元》卷一《五祖弘忍大满禅师》,苏渊雷点校,中华书局1997年版,第51页。

⑤ (宋)乐史撰:《太平寰宇记》卷九三《江南东道五·杭州》,王文楚等点校,中华书局2007年版,第1871页。南朝时晚山出墨,《吴兴记》云:"於潜县西六十里有晚山,悉是松木,真墨所出也。"见(宋)李昉等:《太平御览》卷四六《地部十一·晚山》,中华书局影印本1960年版,第224页。

⑥ (明)王鏊:《姑苏志》卷五六《人物一八·艺术》,载《景印文渊阁四库全书》本,第493册,台湾商务印书馆1984年版,第1063页。

⑦ (元)陆友:《墨史》卷中《宋》,中华书局1985年版,第42页。

著名墨工有叶谷，"永嘉叶谷作油烟，与潭州胡景纯相上下"①。衢州柯山多松②，故宜于制墨。三衢蔡瑫，家世造墨。③《仇池笔记》载："王晋卿造墨用黄金丹砂，墨成，价与金等。三衢蔡瑫自烟煤胶外，一物不用，特以和剂有法，甚黑而光，殆不减晋卿。"④宋徽宗政和七年（1117年）八月二十七日，改秀州为嘉禾郡，⑤此地著名墨工有沈珪。"沈珪，嘉禾人。初因贩缯往来黄山，有教之为墨者，以意用胶，一出便有声称。后又出意取古松煤，杂用脂漆滓，烧之得烟极精黑，名为漆烟。"沈珪精研墨法，所制墨极佳，

> 每云韦仲将法，止用五两之胶，至李氏渡江，始用对胶，而秘不传，为可恨。一日与张处厚于居彦实家造墨，而出灰池失早，墨皆断裂。彦实以所用墨料精佳，惜不忍弃，遂蒸浸以出故胶，再以新胶和之，墨成，其坚如玉石。因悟对胶法，每视烟料而煎胶，胶成和煤，无一滴多寡也。故其墨铭云，"沈珪对胶，十年如石，一点如漆"者，此最佳者也。

沈珪前后曾为何薳制墨"计数百笏"⑥。

江南东路宣州、歙州（徽州）、江州、池州、饶州等地制墨业繁荣，名工辈出。宣州"则盛匡道、盛通、盛真、盛舟、盛信、盛浩，又有柴珣、柴承务、朱君德"⑦。如柴珣，宋初时人，"得二李胶法，出潘张之上。其作玉梭样，铭曰'柴珣东瑶'者。士大夫得之，盖金玉比也"⑧。又据蔡襄云："柴珣、朱君德小墨，皆唐末五代以来知名者。然人间少得之，皆出上方。或有得者，是为家宝。"⑨歙州（徽州）自唐末五代以来，逐渐成为南方主要制墨区。歙墨声

① （宋）何薳撰：《春渚纪闻》卷八《记墨·墨工制名多蹈袭》，张明华点校，中华书局1983年版，第128页。
② （宋）晁氏：《墨经·松》，中华书局1985年版，第2页。
③ （宋）何薳撰：《春渚纪闻》卷八《记墨·杂取桦烟》，张明华点校，中华书局1983年版，第128页。
④ （宋）苏轼：《仇池笔记》卷下《晋卿墨》，载朱易安、傅璇琮等主编：《全宋笔记》第一编（九），大象出版社2003年版，第213—214页。
⑤ （宋）李攸：《宋朝事实》卷一八《两浙路》，载《景印文渊阁四库全书》本，第608册，台湾商务印书馆1984年版，第216页。
⑥ （宋）何薳撰：《春渚纪闻》卷八《记墨·漆烟对胶》，张明华点校，中华书局1983年版，第123页。
⑦ （宋）晁氏：《墨经·工》，中华书局1985年版，第23页。
⑧ （宋）何薳撰：《春渚纪闻》卷八《记墨·二李胶法》，张明华点校，中华书局1983年版，第124页。
⑨ （宋）蔡襄撰：《蔡襄全集》卷三一《文房杂评（一作文房四说）》，陈庆元等校注，福建人民出版社1999年版，第700页。

名远播,尤以制墨世家李氏最为著名。李超善制墨,其子庭珪、庭宽,庭珪之子承浩,庭宽之子承晏,承晏之子文用,文用之子仲宣,仲宣之子惟益、惟庆,①皆能世其业。蔡襄评墨云:"墨,李庭珪为第一,庭宽、承晏次之,张遇易水次之,陈朗又次之。"②北宋时,"史官例赐墨,皆廷珪父子所制"③,而"宋仁宗得李廷珪父子墨以赐近臣,皆图双脊龙,乃其墨之尤佳者"④。晁冲之诗云:"我闻江南墨官有诸奚,老超尚不如庭珪。后来承晏复秀出,喧然父子名相齐。"⑤李承晏所制墨品质极精,苏轼得宋汉杰所赠承晏墨,作诗答谢:"老松烧尽结轻花,妙法来从北李家。翠色冷光何所似,墙东鬓发堕寒鸦。"王十朋注云:"援宋玉言墙东之女子诗鬓发如云,言乌黑也。"⑥承晏之后,李氏制墨开始衰落。承晏之子文用,虽能世其业,"然墨差不逮,绝无有也"。文用之子仲宣,"亦如其父"。不过,仲宣之子惟益、惟庆所制墨颇佳。惟益作墨,"背印作歙州墨务官李惟益造","元祐初,京师杂买务货旧墨犹有惟益所作千余挺,当时士大夫争取之"。惟益弟惟庆,仲宣次子,"其墨小挺子优于大墨,可亚廷珪。一种有两头,圜面有双龙捧一牌子曰'供洒龙麝香墨',幕文曰'歙州李惟庆墨'者,上品也"。"一种面印皆同,幕文曰'歙州供进墨务官李惟庆造'者,其次也。"惟益、惟庆之后,"李氏遂无闻"。宋仁宗时,李氏子孙尚有为墨务官者,然"岁贡上方,绝不佳,每移文本州责之,殊不入用也"⑦。李氏之外,歙州(徽州)制墨世家尚有张氏、耿氏等。张氏祖张遇,本唐末易水人,善于制墨,"昔奚氏以墨显于江南,而遇妙得其法"⑧。张遇之子张谷,自易水徙歙,谷制墨"得李氏法,而世不多有"⑨,《墨

---

① 参见(元)陆友:《墨史》卷上《唐》,中华书局1985年版,第19—22页。而《墨经·工》云:"超之子庭珪、庭宽,庭珪之子承浩,庭宽之子承晏,承晏之子文用,文用之子惟益、惟一、惟益、仲宣,皆其世家也。"观之,《墨经》所载李氏谱系疑误,当以《墨史》所载为是。

② (宋)蔡襄撰:《蔡襄全集》卷三一《文房杂评(一作文房四说)》,陈庆元等校注,福建人民出版社1999年版,第699页。

③ (宋)苏颂撰:《苏魏公文集》卷一一《次韵宋次道庆黄安中李邦直二舍人皆自史院拜命》,王同策等点校,中华书局1988年版,第139页。

④ (宋)晁冲之:《晁具茨先生诗集》卷三《赠僧法一墨》,载《丛书集成初编》本,第2254册,中华书局1985年版,第9页。

⑤ (宋)晁冲之:《晁具茨先生诗集》卷三《复以承晏墨赠之》,中华书局1985年版,第10页。

⑥ (宋)王十朋:《东坡诗集注》卷一四《谢宋汉杰送李承晏墨》,载《景印文渊阁四库全书》本,第1109册,台湾商务印书馆1985年版,第269页。

⑦ (元)陆友:《墨史》卷上《唐》,中华书局1985年版,第21—22页。

⑧ (宋)邹浩:《道乡集》卷三二《杂著·书与墨工张处厚》,载《景印文渊阁四库全书》本,第1121册,台湾商务印书馆1985年版,第450页。

⑨ (宋)何薳撰:《春渚纪闻》卷八《记墨·墨工制名多蹈袭》,张明华点校,中华书局1983年版,第128页。

庄漫录》云："近世墨工多名手"，"潘谷、陈瞻、张谷名振一时"。① 据考古发掘可知，合肥北宋马绍庭夫妻合葬墓 1 号棺内出土牛舌形墨一锭，墨面模印阳文篆书"歙州黄山张谷墨"七字款，乃松烟墨。② 张谷之子张处厚在黄山"起灶作煤，制墨为世业"，"其用远烟鱼胶所制，佳者不减沈珪、常和"③。耿氏亦世代制墨。"耿仁遂，歙州人。仁遂子文政、文寿，而耿盛、耿德真皆世其家。"④耿德真所制墨精者，"不减沈珪，惜其早死，藏墨之家不多见也"⑤。北宋时，歙州（徽州）著名墨工还有张居靖、高庆和、汪通、高景修等人。张居靖善造墨，"黄鲁直试之，谓其鹿胶极坚黑，作皮肉不减曩时。歙州煤其光泽不足，良以岁月深远，爽调护耳"⑥。大观年间（1107—1110年），叶梦得令高庆和造墨，取煤于黄山，"不复计其直"⑦。在黄山，汪通、高景修，"皆起灶作煤，制墨为世业"⑧。此外，又有"宣道、宣德，不知何许人，其形制俱类庭珪，疑歙州人也"⑨。江州也有制墨业。《搜神秘览》记载：

　　　　江州太平道正胡用琼，双目偶失明，乃罢职事。尝令人引援而行，经历时月，勤服药饵，未有退证。一日，天大雨雪，人言有贫者口嚼一箸坐观门阶砌上货墨，一金一寸，人亦稀售之。用琼因令人引行至观门，问之曰："尔在此，何以为养生耶？"贫者曰："我无他能为，日货墨得三二十金为生耳。今日适当大雨雪，不能入城，遂憩此，而人少顾者。"用琼悯之，丐之五十金。自此日以为常，贫者不复市墨矣。他日未达明，忽叩门告辞。关键不开，相隔而语，一不以惠金为谢。但曰："我遗君此墨一寸，请自保之，随意所欲用即用之。苟有所患，磨饮之，不复有苦

① （宋）张邦基撰：《墨庄漫录》卷六《李文叔破墨癖说》，孔凡礼点校，中华书局 2002 年版，第 173 页。
② 胡东波：《合肥出土宋墨考》，《文物》1991 年第 3 期，第 45 页。
③ （宋）何薳撰：《春渚纪闻》卷八《记墨·买烟印号》，张明华点校，中华书局 1983 年版，第 124—125 页。
④ （元）陆友：《墨史》卷中《宋》，中华书局 1985 年版，第 32 页。
⑤ （宋）何薳撰：《春渚纪闻》卷八《记墨·墨工制名多蹈袭》，张明华点校，中华书局 1983 年版，第 128 页。
⑥ （元）陆友：《墨史》卷中《宋》，中华书局 1985 年版，第 36 页。
⑦ （宋）叶梦得：《避暑录话》卷上，载朱易安、傅璇琮等主编：《全宋笔记》第二编（十），大象出版社 2006 年版，第 235 页。
⑧ （元）陆友：《墨史》卷中《宋》，中华书局 1985 年版，第 42 页。
⑨ （宋）李孝美：《墨谱法式》卷中《式》，载《景印文渊阁四库全书》本，第 843 册，台湾商务印书馆 1985 年版，第 642 页。

矣。"用琼询之曰:"尔何往也?"贫者不对。又询之曰:"尔何姓氏也?"
乃对曰:"我卖墨牌榜即姓氏也。"语讫,尚欲审问,渐闻声音远,即不知
所在,启关无及矣。尤不知其异也。用琼疑惑,又虑其非常人,乃磨墨
一分许饮之,目即觉明彻远视。①

此则材料说明,贫者或自制自售墨,据其所言"日货墨得三二十金为
生。今日适当大雨雪,不能入城",可知墨的消费主要集中在城市。池州九
华山多松②,宜于制墨,著名墨工有朱觐。《春渚纪闻》载:九华朱觐,"善用
胶作软剂出光墨。庄敏滕公作郡日,令其子制铭曰:爱山堂造者最佳"③。
李纲《试九华朱觐墨》诗云:"九华山顶老松烟,名重初因玉局仙。样古法精
珪并制,胶清煤馥玉同坚。试将毛颖轻轻染,须遣陶泓细细研。居士年来无
恋著,惟于三子欲逃禅。"④朱觐所制墨极佳,这已为考古出土实物证实,合
肥北宋马绍庭夫妻合葬墓2号棺内出土牛舌形墨一锭,墨面模印阳文楷书
为"九华朱觐墨"五字款。底两端模印阳文"香"字款,中部模印对鸟图
案。⑤ 朱觐子聪,制墨为世业,然已"不逮其父"⑥。南唐于饶州置墨务官,
北宋亦然。《后山谈丛》载:"唐之问,质肃公(唐介)之子,有墨曰'饶州供
进墨务官李仲宣造',世莫知其何。"⑦

江南西路吉州庐山多松,自东晋以来,一直是南方重要的制墨产地。北
宋时,金华人潘衡,善制墨,"亦由墨以得名,尤用功,可与九华朱觐上下
也",宣和初年,曾"卖墨江西"。⑧ 潘衡"有女居庐陵,传其业"⑨。宋人赵蕃
诗云:"见说潘郎亲有女,独能传业向深闺。"⑩潘衡孙秉彝亦制墨为世业,其

① (宋)章炳文:《搜神秘览》卷中《胡用琼》,载朱易安、傅璇琮等主编:《全宋笔记》第三编
(三),大象出版社2008年版,第143—144页。
② (宋)晁氏:《墨经·松》,中华书局1985年版,第2页。
③ (宋)何薳撰:《春渚纪闻》卷八《记墨·软剂出光墨》,张明华点校,中华书局1983年版,第
125页。
④ (宋)李纲:《李纲全集》卷一四《试九华朱觐墨》,王瑞明点校,岳麓书社2004年版,第
170页。
⑤ 合肥市文物管理处:《合肥北宋马绍庭夫妻合葬墓》,《文物》1991年第3期,第35页。
⑥ (宋)何薳撰:《春渚纪闻》卷八《记墨·软剂出光墨》,张明华点校,中华书局1983年版,第
125页。
⑦ (宋)陈师道撰:《后山谈丛》卷二《论墨二》,李伟国点校,中华书局2007年版,第32页。
⑧ (宋)叶梦得:《避暑录话》卷上,载朱易安、傅璇琮等主编:《全宋笔记》第二编(十),大象
出版社2006年版,第236页。
⑨ (元)陆友:《墨史》卷中《宋》,中华书局1985年版,第44页。
⑩ (宋)赵蕃:《淳熙稿》卷一七《从李崇道觅潘衡墨四首之一》,中华书局1985年版,第
382页。

墨铭为“金华潘衡嫡孙秉彝者是也”①。此外，“潘衡有婢，出适安福，传其法造墨甚精”②。

荆湖南路潭州等地有制墨业，著名墨工有胡景纯，《春渚纪闻》记载：“潭州胡景纯专取桐油烧烟，名桐花烟。其制甚坚薄，不为外饰，以眩俗眼。大者不过数寸，小者圆如钱大。每磨研间，其光可鉴。”③景纯子孙世英、友直、国瑞、沛然、文中，“俱世其业”④。潭州墨质量颇佳，曹勋有“长沙笔墨妙山林”⑤之诗句。至南宋时期，潭州制墨业更加繁荣，“长沙多墨工，唯胡氏墨千金獭髓者最著。州之大街之西安业坊有烟墨上下巷，永丰坊有烟墨上巷”⑥。

荆湖北路洞庭湖一带鼎州等地也产墨，张舜民等人曾“群食于岳阳楼，坐客有杨维承议者，乃鼎州人，能言武陵桃源之事……天庆观西庑，有石刻二诗，词致清婉，其道人云：至道中有卖墨人仪状雄伟，尝此游息，一日于扉上题诗二绝句而去，或云吕洞宾所书也。郡人争刳之以治病，今字字刳痕深寸余，而墨迹不灭”⑦。

巴蜀地区成都府路、利州路、夔州路、梓州路等地制墨业十分发达。成都府路自唐五代以来就有制墨业。北宋时，“川僧清悟，遇异人传墨法，新有名”，苏轼“与王文甫各得十丸，用海东罗文麦光纸，作此大字数纸，坚韧异常”⑧。利州路蓬州、剑州也有制墨业。据《宋会要辑稿》记载，蓬州土贡墨⑨。剑州著名墨工有张雅。黄庭坚曰：“梓潼张雅不能和煤，而善作叵胜煤。蜀无佳墨工，如雅不易得也。”⑩夔州路涪州著名墨工有两宋之际的蒲

① （元）陆友：《墨史》卷中《宋》，中华书局 1985 年版，第 44 页。

② （宋）赵蕃：《淳熙稿》卷三《闻潘衡有婢，出适安福，传其法造墨甚精，孙温叟捧檄其县，诗从乞之》，载《丛书集成初编》本，第 2257 册，中华书局 1985 年版，第 51 页。

③ （宋）何薳撰：《春渚纪闻》卷八《记墨・桐花烟如点漆》，张明华点校，中华书局 1983 年版，第 129 页。

④ （元）陆友：《墨史》卷下《宋》，中华书局 1985 年版，第 55 页。

⑤ （宋）曹勋：《松隐集》卷一九《题人画扇》，载《景印文渊阁四库全书》本，第 1129 册，台湾商务印书馆 1985 年版，第 436 页。

⑥ （元）陆友：《墨史》卷下《宋》，中华书局 1985 年版，第 55 页。

⑦ （宋）张舜民：《画墁集》卷八《郴行录》，载《丛书集成初编》本，第 1948 册，中华书局 1985 年版，第 66 页。

⑧ （宋）苏轼撰：《苏轼文集》卷七〇《题跋・书清悟墨》，孔凡礼点校，中华书局 1986 年版，第 2222 页。

⑨ 参见（清）徐松辑：《宋会要辑稿》食货五六之一〇，中华书局影印本 1957 年版，第 5777 页。

⑩ （宋）黄庭坚：《黄庭坚全集》别集卷一一《墨说遗张雅》，刘琳等校点，四川大学出版社 2001 年版，第 1689 页。

大韶,大韶为涪州乐温人,"得墨法于黄鲁直,所制精甚,东南士大夫喜用
之"①。蒲大韶之婿文子安、梁杲为渠州人(宋属梓州路),也皆以制墨
为业。②

广南西路容州、儋州(昌化军)等地也产墨。容州多大松,僧仲球"世传
李氏胶法,在都峤山中为朱仪伯(一作相)作墨"③。苏轼被贬昌化军,"海
南多松,松多故煤富,煤富故有择也"④,潘衡"初来儋耳,起灶作墨,得烟丰
而墨不甚精",苏轼"因教其远突宽笼,得烟几减半,而墨乃弥黑"⑤,其墨
"铭曰'海南松煤,东坡法墨'者是也。其法或云每笏用金花烟脂数饼,故墨
色艳发,胜用丹砂也"⑥。后由于"墨灶火大发,几焚屋",火救灭,"得佳墨
大小五百丸,入漆者几百丸,足以了一世著书用",苏轼"遂罢作墨","余松
明一车,仍以照夜"。⑦ 此后,潘衡"自言尝为子瞻造墨海上,得其秘法,故人
争趋之",衡"在钱塘,竟以子瞻故,售墨价数倍于前"。⑧

三、唐宋时期制墨业的产地扩展与重心变迁

自隋唐五代至北宋时期,制墨业的地理分布在发展中出现显著变化,这
种变化突出表现在两个方面。

1. 制墨业产地极大扩展

通过对比隋唐五代与北宋时期制墨产地的地理分布(表38),我们可以
明显地看出:北宋时期,南北区域的制墨产地都已极大扩展。在北方地区,
位于今山西、河北、河南、山东等地多个州县的制墨业取得迅速发展,以今山
西省为例,隋唐五代时期的制墨产地有绛州、潞州2处,而北宋时期有潞州
(隆德府)、绛州、代州、泽州、辽州5处,增加了3处;再以今山东省为例,隋
唐五代时期的文献记载中未见制墨产地,北宋时期出现了兖州(袭庆府)、

① (元)陆友:《墨史》卷下《宋》,中华书局1985年版,第50页。
② 详见(宋)周煇:《清波别志》卷一,载《景印文渊阁四库全书》本,第1039册,台湾商务印书
馆1985年版,第94—95页。
③ (元)陆友:《墨史》卷中《宋》,中华书局1985年版,第48页。
④ (宋)苏轼撰:《苏轼文集》卷七〇《题跋·书海南墨》,孔凡礼点校,中华书局1986年版,第
2229页。
⑤ (元)陆友:《墨史》卷中《宋》,中华书局1986年版,第42—43页。
⑥ (宋)何薳撰:《春渚纪闻》卷八《记墨·海南松煤》,张明华点校,中华书局1983年版,第
125页。
⑦ (宋)苏轼撰:《苏轼文集》卷七〇《题跋·记海南作墨》,孔凡礼点校,中华书局1986年版,
第2229页。
⑧ (宋)叶梦得:《避暑录话》卷上,载朱易安、傅璇琮等主编:《全宋笔记》第二编(十),大象
出版社2006年版,第236—237页。

沂州、密州、登州4处。在南方地区,位于今江苏、安徽、浙江、四川、重庆等地多个州县的制墨业取得极大进步,以今安徽省为例,隋唐五代时期的制墨产地有歙州1处,而北宋时期有庐州、蕲州黄梅县、宣州、歙州(徽州)、池州5处,增加了4处;再以今浙江省为例,隋唐五代时期的文献记载中未见制墨产地,北宋时期有杭州、温州、衢州、秀州4处。

表38　隋唐至北宋时期制墨产地数量对比表

地区	隋唐五代时期		北宋时期	
	地名	数量	地名	数量
北方	岐州(凤翔府)、陇州、绛州、潞州、易州、河南府、燕州、辽东	8处	东京开封府、西京河南府、京东路兖州(袭庆府)、沂州、密州、登州、京西路孟州、汝州、唐州、河北路易州、镇州(真定府)、邢州(信德府)、卫州、河东路潞州(隆德府)、绛州、代州、泽州、辽州	18处
南方	益州(成都府)、潭州、朗州、洞庭湖一带、饶州、歙州	6处	淮南西路庐州、蕲州、两浙路杭州、苏州(平江府)、温州、衢州、秀州、江南东路宣州、歙州(徽州)、江州、池州、饶州、江南西路吉州、荆湖南路潭州、荆湖北路鼎州、成都府路利州路蓬州、剑州、夔州路涪州、梓州路渠州、广南西路容州、儋州(昌化军)	22处

2. 制墨业重心逐渐南移

隋唐五代时期,制墨业产地分布较广,从数量统计上看,北方产地8处,南方产地6处,北方比南方占有优势。另据贡墨地区统计情况(表39)看,当时,绛州、潞州、易州、燕州等地贡墨,而这些州皆在北方。其中《唐六典》《天宝十道录(敦博076)》①、《通典》反映的是唐代前期的土贡情况,《元和郡县图志》中也明确说是开元土贡,《新唐书》则反映的是唐代中后期的土贡情况。而绛州、潞州、易州等地作为重要的制墨中心,还聚集有许多制墨

① 敦博076拟题为《地志》,参见甘肃藏敦煌文献编委会等编:《甘肃藏敦煌文献》第6卷,甘肃人民出版社1999年版,第225页。向达将此文书定名为《唐天宝初残地志》,吴震定名为《敦煌石室写本唐天宝初年郡县公廨本钱簿》,马世长定名为《敦煌县博物馆藏地志残卷》,王仲荦从向说,定名为《唐天宝初年地志残卷》。(详见王仲荦:《唐天宝初年地志残卷考释》,载郑宜秀整理:《敦煌石室地志残卷考释》,中华书局2007年版,第1页)荣新江定名为《天宝十道录》。(详见荣新江:《敦煌本〈天宝十道录〉及其价值》,载《九州》第2辑,商务印书馆1999年版,第121页)笔者今从荣说,拟题称为《天宝十道录》。

名工。由此观之,有唐一代,就总体而言,制墨业不论是产地分布,还是生产质量、工匠数量,北方地区都占有绝对优势,制墨业重心显然是在北方。

表 39　唐代贡墨地区统计表①

地名	资料来源					备注
	《唐六典》	《天宝十道录》	《通典》	《元和郡县图志》	《新唐书》	
绛州绛郡			贡墨千四百七十梃		贡墨	《唐六典》卷二〇《太府寺·右藏署》亦云:"绛易等州之墨。"
潞州上党郡	贡墨	贡墨	贡墨三梃	开元贡墨	贡墨	
易州上谷郡	贡墨		贡墨二百梃	开元贡墨	贡墨	《唐六典》卷二〇《太府寺·右藏署》亦云:"绛易等州之墨。"
燕州	贡墨					

历经安史之乱、藩镇割据、黄巢起义,北方地区长期战乱,不仅对生态环境造成很大破坏,而且迫使人口大量南迁,在南迁人口中就有许多制墨工匠。一些制墨名工迁居江南,促进了当地制墨业的发展。至唐末五代,制墨业重心遂由北方逐渐开始向南方转移,歙州日渐成为著名的制墨中心。五代十国时期,制墨业重心加速南移,尤其江南和巴蜀地区的制墨业自此以后发展更快。

北宋时期,南北各地的制墨业都有重大发展,北方产地 18 处,南方产地 22 处,而主要的制墨地区有 14 个:东京开封府、西京河南府、京东路、京西路、河北路、河东路、两浙路、江南东路、江南西路、荆湖南路、成都府路、利州路、夔州路、梓州路,其中北方占 6 个,南方占 8 个。总地来看,南方具有明显优势。另据贡墨地区统计情况(表 40)看,北方有潞州(隆德府)、易州、绛州、兖州(袭庆府)贡墨,南方有歙州(徽州)、蓬州贡墨,北方多于南方,不过,《太平寰宇记》反映的是五代至宋初的情况,《宋会要辑稿》反映的是北

---

① 表中内容详见《唐六典》卷三《尚书户部》、卷二〇《太府寺·右藏署》,《甘肃藏敦煌文献》第 6 卷,《通典》卷六《食货六·赋税下》,《元和郡县图志》卷一五《河东道四》、卷一八《河北道三》,《新唐书》卷三九《地理志三》。

宋前期的情况,《元丰九域志》和《宋史》反映的则是北宋中期的情况。若是考察北宋中期的贡墨数量就会发现,北方潞州(隆德府)、绛州、兖州(袭庆府)所贡墨数量总和为三百枚,而歙州(徽州)一地"岁以大龙凤墨千斤充贡"①,远胜过北方。

表 40　北宋时期贡墨地区统计表②

地名	资料来源				备注
	《太平寰宇记》	《元丰九域志》	《宋史》	《宋会要辑稿》	
潞州(隆德府)	土产墨	贡墨一百枚	贡墨		
易州	土产墨				《太平寰宇记》卷六七《河北道一六·易州》云:"今进墨五百锭,入翰林院。"
绛州		贡墨一百枚	贡墨		
兖州(袭庆府)		贡墨一百枚	贡墨		
歙州(徽州)	土产墨				《新安志》卷二《叙贡赋·进贡》云:"熙宁中,贡大龙凤墨十斤。"疑误,当以"千斤"为是。《弘治徽州府志》卷二《食货一·土产·墨》则云:"岁以大龙凤墨千斤充贡。"
蓬州				贡墨	《宋会要辑稿》云:"景德四年(1007年)闰五月,下诏蠲免。"

---

① 《弘治徽州府志》卷二《食货一·土产·墨》,载《天一阁藏明代方志选刊》第21册,上海古籍书店影印本1982年版。

② 表中内容详见《太平寰宇记》卷四五《河东道六》、卷六七《河北道一六》、卷一〇四《江南西道二》,《元丰九域志》卷一《京东路》、卷四《河东路》,《宋史》卷八五《地理志一》、卷八六《地理志二》,《宋会要辑稿》食货五六之一〇,《新安志》卷二《叙贡赋·进贡》,《弘治徽州府志》卷二《食货一·土产·墨》。

又据《墨史》《墨志》及宋人诗文、笔记等资料可知,北宋著名墨工有李承晏、李文用、张谷、柴珣、盛匡道、耿仁遂、陈赡、潘谷、常和、张滋、关珪、陈昱、沈珪等数百人。总地看来,南方制墨业,不论是人数,还是技术都超过北方。[1]

由上可见,至北宋中期,制墨业重心已从北方转移至南方,尤其是江南地区。宋徽宗宣和三年(1121年),歙州改称徽州,制墨区域更是几遍徽州全境。自宋以降,徽墨更是名擅天下,经久不息。由于"新安人例工制墨",以至于明代达到"家传户习"[2]的程度,时人杨慎亦言:"徽墨今名第一。"[3]

第三节　造纸业地理分布的变化[4]

一、隋唐五代时期造纸业的地理分布

隋唐五代时期,据文献记载及考古资料不完全统计(表41),制造和出土过纸的地区有今陕西、甘肃、新疆、山西、河北、河南、安徽、江苏、浙江、江西、湖北、湖南、四川、广东等地。

表41　隋唐五代时期造纸区域统计表

今属地区	考古资料		文献记载		备注
	出土地点	资料来源	制作区域	资料来源	
陕西			华州	文嵩《好畤侯楮知白传》,《唐文拾遗》卷五一	
甘肃			沙州	S.542 S.5845	

---

① 参见张家驹:《两宋经济重心的南移》,湖北人民出版社1957年版,第25—26页。

② (明)沈德符:《万历野获编》卷二六《玩具·新安制墨》,中华书局1959年版,第661页。

③ (明)杨慎:《升庵全集》卷六六《古制墨法》,商务印书馆1937年版,第854页。

④ 参见陈涛:《唐宋时期造纸业重心的地理变迁》,载杜文玉主编:《唐史论丛》第12辑,三秦出版社2010年版,第405—411页;《唐宋时期造纸业重心南移补论》,载杜文玉主编:《唐史论丛》第18辑,三秦出版社2010年版,第87—100页。

今属地区	考古资料		文献记载		备注
	出土地点	资料来源	制作区域	资料来源	
新疆	吐鲁番	《文物》1973.10	西州	《吐鲁番出土文书》第九册 《吐鲁番出土文书》第四册	
山西			蒲州	《唐六典》卷二〇《太府寺·右藏署》 《唐国史补》卷下	
河北			邢州	《三水小牍》卷上《风卷曝纸如雪》	
			定州	《华严经传记》卷五《书写》	释修德造纸
河南			虢州	《法书要录》卷六《述书赋下》	
			宋州	《唐国史补》卷下	
安徽			亳州	《唐国史补》卷下	
			宣州	《唐六典》卷二〇《太府寺·右藏署》	
				《新唐书》卷四一《地理志五》	贡纸
			歙州	《新唐书》卷四一《地理志五》	贡纸
			池州		
江苏			扬州	《唐国史补》卷下	
			常州	《元和郡县图志》卷二五《江南道一》	开元贡纸六十(千)张

续表

今属地区	考古资料		文献记载		备注
	出土地点	资料来源	制作区域	资料来源	
浙江			睦州	《北户录》卷三《香皮纸》	
			杭州	《唐六典》卷二〇《太府寺·右藏署》	
				《元和郡县图志》卷二五《江南道一》	开元贡黄藤纸
				《新唐书》卷四一《地理志五》	贡藤纸
			越州	《唐六典》卷二〇《太府寺·右藏署》《唐国史补》卷下	
				《新唐书》卷四一《地理志五》	贡纸
			衢州	《唐六典》卷三《尚书户部》	贡藤纸
				《唐六典》卷二〇《太府寺·右藏署》	
				《通典》卷六《食货六·赋税下》	贡纸六千张
				《元和郡县图志》卷二六《江南道二》	开元贡绵纸元和贡绵纸
				《新唐书》卷四一《地理志五》	贡绵纸
			婺州	《唐六典》卷三《尚书户部》	贡藤纸
				《唐六典》卷二〇《太府寺·右藏署》	
				《通典》卷六《食货六·赋税下》	贡纸六千张
				《元和郡县图志》卷二六《江南道二》	开元贡藤纸元和贡白藤细纸
				《新唐书》卷四一《地理志五》	贡藤纸

续表

今属地区	考古资料		文献记载		备注
	出土地点	资料来源	制作区域	资料来源	
江西			江州	《新唐书》卷四一《地理志五》	贡纸
			信州	《元和郡县图志》卷二八《江南道四》	元和贡绵藤纸
			抚州	《唐国史补》卷下	
湖北			均州	《唐六典》卷二〇《太府寺·右藏署》	
湖南			郴州	《韩昌黎诗系年集释》卷二《李员外寄纸笔》	
			衡州	《新唐书》卷四一《地理志五》	贡绵纸
				《钱注杜诗》卷一八《杜员外兄垂示诗因作此寄上》	
四川			益州	《唐六典》卷二〇《太府寺·右藏署》《唐国史补》卷下	
广东			广州	《旧唐书》卷一七二《萧凛传》	
			韶州	《唐国史补》卷下	
			罗州	《岭表录异》卷中《北户录》卷三《香皮纸》	

　　唐代造纸区域之广,实为前代罕见,官私纸坊遍及各地,"仅四川、安徽、江西、江苏和浙江等地,就有纸坊九十余处"[1]。此外,唐代先进的造纸技术开始传到吐蕃、南诏等边地,甚至域外大食、日本等地。《旧唐书·吐蕃传上》记载:贞观二十三年(649年),唐高宗嗣位,吐蕃弄赞"因请蚕种及造酒、碾、硙、纸、墨之匠",高宗"并许焉",[2]于是造纸术传入吐蕃。南诏国初期所用纸张多来自四川,其后在与唐朝交战中,"掠子女、工技数万引而南","自是工文织,与中国埒",[3]当地有了造纸业,如白族制造的名纸有

---

①　石谷风:《谈宋代以前的造纸术》,《文物》1959年第1期,第34页。

②　(后晋)刘昫等:《旧唐书》卷一九六上《吐蕃传上》,中华书局1975年版,第5222页。

③　(宋)欧阳修、宋祁:《新唐书》卷二二二中《南诏传下》,中华书局1975年版,第6282页。

"漾共纸"。① 唐玄宗天宝十载(751 年),高仙芝在怛罗斯之役中为大食所败,大食所俘唐军兵士中即有造纸工匠,造纸术从此西传。而日本正仓院中至今仍藏有唐代的彩色麻纸和白麻纸数百张。②

1. 北方地区造纸业的地理分布

隋唐五代时期,造纸产地甚广,北方造纸区域主要有长安、华州、虢州、宋州、亳州、蒲州(河中府)、邢州、定州、沙州、西州等地。

长安,自魏晋南北朝以来就是北方重要的造纸中心,唐代时,仅中央及东宫机构中的弘文馆、史馆、秘书省、崇文馆和司经局就有官府纸匠 38人。③ 此数之外的官私纸匠想必还有不少。

华州产楮树,故有造纸业。文嵩《好畤侯楮知白传》云:"楮知白,字守玄,华阴人也……历齐、梁、陈、隋已至今,朝廷益甚见用……与宣城毛元锐、燕人易玄光、南越石虚中为相须之友。"④其中以华阴楮知白代指华州纸。当地的造纸业一直延续到后世。据明代隆庆《华州志》记载:"东溪水,水自小敷峪来。又有泉与此溪流支分溉田,居民之村称曰水庄……水庄之北为罗汉桥南村,居千户,民以山楮捣作'小山纸'给用。"⑤

虢州土谷可以造纸,如兰陵人萧诚,"用西山野麻及虢州土谷"⑥,造班石文纸。

宋州、亳州不仅有造纸业,而且出名纸,如《唐国史补》云:"宋亳间有织成界道绢素,谓之乌丝栏、朱丝栏,又有茧纸。"⑦

蒲州(河中府)有造纸业,纸中名品有白薄、重抄⑧。据《唐六典》记载,"蒲州之百日油细薄白纸"⑨为当时四方进献之物。五代时期,蒲州(河中府)

① 详见王诗文:《云南少数民族古代造纸源流初探》,《中国造纸》1995 年第 4 期,第 61 页。
② 参见[日]浜田德太郎:《紙:種類と歴史》,ダヴィッド社 1958 年版,第 21—22 页。或见[日]中田勇次郎:《文房清玩史考》,《大手前女子大学論集》4,1970 年,第 172 页。又见中田勇次郎:《文房清玩五》,二玄社 1976 年版,第 33 页。
③ 详见《唐六典》卷八《门下省·弘文馆》、卷一〇《秘书省》,《旧唐书》卷四三《职官志二》、卷四四《职官志三》,《新唐书》卷四七《百官志二》、卷四九上《百官志四上》。
④ 《唐文拾遗》卷五一,载(清)董诰等主编:《全唐文》,中华书局影印本 1983 年版,第 10951—10952 页。
⑤ (明)李可久修,(明)张光孝纂:《(隆庆)华州志》卷二《地理志·山川考》,载《中国地方志集成·陕西府县志辑》第 23 册,凤凰出版社、上海书店、巴蜀书社影印本 2007 年版,第 16 页。
⑥ (唐)张彦远:《法书要录》卷六《述书赋下》,人民美术出版社 1984 年版,第 205 页。
⑦ (唐)李肇:《唐国史补》卷下,上海古籍出版社 1979 年版,第 60 页。
⑧ 参见(唐)李肇:《唐国史补》卷下,上海古籍出版社 1979 年版,第 60 页。
⑨ (唐)李林甫等撰:《唐六典》卷二〇《太府寺·右藏署》,陈仲夫点校,中华书局 1992 年版,第 546 页。

仍为重要的造纸中心,据《册府元龟》记载:后唐明宗天成元年(926年)九月壬申,河中府"进百司纸三万张,诏纸二万张,旧制也"①,足见当地纸产量不少。

邢州有民间造纸作坊。《三水小牍》云:"巨鹿郡南和县街北有纸坊,长垣悉曝纸。忽有旋风自西来,卷壁纸略尽,直上穿云,如飞雪焉。"②

定州有僧人造纸。《华严经传记》记载:唐定州中山禅师释修德"于永徽四年(653年)蹄诚方广,因发大心,至精抄写,故别于净院植楮树,凡历三年,兼之花药,灌以香水,洁净造纸",后"召善书人妫州王恭"写经。③

沙州地区有纸师、纸匠负责造纸,如S.542号文书"戌年沙州诸寺丁持车牛役部"中记载有"葵曹八纸师",④S.5845号文书"诸寺己亥年贷油面麻历"中提到"纸匠洪渐""纸匠张留住"。⑤

西州地区有官府造纸作坊和专业工匠,如阿斯塔那一六七号墓出土文书记载有官府纸坊,"(前缺)当上典狱配纸坊驱使(后缺)"⑥,另在"高昌通人史延明等名籍"中提及专业工匠"纸师隗头六奴"⑦。又据考古出土实物可知,新疆吐鲁番地区阿斯塔那——哈拉和卓墓地出土有盛唐至中唐时期(7世纪中至8世纪中)的残纸、人胜剪纸、纸钱、纸鞋、纸腰带、纸冠等⑧。

2. 南方地区造纸业的地理分布

隋唐五代时期,南方造纸区域主要有均州、扬州、睦州、常州、杭州、越州、衢州、婺州、宣州、歙州、池州、江州、信州、抚州、潭州、郴州、衡州、益州(成都府)、广州、韶州、罗州等地。

均州、常州、杭州、越州、衢州、婺州、宣州、歙州、池州、江州、信州、衡州、益州皆有造纸业,所出纸质量精良。据《唐六典》记载:"益府之大小黄、白麻纸""杭、婺、衢、越等州之上细黄、白状纸,均州之大模纸,宣、衢等州之案

---

① (宋)王钦若等编:《册府元龟》卷一六九《帝王部·纳贡献》,中华书局影印本1960年版,第2036页。

② (唐)皇甫枚:《三水小牍》卷上《风卷曝纸如雪》,中华书局1958年版,第4页。

③ (唐)释法藏:《华严经传记》卷五《书写》,载国家图书馆分馆编:《中华佛教人物传记文献全书》第21册,第11010页。

④ 中国社会科学院历史研究所等编:《英藏敦煌文献》第2卷,四川人民出版社1990年版,第31页。

⑤ 中国社会科学院历史研究所等编:《英藏敦煌文献》第9卷,四川人民出版社1994年版,第176页。

⑥ 国家文物局古文献研究室、新疆维吾尔自治区博物馆、武汉大学历史系编:《吐鲁番出土文书》第九册,文物出版社1990年版,第231页。

⑦ 国家文物局古文献研究室、新疆维吾尔自治区博物馆、武汉大学历史系编:《吐鲁番出土文书》第四册,文物出版社1983年版,第188页。

⑧ 参见新疆维吾尔自治区博物馆:《吐鲁番县阿斯塔那——哈拉和卓古墓群发掘简报(1963—1965)》,《文物》1973年第10期,第11页。

纸、次纸"①皆为当时四方进献之物。又据《唐六典》《通典》《元和郡县图志》《新唐书》等载,唐代常州、杭州、越州、衢州、婺州、宣州、歙州、池州、江州、信州、衡州等地都向朝廷土贡纸。②

越州、益州、扬州、韶州等地出产不少名纸,如《唐国史补》云:"纸则有越之剡藤苔笺,蜀之麻面、屑末、滑石、金花、长麻、鱼子、十色笺,扬之六合笺,韶之竹笺。"③五代十国时期,扬州的造纸业进一步发展,南唐在此置纸务,设纸官,岁贡纸张。④

郴州纸质量亦颇佳,韩愈作诗赞其"茧净雪难如"⑤。

睦州有竹膜纸,据《北户录》注云:睦州出竹膜纸⑥。

抚州造纸业颇盛,所出名纸有"临川之滑薄"⑦。此外,还有茶衫子纸,"盖裹茶为名也。其纸长连,自有唐已来,礼部每年给明经帖书"⑧。杜牧家藏书多系抚州纸所写,如杜牧《冬至日寄小侄阿宜诗》诗云:"第中无一物,万卷书满堂。家集二百编,上下驰皇王。多是抚州写,今来五纪强。尚可与尔读,助尔为贤良。"⑨

衡州有武家纸、五里纸,如杜甫诗云:"春兴不知凡几首,衡阳纸价顿能高。"吴若本注云:"衡阳出武家纸,又云出五里纸。"⑩

益州(成都府)所出名纸甚多,尤以麻纸最为著名。此外,尚有双流纸,据《笺纸谱》记载:"双流纸,出于广都。每幅方尺许,品最下,用最广,而价亦最贱。双流实无有也,而以为名,盖隋炀帝始改广都曰双流,疑纸名自隋始也。亦名小灰纸。"⑪

---

① (唐)李林甫等撰:《唐六典》卷二○《太府寺·右藏署》,陈仲夫点校,中华书局1992年版,第546页。
② 详见《唐六典》卷三《尚书户部》,《通典》卷六《食货六·赋税下》,《元和郡县图志》卷二五《江南道一》、卷二六《江南道二》、卷二八《江南道四》,《新唐书》卷四一《地理志五》。
③ (唐)李肇:《唐国史补》卷下,上海古籍出版社1979年版,第60页。
④ 详见(宋)陈师道撰:《后山谈丛》卷二《论墨二》,李伟国校点,中华书局2007年版,第32页。
⑤ (唐)韩愈:《韩昌黎诗系年集释》卷二《李员外寄纸笔》,钱仲联集释,上海古籍出版社1984年版,第213—214页。
⑥ (唐)段公路纂,(唐)崔龟图注:《北户录》卷三《香皮纸》,中华书局1985年版,第42页。
⑦ (唐)李肇:《唐国史补》卷下,上海古籍出版社1979年版,第60页。
⑧ (宋)苏易简:《文房四谱》卷四《纸谱·三之杂说》,中华书局1985年版,第57页。
⑨ (唐)杜牧:《樊川文集》卷一,上海古籍出版社1978年版,第9页。或见(唐)杜牧著:(清)冯集梧注,《樊川诗集注》卷一,上海古籍出版社1978年版,第60页。又见(唐)杜牧:《樊川文集》卷一,吴在庆:《杜牧集系年校注》,中华书局2008年版,第81页。
⑩ (唐)杜甫,(清)钱谦益笺注:《钱注杜诗》卷一八《杜员外兄垂示诗因作此寄上》,上海古籍出版社1979年版,第634页。
⑪ (宋)袁说友:《笺纸谱》,载《巴蜀丛书》(第1辑),巴蜀书社1988年版,第185页。

广州产穀纸,《旧唐书·萧瑀传》云:"南海,地多穀纸。"①

罗州出香皮纸,"雷、罗州,义宁、新会县率多用之"②。

二、北宋时期造纸业的地理分布

宋代(含辽金时期),造纸产地遍布全国,据文献记载及考古资料不完全统计(表42),制造和出土过纸的地区有今陕西、甘肃、河北、山西、河南、安徽、江苏、上海、浙江、江西、福建、湖北、湖南、四川、重庆、广西、广东等地。

表 42　宋代造纸产地统计表(含辽金时期)

今属地区	考古资料		文献记载		备注
	出土地点	资料来源	制作区域	资料来源	
陕西			商州	《宋会要辑稿》食货二四之三四—三五	
			凤翔府	《西台集》卷一三《朝议大夫贾公墓志铭》	
			金州	《太平寰宇记》卷一四一《山南西道九》	
			兴元府	《太平寰宇记》卷一三三《山南西道一》	土贡蠲纸
			洋州	《舆地纪胜》卷一九〇《洋州》《方舆胜览》卷五一	
甘肃			成州(同庆府)	《陇右金石录》卷四《广化寺记》	
河北			瀛州(河间府)、莫州、雄州、霸州、保州	《欧阳修全集》卷一五二《论徐峤称弟子帖》	

---

① (后晋)刘昫等:《旧唐书》卷一七二《萧瑀传》,中华书局1975年版,第4482页。

② (唐)刘恂:《岭表录异》卷中,鲁迅校勘,广东人民出版社1983年版,第20页。

续表

今属地区	考古资料		文献记载		备注
	出土地点	资料来源	制作区域	资料来源	
山西			蒲州（河中府）	《太平寰宇记》卷四六《河东道七》	土产经纸
				《欧阳修全集》卷一二九《笔说·峡州河中纸说》《宋会要辑稿》食货二四之三四—三五	
河南			虢州	《宋会要辑稿》食货二四之三四—三五	
安徽			无为军	米芾《十纸说》	
			宣州（宁国府）	《太平寰宇记》卷一〇三《江南西道一》	土产纸
				《宋会要辑稿》食货三四之三八	大抄、三抄连纸
			歙州（徽州）	《太平寰宇记》卷一〇四《江南西道二》	土产硾纸
				《元丰九域志》卷六《江南东路》	土贡纸一千张
				《宋史》卷八八《地理志四》	贡纸
				《新安志》卷二《叙贡赋》	
				《方舆胜览》卷一六	土产纸
				《宋会要辑稿》食货三四之三八	诏纸降样、常样大抄、三抄连纸
			池州	《元丰九域志》卷六《江南东路》	土贡纸一千张
				《宋史》卷八八《地理志四》	贡纸
				《方舆胜览》卷一六	土产札纸
				《宋会要辑稿》食货三四之三八	大抄连纸

续表

今属地区	考古资料		文献记载		备注
	出土地点	资料来源	制作区域	资料来源	
江苏			真州	《元丰九域志》卷五《淮南东路》	土贡纸五百张
				《宋史》卷八八《地理志四》	贡麻纸
			苏州（平江府）	《梦溪笔谈校证》卷二二《谬误》	
				《吴郡志》卷二九《土物》	
			常州	《蔡襄全集》卷三一《文房杂评（一作文房四说）》	纸工强武贤
上海	嘉定	《文物》1982.6			
浙江上海			秀州（嘉兴府）	《方舆胜览》卷三	产佳纸

今属地区	考古资料		文献记载		备注
	出土地点	资料来源	制作区域	资料来源	
浙江			杭州（临安府）	《太平寰宇记》卷九三《江南东道五》	出藤纸
				《元丰九域志》卷五《两浙路》	土贡藤纸一千张
				《宋史》卷八八《地理志四》	贡藤纸
				《南部新书》卷一〇	
			越州（绍兴府）	《元丰九域志》卷五《两浙路》	土贡纸一千张
				《宋史》卷八八《地理志四》	贡纸
				《方舆胜览》卷六	土产剡纸
				《（嘉泰）会稽志》卷一七《木部》	
			婺州	《元丰九域志》卷五《两浙路》	土贡藤纸五百张
				《宋史》卷八八《地理志四》	贡藤纸
			温州（瑞安府）	《太平寰宇记》卷九九《江南东道一一》	土产蠲纸
				《元丰九域志》卷五《两浙路》	土贡纸五百张
				《宋史》卷八八《地理志四》	贡蠲糨纸
			衢州	《元丰九域志》卷五《两浙路》	土贡藤纸五百张
				《宋史》卷八八《地理志四》	贡藤纸
			严州（建德府）	《淳熙严州图经》卷一《土贡》	
			台州	《东坡志林》卷一二米芾《书史》	

今属地区	考古资料		文献记载		备注
	出土地点	资料来源	制作区域	资料来源	
江西			江州	《太平寰宇记》卷一一一《江南西道九》	土产布水纸
				《宋会要辑稿》食货三四之三八	大抄、小抄
			饶州	米芾《十纸说》	
			信州	《洞天清录集》	薄连纸
			南康军	《太平寰宇记》卷一一一《江南西道九》	土产布水纸
				《宋会要辑稿》食货三四之三八	大抄、三抄、小抄
			洪州（隆兴府）	《宋会要辑稿》食货三四之三八	表纸 大抄、三抄、小抄
			吉州	《太平寰宇记》卷一〇九《江南西道七》	土产竹纸
			袁州		土产纸
			抚州	《方舆胜览》卷二一	土产清江纸
				《负暄野录》卷下《论纸品》	清江纸
			筠州（瑞州）	《宋会要辑稿》食货三四之三八	表纸 大抄、三抄、小抄
			兴国军	《宋会要辑稿》食货三四之三八	大抄、三抄、小抄

今属地区	考古资料		文献记载		备注
	出土地点	资料来源	制作区域	资料来源	
福建			福州	米芾《十纸说》 《淳熙三山志》卷三《地里类三》 《淳熙三山志》卷四一《土俗类三》	
			建州（建宁府）	《方舆胜览》卷一一	产纸被
				《福建通志》卷一一《物产》	纸、纸被
			泉州	《太平寰宇记》卷一〇二《江南东道一四》	土产蠲符纸
			汀州	《太平寰宇记》卷一〇二《江南东道一四》	蠲纸
			邵武军	《方舆胜览》卷一〇	产纸衾
			兴化军	《（宝祐）仙溪志》卷一《货殖》	
湖北			襄州（襄阳府）	《续资治通鉴长编》卷三二五《神宗》	
				《宋会要辑稿》食货三四之三八	连纸
			鄂州	《却扫编》卷下	蒲圻县纸
			峡州	《欧阳修全集》卷一二九《笔说·峡州河中纸说》	
				《方舆胜览》卷二九	土产椒纸
				《宋会要辑稿》食货三四之三八	小抄

今属地区	考古资料		文献记载		备注
	出土地点	资料来源	制作区域	资料来源	
湖南	耒阳	《考古学报》1996.2	潭州	《续资治通鉴长编》卷一三《太祖》	
			郴州	《宋会要辑稿》食货五六之一〇	土贡长模纸
			岳州	《蔡襄全集》卷三一《文房杂评（一作文房四说）》	
			鼎州（常德府）	《宋会要辑稿》食货三四之三八	大抄、三抄、小抄
				《履斋遗稿》卷四《上庙堂书论用兵河南》	
四川			益州（成都府）	《太平寰宇记》卷七二《剑南西道一》	土产十邑纸
				《元丰九域志》卷七《成都府路》	土贡杂色笺五百张
				《方舆胜览》卷五一	土产蜀笺
				《笺纸谱》	
				《宋史》卷八九《地理志五》	贡笺纸
			雅州	《太平寰宇记》卷七七《剑南西道六》	土产蠲纸
			遂州（遂宁府）	《宋会要辑稿》食货五六之一〇	土贡蠲纸
			剑州（隆庆府）	《太平寰宇记》卷八四《剑南东道三》	土贡蠲纸
				《宋会要辑稿》食货五六之一〇	
			龙州	《宋会要辑稿》食货五六之一〇	土贡蠲纸
			达州		
四川重庆			普州	《宋会要辑稿》食货五六之一〇	土贡蠲纸

续表

今属地区	考古资料		文献记载		备注
	出土地点	资料来源	制作区域	资料来源	
重庆			昌州	《宋会要辑稿》食货五六之一〇	土贡蜀纸
			万州	《太平寰宇记》卷一四九《山南东道八》	土产蜀纸
			渝州（恭州、重庆府）	《宋会要辑稿》食货五六之一〇	土产蜀纸
广西			藤州	米芾《十纸说》	
			宜州（庆远府）	《黄庭坚全集》别集卷一四《与赵都监帖二》	
广东			韶州	米芾《十纸说》	
			循州	《蔡襄全集》卷三一《文房杂评（一作文房四说）》米芾《十纸说》	
			梅州	米芾《十纸说》孔武仲《内阁钱公宠惠高丽扇以梅州大纸报之仍赋诗》，《全宋诗》卷八八一	
			连州	《黄庭坚全集》补遗卷六《与人简三七》	
			惠州	《蔡襄全集》卷三一《文房杂评（一作文房四说）》	

斯波义信曾对宋代造纸产地做了详细统计①，其中属于今浙江省的造纸产地有杭州、越州、婺州、明州、温州、处州、台州、衢州等地；属于今福建省的造纸产地有福州、建州、泉州、汀州等地；属于今四川省的造纸产地有成都府、剑州、雅州等地。宋代时，周边地区也有造纸业。今云南地区属大理国，当地白族所造白纸细厚光滑，韧性很好，主要用于抄写和印刷佛经，宋人称

---

① 详见［日］斯波义信：《宋代商业史研究》，庄景辉译，稻乡出版社1997年版，第240—242页。

之为"碧纸"。① 此外,辽、西夏和金的统治区域,也有造纸业,如辽、金所辖今山西地区的造纸业比较发达,其中金代平阳所产麻纸,质地坚韧,入潢不蛀。②

1. 北方地区造纸业的地理分布

北宋时期,造纸业更为繁盛,造纸产地遍布全国,北方造纸区域主要有河北路瀛州(河间府)、莫州、雄州、霸州、保州、永兴军路蒲州(河中府)、虢州、商州、秦凤路凤翔府、成州及河南州军等地。

河北路瀛州(河间府)、莫州、雄州、霸州、保州等地有造纸业。米芾曾言:"河北桑皮纸白而慢,爱糊浆,捶成,佳如古纸。"③欧阳修《论徐峤称弟子帖》中提到雄、莫、瀛、霸、保州出粉纸。④

永兴军路蒲州(河中府)、虢州、商州等地造纸业颇为发达,用途广泛,既可用于官府文书,如欧阳修云:"今河中府纸,惟供公家及馆阁写官书尔。"⑤又可用来制造盐钞,如宋徽宗崇宁元年(1102 年)八月五日,户部言:

> 太府寺申:自来解盐钞用商、虢州、河中府等处一钞纸印造,于钞法系关防揩擦交引库,近乞于东南出纸州军造一等抄纸,预行买发三年,准备泛给钞纸计六百八十四万张,依见印钞板长一尺七寸、径一尺一寸。今乞下商、虢州、河中府依上项长阔造一钞连毛头纸,依数起发前来赴文引库交纳,印造交钞。⑥

在这几地造买解盐钞纸,三年准备钞纸"六百八十四万张",年均二百多万张,足见当时纸产量很大。

秦凤路凤翔府、成州等地均有造纸业。凤翔府郿县,"人以纸为业,号纸户"⑦。成州地产蜜纸甚多,还可"旁赡内郡"⑧。

---

① 详见王诗文:《云南少数民族古代造纸源流初探》,《中国造纸》1995 年第 4 期,第 62 页。
② 详见王菊华主编:《中国古代造纸工程技术史》,山西教育出版社 2006 年版,第 216 页。
③ (宋)米芾:《十纸说》,载黄正雨、王心裁辑校:《米芾集》,湖北教育出版社 2002 年版,第 103 页。
④ (宋)欧阳修:《欧阳修全集》卷一五二,中华书局 2010 年版,第 2522 页。
⑤ (宋)欧阳修:《欧阳修全集》卷一二九《笔说·峡州河中纸说》,李逸安点校,中华书局 2001 年版,第 1972 页。
⑥ (清)徐松辑:《宋会要辑稿》食货二四之三四至三五,中华书局影印本 1957 年版,第 5212 页。
⑦ (宋)毕仲游撰:《西台集》卷一三《朝议大夫贾公墓志铭》,陈斌校点,中州古籍出版社 2005 年版,第 218 页。
⑧ 张维:《陇右金石录》卷四《广化寺记》,载《石刻史料新编》第 21 册,新文丰出版公司 1982 年版,第 16063 页。

此外,据《宋会要辑稿》记载:宋仁宗天圣四年(1026 年)十月三日,司农少卿李湘上书:"河中府每年收买上京诸般纸约百余万,欲乞今后于河南出产军州收买。"①从中可知,当时河南州军每年的纸产量也当不下百余万张。

2. 南方地区造纸业的地理分布

北宋时期,南方造纸区域主要有京西南路襄州、金州、淮南东路真州、淮南西路无为军、两浙路杭州、越州、苏州(平江府)、婺州、常州、温州、台州、衢州、江南东路宣州、歙州(徽州)、江州、池州、饶州、南康军、江南西路洪州、吉州、袁州、抚州、筠州、兴国军、荆湖南路潭州、郴州、荆湖北路鄂州、峡州、岳州、成都府路益州(成都府)、雅州、梓州路遂州、普州、昌州、利州路兴元府、剑州、龙州、夔州路达州、万州、渝州(恭州)、福建路福州、泉州、汀州、广南东路韶州、循州、连州、梅州、惠州和广南西路藤州、宜州等地,尤以江南地区和巴蜀地区为盛。

京西南路襄州、金州等地有造纸业。宋神宗元丰五年(1082 年)四月,三司奏请"用杂物库襄州夹表纸印造"盐钞,上批:"纸色不依自来所用,非便。宜止令依久例所用上色甚好纸印造。"②可见,襄州纸质量不是很高。此外,《太平寰宇记》记载:金州土产纸。③

淮南东路真州所出六合纸十分有名,米芾言:"六合纸,自晋已用,乃蔡侯渔网遗制也。"④另据《元丰九域志》记载:真州土贡纸五百张。⑤

淮南西路无为军有造纸业,米芾曰:"无为纸亦有细白者,捶亦入用。"⑥

两浙路杭州、越州、苏州(平江府)、婺州、常州、温州、台州、衢州等地造纸业兴盛,其中多地向朝廷贡纸,据《元丰九域志》记载:杭州土贡藤纸一千张,越州土贡纸一千张,婺州土贡藤纸五百张,温州土贡纸五百张,衢州土贡

①　(清)徐松辑:《宋会要辑稿》食货三七之一〇,中华书局影印本 1957 年版,第 5453 页。

②　(宋)李焘:《续资治通鉴长编》卷三二五《神宗》"元丰五年(1082 年)四月癸酉"条,中华书局 2004 年版,第 7824 页。

③　(宋)乐史撰:《太平寰宇记》卷一四一《山南西道九·金州》,王文楚等点校,中华书局 2007 年版,第 2729 页。

④　(宋)米芾:《十纸说》,载黄正雨、王心裁辑注:《米芾集》,湖北教育出版社 2002 年版,第 103 页。

⑤　参见(宋)王存撰:《元丰九域志》卷五《淮南东路》,王文楚等点校,中华书局 1984 年版,第 198 页。

⑥　(宋)米芾:《十纸说》,载黄正雨、王心裁辑校:《米芾集》,湖北教育出版社 2002 年版,第 103 页。

藤纸五百张。① 杭州余杭县由拳山"傍有由拳村,出藤纸"②。由拳纸很有名,宋人"以油(由)拳策经为卷"③。苏州(平江府)所出笺纸颇负盛名,沈括"出使淮南时,见有重载入汴者,求得其籍,言两浙笺纸三暖船,他物称是"。④ 常州著名纸工有强武贤,其所造粉笺殊精,"虽未为奇物,然于当今好事亦难得耳"⑤。台州所出藤纸亦颇有名,苏轼认为"天台玉版(指台州藤纸——作者按),殆过澄心堂"⑥,而米芾曾"以台州黄岩藤纸捶熟,揭一半背,滑净软熟,卷舒更不生毛。余家书帖,多用此纸"⑦。

江南东路宣州、歙州(徽州)、江州、池州、饶州、南康军等地造纸业繁荣,其中多地向朝廷贡纸,据《太平寰宇记》记载:宣州土产纸,歙州土产硾纸,江州土产布水纸,南康军亦土产布水纸。⑧ 另据《元丰九域志》记载:歙州土贡纸一千张,池州土贡纸一千张。⑨ 又据《宋会要辑稿》记载:宋神宗熙宁十年(1077年)从江南东路买纸,有"池州大抄连纸,宣州大抄、三抄连纸,南康大抄、三抄、小抄,江州大抄、小抄,歙州诏纸降样、常样大抄、三抄连纸",共"三百二十五万五千四百张"⑩,足见当地纸产量巨大。此外,饶州"有黄皮纸,天性如染,薄紧可爱,亦宜背古书"⑪。

江南西路洪州、吉州、袁州、抚州、筠州、兴国军等地造纸业发达,其中多

---

① 参见(宋)王存撰:《元丰九域志》卷五《两浙路》,王文楚等点校,中华书局1984年版,第207、209、212、215、218页。

② (宋)乐史撰:《太平寰宇记》卷九三《江南东道五·杭州》,王文楚等点校,中华书局2007年版,第1868页。

③ (宋)米芾:《十纸说》,载黄正雨、王心裁辑校:《米芾集》,湖北教育出版社2002年版,第103页。

④ (宋)沈括:《梦溪笔谈校证》卷二二《谬误》,胡道静校证,上海古籍出版社1987年版,第721页。

⑤ (宋)蔡襄撰:《蔡襄全集》卷三一《文房杂评(一作文房四说)》,陈庆元等校注,福建人民出版社1999年版,第701页。

⑥ (宋)苏轼:《东坡志林》卷一二,载《景印文渊阁四库全书》本,第863册,台湾商务印书馆1985年版,第95页。

⑦ (宋)米芾:《书史》,载黄正雨、王心裁辑校:《米芾集》,湖北教育出版社2002年版,第133—134页。

⑧ (宋)乐史撰:《太平寰宇记》卷一○三《江南西道一·宣州》,王文楚等点校,中华书局2007年版,第2047页;卷一○四《江南西道二·歙州》,第2059页;卷一一一《江南西道九·江州》,第2250页;卷一一一《江南西道九·南康军》,第2261页。

⑨ 参见(宋)王存撰:《元丰九域志》卷六《江南东路》,王文楚等点校,中华书局1984年版,第242、244页。

⑩ (清)徐松辑:《宋会要辑稿》食货三四之三八,中华书局影印本1957年版,第5407页。

⑪ (宋)米芾:《十纸说》,载黄正雨、王心裁辑注:《米芾集》,湖北教育出版社2002年版,第104页。

地向朝廷贡纸,据《太平寰宇记》记载:袁州土产纸,吉州土产竹纸。[①] 另据《宋会要辑稿》记载:宋神宗熙宁十年(1077 年)从江南西路买纸,有"兴军国大抄、三抄、小抄,洪州表纸大抄、三抄、小抄,筠州表纸大抄、三抄、小抄",共"一百二十七万四千张"[②],足见当地纸产量颇大。

荆湖南路潭州、郴州、荆湖北路鄂州、峡州、岳州等地的造纸业皆有相当规模。

宋太祖开宝五年(972 年)二月"癸亥,诏潭州岁调纸百七十八万余幅,特免十年"[③],足见宋初潭州纸产量还是很大。另外,潭州土贡中尚有名纸"长模纸"[④]。郴州乌田村所出纸颇知名[⑤],孔平仲《题清溪图》诗云:"画师摹写多巧思,只用乌田数张纸。"[⑥]

据《宋会要辑稿》记载:宋神宗熙宁十年(1077 年)从荆湖北路买纸,有"鄂州连纸,峡州小钞,岳州大钞、三抄、小抄",共"五十五万九千五百五十张",[⑦]足见当地纸产量不少。峡州所产夷陵因可保存时间长久,故而大量用于官府文书,欧阳修曾言:峡州"夷陵纸不甚精,然最耐久。余为县令时,有孙文德者,本三司人吏也,尝劝余多藏峡纸,云其在省中见天下帐籍,惟峡州不朽损,信为然也"[⑧]。

巴蜀地区成都府路、梓州路、利州路和夔州路等地的造纸业非常兴盛。

成都府路益州(成都府)、雅州等地都向朝廷贡纸,据《太平寰宇记》记载:益州土产十色纸,雅州土产麤纸。[⑨] 另据《元丰九域志》记载:成都府土贡杂色笺五百张。[⑩]

---

① (宋)乐史撰:《太平寰宇记》卷一〇九《江南西道七·袁州》,王文楚等点校,中华书局2007 年版,第 2195 页;卷一〇九《江南西道七·吉州》,第 2207 页。

② (清)徐松辑:《宋会要辑稿》食货三四之三八,中华书局影印本 1957 年版,第 5407 页。

③ (宋)李焘:《续资治通鉴长编》卷一三《太祖》"开宝五年(972 年)二月癸亥"条,中华书局2004 年版,第 279 页。

④ (清)徐松辑:《宋会要辑稿》食货五六之一〇,中华书局影印本 1957 年版,第 5777 页。

⑤ 参见(宋)蔡襄撰:《蔡襄全集》卷三一《文房杂评(一作文房四说)》,陈庆元等校注,福建人民出版社 1999 年版,第 699 页。

⑥ 北京大学古文学研究所编:《全宋诗》卷九二五,第 16 册,北京大学出版社 1995 年版,第10876 页。

⑦ (清)徐松辑:《宋会要辑稿》食货三四之三八,中华书局影印本 1957 年版,第 5407 页。

⑧ (宋)欧阳修:《欧阳修全集》卷一二九《笔说·峡州河中纸说》,李逸安点校,中华书局2001 年版,第 1972 页。

⑨ (宋)乐史撰:《太平寰宇记》卷七二《剑南西道一·益州》,王文楚等点校,中华书局 2007年版,第 1462 页;卷七七《剑南西道六·雅州》,第 1551 页。

⑩ 参见(宋)王存撰:《元丰九域志》卷七《成都府路》,王文楚等点校,中华书局 1984 年版,第308 页。

　　梓州路遂州、普州、昌州等地也向朝廷贡纸，《宋会要辑稿》记载：遂州、普州、昌州土贡蠲纸。①

　　利州路兴元府、剑州、龙州等地均向朝廷贡纸，据《太平寰宇记》记载：兴元府与剑州皆土贡蠲纸。② 又据《宋会要辑稿》记载：剑州、龙州土贡蠲纸。③

　　夔州路达州、万州、渝州（恭州）等地亦向朝廷贡纸，据《太平寰宇记》记载：万州土产蠲纸。④ 又据《宋会要辑稿》记载：达州、渝州土贡蠲纸。⑤

　　福建路福州、泉州、汀州等地都有造纸业，其中泉州土产蠲符纸，汀州出蠲纸。⑥ 另外，"福州纸浆，捶亦能岁久"⑦，故当地古田纸很有名，李复《与乔叔彦通判三》云："蒙惠古田玉版纸，莹滑可爱，不胜感荷。"⑧

　　广南东路韶州、循州、连州、梅州、惠州等地皆有造纸业。蔡襄提到惠州纸很有名，但是与歙州纸相比，"曾不得及其门墙耳"，"循州藤纸微精细而差黄"。⑨ 米芾曾言："岭峤梅纸，品在池上"，循、韶皆有纸而韵，"大行于岭南"。⑩ 黄庭坚《与人简三七》曰："草书漫用连州大纸写去，不知可意否？"⑪ 孔武仲《内阁钱公宠惠高丽扇以梅州大纸报之仍赋诗》中称赞梅州纸云："漆箱犹有南中纸，阔似棋枰净如水。传闻造之自梅州，蛮奴赤脚踏溪流。银波渗彻云蟾髓，入轴万杵光欲浮。"⑫

---

①　参见（清）徐松辑：《宋会要辑稿》食货五六之一〇，中华书局影印本1957年版，第5777页。

②　（宋）乐史撰：《太平寰宇记》卷一三三《山南西道一·兴元府》，王文楚等点校，中华书局2007年版，第2611页；卷八四《剑南东道三·剑州》，第1674页。

③　参见（清）徐松辑：《宋会要辑稿》食货五六之一〇，中华书局影印本1957年版，第5777页。

④　（宋）乐史撰：《太平寰宇记》卷一四九《山南东道八·万州》，王文楚等点校，中华书局2007年版，第2886页。

⑤　参见（清）徐松辑：《宋会要辑稿》食货五六之一〇，中华书局影印本1957年版，第5777页。

⑥　（宋）乐史撰：《太平寰宇记》卷一〇二《江南东道一四·泉州》，王文楚等点校，中华书局2007年版，第2031页；卷一〇二《江南东道一四·汀州》引《图经》，第2036页。

⑦　（宋）米芾：《十纸说》，载黄正雨、王心裁辑校：《米芾集》，湖北教育出版社2002年版，第104页。

⑧　（宋）李复：《潏水集》卷五，载《景印文渊阁四库全书》本，第1111册，台湾商务印书馆1985年版，第53页。

⑨　参见（宋）蔡襄撰：《蔡襄全集》卷三一《文房杂评（一作文房四说）》，陈庆元等校注，福建人民出版社1999年版，第699页。

⑩　（宋）米芾：《十纸说》，载黄正雨、王心裁辑校：《米芾集》，湖北教育出版社2002年版，第104页。

⑪　（宋）黄庭坚：《黄庭坚全集》补遗卷六，刘琳等校点，四川大学出版社2001年版，第2233—2234页。

⑫　北京大学古文学研究所编：《全宋诗》卷八八一，第15册，北京大学出版社1993年版，第10267页。

广南西路藤州、宜州等地亦有造纸业。米芾曾言:藤州纸流行于岭南。① 黄庭坚认为:宜州纸不甚佳,"只是包裹材器耳"。②

三、唐宋时期造纸业的产地扩展与重心变迁

自隋唐五代至北宋时期,造纸业的地理分布在发展中出现显著变化,这种变化突出表现在两个方面。

1. 造纸业产地极大扩展

通过对比隋唐五代与北宋时期造纸产地的地理分布(表43),我们可以明显地看出:北宋时期,南北区域的造纸产地不断扩大,尤其是南方产地极大扩展。在北方地区,位于今陕西、河北、河南等地多个州县的造纸业取得明显进步,以今河北省为例,隋唐五代时期的造纸产地有邢州、定州2处,而北宋时期有瀛州(河间府)、莫州、雄州、霸州、保州5处,增加了3处。在南方地区,位于今安徽、江苏、浙江、江西、福建、湖北、湖南、四川、重庆、广西、广东等地多个州县的造纸业取得极大发展,以今江西省为例,隋唐五代时期的造纸产地有江州、信州、抚州3处,而北宋时期有江州、饶州、南康军、洪州、吉州、袁州、抚州、筠州、兴国军9处,增加了6处;又以今四川省和重庆市为例,隋唐五代时期的造纸产地有益州(成都府)1处,而北宋时期有益州(成都府)、雅州、遂州、剑州、龙州、达州、普州、昌州、万州、渝州(恭州)10处,增加了9处;再以今广东省为例,隋唐五代时期的造纸产地有广州、韶州、罗州3处,而北宋时期有韶州、循州、连州、梅州、惠州5处,增加了2处。

表 43　隋唐至北宋时期造纸产地数量对比表

地区	隋唐五代时期		北宋时期	
	地名	数量	地名	数量
北方	长安、华州、虢州、宋州、亳州、蒲州、邢州、定州、沙州、西州	10处	河北路瀛州(河间府)、莫州、雄州、霸州、保州、永兴军路蒲州(河中府)、虢州、商州、秦凤路凤翔府、成州及河南州军	11处

---

① 参见(宋)米芾:《十纸说》,载黄正雨、王心裁辑校:《米芾集》,湖北教育出版社2002年版,第104页。

② (宋)黄庭坚:《黄庭坚全集》别集卷一四《与赵都监帖二》,刘琳等校点,四川大学出版社2001年版,第1758页。

续表

地区	隋唐五代时期		北宋时期	
	地名	数量	地名	数量
南方	均州、扬州、睦州、常州、杭州、越州、衢州、婺州、宣州、歙州、池州、江州、信州、抚州、潭州、郴州、衡州、益州(成都府)、广州、韶州、罗州	21处	京西南路襄州、金州、淮南东路真州、淮南西路无为军、两浙路杭州、越州、苏州(平江府)、婺州、常州、温州、台州、衢州、江南东路宣州、歙州(徽州)、江州、池州、饶州、南康军、江南西路洪州、吉州、袁州、抚州、筠州、兴国军、荆湖南路潭州、郴州、荆湖北路鄂州、峡州、岳州、成都府路益州(成都府)、雅州、梓州路遂州、普州、昌州、利州路兴元府、剑州、龙州、夔州路达州、万州、渝州(恭州)、福建路福州、泉州、汀州、广南东路韶州、循州、连州、梅州、惠州和广南西路藤州、宜州	50处

2. 造纸业重心逐渐南移

隋唐五代时期,造纸业产地分布较广,从数量统计上看,北方产地10处,南方产地21处,南方比北方具有明显优势。另据唐代贡纸地区统计情况(表44)看,当时,常州、杭州、越州、婺州、衢州、江州、信州、宣州、歙州、池州、衡州等地贡纸,而这些州皆在南方。其中《唐六典》《通典》反映的是唐代前期的土贡情况,《元和郡县图志》中记载了开元土贡与元和土贡的情况,《新唐书》则反映的是唐代中后期的土贡情况。又,《唐六典》中记录有当时四方进献之物,这些物品质量绝佳,其中纸有"益府之大小黄、白麻纸","杭、婺、衢、越等州之上细黄、白状纸,均州之大模纸,宣、衢等州之案纸、次纸,蒲州之百日油细薄白纸",[①]除蒲州外,其余各州均在南方。从中可见,唐代造纸业,就造纸产地和贡纸州郡的分布而言,南方相比北方具有显著优势,造纸业重心已经向南方倾斜。

---

① (唐)李林甫等撰:《唐六典》卷二〇《太府寺·右藏署》,陈仲夫点校,中华书局1992年版,第546页。

表 44　唐代贡纸地区统计表①

地名	资料来源				备注
	《唐六典》	《通典》	《元和郡县图志》	《新唐书》	
常州			开元贡纸六十张		疑六十张或为六千张之误。
杭州余杭郡			开元贡黄藤纸	贡藤纸	《元和郡县图志》云："余杭县由拳山,旁有由拳村,出好藤纸。"
越州会稽郡				贡纸	
婺州东阳郡	贡藤纸	贡纸六千张	开元贡藤纸元和贡白藤细纸	贡藤纸	
衢州信安郡	贡藤纸	贡纸六千张	开元贡绵纸元和贡绵纸	贡绵纸	
江州浔阳郡				贡纸	
信州			元和贡绵藤纸		
宣州宣城郡				贡纸	《旧唐书·韦坚传》云:"宣城郡船载纸。"
歙州新安郡				贡纸	
池州				贡纸	
衡州衡阳郡				贡绵纸	

　　五代十国时期,造纸产地的分布情况与唐代相比,北方地区大体上一依唐旧,南方地区则发生了较大变化,新增了不少州郡。② 宋初,乐史所撰《太平寰宇记》中记录了各地土产,其中南方地区新增的造纸产地有雅州、剑州、温州、泉州、汀州、袁州、吉州、南康军、兴元府、金州和万州,多集中于西南和江南地区。《太平寰宇记》实际上反映的是五代至宋初的情况,这就表明五代十国时期,尤其江南和巴蜀地区的造纸业发展很快,造纸业重心已加

---

① 　此表参考王明:《隋唐时代的造纸》,《考古学报》1956 年第 1 期,第 116 页。表中内容详见《唐六典》卷三《尚书户部》,《通典》卷六《食货六·赋税下》,《元和郡县图志》卷二五《江南道一》、卷二六《江南道二》、卷二八《江南道四》,《旧唐书》卷一〇五《韦坚传》,《新唐书》卷四一《地理志五》。

② 　参见杜文玉:《从文化产业的发展看五代文明的演进与变化——以相关手工业的发展为中心》,《河北学刊》2010 年第 4 期,第 79 页。

速南移。

　　北宋时期,造纸业产地遍及全国,从数量统计上看,北方产地 11 处,南方产地 50 处,南方比北方具有绝对优势。另据贡纸地区统计情况(表 45)看,当时,蒲州(河中府)、金州、真州、杭州、越州、婺州、温州、衢州、宣州、歙州(徽州)、江州、池州、南康军、吉州、袁州、潭州、益州(成都府)、雅州、遂州、普州、昌州、兴元府、剑州、龙州、达州、万州、渝州(恭州)、泉州、汀州等地贡纸。其中北方地区仅有蒲州(河中府)一地,其余均在南方,且主要集中在江南和西南地区。

表 45　北宋时期贡纸地区统计表①

地名	资料来源				备注
	《太平寰宇记》	《元丰九域志》	《宋史》	《宋会要辑稿》	
蒲州(河中府)	土产经纸				
金州	土产纸				
真州		土贡纸五百张	贡麻纸		
杭州	土产藤纸	土贡藤纸一千张	贡藤纸		
越州		土贡纸一千张	贡纸		
婺州		土贡藤纸五百张	贡藤纸		
温州	土产蠲纸	土贡纸五百张	贡蠲糨纸		
衢州		土贡藤纸五百张	贡藤纸		
宣州	土产纸				

---

① 表中内容详见《太平寰宇记》卷四六《河东道七》、卷七二《剑南西道一》、卷七七《剑南西道六》、卷八四《剑南东道三》、卷九三《江南东道五》、卷九九《江南东道一一》、卷一〇二《江南东道一四》、卷一〇三《江南西道一》、卷一〇四《江南西道二》、卷一〇九《江南西道七》、卷一一一《江南西道九》、卷一三三《山南西道一》、卷一四一《山南西道九》、卷一四九《山南东道八》,《元丰九域志》卷五《淮南东路》、卷六《江南东路》、卷七《成都府路》,《宋史》卷八八《地理志四》、卷八九《地理志五》,《宋会要辑稿》食货五六之一〇。

地名	资料来源				备注
	《太平寰宇记》	《元丰九域志》	《宋史》	《宋会要辑稿》	
歙州(徽州)	土产硾纸	土贡纸一千张	贡纸	土贡表纸、麦光、白滑、冰翼纸	《宋会要辑稿》五六之一〇云:"景德四年(1007年)闰五月,下诏蠲免。"《新安志》卷二《叙贡赋·进贡》云:"熙宁、元丰中贡白滑纸千张。"《新安志》卷二《叙贡赋·上供纸》云:"上供七色纸,岁百四十四万八千六百三十二张。"
江州	土产布水纸				
池州		土贡纸一千张	贡纸		
南康军	土产布水纸				
吉州	土产竹纸				
袁州	土产纸				
潭州				土贡长模纸	《宋会要辑稿》五六之一〇云:"景德四年(1007年)闰五月,下诏蠲免。"
益州(成都府)	土产纸惟十色	土贡杂色纸五百张	贡笺纸		
雅州	土产蠲纸				
遂州				土贡蠲纸	《宋会要辑稿》五六之一〇云:"景德四年(1007年)闰五月,下诏蠲免。"
普州				土贡蠲纸	
昌州				土贡蠲纸	
兴元府	土产蠲纸				

续表

地名	资料来源				备注
	《太平寰宇记》	《元丰九域志》	《宋史》	《宋会要辑稿》	
剑州	土产蠲纸			土贡蠲纸	《宋会要辑稿》五六之一〇云："景德四年（1007年）闰五月，下诏蠲免。"
龙州				土贡蠲纸	
达州				土贡蠲纸	
万州				土贡蠲纸	
渝州（恭州）				土贡蠲纸	
泉州	土产蠲符纸				
汀州					《太平寰宇记》引古《图经》云："进黄蜡、蠲纸。"

　　因为《太平寰宇记》反映的是五代至宋初的情况，《宋会要辑稿》反映的是北宋前期的情况，《元丰九域志》和《宋史》反映的则是北宋中期的情况，故而可以看出，至北宋中期，贡纸州府主要集中在江南地区。以歙州（徽州）为例，当地贡纸品类有"表纸、麦光、白滑、冰翼纸"，"熙宁中贡白滑纸千张"①，元丰中贡纸如熙宁。此外，还要上供七色纸，"岁百四十四万八千六百三十二张"②。当时的文人士大夫也已看到这种情况，蔡襄曾言："今世纸多出南方，如乌田、古田、由拳、温州、惠州，皆知名。"③

　　由上观之，至北宋中期，造纸业重心已经完全转移至江南地区。

第四节　制砚业地理分布的变化④

一、隋唐五代时期制砚业的地理分布

　　隋唐五代时期，砚分布极广，据文献记载及考古资料不完全统计（表

---

① （宋）罗愿：《新安志》卷二《叙贡赋·进贡》，载《景印文渊阁四库全书》本，第485册，台湾商务印书馆1984年版，第375页。

② （宋）罗愿：《新安志》卷二《叙贡赋·上供纸》，载《景印文渊阁四库全书》本，第485册，台湾商务印书馆1984年版，第375页。

③ （宋）蔡襄撰：《蔡襄全集》卷三一《文房杂评（一作四说）》，陈庆元等校注，福建人民出版社1999年版，第699页。

④ 参见陈涛：《唐宋时期制砚业重心的地理变迁》，载苗长虹主编：《黄河文明与可持续发展》第6辑，河南大学出版社2013年版，第72—88页。

46），今陕西、宁夏、内蒙古、辽宁、山西、河北、河南、山东、安徽、江苏、浙江、福建、广东、湖北、湖南、四川等地均出土过陶砚；今陕西、辽宁、山西、河北、河南、山东、安徽、江苏、浙江、江西、福建、广东、湖北、湖南、四川、广西等地均出土过瓷砚；今山西、河南、山东等地均制作或出土过澄泥砚；今陕西、甘肃、内蒙古、河南、安徽、江苏、浙江、江西、福建、广东、湖北、湖南、重庆、广西等地均制作或出土过石砚。

表 46 隋唐五代时期制砚区域统计表

今属地区	考古资料		备注	文献记载		备注
	出土地点	资料来源		制作区域	资料来源	
陕西	西安	《文物参考资料》1957.8 《文物》1959.3 《文物》1965.7 《考古与文物》2010.3	瓷砚			
	西安	《考古学报》1956.3 《考古学报》1989.2 《考古》1990.1 《考古》1991.3 《文物》1999.3 《考古与文物》2003.6 《考古》2006.1 《考古与文物》2010.3 《考古与文物》2013.2 《文物》2016.7 《文物》2016.11 《文物》2018.1 《文物》2019.7	陶砚			
	乾县	《文物》1964.1				
	大荔	《文物》1965.7				
	凤翔	《文物》1994.5				
	商州	《考古》1996.12				
	铜川	《考古与文物》2019.1				
	西安	《考古学报》1989.2 《文物》2002.12 《考古》2006.1	石砚			

续表

今属地区	考古资料		备注	文献记载		备注
	出土地点	资料来源		制作区域	资料来源	
甘肃				积石军	《砚笺》卷三《滩哥石砚》引《淡岩居士集》	滩哥石砚
宁夏	固原	《文物》1993.6	陶砚			
内蒙古	准格尔旗	《文物》1976.2	陶砚			
	赤峰	《考古学报》1956.3	石砚			
辽宁	朝阳	《文物》1998.3	瓷砚			
	朝阳	《文物资料丛刊》1957.6	陶砚			
	岫岩	《考古》1999.6				
山西	太原	《文物》1992.10	瓷砚	绛州	《旧唐书》卷一六五《柳公权传》	澄泥砚
	长治	《考古》1989.3	陶砚			
河北	内丘	《文物》1987.9	瓷砚			
	易县	《文物》1982.2	陶砚			
	正定	《文物春秋》2006.5				

今属地区	考古资料		备注	文献记载		备注
	出土地点	资料来源		制作区域	资料来源	
河南	禹县	《考古通讯》创刊号 《考古通讯》1955.6	瓷砚	洛州（河南府）	《韩昌黎文集校注》卷八《高君仙砚铭并序》	天坛石砚
	安阳	《考古》1992.1				
	洛阳	《考古》1994.8 《考古》1999.3				
	郑州	《文物》1995.5				
	巩义	《文物》1998.11				
	洛阳	《文物参考资料》1956.5 《文物参考资料》1957.11 《文物》1964.3 《文物》1965.12 《考古》1972.3 《文物》1995.8 《文物》2004.7 《考古》2005.10 《文物》2007.6 《考古》2007.12 《考古》2008.2 《考古学报》2008.4 《文物》2011.1 《文物》2020.2	陶砚	虔州	《唐六典》卷三《尚书户部》	贡砚瓦
					《通典》卷六《食货六·赋税下》	贡砚瓦十具
					《新唐书》卷三八《地理志二》	贡瓦砚
					《砚谱·诸州砚》	澄泥砚
					《资暇集》卷下《稠桑砚》	稠桑砚
	上蔡	《文物》1964.2				
	偃师	《考古》1986.5 《考古》1986.11 《考古》1996.12			《文房四谱》卷三《砚谱·三之杂说》	钟馗石砚
	郑州	《文物》1995.5				
	洛阳	《文物》1984.8	澄泥砚			
	陕县	《考古通讯》1957.4		相州	《文房四谱》卷二《砚谱·二之造》	瓦砚
	洛阳	《文物》1965.12 《洛阳考古》2013.2	石砚			
	偃师	《考古》1984.10 《考古》1986.5 《考古》1992.11 《考古》1996.12				
	三门峡	《考古》2007.5				

今属地区	考古资料		备注	文献记载		备注
	出土地点	资料来源		制作区域	资料来源	
山东	曲阜、泗水	《考古》1985.1	瓷砚	青州	《旧唐书》卷一六五《柳公权传》	澄泥砚
	兖州	《考古》1995.9				
	枣庄	《考古学报》1989.3	陶砚			
	济南	《文物》1992.8				
	宁津	《考古》1993.10				
	临沂	《考古》2003.9				
安徽	亳县	《考古》1977.1	瓷砚	宣州	《李太白全集》卷八《草书歌行》	石砚
	青阳	《考古》1999.6	陶砚			
	合肥	《文物》1978.8	石砚	歙州	《歙州砚谱·采发》	石砚
	巢湖	《考古》1988.6			《欧阳修全集》卷一三〇《试笔·南唐砚》	
	无为	《考古》2001.6				
江苏	扬州	《文物》1980.3《考古》2014.7	瓷砚	苏州	皮日休《五贶诗序》及《太湖砚》,《全唐诗》卷六一二	太湖石砚
	扬州	《考古》1964.10《考古》2017.4《东南文化》2020.4	陶砚			
	南京	《考古》1966.4				
	仪征	《东南文化》2008.5《东南文化》2010.4				
	扬州	《文物》1979.4	石砚		陆龟蒙《太湖砚》,《全唐诗》卷六二二	
	邗江	《文物》1980.8				
	苏州	《文物》1981.2				
	仪征	《东南文化》2010.4				

续表

今属地区	考古资料		备注	文献记载		备注
	出土地点	资料来源		制作区域	资料来源	
浙江	温州	《文物》1965.11	瓷砚			
	绍兴	《文物》1981.10				
	乐清	《考古》1992.8	陶砚			
	丽水	《考古》1964.5	石砚			
江西	黎川	《考古》1964.5	瓷砚			
	清江	《考古》1977.2				
	铅山	《考古》1991.3				
	赣州	《考古》1993.8				
	玉山	《文物》2007.6				
	吉水	《文物》2014.2				
	吉安	《考古学报》1995.2	石砚			
福建	福安	《考古》1983.7	瓷砚	建州	《砚笺》卷三《仙石砚》引《皮日休集》	仙石砚
	福州	《考古》1983.7 《考古》1987.5 《福建文博》2012.4				
	泉州	《考古》1984.12				
	惠安	《考古》2004.4				
	晋江	《福建文博》2018.2				
	惠安	《考古》1998.11	陶砚	泉州	《新唐书》卷一九六《隐逸传·秦系》	九日石砚
	厦门	《考古》2002.9	石砚			
	武夷山	《文物》2008.6				

续表

今属地区	考古资料		备注	文献记载		备注
	出土地点	资料来源		制作区域	资料来源	
广东	高州	《文物资料丛刊》1957.6	瓷砚	端州	《文房肆考图说》卷二《古砚考上·端砚名义》	石砚
	梅县	《考古》1987.3				
	高明	《考古》1993.9				
	新会	《文物》2000.6				
	广州	《文物参考资料》1957.1	陶砚		《端溪砚史汇参》卷上《唐前端溪未出》	
	英德、连阳	《考古》1961.3				
	韶关	《文物》1961.6				
	和平	《考古》2000.6				
	和平	《考古》2000.6	石砚			
湖北	郧县	《文物》1987.8	瓷砚	襄州	《韩昌黎文集校注》外集卷上《记宜城驿》	砖砚
	武昌	《考古》1994.11《江汉考古》2020.5				
	武汉	《考古》1983.9	陶砚			
	黄州	《江汉考古》1997.2				
	襄阳	《江汉考古》2002.2				
	秭归	《江汉考古》2002.3				
	巴东	《考古》2006.1	石砚			
湖北重庆				三峡	《杜诗详注》卷一四《石砚》	石砚

续表

今属地区	考古资料		备注	文献记载		备注
	出土地点	资料来源		制作区域	资料来源	
湖南	长沙	《文物》1965.12 《考古学报》1980.1 《考古》1980.6	瓷砚			
	望城	《考古》2003.5				
	长沙	《考古学报》1959.3 《文物》1960.3 《文物》1965.12	陶砚			
	益阳	《文物》1965.12 《考古》1981.4				
	郴州	《考古》1987.2				
	长沙	《文物参考资料》1955.11 《文物参考资料》1957.6 《考古通讯》1958.5 《文物》1960.3 《考古》1960.5 《文物》1965.12 《考古》1966.3 《考古》1966.4 《湖南省博物馆馆刊》2014.11	石砚			
四川	成都	《文物》1966.2	瓷砚			
	万县	《考古学报》1980.4				
	成都	《文物》2002.1	陶砚			
	成都	《考古学集刊》21（2018）	石砚			
广西	全州	《考古》1987.3	瓷砚	柳州	《柳宗元集》卷二九《柳州山水近治可游者记》	龙壁石砚
	桂林	《考古学报》1994.4			《柳宗元集》外集卷下《与卫淮南石琴荐启》	叠石砚
	兴安	《考古》1996.8				

　　1. 北方地区制砚业的地理分布

　　隋唐五代时期,北方制砚区域分布较广。据考古资料不完全统计,今陕西、宁夏、内蒙古、辽宁、山西、河北、河南、山东等地出土过陶砚;今陕西、辽宁、山西、河北、河南、山东等地出土过瓷砚;今河南等地出土过澄泥砚;今陕西、内蒙古、河南等地出土过石砚。因为当时砚的制作和使用大多具有区域性特点,所以这些地区可能都有当地的制砚业。又据文献记载,唐代的洛州(河南府)、虢州、青州、绛州、相州、积石军等地都有制砚业。

　　据有关学者研究,唐代瓷器的烧造地域十分广阔,北方地区的河北、河南、陕西等省均有瓷窑①。另据白寿彝总主编《中国通史》(第6卷)可知:"隋唐时期瓷窑发现于河北的内丘、临城、曲阳、磁县;山西的平定、浑源;山东的淄博、枣庄;河南的安阳、巩县、密县、登封、辉县、郏县、鲁山;陕西的铜川等。"②由于瓷砚是唐代瓷器中常见的器形,且使用范围大多在当地,故而可以推断考古资料(附录2)中今陕西、山西、河北、河南、山东等地所出瓷砚应多为本地制造。如河北邢窑遗址中就发现有初唐时期的圆形多足辟雍瓷砚多件;③又如山东曲阜、泗水瓷窑址中发现有隋唐时期不同式样的瓷砚多件。④

　　唐代,洛州(河南府)渑池县有天坛山,山在县东北十八里⑤,山石可为砚。韩愈《高君仙砚铭序》曰:"儒生高常,与予下天坛中路,获砚石,似马蹄状,外棱孤耸,内发墨色,幽奇天然,疑神仙遗物。"⑥

　　虢州,是当时主要的制砚中心,所制砚有陶砚、澄泥砚和石砚。虢州砚是朝廷土贡之物,据《通典》记载,虢州弘农郡岁贡砚瓦十具⑦。韩愈作《毛颖传》,将砚拟称"弘农陶泓"⑧,喻指虢州砚。虢州澄泥砚深受世人推崇,

①　参见李知宴:《唐代瓷窑概况与唐瓷的分期》,《文物》1972年第3期,第34页。
②　白寿彝总主编,史念海主编:《中国通史》第6卷《中古时代·隋唐时期》(上),上海人民出版社1999年版,第130页。
③　详见内丘县文物保管所:《河北省内丘县邢窑调查简报》,《文物》1987年第9期,第6页。
④　详见宋百川、刘凤君:《山东曲阜、泗水隋唐瓷窑址调查》,《考古》1985年第1期,第33—41页。
⑤　(宋)乐史撰:《太平寰宇记》卷五《河南道五·西京三》,王文楚等点校,中华书局2007年版,第71页。
⑥　(唐)韩愈撰:《韩昌黎文集校注》外集上卷,马其昶校注,上海古籍出版社1986年版,第690页。
⑦　参见(唐)杜佑撰:《通典》卷六《食货六·赋税下》,王文锦等点校,中华书局1988年版,第114页。
⑧　(唐)韩愈撰:《韩昌黎文集校注》卷八,马其昶校注,上海古籍出版社1986年版,第568页。

《砚谱》云："虢州澄泥,唐人品砚以为第一。"①虢州石砚中稠桑砚和钟馗石砚也闻名于世。稠桑砚,李匡乂曾言:

> 元和初,愚之叔翁宰虢之朱阳邑,一日于涧侧见一紫石,憩息于上,佳其色,更行百步许,往往有焉。又行乃多,至有如拳者,不可胜纪。遂与从僮挈数拳而出,就县第制砚。时有胥性巧,请砚之形出甚妙。季父每与俱之涧所,胥父兄稠桑逆肆人也,因季父请,解胥籍而归父兄之业,于是来砚,开席于大路,厥利骤肥,土客竞效,各新其意,爰臻诸器焉。季父大中壬申岁授陕令,自元和后往还京洛,每至稠桑,镌者相率辄有所献,以报其本,迄今不息。②

此则材料表明虢州稠桑砚的制作较为兴盛,有利可图,以致于"土客竞效"。另外,虢州还有钟馗石砚,宋初还将该砚列为土贡之物,《文房四谱》云:"今睹岁贡方物中,虢州钟馗石砚二十枚,未知钟馗得号之来由也。"③

青州、绛州所制澄泥砚,亦非常有名,柳公权评砚,"以青州石末为第一,言墨易冷,绛州黑砚次之"④。另外,青州还出红丝石砚。

相州等地所制瓦砚,颇有名气。《文房四谱》记载:"魏铜雀台遗址,人多发其古瓦,琢之为砚,甚工,而贮水数日不渗。世传云:昔人制此台,其瓦俾陶人澄泥以绤绤滤过,碎胡桃油方埏埴之,故与众瓦有异焉。"⑤隋唐五代诗赋中对瓦砚均有咏赞,如贯休作有《砚瓦》⑥诗、吴融作有《古瓦砚赋》、李琪作有《谢朱梁祖大砚瓦状》⑦。

唐代,积石军出滩哥石砚。积石军在廓州西一百八十里。⑧据《砚笺》记载:"滩哥石黳黑,在积石军西。"⑨

① 佚名:《砚谱·诸州砚》,中华书局1991年版,第4页。
② (唐)李匡乂:《资暇集》卷下《稠桑砚》,载《丛书集成初编》本,第279册,中华书局1985年版,第22页。
③ (宋)苏易简:《文房四谱》卷三《砚谱·三之杂说》,中华书局1985年版,第40页。
④ (后晋)刘昫等:《旧唐书》卷一六五《柳公权传》,中华书局1975年版,第4312页。
⑤ (宋)苏易简:《文房四谱》卷三《砚谱·二之造》,中华书局1985年版,第38页。
⑥ 详见(清)彭定求等编:《全唐诗》卷八二九,中华书局1979年版,第9347页。
⑦ (宋)苏易简:《文房四谱》卷三《砚谱·四之辞赋》,中华书局1985年版,第44—45页。
⑧ (唐)李吉甫撰:《元和郡县图志》卷三九《陇右道上·鄯州》,贺次君点校,中华书局1983年版,第991页。
⑨ (宋)高似孙:《砚笺》卷三《滩哥石砚》引《淡岩居士集》,载《景印文渊阁四库全书》本,第843册,台湾商务印书馆1985年版,第122页。

2. 南方地区制砚业的地理分布

隋唐五代时期,南方制砚区域分布甚广。据考古资料不完全统计,今安徽、江苏、浙江、福建、广东、湖北、湖南、四川等地出土过陶砚;今安徽、江苏、浙江、江西、福建、广东、湖北、湖南、四川、广西等地出土过瓷砚;今安徽、江苏、浙江、江西、福建、广东、湖北、湖南等地出土过石砚。上述这些地区可能都有本地的制砚业。又据文献记载,这一时期,南方苏州、襄州、宣州、歙州、建州、泉州、端州、柳州等地都有制砚业,尤以端砚、歙砚最为著名。

唐代,瓷砚十分流行,南方越窑、邛窑、岳州窑等地均有所出,"尤以越窑三足砚或多足砚为多"[1]。柳公权曾云"某州磁研为最佳"[2],足见当时瓷砚各地多有烧造。[3] 据有关学者研究,南方地区的江西、浙江、安徽、湖南、福建、广东、四川等省均有唐代瓷窑[4]。另据白寿彝总主编《中国通史》(第6卷)可知:"隋唐时代的窑址已在浙江、江苏、江西、湖南、安徽、四川、福建、广东、广西等地大量发现。"[5]故而可以推断考古资料(表46)中今安徽、江苏、浙江、江西、福建、广东、湖南、四川、广西等地所出瓷砚应多为本地制造。如江西铅山唐代瓷窑遗址中发现有瓷砚;[6]又如广西桂林发现隋唐时期青瓷窑址多处,其中有不同式样的圆形辟雍砚多件;[7]再如湖南长沙唐代铜官窑址中不仅发现有瓷砚2件,还有瓷砚滴、瓷镇纸、瓷笔洗、瓷笔掭等文房用具数十件。[8]

唐代,苏州太湖石可为砚。皮日休《五贶诗序》云:"有龟头山叠石砚一,高不二寸,其仞数百,谓之太湖砚。"[9]并作《太湖砚》诗云:"求于花石间,怪状乃天然。中莹五寸剑,外〔差〕(茥)千叠莲。"[10]陆龟蒙亦作有《太湖

---

① 冶秋:《刊登砚史资料说明》,《文物》1964年第1期,第50页。

② (宋)王得臣:《麈史》卷下《古器》,上海古籍出版社1986年版,第74页。

③ 参见袁炎兴:《漫谈古砚》,《文汇报》1961年6月4日第3版。

④ 参见李知宴:《唐代瓷窑概况与唐瓷的分期》,《文物》1972年第3期,第34页。

⑤ 白寿彝总主编,史念海主编:《中国通史》第6卷《中古时代·隋唐时期》(上),上海人民出版社1999年版,第133页。

⑥ 详见陈定荣:《江西铅山县古埠唐代瓷窑》,《考古》1991年第3期,第285页。

⑦ 详见李铧:《广西桂林窑的早期窑址及其匣钵装烧工艺》,《文物》1991年第12期,第83页。

⑧ 详见长沙市文化局文物组:《唐代长沙铜官窑址调查》,《考古学报》1980年第1期,第85页。

⑨ (清)彭定求等编:《全唐诗》卷六一二,中华书局1979年版,第7058页。

⑩ (清)彭定求等编:《全唐诗》卷六一二,中华书局1979年版,第7059页。

砚》诗一首,云:"谁截小秋滩,闲窥四绪宽。绕为千嶂远,深置一潭寒。"①

襄州有砖砚。宜城驿"东北有井","井东北数十步有楚昭王庙",庙中"多砖可为书砚"。②

宣州出石砚。李白《草书歌行》诗云:"笺麻素绢排数箱,宣州石砚墨色光。"③

歙州石砚出于婺源龙尾山。《歙州砚谱》云:"婺源砚,在唐开元中,猎人叶氏逐兽至长城里,见叠石如城垒状,莹洁可爱,因携以归,刊粗成砚,温润大过端溪。后数世,叶氏诸孙持以与令,令爱之,访得匠手斫为砚,由是山(天)下始传。"④此则材料表明,歙砚的制作始于唐代前期,但是直到唐代中期以后,方才闻名。这一现象与唐代陶砚、瓷砚盛行,石砚在唐代中期后逐渐流行的实际情况是相符的。唐末五代以来,对歙砚的开采力度加大。南唐时期,"于歙州置砚务,选工之善者,命以九品之服,月有俸廪之给,号砚务官,岁为官造砚有数。其砚四方而平浅者,南唐官砚也。其石尤精"⑤,制作精细。

建州浮盖山出石砚。据《砚笺》记载:"浮盖山仙坛洞,有仙石砚。"⑥

泉州有九日山,山石可为砚。《新唐书·隐逸传》记载:"秦系字公绪,越州会稽人。天宝末,避乱剡溪,北都留守薛兼训奏为右卫率府仓曹参军,不就。客泉州,南安有九日山,大松百余章,俗传东晋时所植,系结庐其上,穴石为研,注《老子》,弥年不出。"⑦

端州石砚⑧出于高要斧柯山,"斧柯山峻峭壁立,下际潮水。自江之湄登山,行三四里,即为砚岩也。先至者曰下岩,下岩之中,有泉出焉,虽大旱未尝涸也。下岩之上曰中岩,中岩之上曰上岩,自上岩转山之背曰龙岩。龙

---

①　(清)彭定求等编:《全唐诗》卷六二二,中华书局1979年版,第7159页。

②　(唐)韩愈撰:《韩昌黎文集校注》外集卷上《记宜城驿》,马其昶校注,上海古籍出版社1986年版,第684—685页。

③　(唐)李白:《李白集校注》卷八,瞿蜕园、朱金城校注,上海古籍出版社1980年版,第587页。

④　(宋)唐积:《歙州砚谱·采发》,中华书局1985年版,第1页。

⑤　(宋)欧阳修:《欧阳修全集》卷一三〇《试笔·南唐砚》,李逸安点校,中华书局2001年版,第1975页。

⑥　(宋)高似孙:《砚笺》卷三《仙石砚》引《皮日休集》,载《景印文渊阁四库全书》本,第843册,台湾商务印书馆1985年版,第119页。

⑦　(宋)欧阳修、宋祁:《新唐书》卷一九六《隐逸传·秦系》,中华书局1975年版,第5608页。

⑧　有关唐代端砚的情况,可参见陈涛:《唐代端溪石砚考辨》,载杜文玉主编:《唐史论丛》第10辑,三秦出版社2008年版,第272—283页。

岩盖唐取砚之所也。后下岩得石,胜龙岩,龙岩不复取矣。"①清人黄钦阿在
《端溪砚史汇参》中指出:"按隋唐以来,砚多以石,然犹未闻用端溪也。观
《东坡集》所云,则端溪始出于武德之世。"②端溪石砚之名,源于唐代端州
的端溪,如清人唐秉钧所云:"砚以端称者何? 就其所产之处而名之也。此
砚石,产于广东端州治高要县之端溪,故曰端砚。"③端砚在唐代可能已经成
为朝廷的贡品,文嵩《即墨侯传》云:"石虚中,字居默,南越高要人也……常
与宣城毛元锐、燕人易元光、华阴楮知白常侍左右,皆同出处。时人号为
'相须之友'。"④其中将砚拟称"南越石虚中",喻指端砚。唐代用砚以陶
砚、瓷砚为主,"中世以前,未尽以石为研。端溪石虽后出,未甚贵于世。"⑤
及至中唐,柳公权曾言:"世传端州有溪,因其石为砚至妙。"⑥刘禹锡亦言
"端州石砚人间重"。⑦当知,端溪砚自"中唐以后已渐知名"⑧。端溪砚的知
名,还表现在砚价上。由于"砚之优劣天渊",故"贾之贵贱迥异"⑨。"石之
纹色,最贵者曰青花,微细如尘,隐隐浮出"⑩,李贺《杨生青花紫石砚歌》⑪
中所云的正是上等端溪砚,柳公权言"青紫色者可值千金"⑫。晚唐时期,
端砚已十分流行,李肇言:"端溪紫石砚,天下无贵贱通用之。"⑬文人间亦

---

① (清)唐秉钧:《文房肆考图说》卷二《古砚考上·端砚名义》,书目文献出版社 1996 年版,
第 117—118 页。
② (清)黄钦阿:《端溪砚史汇参》卷上《唐前端溪未出》,载桑行之等编:《说砚》,上海科技教
育出版社 1994 年版,第 120 页。
③ (清)唐秉钧:《文房肆考图说》卷二《古砚考上·端砚名义》,书目文献出版社 1996 年版,
第 117 页。
④ (清)董诰等编:《全唐文》卷九四八,中华书局影印本 1983 年版,第 9848 页。
⑤ (宋)叶梦得:《避暑录话》卷下,载朱易安、傅璇琮等主编:《全宋笔记》第二编(十),大象
出版社 2006 年版,第 298 页。
⑥ (宋)苏易简:《文房四谱》卷三《砚谱·二之造》,中华书局 1985 年版,第 37 页。
⑦ (唐)刘禹锡:《刘禹锡集笺证》卷二四《唐秀才赠端州紫石砚以诗答之》,瞿蜕园笺证,上海
古籍出版社 1989 年版,第 684 页。或见(唐)刘禹锡撰:《刘禹锡集》卷二四《唐秀才赠端
州紫石砚以诗答之》,卞孝萱校订,中华书局 1990 年版,第 304 页。
⑧ (清)孙承泽:《砚山斋杂记》卷三《砚说前篇》,载《景印文渊阁四库全书》本,第 872 册,台
湾商务印书馆 1985 年版,第 169 页。
⑨ (清)唐秉钧:《文房肆考图说》卷三《古砚考下·砚贾倍蓰不等》,书目文献出版社 1996 年
版,第 162 页。
⑩ (清)唐秉钧:《文房肆考图说》卷二《古砚考上·石以纹色命名》,书目文献出版社 1996 年
版,第 122 页。
⑪ 详见(唐)李贺撰,(清)王琦等注:《李贺诗歌集注》卷三,上海古籍出版社 1977 年版,第
217—218 页。
⑫ (清)黄钦阿:《端溪砚史汇参》卷下《端溪声价》,载桑行之等编:《说砚》,上海科技教育出
版社 1994 年版,第 161 页。
⑬ (唐)李肇:《唐国史补》卷下,上海古籍出版社 1979 年版,第 60 页。

常以端砚相赠,且诗文中对端砚多有咏赞,如齐己《谢人惠端溪砚》诗云:"端人凿断碧溪浔,善价争教惜万金。砮琢已曾经敏手,研磨终见透坚心。"[1]另据考古资料可知,在晚唐五代的中下阶层和平民墓里也可以见到端砚。[2]

柳州有龙壁石砚和叠石砚。龙壁石砚,柳宗元《柳州山水近治可游者记》云:柳州"北有双山,夹道崭然,曰背石山。有支川,东流入于浔水。浔水因是北而东,尽大壁下。其壁曰龙壁。其下多秀石,可砚"[3]。叠石,出柳州龙壁滩下[4],可为砚。柳宗元曾赠叠石砚给刘禹锡,刘作《谢柳子厚寄叠石砚》诗云:"常时同砚席,寄砚感离群。清越敲寒玉,参差叠碧云。烟岚余斐亹,水墨两氛氲。好与陶贞白,松窗写紫文。"[5]

此外,今重庆与湖北之间的三峡地区,也出石砚,如杜甫诗云:"奉使三峡中,长啸得石砚。巨璞禹凿余,异状君独见。其滑乃波涛,其光或雷电。联坳各尽墨,多水递隐见。"[6]从诗中描述的石砚形状、质地及发墨情况,可见此砚颇为精致。

二、北宋时期制砚业的地理分布

宋代(含辽金时期),据文献记载及考古资料不完全统计(表47),今内蒙古、江苏、江西、湖南等地均出土过瓷砚;今北京、陕西、甘肃、内蒙古、辽宁、山西、河北、河南、山东、安徽、江苏、浙江、江西、湖北、湖南等地均出土或制作过陶砚;今河北、河南、湖北、江西等地都曾制作过瓦砚;今陕西、内蒙古、山西、河北、河南、山东、安徽、江苏、江西、湖南等地均出土或制作过澄泥砚;今陕西、甘肃、黑龙江、辽宁、山西、河北、河南、山东、安徽、江苏、上海、浙江、江西、福建、广东、湖北、湖南、四川、重庆、广西等地均出土或制作过石砚。

① (唐)齐己:《谢人惠端溪砚》,载(清)彭定求等编:《全唐诗》卷八四五,中华书局1979年版,第9560页。
② 详见全洪:《唐代端溪石砚的几个问题》,《文物》2004年第4期,第76页。
③ (唐)柳宗元:《柳宗元集》卷二九,中华书局1979年版,第775页。
④ (唐)柳宗元:《柳宗元集》外集卷下《与卫淮南石琴荐启》,中华书局1979年版,第1384页。
⑤ (唐)刘禹锡:《刘禹锡集笺证》外集卷八,瞿蜕园笺证,上海古籍出版社1989年版,第1471页。或见(唐)刘禹锡撰:《刘禹锡集》卷三八,卞孝萱校订,中华书局1990年版,第574页。
⑥ (唐)杜甫著,(清)仇兆鳌注:《杜诗详注》卷一四《石砚》,中华书局1999年版,第1255页。

表 47　宋代制砚区域统计表（含辽金时期）

今属地区	考古资料		备注	文献记载		备注
	出土地点	资料来源		制作区域	资料来源	
北京	北京	《文物》1981.8《考古学报》1984.3《文物》1988.7	陶砚			
陕西	乾县	《文物》1965.7	陶砚	京兆府	《栾城集》卷二《子瞻见许骊山澄泥砚》	澄泥砚
	蓝田	《考古》2010.8	澄泥砚			
	西安	《文物》2008.6《考古与文物》2017.2	石砚			
	蓝田	《考古》2010.8				
甘肃	灵台	《考古》1987.4	陶砚	成州（同庆府）	《砚史》	栗亭石砚
						栗玉砚
				洮州	《洞天清录集·古砚辨》	绿石砚
				通远军（巩州）	《砚史》	滇石砚
内蒙古	昭乌达盟	《文物》1961.9	瓷砚			
	巴林左旗	《文物参考资料》1958.2	陶砚			
	宁城	《文物》1961.9				
	巴林右旗	《文物资料丛刊》1957.10				
	敖汉旗	《考古》1987.10				
	巴林右旗	《文物》1981.4	澄泥砚			
	赤峰	《考古学报》1956.3	石砚			
	奈曼旗	《文物》1987.11	玉砚			
黑龙江	肇东	《考古》1960.2	石砚			
辽宁	新民	《文物参考资料》1958.2《考古》1960.2	陶砚			
	北票	《文物》1977.12	石砚			
山西	汾阳	《文物》2010.2	澄泥砚	绛州	张洎《贾氏谭录》	澄泥砚
					《欧阳修全集》卷七五《砚谱》	角石砚
				泽州	《砚史》《砚谱》	砚工吕道人陶砚

今属地区	考古资料		备注	文献记载		备注
	出土地点	资料来源		制作区域	资料来源	
河北	石家庄	《考古》1959.7	陶砚	魏州大名府	《文房四谱》卷三《砚谱·二之造》	瓦砚
	曲阳	《考古》1965.10		沧州	《春渚纪闻》卷九《记砚·南皮二台遗瓦研》	
		《文物》1965.12		定州（中山府）	《梅尧臣集编年校注》卷一四《忠上人携王生古砚夸余云是定州汉祖庙上瓦为之因作诗以答》	
		《文物》1982.9	澄泥砚	邢州（信德府）	《云林石谱》卷上《刑石》	乌石砚
	邯郸	《考古》1990.8	石砚	磁州	《梅尧臣集编年校注》卷二七《王几道罢磁州遗澄泥古瓦二砚》	澄泥砚
				保州	洪适《次韵得保州老张瓦砚》,《全宋诗》卷二○七九	瓦砚
河南河北				相州	《墨池编》卷六《器用一·砚》	瓦砚
					《砚史》	澄泥砚
河南	洛阳	《文物》1965.12 《考古》1996.6 《洛阳考古》2014.4	陶砚	河南府	《砚史》	会圣宫石砚
				唐州		葛仙公岩石砚
				蔡州		白砚
	洛阳	《考古》1994.8	澄泥砚	虢州	《太平寰宇记》卷六《河南道六》	土产砚瓦
	新乡	《文物》1986.2			《元丰九域志》卷三《永兴军路》	土贡砚二十枚
	方城	《文物参考资料》1958.11			《宋史》卷八七《地理志三》	贡砚
			石砚		《砚史》	石砚
	安阳	《考古》1959.5		宁州	《元丰九域志》卷三《永兴军路》	土贡砚十枚
					《宋史》卷八七《地理志三》	贡砚
	新乡	《考古》1996.1			《宋会要辑稿》食货五六之一○	土贡钟馗石砚

续表

今属地区	考古资料		备注	文献记载		备注
	出土地点	资料来源		制作区域	资料来源	
山东	济南	《文物》1992.8	澄泥砚	青州	《欧阳修全集》卷七五《砚谱》	铁砚
						澄泥砚
					唐询《砚录》	红丝石砚
					《砚史》	
	《文物》1964.9			《砚谱》	
					《砚谱》	紫金石砚
					《砚史》	蕴玉石砚
						青石砚
	《文物》1982.9			密州	《云林石谱》卷下《密石》	玛瑙石砚
				登州	《墨池编》卷六《器用一·砚》	驼基岛石砚
					《砚谱》	
	牟平	《考古》1997.3	石砚	潍州	《墨池编》卷六《器用一·砚》	澄泥砚
					《欧阳修全集》卷七五《砚谱》	
					《砚谱》	
	栖霞	《考古》1998.5		淄州	《渑水燕谈录》卷八《事志》	金雀山石砚
					《砚史》	
					《砚谱》	
					《墨池编》卷六《器用一·砚》	青金石砚

续表

今属地区	考古资料		备注	文献记载		备注
	出土地点	资料来源		制作区域	资料来源	
安徽	合肥	《文物》1991.3	漆砚	宿州	《砚谱》	乐石砚
				寿州（寿春府）	《云林石谱》卷中《寿春石》	紫金山石砚
	凤台	《文物》1965.10	陶砚	歙州（徽州）	唐积《歙州砚谱》	歙石砚
	潜山	《考古》1994.4	澄泥砚		《砚史》	
	宿松	《文物》1965.3	石砚		《砚谱》	
	凤台	《文物》1965.10			《墨池编》卷六《器用一·砚》	
	合肥	《文物资料丛刊》1957.3《文物》1991.3			《方舆胜览》卷一六	土产砚
	全椒	《文物》1988.11		太平州	《姑溪居士集》后集卷一四《当涂砚铭》	当涂砚
	郎溪	《考古》1992.4			杨杰《辟雍砚上胡先生》，《全宋诗》卷六七二	淮石砚
	舒城	《考古》2005.1				
	无为	《考古》2005.3				
	潜山	《考古》2008.10				

续表

今属地区	考古资料		备注	文献记载		备注
	出土地点	资料来源		制作区域	资料来源	
江苏	江宁	《考古》1959.8	铁砚	苏州（平江府）	《砚史》	褐黄石砚
	镇江	《文物》1973.5	瓷砚			
	连云港	《考古》1987.1	陶砚			
	泰州	《东南文化》2008.4				
	扬州	《东南文化》2019.2				
	江苏	《文物》1959.4	澄泥砚			
	江宁	《考古》1959.1	石砚			
	无锡	《考古》1959.6 《文物》1982.4 《考古》1986.12 《文物》1990.3				
	淮安	《文物》1960.8、9			《吴郡图经续记》卷中《山》	砚石山砚
	江浦	《文物》1973.4				
	镇江	《文物》1973.5 《文物资料丛刊》1959.10				
	武进	《文物》1979.3 《考古》1986.3				
	溧阳	《文物》1980.5				
	江阴	《文物资料丛刊》1959.10				
	南京	《东南文化》1995.2 《文物》2001.8				
	泰州	《东南文化》2006.5 《东南文化》2008.4				
上海	上海	《考古》1986.2	石砚			
浙江	武义	《文物》1984.8	陶砚	婺州	《云林石谱》卷上《涵碧石》	涵碧石砚
				明州（庆元府）	《砚笺》卷三《明石砚》	石砚
	衢州	《考古》1983.11	石砚	温州（瑞安府）	《砚史》	华严尼寺岩石砚
	诸暨	《文物》1988.11			《北山集》卷二五《三砚记》	观音石砚
	杭州					
	兰溪	《考古》1991.7		衢州	唐积《歙州砚谱》	浙石砚（玕珉石砚）
	余杭	《东方博物》2015.3				

今属地区	考古资料		备注	文献记载		备注
	出土地点	资料来源		制作区域	资料来源	
江西	景德镇	《考古》2000.12	瓷砚	江州	《砚史》	庐山砚
	萍乡	《考古》1984.3	陶砚			
	高安	《文物》1959.10	石砚		《苏轼文集》卷一九《米黻石钟山砚铭》	石钟山砚
	清江	《文物》1959.10				
		《考古》1965.11		饶州	唐积《歙州砚谱》	洞灵岩紫石砚
	彭泽	《考古》1962.10		信州	《砚史》	水晶砚
	永修	《考古》1965.11			《云林石谱》卷下《玉山石》	玉山石砚
	德安	《文物》1980.5		洪州（隆兴府）	《云林石谱》卷中《修口石》	修口石砚
	南丰	《考古》1988.4		吉州	《砚谱》	紫金石砚
	临川				《墨池编》卷六《器用一·砚》	
	金溪	《文物》1990.9			《负暄野录》卷下《论砚材》	澄泥砚
	景德镇	《文物》2007.5		袁州	《云林石谱》卷下《分宜石》	分宜石砚
				赣州雩都	《独醒杂志》卷九	瓦砚

续表

今属地区	考古资料		备注	文献记载		备注
	出土地点	资料来源		制作区域	资料来源	
福建	邵武	《考古》1981.5	石砚	建州（建宁府）	《苏轼文集》卷七〇《题跋·书凤咮砚》	凤咮砚
	顺昌	《考古》1987.3			《砚史》	黯澹石砚
					《砚笺》卷三《仙石砚》	仙石砚
	南平	《考古》1991.12《考古》1992.4		南剑州	《苏魏公文集》卷七二《砚铭》	延平溪石砚
					《方舆胜览》卷一二	土产石砚
	建瓯	《考古》1995.2		泉州	《涧泉集》卷五五《玉山村民斫石为砚仲至以诗来索次韵》	玉山砚
	福州	《文物》1995.10				
	三明	《考古》1995.10				
	将乐	《福建文博》2012.2				
广东	潮州	《考古》1963.9	石砚	端州（肇庆府）	《太平寰宇记》卷一五九《岭南道三》	土产石砚
					《元丰九域志》卷九《广南东路》	土贡石砚十枚
	深圳	《考古》1990.2			《宋史》卷九〇《地理志六》	贡石砚
					《端溪砚谱》	石砚
					《方舆胜览》卷三四	土产端砚

今属地区	考古资料		备注	文献记载		备注
	出土地点	资料来源		制作区域	资料来源	
湖北	英山	《考古》1993.1	陶砚	荆州（江陵府）	《洞天清录集·古砚辩》	墨玉砚
				襄州（襄阳府）		
				鄂州		
	麻城	《考古》1965.1		鄂州	《瓮牖闲评》卷六	瓦砚
	英山	《考古》1993.1	石砚	归州	《欧阳修全集》卷七五《砚谱》	大沱石砚
	浠水	《江汉考古》1989.3				
	麻城	《江汉考古》2007.2			《砚史》	绿石砚
	巴东	《江汉考古》2009.4				
湖南	衡阳	《文物》1984.12	木砚	潭州	《砚史》	谷山砚
	岳阳	《考古》1984.10	瓷砚			
	长沙	《文物》1965.12	陶砚		《砚笺》卷三《岳麓砚》	岳麓砚
	洪江	《考古》2006.11				
	长沙	《考古通讯》1957.5《考古》1959.4《文物》1960.3《考古》1961.3《文物》1965.12	石砚		《云林石谱》卷下《龙牙石》	龙牙石砚
	衡阳	《文物》1965.12《文物》1984.12		辰州	《洞天清录集·古砚辩》	黑石砚
	临湘	《考古》1988.1				
	祁阳	《考古》1994.10		沅州		
	益阳	《湖南考古辑刊》2011.9				

续表

今属地区	考古资料		备注	文献记载		备注
	出土地点	资料来源		制作区域	资料来源	
四川	温江	《考古》1977.4	石砚	益州（成都府）	《栾城集》卷一七《缸砚赋并叙》	缸砚
				嘉州（嘉定府）	《黄庭坚全集》别集卷一一《金岩石砚说》	石砚
	大邑	《文物》1984.7		戎州（叙州）	《墨池编》卷六《器用一·砚》	试金石砚
				泸州		
				夔州	《砚史》	黔石砚
				长宁军	《方舆胜览》卷六五	石砚
重庆				万州	《墨池编》卷六《器用一·砚》	悬金崖石砚
					《砚谱》	
					《砚谱》	磁洞石砚
广西				桂州（静江府）	《黄庭坚全集》别集卷一一《泸州桂林石砚说》	桂林石砚

1. 北方地区制砚业的地理分布

北宋时期,北方制砚区域分布颇广。据考古资料不完全统计,今内蒙古等地出土过瓷砚;今北京、陕西、甘肃、内蒙古、辽宁、山西、河北、河南、山东等地出土过陶砚;今陕西、内蒙古、山西、河北、河南、山东等地出土过澄泥砚;今陕西、辽宁、山西、河北、河南、山东等地出土过石砚。又据文献记载,这一时期,河南府(西京)、魏州大名府(北京)、京东路青州、密州、登州、潍州、淄州、兖州、京西路唐州、蔡州、河北路沧州、相州、定州(中山府)、邢州(信德府)、磁州、保州、滹沱河沿岸、永兴军路京兆府、虢州、宁州、秦凤璐成州、洮州、通远军(巩州)、河东路绛州、泽州等地都有制砚业。

西京河南府有会圣宫石砚,"会圣宫石,在溪涧中,色紫,理如虢石,差硬,发墨不乏,扣之无声"①。

魏州大名府(北京)有仿制瓦砚者,据《文房四谱》记载:"大名、相州等

---

① （宋）米芾:《砚史·西都会圣宫砚》,中华书局1985年版,第4页。

处,土人有假作古瓦之状砚,以市于人者甚众。"①

京东路青州、密州、登州、潍州、淄州、兖州等地制砚业繁荣。蔡襄曾言:"东州可谓多奇石,红丝、黑角、黄玉、褐色凡四种,皆可作研","自红丝出,其后有鹊金黑玉研,最为佳物。新得黄玉砚,正如蒸栗。续又有紫金研","今得褐石研","其下州郡,未见如此奇石也"。②

青州是当时重要的制砚中心,有铁砚、澄泥砚、石砚等。欧阳修曰:青州"铁砚,制作颇精";澄泥砚,"尤擅名于世矣"③。青州石砚种类颇多,最著名的当为红丝石,宋仁宗嘉祐六年(1061年),唐彦猷守青州,"得红丝石于黑山,琢以为砚。其理红黄相参,文如林木,或如月晕,或如山峰,或如云雾花卉。石自有膏润,浮泛墨色,覆之以匣,数日不干。彦猷作《砚录》,品为第一"④。另外,还有紫金石,"状类端州西坑石,发墨过之"⑤;蕴玉石,"理密,声坚清,色青黑,白点如弹,不着墨,墨无光,好事者但置为一器可"⑥;青石,"色类歙,理皆不及,发墨不乏,有瓦砾之象"⑦。

密州安丘县玛瑙石可为砚,"玛瑙石产土中,或出水际,一种色微青,一种色莹白","土人磨治为砚头之类,以求售价,颇廉亦不甚珍"。⑧

登州出石砚,"海中駞基岛石,其色青黑,上有罗纹金星,亦甚发墨,全类歙石,而文理皆不逮也"⑨。

潍州出澄泥砚,《墨池编》记载:"潍州北海县石末砚,皆县山所出烂石,土人研澄其末,烧之为砚,即唐柳公权所云青州石末砚者,潍乃青之故北海县。"⑩欧阳修认为:潍州澄泥砚"善发墨非石砚之比,然稍粗者损笔锋"⑪。

淄州淄川县有金雀山石砚和青金石砚两种。金雀山石砚,"其色绀青,

① (宋)苏易简:《文房四谱》卷三《砚谱·二之造》,中华书局1985年版,第38页。
② (宋)蔡襄撰:《蔡襄全集》卷三一《文房杂评(一作文房四说)》,陈庆元等校注,福建人民出版社1999年版,第701页。
③ (宋)欧阳修:《欧阳修全集》卷七五《砚谱》,李逸安点校,中华书局2001年版,第1095页。
④ (宋)王辟之撰:《渑水燕谈录》卷八《事志》,吕友仁点校,中华书局1981年版,第102页。
⑤ 佚名:《砚谱·诸州砚》,中华书局1991年版,第3页。
⑥ (宋)米芾:《砚史·青州蕴玉石红丝石青石》,中华书局1985年版,第6页。
⑦ (宋)米芾:《砚史·青州青石》,中华书局1985年版,第4页。
⑧ (宋)杜绾:《云林石谱》卷下《密石》,载《景印文渊阁四库全书》本,第844册,台湾商务印书馆1985年版,第602页。
⑨ (宋)朱长文:《墨池编》卷六《器用一·砚》,载《景印文渊阁四库全书》本,第812册,台湾商务印书馆1985年版,第926页。
⑩ (宋)朱长文:《墨池编》卷六《器用一·砚》,载《景印文渊阁四库全书》本,第812册,台湾商务印书馆1985年版,第927页。
⑪ (宋)欧阳修:《欧阳修全集》卷七五《砚谱》,李逸安点校,中华书局2001年版,第1095页。

叩之声如金玉，较其资质，乃出歙石之右，但于用墨，其磨研须倍之，以此反不逮也。盖由润密之甚耳"①。青金石砚，出淄川县梓桐山石门涧，"色青黑相杂，其文如铜屑，或云即自然铜也，理细密。范文正公早居长白山，往来于此，尝见其石。皇祐末，公知青，遣石工取以为砚，极发墨，颇类歙石。今东方人多用之，或曰'范公石'，然不耐久，久则下乃断裂"②。

兖州泗水县柘沟所出澄泥砚非常有名，考古发掘中出土了不少，如有"柘沟石砚"③、"柘沟刘家石泥砚子"④、"柘沟徐老功夫细砚"⑤等，这些砚的底部所刻铭文虽有不同，但就质地而言均为澄泥砚。

京西路唐州、蔡州等地皆出砚。《砚史》记载：唐州方城县葛仙公岩石可为砚，"石理向日视之，如玉莹，如鉴光，而着墨如澄泥不滑"，"此石既不热，良久墨发生光，如漆如油，有艳不渗也。岁久不乏，常如新成"，"色紫可爱，声平而有韵，亦有澹青白色，如月如星而无晕。此石近出，始见十余枚矣"⑥。蔡州有白砚，"理滑，可为器，为朱砚。花蘂石亦作小朱砚"⑦。

河北路沧州、相州、定州（中山府）、邢州（信德府）、磁州、保州及滹沱河沿岸等地制砚业兴盛，其中沧州、相州、定州（中山府）、保州等地多制瓦砚。

沧州南皮，有二台，其遗瓦可制砚。据《春渚纪闻》记载："魏武既破袁绍于冀州，绍死，逐其子谭于南皮，筑台以候望其军，而名曰袁侯台。魏文帝与吴质从容游集于南皮，亦筑台以居，名宴友。至今南皮有二台，故址在焉。人有得其遗瓦，形制哆大，击之铿然有声。"何蕇曾"取其断缺者，规以为研，其坚与铁石，竞屡败斫工之具，仅能宛之，而特润致，发墨可用"⑧。

相州瓦砚极有名。"魏武故都。所筑铜雀台，其瓦初用铅丹杂胡桃油捣治火之，取其不渗，雨过即干耳。"⑨铜雀台瓦，"色颇青，其内晶莹，不类今瓦之有布纹，其厚有及寸许"，"时有获其全者，工人因而刓其中为砚，此尤

---

① （宋）朱长文：《墨池编》卷六《器用一·砚》，载《景印文渊阁四库全书》本，第812册，台湾商务印书馆1985年版，第926页。

② （宋）王辟之撰：《渑水燕谈录》卷八《事志》，吕友仁点校，中华书局1981年版，第100页。

③ 详见《砚史资料（九）》，《文物》1964年第9期，第71页。又见程明：《邹城藏砚两方简介》，《文物》1996年第2期，第88页。

④ 详见蔡鸿茹：《澄泥砚》，《文物》1982年第9期，第77页。

⑤ 详见赵智强：《介绍两方陶砚》，《文物》1992年第8期，第94页。

⑥ （宋）米芾：《砚史·唐州方城县葛仙公岩石》，中华书局1985年版，第1页。

⑦ （宋）米芾：《砚史·蔡州白砚》，中华书局1985年版，第6页。

⑧ （宋）何蕇撰：《春渚纪闻》卷九《记砚·南皮二台遗瓦研》，张明华点校，中华书局1983年版，第137页。

⑨ （宋）何蕇撰：《春渚纪闻》卷九《记砚·铜雀台瓦》，张明华点校，中华书局1983年版，第136页。

难得。大率每为砚，须以沥青煮之乃可用，用之亦发墨，而非佳石之比"。①
宋人以铜雀台瓦砚为古物，颇为珍视，诗文中对其多有咏赞，如韩琦诗云：
"邺瓦搜来颇异常，寄诚安足奉文房。早陪神化丹青笔，莫滞边书赤白
囊。"②晏殊诗云："邺城宫殿久荒凉，缥瓦随波出禁墙。谁约薛文成古砚，等
闲裁破碧鸳鸯。"③王安石诗云："吹尽西陵歌舞尘，当时屋瓦始称珍。甄陶
往往成今手，尚托声名动世人。"④正是由于铜雀台瓦砚名贵，故而出现许多
伪造物，据《文房四谱》记载：当时，"大名、相州等处，土人有假作古瓦之状
砚，以市于人者甚众。"⑤文人士大夫中有人对此非常担忧，如韩琦诗云："巧
工近岁知众宝，杂以假伪规钱缗。头方面凸概难别，千百未有三二真。"⑥王
十朋诗云："世贵铜雀砚，常患伪乱真。千金买渴雀，虚名何足珍。"⑦不过，
也有人认为不必担忧，凡是瓦砚都能发墨，如欧阳修曰："相州古瓦诚佳，然少
真者，盖真瓦朽腐不可用，世俗尚其名尔。今人乃以澄泥如古瓦状作瓦埋土
中，久而斫以为砚。然不必真古瓦，自是凡瓦皆发墨，优于石尔。今见官府典
吏以破盆瓮片研墨，作文书尤快也。"⑧另外，相州澄泥砚的制作亦非常精细，
《砚史》云："相州土人自制陶砚，在铜雀上。以熟绢二重淘泥澄之，取极细者，
燔为砚，有色绿如春波者，或以黑白埴为水纹，其理细滑，着墨不费笔。"⑨

定州（中山府）有汉祖庙，人有取其瓦为砚者，梅尧臣《忠上人携王生古
砚夸余云是定州汉祖庙上瓦为之因作诗以答》诗云："砚取汉庙瓦，谁恤汉
庙隳，重古一如此，吾今对之悲。既宝若圭璧，未知为用时。"⑩

邢州出陶砚和石砚。上海市博物馆藏有北宋绍圣五年（1098 年）王功

---

① （宋）朱长文：《墨池编》卷六《器用一·砚》，载《景印文渊阁四库全书》本，第 812 册，台湾
　　商务印书馆 1985 年版，第 927 页。

② 北京大学古文学研究所编：《全宋诗》卷三二五《寄并帅庞公古瓦砚》，第 6 册，北京大学出
　　版社 1992 年版，第 4037—4038 页。

③ 北京大学古文学研究所编：《全宋诗》卷一七一《古瓦砚诗》，第 3 册，北京大学出版社 1991
　　年版，第 1944 页。

④ （宋）李壁笺注：《王荆文公诗笺注》四六《相州古砚瓦》，高克勤点校，上海古籍出版社
　　2010 年版，第 1240 页。

⑤ （宋）苏易简：《文房四谱》卷三《砚谱·二之造》，中华书局 1985 年版，第 38 页。

⑥ 北京大学古文学研究所编：《全宋诗》卷三一九《答章望之秘校惠诗求古瓦砚》，第 6 册，北
　　京大学出版社 1992 年版，第 3977 页。

⑦ （宋）王十朋：《王十朋全集》卷一二《李资深赠古瓦砚及诗》，上海古籍出版社 1998 年版，
　　第 197 页。

⑧ （宋）欧阳修：《欧阳修全集》卷七五《砚谱》，李逸安点校，中华书局 2001 年版，第 1095 页。

⑨ （宋）米芾：《砚史·陶砚》，中华书局 1985 年版，第 5 页。

⑩ （宋）梅尧臣：《梅尧臣集编年校注》卷一四，朱东润编年校注，上海古籍出版社 1980 年版，
　　第 256 页。

靖造陶砚1件，砚底刻有铭文"邢州平乡县王固村王功靖自造砚子，绍圣五年三月日（花押）"①，从中可知当地制作陶砚。另外，刑（邢）州西山接太行山，"山中有石，色黑，亦有峰峦奇巧，亦可置几案间，土人往往采石为砚，名曰乌石，颇发墨"②。

磁州制作澄泥砚。磁州丛台泥可为砚，梅尧臣有诗云："澄泥丛台泥，瓦研邺宫瓦，共为几案用，相与笔墨假。赋无左思作，书愧右军写，初从故人来，来自邯郸下。"③

保州有姓张者善制瓦砚，洪适得其砚后，作诗称赞云："千年铜雀台，瓦解沦坤厚。何人澄其泥，颇能彷佛否。龙公天上客，金兰幸同臭。结束万里行，联翩五旬久。清谈落玉尘，痛饮尽金斗。咳唾玑珠粲，挥翰不停手。穷边得佳研，可出老吕右。瓦缶莫雷鸣，龙尾羞牛后。"④

此外，滹沱河沿岸亦制作澄泥砚，考古发掘中见到带铭文的当地澄泥砚，如有"滹阳刘万功夫法砚""刘万功夫法砚""墨刘万造"⑤等。

永兴军路京兆府、虢州、宁州等地制砚业发达。京兆府所制澄泥砚质地坚硬，如苏辙《子瞻见许骊山澄泥砚》诗云："长安新砚石同坚，不待书求遂许颁。岂必魏人胜近世，强推铜雀没骊山。"⑥虢州所出澄泥砚、石砚自唐代以来就享有盛誉。北宋时期，虢州仍是重要的制砚中心，岁贡砚二十枚⑦。虢州澄泥砚在考古发掘中已有见到，且砚底常带铭文，如有"虢州裴第三罗土澄泥造"⑧、"魏家虢州，澄泥砚瓦"⑨等，从这些铭文可知，当地有裴氏、魏氏等专业工匠。虢州石砚"理细如泥，色紫可爱，发墨不渗。久之，石渐损

---

①　详见吴朴：《介绍上海市博物馆所藏的几方古砚》，《文物》1965年第12期，第55页。

②　（宋）杜绾：《云林石谱》卷上《邢石》，载《景印文渊阁四库全书》本，第844册，台湾商务印书馆1985年版，第592页。

③　（宋）梅尧臣：《梅尧臣集编年校注》卷二七《王几道罢磁州遗澄泥古瓦二砚》，朱东润编年校注，上海古籍出版社1980年版，第942页。

④　北京大学古文学研究所编：《全宋诗》卷二〇七九《次韵得保州老张瓦砚》，第37册，北京大学出版社1998年版，第23455—23456页。

⑤　详见蔡鸿茹：《澄泥砚》，《文物》1982年第9期，第77页；范建宏：《宋代河北地区制作的一种澄泥砚》，《文物春秋》2004年第3期，第76页。

⑥　（宋）苏辙：《栾城集》卷二，曾枣庄、马德富校点，上海古籍出版社1987年版，第24页。或见《苏辙集》卷二，陈宏天、高秀芳校点，中华书局1990年版，第20—21页。

⑦　参见（宋）王存撰：《元丰九域志》卷三《永兴军路》，王文楚等点校，中华书局1984年版，第116页。

⑧　详见《砚史资料（八）》，《文物》1964年第8期图版拾玖。

⑨　详见中国社会科学院考古研究所洛阳唐城队：《洛阳唐东都履道坊白居易故居发掘简报》，《考古》1994年第8期，第699页。

回硬,墨磨之则有泥香"①。宁州所制砚质量精良,列为朝廷土贡之物,据《元丰九域志》记载:宁州土贡砚十枚。②

秦凤路成州、洮州、通远军(巩州)等地亦有制砚业。据《砚史》记载,成州有栗亭石砚和栗玉砚两种,栗亭石砚"色青,有铜点,大如指,理慢,发墨不乏"③,栗玉砚"理坚,色如栗,不甚着墨,为器甚佳"④。洮州所出绿石砚极为有名,《洞天清录集》云:"洮河绿石,北方最贵重,绿如蓝,润如玉,发墨不减端溪下岩,然石在临洮大河深水之底,非人力所致,得之为无价之宝。"⑤通远军有滆石砚,

> 石理涩可砺刃,绿色如朝衣,深者亦可爱。又则水波纹,间有黑小点,土人谓之湔墨点。有紧甚奇妙而硬者,与墨斗而慢甚者,渗墨无光,其中者甚佳,在洮河绿石上,自朝廷开熙河,始为中国有。亦有赤紫石,色斑,为砚,发墨过于绿者,而不匀净。又有黑者,戎人以砺刃,而铁色光肥,亦可作砚,而坚不发墨⑥。

河东路绛州、泽州等地砚业相当发达。绛州所制砚有澄泥砚和石砚,尤以澄泥砚闻名于世,"绛县人善制澄泥砚,缝绢囊置汾水中,踰年而后取,沙泥之细者已实囊矣。陶为砚,水不涸焉"⑦。另外,绛州还出角石砚,欧阳修曰:"绛州角石者,其色如白牛角,其文有花浪,与牛角无异。然顽滑不发墨,世人但以研丹尔。"⑧泽州所制陶砚质量极佳,著名砚工如有吕道人等。《砚史》记载:"泽州有吕道人陶砚,以别色泥于其首纯作吕字,内外透。后人效之,有缝不透也。其理坚重与凡石等,以历青火油之坚响渗入三分许,磨墨不乏。"⑨

2. 南方地区制砚业的地理分布

北宋时期,南方制砚区域分布甚广。据考古资料不完全统计,今江西、

---

① (宋)米芾:《砚史·赣州石》,中华书局1985年版,第6页。
② 参见(宋)王存撰:《元丰九域志》卷三《永兴军路》,王文楚等点校,中华书局1984年版,第118页。
③ (宋)米芾:《砚史·成州栗亭石》,中华书局1985年版,第4页。
④ (宋)米芾:《砚史·成州栗玉砚》,中华书局1985年版,第4页。
⑤ (宋)赵希鹄:《洞天清录集·古砚辩》,中华书局1985年版,第10页。
⑥ (宋)米芾:《砚史·通远军滆石砚》,中华书局1985年版,第3—4页。
⑦ (宋)张洎:《贾氏谭录》,载朱易安、傅璇琮等主编:《全宋笔记》第一编(二),大象出版社2003年版,第141页。
⑧ (宋)欧阳修:《欧阳修全集》卷七五《砚谱》,李逸安点校,中华书局2001年版,第1095页。
⑨ (宋)米芾:《砚史·吕砚》,中华书局1985年版,第5页。

湖南等地出土过瓷砚；今江苏、浙江、湖北、湖南等地出土过陶砚；今安徽、江苏等地出土过澄泥砚；今安徽、江苏、上海、浙江、江西、福建、广东、湖北、湖南、四川等地出土过石砚。又据文献记载，这一时期，淮南东路宿州、淮南西路寿州、濠州、两浙路苏州（平江府）、婺州、明州、温州、衢州、江南东路歙州（徽州）、江州、饶州、信州、太平州、江南西路洪州、吉州、袁州、荆湖南路潭州、荆湖北路荆州（江陵府）、襄州、鄂州、归州、辰州、沅州、成都府路成都府、嘉州、梓州路戎州（叙州）、泸州、夔州路夔州、万州、福建路建州、南剑州、广南东路端州（肇庆府）、广南西路桂州等地都有制砚业。

淮南东路宿州出石砚，《砚谱》云：“宿州出乐石，润腻发墨，但无石脉。”①

淮南西路寿州、濠州等地制有制砚业。寿州“寿春县紫金山石出土中，色紫，琢为砚，甚发墨，扣之有声”②。据考古资料可知，江苏宝应北宋墓群中发现有澄泥砚，砚底刻有铭文“濠州刘家澄泥造□”③，从中可知，濠州有砚工刘氏制作澄泥砚。此外，淮南尚有淮石砚。杨杰作《辟雍砚上胡先生》诗云：“娲皇锻炼补天石，天完余石人间掷。掷向淮山山下溪，千古万古无人识。昼出白云笼九州，夜吐长虹冲太极。去年腊月溪水枯，色夺江头数峰碧。野夫采得琢为砚，一画中规外方直。”④从诗中可知，淮石砚始制于北宋时期。

两浙路苏州（平江府）、婺州、明州、温州、衢州等地制砚业兴盛。

苏州（平江府）有褐黄石砚，“理粗，发墨不渗”，“土人刻成砚，以草一束烧过，为慢灰火煨之，色遂变紫，用之与不煨者一同，亦不燥，乃知天性非水火所移”⑤。另外，苏州（平江府）吴县西二十一里有砚石山，“其山出石，可以为砚，盖砚石之名不虚也”⑥。

婺州涵碧石可为砚。《云林石谱》云：“婺州东南县之南五里有涵碧池”，“池面瀑布有二大石鱼置池面，鱼之前有石一块高二尺许，嵚岩可观，

① 佚名：《砚谱·诸州砚》，中华书局1991年版，第3页。
② （宋）杜绾：《云林石谱》卷中《寿春石》，载《景印文渊阁四库全书》本，第844册，台湾商务印书馆1985年版，第598—599页。
③ 参见华慈祥：《宋、辽、金出土砚的砚铭》，《上海文博论丛》2004年第3期，第20页。
④ 北京大学古文学研究所编：《全宋诗》卷六七二，第12册，北京大学出版社1993年版，第7847页。
⑤ （宋）米芾：《砚史·苏州褐黄石砚》，中华书局1985年版，第5页。
⑥ （宋）朱长文撰：《吴郡图经续记》卷中《山》，金菊林校点，江苏古籍出版社1999年版，第43页。

石之半间凹然,如掌罗列,江东著书尝以为研"。①

明州所出石砚,"石甚牭"②。

温州有华严尼寺岩石砚,"石理向日视之,如方城石,磨墨不热,无泡,发墨生光,如漆如油,有艳不渗。色赤而多有白沙点,为砚,则避磨墨处,比方城差慢,难崭而易磨。亦有白点,点处有玉性,扣之声平无韵"③。

衢州开化县有浙石可为砚,"俗谓之玟瑁石,其纹正如玟瑁,傍视则有波纹者,可为碑材、帛碪、柱础之类,至易得"④。

江南东路歙州(徽州)、江州、饶州、信州、太平州等地制砚业繁荣。

歙州(徽州)是主要的制砚中心,"婺源县龙尾石,其石最为多种,性皆坚密,叩之有声,苍黑者佳,而色之浅深盖不一焉。其理或如罗纹,或如竹根之横文。又有金点如星,布列其上,而成北斗、南斗之状者,或云工人制砚之时,因其有星,琢去余者,但留六七,使如斗状,盖非天成也"⑤。据《歙州砚谱》记载,歙州石砚种类繁多,如眉子石,其纹七种;外山罗纹,其纹十三种;里山罗纹一等;金星,其纹三种;驴坑一等;浙石一等;水舷金纹厥状十种等⑥。北宋时人"以细罗纹无星为上"⑦。江苏宝应北宋墓群中发现有歙砚1件,砚底刻有铭文"婺水龙川同家细砚子"⑧,从中可知,同家当为歙州(徽州)本地的制砚工匠。

江州有庐山砚和石钟山砚。庐山砚为青石砚⑨;石钟山砚出湖口县,苏轼作有《米黻石钟山砚铭》,曰:"有盗不御,探奇发瑰。攘于彭蠡,斫钟取追。有米楚狂,惟盗之隐。因山作砚,其词如賣。"⑩

饶州浮梁县岩岭出洞灵岩紫石砚,"大小者如肝色","处处有"。⑪

---

①　佚名:《云林石谱》卷上《涵碧石》,载《景印文渊阁四库全书》本,第844册,台湾商务印书馆1985年版,第593页。

②　(宋)高似孙:《砚笺》卷三《明石砚》,载《景印文渊阁四库全书》本,第843册,台湾商务印书馆1985年版,第121页。

③　(宋)米芾:《砚史·温州华严尼寺岩石》,中华书局1985年版,第1—2页。

④　(宋)唐积:《歙州砚谱·石坑》,中华书局1985年版,第2页。

⑤　(宋)朱长文:《墨池编》卷六《器用一·砚》,载《景印文渊阁四库全书》本,第812册,台湾商务印书馆1985年版,第925页。

⑥　详见(宋)唐积:《歙州砚谱·品目》,中华书局1985年版,第3—4页。

⑦　(宋)米芾:《砚史·歙砚婺源石》,中华书局1985年版,第3页。

⑧　详见华慈祥:《宋、辽、金出土砚的砚铭》,《上海文博论丛》2004年第3期,第17页。

⑨　(宋)米芾:《砚史·庐山青石砚》,中华书局1985年版,第5页。

⑩　(宋)苏轼撰:《苏轼文集》卷一九,孔凡礼点校,中华书局1986年版,第550页。

⑪　(宋)唐积:《歙州砚谱·品目》,中华书局1985年版,第4页。

信州出水晶砚,"于他砚磨墨汁倾入用"①。另外,还出玉山石砚,《云林石谱》记载:"玉山县地名宾贤乡,石出溪涧中,石色清润,扣之有声,土人采而为砚,颇刿墨。"②

太平州出当涂砚,李之仪作有《当涂砚铭》,云:"青山之英,采石之灵。上凌汗漫,下为坚青。磨礲八极,色容四溟。烂若星日,隐然雷霆。挥洒之余,沾丐后生。永宝用之,尺璧可轻。"③

江南西路洪州、吉州、袁州等地皆有制砚业。洪州分宁县地名修口,"深土中产石,五色斑斓,全若玟瑻。石理细润,或成物像,扣之,稍有声。土人就穴中镌礲为器,颇精致,见风即劲,亦堪作砚,粗发墨"④。吉州"永福县紫金石,状类端州西坑石,而发墨过之"⑤。袁州出石砚,"分宜县江水中产石,一种色紫,稍坚而温润,扣之有声,纵广不过六、七寸许,亦罕产,不常得。土人于水中采之,磨为砚,发墨宜笔,但形制稍朴,须藉镌礲"⑥。

荆湖南路潭州出谷山砚、岳麓砚和龙牙石砚。谷山砚,"色淡青,有纹如乱丝,理慢,扣之无声,得墨快,发墨有光"⑦。岳麓砚,苏辙《法光岳麓砚》诗云:"笔端无古亦无今,翰墨淋漓非世音。要知此物非他物,云霭西山玉一寻。"⑧龙牙石砚,"潭州宁乡县,石产水中或山间,断而出之,名龙牙,石色稍紫润,堪治为砚,亦发墨,土人颇重之"⑨。

荆湖北路荆州(江陵府)、襄州、鄂州、归州、辰州、沅州等地制砚业发达。其中"荆襄鄂渚之间,有团块墨玉璞,正与端溪下岩黑卵石同,而坚缜过之,正堪作砚"⑩。鄂州武昌,有安乐宫,其瓦可制砚。据《瓮牖闲评》云:

---

① (宋)米芾:《砚史·信州水晶砚》,中华书局1985年版,第6页。
② (宋)杜绾:《云林石谱》卷下《玉山石》,载《景印文渊阁四库全书》本,第844册,台湾商务印书馆1985年版,第606页。
③ (宋)李之仪:《姑溪居士集》后集卷一四,载《景印文渊阁四库全书》本,第1120册,台湾商务印书馆1985年版,第691页。
④ (宋)杜绾:《云林石谱》卷中《修口石》,载《景印文渊阁四库全书》本,第844册,台湾商务印书馆1985年版,第595页。
⑤ (宋)朱长文:《墨池编》卷六《器用一·砚》,载《景印文渊阁四库全书》本,第812册,台湾商务印书馆1985年版,第926页。
⑥ (宋)杜绾:《云林石谱》卷下《分宜石》,载《景印文渊阁四库全书》本,第844册,台湾商务印书馆1985年版,第607页。
⑦ (宋)米芾:《砚史·潭州谷山砚》,中华书局1985年版,第4页。
⑧ (宋)高似孙:《砚笺》卷三《岳麓砚》,载《景印文渊阁四库全书》本,第843册,台湾商务印书馆1985年版,第122页。
⑨ (宋)杜绾:《云林石谱》卷下《龙牙石》,载《景印文渊阁四库全书》本,第844册,台湾商务印书馆1985年版,第606—607页。
⑩ (宋)赵希鹄:《洞天清录集·古砚辩》,中华书局1985年版,第10页。

袁文"观《武昌土俗编》载安乐宫在吴王城中,旧传此宫中古瓦皆澄泥为之,可作砚,一瓦值钱一千文。是知古瓦精致如此,不独铜雀台瓦可为砚也"①。归州有大沱石砚和绿石砚。大沱石砚,"其色青黑斑斑,其文理微粗,亦颇发墨。归峡人谓江水为沱,盖江水中石也。砚止用于川峡,人世未尝有"②。绿石砚,"理有风涛之象,纹头紧慢不等,治难平,得墨快,渗墨无光彩,色绿可爱,如贲色,澹如水苍玉"③。辰州、沅州出黑石砚,"色深黑,质粗燥,或微有小眼,黯然不分明"④。

巴蜀地区成都府路、梓州路、夔州路等地制砚业兴盛,"东西蜀以至夔州西南诸郡,多云万州悬金崖泪戎卢二州皆出石,可治为砚"⑤。

成都府路成都府、嘉州有制砚业。成都府出缸砚。苏辙曾言:"先蜀之老有姓滕者","尝以破酿酒缸为砚,极美,蜀人往往得之,以为异物"。⑥ 嘉州出石砚,元符三年(1100年)二月,嘉州李尧辨为黄庭坚琢两石,"壁皆陵夷,乃便事"⑦。

梓州路戎州(叙州)、泸州有试金石砚,"状类淄州青金石,而又在其下"⑧。

夔州路夔州、万州等地皆出石砚。夔州有黟石砚,"色黑,理干,间有墨点,如墨玉光,发墨不乏"⑨。万州有悬金崖石砚,"其色正黑,体虽润密,而色晻昧其间。亦有文如铜屑,或时有如楚石大点如荳,此最佳者,其发墨在歙石之下,叩之无声"⑩。另外,还有磁洞石砚⑪。

福建路建州、南剑州等地出石砚。建州有凤味砚、黯澹石砚和仙石砚。

---

① (宋)袁文撰:《瓮牖闲评》卷六,李伟国点校,中华书局2007年版,第99页。

② (宋)欧阳修:《欧阳修全集》卷七五《砚谱》,李逸安点校,中华书局2001年版,第1095页。

③ (宋)米芾:《砚史·归州绿石砚》,中华书局1985年版,第4页。

④ (宋)赵希鹄:《洞天清录集·古砚辩》,中华书局1985年版,第8页。

⑤ (宋)朱长文:《墨池编》卷六《器用一·砚》,载《景印文渊阁四库全书》本,第812册,台湾商务印书馆1985年版,第922页。

⑥ (宋)苏辙:《栾城集》卷一七《缸砚赋并叙》,曾枣庄、马德富校点,上海古籍出版社1987年版,第411页。或见《苏辙集》卷一七《缸砚赋并叙》,陈宏天、高秀芳校点,中华书局1990年版,第329—330页。

⑦ (宋)黄庭坚:《黄庭坚全集》别集卷一一《金岩石研说》,刘琳等校点,四川大学出版社2001年版,第1690页。

⑧ (宋)朱长文:《墨池编》卷六《器用一·砚》,载《景印文渊阁四库全书》本,第812册,台湾商务印书馆1985年版,第926页。

⑨ (宋)米芾:《砚史·夔州黟石砚》,中华书局1985年版,第4—5页。

⑩ (宋)朱长文:《墨池编》卷六《器用一·砚》,载《景印文渊阁四库全书》本,第812册,台湾商务印书馆1985年版,第926页。

⑪ 参见佚名:《砚谱·诸州砚》,中华书局1991年版,第3页。

凤味砚,深得苏轼推崇,苏曰:"建州北苑凤凰山,山如飞凤下舞之状。山下有石,声如铜铁,作砚至美,如有肤筠然,此殆玉德也。疑其太滑,然至益墨。"①黟歙石砚,"理如牛角,扣之声坚清,磨久不得墨,纵得,色变如灰"②。仙石砚,自唐代就有,北宋时仍有制作。两宋之际,汪藻作诗咏赞仙石砚,诗云:"天匠巧琢石,砚形圆带方。点生毫笔润,磨惹墨云香。"③南剑州有延平溪石砚,苏颂曾言:"延平溪石研,前此未闻。熙宁丙辰建守李侯立之得于剑津,遂以相寄云。石出水底数十仞,温润而明莹,缜密而条达。其坚不折,其廉不列,盖有玉之德焉。琢而研之,复益墨色。"④从中可知,延平溪石砚始制于北宋,颇为精良。

广南东路端州(肇庆府)是主要的制砚中心,所出端砚驰名中外,且为朝廷土贡之物,据《元丰九域志》记载:端州土贡石砚十枚。⑤ 端砚深受文人士大夫推崇,欧阳修曾言:"端石非徒重于流俗,官司岁以为贡,亦在他砚上。"⑥端州岩石主要有四类:下岩、上岩、半边岩和后砾岩,"大抵石以下岩为上,中岩、龙岩、半边山诸岩次之,上岩又次之,蚌坑最下"⑦。

广南西路桂州等地石砚颇多。桂州"桂林之石,其材中研"⑧,李石曾赞美该砚,云:"方以坚其操,平以砺其心。砚于墨圃,惟谷惟深,兹为桂之林。"⑨

三、唐宋时期制砚业的产地扩展与重心变迁

自隋唐五代至北宋时期,制砚业的地理分布在发展中出现很大变化,这种变化突出表现在两个方面。

---

① (宋)苏轼撰:《苏轼文集》卷七〇《题跋·书凤味砚》,孔凡礼点校,中华书局1986年版,第2237页。

② (宋)米芾:《砚史·建溪黟歙石》,中华书局1985年版,第5页。

③ (宋)高似孙:《砚笺》卷三《仙石砚》,载《景印文渊阁四库全书》本,第843册,台湾商务印书馆1985年版,第119页。

④ (宋)苏颂撰:《苏魏公文集》卷七二《砚铭》,王同策点校,中华书局1988年版,第1103页。

⑤ 参见(宋)王存撰:《元丰九域志》卷九《广南东路》,王文楚等点校,中华书局1984年版,第414页。

⑥ (宋)欧阳修:《欧阳修全集》卷七五《砚谱》,李逸安点校,中华书局2001年版,第1094页。

⑦ (宋)叶樾:《端溪砚谱》,中华书局1985年版,第1页。

⑧ (宋)黄庭坚:《黄庭坚全集》别集卷一一《泸州桂林石研说》,刘琳等校点,四川大学出版社2001年版,第1691页。

⑨ (宋)李石:《方舟集》卷一四《桂林砚铭》,载《景印文渊阁四库全书》本,第1149册,台湾商务印书馆1985年版,第681—682页。

1. 制砚业产地极大扩展

通过对比文献中所载隋唐五代与北宋时期制砚产地的地理分布（表48），我们可以明显地看出：北宋时期，南北区域的制砚产地都极大扩展。在北方地区，位于今陕西、甘肃、河北、河南、山东等地多个州县的制砚业取得明显进步，以今河北省为例，隋唐五代时期的制砚产地在文献记载中未见，而北宋时期有魏州大名府（北京）、沧州、定州（中山府）、邢州（信德府）、磁州、保州、滹沱河沿岸7处，增加了7处；再以今山东省为例，隋唐五代时期的制砚产地有青州1处，而北宋时期有青州、密州、登州、潍州、淄州、兖州6处，增加了5处。在南方地区，位于今安徽、浙江、江西、湖北、湖南、四川、重庆等地多个州县的制砚业取得显著发展，以今江西省为例，隋唐五代时期的制砚产地在文献记载中未见，而北宋时期有江州、饶州、信州、洪州、吉州、袁州6处，增加了6处；又以今湖北省为例，隋唐五代时期的制砚产地有襄州1处，而北宋时期有荆州（江陵府）、襄州、鄂州、归州4处，增加了3处；再以四川省和重庆市为例，隋唐五代时期的制砚产地在文献记载中未见，而北宋时期有成都府、嘉州、戎州（叙州）、泸州、夔州、万州6处，增加了6处。

表48　隋唐至北宋时期制砚产地数量对比表

地区	隋唐五代时期		北宋时期	
	地名	数量	地名	数量
北方	洛州（河南府）、虢州、青州、绛州、相州、积石军	6处	河南府（西京）、魏州大名府（北京）、京东路青州、密州、登州、潍州、淄州、兖州、京西路唐州、蔡州、河北路沧州、相州、定州（中山府）、邢州（信德府）、磁州、保州、滹沱河沿岸、永兴军路京兆府、虢州、宁州、秦凤璐成州、洮州、通远军（巩州）、河东路绛州、泽州	25处
南方	苏州、襄州、宣州、歙州、建州、泉州、端州、柳州	8处	淮南东路宿州、淮南西路寿州、濠州、两浙路苏州（平江府）、婺州、明州、温州、衢州、江南东路歙州（徽州）、江州、饶州、信州、太平州、江南西路洪州、吉州、袁州、荆湖南路潭州、荆湖北路荆州（江陵府）、襄州、鄂州、归州、辰州、沅州、成都府路成都府、嘉州、梓州路戎州（叙州）、泸州、夔州路夔州、万州、福建路建州、南剑州、广南东路端州（肇庆府）、广南西路桂州	33处

2. 制砚业重心逐渐南移

隋唐五代时期,制砚业产地分布较广,从数量统计上看,北方产地 6 处,南方产地 8 处,南方比北方具有优势。不过,需要注意的是,记载南方制砚业的史料,大多反映的是唐代中后期的情况。另据贡砚地区统计情况(表 49)看,虢州弘农郡贡砚,而虢州位于北方。由于《唐六典》《通典》反映的是唐代前期的土贡情况,《新唐书》则反映的是唐代中后期的土贡情况,所以资料表明,有唐一代,北方地区的制砚业在当时具有很大优势。虢州、青州、绛州都是重要的制砚中心,而制砚业重心仍在北方。

表 49　唐代贡砚地区统计表①

地名	资料来源		
	《唐六典》	《通典》	《新唐书》
虢州弘农郡	贡砚瓦	贡砚瓦十具	贡瓦砚

唐代中后期,南方制砚业有了较大发展,尤其是端州和歙州所出石砚日渐著名,制砚业重心逐渐南移。五代十国时期,南方制砚业持续发展,尤其是南唐统治区的歙州石砚闻名于世,制砚业重心加速南移。

北宋时期,南北各地的制砚业都有迅猛发展,北方产地 25 处,南方产地 33 处,主要的制砚中心有 13 个:京东路、河北路、永兴军路、秦凤璐、河东路、两浙路、江南东路、江南西路、荆湖北路、成都府路、梓州路、夔州路和广南东路,其中北方占 5 个,南方占 8 个。总地来看,南方具有明显优势。另据贡砚地区统计情况(表 50)看,北方的虢州、宁州,南方的端州贡砚,其中《太平寰宇记》反映的是五代至宋初的情况,《宋会要辑稿》反映的是北宋前期的情况,《元丰九域志》和《宋史》反映的则是北宋中期的情况,表面上看,北方占有优势。然而,实际情况并非如此。北宋时期,端州贡砚数量有增无减,远远要超过虢州、宁州贡砚的总和,以致端州当地砚工负担沉重,因此,宋太宗淳化二年(991 年)"夏四月庚午朔,诏罢端州岁贡石砚"②。此后不久,旋又恢复,端州贡砚数量持续增加。至宋徽宗"大观中,命广东漕臣督采端溪石研上焉。时未尝动经费,非宣和之事也。乃括二广头子钱千万,日

---

① 表中内容详见《唐六典》卷三《尚书户部》,《通典》卷六《食货六·赋税下》,《新唐书》卷三八《地理志二》。
② (宋)李焘:《续资治通鉴长编》卷三二《太宗》"淳化二年(991 年)四月庚午"条,中华书局2004 年版,第 714 页。

役五十夫,久之得九千枚,皆珍材也。时以三千枚进御,二千分赐大臣侍从,而诸王内侍,咸愿得之,诏更上千枚,余三千枚藏诸大观库"①。此外,若横向比较,从制砚产地的地理分布来看,南方比北方具有绝对优势;若纵向比较,从制砚业的发展情况来看,尤其是今江南和巴蜀地区较之唐代有极大进步。

表50　北宋时期贡砚地区统计表②

地名	资料来源				备注
	《太平寰宇记》	《元丰九域志》	《宋史》	《宋会要辑稿》	
虢州	土产砚瓦	土贡砚二十枚	贡砚		
宁州		土贡砚一十枚	贡砚	土贡钟馗石砚	《宋会要辑稿》云:"景德四年(1007年)闰五月,下诏蠲免。"
端州(肇庆府)	土产石砚	土贡石砚一十枚	贡石砚		

由上观之,北宋时期,南方制砚业,不论是产地,还是种类,都已完全超过北方,制砚业重心转移至南方,尤其是江南地区。

小　结

唐宋时期,笔墨纸砚制造业不断取得重大发展,逐渐出现空前繁荣的局面。与此同时,笔墨纸砚制造业的地理分布也发生着显著变化,而这种变化突出地表现在两个方面:其一,是制作区域向全国范围迅速扩展;其二,是生产重心向南方地区逐渐转移。

在这两大变化之中,制笔业、制墨业、造纸业和制砚业间又各有差异。

就第一方面的变化而言:北宋时期与隋唐五代时期相比,制笔区域的扩大,北方地区主要集中在今河南、山东等地,南方地区主要集中在今安徽、江苏、浙江等地;制墨区域的扩大,北方地区主要集中在今山西、河北、河南、山

---

① (宋)蔡絛撰:《铁围山丛谈》卷六,冯惠民、沈锡麟点校,中华书局1983年版,第96页。
② 表中内容详见《太平寰宇记》卷六《河南道六》、卷一五九《岭南道三》,《元丰九域志》卷三《永兴军路》、卷九《广南东路》,《宋史》卷八七《地理志三》、卷九〇《地理志六》,《宋会要辑稿》食货五六之一〇。

东等地,南方地区主要集中在今江苏、安徽、浙江、四川、重庆等地;造纸区域的扩大,北方地区主要集中在今陕西、河北、河南等地,南方地区主要集中在今安徽、江苏、浙江、江西、福建、湖北、湖南、四川、重庆、广西、广东等地;制砚区域的扩大,北方地区主要集中在今陕西、甘肃、河北、河南、山东等地,南方地区主要集中在今安徽、浙江、江西、湖北、湖南、四川、重庆等地。

就第二方面的变化而言:可以明显地看出,制笔业、制墨业、造纸业和制砚业重心南移的进程并不同步,表现出一定的差异性。

制笔业。唐代前期,制笔业重心尚在北方地区,当时的长安是最主要的制笔中心。唐代中后期,南方制笔业迅速发展,宣州成为主要的制笔中心,制笔业重心逐渐南移。五代十国时期,制笔业重心加速南移。北宋时期,尽管北方制笔业也有很大发展,东京开封府、京东路等地还是全国著名的制笔中心,但是南方淮南路、两浙路和江南东路等地制笔业的发展更为兴盛,不论是制笔产地,还是著名笔工的地理分布,都是南方具有绝对优势。至北宋中期,制笔业重心已完全转移到南方,尤其是江南地区。

制墨业。隋唐时期,制墨业不论是产地分布,还是生产质量、工匠数量,北方地区都占有绝对优势,制墨业重心显然是在北方,当时的绛州、易州、潞州等地都是著名的制墨中心。历经安史之乱、藩镇割据、黄巢起义,北方地区长期战乱,一些制墨名工迁居江南,促进了当地制墨业的发展。至唐末五代,制墨业重心遂由北方逐渐开始向南方转移,歙州日渐成为著名的制墨中心。五代十国时期,尤其江南和巴蜀地区的制墨业发展很快,制墨业重心加速南移。北宋时期,尽管北方制墨业也有很大发展,汴京、兖州(袭庆府)等地还是全国著名的制墨中心,但是就全国而言,南方制墨业,不论是产地分布、工匠人数,还是制作技术都已完全超过北方。至北宋中期,制墨业重心已从北方转移至南方,尤其是江南地区。

造纸业。隋唐时期,造纸业就制造区域和贡纸州郡的分布而言,南方比北方具有显著优势,造纸业重心已经向南方倾斜。五代十国时期,江南和巴蜀地区的造纸业发展很快,造纸业重心加速南移。北宋时期,造纸业处于历史全盛时期,南北各地均有许多造纸中心,而且北方地区的产量不小,但是就全国而言,南方造纸业比北方具有绝对优势。至北宋中期,造纸业重心已完全转移至南方,尤其是江南地区。

制砚业。唐代前期,北方地区的制砚业具有显著优势,制砚业重心仍在北方,当时的虢州、青州、绛州都是重要的制砚中心。唐代中后期,南方制砚业有了较大发展,端州和歙州日渐成为著名的制砚中心,制砚业重心逐渐南移。五代十国时期,南方制砚业持续发展,制砚业重心加速南移。北宋时期,南方制砚业,不论是产地分布,还是砚种数目,都已完全超过北方,制砚业重心完全转移至南方,尤其是江南地区。

　　虽然制笔业、制墨业、造纸业和制砚业的变迁过程各不相同,但是我们也能发现一些共同之处:第一,由唐到宋,北方笔墨纸砚制造业产地主要是向东扩展,南方笔墨纸砚制造业产地主要是向东南和西南地区扩展。第二,唐代是笔墨纸砚制造业发展的关键阶段,自唐代中后期起,南方地区制笔业、制墨业、造纸业和制砚业的发展明显加快。五代十国时期,江南和巴蜀地区的笔墨纸砚制造业更是加速发展。至北宋中期,制笔业、制墨业、造纸业和制砚业的制作重心基本上都转移到南方,尤其是江南地区。上述两个现象的出现并不是偶然的,它与唐宋时期政治、文化中心向东移动,经济重心向南移动的发展态势具有一致性。因此,可以说,笔墨纸砚制造业重心的地理变迁,在很大程度上反映着唐宋时代社会政治与经济文化的发展状况。

第四章　互动中的发展

——笔墨纸砚制造业与唐宋社会的变化

唐宋时期,笔墨纸砚制造业繁荣发展,给当时的社会带来深刻影响,而社会变化反过来也对笔墨纸砚制造业的发展产生重大作用,二者在发展中互相促进、互相影响。也正是在笔墨纸砚制造业的发展过程中,伴随着社会政治、经济、文化等的影响,"文房四宝"才逐渐形成。

第一节　唐宋社会变化对笔墨纸砚制造业发展的影响

唐宋时期,科举制度、教育制度、文官制度等的发展,对扩大笔墨纸砚消费,促进笔墨纸砚制造业的发展起着重要作用。

一、需求扩大促使笔墨纸砚成为大众消费品

1. 消费群体的扩大

隋唐五代时期,随着笔墨纸砚制造业的发展,加之书法盛行、文教发达,更加促进了笔墨纸砚的广泛使用。当时的史料笔记小说中留下了许多有关笔墨纸砚的记载。

关于笔的记载:有的涉及帝王,如苏循曾献给后唐庄宗"大笔三十管,曰'画日笔'。"[1]有的涉及高官显贵,如《大唐奇事》云:"李林甫为相初年,有一布衣诣谒之……高声自称曰:业八体书生管子文,欲见相国伸一言。林甫召之于宾馆。"语毕,"林甫坚留之不得,遂去。林甫令人暗逐之。生至南山中一石洞,其人寻亦入石洞,遽不见生,唯有故旧大笔一。其人携以白林甫,林甫以其笔置于书阁,焚香拜祝。其夕,笔忽化为一五色禽飞去,不知所之"[2]。有的涉及文人士子,如《文房四谱》记载:"石晋朝丞相赵莹布衣时,常以穷通之分祷于华岳庙。是夜梦神遗以一笔二剑,始犹未寤,既而一践廊庙,再拥节旄。"[3]有的涉及奇人术士,如《唐阙史》曰:"术士如得一故笔,可

---

① （宋）薛居正等：《旧五代史》卷六〇《唐书·苏循传》,中华书局1976年版,第812页。

② （宋）李昉等编：《太平广记》卷八二《管子文》引《大唐奇事》,中华书局1961年版,第529—530页。

③ （宋）苏易简：《文房四谱》卷一《笔谱上·四之杂说》,中华书局1985年版,第21—22页。

令于都市中代其受刑,术者即解化而去,谓之'笔解'。"①有的涉及下层民众,如《纂异记》云:"有傩马生贫甚,遇人与虎毛红管笔一枝,曰:'所须但呵笔,必得之。夫妻之外令一人知,则殆矣。'时方盛行凝烟帐、风篁扇,皆呵笔而得之。一日晚饭,思兔头羹,连呵取数盘,夫妻不能尽,以与邻家。自是笔虽存,呵之无效。"②

关于墨的记载:有的涉及帝王,如《陶家瓶余事》云:"(唐)玄宗御案墨曰龙香剂。一日见墨上有小道士如蝇而行,上叱之,即呼'万岁',曰:'臣,墨之精,黑松使者也。凡世人有文者,其墨皆有龙宾十二。'上神之,乃以墨分赐掌文官。"③有的涉及文武公卿,如《大唐龙髓记》曰:"卢杞与冯盛相遇于道路,各携一囊。杞发盛囊,有墨一枚。杞大笑,盛正色曰:'天峰煤和针鱼脑,入金溪子手中,录《离骚》古本,比公日提缤文刺三百,为名利奴,顾当孰胜?'已而,搜杞囊,果有三百刺。"④有的涉及宫中女眷,如《大业拾遗记》云:隋炀帝"宫女争画长蛾,司宫吏日给螺子黛五斛,号'蛾绿子'"⑤。有的涉及文人士子,如《大唐龙髓记》曰:"许芝有妙墨八厨,巢贼乱,瘗于善和里第。事平取之,墨已不见,惟石莲匣存焉。"⑥有的涉及普通民众,如《西阳杂俎》记载:"百姓间有面戴青痣如黥,旧言妇人在草蓐亡者,以墨点其面,不尔,则不利后人。"⑦

关于纸的记载:有的涉及帝王,如《杨太真外传》云:唐玄宗与杨贵妃赏牡丹,"遽命(李)龟年持金花笺,宣赐翰林学士李白立进《清平乐词》三篇"⑧。有的涉及宫中女眷,如《杜阳杂编》记载:唐德宗"建中二年(781年),南方贡朱来鸟,形有类于戴胜,而红觜绀尾,尾长于身。巧解人语,善别人意。其音清响,闻于庭外数百步。宫中多所怜爱","一日为巨雕

---

① (宋)苏易简:《文房四谱》卷一《笔谱上·四之杂说》引《唐阙史》,中华书局1985年版,第17页。

② (后唐)冯贽撰:《云仙散录·兔头羹》引《纂异记》,张力伟点校,中华书局2008年版,第68页。

③ (后唐)冯贽撰:《云仙散录·黑松使者》引《陶家瓶余事》,张力伟点校,中华书局2008年版,第19页。

④ (后唐)冯贽撰:《云仙散录·缤文刺》引《大唐龙髓记》,张力伟点校,中华书局2008年版,第52页。

⑤ 佚名:《锦绣万花谷》前集卷三二《墨》,载《景印文渊阁四库全书》本,第924册,台湾商务印书馆1985年版,第411—412页。

⑥ (后唐)冯贽撰:《云仙散录·善和瘗墨》引《大唐龙髓记》,张力伟点校,中华书局2008年版,第81页。

⑦ (唐)段成式撰:《西阳杂俎》前集卷八《黥》,方南生点校,中华书局1981年版,第79页。

⑧ (宋)乐史:《杨太真外传》卷上,载丁如明辑校:《开元天宝遗事十种》,上海古籍出版社1985年版,第136页。

所搏而毙,宫中无不歔欷","内人有善书者,于金华纸上为朱来鸟写《多心经》"。① 有的涉及高官显贵,如《凤池编》曰:"杨炎在中书,后阁糊窗用桃花纸,涂以冰油,取其明甚。"②有的涉及一般官员,如《因话录》云:河南尹孔温裕"任补阙日,谏讨党项事,贬郴州司马……一日有鹊喜于庭,直若语状,孙稚拜且祝云:'愿早得官。'鹊既飞去,坠下方寸纸,有补阙二字,极异之。无几,却除此官"③。有的涉及文人士子,如《童子通神录》曰:"姜澄十岁时,父苦无纸。澄乃烧糠协竹为之纸,以供父。澄小字洪儿,乡人号'洪儿纸'。"④

关于砚的记载:有的涉及帝王,如《开元天宝遗事》云:唐代"内库中有七宝砚炉一所,曲尽其巧。每至冬寒砚冻,置于炉上,砚冰自消,不劳置火。冬月帝(指唐玄宗——作者按)常用之。"⑤有的涉及文武公卿,如《旧唐书》记载:唐僖宗时,郑畋、卢携同为相,在议黄巢事时起争执,"携怒,拂衣而起,袂染于砚,因投之"⑥。有的涉及宫中女眷,如《开元传信记》云:

上(指唐玄宗——作者按)所幸美人,忽梦人邀去,纵酒密会,任饮尽而归,归辄流汗,倦怠忽忽。后因从容尽白于上,上曰:"此必术人所为也,汝若复往,但随宜以物识之。"其夕熟寐,飘然又往。半醉,见石砚在前,乃密印手文于曲房屏风上,悟而具启上。上乃潜以物色,令于诸宫观求之。异日,于东明观得其屏风,手文尚在,道士已遁矣。⑦

有的涉及文人士子,如《北梦琐言》曰:"郑朗覆落,甚不得志,其几案之砚忽作数声。时洪法师在上座,曰:'有声价之象。'朗果后入台辅。"⑧又如

---

① (唐)苏鹗:《杜阳杂编》卷上,载《丛书集成初编》本,第2835册,中华书局1985年版,第8页。

② (后唐)冯贽撰:《云仙散录·油饰窗》引《凤池编》,张力伟点校,中华书局2008年版,第46页。

③ (唐)赵璘:《因话录》卷六,载《唐国史补·因话录》,上海古籍出版社1979年版,第118页。

④ (后唐)冯贽撰:《云仙散录·洪儿纸》引《童子通神录》,张力伟点校,中华书局2008年版,第69页。

⑤ (五代)王仁裕撰:《开元天宝遗事》卷上《天宝上·七宝砚炉》,曾贻芬点校,中华书局2006年版,第20页。

⑥ (后晋)刘昫等:《旧唐书》卷一七八《郑畋传》,中华书局1975年版,第4633页。

⑦ (唐)郑綮:《开元传信记》,载丁如明辑校《开元天宝遗事十种》,上海古籍出版社1985年版,第59页。

⑧ (唐)白居易原本,(宋)孔传续:《白孔六帖》卷一四《笔砚》引《北梦琐言》,载《景印文渊阁四库全书》本,第891册,台湾商务印书馆1985年版,第237页。

《金溪记》云："侯道昌因雨置龟头砚于檐下,承溜以涤之,俄而滴破砚,砚中出白影珠十颗。有患目者,煮珠水洗之,皆验。"①

从上述史料笔记小说的记载中可以发现共同点,即是上至帝王公卿,下至普通民众,不同社会阶层和群体都需消费笔墨纸砚,此间的消费群体已显著扩大。

由唐到宋,笔墨纸砚消费群体进一步扩大。在此,仅以唐宋时期参加科考的人数为例进行考察。

唐代,每年士子应举人数大约为数千人。② 如《通典·选举三·历代制下》记载:"开元以后,四海晏清,士无贤不肖,耻不以文章达,其应召而举者,多则二千人,少犹不减千人,所收百才有一。"③而韩愈在贞元十九年(803年)《论今年权停举选状》中云:"今京师之人,不啻百万;都计举者不过五七千人。"④

宋代,随着科举改革的深入和科举制度的发展,每年参加科考的人数迅速增长。如宋太祖前期,每次参加省试的举人数只不过2000人左右。宋太宗时的第一次贡举(977年),已增至5300人。宋真宗时的第一次贡举(998年),又达到近2万人,大大超过了唐代科举全盛时期各色举人的总和。当时全国仅参加发解试的士人,就有10万人。宋仁宗时,参加省试的举人是7000人,全国仅参加发解试的士人就达42万人左右。宋宁宗时,如果将全国应举和准备应举的读书人都统计在内,人数可能接近百万。⑤

从上可见,由唐到宋,参加科考的士人迅猛增长,他们作为笔墨纸砚消费的主要群体之一,直接促进着笔墨纸砚消费的扩大。

2. 消费领域的扩展

由唐到宋,笔墨纸砚消费领域不断扩展,仅以纸的消费为例来看。

隋唐五代时期,纸的应用范围甚广,除官方公文、整理图书、印刷用纸等外,诗赋、书法、绘画、写经、医疗、日常生产生活等方面都已离不开用纸。官府文书方面,"贞观中,太宗诏用麻纸写敕诏。高宗以白纸多虫蛀,尚书省

---

① (后唐)冯贽撰:《云仙散录·龟头砚》引《金溪记》,张力伟点校,中华书局2008年版,第135页。

② 详见宁欣:《唐代长安流动人口中的举选人群体——唐代长安流动人口试析之一》,《中国经济史研究》1998年第1期,第95页;或见《唐代都城社会结构研究——对城市经济与社会的关注》,商务印书馆2009年版,第156—157页。

③ (唐)杜佑撰:《通典》卷一五《选举三》,王文锦等点校,中华书局1988年版,第357页。

④ (唐)韩愈撰:《韩昌黎文集校注》卷八,马其昶校注,上海古籍出版社1986年版,第587页。

⑤ 详见何忠礼:《科举与宋代社会》,商务印书馆2006年版,第76—78页。

颁下州县,并用黄纸"①。写诗作赋方面,如《非烟传》记载:非烟以金凤笺写诗遗(赵)象,象"以剡溪玉叶纸赋诗以谢"②。写经方面,硬黄纸,"唐人用以书经"③。医疗方面,《本草拾遗》云:"印纸剪取印处烧灰水服,令人绝产。"④日常生活方面,用纸记账、作窗纸、纸阁、纸屏风、纸衣、纸帽、纸袄、纸帐、纸被、纸鸢、纸钱、纸马、纸驴,乃至造纸箭、纸铠等。

宋代,纸的应用范围更加广泛。⑤ 不论是朝廷的诏敕制书,还是官员的表章奏启,抑或是官私的契约文书、书法绘画以及诗词文赋等方面,纸的消费量都很大。此外,礼仪用帖、公私图书、雕版印刷、宗教祭祀、社会生产、日常生活、军用装备等方面都需大量使用纸张。

礼仪用帖方面,如纸名帖,在宋代非常流行,分拜访名帖与节日贺帖等。拜访名帖,既有文人士大夫使用,如苏辙诗云:"东都多名卿,投刺日盈笈"⑥、"成都多游士,投谒密如栉"⑦;也有僧道使用,如《清波杂志》曰:"元祐间虽僧道谒刺,亦大书'谨祇候起居某官,伏听处分',或云'谨状'。"⑧节日贺帖,如《癸辛杂识》云:"节序交贺之礼,不能亲至者,每以束刺金名于上,使一仆遍投之,俗以为常。"⑨

宗教祭祀方面,如《无上黄箓大斋立成仪》记载:"镇十方纸墨笔砚一十副"中"纸每方用一十二幅"⑩,启告玄穹需要用"纸一百张,笔墨砚各一副"⑪。

① (后唐)冯贽撰:《云仙杂记》卷九《黄纸写敕》,载《云仙散录》,张力伟点校,中华书局 2008 年版,第 189 页。

② (宋)李昉等编:《太平广记》卷四九一《非烟传》,中华书局 1961 年版,第 4034 页。

③ (宋)赵希鹄:《洞天清录集·硬黄纸》,中华书局 1985 年版,第 18 页;魏华仙:《宋代纸消费特点初探》,《文史杂志》2005 年第 2 期;范建宏:《宋代河北地区制作的一种澄泥砚》,《文物春秋》2004 年第 3 期。

④ (宋)苏易简:《文房四谱》卷四《纸谱·三之杂说》引《本草拾遗》,中华书局 1985 年版,第 57 页。

⑤ 参见魏华仙:《宋代纸消费特点初探》,《文史杂志》2005 年第 2 期,第 36—39 页。

⑥ (宋)苏辙:《栾城集》卷九《次韵答陈之方秘丞》,曾枣庄、马德富校点,上海古籍出版社 1987 年版,第 203 页。或见《苏辙集》卷九《次韵答陈之方秘丞》,陈宏天、高秀芳校点,中华书局 1990 年版,第 164 页。

⑦ (宋)苏辙:《栾城集》卷三《送张公安道南都留台》,曾枣庄、马德富校点,上海古籍出版社 1987 年版,第 68 页。或见《苏辙集》卷三《送张公安道南都留台》,陈宏天、高秀芳校点,中华书局 1990 年版,第 55 页。

⑧ (宋)周辉撰:《清波杂志校注》卷一一《书札过情》,刘永翔校注,中华书局 1994 年版,第 479 页。

⑨ (宋)周密撰:《癸辛杂识》前集《送刺》,吴企明点校,中华书局 1988 年版,第 35 页。

⑩ (宋)蒋叔舆编:《无上黄箓大斋立成仪》卷一《仪范门·建斋总式》,载《道藏》第 9 册,文物出版社、上海书店、天津古籍出版社影印本 1988 年版,第 382 页。

⑪ (宋)蒋叔舆编:《无上黄箓大斋立成仪》卷一〇《章奏门·启告玄穹章》,载《道藏》第 9 册,文物出版社、上海书店、天津古籍出版社影印本 1988 年版,第 434 页。

社会生产方面,纸用于养蚕,张弋有"替纸蚕生遍,修巢燕立危"①之诗句。

日常生活方面,用纸记账、作窗纸、纸阁、纸灯、纸屏风、纸衣、纸冠、纸枕、纸袄、纸帐、纸被(纸衾)、纸扇、纸伞、纸牌、纸冥器、纸鸢、纸鹞、纸鸦、剪纸、包装及广告、厕纸等。②《文房四谱》中记载有造纸衣法,"每一百幅,用胡桃、乳香各一两,煮之,不尔,蒸之亦妙。如蒸之,即恒洒乳香等水,令热熟阴干,用箭干横卷而顺蹙之,然患其补缀繁碎"。并且当时"黟歙中有人造纸衣段,可如大门阔许"③。宋人诗文中对纸用品多有记录,如陆游《谢朱元晦寄纸被》之二诗云:"纸被围身度雪天,白于狐腋软于绵。放翁用处君知否? 绝胜蒲团夜坐禅。"④杨杰《山房枕上作》诗云:"十里溪源寻未见,忽逢茅屋白云堆。竹床纸帐睡心稳,无奈野猿惊觉来。"⑤

3. 消费量的增大

由唐到宋,随着消费群体的扩大,消费领域的扩展,笔墨纸砚消费量与日俱增,逐渐成为大众消费品。以用纸量为例来看。

唐代,"纸笔费是国家行政费用的大宗"⑥,而史籍中对此记载不多。通过敦煌吐鲁番出土的请纸文书,我们可以管窥唐代诸司的用纸情况。大谷文书5840号《开元十六年(728年)请纸文书》云:

[第一纸]

1.　　　　开元十六年八月十六日典 渠　　思 忠牒
2.　　　　　首领阙侯斤朱耶波德
[第二纸]
10. 八月　　日　史李艺牒
11.　　　　朱耶部落所请次案共
12.　　　　壹伯张,状来,捡到不
13.　　　　虚,记。咨,沙安白。

---

①　北京大学古文学研究所编:《全宋诗》卷二八二二《莫春》,第54册,北京大学出版社1998年版,第33625页。

②　详见王菊华主编:《中国古代造纸工程技术史》,山西教育出版社2006年版,第240—249页。

③　(宋)苏易简:《文房四谱》卷四《纸谱·三之杂说》,中华书局1985年版,第55页。

④　(宋)陆游:《剑南诗稿校注》卷三六,钱仲联校注,上海古籍出版社1985年版,第2350页。

⑤　北京大学古文学研究所编:《全宋诗》卷六七六,第12册,北京大学出版社1993年版,第7879页。

⑥　李锦绣:《唐代财政史稿》第3册,社会科学文献出版社2007年版,第225页。

［第三纸］

28. 案为朱耶部落检领纸到事。

［第四纸］

1. 兵曹

2.　　　　纸伍伯张前后领足，杜成。

3.　　　案纸伍伯张

4.　　　　右须上件纸行下警固文牒，请处分。

5. 牒，件状如前，谨牒。

6.　　　　　　开元十六年八月　日　府　杜成牒

［第五纸］

15.　　　　兵曹司缘警固请纸

16.　　　　准数分付取领。咨，沙安白。①

这件文书是对朱耶部落请纸及兵曹请行下警固文牒纸的处分案。从中可见，仅西州朱耶部落一次就请次案纸 100 张，兵曹司缘警固请案纸 500 张。另据如白居易《醉后走笔酬刘五主簿长句之赠兼简张大贾二十四先辈昆季》诗云："月惭谏纸二百张。"②可知每位谏官每月支给谏纸 200 张。由此可以想见，唐代整个国家一年的行政用纸支出必然数量巨大。

官方整理图书方面，"四库之书，两京各二本，共二万五千九百六十卷，皆以益州麻纸写"③；集贤殿书院需"太府月给蜀郡麻纸五千番"④；大中四年（850 年）二月，集贤院奏称，"大中三年（849 年）正月一日以后至年终，写完贮库及填阙书籍三百六十五卷，计用小麻纸一万一千七百七张"⑤。

教育方面，弘文馆、崇文馆等学习儒经的学生也须学书，"日纸一幅"⑥。

私人藏书量方面，如韩愈《送诸葛觉往随州读书》诗云："邺侯（指随州刺史李繁）家多书，插架三万轴。"⑦杜牧《冬至日寄小侄阿宜诗》云："第中

---

① 龙谷大学佛教文化研究所编：《大谷文书集成》3，法藏馆 2003 年版，第 209—210 页。

② （唐）白居易：《白居易集》卷一二，顾学颉校点，中华书局 1999 年版，第 230 页。或见（唐）白居易：《白居易集笺校》卷一二，朱金城笺校，上海古籍出版社 1988 年版，第 637 页。又见谢思炜：《白居易诗集校注》卷一二，中华书局 2006 年版，第 910 页。

③ （唐）李林甫等撰：《唐六典》卷九《集贤殿书院》，陈仲夫点校，中华书局 1992 年版，第 280 页。

④ （宋）欧阳修、宋祁：《新唐书》卷五七《艺文志一》，中华书局 1975 年版，第 1422 页。

⑤ （宋）王溥：《唐会要》卷三五《经籍》，上海古籍出版社 1991 年版，第 753 页。

⑥ （宋）欧阳修、宋祁：《新唐书》卷四四《选举志上》，中华书局 1975 年版，第 1160 页。

⑦ （唐）韩愈：《韩昌黎诗系年集释》卷一二，钱仲联集释，上海古籍出版社 1984 年版，第 1272 页。

无一物，万卷书满堂。"①

此外，官私写经方面，用纸量也极大。以唐代咸亨至仪凤年间的宫廷写经为例，敦煌藏经洞出土有数十件，有关学者对这些宫廷写经已有专门探讨。② 这些宫廷写经系《金刚般若波罗蜜经》和《妙法莲华经》，《金刚般若波罗蜜经》一卷用纸 12 张，《妙法莲华经》七卷用纸 137 张，二者合计共用纸 149 张，当时各抄写了 3000 部，共 24000 卷，抄好后需纸 447000 张（尚不计"兑""废"者在内）。③ 由此可以想见，隋唐五代时期，官私写经极盛，所费纸张恐怕难以计数。

宋代，用纸量更大。仅北宋崇宁元年（1102 年）印盐钞一项，户部就上言："乞于东南出纸州军造一等抄纸，预行买发三年，准备泛给钞纸计六百八十四万张。"④而官方整理、编纂图书也要消费大量纸张，仅以北宋初期为例，当时官修《太平广记》五百卷、《太平御览》一千卷、《文苑英华》一千卷、《册府元龟》一千卷。至嘉祐六年（1061 年），"三馆、秘阁上所写黄本书六千四百九十六卷，补白本书二千九百五十四卷"⑤。官府藏书数量颇大，如"三馆秘阁所藏之书，皆分经史子集四类，昭文馆三万八千二百九十一卷，史馆四万一千五百五十三卷，集贤院四万二千五百五十四卷，秘阁一万五千七百八十五卷"⑥。私家藏书，如徐度"所见藏书之富者"，有南都应天府王仲至侍郎家，"其目至四万三千卷"⑦。文人士大夫用纸量也很大，如潘凤曾

---

① （唐）杜牧：《樊川文集》卷一，上海古籍出版社 1978 年版，第 9 页。或见（唐）杜牧著，（清）冯集梧注：《樊川诗集注》卷一，上海古籍出版社 1978 年版，第 60 页。又见吴在庆：《杜牧集系年校注》，中华书局 2008 年版，第 81 页。

② 详见［日］藤枝晃：《敦煌出土の長安宮廷寫經》，载《佛教史學論集·塚本博士頌壽記念》，塚本博士頌壽記念會 1961 年版，第 647—667 页。赵和平：《武则天为已逝父母写经发愿文及相关敦煌写卷综合研究》，《敦煌学辑刊》2006 年第 3 期，第 1—22 页；《两件高宗、武则天时代"敦煌藏经洞出宫廷写经"辨伪》，《敦煌研究》2006 年第 6 期，第 146—148 页；《唐代咸亨至仪凤中的长安宫廷写经》，载增勤主编：《长安佛教的历史演进与传播》下，陕西师范大学出版总社有限公司 2010 年版，第 319—337 页。陈涛：《日本杏雨书屋藏唐代宫廷写经略说》，《中国历史文物》2010 年第 5 期，第 11—16 页。

③ 详见赵和平：《唐代咸亨至仪凤中的长安宫廷写经》，载增勤主编：《长安佛教的历史演进与传播》下，陕西师范大学出版总社有限公司 2010 年版，第 336 页。

④ （清）徐松辑：《宋会要辑稿》食货二四之三五，中华书局影印本 1957 年版，第 5212 页。

⑤ （宋）程俱撰：《麟台故事校证》卷二中《书籍》，张富祥校证，中华书局 2000 年版，第 269 页。

⑥ （宋）江少虞：《宋朝事实类苑》卷三一《词翰书籍·藏书之府十一》，载《景印文渊阁四库全书》本，第 874 册，台湾商务印书馆 1985 年版，第 266 页。上海古籍出版社本与此不同，作"三馆秘阁所藏之书，皆分经史子集四类，昭文馆三万八千二百九十一卷，史馆四万一千五百五十三千余字，录为六卷以进"（第 394 页），疑缺漏，故不用。

⑦ （宋）徐度：《却扫编》卷下，载朱易安、傅璇琮等主编：《全宋笔记》第三编（十），大象出版社 2008 年版，第 175 页。

寄纸三百番给梅尧臣,梅作《潘歙州寄纸三百番石砚一枚》①诗一首;又如黄庭坚《与敦礼秘校帖二》云:"承佳篇须蜀纸,今送三百,此乃自令浣花王家作者。"②

二、社会变化引起笔墨纸砚形制革新

由唐到宋,社会风尚、文人喜好等消费需求更趋多元化,笔墨纸砚制作因应这种变化,原料、技术、种类、形制不断革新。关于原料及技术的传承与革新已在第二章中详述,兹不赘言。

隋唐五代时期,受科举取仕等因素影响,笔墨纸砚对文人更加重要,它往往与文人的仕途、命运紧密联系在一起,文人士子常在诗文中用笔墨纸砚来表达情感,如储光羲《舟中别武金坛》诗云:"纸笔亦何为,写我心中冤。"③韦应物《温泉行》诗云:"出身天宝今年几,顽钝如锤命如纸。作官不了却来归,还是杜陵一男子。"④白居易《题座隅》诗云:"幸因笔砚功,得升仕进途。"⑤储嗣宗《宿山馆》诗云:"自怜千万里,笔砚寄生涯。"⑥杜荀鹤《秋日湖外书事》诗云:"十五年来笔砚功,祗今犹在苦贫中。"⑦正因如此,文人对选用文具相当讲究,如柳公权"有笔偈曰:'圆如锥,捺如凿。只得入,不得却。'义是一毛出,即不堪用"⑧。在《谢人惠笔帖》中,柳公权又云:"近蒙寄笔,深荷远情。虽毫管甚佳,而出锋太短。伤于劲硬,所要优柔。出锋须长,择毫须细。管不在大,副切须齐。副齐则波磔有冯,管小则运动省力,毫细则点画无失,锋长则洪润自由……后有管小锋长者,望惠一二管,即为妙矣。"⑨

---

① (宋)梅尧臣:《梅尧臣集编年校注》卷二五《潘歙州寄纸三百番石砚一枚》,上海古籍出版社 1980 年版,第 806 页。

② (宋)黄庭坚:《黄庭坚全集》别集卷一七,刘琳等校点,四川大学出版社 2001 年版,第 1833 页。

③ (清)彭定求等编:《全唐诗》卷一三七,中华书局 1979 年版,第 1392 页。

④ (唐)韦应物:《韦应物集校注》卷九,陶敏、王友胜校注,上海古籍出版社 1998 年版,第 556 页。或见孙望:《韦应物诗集系年校笺》卷一,中华书局 2002 年版,第 64 页。

⑤ (唐)白居易:《白居易集》卷七,顾学颉点校,中华书局 1999 年版,第 141 页。或见《白居易集笺校》卷七,朱金城笺校,上海古籍出版社 1988 年版,第 395 页。又见谢思炜:《白居易诗集校注》卷七,中华书局 2006 年版,第 633 页。

⑥ (清)彭定求等编:《全唐诗》卷五九四,中华书局 1979 年版,第 6884 页。

⑦ (清)彭定求等编:《全唐诗》卷六九二,中华书局 1979 年版,第 7957 页。

⑧ (宋)钱易撰:《南部新书》丁,黄寿成点校,中华书局 2002 年版,第 45 页。

⑨ (宋)吴曾:《能改斋漫录》卷一四《类对·柳公权谢惠笔帖》,上海古籍出版社 1979 年版,第 433 页。

宋代，笔墨纸砚对文人更加重要，"士之仕，皆系文房"①，因而文人认为："文房之友非士君子器乎?"②时人将笔砚"比君子筹策"③。正因为文人讲究笔墨纸砚的选用，故而出现品评之风，多以评墨和评砚为主。宋人评墨，看法各不相同，如蔡襄曰："墨贵老，久而胶尽也，故以古为称。"④苏轼云："世人论墨多贵其黑，而不取其光。光不黑，固为弃物。若黑而不光，索然无神采，亦复无用。要使其光清而不浮，湛湛如小儿目睛，乃为佳也。"⑤陈槱《负暄野录》则记载："世俗评墨诀云:拈着轻，嗅着馨，磨着清。此亦非真知墨者，盖墨质贵重实，轻则不坚，色贵光黑，清则不浓。又墨之香者多使脑麝，好恶初不在此，具生蒸腐。今其所论，皆非佳墨所宜。"⑥宋人评砚，见解各异，唐询《砚录》中将青州红丝石砚列为天下第一;⑦欧阳修认为："红丝砚，诚发墨，若谓胜端石，则恐过论"⑧，而"端溪以北岩为上，龙尾以深溪为上。较其优劣，龙尾远出端溪上";⑨邵博则云："端石如德人，每过于为厚，或廉于才，不能无底滞;歙石如俊人，遇人辄倾倒，类失之轻，而遇事风生，无一不厌足人意。能兼其才地，则为绝品。又涤端石，竟日屡易水，其渍卒不尽除;歙石一濯即莹彻无留墨，亦一快耳。"⑩蔡襄曰："东州可谓多奇石，红丝、黑角、黄玉、褐色凡四种，皆可作研……端岩龙尾不得独步于当世"，"青州石末研，受墨而费笔;龙尾石得墨迟，而久不燥;罗文石起墨，过龙尾。端溪龙窟岩紫石又次之。古瓦类石末，过无足议也"⑪;陈槱认为:"砚以端溪为最，次则洮河，又次则古歙，又次则剑溪。此外，如淮安辰溪诸

---

① （宋）林洪:《文房职方图赞》，中华书局1991年版，第1页。
② （宋）陈元靓:《事林广记》戊集卷五《艺圃须知》，中华书局影印本1998年版，第384页。
③ （宋）陈应行:《吟窗杂录》卷三《总论例物象》，王秀梅整理，中华书局1997年版，第191页。
④ （宋）蔡襄撰:《蔡襄全集》卷三一《文房杂评（一作文房四说）》，陈庆元等校注，福建人民出版社1999年版，第700页。
⑤ （宋）祝穆:《古今事文类聚》别集卷一四《文房四友部·墨》，载《景印文渊阁四库全书》本，第927册，台湾商务印书馆1985年版，第750页。
⑥ （宋）陈槱:《负暄野录》卷下《俗论笔墨》，中华书局1985年版，第11页。
⑦ 参见（宋）唐询:《砚录》，载桑行之等编:《说砚》，上海科技教育出版社1994年版，第316页。
⑧ （宋）欧阳修:《欧阳修全集》卷一四八《书简卷五·与蔡忠惠公君谟三通之二》，李逸安点校，中华书局2001年版，第2430页。
⑨ （宋）欧阳修:《欧阳修全集》卷七五《砚谱》，李逸安点校，中华书局2001年版，第1094页。
⑩ （宋）邵博撰:《邵氏闻见后录》卷二八，刘德权、李剑雄点校，中华书局1983年版，第217页。
⑪ （宋）蔡襄撰:《蔡襄全集》卷三一《文房杂评（一作文房四说）》，陈庆元等校注，福建人民出版社1999年版，第701页。

郡,虽亦有之,然皆不足俎豆其间",至于澄泥瓦砚、砖碟砚、漆砚等,"大抵皆非砚之正材"。① 宋代文人品评之风中的差异性,恰恰反映着此间消费需求的多元化。

为了能满足个性的消费需求,宋代文人士大夫中还有自制笔墨纸砚者,尤以制墨和砚者为多,且所制墨的质量有时并不亚于专业工匠,如苏澥,字浩然,本度支郎中舜元之子,"为秘阁校理,自号'支离居士',喜造墨,所制皆作松纹绉皮,而坚致如玉石"②。宋神宗时,"高丽人入贡,奏乞浩然墨,诏取其家。浩然止以十笏进呈,其自珍秘盖如此。世人有获其寸许者,如断金碎玉,争相夸玩"③。另如晁季一所制墨,"铭曰'晁季一寄寂轩造者',不减潘陈",而贺方回、张秉道、康为章等人,亦"皆能精究和胶之法",其所制墨"皆如犀璧"。④ 又如刘羲叟自制澄泥砚,欧阳修云:"《文房四谱》有造瓦砚法,人罕知其妙。向时有著作佐郎刘羲叟者,尝如其法造之,绝佳。砚作未多,士大夫家未甚有,而羲叟物故,独余尝得其二,一以赠刘原父,一余置中书阁中,尤以为宝也。"⑤

此外,宋代文人士大夫尤好蓄藏墨、砚等,如《东坡志林》云:"近时世人好蓄茶与墨,闲暇辄出二物校胜负,云茶以白为尚,墨以黑为胜。予既不能校,则以茶校墨,以墨较茶,未尝不胜也。"⑥又如《春渚纪闻》云:"丁晋公好蓄瑰异,宰衡之日,除其周旋为端守,属求佳砚。其人至郡,前后所献几数百枚,皆未满公意。"其后,砚工自潭中得一石子,"中剖之为二砚,亟送其一,公得之喜甚"⑦。再如《鹤林玉露》记载:"徐渊子诗云:'俸余拟办买山钱,却买端州古砚砖。依旧被渠驱使在,买山之事定何年?'刘改之贺其除直院启云:'以载鹤之船载书,入觐之清标如此;移买山之钱买砚,平生之雅好可知。'"⑧更有甚者,嗜墨、嗜砚成癖。如司马光和晁季一等人,"洪觉范云:

① (宋)陈槱:《负暄野录》卷下《论砚材》,中华书局1985年版,第14—15页。
② (元)陆友:《墨史》卷中《宋》,中华书局1985年版,第35页。
③ (宋)何薳撰:《春渚纪闻》卷八《记墨·苏浩然断金碎玉》,张明华点校,中华书局1983年版,第126页。
④ (宋)何薳撰:《春渚纪闻》卷八《记墨·寄寂堂墨如犀璧》,张明华点校,中华书局1983年版,第126页。
⑤ (宋)欧阳修:《欧阳修全集》卷七五《砚谱》,李逸安点校,中华书局2001年版,第1095页。
⑥ (宋)苏轼:《东坡志林》卷一〇,载《景印文渊阁四库全书》本,第863册,台湾商务印书馆1985年版,第85页。
⑦ (宋)何薳撰:《春渚纪闻》卷九《记砚·丁晋公石子砚》,张明华点校,中华书局1983年版,第134页。
⑧ (宋)罗大经撰:《鹤林玉露》甲编卷四《买砚诗》,王瑞来点校,中华书局1983年版,第61页。

司马温公无所嗜好,独蓄墨数百斤"①,而"晁季一生无它嗜,独见墨丸,喜动眉宇"②。又如:"南昌陈省躬,好砚成癖。"③"寇昌龄嗜砚墨得名,晚居徐,守问之,曰:'墨贵黑,砚贵发墨。'守不解,以为轻己。"④再如黄成伯"以嗜研求为婺源簿",后得一佳砚,"涵星研,龙尾溪石,风字样,下有二足,琢之甚薄","用之至灰埃垢积,经月不涤而磨墨如新",⑤堪称胜绝。实际上,墨癖、砚癖体现着一定的鉴赏能力与审美情趣,乃至文人自己的道德取向。不论是蓄藏之风,还是墨癖、砚癖,都反映出宋代文人士大夫在关注笔墨纸砚实用价值的同时,非常重视笔墨纸砚的艺术价值,消费需求显然更加多元化。因此,笔墨纸砚制作受此影响,种类、形制不断革新。

以制笔为例,唐代,鸡距笔流行,且已有散卓笔。北宋时期,仍用鸡距笔,而散卓笔盛行。然而,散卓笔的种类已经变化,分无心散卓笔和有心散卓笔两种。至于笔的形制,也是不断革新。蔡絛《铁围山丛谈》记载:

> 幼岁当元符、崇宁时,与米元章辈士大夫之好事者争宝爱,每遗吾诸葛氏笔,又皆散卓也。及大观间(1107—1110年)偶得诸葛笔,则已有黄鲁直样作枣心者。鲁公不独喜毛颖,亦多用长须主簿,故诸葛氏遂有鲁公羊毫样,俄为叔父文正公又出观文样。既数数更其调度,繇是奔走时好,至与挈竹器,巡闾阎,货锥子,入奴台,手妙圭撮者,争先步武矣。⑥

又以制砚为例,隋唐时期,陶砚、瓷砚盛行。唐代中后期,石砚日渐流行并已开始讲究石材,当时的石质砚材计有端石、歙石、仙石、天坛石、玳瑁石、灵壁石、九日石、龟头石、稠桑石、钟馗石、滩哥石、栗冈石、红紫石等类,尤以

① (元)陆友:《研北杂志》卷下,载《景印文渊阁四库全书》本,第866册,台湾商务印书馆1985年版,第601页。
② (宋)何薳撰:《春渚纪闻》卷八《记墨·寄寂堂墨如犀璧》,张明华点校,中华书局1983年版,第126页。
③ (宋)陶榖:《清异录》卷下《文用门·仙翁砚》,载朱易安、傅璇琮等主编:《全宋笔记》第一编(二),大象出版社2003年版,第89页。
④ (宋)陈师道撰:《后山谈丛》卷二《寇昌龄论砚墨》,李伟国校点,中华书局2007年版,第31页。
⑤ (宋)何薳撰:《春渚纪闻》卷九《记砚·龙尾溪研不畏尘垢》,张明华点校,中华书局1983年版,第141页。
⑥ (宋)蔡絛撰:《铁围山丛谈》卷五,冯惠民、沈锡麟点校,中华书局1983年版,第94—95页。

端歙二种石质最受重视。① 北宋时期,陶砚、瓷砚逐渐少见,石砚盛行。宋人普遍偏好石砚,苏轼曾言:青州石末砚(即澄泥砚)"凡物耳,无足珍者。盖出陶灶中,无泽润理","岂砚材乎?""以瓦为砚,如以铁为镜","砚当用石,如镜用铜,此真材本性也"。② 由唐到宋,石砚的逐渐兴盛,也与"中唐以后,石癖作为一种'嗜'和'癖'的形式"③已经出现,而北宋时期,文人"不再把石头仅仅看成是自然界中的原生之物。他们更倾向把无生命的石头当作人文历史来解读"④密切相关。

与此同时,石砚的形制由唐代的数种发展到宋代的数十种。米芾《砚史》中记述了唐宋时期砚式的变革,云:

> 其后至隋唐,工稍巧。头圆,身微瘦,下阔而足或圆为柱,已不逮古。至本朝,变成穹高,腰瘦,刃阔如钺斧之状。仁庙已前,砚多作此制。后差少。资政殿学士蒲传正收真宗所用砚,与仁庙赐驸马都尉李公炤凤池砚,形制一同,至今尚方多此制。国初已来,公卿家往往有之。仁宗已前,赐史院官砚,皆端溪石。纯薄,上狭下阔,峻直不出足。中坦夷,犹有凤池之像。或有四边刊花,中为鱼、为龟者。凡此形制,多端下岩奇品也。嘉祐末,砚样已如大指粗,心甚凸,意求浑厚,而气象盖不古。⑤

从《砚史》的记载中可知,由唐到宋,砚式经历了几次变化,就是在北宋前期和中期,砚式也有不同。其中值得注意的是,砚式在由唐到宋的变化中砚足逐渐消失,而这与生活方式的改变又直接关联。隋唐时期,是席地坐向垂足坐、低型家具向高型家具发展转化的重要阶段,因此各种形式的起居习惯都同时存在。⑥ 经过唐末、五代、宋初的发展,到北宋中叶以后,高坐家具

① 详见[日]飯島茂:《硯墨新語》(增訂版),雄山閣1943年版,第237页。或见冯贯一:《中国艺术史各论》,载《民国丛书》第二编(66),上海书店影印本1990年版,第140页。
② (宋)苏轼撰:《苏轼文集》卷七〇《书青州石末砚》,孔凡礼点校,中华书局1986年版,第2241页。
③ [美]杨晓山:《私人领域的变形——唐宋诗歌中的园林与玩好》,文韬译,江苏人民出版社2009年版,第79页。
④ [美]杨晓山:《私人领域的变形——唐宋诗歌中的园林与玩好》,文韬译,江苏人民出版社2009年版,第101页。
⑤ (宋)米芾:《砚史·样品》,中华书局1985年版,第7—8页。
⑥ 参见胡德生:《中国古代的家具》,商务印书馆国际有限公司1997年版,第39页。

已出现较多①。从北宋末到南宋初,高型家具获得很大发展,垂足坐已完全取代席地坐。② 正是受此起居方式和家具类型变化的影响,砚式也逐渐由高足向矮足再向无足转化,这已为考古资料所证实。

三、官私笔墨纸砚制造业消长推动雇佣制发展

1. 唐宋时期官私制笔业的消长

隋唐五代时期,制笔工匠有官府工匠和民间工匠两种,而官府工匠数量颇多。据文献记载(表51),唐代都城长安的中央及东宫机构中弘文馆、集贤殿书院、秘书省、崇文馆和司经局等皆有官府制笔工匠,而这些工匠又可分为造写御书笔匠、造供奉笔匠和普通笔匠。官府制笔工匠的人数有具体的制度规定,如《唐六典》记载:"诸司置直,皆有定制。"注云:"诸司诸色有品直:吏部二人、兵部三人……弘文馆学直四人、造供奉笔二人、造写御书笔二人、装书一人、搨书一人……集贤院能书六人、装书十四人、造笔四人……秘书省图画一人、丹青五人、造笔一人。"③其中集贤殿书院有"造笔(直)四人"④,制笔所需笔料由太府提供,"岁给河间、景城、清河、博平四郡兔千五百皮为笔材"⑤。五代时期,官府仍有许多制笔工匠,如敦煌文书中保留有后唐长兴二年(931年)官府制笔工匠的材料,S.4920号文书背面"杂写"中列有"上司院笔匠"⑥。民间制笔工匠亦为数不少,可惜工匠名字大多失于记载,著名的有铁头、黄晖、苌凤等人。"开元中,笔匠名铁头,能莹管如玉"⑦;匠人黄晖的制笔技艺十分高超,能够达到"锋芒妙夺金鸡距,纤利精分玉兔毫"⑧的境界;笔工苌凤所制笔深受罗隐喜爱,罗语之曰:"'笔,文章货也,吾以一物助子

---

① 参见邵晓峰:《中国宋代家具》,东南大学出版社2010年版,第178页。

② 参见陈于书主编:《家具史》,中国轻工业出版社2009年版,第153页。

③ (唐)李林甫等撰:《唐六典》卷二《尚书吏部》"吏部郎中、员外郎"条,陈仲夫点校,中华书局1992年版,第35页。

④ (唐)李林甫等撰:《唐六典》卷二《尚书吏部》"吏部郎中、员外郎"条,陈仲夫点校,中华书局1992年版,第35页。(后晋)刘昫等:《旧唐书》卷四三《职官志二》,中华书局1975年版,第1852页。(宋)欧阳修、宋祁:《新唐书》卷四七《百官志二》,中华书局1975年版,第1213页。

⑤ (宋)欧阳修、宋祁:《新唐书》卷五七《艺文志一》,中华书局1975年版,第1422页。

⑥ 中国社会科学院历史研究所等编:《英藏敦煌文献》第7卷,四川人民出版社1992年版,第6页。

⑦ (唐)段成式撰:《酉阳杂俎》前集卷六《艺绝》,方南生点校,中华书局1981年版,第61页。

⑧ (唐)齐己:《寄黄晖处士诗》,载(清)彭定求等编:《全唐诗》卷八四四,中华书局1979年版,第9540页。

取高价。'即赠布头笺百幅,士大夫闻之,怀金买之,或以彩罗大组换之。"①

表 51　唐代中央及东宫机构制笔工匠统计表

机构	工匠类别	人数	资料来源	备注
弘文馆	造供奉笔	2 人	《唐六典》卷二《尚书吏部》"吏部郎中、员外郎"条 《新唐书》卷四七《百官志二》	《新唐书》卷四七《百官志二》云:"供进笔二人。"
	造写御书笔	2 人	《唐六典》卷二《尚书吏部》"吏部郎中、员外郎"条	
	笔匠	3 人	《唐六典》卷八《门下省·弘文馆》 《旧唐书》卷四三《职官志二》 《新唐书》卷四七《百官志二》	《唐六典》注云:"贞观二十三年置。"
集贤殿书院	造笔(直)	4 人	《唐六典》卷二《尚书吏部》"吏部郎中、员外郎"条 《旧唐书》卷四三《职官志二》 《新唐书》卷四七《百官志二》	
秘书省	造笔	1 人	《唐六典》卷二《尚书吏部》"吏部郎中、员外郎"条	
	笔匠	6 人	《唐六典》卷一〇《秘书省》 《新唐书》卷四七《百官志二》	
崇文馆	笔匠	3 人	《旧唐书》卷四四《职官志三》	
	笔匠	1 人	《新唐书》卷四九上《百官志四上》	
司经局	笔匠	1 人	《新唐书》卷四九上《百官志四上》	

　　宋代,制笔业工匠已与唐代不同,多是民间工匠。虽然翰林院中有"笔匠十七人"②,但是系和雇的民匠③。民间笔匠,为数甚多,在宋人诗文笔记中有不少记载。据《笔史》可知,宋代著名笔工有诸葛高、李戬、许颂、葛生、吴政、吴说、程弈、李文政、俞俊、张武、杜君懿、杨仲、吴无至、张耕老、严永、张真、张通、郎奇、侍其瑛、李展、吕道人、吕大渊、张遇、诸葛元、元道宁、吴希照、林为之、阎生、李庆、张鼎、郑友直、许頔、诸葛渐、柳材、柳东、屠希、朱元亨、吕文质、俞珣、周寿、蔡藻、汪伯立、仲璋、贺发、沈俊之等人。④ 其中诸葛高制笔技术高超,黄庭坚赞曰:"宣城诸葛高三副,笔锋虽尽,而心故圆,此

---

① (后唐)冯贽撰:《云仙散录·文章货》引《龙须志》,张力伟点校,中华书局 2008 年版,第73—74 页。
② (清)徐松辑:《宋会要辑稿》职官三六之九五,中华书局影印本 1957 年版,第 3119 页。
③ 参见王曾瑜:《宋朝阶级结构》(增订版),中国人民大学出版社 2010 年版,第 369 页。
④ 详见(清)梁同书:《笔史·笔之匠》,中华书局 1985 年版,第 9—14 页。

为有轮扁斫轮之妙。"①

2. 唐宋时期官私制墨业的消长

"凡古人用墨,多自制造,故匠氏不显。"②魏晋南北朝时期,韦诞、张永所制墨极其有名,"故自不少","然不皆手制,加减指授善工而为之耳"。③隋唐五代时期,由于制墨业发达,所以涌现出许多制墨名工,有李阳冰、祖敏、王君德、奚鼐、奚鼎、奚超(李超)、奚庭珪(李庭珪)、李慥、张遇、朱逢④等人。此间,制墨工匠分官府工匠和民间工匠两种,而尤以官府工匠为多。日本正仓院中藏有唐墨十六梃,其中1件题记为"开元四年丙辰",铭曰"华烟飞龙凤,皇极贞家墨"。⑤ 所言"贞家"当是官府工匠。"贞家"之外,其他官府墨工的制作技术亦十分精湛,如著名墨工祖敏就曾担任唐朝墨官,据《墨史》记载:"祖敏,本易定人,唐时之墨官也",其墨妙者,"必以鹿角胶煎为膏而和之"。⑥ 由于祖氏为易水人,故其墨"以济土为号"(图28),是墨"年载已远,罕有存者"⑦。又如唐末官府名工张遇,其所制"大墨有二品:一曰'易水供堂墨',一曰'易水进贡墨',其漫皆有'张遇'字。又有圆墨二品,面皆有蟠龙,四角有'供御香墨'字,其漫一曰'射香张遇',一曰'龙脑张遇'"⑧。(图29)此外,唐末民间工匠王君德,亦精于制墨,其法捣用石臼,"捣三二千杵"⑨,其药"用醋石榴皮、水犀角、屑胆矾三物",又法用"栌木皮、皂角、胆矾、马鞭草四物"。⑩ 著名官府墨工李超与其子庭珪,"唐末自易水度(渡)江至歙州。地多美松,因而留居,遂以墨名家。本姓奚,江南(即南唐)赐姓李氏"⑪。南唐时,于饶州置墨务官,使李氏"世为墨官",并求

① (宋)黄庭坚:《黄庭坚全集》正集卷二七《书侍其瑛笔》,刘琳等校点,四川大学出版社2001年版,第744页。

② (宋)晁氏:《墨经·工》,中华书局1985年版,第23页。

③ (宋)何薳撰:《春渚纪闻》卷八《记墨·南海松煤》,张明华点校,中华书局1983年版,第125页。

④ 详见(元)陆友:《墨史》卷上《唐》,中华书局1985年版,第4—25页。

⑤ 参见[日]中田勇次郎:《文房清玩史考》,载《大手前女子大学論集》4,1970年,第172页。或见[日]中田勇次郎:《文房清玩五》,二玄社1976年版,第33页。

⑥ (元)陆友:《墨史》卷上《唐》,中华书局1985年版,第6页。

⑦ (宋)李孝美:《墨谱法式》卷中《式》,载《景印文渊阁四库全书》本,第843册,台湾商务印书馆1985年版,第635页。

⑧ (宋)李孝美:《墨谱法式》卷中《式》,载《景印文渊阁四库全书》本,第843册,台湾商务印书馆1985年版,第639页。

⑨ (宋)晁氏:《墨经·捣》,中华书局1985年版,第11页。

⑩ (宋)晁氏:《墨经·药》,中华书局1985年版,第13页。

⑪ (宋)蔡襄撰:《蔡襄全集》卷二八《墨辨》,陈庆元等校注,福建人民出版社1999年版,第658页。

"墨工于海东",①可见当时的墨工多是招募民间工匠。民间著名墨工如歙
州朱逢,制墨精良,南唐名臣韩熙载"留心翰墨,四方胶煤,多不合意。延歙
匠朱逢,于书馆傍烧墨供用,命其所曰'化松堂',墨又曰'玄中子',又自名
'麝香月',匣而宝之"②。

图 28　唐代祖敏墨

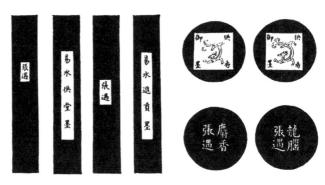

图 29　唐代张遇墨

　　宋代,制墨工匠仍分官府工匠和民间工匠两种,而尤以民间工匠为多。
官府工匠,如歙州李氏自南唐以来一直担任墨务官。北宋时,李惟庆"为墨
务官"③,其所制墨,"小挺子优于大墨,可亚庭珪也"(图30)④。南宋时,著
名墨工叶世英为"御前墨工"⑤,不过,属和雇民匠。民间工匠,为数甚多,在
宋人诗文笔记中有不少记载,如北宋初年著名墨工柴珣,其墨"作玉梭样,
铭曰'柴珣东窑'(图31)⑥者,士大夫得之,盖金玉比也"⑦。南宋时,著名
墨工杨伯起挟制墨之技"游四方,得者宝之"⑧。此间,著名墨工多达数百

①　(宋)陈师道撰:《后山谈丛》卷二《论墨二》,李伟国校点,中华书局 2007 年版,第 32 页。
②　(宋)陶穀:《清异录》卷下《文用门·麝香月》,载朱易安、傅璇琮等主编:《全宋笔记》第一
　　编(二),大象出版社 2003 年版,第 90 页。
③　(宋)蔡襄撰:《蔡襄全集》卷三一《文房杂评(一作文房四说)》,陈庆元等校注,福建人民
　　出版社 1999 年版,第 700 页。
④　(宋)李孝美:《墨谱法式》卷中《式》,载《景印文渊阁四库全书》本,第 843 册,台湾商务印
　　书馆 1985 年版,第 638 页。
⑤　(宋)周必大:《玉堂杂记》卷中,载《景印文渊阁四库全书》本,第 595 册,台湾商务印书馆
　　1984 年版,第 563 页。
⑥　图版参见(宋)李孝美:《墨谱法式》卷中《式》,载《景印文渊阁四库全书》本,第 843 册,台
　　湾商务印书馆 1985 年版,第 641 页。
⑦　(宋)何薳撰:《春渚纪闻》卷八《记墨·二李胶法》,张明华点校,中华书局 1983 年版,第
　　124 页。
⑧　(宋)刘爚:《云庄集》卷五《送造墨杨伯起序》,载《景印文渊阁四库全书》本,第 1157 册,
　　台湾商务印书馆 1985 年版,第 415 页。

人,据《墨经》《墨史》《墨志》及宋人诗文笔记等记载,有李承晏、李文用、李惟庆、张谷、柴珣、陈赟、陈朗、盛匡道、王迪、耿仁遂、陈赡、潘谷、常和、张滋、潘衡、沈珪、蒲大韶、吴滋、胡景纯、叶谷、叶世英、叶茂实、杨伯起、俞林、舒泰之、翁彦卿等人。[①] 如《墨庄漫录》云:北宋时,"墨工多名手。自潘谷、陈赡、张谷名振一时之后,又有常山张顺、九华朱觐、嘉禾沈珪、金华潘衡之徒,皆不愧旧人。宣、政间如关珪、关瑱、梅鼎、张滋、田守元、曾知微,亦有佳者"[②]。

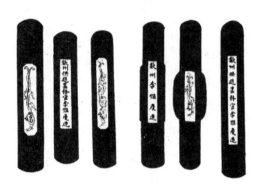

图 30　北宋李惟庆墨　　　　　图 31　北宋柴珣墨

3. 唐宋时期官私造纸业的消长

隋唐五代时期,造纸工匠分官府工匠、民间工匠和寺院工匠三种。官府工匠,据文献记载(表52),唐代都城长安的中央及东宫机构中弘文馆、史馆、秘书省、崇文馆和司经局等皆有官府纸匠,而这些工匠主要是负责加工纸张。当时的官办造纸作坊规模大,数量多,就连西州地区也有官办纸坊。[③] 此外,民间造纸作坊和工匠也为数不少,如巨鹿郡南和县就有民间纸坊,[④]而莫高窟196窟中有题记"故父纸匠都料何员住一心供养"和"故弟子纸匠何员定一心供养",[⑤]说明敦煌地区有个体纸匠。南唐时,于扬州"置纸务",设纸官,"岁贡有数",并求"纸工于蜀",[⑥]说明当时的纸工主要是招募

---

① 详见(宋)晁氏:《墨经·工》,中华书局1985年版,第23—24页;(元)陆友:《墨史》卷中《宋》,中华书局1985年版,第27—48页,(元)陆友:《墨史》卷下《宋》,中华书局1985年版,第49—61页;(明)麻三衡:《墨志·系氏》,中华书局1985年版,第3—5页。

② (宋)张邦基撰:《墨庄漫录》卷六《李文叔破墨癖说》,孔凡礼点校,中华书局2002年版,第173页。

③ 详见国家文物局古文献研究室、新疆维吾尔自治区博物馆、武汉大学历史系编:《吐鲁番出土文书》第9册,文物出版社1990年版,第231页。

④ 详见(唐)皇甫枚:《三水小牍》卷上《风卷曝纸如雪》,中华书局1958年版,第4页。

⑤ 马德:《敦煌工匠史料》,甘肃人民出版社1997年版,第67—68页。

⑥ (宋)陈师道撰:《后山谈丛》卷二《论墨二》,李伟国校点,中华书局2007年版,第32页。

民间工匠。寺院中也有专门的造纸工匠,如 S.542 号文书"戌年沙州诸寺丁持车牛役部"中记载灵图寺有"葵曹八纸师",①而 S.5845 号文书"诸寺己亥年贷油面麻历"中有"付纸匠洪渐贷面贰斗""纸匠张留住贷面叁斗"②等信息,反映了寺院和纸匠之间的经济关系。

表 52　唐代中央及东宫机构纸匠统计表

机构	工匠类别	人数	资料来源	备注
弘文馆	熟纸装潢匠	9 人	《唐六典》卷八《门下省·弘文馆》《旧唐书》卷四三《职官志二》	《唐六典》注云:"贞观二十三年置。"
	熟纸装潢匠	8 人	《新唐书》卷四七《百官志二》	
史馆	熟纸匠	6 人	《旧唐书》卷四三《职官志二》《新唐书》卷四七《百官志二》	
秘书省	熟纸匠	10 人	《唐六典》卷一○《秘书省》《新唐书》卷四七《百官志二》	
崇文馆	熟纸匠	3 人	《旧唐书》卷四四《职官志三》	
	熟纸匠	1 人	《新唐书》卷四九上《百官志四上》	
司经局	熟纸匠	1 人	《新唐书》卷四九上《百官志四上》	

宋代,造纸业可分官营和民营二种。官营造纸业中也多是招募、和雇民间工匠,如乾道四年(1168 年)在临安府"赤山之湖滨"置"造会纸局","工徒无定额",咸淳二年(1266 年)时,并安溪局,工徒人数"今在者一千二百人"③。民营造纸业发展很快,其中不少都是以造纸为业的个体工匠——"纸户",如陆游《谒汉昭烈惠陵及诸葛公祠宇》诗云:"陵边四五家,茆竹居接栋。手鞔纸上箔,醅熟酒鸣瓮。"自注曰:"居民皆以造纸为业。"④在造纸业发达的江南地区,"南亩之民,转而为纸工者,十且四五,东南之俗为尤甚焉。盖厚利所在,惰农不劝而趋"⑤。此外,寺院中也有僧人自己造纸并制

---

① 中国社会科学院历史研究所等编:《英藏敦煌文献》第 2 卷,四川人民出版社 1990 年版,第 31 页。

② 中国社会科学院历史研究所等编:《英藏敦煌文献》第 9 卷,四川人民出版社 1994 年版,第 176 页。

③ (宋)潜说友:《咸淳临安志》卷九《监当诸局·造会纸局》,载《景印文渊阁四库全书》本,第 490 册,台湾商务印书馆 1984 年版,第 106 页。

④ (宋)陆游:《剑南诗稿校注》卷九,钱钟联校注,上海古籍出版社 1985 年版,第 708 页。

⑤ (宋)廖刚:《高峰文集》卷一《乞禁焚纸札子》,载《景印文渊阁四库全书》本,第 1142 册,台湾商务印书馆 1985 年版,第 313 页。

造纸用品等,如李新《谢王司户惠纸被》诗云:"雾中楮皮厚一尺,岷溪秋浪如蓝碧。山僧夜抄山鬼愁,白雪千番沤墙壁。裁成素被劣缯绮,故人聊助苏门癖。"①该诗反映了僧人以楮皮造纸并制造纸被的情况。然而,以宋代造纸业发展的实际情况来看,占据主导地位的还是民间工匠。

4. 唐宋时期官私制砚业的消长

隋唐五代时期,制砚工匠分官府工匠和民间工匠两种。囿于文献资料所限,我们对官府工匠的具体情况不甚明了,但是可以推知,官府制砚工匠应与制笔、制墨、造纸等工匠的情况大致相似。民间杰出的制砚工匠亦不在少数,如"石晋时,关中有曰李处士者,能补石砚。砚已破碎,留一二日以归,完好如新琢者"②。南唐于歙州"置砚务",设砚官,"岁贡有数"③,"元宗(李璟)精意翰墨,歙守又献砚,并蒸(征)砚工李少微,国主嘉之,擢为砚官"④。从中可知,南唐官营制砚业,多是招募民间工匠,如李少微等人。

宋代,制砚工匠尤以民间工匠为多,就是官府用砚通常也是"降样"交由地方砚工制作,如"宣和初,御府降样造,形若风字,如凤池样,但平底耳。有四环,刻海水、鱼龙、三神山,水池作昆仑状,左日右月,星斗罗列,以供太上皇书府之用"⑤。因此,郭祥正诗云:"端溪石工古称妙,年年琢砚供正衙。"⑥民间工匠人数极多,见于《砚史》《砚谱》《歙州砚谱》与宋人诗文笔记及考古资料等中有姓氏的有泽州吕道人、金道人、路家,高平吕老,保州张氏,邢州王功靖,濮阳刘万,虢州裴第三、魏家,柘沟徐老、刘家,济州和家,青州苏怀玉,歙州刘福诚、戴义和、方守宗等,武昌万道人,潭州吕翁,蜀地滕老等人(表53)。在民营制砚业中,除了大量个体工匠,甚至还出现手工业主和雇工,如蔡襄曾言:"端州崔生之才居端岩侧,家蓄石工百人,岁入砚千。"⑦

① 北京大学古文学研究所编:《全宋诗》卷一二五五,第 21 册,北京大学出版社 1995 年版,第 14176 页。

② (宋)邵博撰:《邵氏闻见后录》卷二八,刘德权、李剑雄点校,中华书局 1983 年版,第 218 页。

③ (宋)陈师道撰:《后山谈丛》卷二《论墨二》,李伟国校点,中华书局 2007 年版,第 32 页。

④ (宋)唐积《歙州砚谱·采发》,中华书局 1985 年版,第 1 页。

⑤ (宋)叶樾《端溪砚谱》,中华书局 1985 年版,第 5 页。

⑥ (宋)郭祥正:《青山集》卷一三《奉和广师蒋颖叔留题石室》,载《景印文渊阁四库全书》本,第 1116 册,台湾商务印书馆 1985 年版,第 643—644 页。

⑦ (宋)蔡襄撰:《蔡襄全集》卷二五《研记》,陈庆元等校注,福建人民出版社 1999 年版,第 568 页。

表 53　宋代砚匠统计表（含辽金时期）

地名	人名	资料来源	备注
泽州	吕道人	《砚史》	陶砚
	金道人	《砚笺》卷三	澄泥砚
	吕氏	《文物》1964.10	陶砚
	路家	《文物》2010.2	金明昌六年（1195年）澄泥砚
西京仁和坊	李让	《文物》1981.4	辽代澄泥砚
高平	吕老	《春渚纪闻》卷九《记砚》	陶砚
保州	张氏	洪适《次韵得保州老张瓦砚》，《全宋诗》卷二〇七九	瓦砚
邢州平乡县王固村	王功靖	《文物》1965.12	宋绍圣五年（1098年）陶砚
漳阳	刘万	《文物》1979.9	澄泥砚
虢州	裴第三	《文物》1964.8	澄泥砚
	魏家	《考古》1994.8	澄泥砚
柘沟	徐老	《文物》1992.8	澄泥砚
	刘家	《文物》1979.9	澄泥砚
济州	和家	《上海文博论丛》2004.3	金代陶砚
青州益都县	苏怀玉	《续谈助》卷三	红丝石砚
歙州	县城三姓四家，十一人：刘大（名福诚）、刘二、刘三、刘四、刘五、刘六；周四（名全）、周二（名进诚）、周小四；周三（名进昌）；朱三（名明）灵属里一姓三家，六人：戴二（名义和）、戴三、戴五、戴六；戴大（名文宗）；戴四（名义诚）大容里济口三姓四人：方七（名守宗）、男庆子；胡三（名嵩兴）；汪大（号汪王二）	《歙州砚谱·匠手》	歙砚

续表

地名	人名	资料来源	备注
婺水龙川	同家	《上海文博论丛》2004.3	歙砚
濠州	刘家	《上海文博论丛》2004.3	澄泥砚
武昌	万道人	《独醒杂志》卷八	陶砚
潭州	道人吕翁	《砚谱》	澄泥砚
庐陵	刘生	《独醒杂志》卷八	陶砚
蜀地	滕老	《栾城集》卷一七《缸砚赋并叙》	缸砚
不详	张思净	《文物》1965.12	宋元祐四年（1089年）澄泥砚
不详	大刘希	《文物》1965.7	宋绍圣元年（1094年）澄泥砚

　　从上可见,唐宋时期,社会经济繁荣,官私笔墨纸砚制造业的对比发生显著变化。由唐到宋,在笔墨纸砚制造业的发展中,民间工匠的规模和数量都有很大发展,而官营手工业中也出现普遍采用招募与和雇的趋势。笔墨纸砚制造业中雇佣制的发展,反映着唐宋时期社会经济与阶级结构的变化。

第二节　笔墨纸砚制造业发展对唐宋社会变化的影响

　　唐宋时期,笔墨纸砚制造业的发展,对当时的政治制度、文化传播、社会生活、军事装备等诸多方面均有深刻影响。

一、由官府文书用纸制度完备到礼法制度、社会等级制度强化

　　笔墨纸砚制造业的发展对政治制度的影响,最明显的表现在官府文书用纸制度的变化上。随着造纸技术的提高,纸品种类、颜色的丰富,官府文书用纸制度不断完备。

　　魏晋南北朝时期,随着造纸业的发展,纸的制作大小及使用方面已有相应的制度规定。晋代,纸分大小两种,晋令对纸幅有明确规定:"诸作纸,大纸一尺三分,长一尺八分,听参作广一尺四寸;小纸广九寸五分,长一尺四寸。"①

---

　　①　(宋)苏易简:《文房四谱》卷四《纸谱·一之叙事》,中华书局1985年版,第52页。

纸的使用方面:上至天子,下至官员,不同等级间所用纸张颜色有明确区分。天子诏令用黄纸、青纸。如十六国后赵时期,石虎诏曰:"先帝创临天下,黄纸再定。至于选举,铨为首格。"①又如《晋书》为诏以青纸紫泥"。晋代,"皇太子初拜,给赤纸、缥红纸、麻纸、敕纸、法纸,各一百张"②,《京邦记》云:"东宫臣上疏用白纸,太子答用青纸。"③文武官吏给皇帝上表用黄纸,彼此之间用白纸,如"广义将军岷山公以黄纸上表于慕容儁,儁曰:'吾名号未异于前,何宜便尔让,令以白纸称疏。'"④东宫官员给皇帝上表用黄纸,给太子用白纸,如"徐邈与王珉书:东宫臣既黄纸奉表于天朝,则宜白纸上疏于储宫"⑤。这种明确的制度规定,反映了当时的社会秩序和等级关系,是官员们需要遵守的准则。文献记载,北朝时期,袁翻曾因嫉妒邢邵,遂每告人云:"邢家小儿尝客作章表,自买黄纸,写而送之。"邢邵"恐为翻所害,乃辞以疾"⑥。这一事例充分说明,不是任何人都能随意使用黄纸书写章表的,使用者皆需遵守相关的制度规定。

唐代,造纸业进步,纸的种类颇多,官府文书用纸方面也有严格的制度规定。从初唐到中晚唐,规定渐趋细化和完善。初唐时期,"贞观中,太宗诏用麻纸写敕诏。高宗以白纸多虫蛀,尚书省颁下州县,并用黄纸"⑦。盛唐时期,《唐六典》记载:

> 凡王言之制有七:一曰册书,二曰制书,三曰慰劳制书,四曰发日敕,五曰敕旨,六曰论事敕书,七曰敕牒。注云:"今册书用简,制书、慰劳制书、发日敕用黄麻纸,敕旨、论事敕及敕牒用黄藤纸,其赦书颁下诸州用绢。"⑧

中晚唐时期,《翰林志》记载:

> 凡赦书、德音、立后、建储、大诛讨、免三公宰相、命将曰制,并用白麻

① (唐)房玄龄等:《晋书》卷一〇六《载记六·石季龙上》,中华书局 1974 年版,第 2764 页。
② (唐)欧阳询撰:《艺文类聚》卷五八《杂文部四·纸》引《东宫旧事》,汪绍楹校,上海古籍出版社 1982 年版,第 1053 页。
③ (宋)苏易简:《文房四谱》,《文房四谱》卷四《纸谱·一之叙事》,中华书局 1985 年版,第 52 页。
④ (宋)苏易简:《文房四谱》卷四《纸谱·一之叙事》,中华书局 1985 年版,第 50 页。
⑤ (宋)苏易简:《文房四谱》卷四《纸谱·一之叙事》,中华书局 1985 年版,第 52 页。
⑥ (唐)李百药:《北齐书》卷三六《邢邵传》,中华书局 1972 年版,第 1081 页。
⑦ (后唐)冯贽撰:《云仙杂记》卷九《黄纸写敕》,载《云仙散录》,张力伟点校,中华书局 2008 年版,第 189 页。
⑧ (唐)李林甫等撰:《唐六典》卷九《中书省》,陈仲夫点校,中华书局 1992 年版,第 273—274 页。

纸;凡赐与、征召、宣索、处分曰诏,用白藤纸;凡慰军旅,用黄麻纸;凡太清宫道观荐告词文,用青藤纸朱字,谓之"青词";凡诸陵荐告上表内道观叹道文,并用白麻纸;凡将相告身,用金花五色绫纸;凡吐蕃赞普书及别录,用金花五色绫纸、上白檀香木、真珠、瑟瑟、钿函、银锁,回纥可汗、新罗、渤海王书及别录并用金花五色绫纸、次白檀香木、瑟瑟、钿函、银锁,诸蕃军长、吐蕃宰相、回纥内外宰相、摩尼已下书及别录,并用五色麻纸、紫檀香木、钿函、银锁,并不用印;南诏及大将军、清平官书,用黄麻纸。①

总地来看,唐纸使用中,"纸以麻为上,藤次之,用此为重轻之辨"②。

唐代前后期,告身用纸有所不同。陆游《老学庵笔记》引江邻几《嘉祐杂志》云:"唐告身初用纸,肃宗朝有用绢者,贞元后始用绫。"③据《唐会要》记载:天宝十三载(754年)三月二十八日敕旨:"授官取蜀郡大麻纸一张写告身。"④这表明唐前期告身用纸系黄麻纸。

唐德宗贞元以后,开始用绫纸,这是告身用纸的一个重要转变。自此以后,告身多用各色绫纸。唐宪宗时,告身用纸制度进一步明确,据《唐会要》记载:元和八年(813年)八月,

　　　　吏部奏请差定文武官告纸轴之物色:"五品已上,用大花异文绫纸,紫罗裹,檀木轴。六品下朝官,装写大花绫纸,及小花绫裹,檀木轴。命妇邑号,许用五色笺,小花诸杂色锦褾,红牙碧牙轴。其他独窠绫褾,金银花笺,红牙,发镂轴钿等。除恩赐外,请并禁断。"敕旨依奏⑤。

唐穆宗长庆元年(821年),白居易作《妻初授邑号告身》诗云:"弘农旧县受新封,钿轴金泥诰一通。我转官阶常自愧,君加邑号有何功? 花笺印了排窠湿,锦褾装来耀手红。倚得身名便慵堕,日高犹睡绿窗中。"⑥从白诗可见,白妻告身用笺纸、朱锦褾、钿轴,是遵循元和定制的。

①　(唐)李肇:《翰林志》,载《景印文渊阁四库全书》本,第595册,台湾商务印书馆1984年版,第297—298页。

②　(宋)叶梦得撰:《石林燕语》卷三,侯忠义点校,中华书局1984年版,第37页。

③　(宋)陆游撰:《老学庵笔记》卷六,李剑雄、刘德权点校,中华书局1979年版,第81页。

④　(唐)王溥:《唐会要》卷七五《选部下·杂处置》,上海古籍出版社1991年版,第1613页。

⑤　(唐)王溥:《唐会要》卷七五《选部下·杂处置》,上海古籍出版社1991年版,第1615—1616页。

⑥　(唐)白居易著:《白居易集》卷一九,顾学颉校点,中华书局1999年版,第411页。或见《白居易集笺校》卷一九,朱金城笺校,上海古籍出版社1988年版,第1258页。又见谢思炜:《白居易诗集校注》卷一九,中华书局2006年版,第1532—1533页。

　　五代后唐时期,官府对告身用纸亦有明确规定:"当司所给王公封爵承袭告身,如带同中书门下,使色背金花绫纸;如节察不带使相者,白背金花绫罗纸;已下诸官,并使白绫纸。其追封并邑号,则不系品位高卑,并使色背金花罗纸。"①

　　宋代,官府用纸在制造与使用方面有更为严格的大小及制度规定。

　　制造方面,官纸都有"纸式",通常交由产地专门制造,严禁民间私造或买卖使用。不过,当时仍有违禁的情况,如大中祥符五年(1012年)七月十九日,开封府上言:"三司先降纸式,并长二尺三寸,付洪、歙州捣造,除给中书、枢密、学士院外,自余止用次等黄纸,非诏敕所用,悉染浅色。近日颇有踰式者,望申明前禁。"②对于违规制造或买卖的,宋代也有相应的制度规定,一是对伪造纸加以没收,如《庆元条法事类》记载:"诸诏敕纸高一尺三寸,长二尺者。余官私纸高长不得至此。及写宣纸,各不得私造及卖,违者,纸仍没官。"③二是对伪造者依法治罪,如《建炎以来系年要录》记载:绍兴六年(1136年)二月甲寅,"诏伪造绫纸度牒,依诈为制书法断罪,用礼部请也。时以军兴,配卖度牒于诸路,故条约之"④。

　　使用方面,诏敕、制书用纸有相应的制度规定,《庆元条法事类》记载:

　　　　诸翻录制敕,其纸用黄。须无粉药者。奏御文书,不得用屑骨若竹纸、笺纸。诸被受手诏,以黄纸造册编录。⑤

《谈苑》记载:

　　　　翰林规制,自妃后、皇太子、亲王、公主、宰相、枢密、节度使,并降制,用白麻纸书,每行四字,不用印。进入后,降付正衙宣读,其麻即付中书门下。当日本院官告院取索绫纸,待诏写官告,只用麻词。官告所署,中书三司官宣奉行,并依告身体式,常用阁长一人衔位。⑥

---

①　(宋)王溥:《五代会要》卷一四《司封》,上海古籍出版社2006年版,第240页。

②　(清)徐松辑:《宋会要辑稿》刑法二之一一,中华书局影印本1957年版,第6501页。

③　(宋)谢深甫纂修:《庆元条法事类》卷一六《文书门一·诏敕条制·令·杂》,载杨一凡等主编:《中国珍稀法律典籍续编》第1册,戴建国点校,黑龙江人民出版社2002年版,第336页。

④　(宋)李心传:《建炎以来系年要录》卷九八,中华书局1956年版,第1616页。

⑤　《庆元条法事类》卷一六《文书门一·诏敕条制·令·文书令》《文书门一·诏敕条制·令·职制令》,载杨一凡等主编:《中国珍稀法律典籍续编》第1册,戴建国点校,黑龙江人民出版社2002年版,第334页。

⑥　(宋)江少虞:《宋朝事实类苑》卷二九《词翰书籍·白麻》引《谈苑》,上海古籍出版社1981年版,第363—364页。

又据《蓬山志》记载,北朝(指契丹)及外国书诏,都用白纸写。[①]

宋代,纸品种类愈加丰富,官告用纸制度较之隋唐五代时期也更为完备。《宋史·职官志三》记载:

> 大抵官告之制,自乾德四年(966年),诏定告身绫纸褾轴,其制阙略。咸平、景德中,两加润泽,至皇祐始备。神宗即位,循用皇祐旧格,逮元丰改制,名号虽异,品秩则同,故亦未遑别定。徽宗大观初,乃著为新格,凡褾带、网轴等饰,始加详矣。
>
> 凡文武官绫纸五种,分十二等:
>
> 色背销金花绫纸二等。一等一十八张……三公、三少、侍中、中书令用之。一等一十七张……左右仆射、使相、王用之。
>
> 白背五色绫纸二等。一等一十七张……知枢密院,两省侍郎,尚书左、右丞,同知、签书枢密院事,嗣王,郡王,特进,观文殿大学士,太尉,东宫三少,冀、兖、青、徐、扬、荆、豫、梁、雍州牧,御史大夫,宗室节度使至率府副率之带皇字者用之。一等一十七张……观文殿学士,资政殿大学士,六尚书,金紫光禄、银青光禄、光禄大夫,左、右金吾卫,左、右卫上将军,节度,承宣,观察,并用之。
>
> 大绫纸四等。一等一十五张……宣奉、正奉大夫,翰林学士,资政、端明殿学士,龙图、天章、宝文、显谟、徽猷阁学士,左、右散骑常侍,御史中丞,开封尹,六曹侍郎,枢密直学士,龙图、天章、宝文、显谟、徽猷阁直学士,正议、通奉大夫,诸卫上将军,太子宾客,詹事,侯,用之。一等十二张……给事中,中书舍人,通议大夫,司成,左、右谏议大夫,龙图、天章、宝文、显谟、徽猷阁待制,太中大夫,秘书、殿中监,伯,用之。一等一十张……中大夫,七寺卿,京畿、三路转运使,发运使,中奉、中散大夫,通侍大夫,枢密都承旨,祭酒,太常、宗正少卿,秘书、殿中少监,正侍、中侍大夫,入内内侍省、内侍省都知,诸州刺史,中亮、中卫大夫,防御、团练使,太子左、右庶子,诸卫大将军,驸马都尉,典乐,子,用之。一等八张……七寺少卿,朝议、奉直大夫,左、右司郎中,司业,开封少尹,少府、将作、军器监,都水使者,拱卫大夫,太子詹事,左、右谕德,左武、右武大夫,入内内侍省、内侍省副都知,枢密承旨、副都承旨,诸房副承旨,起居郎、舍人,侍御史,左、右司员外郎,六曹郎中,朝请、朝散、朝奉大夫,京

---

① (宋)江少虞:《宋朝事实类苑》卷三三《典故沿革·北朝官》引《蓬山志》、卷三三《典故沿革·外国书》引《蓬山志》,上海古籍出版社1981年版,第421页。

畿、三路转运副使,诸路转运使、副使,知上州,提举三路保甲,入内内侍省、内侍省押班,武功至武翼大夫,开封左、右司录事,蕃官使臣,殿中侍御史,左右司谏、正言,监察御史,和安大夫至翰林良医,男,用之。内殿中侍御史、监察御史用九张,蕃官使臣用大锦褾,背带,此其小异者也。

中绫纸二等。一等七张……诸司员外郎,朝请、朝散、朝奉郎,少府、将作、军器少监,诸卫将军,太子侍读、侍讲,中亮、中卫、左武、右武郎中,知下州,诸路提点刑狱,发运判官,提点铸钱,承议郎,武功至武翼郎,太子中允、舍人,亲王府翊善、赞读、侍读,符宝郎,太常、中正、秘书、殿中丞,六尚奉御,大理正,著作郎,通事舍人,太子诸率府率,直龙图阁,开封府诸曹事,大晟府乐令,直秘阁,崇政殿说书,和安郎至翰林医正,用之。一等六张……奉议郎,七寺丞,秘书郎,太常博士,著作佐郎,国子、少府、将作、军器、都水监丞,国子博士,大理司直、评事,修武、敦武郎,通直郎,内常侍,转运判官,提举学士,诸州通判,御史台检法官、主簿,九寺主簿,亲王记室,閤门祗候,枢密院逐房副承旨,从义、秉义郎,太学、武学博士,开封诸曹掾,陵台令,两赤县令,忠训、忠翊郎,节度、防御、团练副使,行军司马,太医正,太史局令、正、丞,五官正,翰林医官,辟雍博士,太子诸率府副率,用之。

小绫纸二等。一等五张,黄花锦褾,角轴,青带。校书郎,正字,宣教郎,太常守协律、奉礼郎,太祝,郊社、太官令,律学博士,国子、少府、将作、军器、都水监主簿,宣义郎,保义、成忠郎,太学正、录,律学,承事、承奉、承务、承信、承节郎,门下、中书省录事,尚书省都事,三省、枢密院主事,辟雍正、录,用之。一等五张,黄花锦褾,次等角轴,青带。幕职、州县官,三省枢密院令史、书史,流外官,诸州别驾、长史、司马、文学、司士、助教,技术官,用之。

凡官掖至外命妇罗纸七种,分十等:

遍地销金龙五色罗纸二等。一等一十八张……大长公主、长公主、公主用之。一等一十七张……贵仪、淑仪、淑容、顺仪、顺容、婉仪、婉容、内宰用之。

遍地销金凤子五色罗纸二等。一等一十五张……昭仪、昭容、昭媛、修仪、修容、修媛、充仪、充容、充媛、副宰用之。一等一十二张……婕妤、才人、贵人、美人用之。

销金团窠花五色罗纸二等。一等一十张……尚仪,尚服,尚食,尚寝,尚功,宫正,内史,宰相曾祖母、祖母、母、妻,亲王妻,用之。一等八张……郡主,县主,国夫人,内命妇,郡夫人,执政官祖母、母、妻,用之。

销金大花五色罗纸一等。七张……宝林御女，采女，二十四司典掌，尚书省掌籍、掌乐，主管仙韶，用之。

金花五色罗纸一等。七张……郡夫人，郡君，宗室妻，朝奉大夫、遥郡刺史以上母妻，升朝官母，诸班直都虞候、指挥使、禁军都虞候、军都虞候、御前忠佐母，蕃官母妻，诸神庙夫人，用之。

五色素罗纸一等。七张……宗室女，升朝官妻，诸班直都虞候、指挥使、禁军都虞候、军都指挥使、忠佐妻，用之。

凡内外军校封赠绫纸三种，分四等：

大绫纸二等。一等七张，法锦褾，大牙轴，青带。遥郡刺史以上用之。一等七张，大锦褾，大牙轴，青带。藩方指挥使、御前忠佐马步军都副都军头、马步军都军头、藩方马步军都指挥使用之。内带遥郡者，法锦褾，色带。

中绫纸一等。五张，中锦褾，中牙轴，青带。都虞候以上诸班指挥使，御前忠佐马步军副都军头，藩方马步军副都指挥使、都虞候，用之。内加至爵邑者，用大绫纸，大牙轴，大锦褾。

小绫纸一等。五张，黄花锦褾，次等角轴，青带。诸军指挥使以下用之。如加至爵邑者，同上。

凡封蛮夷酋长及蕃长绫纸两种，各一等：

五色销金花绫纸一等。一十八张……南平、占城、真腊、阇婆国王用之。

中绫纸一等。七张……藩蛮官承袭、转官用之。①

可见，自北宋初期至后期，官告用纸制度不断完善，内容规定十分详细，反映了当时森严的社会秩序和等级关系。

南宋初期，因政治局势等影响，颁给告身一度暂停，不久方又恢复。不过，其间告身用纸有所变化，如《建炎以来朝野杂记》云："自建炎后，侍从及宗室南班官迁除，始给告。大卿监、防御使以下，止用黄敕……绍兴四年（1134 年），始命职事官监司已上并给告。十四年，始用锦。其后，又诏内命妇及外命妇郡夫人已上，乃得用网袋及销金，其余则否。"②

辽金时期，官告用纸也有相应的制度规定。据《大金国志》记载：金朝

① （元）脱脱等：《宋史》卷一六三《职官志三》，中华书局 1977 年版，第 3842—3846 页。

② （宋）李心传撰：《建炎以来朝野杂记》甲集卷九《故事·官告式》，徐规点校，中华书局 2000 年版，第 187—188 页。

"立国之初,多沿辽制,文武官五品除授,并用黄纸为敕牒,五品以上方用诰,诰用五色绫。三品方用罗,二品、一品加销金,或曰瑞草,或曰祥鸾,皆遍地焉。轴或木,或牙,或犀,或七宝,皆随品从。除授依旧,以黄纸为牒,又加白纸为宣。惟三品郡夫人以上,诰轴与罗销金外加锦囊罩,以红络饰以小金铃、金铎,制作极华丽"①。

通过对唐宋时期官告用纸变化的考察,可以看出,自唐代确立官告用纸制度后,五代、辽、宋、金各代皆承袭此制,且屡有变革。由唐到宋,随着造纸业的发展,纸品种类和式样的增加,官府用纸规定及违规处理措施逐渐详细和严格。这不仅反映着官府文书用纸制度与法律制度的完备,而且体现着礼法制度与社会等级制度的强化。

二、雕版印刷业重心南移与文化传播扩大

唐宋时期,笔墨纸砚制造业的空前发展,极大地促进着文化传播,其中最显著的表现是推动了雕版印刷业的发展。文具是雕版印刷的物质基础,而雕版印刷的发明、应用又进一步推动着笔墨纸砚制造业的发展,二者形成互动。

"印刷术是经济和文化发展到一定历史阶段的产物。它需要一些必要的条件与技术,诸如笔、墨、雕刻技术、纸张等。只要这些条件具备,社会上又有对某种文字载体的成批量、快速复制的需求,印刷术便呼之而出了。"②明人胡应麟云:"雕本肇自隋时,行于唐世,扩于五代,精于宋人。"③

印刷工具和材料,是印刷术的物质基础。在印刷工具当中,笔是至关重要的。因为有了毛笔才可能较快速度地抄写文字,才可能促进书法艺术的发展进步;而成熟的书法反过来又为雕版印刷提供了适用的字体。作为雕版印刷的一道重要工序,雕版之前要进行写样和插图的描写,而这却离不开毛笔。若将几支毛笔并排在一起就成为刷子,这是印刷过程中刷墨和刷印必不可少的工具。从中可见,毛笔对于印刷术的发明,确实有着重要影响。④

纸、墨作为印刷的主要材料,"不但是印刷术发明的物质基础,即使在

① (金)宇文懋昭撰:《大金国志》卷三五《诰敕》,李西宁点校,载《二十五别史》17,齐鲁书社 2000 年版,第 268 页。
② 李斌城主编:《唐代文化》,中国社会科学出版社 2002 年版,第 1268 页。
③ (明)胡应麟:《少室山房笔丛》卷四《甲部·经籍会通四》,中华书局 1958 年版,第 60 页。
④ 参见罗树宝:《中国古代印刷史》,印刷工业出版社 1993 年版,第 37 页。

印刷术发明后,造纸、制墨技术的状况也对印刷术的发展起着重要的作用"①。正因笔墨纸砚不但"为书画家、文学家必不可少之武器,也是印刷业之物质基础"②,它影响并制约着印刷业的空间分布,所以随着笔墨纸砚制造业地理分布的变化,中国古代雕版印刷业的重心亦不断变迁。

唐代,"纸墨质量,比过去大有进步,因此促进印刷术之流行"③。隋唐时期,雕版印刷的地域不断扩大,南北各地几乎都有刻印活动,"印书的地点已逐渐遍及陕西、河南、四川、江苏、浙江、江西一带,区域相当广大,而长安和成都则是当时刻书业的中心"④,在敦煌吐鲁番文书中发现有出自敦煌、长安和剑南西川等地的印刷品。⑤

宿白通过对相关材料的分析,认为从835年迄879年(即9世纪中期),当时地方官府和民间都已有雕版印刷;印书的地点,除两京外,以长江流域为甚,从上游的剑南两川,到中游的江南西道(治所在洪州,即今江西南昌),一直到下游以扬州为中心的淮南,都出现了雕版印刷业;雕印的种类很多,有历日、医书、字书,还有道传和佛书;雕印的数量发展很快,且雕印质量好、水平高。⑥ 需要强调的是,唐代中后期,上述印书地区的笔墨纸砚制造业都十分发达。

五代十国时期,虽然战乱频繁,但是雕版印刷业却获得很大发展。这一时期,"雕版印刷的地点,除了过去的老地点外,几乎遍及当时较为安定的地区,如南方的吴越、北方的青州,甚至偏僻的河西也不例外"⑦。据有关学者研究,"五代刻书地点有开封、江宁、杭州、青州、瓜州、闽、蜀,其中尤以开封、成都、杭州为盛"⑧。这与五代十国时期,尤其是江南和巴蜀地区笔墨纸砚制造业兴盛是一致的。此间,雕版印刷业的重心逐渐向南方转移。

宋代,由于印刷工具进步,印刷材料尤其纸墨的质量与产量大大超越前代,因而雕版印刷业得到空前发展。北宋时期,刻书地点有三十余处⑨,除

---

① 罗树宝:《中国古代印刷史》,印刷工业出版社1993年版,第97页。
② 张秀民:《中国印刷史》,上海人民出版社1989年版,第37页。
③ 张秀民:《中国印刷史》,上海人民出版社1989年版,第37页。
④ 张绍勋:《中国印刷史话》(增订版),商务印书馆1997年版,第20页。
⑤ 详见张弓主编:《敦煌典籍与唐五代历史文化》,中国社会科学出版社2006年版,第1104—1117页。
⑥ 参见宿白:《唐五代时期雕版印刷手工业的发展》,《文物》1981年第5期,第65—68页。
⑦ 宿白:《唐五代时期雕版印刷手工业的发展》,《文物》1981年第5期,第65—68页。
⑧ 张秀民:《中国印刷史》,上海人民出版社1989年版,第40页。
⑨ 详见张秀民著,韩琦增订:《中国印刷史》(插图珍藏增订版),浙江古籍出版社2006年版,第44页。

汴京、杭州、福州、成都四大雕印中心外,还有应天府、太原府、江宁府、洪州府等。这些地区也是当时笔墨纸砚制造业繁荣的区域。宋人叶梦得《石林燕语》曾言:

> 今天下印书,以杭州为上,蜀本次之,福建最下。京师比岁印板,殆不减杭州,但纸不佳;蜀与福建多以柔木刻之,取其易成而速售,故不能工;福建本几遍天下,正以其易成故也。①

另据王国维先生考证:"北宋监本刊于杭者,殆居泰半。"②北宋都城汴京作为政治中心,虽形成了一个大的雕印中心,但此时印刷及市场所需的大量纸、墨、笔、砚却要依赖从东南等地输入。③ 总地看来,北宋时期,笔墨纸砚制造业重心位于江南地区,与之相应,雕版印刷业重心亦转移至江南地区。④

由唐到宋,不仅雕版印刷业的重心发生变迁,而且印刷范围迅速扩展,从最初的佛经、佛像、历日、医书扩大到儒家经典、史书、农书、文集、纸钞、纸印扇面、纸马、年画、门神、僧道度牒、商品包装与广告、新闻报纸等。⑤ 书籍,如《宋朝事实类苑》云:"淳化五年(994年)七月,诏选官分校史记、前汉、后汉书,既毕,遣内侍赍本就杭州镂板。"⑥纸钞,如《容斋三笔》记载:"官会子之作,始于绍兴三十年(1160年),钱端礼为户部侍郎,委徽州创样撩造纸五十万,边幅皆不翦裁。"⑦门神,如《东京梦华录》曰:十二月,"近岁

---

① (宋)叶梦得撰,(宋)宇文绍奕考异:《石林燕语》卷八,侯忠义点校,中华书局1984年版,第116页。

② 王国维:《两浙古刊本考序》,载《王国维遗书》第12册,上海古籍书店影印本1983年版,第1页。

③ 参见全汉昇:《北宋汴梁的输出入贸易》,载《国立中央研究院历史语言研究所集刊》第8本第2分册,商务印书馆1939年版。或见全汉昇:《中国经济史论丛》,新亚研究所1972年版,第87—199页。

④ 对雕版印刷业重心转移问题,有学者亦持不同看法。如严耕望先生认为:唐代的"雕印地区以剑南、西川为最盛,其余淮南、江西及浙东、西皆有之。中原洛阳亦有之。其中心在南方盖无疑者"。(《中国历史地理·唐代篇》)杨远亦认为:"由唐代以来,南方即为全国的雕印中心。"见杨远:《西汉至北宋中国经济文化之向南发展》,台湾商务印书馆1991年版,第679页。

⑤ 详见钱存训:《家庭及日常用纸探原》,(中国台湾)《汉学研究》1987年第5卷第1期,第75—92页。或见王菊华主编:《中国古代造纸工程技术史》,山西教育出版社2006年版,第234—235页。

⑥ (宋)江少虞:《宋朝事实类苑》卷三一《词翰书籍·藏书之府十二》,上海古籍出版社1981年版,第395页。

⑦ (宋)洪迈撰:《容斋三笔》卷一四《官会折阅》,载《容斋随笔》,孔凡礼点校,中华书局2005年版,第599页。

节市井皆印卖门神、钟馗、桃板、桃符,及财门钝驴,回头鹿马,天行帖子"①。僧道度牒,如《燕翼诒谋录》云:"僧道度牒,每岁试补刊印板,用纸摹印。"②

　　笔墨纸砚制造业的进步,推动着雕版印刷业的发展,这就使得书籍的成本降低、产量增加、形式统一、流传广远,并使典籍流传后世的机会增多,对促进学术文化发展、扩大阅读范围、普及教育、推广识字、丰富各科知识等意义极大。③

三、由丧葬习俗、时令节日变化到礼仪制度嬗变

　　唐宋时期,笔墨纸砚制造业尤其是造纸业的发展丰富了物质生活内容,引起社会生活的改变。当时,用纸记账、窗纸、纸阁、纸灯、纸屏风、纸衣、纸冠、纸枕、纸袄、纸帐、纸被(纸衾)、纸扇、纸伞、纸牌、纸冥器、纸鸢、纸鹞、纸鸦、剪纸、名帖、包装及广告、厕纸等,极大地丰富了民众的社会生活需求。有关学者对此已有详细研究④,本书不欲赘述。在此,仅举纸钱对丧葬习俗等的影响,略作说明。

　　在纸钱出现以前,主要是使用泥冥钱等随葬。⑤ 两汉魏晋南北朝时期的墓葬中多有发现,如湖南常德西汉早期墓葬出土有泥"半两"约 1000 余枚⑥;上海福泉山西汉晚期墓群出土泥半两 500 余枚、泥五株上万枚、泥饼 5 块⑦;江苏南京老虎山 3 号东晋墓出土垩钱 10 枚⑧;山西大同北魏墓出土太和年间(477—499 年)泥钱若干件⑨。此外,也有金冥币,但为数极少,如江苏南京出土有孙吴晚期的金冥币 1 件。⑩

---

① (宋)孟元老撰:《东京梦华录笺注》卷一〇《十二月》,伊永文笺注,中华书局 2006 年版,第 943 页。

② (宋)王栐撰:《燕翼诒谋录》卷五,诚刚点校,中华书局 1981 年版,第 50 页。

③ 详见钱存训:《印刷术在中国传统文化中的功能》,(中国台湾)《汉学研究》1990 年第 8 卷第 2 期,第 239—248 页。

④ 详见王菊华主编:《中国古代造纸工程技术史》,山西教育出版社 2006 年版,第 168—177、219—249 页。

⑤ 详见陆锡兴:《汉魏以来之泥冥钱》,《南方文物》2010 年第 3 期,第 75—78 页。

⑥ 详见常德地区文物工作队、常德县文化馆:《湖南常德县清理西汉墓葬》,《考古》1987 年第 5 期,第 432 页。

⑦ 详见常王正书:《上海福泉山西汉墓群发掘》,《考古》1988 年第 8 期,第 702—703 页。

⑧ 详见南京市文物保管委员会:《南京老虎山晋墓》,《考古》1959 年第 6 期,第 293 页。

⑨ 详见大同市考古研究所:《山西大同下深井北魏墓发掘简报》,《文物》2004 年第 6 期,第 32 页。

⑩ 详见南京市博物馆、南京市江宁区博物馆:《南京江宁上坊孙吴墓发掘简报》,《文物》2008 年第 12 期,第 29 页。

纸钱出现于泥冥钱之后,是在纸张得以广泛使用的基础上兴起的①,"魏、晋以来始有其事"②。不过,考古发掘中出土并不多,新疆吐鲁番阿斯塔那522号墓出土麴氏高昌建昌二年(556年)墓志,与之相邻的521号墓内发现了纸钱③;吐鲁番阿斯塔那——哈拉和卓古墓群发现了盛唐至中唐时期(7世纪中至8世纪中)的纸钱④。

然而,在敦煌写本王梵志诗中却多处提到纸钱,如有"一日厥摩师,空得纸钱送"⑤、"身着好衣裳,有钱不解用。贮积留妻儿,死得纸钱送"⑥、"有钱惜不吃,身死由妻儿。只得纸钱送,欠少元不知"⑦等。这就表明唐代前期纸钱已在民间流传较广。

另外,在成书于唐永徽四年(653年)的《冥报记》中也有关于纸钱的两则史料:

> 其一:左监门校尉冯翊李山龙,以武德中暴病亡,而心上不冷如掌许,家人未忍殡殓,至七日而苏,自说云,当死时,被冥官收录,至一官曹,厅事甚宏壮,其庭亦广大……吏将山龙至厅事,一大官坐高床座,侍卫如王者。山龙问吏:"此何官?"吏曰:"是王也。"山龙前至阶下,王问曰:"汝生平作何福业?"山龙对曰:"乡人每设斋讲,恒施物同之。"王曰:"汝身作何善业?"山龙曰:"诵《法华经》日两卷。"……王谓山龙曰:"君诵经之福,非唯自利,乃令庭内众囚皆以闻经获免,岂不善哉!今放君还去。"……至门,有三人语山龙曰:"王放君去,可不少多乞遗我等。"山龙未言,吏谓山龙曰:"王放君,不由彼。三人者是前收录君使人:一是绳主,当以赤绳缚君者;一是棒主,击君头者;一是袋主,吸君气者。见君得还,故乞物耳。"山龙惶惧,谢三人曰:"愚不识公,请至家备物,但不知何处送之?"三人曰:"于水边若树下烧之。"山龙许诺,

① 参见陆锡兴:《南宋周氏墓纸钱及有关问题考》,《文物》1993年第8期,第95页。

② (唐)封演撰:《封氏闻见记校注》卷六《纸钱》,赵贞信校注,中华书局2005年版,第60页。

③ 详见新疆维吾尔自治区博物馆、西北大学历史系考古专业:《1973年吐鲁番阿斯塔那古墓群发掘简报》,《文物》1975年第7期,第9页。

④ 详见新疆维吾尔自治区博物馆:《吐鲁番县阿斯塔那——哈拉和卓古墓群发掘简报(1963—1965)》,《文物》1973年第10期,第11页。

⑤ (唐)王梵志:《王梵志诗校注》(增订本)卷二《得钱自吃用》,项楚校注,上海古籍出版社2010年版,第107页。

⑥ (唐)王梵志:《王梵志诗校注》(增订本)卷二《愚人痴涳涳》,项楚校注,上海古籍出版社2010年版,第119页。

⑦ (唐)王梵志:《王梵志诗校注》(增订本)卷二《有钱惜不吃》,项楚校注,上海古籍出版社2010年版,第170页。

辞吏归家,见家人正哭,经营殡具。山龙入至尸傍,即苏。后日,剪纸作钱帛,并酒食,自送于水边烧之。忽见三人来谢曰:"蒙君不失信,重相赠遗,愧荷。"言毕不见。[1]

　其二:尚书刑部侍郎宋行质,博陵人也。性不信佛,有慢易之言,以永徽二年五月病卒。至六月九日,尚书都官令史王璹暴病死,经二日而苏。自言初死时,见四人来至其所,云:"追汝。"……出门外,黑如漆,璹不知所之,以手摸西及南,皆是墙壁,唯东无障碍,而暗不可行。璹立住,少顷,见向所讯璹之吏从门出来,谓璹曰:"君尚能待我,甚善,可乞我千钱。"璹不应,内自思曰:"吾无罪,官放我来,何为有赇吏乎?"吏即谓曰:"君不得无行,吾向若不早将汝过官,令二日受缚,岂不困顿?"璹心然之,因愧谢曰:"谨依命。"吏曰:"吾不用汝铜钱,欲得白纸钱耳,期十五日来。"璹许诺……于是归家,家人哭泣,入户而苏。至十五日,璹忘不与钱。明日,复病困绝,见吏来,怒曰:"君果无行,期与我钱,遂不与,今当复将汝去。"因驱行出金光门,令入大坑。璹拜谢百余拜,请作钱,乃放归,又苏。璹告家人,买纸百张作钱送之。明日,璹又病困,复见吏曰:"君幸能与我钱,而恶不好。"璹复辞谢,请更作,许之。又至廿一日,璹令以六十钱市白纸百张作钱,并酒食,自于隆政坊西渠水上烧之。既而身体轻健,遂愈。[2]

此两则史料至少反映了这样四个问题:第一,唐代前期已经焚烧纸钱;第二,常用白纸作纸钱;第三,当时纸钱的加工方法是剪纸为钱;第四,当时因纸张质量不同,纸钱也有优劣之分,祭祀中应用质量好的纸钱。

另据《朝野佥载》云:"周长安年初,前遂州长江县丞夏文荣,时人以为判冥事……苏州嘉兴令杨廷玉,则天之表侄也,贪狠无厌……差摄御史康眰推奏断死。时母在都,见夏文荣,荣索一千张白纸,一千张黄纸,为廷玉祷。"后廷玉免死。[3]　从中可知,唐代前期,纸钱分黄、白二色。又据《广异记》云:"开元中,长安县尉裴龄常(尝)暴疾数日",昏迷至冥界,"吏复求金银钱各三千贯,龄云:'京官贫穷,实不能办。'吏云:'金钱者,是世间黄纸钱,银钱者,白纸钱耳。'龄曰:'若求纸钱,当亦可办,不知何所送之?'吏云:'世作钱于都市,其钱多为地府所收。君可呼凿钱人,于家中密室作之。

① (唐)唐临撰:《冥报记》卷中《唐李山龙》,方诗铭辑校,中华书局1992年版,第43—45页。
② (唐)唐临撰:《冥报记》卷下《唐王璹》,方诗铭辑校,中华书局1992年版,第69—71页。
③ (唐)张鷟撰:《朝野佥载》卷二,赵守俨点校,中华书局1979年版,第37页。

毕,可以袋盛。当于水际焚之,我必得也。'"①从中可知,黄纸代表金钱,白纸代表银钱,而纸钱加工方法还有凿纸为钱。不过,凿钱时需要使用模具,《酉阳杂俎》中记载有元和中李和子"货衣具凿楮"②之事。凿钱与剪钱相比,纸钱更为规整,且产量更大。唐代中期以后,纸钱还加以雕饰,如《封氏闻见记》云:"今代送葬为凿纸钱,积钱为山,盛加雕饰。"③

五代时期,纸钱不仅分黄白二色,而且雕印文字。《清异录》记载:"显德六年(959年),世宗庆陵殡土,发引之日,百司设祭于道。翰林院楮泉大若盏口,余令雕印字文文之,黄曰'泉台上宝',白曰'冥游亚宝'。"④

宋代时,纸钱加工方法沿袭唐五代之制,也分黄白二色,既有剪钱,如湖南耒阳出土宋代纸冥钱3张(M189:4),均残,皮纸质,折叠套剪而成,呈外圆内方的铜钱形,每枚直径2.25厘米、孔边长0.4厘米,现存每张两串,一串五枚,一串六枚,全张残长13厘米、宽4.5厘米⑤;也有凿钱,如宋仁宗时,"李宸妃入宫,其弟用和才七岁,后不复相闻知。用和穷困,凿纸钱为业,居京师"⑥。此外,宋代纸钱上还印有文字或符号等,如江西德安南宋周氏墓出土纸钱8枚,其中1枚印有"早升天界"字样,另外7枚字迹不清,⑦并且纸钱上还有"卐"符号⑧。这些文字和符号与五代时期纸钱所印文字寓意不同,可能是为了表达宗教信仰和良好祝愿。又据《瓮牖闲评》云:"苏东坡一日得粗纸一幅,题云:'此纸甚恶,止可镵钱饷鬼而已。'"⑨由此可知,当时也用粗纸作纸钱。

唐宋时期,不仅祭祀活动中使用纸钱,而且节日中也用纸钱。⑩ 由唐到宋,使用纸钱的祭祀活动和时令节日不断增多。

---

①　(宋)李昉等编:《太平广记》卷三八一《再生七·裴龄》引《广异记》,中华书局1961年版,第3033—3034页。

②　(唐)段成式撰:《酉阳杂俎》续集卷一《支诺皋上》,方南生点校,中华书局1981年版,第202页。

③　(唐)封演撰:《封氏闻见记校注》卷六《纸钱》,赵贞信校注,中华书局2005年版,第60页。

④　(宋)陶毂:《清异录》卷下《丧葬门·泉台上宝冥游亚宝》,载朱易安、傅璇琮等主编:《全宋笔记》第一编(二),大象出版社2003年版,第111页。

⑤　详见衡阳市文物工作队:《湖南耒阳城关六朝唐宋墓》,《考古学报》1996年第2期,第270页。

⑥　(宋)李焘:《续资治通鉴长编》卷一一一《仁宗》"明道元年(1032年)三月"条,中华书局2004年版,第2579页。

⑦　详见江西省文物考古研究所、德安县博物馆:《江西德安南宋周氏墓清理简报》,《文物》1990年第9期,第12页。

⑧　详见陆锡兴:《南宋周氏墓纸钱及有关问题考》,《文物》1993年第8期,第96页。

⑨　(宋)袁文撰:《瓮牖闲评》卷六,李伟国点校,中华书局2007年版,第98页。

⑩　参见陈启新:《冥纸史考》,《中国造纸》1996年第2期,第76—77页。

祭祀用纸钱。隋唐五代时期，祭祀活动中常用纸钱，诗文中多有记载，如张籍《华山（一作岳）庙》诗云："金天庙下西京道，巫女纷纷走似烟。手把纸钱迎过客，遣求恩福到神前。"①王叡《祠渔山神女歌之二》云："树叶无声神去后，纸钱灰出木绵花。"②李山甫《项羽庙》诗云："停分天下犹嫌少，可要行人赠纸钱。"③李建勋《迎神》诗云："阴风窣窣吹纸钱，妖巫瞑目传神言。与君降福为丰年，莫教赛祀亏常筵。"④北宋时期，祭祀活动中用纸钱的范围远胜唐代，比如唐代祈雨中未见使用纸钱，而北宋时已用纸钱，张耒《不雨》诗云："齐安一郡雨不足，稻畦土坚不入穀。城中赤日风吹沙，老鸦衔火烧竹屋。百尺长绳抽井底，井中泥滓多于水。潭边龙祠悬纸钱，谁令霹雳惊龙眠？"⑤

节日用纸钱。唐代中期以后，寒食扫墓多用纸钱，只因寒食不许用火，纸钱多是挂在树上，唐人诗文中对此记载颇多，如王建《寒食行》诗云："三日无火烧纸钱，纸钱那得到黄泉。"⑥张籍《北邙行（一作白邙山）》诗云："寒食家家送纸钱，乌鸢作窠衔上树。"⑦白居易《寒食野望吟》诗云："丘墟郭门外，寒食谁家哭？风吹旷野纸钱飞，古墓累累春草绿。"⑧清明节时，也用纸钱，如薛逢《君不见》诗云："清明纵便天使来，一把纸钱风树杪。"⑨除夕烧纸钱，据《入唐求法巡礼行记》记载：开成三年（838年）十二月廿九日，"暮际，道俗共烧纸钱"⑩南唐时，社日已用纸钱，如李建勋《田家三首》之二云："木盘擎社酒，瓦鼓送神钱。"⑪宋代时，纸钱成为各种节日必不可少之物。元日用纸钱，如夏竦《二月昭州奏正月一日设醮上玉皇表烧钱次有鹤一只翱翔久之西北去》云："平乐初正月，虚晨荐号时。瑞场燔碧币，仙骥驻

① （清）彭定求等编：《全唐诗》卷三八六，中华书局1979年版，第4360页。
② （清）彭定求等编：《全唐诗》卷五〇五，中华书局1979年版，第5743页。
③ （清）彭定求等编：《全唐诗》卷六四三，中华书局1979年版，第7370页。
④ （清）彭定求等编：《全唐诗》卷七三九，中华书局1979年版，第8434页。
⑤ （宋）张耒撰：《张耒集》卷一六，李逸安、孙通海点校，中华书局1990年版，第269页。
⑥ （唐）王建：《王建诗集校注》卷一，王宗棠校注，中州古籍出版社2006年版，第3页。
⑦ （清）彭定求等编：《全唐诗》卷三八二，中华书局1979年版，第4283页。
⑧ （唐）白居易：《白居易集》卷一二，顾学颉校点，中华书局1999年版，第241页。或见《白居易集笺校》卷一二，朱金城笺校，上海古籍出版社1988年版，第684页。又见谢思炜：《白居易诗集校注》卷一二，中华书局2006年版，第960页。
⑨ （清）彭定求等编：《全唐诗》卷五四八，中华书局1979年版，第6320页。
⑩ ［日］释圆仁原：《入唐求法巡礼行记校注》卷一，白化文等校注，花山文艺出版社2007年版，第89页。
⑪ （清）彭定求等编：《全唐诗》卷七三九，中华书局1979年版，第8427页。

霜仪。烟顶方遥辨,星精想下窥。天门俄翼去,杳霭瑞烟披。"①寒食节用纸钱,如释斯植《寒食》诗云:"江南江北纸钱飞,处处人家拜冢时。"②端午节用纸钱,如《武林旧事》记载:"市人门首,各设大盆,杂植艾蒲葵花,上挂五色纸钱。"③社日用纸钱,如范成大《四时田园杂兴六十首之五》云:"社下烧钱鼓似雷,日斜扶得醉翁回。"④灶日用纸钱,如范成大《祭灶词》诗云:"男儿酌献女儿避,醉酒烧钱灶君喜。"⑤

纸钱初为社会下层使用,后来渐为社会上层接受,甚至引入皇家礼仪中,引起礼仪制度的改变。唐玄宗时,王玙充祠祭使,"专以祀事希幸,每行祠祷,或焚纸钱"⑥。王玙"既以纸寓钱用于祠祭,世俗常情,多信鬼神,于是公私沿袭用之,信弥笃矣"⑦。至唐代中期,纸钱"自王公逮于匹庶,通行之矣"⑧。《北梦琐言》记载:"唐王潜司徒,与武相元衡有分。武公仓卒遭罹,潜常于四时爇纸钱以奉之。"⑨后晋时期,甚至天子祭拜时也用纸钱,《新五代史》记载:晋高祖驾崩后,葬于显陵,出帝于天福八年(943年)二月"庚午,寒食,望祭显陵于南庄,焚御衣、纸钱"⑩。宋代时,祭祀帝王也用纸钱,如宋仁宗驾崩后,开封"城中军民以至妇人孺子,朝夕东向号泣,纸烟蔽空,天日无光。时舅氏王元修自京师过洛,为先公言京师罢市巷哭,数日不绝,虽乞丐者与小儿皆焚纸钱,哭于大内之前"⑪;又如宋高宗驾崩后,葬于思陵,"思陵神舆就祖道祭,陈设穷极工巧,百官奠哭,纸钱差小,官家不喜"⑫。

由上观之,唐宋时期,纸钱不仅影响着丧葬习俗、时令节日,而且引起礼仪制度的变化。

---

① (宋)夏竦:《文庄集》卷三二,载《景印文渊阁四库全书》本,第1087册,台湾商务印书馆1985年版,第310页。

② 北京大学古文学研究所编:《全宋诗》卷三三〇〇,第63册,北京大学出版社1998年版,第39323页。

③ (宋)周密:《武林旧事》卷三《端午》,载《丛书集成初编》本,第3217册,中华书局1991年版,第51页。

④ (宋)范成大:《范石湖集》卷二七,上海古籍出版社1981年版,第372页。

⑤ (宋)范成大:《范石湖集》卷三〇,上海古籍出版社1981年版,第410页。

⑥ (后晋)刘昫等:《旧唐书》卷一三〇《王玙传》,中华书局1979年版,第3617页。

⑦ (宋)王观国撰:《学林》卷五《寓钱》,田瑞娟点校,中华书局1988年版,第165页。

⑧ (唐)封演撰:《封氏闻见记校注》卷六《纸钱》,赵贞信校注,中华书局2005年版,第60页。

⑨ (五代)孙光宪撰:《北梦琐言》卷一二《王潜司徒烧纸钱》,贾二强点校,中华书局2002年版,第261页。

⑩ (宋)欧阳修:《新五代史》卷九《晋本纪九·出帝》,中华书局1974年版,第91页。

⑪ (宋)邵伯温撰:《邵氏闻见录》卷二,李剑雄、刘德权点校,中华书局1983年版,第16页。

⑫ (宋)袁褧:《枫窗小牍》卷下,载《丛书集成初编》本,第2784册,中华书局1985年版,第17页。

四、军事装备革新

唐宋时期,笔墨纸砚制造业对军事装备的影响,主要表现为造纸业的发展带动军事装备的革新,出现纸甲(纸铠)、纸兜鍪、纸炮等。纸之所以能够用来制造纸甲、纸兜鍪等军事装备,主要原因在于:此间,纸的制造水平显著进步,产量和质量不断提高,比起金属装备更为轻便,既可容易得到,也能降低成本。

"甲始以革,而后以金,故名之曰铠。"①由于金属铠甲不仅十分笨重,而且在寒冷天气冰冷难穿,在潮湿环境容易生锈,所以并不便于军用。唐代前期,仍是使用金属铠甲,岑参有"将军角弓不得控,都护铁衣冷难着"②之诗句。随着造纸技术的进步,到唐代后期,已经出现纸铠。《新唐书·徐商传》记载:唐宣宗时,徐商为河中节度使,"商表处山东宽乡,置备征军,凡千人,襞纸为铠,劲矢不能洞"③。可见,当时纸铠的质地结实,质量精良。不过,这又与唐代蒲州(河中府)是重要的造纸产地,所出纸质量绝佳有密切关系。

五代十国时期,纸铠(纸甲)仍有使用。《宋史·李韬传》记载:周祖征三叛,李韬从白文珂攻河中,夜见"城中人悉被黄纸甲"④。又《马氏南唐书》云:"李元清,濠州人也。周世宗征淮南,其父聚乡里义士,襞纸为铠,号白甲军,与官军同守濠州水寨。"⑤

宋代,纸兜鍪(头盔)、纸甲等已成为常见的军用装备。纸兜鍪(头盔),《辛巳泣蕲录》记载:嘉定十四年(1221年)二月十二日,"准制司,催造纸兜鍪一千副"⑥。纸甲,《续资治通鉴长编》记载:康定元年(1040年)四月己丑,"诏淮南、江、浙州军造纸甲三万,给陕西防城弓手"⑦。庆历元年(1041

---

① (明)方以智:《通雅》卷三五《器用·戎器具》,载侯外庐主编:《方以智全书》第1册(下),上海古籍出版社1989年版,第1061页。

② (唐)岑参撰:《岑嘉州诗笺注》卷二《白雪歌送武判官归京》,廖立笺注,中华书局2004年版,第317页。

③ (宋)欧阳修、宋祁:《新唐书》卷一一三《徐商传》,中华书局1975年版,第4192页。

④ (元)脱脱等:《宋史》卷二七一《李韬传》,中华书局1976年版,第9294页。

⑤ (宋)马令:《南唐书》卷二二《归明传上·李元清》,载傅璇琮等主编:《五代史书汇编》捌,杭州出版社2004年版,第5404页。

⑥ (宋)赵与襄:《辛巳泣蕲录》,载《丛书集成初编》本,第3895册,中华书局1985年版,第1页。

⑦ (宋)李焘:《续资治通鉴长编》卷一二七《仁宗》"康定元年(1040年)四月己丑"条,中华书局2004年版,第3004页。

年)五月甲戌,田况上兵策十四事,其中提及"通判江宁府因造纸甲得远年帐籍"①。从中可知,制造纸甲等军用装备的区域多是重要的造纸产地。宋代,劫匪也使用纸甲,元祐七年(1092年)正月,苏轼奏状中称:"自到任以来,访问得本州(指颍州——作者按)旧出恶贼",其人"每次打劫,皆用金贴纸甲,其余兵仗弓弩并全"。②绍兴二年(1132年)八月,"中书言:'东南州县乡兵,多因私置纸甲,而啸聚作过。熙宁编敕令有若私造纸甲五领者绞。乞着为令。'从之"③。这反映出北宋时期就对私造纸甲已有法律规定,南宋时期一以贯之。

辽代,也用纸甲。《契丹国志》记载:"十月内,五京进纸造小衣甲并枪刀器械各一万副。"④元代,还设立专门的纸甲局。《元史》记载:至元七年(1270年)二月"乙酉,立纸甲局"⑤。

宋代,还出现纸炮,有霹雳火球,"内装火药,外壳大都用纸造成,并涂以漆等"⑥。此外,还有"引火球","以纸为球,内实砖石屑,可重三五斤,黄蜡、沥青炭末为泥,周涂其物,贯以麻绳。凡将放火,球只先放,此球以准远近"⑦。

通过对唐宋时期纸甲的考察,可以看出,自唐代出现纸甲后,五代、辽、宋、元各代皆袭用,且不断发展。由唐到宋,纸甲的发展,反映着军事装备的革新。

第三节　文人与"文房四宝"

尽管"文房四宝"与笔、墨、纸、砚之间有着内在联系,但是不能将"文房四宝"的形成与笔、墨、纸、砚的出现等而同之。"文房四宝"的形成本身有一个过程⑧,历史上是先有笔、墨、纸(简牍、帛书)、砚,后才有"文房四宝"

---

① (宋)李焘:《续资治通鉴长编》卷一三二《仁宗》"庆历元年(1041年)五月甲戌"条,中华书局2004年版,第3136页。
② (宋)苏轼撰:《苏轼文集》卷三三《乞将合转一官与李直方酬奖状》,孔凡礼点校,中华书局1986年版,第950页。
③ (宋)李心传:《建炎以来系年要录》卷五七,中华书局1956年版,第995页。
④ (宋)叶隆礼撰:《契丹国志》卷二七《小春》,贾敬颜、林荣贵点校,上海古籍出版社1985年版,第253页。
⑤ (明)宋濂:《元史》卷七《世祖纪四》,中华书局1976年版,第128页。
⑥ 王菊华主编:《中国古代造纸工程技术史》,山西教育出版社2006年版,第249页。
⑦ (宋)曾公亮等:《武经总要》前集卷一二《守城》,载《景印文渊阁四库全书》本,第726册,台湾商务印书馆1985年版,第427页。
⑧ 参见陈涛:《文房四宝形成论》,(韩国)《中国史研究》第58辑,2009年,第244—252页。

的。因为"文房四宝"的形成,不仅与笔墨纸砚制造业的发展有关,而且与中国历史上经济、文化的演进密切关联,所以"文房四宝"本身在发展中就具有特定的时代内涵和时代意义①。文人作为笔墨纸砚最主要的消费群体之一,他们对笔墨纸砚有着独特的认识和理解。随着文人境遇的改变及认识观念的深化,他们逐渐用特定名称来指代笔墨纸砚。

一、"文房"涵义嬗变
——文人观念的变化

笔、墨、纸、砚成为"文房四宝"需要具备两个先决条件,一为物质条件,一为思想条件。物质条件主要指笔墨纸砚的制作原料、加工技术等的成熟、完备,思想条件主要指文人士子对笔墨纸砚认识观念的深化。

就物质条件而言:秦汉时期,随着物质条件的渐趋成熟,笔、墨、纸、砚的制作得到了较大发展。魏晋南北朝时期,笔、墨、纸、砚的制作有了很大提高,为"文房四宝"的形成奠定坚实的物质基础。因相关内容已在第一章中言及,故不赘述。

就思想条件而言:用"文房"代称书房,反映了文人观念的逐渐变化,这是"文房四宝"形成的另一个先决条件。

"文房"一词,最早语出《梁书·江革传》:"时吴兴沈约、乐安任昉并相赏重,昉与革书云:'此段雍府妙选英才,文房之职,总卿昆季,可谓驭二龙于长途,骋骐骥于千里。'"②其原意是指官府掌管文书之处,自梁以后,历代均沿有此称。据考古资料可知,北朝十六国夏(407—431年)的都城——统万城城址曾出土一方"文房之印",该印"很薄,有钮可以系带,铸阳文。每边长3.5厘米"。统万城城址内古文物相当丰富,"上至汉晋,下迄唐宋,代无不有"③。该印从形制上看,似为隋唐以前之物,究竟具体为哪一时期,尚需有关专家学者考订。不过,该印作为实物当可以证明"文房"在南北朝时期,甚或此前,就已经出现。

迨及唐代,文人开始流行将"文房"代称书房,其例不胜枚举,如:李峤《送光禄刘主簿之洛》云:"朋席余欢尽,文房旧侣空。"④元稹《酬乐天东南行诗一百韵并序》云:"文房长遣闭,经肆未曾铺。"⑤皎然《春日又送潘述之

---

① 参见陈涛:《"文房四宝"源流考》,《中原文化研究》2014年第1期,第57—63页。
② (唐)姚思廉:《梁书》卷三六《江革传》,中华书局1973年版,第523页。
③ 陕西省文管会:《统万城城址勘测记》,《考古》1981年第3期,第231页。
④ (清)彭定求等编:《全唐诗》卷六一,中华书局1979年版,第726页。
⑤ (唐)元稹撰:《元稹集》卷一二,冀勤点校,中华书局1982年版,第137页。

扬州》云："文房旷佳士,禅室阻清盼。"①

　　自唐以降,宋、元、明、清各代,用"文房"代称书房更加普遍。宋人米芾《画史》云："大年收得南唐集贤院御书印,乃墨用于文房书画。"②宋人俞松《兰亭续考》云："此轴乃侍郎王彦昭文房物,观之使人健羡,是尤可珍也。"③明人戚继光《练兵杂集》云："与守仁及各将领,预择聪慧书手各一人,以从暗携文房之具,布于厅事西壁。每书记一人记一句,各分号编次,周而复始。"④

　　"文房"既指书房,那么自然少不了文房用具。隋唐以前,文房用具除笔、墨、纸、砚外,还有笔格、笔筒、砚滴、砚匣等。唐代,文房用具逐渐增多,有笔、墨、纸、砚、笔架、笔洗、笔鎺、砚滴、砚格、砚匣等。据考古资料可知,出土的唐代文房用具不少,仅长沙铜官窑址就发现60余件,其中瓷砚滴,20件,有蛙、羊、狗、鸡、狮、象、盘龙等多种形态;瓷镇纸,16件,有狮、虎、龟等形态;瓷笔洗,16件,有两种基本形态,一是扁圆或圆鼓腹,一是形如小杯,五折荷叶口;瓷笔捺,10件;瓷砚,2件。⑤宋代以后,文房用具更加丰富,宋人林洪《文房职方图赞》⑥中载有文房用具18种,明人屠隆《文房器具笺》⑦及文震亨《长物志》⑧中皆载有文房用具40余种。⑨据考古发掘可知,仅上海宝山明朱守城夫妇合葬墓中就出土文房用具14件,有笔筒、笔插屏、砚台、镇纸、印盒、香薰、瓶等。⑩

　　随着文房用具的丰富,"文房"除了代称书房外,有时也代指文房用具,如笔、墨、纸、砚,或其他文具,抑或所有文具。此类事例如《梦粱录》中记

---

① (清)彭定求等编:《全唐诗》卷八一八,中华书局1979年版,第9215页。

② (宋)米芾:《画史》,载黄正雨、王心裁辑校:《米芾集》,湖北教育出版社2002年版,第161页。

③ (宋)俞松:《兰亭续考》卷一,载《丛书集成初编》本,第1598册,中华书局1985年版,第3页。

④ (明)戚继光:《练兵杂集》卷四《发坛口授》,载(明)戚继光撰:《练兵实纪》,邱心田校释,中华书局2001年版,第266页。

⑤ 详见长沙市文化局文物组:《唐代长沙铜官窑址调查》,《考古学报》1980年第1期,第84—85页。

⑥ (宋)林洪:《文房职方图赞》,载《丛书集成初编》本,第1492册,中华书局1991年版。

⑦ (明)屠隆:《考槃徐事》卷四《文房器具笺》,中华书局1985年版,第75—86页。

⑧ (明)文震亨:《长物志》卷七《器具》,载《丛书集成初编》本,第1508册,中华书局1985年版,第47—63页。

⑨ 参见陈涛:《〈辞源〉补正三则》,《五邑大学学报》(社会科学版)2009年第3期,第93页。

⑩ 详见上海市文物管理委员会:《上海宝山明朱守城夫妇合葬墓》,《文物》1992年第5期,第63—65页。

载:"其士人止许带文房及卷子,余皆不许夹带文集。"①"杭城人家育子……至来岁得周,名曰'周晬',其家罗列锦席于中堂,烧香炳烛,顿果儿饮食,及父祖诰敕、金银七宝玩具文房、书籍道释经卷……并儿戏物,却置得周小儿于中座,亲(观)其先拈者何物,以为佳谶,谓之'拈周试晬'。"②又如《八旬万寿盛典》云:"正寿之庆,群臣例当进献辞赋。于是彭元瑞有《古稀之九颂》,既以文房等件赐之,以旌其用意新而遣辞雅。"③

二、"笔墨纸砚"合称

——"文房四宝"的萌芽阶段

魏晋南北朝时期是"文房四宝"的萌芽阶段。此间,文人们通过长期的积累和总结,更加体会到笔墨纸砚的重要性,于是出现"笔墨纸砚"合称。王羲之《题卫夫人笔阵图后》曰:"夫纸者,阵也;笔者,刀稍也;墨者,鍪甲也;水砚者,城池也;心意者,将军也;本领者,副将也;结构者,谋略也。"④另据考古资料可知,1979 年,江西南昌市东吴高荣墓中发现两件木方,其中丙棺内的木方,长 24.5 厘米、宽 9.5 厘米、厚 1 厘米,其上墨书有"书刀一枚、研一枚、笔三枚……官纸百枚"⑤的文字;1974 年,江西南昌市东湖区一晋墓中发现一块木方,长 26.2 厘米、宽 15.1 厘米、厚 1.2 厘米,其上墨书有"故书砚一枚/故笔一枚/纸一百枚/故墨一丸"⑥的文字。

这一时期出现"笔墨纸砚"合称,绝不是偶然的。正是通过长期的积累和总结,文人们更加体会到笔墨纸砚的重要性,并对笔墨纸砚的实用性提出更高要求。如卫夫人《笔阵图》所云:"笔要取崇山绝仞中兔毛,八九月收之,其笔头长一寸,管长五寸,锋齐腰强者;其砚取煎涸新石,润涩相兼,浮津耀墨者;其墨取庐山之松烟,代郡之鹿胶,十年已上强如石者为之;纸取东阳鱼卵,虚柔滑净者。"⑦又如南朝梁虞龢《论书表》所言:

① (宋)吴自牧:《梦粱录》卷三《士人赴殿试唱名》,载《丛书集成初编》本,第 3219 册,中华书局 1985 年版,第 21 页。

② (宋)吴自牧:《梦粱录》卷二○《育子》,载《丛书集成初编》本,第 3221 册,中华书局 1985 年版,第 188—189 页。

③ (清)阿桂等:《八旬万寿盛典》卷一《宸章一·古稀说》,载《景印文渊阁四库全书》本,第 660 册,台湾商务印书馆 1984 年版,第 25 页。

④ (唐)张彦远:《法书要录》卷一《王右军题卫夫人笔阵图后》,人民美术出版社 1984 年版,第 7 页。

⑤ 江西省历史博物馆:《江西南昌市东吴高荣墓的发掘》,《考古》1980 年第 3 期,第 227 页。

⑥ 江西省博物馆:《江西南昌晋墓》,《考古》1974 年第 6 期,第 375 页。

⑦ (唐)张彦远:《法书要录》卷一《晋卫夫人笔阵图》,人民美术出版社 1984 年版,第 5—6 页。

天府之名珍,盛代之伟宝,陛下渊昭自天,触理必镜。凡诸思制,莫不妙极。乃诏张永更制御纸,紧洁光丽,辉日夺目。又合秘墨,美殊前后,色如点漆,一点竟纸。笔则一二简毫,专用白兔,大管丰毛,胶漆坚密。草书笔悉使长毫,以利纵舍之便。兼使吴兴郡作青石圆砚,质滑而停墨,殊胜南方瓦石之器。缣素之工,殆绝于昔。①

此外,我们从南朝齐王僧虔《论书》中,还可再做审视:

夫工欲善其事,必先利其器。伯喈非流纨体素,不妄下笔。若子邑之纸,研染辉光;仲将之墨,一点如漆;伯英之笔,穷神静思。妙物远矣,邈不可追。遂令思挫于弱毫,数屈于陋墨。言之使人于邑。若三珍尚存,四宝斯觌,何但尺素信札,动见模式,将一字径丈、方寸千言也。②

由上观之,优良的笔、墨、纸、砚对文人们是何其重要,而"三珍""四宝"之谓中"文房四宝"之名亦呼之欲出。因此,笔者认为魏晋南北朝时期是"文房四宝"的萌芽阶段。

三、文房"四友"出现
——"文房四宝"的确立阶段

隋唐时期,国家再次实现大一统,经济繁荣、文教昌明,极大地促进了官私手工业的发展。正是在这样一个时代环境中,随着笔、墨、纸、砚种类的扩大及广泛应用,文人流行将"文房"代称书房,而笔、墨、纸、砚与文人的关系愈加密切,成为文人不可或缺的物品,它们对文人而言,不仅仅具有实用价值,更变得"人性化",具有象征意义。因此,"文房四宝"逐渐形成并得以正式确立。韩愈《毛颖传》中将"笔、墨、纸、砚"喻作文房"四友",这可视作"文房四宝"在唐代正式确立的标志。

由于科举制度的影响,笔、墨、纸、砚对文人往往具有特殊意义,如"唐世举子将入场,嗜利者争卖健毫圆锋笔,其价十倍,号'定名笔'"③,正是对文人求取功名心理的直接反映。此外,窦群《初入谏司喜家室至》诗云:"不

① (唐)张彦远:《法书要录》卷二《梁中书侍郎虞龢论书表》,人民美术出版社1984年版,第41页。
② (唐)张彦远:《法书要录》卷一《南齐王僧虔论书》,人民美术出版社1984年版,第22页。
③ (宋)陶穀:《清异录》卷下《文用门·定名笔》,载朱易安、傅璇琮等主编:《全宋笔记》第一编(二),大象出版社2003年版,第88页。

知笔砚缘封事，犹问佣书日几行。"①卢嗣业《致孙状元诉醵罚钱》诗云："苦心事笔砚，得志助花钿。"②这些诗句也都是士人心境的真实写照。

隋唐时期，儒、释、道三教合流，笔、墨、纸、砚的重要性在唐初佛教典籍中亦有体现。如《法苑珠林》云："昔过去久远阿僧祇劫，有一仙人，名曰最胜，住山林中，具五神通，常行慈心"，"不惜身命，剥皮为纸，刺血为墨，析骨为笔③，为众生故，至诚不虚"。④ 此外，还有"以须弥为砚，以四大海水为墨，以四天下竹木为笔"⑤的说法。

笔者认为，笔、墨、纸、砚与文人的情感、仕途、命运紧紧联系起来，成为文人寄托情感、隐喻仕途的最佳方式，在这种情况下，也就是在初唐、盛唐时期，"文房四宝"初步形成，只不过，这时尚未有正式名称。此间，薛稷"为笔封九锡，拜墨曹都统、黑水郡王兼毛州刺史"⑥；"为墨封九锡，拜松燕督护、玄香太守兼亳州诸郡平章事"⑦；"为纸封九锡，拜楮国公，白州刺史、统领万字军界道中郎将"⑧；"为砚封九锡，拜离石乡侯、使持节即墨军事长史兼铁面尚书"⑨。

与此同时，从目录学的角度考察，这一时期，虞世南所撰《北堂书钞》卷一〇四《艺文部一〇》载有"笔纸砚墨"、欧阳询所撰《艺文类聚》卷五八《杂文部四》载有"纸笔砚"、徐坚等奉敕撰《初学记》卷二一《文部》载有"笔纸砚墨"⑩，亦表明此间笔墨纸砚虽连在一起，然尚未有正式名称。

---

① （清）彭定求等编：《全唐诗》卷二七一，中华书局 1979 年版，第 3042 页。

② （清）彭定求等编：《全唐诗》卷六六七，中华书局 1979 年版，第 7635 页。

③ 隋唐以前，已有"皮纸骨笔"之说，如《洛阳伽蓝记》记载："王城南一百余里，有如来昔作摩休国剥皮为纸，折骨为笔处；阿育王起塔笼之，举高十丈。"（（北魏）杨衒之：《洛阳伽蓝记校笺》卷五《城北·凝玄寺》，杨勇校笺，中华书局 2006 年版，第 213 页）隋代，出现了"皮为纸，骨为笔，血为墨"之说（（隋）天台智者大师说，门人灌顶记：《摩诃止观》卷八下，湛然寺 1995 年版，第 850—851 页）。

④ （唐）释道世撰：《法苑珠林校注》卷一七《敬法篇·求法部》，周叔迦、苏晋仁校注，中华书局 2003 年版，第 573 页。又见（清）梁同书：《笔史·笔之始》，中华书局 1985 年版，第 1 页。

⑤ （唐）释道世撰：《法苑珠林校注》卷二五《见解篇·引证部》，周叔迦、苏晋仁校注，中华书局 2003 年版，第 787 页。

⑥ （后唐）冯贽撰：《云仙散录·黑水郡王》引《龙须志》，张力伟点校，中华书局 2008 年版，第 133 页。

⑦ （后唐）冯贽撰：《云仙散录·松燕督护》引《纂异记》，张力伟点校，中华书局 2008 年版，第 141 页。

⑧ （后唐）冯贽撰：《云仙散录·楮国公》引《事略》，张力伟点校，中华书局 2008 年版，第 147 页。

⑨ （后唐）冯贽撰：《云仙散录·离石乡侯》引《凤翔退耕传》，张力伟点校，中华书局 2008 年版，第 146 页。

⑩ ［日］详见中田勇次郎：《文房清玩史考》，载《大手前女子大学論集》4，1970 年，第 167 页。或见［日］中田勇次郎：《文房清玩五》，二玄社 1976 年版，第 22—23 页。

中唐时,韩愈作《毛颖传》云:

> 毛颖者,中山人也。其先明眎,佐禹治东方土,养万物有功,因封于卯地,死为十二神……明眎八世孙䶅,世传当殷时居中山,得神仙之术,能匿光使物,窃姮娥,骑蟾蜍入月,其后代遂隐不仕云……
>
> 秦始皇时,蒙将军恬南伐楚,次中山……围毛氏之族,拔其豪,载颖而归,献俘于章台宫,聚其族而加束缚焉。秦皇帝使恬赐之汤沐,而封诸管城,号曰管城子,日见亲宠任事。
>
> 颖为人强记而便敏,自结绳之代以及秦事,无不纂录。阴阳、卜筮、占相、医方、族氏、山经、地志、字书、图画、九流、百家、天人之书,及至浮图、老子、外国之说,皆所详悉。又通于当代之务,官府簿书、市井货钱注记,惟上所使……累拜中书令,与上益狎,上尝呼为"中书君"。上亲决事,以衡石自程,虽宫人不得立左右,独颖与执烛者常侍。上休方罢,颖与绛人陈玄、弘农陶泓及会稽楮先生友善,相推致,其出处必偕。上召颖,三人者,不待诏辄俱往,上未尝怪焉。①

实际上,文人的创作并非凭空臆断,他们的文章往往主要是依据和反映自己所处时代的现实情况。正如《唐国史补》中所言:"韩愈撰《毛颖传》,其文尤高,不下史迁。"②《毛颖传》的出现不是偶然的,可以说是个标志。

其一,是"文房四宝"在唐代正式确立的标志,此时使用的名称是文房"四友"。

"文房四宝"在初唐、盛唐时期业已形成,但一直没有正式名称,《毛颖传》将"笔、墨、纸、砚"拟称形影不离的文房"四友",可以说这是"文房四宝"出现的最早名称。

其二,是"文房四宝"特指涵义的开始。

《毛颖传》将笔、墨、纸、砚分别喻作"中山毛颖、绛人陈玄、弘农陶泓及会稽楮先生",而据两唐书、《通典》《元和郡县图志》等书可知,唐代中山即是指宣城③,贡笔;绛州,贡墨;虢州弘农郡,贡砚;越州会稽郡,贡纸。因而,

---

① (唐)韩愈撰:《韩昌黎文集校注》卷八,马其昶校注,上海古籍出版社1986年版,第566—568页。

② (唐)李肇:《唐国史补》卷下,上海古籍出版社1979年版,第55页。

③ 除《毛颖传》外,中山兔毫在唐代文人诗赋中也时有出现,如李白《草书歌行》云:"笔锋杀尽中山兔。"(《李白集校注》卷八,瞿蜕园、朱金城校注,上海古籍出版社1980年版,第587页)白居易《鸡距笔赋》则以"中山兔毫作之尤妙"为韵,赋云:"足之健兮有鸡足,毛之劲

韩愈笔下的文房"四友"又是按贡物产地来特指的,反映了中唐时期"文房四宝"的特定涵义。

在以后的历史发展中,"文房四宝"作为笔墨纸砚的统称始终没有变化,但是作为特指,却顺时因地而变。如唐人文嵩作"四侯传"将笔、墨、纸、砚称为"相须之友"。

《管城侯传》云:

毛元锐,字文锋,宣城人……天子因览前代史,嘉其述美恶不隐,文简而事备,拜左右史,以积劳累,功封管城侯,子孙世修厥职……锐为人颖悟俊利,其方也如凿,其圆也如规,其得用也称旨。则默默而作,随心

兮有兔毛……岂不以中山之明视,劲而迅;汝阴之翰音,勇而雄。"(《白居易集》卷三八,顾学颉校点,中华书局1999年版,第872—873页;《白居易集笺校》卷三八,朱金城笺校,上海古籍出版社1988年版,第2610—2611页)然而,对于中山是否指宣州之中山,后世却有不同看法。如《宣和画谱》和《景定建康志》中就认为不是指宣州之中山。《宣和画谱》中记载:崔悫,"尤喜作兔,自成一家。大抵四方之兔,赋形虽同,而毛色小异。山林原野,所处不一。如山林间者,往往无毫,而腹下不白。平原浅草,则毫多而腹白。大率如此相异也。白居易曾作《宣州笔诗》谓:'江南石上有老兔,食竹饮泉生紫毫。'此大不知物之理。闻江南之兔,未尝有毫。宣州笔工复取青、齐中山兔毫作笔耳。画家虽游艺,至于穷理处当须知此。因悫画兔故及之云。"(俞剑华注译:《宣和画谱》卷一八《花鸟四》,江苏美术出版社2007年版,第387页)《景定建康志》"中山"条引张耒《明道杂志》云:"白乐天《紫毫笔》诗云:'宣城石上有老兔,食竹饮泉生紫毫。'予尝问宣州笔工云:毫用何处? 答曰:皆陈、亳、宿州客所贩,宣自有兔毫,不堪用。盖兔居原则毫全,以出入无伤也。宣兔居山,出入为荆棘、树石所伤,毫例短秃,则白诗非也。白公,宣州发解进士宣知,偶不问尔。按:《北户录》说兔毫处云:宣州岁贡青毫六两、紫毫三两,后又云王羲之叹江东下湿,兔毫不及中山。由是而言,则宣城亦有兔毫,不及北方劲健为可用也。然则《毛颖传》、李太白诗所言中山非溧水之中山,明矣。"((宋)周应合:《景定建康志》卷一七《山川志一》,载《景印文渊阁四库全书》本,第489册,台湾商务印书馆1984年版,第61—62页)不过,《全唐文纪事》引《六砚斋笔记》云:"中山故多狡兔,其可为笔者,乃溧水之中山,非晋地之中山也。《唐史》江宁郡、宋建康府皆贡笔,而溧水实皆隶焉。韩昌黎《毛颖传》云:'大猎中山以威楚。'盖以溧水在楚之界,所谓昭关投金濑,伍员逃楚之迹咸在。若指晋之中山,则南北徽风马牛不相及,岂能威楚耶?"((清)陈鸿墀:《全唐文纪事》卷八二《辨证四》,台湾商务印书馆1984年版,第1033页)又引《义门读书记》云:"南伐楚,次中山。此中山是宣州地名,正楚地。孙大雅《赠笔生张蒙序》云:昌黎韩子传毛颖为中山人,中山非晋,乃唐宣州中山也。宣州自昔来多擅名笔,而诸葛氏尤精。"((清)陈鸿墀:《全唐文纪事》卷八二《辨证四》,台湾商务印书馆1984年版,第1036页)另据《韩集点勘》"毛颖传"条记载:"宋王象之《舆地纪胜》云:中山在溧水县,山出兔豪,为笔最精。韩文《毛颖传》中,中山谓此。按:中山兔毫,亦见白乐天《鸡距笔赋》,白又有《紫毫笔》诗,则云贡自宣城。以《新史·地理志》参证,宣州贡笔与诗语合,而溧水则宣之属县也,则宣城之贡,即出自中山,明矣。"((清)陈景云:《韩集点勘》卷四,载《景印文渊阁四库全书》本,第1075册,台湾商务印书馆1985年版,第571页)由此,笔者认为韩愈《毛颖传》中,中山当指唐代宣州之中山。

应手,有如风雨之声者,有如鸾鹤回翔之势,龙蛇奔走之状者。能为文多记,不倦濡染。光祖德也,起家校书郎,直馆,迁中书令,袭爵管城侯。圣朝庶政修(阙)易元(玄)光同被诏常侍御案,(阙)须之友。①

《松滋侯易玄光传》云:

> 易玄光,字处晦,燕人也。其先号青松子,颇有材干。雅淡清贞,深隐山谷不仕,以吟啸烟月自娱……尝与南越石虚中为研究云水之交,与宣城毛元锐、华阴楮知白为文章濡染之友。②

《好畤侯楮知白传》云:

> 楮知白,字守玄,华阴人也。其先隐鼎商山之百花谷,因谷氏焉。幼知文,多为高士之首冠。自以材散不仕,殷太戊失德于时,与其友桑同生入朝直谏,拱于庭七日。太戊纳其谏而修德,以致圣敬日跻,因赐邑于楮,其后遂为楮氏……奉职勤恪,功业昭著。帝用嘉之,封好畤侯。其子孙世修厥职,累代袭爵不绝……晋、宋之世,每文士有一篇一咏,出于人口者,必求之缮写。于是京师声价弥高,皆以文章贵达,历齐、梁、陈、隋已至今,朝廷益甚见用……知白家世,篆以朝迄今千余载,奉嗣世官,功业隆盛,簿籍图牒,布于天下,所谓日用而不知也。知白以为不失先人之职,未尝辄伐其功,与宣城毛元锐、燕人易玄光、南越石虚中为相须之友。③

《即墨侯传》云:

> 石虚中,字居默,南越高要人也。性好山水,隐遁不仕。因采访使遇之于端溪……采访使遂命博士金渐之规矩磨礲,不日不月,果然业就。虚中器度方圆,皆有边岸,性朴谨默,中心坦然,若汪汪万顷之量也。采访使以闻于有司,考试之,与燕人易元(玄)光研敷合道,遂为云水之交。有司荐于上,上授之文史,登台省,处右职。上利其器用,嘉其

---

① (清)董诰等编:《全唐文》卷九四八,中华书局影印本1983年版,第9848—9849页。
② 《唐文拾遗》卷五一,载(清)董诰等编:《全唐文》,中华书局影印本1983年版,第10952页。
③ 《唐文拾遗》卷五一,载(清)董诰等编:《全唐文》,中华书局影印本1983年版,第10951—10952页。

谨默，诏命常侍御案之右，以备濡染。因累勋绩，封为即墨侯。虚中自历位，常与宣城毛元锐、燕人易元(玄)光、华阴楮知白常侍左右，皆同出处。时人号为相须之友。①

此外，陆龟蒙《管城侯传》亦云：

> 毛元锐字文锋，宣城人……起家校书郎直馆，迁中书令，袭爵管城侯。圣朝庶政修(缺)易元(玄)光同被诏常侍御案，遂与石虚中、楮知白为相须之友。②

从文嵩"四侯传"和陆龟蒙《管城侯传》中，我们可以看到，他们二人也都把笔、墨、纸、砚喻作"四友"，且"宣城毛元锐、燕人易元(玄)光、华阴楮知白、南越石虚中"分别代指当时的宣州笔、易州墨、华州纸、端州砚，反映了晚唐时期"文房四宝"的特定涵义。

有唐一代，文人多把笔、墨、纸、砚喻作"四友"③。然而，值得注意的是，"文房四宝"的内涵已经明确，但名称没有出现，只是文人们把笔墨纸砚喻作"四友"而已。换言之，此间，"文房四宝"是以文房"四友"之名出现的，这也集中反映出唐代笔墨纸砚除了实用价值之外，已经"人性化"，具有独特的象征意义。

四、名称多元化
——"文房四宝"的盛行阶段

安史之乱及唐末五代战乱，使得人口大量流动，一些掌握先进技术的工匠定居江南，促进了江南笔、墨、纸、砚制造业的发展。"南唐于饶置墨务，歙置砚务，扬置纸务，各有官，岁贡有数。求墨工于海东，纸工于蜀，中主好蜀纸，既得蜀工，使行境内，而六合之水与蜀同。李本奚氏，以幸赐国姓，世为墨官云。"④由于后主李煜"留意笔札，所用澄心堂纸、李廷珪墨、龙尾石砚三物为天下之冠"⑤。另据《十国春秋》记载："江南以澄心堂纸、龙尾砚及

---

① (清)董诰等编：《全唐文》卷九四八，中华书局影印本1983年版，第9848页。
② (清)董诰等编：《全唐文》卷八〇一，中华书局影印本1983年版，第8419—8420页。
③ 如薛涛《四友赞》诗云："磨打觚先生之腹，濡锋都尉之头，引书媒而默默，入文亩以休休。"见《唐文拾遗》卷五一，载(清)董诰等编：《全唐文》，中华书局影印本1983年版，第10950页。
④ (宋)陈师道撰：《后山谈丛》卷二《论墨二》，李伟国校点，中华书局2007年版，第32页。
⑤ (宋)王辟之撰：《渑水燕谈录》卷八《事志》，吕友仁点校，中华书局1981年版，第97页。

廷珪墨为文房三宝。"①

宋初,即出现谱录"文房四宝"的专著——《文房四谱》,亦如《云林石谱》序中所云:"陆羽之于茶,杜康之于酒,戴凯之于竹,苏太古之于文房四宝,欧阳永叔之于牡丹,蔡君谟之于荔枝,亦皆有谱。"②《文房四谱》的问世,亦足表明当时"文房四宝"在社会上已倍受青睐,如北宋政和五年(1115年),觉范《李德茂书城四友序》中有云:"苏易简常辅此四人(指笔砚纸墨——笔者按)之贤为文房四宝。"③

北宋至和二年(1055 年),梅尧臣《九月六日登舟再和潘歙州纸砚》诗云:"文房四宝出二郡,迩来赏爱君与予。"④这是最早正式提出"文房四宝"的名称。不过,两宋时期,随着"文房四宝"的盛行,其名称已经多元化,如有"文房四宝""文房四友""文房四物""文房四士""文房四子""文苑四贵"等。⑤

邵雍作有《王胜之谏议见惠文房四宝内有巨砚尤佳因以谢之》⑥一诗。

刘克庄《沁园春》词云:"蓬户无人,花村有犬,添几重茅覆野堂。交游少,约文房四友,泛浩摩苍。"⑦

饶节《送江南景喜上人》诗云:"丁宁佛法苦无多,文房四物来作魔。丈夫所作若未办,奈此峥嵘岁月何。"⑧

陆游《闲居无客所与度日笔砚纸墨而已戏作长句》诗云:"水复山重客到稀,文房四士独相依。"⑨

许景衡《横塘集》卷二《故人惠马生笔》诗云:"文房四子迭有无,商没参

① (清)吴任臣撰:《十国春秋》卷三二《李廷珪传》,徐敏霞、周莹点校,中华书局 1983 年版,第 458 页。
② (宋)杜绾:《云林石谱》,载《景印文渊阁四库全书》本,第 844 册,台湾商务印书馆 1985 年版。
③ (宋)释觉慈编:《石门文字禅》卷二三《李德茂书城四友序》,载《景印文渊阁四库全书》本,第 1116 册,台湾商务印书馆 1985 年版,第 463 页。
④ (宋)梅尧臣:《梅尧臣集编年校注》卷二五,朱东润编年校注,上海古籍出版社 1980 年版,第 809 页。
⑤ 参见陈涛:《〈辞源〉补正三则》,《五邑大学学报》(社会科学版)2009 年第 3 期,第 94 页。
⑥ 北京大学古文献研究所编:《全宋诗》卷三七四,第 7 册,北京大学出版社 1992 年版,第 4599 页。
⑦ 唐圭璋编:《全宋词》第 4 册,中华书局 1980 年版,第 2599 页。
⑧ 北京大学古文献研究所编:《全宋诗》卷一二八六,第 22 册,北京大学出版社 1995 年版,第 14553—14554 页。
⑨ (宋)陆游:《剑南诗稿校注》卷二六《闲居无客所与度日笔砚纸墨而已戏作长句》,钱钟联校注,上海古籍出版社 1985 年版,第 1860 页。或见北京大学古文献研究所编:《全宋诗》卷二一七九,第 39 册,北京大学出版社 1998 年版,第 24808 页。

横似相避。"①

苏轼《万石君罗文传》云："是时墨卿、楮先生,皆以能文得幸,而四人(以毛纯、墨卿、楮先生、罗文为四人,分别指代笔、墨、纸、砚——笔者按)同心,相得欢甚。时人以为文苑四贵。"②

宋代,"文房四宝"的名称虽然多元化,但是其涵义作为统称,仍专指笔墨纸砚。如叶梦得《避暑录话》云："世言歙州具文房四宝,谓笔、墨、纸、砚也。"③另如陈师道《寇参军集序》云："张李氏之墨,吴、唐、蜀、闽、两越之纸,端溪、歙穴之研,鼠须、栗尾、狌毫、兔颖之笔,所谓文房四物,山藏海蓄,极天下之选。"④文中所言文房四物仍是笔墨纸砚的统称。

两宋时期,尽管"文房四宝"作为笔墨纸砚的统称没有变化,但是作为特指,其涵义却顺时因地而异。如梅尧臣诗中所言："文房四宝出二郡",除具有统称涵义外,实际上是还特指北宋时宣州、歙州(后改徽州)两地出产的笔、墨、纸、砚。另如王十朋《何子应以蜀中文房四宝分赠洪景卢王嘉叟某与焉成一绝》诗云："江左风流属宪台,笔端妙语出琼瑰。滥居益友三人列,误辱文房四宝来。"⑤诗中所言"文房四宝",乃是特指南宋时蜀地所出笔、墨、纸、砚。

除统称、特指以外,"文房四宝"有时又泛称文房用具,如祝穆所撰《古今事文类聚》别集卷一四《文房四友部》中,就包括了笔、墨、纸、砚以及水滴、笔架、笔床等文房用具⑥。另从唐宋类书中文具记载的统计情况来看(表54),南宋以前,所记文房用具主要是笔、墨、纸、砚;而南宋以后,所记文房用具既有笔、墨、纸、砚,也有笔架、笔床、水滴等其他用具,已愈加广泛。

---

① 北京大学古文献研究所编:《全宋诗》卷一三五六,第 23 册,北京大学出版社 1995 年版,第 15519 页。

② (宋)苏轼撰:《苏轼文集》卷一三《万石君罗文传》,孔凡礼点校,中华书局 1986 年版,第 425 页。

③ (宋)叶梦得:《避暑录话》卷上,载朱易安、傅璇琮等主编:《全宋笔记》第二编(十),大象出版社 2006 年版,第 235 页。

④ (宋)陈师道:《后山居士文集》卷一六《寇参军集序》,上海古籍出版社 1984 年版,第 732 页。

⑤ (宋)王十朋:《王十朋全集》卷一七《何子应以蜀中文房四宝分赠洪景卢王嘉叟某与焉成一绝》,上海古籍出版社 1998 年版,第 294 页。或见北京大学古文献研究所编:《全宋诗》卷二〇三一,第 36 册,北京大学出版社 1998 年版,第 22776 页。

⑥ (宋)祝穆:《古今事文类聚》别集卷一四《文房四友部》,载《景印文渊阁四库全书》本,第 927 册,台湾商务印书馆 1985 年版,第 733—752 页。

表 54　唐宋类书中文具记载统计表

时代	著者	书名	卷名	文具内容	备注
唐代	虞世南	《北堂书钞》	卷一〇四《艺文部一〇》	笔、纸、砚、墨	
唐代	欧阳询	《艺文类聚》	卷五八《杂文部四》	纸、笔、砚	
唐代	徐坚等	《初学记》	卷二一《文部》	笔、纸、砚、墨	
唐代宋代	白居易孔传	《白孔六帖》	卷一四	笔、砚、纸、墨	
北宋	李昉等	《太平御览》	卷六〇五《文部二一》	笔、墨、砚、纸	
北宋	吴淑	《事类赋》	卷一五《什物部一》	笔、砚、纸、墨	
北宋	朱长文	《墨池编》	卷六《器用》	笔、砚、纸、墨	
北宋	高承	《事物纪原》	卷八《什物器用部》	纸、笔、墨、砚	
宋代	叶廷珪	《海录碎事》	卷一九《文学部下》	笔、墨、纸、砚	
南宋		《锦绣万花谷》	前集卷三二	笔、墨、纸、砚	
南宋	潘自牧	《记纂渊海》	卷八二《字学部》	砚、笔、墨、纸、笔架、水滴、界方笔槽	
南宋	杨伯岩	《六帖补》	卷一二《文房四宝》	笔、砚、墨、纸	以"文房四宝"之名
南宋	祝穆	《古今事文类聚》	别集卷一四《文房四友部》	砚、水滴、笔、笔架、笔床、纸、墨	以"文房四友"之名
南宋	谢维新	《古今合璧事类备要》	前集卷四六《文房门》	笔、笔床、墨、纸、砚	

　　综观两宋时代,在诸多名称中,流行最广的要属"文房四友",不仅是诗词文赋多称"文房四友",而且出现了《文房四友除授集》①。《文房四友除授集》有宋安晚先生(郑清之)撰的制诏,有林希逸撰的谢表,还有刘克庄撰的制诏及谢表。文中用"宣城毛颖、陈玄、剡溪褚(楮)知白、端溪石虚中"代指笔、墨、纸、砚,且为"文房四宝"的特指,即是指南宋时的"宣笔、徽墨、越纸、端砚"。宋人胡谦厚在《文房四友除授集》后序中说:"淳祐庚戌(1250

---

① (宋)郑清之:《文房四友除授集》,载《丛书集成初编》本,第 2987 册,中华书局 1985 年版。或见(宋)左圭:《百川学海》壬集《文房四友除授集》,中国书店影印本 1990 年版。

年），客京师，一日于市肆目《文房四友除授集》。"足见该书流布之广。陈埴在《文房四友除授集》题后中云："青山郑公发昌黎未尽之蕴，托王命出高爵，合文房四友，例有除授，训辞甚美……且夫四友之在天下匪但文章家所须，若贵若贱，皆不可以一日缺。虽不免为人役，亦有时而不能徇。人人有遇否，友实随之甚遇也。"从中可以想见，"文房四友"在当时的重要和盛行程度。

就在"文房四友"广为流传的同时，宋人除了强调笔、墨、纸、砚的实用价值和象征意义外，也开始注重其艺术性和收藏价值。如《清异录》载："余（指陶穀——笔者按）家世宝一砚，不知何在。形正圆，腹作两池，底分三鱼口以承之，紫润可爱。背阴有字云'璧友'，铭云：'华先生制，天受玉质，研磨百为，夫惟岁寒，非石而谁？'似是唐物。"[1]正因如此，"文房四宝"之名才开始在南宋时期逐渐流行起来。此间，还一度出现"新安四宝"：即"澄心堂纸、汪伯立笔、李廷珪墨、羊斗岭旧坑砚"[2]。

此外，从目录学的角度考察，北宋初年，吴淑所撰《事类赋》卷一五《什物部一》[3]及李昉等撰《太平御览》卷六〇五《文部二一》[4]皆载有"笔墨砚纸"，然仍未用"文房四宝"的名称。南宋时期，祝穆所撰《古今事文类聚》将笔墨纸砚等文房用具列入别集卷一四《文房四友部》，杨伯岩所撰《六帖补》将笔墨纸砚列入卷一二《文房四宝》[5]，分别用了"文房四宝"的不同名称。苏易简《文房四谱》在南宋的目录中，晁公武《郡斋读书志》和陈振孙《直斋书录解题》记为《文房四谱》，而尤袤《遂初堂书目》就记作《文房四宝谱》。这些从另一个侧面反映出南宋时期"文房四宝"的名称始渐流行，文人们已用这一名称来代指笔墨纸砚，或泛称文房用具。

元代的制笔中心转至湖州，湖笔代替了宣笔，所以自元代以后，"文房四宝"作为特指即是称"湖笔、徽墨、宣纸、端砚"。明清时期，随着人们对笔墨纸砚艺术性和收藏价值的注重更加凸现，"文房四宝"之称也就广为盛

---

① （宋）陶穀：《清异录》卷下《文用门·璧友》，载朱易安、傅璇琮等主编：《全宋笔记》第一编（二），大象出版社2003年版，第88页。

② （明）李日华：《六研斋笔记》卷四，载《景印文渊阁四库全书》本，第867册，台湾商务印书馆1985年版，第563页。

③ 见（宋）吴淑：《事类赋》卷一五《什物部一》，载《景印文渊阁四库全书》本，第892册，台湾商务印书馆1985年版，第935—942页。

④ 见（宋）李昉等：《太平御览》卷六〇五《文部二一》，中华书局影印本1960年版，第2721—2724页。

⑤ 见（宋）杨伯岩：《六帖补》卷一二《文房四宝》，载《景印文渊阁四库全书》本，第948册，台湾商务印书馆1985年版，第793—794页。

行,就连清宫中也有此种说法,"太和殿内所设文房四宝御案著于东边居中安设。升殿日若有表文,将文房四宝御案移于西边居中安设,表文御案于东边居中安设。若无表文,将文房四宝御案仍于东边居中安设"①。

可以说"文房四宝"作为笔墨纸砚的统称,明清时期已经"名副其实"了。尽管如此,但是还需要注意三点:

其一,即是在明清时期,也不是"文房四宝"之名一统天下,"文房四友""文房四君""文房四事"等名称仍有存在。

如明郑真撰《荥阳外史集》称笔墨纸砚为"文房四友"②;明祝允明《墨林藻海》称"文房四君"③;《钦定西清砚谱》序云"文房四事"④。

其二,"文房四宝"有时又泛称文房用具。

如康熙六旬寿庆,诚亲王进献"万寿文房四宝",有"石渠阁瓦砚、玉管笔、万历窑笔、万历雕香笔、玛瑙水盛、古墨、万历八宝笔筒"⑤。

其三,清代,砚逐渐为墨盒所取代,但是"文房四宝"之名仍然流传下来。

清谢崧梁撰《今文房四谱》云:"宋苏易简著有《文房四谱》,条谱纸笔墨砚,各述原委本末。今略仿其例,不谱其形制,止论其性情。惟今世士大夫既舍砚用盒,故祇及盒,不及砚。仍其旧号,不名续而名今者,犹王氏晫今世说之例尔。"⑥

小　　结

由唐到宋,社会变化对笔墨纸砚制造业的发展具有重大作用,而笔墨纸砚制造业繁荣发展反过来也对当时的社会产生深刻影响。一方面,科举制

---

① 《钦定大清会典则例》卷二《内阁》,载《景印文渊阁四库全书》本,第 620 册,台湾商务印书馆 1984 年版,第 58 页。

② (明)郑真:《荥阳外史集》卷一二《铁砚斋记》,称:"夫砚为文房四友之一,与笔墨出处、任用相类而寿夭不同。"载《景印文渊阁四库全书》本,第 1234 册,台湾商务印书馆 1985 年版,第 59 页。

③ (清)张照、梁诗正等:《石渠宝笈》卷一三,称:"文房四君,岭外惟陶泓名天下。"载《景印文渊阁四库全书》本,第 824 册,台湾商务印书馆 1985 年版,第 371 页。

④ (清)于敏中、梁国治等:《钦定西清砚谱》,序称:"向咏文房四事,谓笔、砚、纸、墨,文房所必资也。"载《景印文渊阁四库全书》本,第 843 册,台湾商务印书馆 1985 年版,第 133 页。

⑤ (清)王原祁、王奕清等:《万寿盛典初集》卷五四《庆祝五·贡献一》,载《景印文渊阁四库全书》本,第 654 册,台湾商务印书馆 1984 年版,第 2 页。

⑥ (清)谢崧梁:《今文房四谱》,载赵诒琛辑:《艺海一勺》第 1 册,铅印本,1933 年,第 1 页。

度、教育制度、文官制度、生活方式等的进步,对扩大文具消费,促进笔墨纸砚制造业的发展起着重要作用。消费群体的扩大,消费领域的扩展,使得文具消费量与日俱增,逐渐成为大众消费品。社会风尚、文人喜好等消费需求的多元化,生活方式的改变,促使文具制作的种类、形制不断革新。笔墨纸砚制造业中雇佣制的发展,反映出唐宋时期社会经济与阶级结构的变化。另一方面,笔墨纸砚制造业的发展,对当时的政治制度、文化传播、社会生产生活、军事装备等诸多方面均有深刻影响。造纸技术的提高,纸品种类、颜色的丰富,使得官府文书用纸制度不断完备,这反映出礼法制度与社会等级制度的强化。笔墨纸砚制造业的空前繁荣和重心变迁,直接推动着雕版印刷业的发展和重心南移,进而促进了文化传播。造纸业的发展丰富了物质生活内容,引起社会生活的改变,纸不仅影响着丧葬习俗、时令节日,而且引起礼仪制度的变化。纸的制造水平显著进步,产量和质量不断提高,用来制造纸甲、纸兜鍪等,带动军事装备的革新。

在笔墨纸砚制造业的发展与社会经济文化的互动中,随着文人对文具理解观念的深化,"文房四宝"逐渐形成。通过考察"文房四宝"的形成,本书得出以下三点结论。

1. 一致性

"文房四宝"的形成及其流传,与中国古代社会经济、文化观念的演进是一致的。魏晋南北朝时期,是"文房四宝"的萌芽阶段;初唐、盛唐时期,是"文房四宝"的初步形成阶段;中晚唐时期,是"文房四宝"的正式确立阶段;赵宋以降,是"文房四宝"的广为盛行阶段。

2. 非同步性

"文房四宝"的"名"(名称)与"实"(涵义)发展是非同步的,先后经历了由"笔墨纸砚"合称到"文房四友"再到"文房四宝"的阶段,可以说是先有"实",后有"名",经历了"有实无名"(魏晋南北朝时期)到"实至名归"(隋唐两宋时期)再到"名副其实"(明清时期)的过程。

3. 时代性

首先,"文房四宝"的名称具有时代性。

唐代始称"文房四友",宋、元、明、清各代名称多元化。宋代,"文房四友"之称最为流行;元、明、清时期及此后,"文房四宝"之名广为通用。

其次,"文房四宝"的涵义具有时代性。

"文房四宝"的涵义因时因地而异,既有广义、狭义之分,又有泛指、特指之别。"文房四宝",从广义上讲,可代称所有文房用具;从狭义上说,则统称笔墨纸砚。作为泛指,可代称文房用具;作为特指,顺时因地而变。

再次，"文房四宝"的演变具有时代性。

"文房四宝"的演变经历了从侧重实用价值，到兼具象征意义，再到重视艺术性和收藏价值的过程。

第五章　繁荣背后的隐忧

——环境史视野下对唐宋时期笔墨纸砚制造业发展的分析

唐宋时期,笔墨纸砚制造业在繁荣发展的同时,也出现一些值得注意的突出问题:一方面,随着笔墨纸砚制造业的不断发展,统治者对劳动人民的剥削并未从根本上减轻,在很大程度上,制作工匠的负担有事实上的加重。工匠负担的加重,反过来又进一步加大了对资源的利用与环境的破坏。另一方面,当时的人们由于其时代局限性,缺少可持续发展的理念,未能理性地开发自然资源,在一定程度上造成了对一些自然资源的过度开发及对生态环境的破坏。为了解决笔墨纸砚制造业发展中遇到的问题,北宋时期出现资源革命和技术革命,而资源革命主要表现为扩大原料来源和开发替代资源。

第一节　一把"双刃剑"

由唐到宋,笔墨纸砚制造业繁荣发展的背后,是无数工匠为此付出的艰辛劳动,与此同时,工匠们却承受着苛重的剥削。工匠负担的不断加重,实际上又反映出在笔墨纸砚制造业中对资源开发的加剧程度。

一、制作过程艰辛

以造纸业[1]为例:自唐以来,人们通常认为敲冰时节所造纸为最好[2],有所谓"敲冰纸"之说。[3] 宋人诗词中对此多有提及,如梅尧臣诗云:"澄心纸出新安郡,腊月敲冰滑有余。"[4]苏轼诗云:"敲冰春捣纸。"[5]黄彦平诗云:

① 有关内容可参见陈涛:《唐宋时期造纸业重心的地理变迁》,载杜文玉主编:《唐史论丛》第12辑,三秦出版社 2010 年版,第 415 页。

② 纸史学者认为:宋代"文人只知冬水洁净可制佳纸,而不知纸药在低温时发挥最佳效果的诀窍"。参见王菊华主编:《中国古代造纸工程技术史》,山西教育出版社 2006 年版,第265 页。

③ 漆侠:《宋代经济史》(下册),上海人民出版社 1988 年版,第 705 页。

④ (宋)梅尧臣:《梅尧臣集编年校注》卷二五《潘歙州寄纸三百番石砚一枚》,朱东润编年校注,上海古籍出版社 1980 年版,第 806 页。

⑤ (宋)苏轼著,(清)王文诰辑注:《苏轼诗集》卷二一《次韵和王巩六首其二》,孔凡礼点校,中华书局 1982 年版,第 1128 页。

"腊收冰下纸。"①造纸工匠们为了沤制好的纸浆,造出佳纸,常在寒冬腊月里辛苦劳作,使得双手被冻裂,如王安石诗云:"微之出守秋浦时,椎冰看捣万谷皮。波工龟手咤今様,鱼网肯数荆州池。"②因此,可以说"敲冰纸"中凝聚着众多工匠的辛劳和付出。

再以制砚业为例:由于石砚材质是不可再生资源,随着资源紧张状况的加剧,工匠的开采难度逐渐加大,危险性日益增高。

唐宋时期,青州红丝石砚颇受文人青睐。北宋时期,唐询:

> 尝自遣青州益都县石工苏怀玉者求石于黑山之颠,怀玉以为洞穴深险。相传云:红丝石去洞□□□,有刻字,乃中和年采石者所记,竟不知取之何用?迄今二百余年,人不复有至者。怀玉独与询所遣白真往,六七日得石广四五寸者二,镌以为砚。自嘉祐六年(1061年)辛丑夏四月至癸卯春三月,历二年,凡工人数十,往得砚大小五十余。工人告以洞门巨石摧掩,不可复入,石遂绝。③

从中可知,由于开采难度加大,红丝石砚中绝。

宋代,端溪石砚作为贡砚。据米芾《砚史》记载,北宋时期,端溪下岩为第一,可是却"穿洞深入,不论四时,皆为水浸,治平中贡砚,取水月余,方及石","下岩既深,工人所费多,砚直不补,故力无能取,近年无复有。闻有仁庙已前赐史院官砚多是。其后来岁贡,惟上岩石"④。另据《端溪砚谱》记载:

> 下岩石干则灰苍色,润则青紫色。岩有两口,其中则通为一穴,大者取研所自入也,小者泉水所自出也,故号曰"水口",即陈公密所开也。岩之北壁,石背为泉水所浸,弥漫涌溢,下流为溪。岩之中,岁久崩摧,石屑翳塞,积水屈曲,浅深人所莫测,以是石工不复能采矣……今欲得下岩北壁石者,往往于泉水石屑中得之。若南壁石,尚或可采,然自

① (宋)黄彦平:《三余集》卷二《田家春日二首之一》,载《景印文渊阁四库全书》本,第1132册,台湾商务印书馆1985年版,第764页。
② (宋)王安石:《临川先生文集》卷一一《次韵酬微之赠池纸并诗》,中华书局1959年版,第168页。
③ (宋)唐询:《砚录》,载桑行之等编:《说砚》,上海科技教育出版社1994年版,第316页。
④ (宋)米芾:《砚史·端州岩石》,中华书局1985年版,第2页。

崇观以后,亦罕得矣。①

通过宋代文人的记载,我们能够对端砚开采的艰辛过程,有所管窥。如苏轼云:"千夫挽绠,百夫运斤。篝火下缒,以出斯珍。一嘘而泫,岁久愈新。谁其似之,我怀斯人。"②王庭珪亦言:"端溪之水深莫测,千夫挽绠下取石。溪翁采得归不眠,夜劚鹄卵出苍璧。"③

苏轼、王庭珪二人的记载既有对采砚艰辛的描画,也有对砚工的同情,可惜过于简略。宋人周去非则对艰辛的采砚过程记录详尽:

> 余屡过端溪,必登砚岩,论之详矣……岩石有三:上岩、中岩、下岩。高在山之胸乳间曰上岩,深入至与平地等曰中岩,深入至水府曰下岩。上岩石理燥渴;中岩温润宜人,岁久亦滑墨;至于下岩,则奇绝一世,石理如玉,望之似蕴德君子,循之则溜滑滋润,欲识其真,要不可言传也……三岩者,虽有三窍,而中则相通,其实以高下定石之等耳。人之深入也,自窍口迭木为小级道,委蛇曲折,入于黄泉。以数百人高下排比,以大竹筒传水,以干其洞。然后续膏烛幽,而施锥凿。其得之也,可以为难矣,是宜宝之。④

从周去非的记载中可以看出,端溪下岩的开采真的是异常艰险。

二、所受剥削苛重

以制笔业为例:白居易云:"紫毫笔,尖如锥兮利如刀。江南石上有老兔,吃竹饮泉生紫毫。宣城之人采为笔,千万毛中选一毫。毫虽轻,功甚重。管勒工名充岁贡,君兮臣兮勿轻用……起居郎,侍御史,尔知紫毫不易致。每岁宣城进笔时,紫毫之价如金贵。"⑤该诗虽是讽喻诗,但反映出笔匠工作辛劳,所受剥削严重的事实。

---

① (宋)叶樾:《端溪砚谱》,中华书局1985年版,第1页。
② (宋)苏轼撰:《苏轼文集》卷一九《端砚铭》,孔凡礼点校,中华书局1986年版,第549页。
③ (宋)王庭珪:《卢溪文集》卷六《次前韵酬刘大虚惠端砚》,载《景印文渊阁四库全书》本,第1134册,台湾商务印书馆1985年版,第127页。
④ (宋)周去非撰:《岭外代答校注》卷六《器用门·端砚》,杨武泉校注,中华书局1999年版,第199—200页。
⑤ (唐)白居易:《白居易集笺校》卷四《紫毫笔　讥失职也》,朱金城笺校,上海古籍出版社1988年版,第249页。

　　以制墨业①为例:随着制墨业的不断发展,制墨工匠的负担及所受剥削亦相当苛重。"唐末,陶雅为歙州刺史二十年,尝责李超云:'尔近所造墨,殊不及吾初至郡时,何也?'对曰:'公初临郡,岁取墨不过十挺,今数百挺未已,何暇精好焉?'"②从李超供墨在十年之间翻了数十倍,可以想见当时墨工所受剥削的残酷程度。

　　两宋时期,政府多采用和买之制,其对墨工的剥削也相当苛重。以南宋时期地处西部边陲的黎州为例:该州"墨工止有五户",官府印造钱引,"每界所买墨不过二千七百斤,往往买发不足",后来又"印造七十四界钱引",和买"墨三千二百八十五斤"。就连新任知州李石也不得不承认这种和买确实令墨工无法承担,且随着烧烟人户增多,"采斫禁山松木","窃虑日久别致透漏",因此,李石上《乞减科买墨烟札子》,请求"检照旧科所买墨数,量行裁减,却均敷下诸州,出墨去处,立为中制,贵凭买发,久远遵守"③。可以想见,北宋时期,墨工所受剥削未必会低于南宋时期。因此,墨工所受剥削的加重,又进一步反映出对松木等自然资源采伐的加剧。

　　又以造纸业④为例:随着造纸业的发展,统治者对造纸工匠的剥削有所加重。五代时,"户部岁给蠲符,不可胜数,而课州县出纸,号为'蠲纸'",何泽"上书言其敝,(后唐)明宗下诏悉废户部蠲纸"⑤。北宋时期,社会经济进一步发展,纸的产量和用量不断增长,但与此同时,造纸工匠的负担及所受剥削亦相当苛重。如温州蠲纸质量精良,"然所作至少,政和(1111—1118年)以来方入贡,权贵求索浸广,而纸户力已不能胜矣"⑥。又如凤翔府郿县,"人以纸为业,号纸户,岁输钱十万,谓之槛钱"。然而,"其后槛废不治,无以自资,而输不改",遂使得当地"纸户苦之甚"⑦。南宋时期,"科

① 有关内容可参见陈涛:《唐宋时期制墨业重心的地理变迁》,《中国社会经济史研究》2010年第1期,第86—87页。
② (宋)苏易简:《文房四谱》卷五《墨谱·三之杂说》,中华书局1985年版,第71页。
③ (宋)李石:《方舟集》卷七《乞减科买墨烟札子》,载《景印文渊阁四库全书》本,第1149册,台湾商务印书馆1985年版,第599页。
④ 有关内容可参见陈涛:《唐宋时期造纸业重心的地理变迁》,载杜文玉主编:《唐史论丛》第12辑,三秦出版社2010年版,第415页。
⑤ (宋)欧阳修:《新五代史》卷五六《何泽传》,中华书局1974年版,第647—648页。
⑥ (宋)钱康公:《植跋简谈》,载(明)陶宗仪等编:《说郛》卷二〇,上海古籍出版社影印本1988年版,第374页。
⑦ (宋)毕仲游撰:《西台集》卷一三《朝议大夫贾公墓志铭》,陈斌校点,中州古籍出版社2005年版,第218页。

买对象只常德一郡,数月之间",就有"纸甲三千副""纸一千万张"①,足见工匠所受剥削苛重。

再以制砚业为例:北宋时期,包拯"徙知端州,州岁贡砚,前守缘贡率取十倍以遗权贵人。拯命制者才足贡数,岁满,不持一砚归"②。包拯的清廉,正好反映出此前官员在岁贡之外,增添数额,加重砚工负担的事实。另外,宣和五年(1123年)十二月五日,"权发遣万州李载奏:'本州非时监司呼索采取石砚,民无休息,欲乞于农务之月,不许采取。虞部供到即行禁止,不许采取指挥,及无立定上供之数条法。看详万州砚石,监司相承劳民采取,显属骚扰。欲乞立法,应见任官辄下州县差人采取者,并科违制之罪,仍计庸坐赃论。'从之"③。从李载所奏可见,当时官员驱使民众采发石砚,不仅有碍农务,更是滥用民力,增加砚工负担。

第二节　扩大制作原料

以制墨业为例④:一般来说,制墨程序共分为:采松、造窑、发火、取煤、和制、入灰、出灰、磨试八个阶段⑤。采松是制墨的第一步,即要"采松之肥润者,截作小枝,削去签刺"⑥,古松自然是制墨的必备原料,因此制墨业也成为破坏森林的因素之一。"制墨的方法是燃烧松木,聚积其烟灰,用胶调和,制成锭状。这种手工业对于能源的浪费极大,因为在燃烧松木时,完全丢弃所产生的热能,不加利用,只采集燃烧过程中残留下的一点烟灰。"⑦由唐到宋,随着制墨业的兴盛,对森林资源的采伐不断加剧,而在燃烧原料时,也对空气造成一定程度的污染。

关中地区原本松林繁富,在汉唐之间一直是北方最主要的产墨区,但长

---

① (宋)吴潜:《履斋遗稿》卷四《上庙堂书》,载《景印文渊阁四库全书》本,第1178册,台湾商务印书馆1985年版,第436页。

② (宋)李焘:《续资治通鉴长编》卷一四五《仁宗》"庆历三年(1043年)十一月癸酉"条,中华书局2004年版,第3496页。

③ (清)徐松辑:《宋会要辑稿》刑法二之八八,中华书局影印本1957年版,第6539页。

④ 有关内容可参见陈涛:《唐宋时期制墨业重心的地理变迁》,《中国社会经济史研究》2010年第1期,第86页。

⑤ (宋)李孝美:《墨谱法式》卷上《图》,载《景印文渊阁四库全书》本,第843册,台湾商务印书馆1985年版,第629页。

⑥ (宋)李孝美:《墨谱法式》卷上《图》,载《景印文渊阁四库全书》本,第843册,台湾商务印书馆1985年版,第630页。

⑦ 赵冈:《中国历史上的木材消耗》,(中国台湾)《汉学研究》第12卷第2期,1994年,第129—130页。

期以来,随着人们对关中地区森林资源的过度开采和严重破坏,松林消失殆尽。唐德宗时,"欲修神龙寺,须五十尺松,不可得,(裴)延龄曰:'臣近见同州一谷,木数千株,皆可八十尺。'上曰:'开元、天宝间求美材于近畿犹不可得,今安得有之?'"①关中鸡头山,在京兆府鄠县东南三十一里②,此处多松,本汉代右扶风地,为当时重要的制墨区。然而,至唐代,鸡头山松林枯竭已不产墨,段成式《与温飞卿书八首》亦云:"但所恨鸡山松节,绝已多时。"③

　　唐代,绛州、易州、潞州等地均为主要产墨区。古松作为制墨的必备原料,伴随着制墨规模的不断扩大,北方的许多山林古松遭到砍伐,唐代文人的诗文对此多有反映,如有"上党碧松烟"④,"王屋松烟紫兔毫"⑤等,甚至出现"山枯见墨烟"⑥的状况。这既是对自然资源的过度开发,也是对北方生态环境的严重破坏。

　　五代十国时期,制墨业重心逐渐向江南地区转移,"后唐则宣州黄山松,歙县黟山松、罗山松"⑦,遂使得对江南地区松林的砍伐加剧。

　　除了人为采伐制墨之外,官府大兴土木、修筑宫殿,北方屡经战火、兵连祸结,对古松等植被的破坏也相当严重。据《墨经》记载,北宋时期:

　　　　今兖州泰山、徂徕山、岛山、峄山,沂州龟山、蒙山,密州九仙山,登州牢山,镇府五台,刑(邢)州、潞州太行山,辽州辽阳山,汝州灶君山,随州桐柏山,卫州共山,衢州柯山,池州九华山及宣歙诸山,皆产松之所。兖、沂、登、密之间山,总谓之东山;镇府之山,则曰西山。自昔东山之松色泽肥腻,性质沉重,品惟上上,然今不复有。今其所有者,才十余岁之松,不可比西山之大松。盖西山之松与易水之松相近,乃古松之

① (宋)司马光:《资治通鉴》卷二三五《唐纪五一》"德宗贞元十年(794)"条,中华书局1956年版,第7563页。

② (唐)李吉甫撰:《元和郡县图志》卷二《关内道二·京兆府下》,贺次君点校,中华书局1983年版,第29页。

③ (清)董诰等编:《全唐文》卷七八七,中华书局影印本1983年版,第8233页。

④ (唐)李白:《李白集校注》卷一九,瞿蜕园、朱金城校注,上海古籍出版社1980年版,第1097页。

⑤ (唐)安鸿渐:《题杨少卿书后》,载(清)彭定求等编:《全唐诗》卷七七〇,中华书局1979年版,第8738页。

⑥ (唐)贯休:《怀洛下卢缙云》,载(清)彭定求等编:《全唐诗》卷八三三,中华书局1979年版,第9401页。

⑦ (宋)高似孙:《纬略》卷一一《松烟石墨》,载《景印文渊阁四库全书》本,第852册,台湾商务印书馆1985年版,第388页。

地,与黄山、黟山、松罗山之松品惟上上。①

可见,南方充足的原料就成为制墨业重心南移的重要条件。因而在唐末,为避战乱,易水著名墨工奚超携子庭珪避居歙州,而"宣歙之松类易水之松",且"乃古松之地,与黄山、黟山、松罗山之松品惟上上"。奚氏父子二人正是看到歙州地方不仅多松,且松多名贵,极宜造墨,于是在此重操旧业,开创了歙墨(徽墨)。

北宋时期,制墨业更加兴盛,"近世贵松烟,取烟之远者为妙"②,故而许多制墨工匠皆在山林中起灶烧松取煤,如"陈赡,真定人。初造墨遇异人传和胶法,因就山中古松取煤"③;"薛安、薛容,少室人。容所造墨用灶君山煤"④;"张浩,唐州人。居桐柏山,其墨精致"⑤;"景焕,成都人。隐居玉垒山,尝得墨材甚精"⑥。由于黄山松"丰腴坚缜,与他州松不类,又多漆"⑦,极宜造墨,所以此处取松煤者甚众,如"沈珪,嘉禾人。初因贩缯往来黄山","后又出意取古松煤"⑧;"黄山张处厚高景修皆起灶作煤,制墨为世业"⑨。就连蔡襄亦认为,"黄山松煤至精者造墨,可比李庭珪",而"近有道人,自能烧烟",于是襄"遣令就黄山取煤"。⑩

然而,在北宋制墨业繁荣发展的背后,此时南北各地松山的砍伐也愈益严重,如宋人韩驹诗云:"旧传绩溪多老松,奚超既死松亦空。易水良工近名世,真材始不归潘翁。"⑪尤其在洪刍的诗中更是有生动体现:"子墨客卿

---

①　(宋)晁氏:《墨经·松》,中华书局1985年版,第2—3页。

②　(宋)赵彦卫撰:《云麓漫钞》卷一〇,傅根清点校,中华书局1996年版,第166页。

③　(宋)何薳撰:《春渚纪闻》卷八《记墨·陈赡传异人胶法》,张明华点校,中华书局1983年版,第121页。

④　(元)陆友:《墨史》卷中《宋》,中华书局1985年版,第41页。

⑤　(元)陆友:《墨史》卷中《宋》,中华书局1985年版,第42页。

⑥　(元)陆友:《墨史》卷中《宋》,中华书局1985年版,第29页。

⑦　(宋)叶梦得:《避暑录话》卷上,载朱易安、傅璇琮等主编:《全宋笔记》第二编(十),大象出版社2006年版,第235页。

⑧　(宋)何薳撰:《春渚纪闻》卷八《记墨·漆烟对胶》,张明华点校,中华书局1983年版,第123页。

⑨　(宋)何薳撰:《春渚纪闻》卷八《记墨·买烟印号》,张明华点校,中华书局1983年版,第124页。

⑩　(宋)蔡襄撰:《蔡襄全集》卷三一《文房杂评(一作文房四说)》,陈庆元等校注,福建人民出版社1999年版,第699页。

⑪　(宋)韩驹:《陵阳集》卷一《谢钱珣仲惠高丽墨》,载《景印文渊阁四库全书》本,第1133册,台湾商务印书馆1985年版,第766页。

妙一世,怀玉山中五大夫①。峨眉老仙与推毂,谷量牛马斗量珠。"②

我们虽然不知松烟墨制作中烧松取煤的比例,但是不妨参照油烟墨的制作加以考察。据《墨谱法式》记载:"桐油二十斤,大麁碗十余只,以麻合灯心,旋旋入油八分,上以瓦盆盖之。看烟煤厚薄,于无风净屋内,以鸡羽扫取。此二十斤,可出煤一斤。"③若依桐油二十斤,出煤一斤来看,那么烧松取煤,所费松木恐不在少数。

因此,沈括在《梦溪笔谈》中直言:"今齐、鲁间松林尽矣,渐至太行、京西、江南,松山太半皆童矣。"④晁冲之亦诗云:"江南江北山皆童。"⑤当时,人们甚至担心随着松木的枯竭,制墨业恐将衰落,"古松亦将尽,神奇渐衰息"⑥。

在制墨业繁荣发展之际,为了应对松林锐减引发的原料危机,北宋时期,出现漆烟墨、油烟墨、石油烟墨与混合烟墨(相关内容详见第二章),这就扩大了制作原料,为制墨业的持续发展创造了条件。

第三节　开发替代资源

以造纸业为例⑦:唐代造纸原料扩大,除传统的麻类、楮皮之外,还用野生藤造纸。藤纸源出浙江剡溪,自东晋以来已闻名于世。及至唐代,更是名擅天下,当时藤纸的产量、用量都在增加,其中杭州、婺州、衢州、信州等地皆向朝廷土贡藤纸。官府文书常用藤纸,文人士子亦喜用藤纸。

唐人顾况《剡纸歌》曰:

> 云门路上山阴雪,中有玉人持玉节。宛委山里禹余粮,石中黄子黄金屑。剡溪剡纸生剡藤,喷水捣后为蕉叶。欲写金人金口经,寄与山阴

① 五大夫,指代松木。
② (宋)洪刍:《西渡集》附录《上墨工》,载《景印文渊阁四库全书》本,第1127册,台湾商务印书馆1985年版,第371页。
③ (宋)李孝美:《墨谱法式》卷下《油烟墨》,载《景印文渊阁四库全书》本,第843册,台湾商务印书馆1985年版,第646页。
④ (宋)沈括:《梦溪笔谈校证》卷二四《杂志一》,胡道静校注,上海古籍出版社1987年版,第745页。
⑤ (宋)晁冲之:《晁具茨先生诗集》卷三《赠僧法一墨》,中华书局1985年版,第9页。
⑥ (宋)冯山:《安岳集》卷四《谢人惠充墨》,载《景印文渊阁四库全书》本,第1098册,台湾商务印书馆1985年版,第304页。
⑦ 有关内容可参见陈涛:《唐宋时期造纸业重心的地理变迁》,载杜文玉主编:《唐史论丛》第12辑,三秦出版社2010年版,第414—415页。

山里僧。手把山中紫罗笔，思量点画龙蛇出。政是垂头蹋翼时，不免向君求此物。①

该诗对藤纸的原料来源、制作技术及其功用等都有明确说明。

由于唐人珍视藤纸，遂使得藤纸的产量、用量激增。藤纸系野生古藤所造。作为一种自然资源，用藤造纸，“比用麻缕造纸要费事些，需对生纤维沤制脱胶，但成本大为降低”②。不过，藤的生产期要比麻、楮、竹等长，而且资源数量有限。尽管野生藤还可再生，但是只伐不种，自然难以满足无度的需求。唐人舒元舆作《悲剡溪古藤文》云：

剡溪上绵四五百里，多古藤，株枿逼土，虽春入土脉，他植发活，独古藤气候不觉，绝尽生意。予以为本乎地者，春到必动，此藤亦本于地，方春且有死色，遂问溪上人。有道者言，溪中多纸工，刀斧斩伐无时，擘剥皮肌，以给其业。噫！藤虽植物者，温而荣，寒而枯，养而生，残而死，亦将似有命于天地间。今为纸工斩伐，不得发生，是天地气力，为人中伤，致一物疵疠之若此。异日过数十百郡，洎东洛、西雍，历见言书文者，皆以剡纸相夸，乃寤曩见剡藤之死，职正由此。此过，固不在纸工，且今九牧士人，自专言能见文章户牖者，其数与麻竹相多，听其语，其自重皆不啻掘骊龙珠。虽苟有晓寤者，其论甚寡。不胜众者亦皆敛手无语，胜众者果自谓天下文章归我，遂轻傲圣人道。使周南召、南风骨折入于折杨皇荂中，言偃卜、子夏文学陷入于淫靡放荡中，比肩握管，动盈数千百人，数千百人下笔动数千万言，不知其为谬误。日日以纵，自然残藤命易甚桑叶，波波颓沓，未见其止。如此则绮文妄言辈，谁非书剡纸者耶？纸工嗜利，晓夜斩藤以鬻之。虽举天下为剡溪，犹不足以给，况一剡溪者耶！以此恐后之日不复有藤生于剡矣。大抵人间费用，苟得著其理，则不枉之。道在，则暴耗之过，莫有横及于物。物之资人，亦有其时，时其斩伐，不谓夭阏。予谓今之错为文者，皆夭阏剡溪藤之流也。藤生有涯，而错为文者无涯，无涯之损物，不直于剡藤而已。予所以取剡藤以寄其悲。③

---

① （唐）彭定求等编：《全唐诗》卷二六五，中华书局1979年版，第2950页。

② 潘吉星：《中国造纸技术史稿》，文物出版社1979年版，第69页。

③ （唐）舒元舆：《悲剡溪古藤文》，载（清）董诰等编：《全唐文》卷七二七，中华书局影印本1983年版，第7495页。《文苑英华》作《悲剡溪古藤说》，见（宋）李昉等编：《文苑英华》卷三七四《杂文二四》，中华书局影印本1982年版，第1911页。

显然,《悲剡溪古藤文》是另有寓意。尽管如此,该文确实从资源角度反映出唐代对野生古藤毁灭性开发利用的事实。正是由于"数十百郡,泊东洛、西雍,历见言书文者,皆以剡纸相夸",而"刀斧斩伐无时"遂使得野藤"不得发生"。

随着野生古藤日趋枯竭,时人不得不寻找新的更丰富的造纸替代原料。由于竹的生产期短、分布广泛,所以在宋代当藤纸逐渐枯竭时,竹纸遂代之而起。

又以端砚制作为例:唐代,端溪石砚的开采地在斧柯山。"斧柯山峻峙璧立,下际潮水。自江之湄登山,行三四里,即为砚岩也。先至者曰下岩,下岩之中,有泉出焉,虽大旱未尝涸也。下岩之上曰中岩,中岩之上曰上岩,自上岩转山之背曰龙岩。"①"龙岩乃唐初取砚处,色正紫,而细润不及下岩,后不得入,龙岩遂不复取之。"②正是由于"端溪出砚材,最贵下岩石"③,所以自唐以来,多采作砚材,故有"端人凿断碧溪浔,善价争教惜万金"④之事。及至晚唐,端砚流行,因此开采量大增。"端溪下岩旧坑石大至数尺,追琢去胞络黄膑,方得璞中砚材,即世谓子石也。色黑如漆,细润如玉","扣之清越,研之无声。著水磨墨",亦不损毫,"此品南唐时已难得,至宋庆历间已竭矣"。⑤

宋代,由于端砚"非徒上重,官司岁以为贡,即流俗亦竞争奇"⑥,因而开采量更大。以宋徽宗时期为例:"大观中,命广东漕臣督采端溪石砚上焉。时未尝动经费,非宣和之事也。乃括二广头子钱千万,日役五十夫,久之得九千枚,皆珍材也。时以三千枚进御,二千分赐大臣侍从,而诸王内侍,咸愿得之,诏更上千枚,余三千枚藏诸大观库。"⑦宋人周煇亦记载:"大观东库物,有入而无出,只端砚有三千余枚。"⑧另据明人沈德符《万历野获编》记

---

① (清)唐秉钧:《文房肆考图说》卷二《古砚考上·端砚名义》,书目文献出版社1996年版,第117—118页。

② (宋)杜绾:《云林石谱》卷中《端石》,载《景印文渊阁四库全书》本,第844册,台湾商务印书馆1985年版,第600页。

③ (宋)李纲:《李纲全集》卷二五《端石砚》,王瑞明点校,岳麓书社2004年版,第340页。

④ (清)彭定求等编:《全唐诗》卷八四五,中华书局1979年版,第9560页。

⑤ (清)唐秉钧:《文房肆考图说》卷二《古砚考上·端溪有三岩下岩无新坑》,书目文献出版社1996年版,第130—131页。

⑥ (清)唐秉钧:《文房肆考图说》卷三《古砚考下·端砚宋时已假》,书目文献出版社1996年版,第158页。

⑦ (宋)蔡絛撰:《铁围山丛谈》卷六,冯惠民、沈锡麟点校,中华书局1983年版,第96页。

⑧ (宋)周煇撰:《清波杂志校注》卷五《大观东库》,刘永翔校注,中华书局1994年版,第192页。

载可知:端州,"古砚材所出,然惟下岩子石为第一品。自宋徽宗穷全盛物力,采贡以进,除内府所藏,自亲王大珰及两府侍从以下,俱得沾赐。嗣后沙壅水深,不复可施工,此砚遂为绝世奇宝"①。

砚石是不可再生资源,由唐到宋,端溪下岩的过度开采,最终使得子石砚成为绝品。除此之外,端溪其他砚石的开采也面临同样的问题,魏泰《东轩笔录》记载:

> 余为儿童时,见端溪砚有三种,曰岩石,曰西坑,曰后历。石色深紫,衬手而润,几于有水,叩之声清远,石上有黯,青绿间,晕圆小而紧者谓之鸲鹆眼,此乃岩石也,采于水底,最为土人贵重。又其次,则石色亦赤,呵之乃润,叩之有声,但不甚清远,亦有鸲鹆眼,色紫绿、晕慢而大,此乃西坑石,土人不甚重。又其下者,青紫色,向明侧视,有碎星,光照如沙中云母,石理极慢,干而少润,扣之声重浊,亦有鸲鹆眼,大而偏斜不紧,谓之后历石,土人贱之。西坑砚三当岩石之一,后历砚五当西坑之一,则其品价相悬可知矣。自三十年前,见士大夫言亦得端岩石砚者,予观之,皆西坑石也。迩来士大夫所收者,又皆后历石也。岂惟世无岩石,虽西坑者亦不可得而见矣。②

从中可见,至北宋后期,端溪岩石、西坑因过度开采,已经很难再出石砚,当时制砚以后历山石为主。此后,又不断开采新坑。南宋嘉泰四年(1204年),"肇庆府之砚石,岁凿不已,致江水渗入,今则候冬月岩水稍浅,命农夫车水,砚匠伐石,人有新坑南坑,搜挟殆遍"③。

从端砚的开采历史可知,当一种砚石枯竭后,时人又寻找新的地点进行采发。久而久之,不可再生资源就陆续枯竭。

第四节 革新制作技术

以造纸业为例④:宋朝以前都是手工造纸,作坊多半靠山临水,可以利

---

① (明)沈德符撰:《万历野获编》卷二六《玩具·端州砚材》,中华书局1959年版,第661页。

② (宋)魏泰撰:《东轩笔录》卷一五,李裕民点校,中华书局1983年版,第168页。

③ (清)徐松辑:《宋会要辑稿》第一六六册《刑法二之一三四》,中华书局影印本1957年版,第6562页。

④ 有关内容可参见陈涛:《唐宋时期造纸业重心的地理变迁》,载杜文玉主编:《唐史论丛》第12辑,三秦出版社2010年版,第412—413页。

用水力舂碓漂洗纸料,并可利用山区原料和燃料。因时代和地区不同,在造纸方法上可能会不一致,但都大同小异,主要分为两个阶段,首先要把植物纤维做成纸浆,然后再把纸浆制成纸张,其中需经过备料、蒸煮、漂洗、捣印、纸浆、捞纸、压榨、干燥、加工等九个工序。①

水是纸张制作、加工的重要条件,如唐人李肇所言:"凡物由水土,故江东宜纱绫宜纸者,镜水之故也。"②唐代藤纸闻名于世,是与清澈的剡溪水作为藤纸的制作、加工条件分不开的,《剡录》记载:"剡之极西,水深洁,山又多藤楮。"③李白亦诗云:"湖月照我影,送我至剡溪。谢公宿处今尚在,渌水荡漾清猿啼。"④又云:"忽思剡溪去,水石远清妙。"⑤唐代益州作为重要的造纸中心,所产麻纸和蜀笺闻名遐迩,而此处水源充足、水质清澈正是重要的制作、加工条件。据《笺纸谱》所载:成都有百花潭,

> 以纸为业者家其旁。锦江水濯锦益鲜明,故谓之锦江。以浣花潭⑥水造纸故佳,其亦水之宜矣。江旁凿白为碓,上下相接,凡造纸之物,必杵之使烂,涤之使洁,然后随其广狭长短之制以造。研则为布纹,为绫绮,为人物、花木,为虫鸟,为鼎彝,虽多变,亦因时之宜⑦。

唐代文人在诗文中对浣花笺纸多有称赞,如诗云:"浣花笺纸桃花色"⑧

---

① 参见石谷风:《谈宋代以前的造纸术》,《文物》1959年第1期,第35页。

② (唐)李肇:《唐国史补》卷下,上海古籍出版社1979年版,第65页。

③ (宋)高似孙:《剡录》卷七《敲冰纸》,载《景印文渊阁四库全书》本,第485册,台湾商务印书馆1984年版,第590页。或见(宋)张淏:《会稽续志》卷四《纸》,载《景印文渊阁四库全书》本,第486册,台湾商务印书馆1984年版,第504页。

④ (唐)李白:《李白集校注》卷一五《梦游天姥吟留别》,瞿蜕园、朱金城校注,上海古籍出版社1980年版,第898页。

⑤ (唐)李白:《李白集校注》卷一二《经乱后将避地剡中留赠崔宣城》,瞿蜕园、朱金城校注,上海古籍出版社1980年版,第810—811页。

⑥ 《太平寰宇记》云:"按浣花溪,地有百花潭。"见(宋)乐史:《太平寰宇记》卷七二《剑南西道一·益州》,文海出版社影印本1980年版,第561页。而中华书局点校本作:"接浣花溪,地名百花潭。"见(宋)乐史撰:《太平寰宇记》卷七二《剑南西道一·益州》,王文楚等点校,中华书局2007年版,第1470页。此外,《方舆胜览》则云:"浣花溪,在城西五里,一名百花潭。"见(宋)祝穆撰,(宋)祝洙增订:《方舆胜览》卷五一《成都府路·成都府》,施和金点校,中华书局2003年版,第909页。《海录碎事》亦云:"浣花溪,在益州西郭外,亦曰百花潭。"见(宋)叶庭珪:《海录碎事》卷三下《江湖门·浣花》,中华书局2002年版,第90—91页。

⑦ (宋)袁说友:《笺纸谱》,载《巴蜀丛书》(第1辑),巴蜀书社1988年版,第160页。

⑧ 刘学锴等:《李商隐诗歌集解》编年诗《送崔珏往西川》,中华书局2004年版,第656页。

"浣花笺纸一溪春"①"浣花溪上如花客,绿暗红藏人不识。留得溪头瑟瑟波,泼成纸上猩猩色"②。及至宋代,川笺仍然驰名海内,究其原因,正如苏轼所云:"成都浣花溪,水清滑胜常,以沤麻楮作笺纸,紧白可爱,数十里外便不堪造,信水之力也。"③

五代十国时期,南唐在扬州置纸务设官,"岁贡有数",并求"纸工于蜀,中主好蜀纸,既得蜀工,使行境内,而六合之水与蜀同"④,故而能造佳纸。北宋时期,六合纸依然有名,也正是由于有良好的加工条件,如苏轼所云:"扬州有蜀冈,冈上有大明寺井,知味者以谓与蜀水相似。西至六合,冈尽而水发,合为大溪,溪左右居人亦造纸,与蜀产不甚相远。自十年以来,所产益多,工亦益精,更数十年,当与蜀纸相乱也。"⑤

唐代歙州贡纸,歙纸品质甚佳,而清澈的新安江水即是歙纸的重要制作、加工条件。唐代文人对新安江水多有咏赞,如卢象诗云:"吴越山多秀,新安江甚清。"⑥李白诗云:"何谢新安水?千寻见底清。"⑦又云:"清溪清我心,水色异诸水。借问新安江,见底何如此?人行明镜中,鸟度屏风里。"⑧北宋时期,江东纸誉满海内,歙州(徽州)作为著名产地,正是由于以新安江水作为重要的制作加工条件,"大抵新安之水清澈见底,利以沤楮,故纸之成,振之似玉雪者,水色所为也"⑨。南宋杨万里更是坦言:"金陵江水只醒腥,敢望新安江水清?皱底玻璃还解动,莹然鄙渌却消醒。"⑩即使到元代,

①　(唐)郑谷:《蜀中三首之一》,载(清)彭定求等编:《全唐诗》卷六七六,中华书局 1979 年版,第 7742 页。

②　(五代)韦庄:《韦庄集笺注》浣花集补遗《乞彩笺歌》,聂安福笺注,上海古籍出版社 2002 年版,第 348 页。

③　(宋)苏轼撰:《苏轼文集》卷七〇《题跋·书六合麻纸》,孔凡礼点校,中华书局 1986 年版,第 2231 页。

④　(宋)陈师道撰:《后山谈丛》卷二《论墨二》,李伟国校点,中华书局 2007 年版,第 32 页。

⑤　(宋)苏轼撰:《苏轼文集》卷七〇《题跋·书六合麻纸》,孔凡礼点校,中华书局 1986 年版,第 2231 页。

⑥　(唐)卢象:《句》,载(清)彭定求等编:《全唐诗》卷一二二,中华书局 1979 年版,第 1222 页。

⑦　(唐)李白:《李白集校注》卷二五《题宛溪馆》,瞿蜕园、朱金城校注,上海古籍出版社 1980 年版,第 1450 页。

⑧　(唐)李白:《李白集校注》卷八《清溪行》,瞿蜕园、朱金城校注,上海古籍出版社 1980 年版,第 579 页。

⑨　(宋)罗愿:《新安志》卷二《叙物产·货贿》,载《景印文渊阁四库全书》本,第 485 册,台湾商务印书馆 1984 年版,第 368 页。

⑩　(宋)杨万里撰:《杨万里集笺校》卷三四《江东集·新安江水自绩溪发源》,辛更儒笺校,中华书局 2007 年版,第 1756 页。或见(宋)杨万里:《新安江水自绩溪发源》,载《全宋诗》卷二三〇八,第 42 册,北京大学出版社 1998 年版,第 26536 页。

新安江水依然清澈,利于造纸,元人有"新安江水清见底,水边作纸明于水"①之说。

革新制作技术是推动笔墨纸砚制造业发展的关键因素之一。水是造纸业发展的重要条件,宋代充分利用自然条件,采用水碓打浆造纸,扩大了造纸规模和产量,提高了质量,节省了人力。北宋时期,不少诗文都反映了此间的水碓造纸,如梅尧臣《答宋学士次道寄澄心堂纸百幅》诗云:"寒溪浸楮春夜月,敲冰举帘匀割脂。"②又如黄庭坚《次韵王炳之惠玉版纸》诗云:"鸣磉千杵动秋山。"③

此外,资源革命也催生了技术革命,如竹纸取代藤纸的过程中,竹纸加工技术有了重大突破(相关内容详见第二章)。

小　结

1973 年,英国汉学家伊懋可(Mark Elvin)在《中国往古的模式》(*The Pattern of the Chinese Past*)中提出了中国中古时期发生重大的变化,他称之为"中古时期的经济革命"(The medieval economic revolution)④,其着眼点主要在唐宋(特别是宋)时期出现的"经济革命"。作为这一观点的基石,伊懋可指出宋代的中国,经济出现了巨大进步,即"宋代经济革命"。他将"宋代经济革命"的表现,归纳为农业革命(The revolution in farming)、水运革命(The revolution in water transport)、货币和信贷革命(The revolution in money and credit)、市场结构与都市化的革命(The revolution in market structure and urbanization)和科学技术革命(The revolution in science and technology)。⑤日本学者斯波义信在《北宋的社会经济》一书中也提出"宋代经济革命"的论说,他将之归纳为农业革命、交通革命、商业革命以及都市化方面的重大变化。⑥

---

① (元)傅若金:《傅与砺诗集》卷三《送奎章阁广成局副杨元成奉旨之徽州染纸因道便过家钱塘二首之一》,载《景印文渊阁四库全书》本,第 1213 册,台湾商务印书馆 1985 年版,第 211 页。

② (宋)梅尧臣:《梅尧臣集编年校注》卷一六,朱东润编年校注,上海古籍出版社 1980 年版,第 335 页。

③ (宋)黄庭坚:《山谷诗集注》卷八,黄宝华点校,上海古籍出版社 2003 年版,第 190 页。

④ Mark Elvin,*The Pattern of the Chinese Past*,Stanford,CA:Stanford University Press,1973.

⑤ Mark Elvin,*The Pattern of the Chinese Past*,Stanford,CA:Stanford University Press,pp.113–199.

⑥ 参见[日]斯波义信:《北宋の社会经济》,载[日]松丸道雄等编:《世界历史大系·中国史3·五代——元》,山川出版社 1997 年版,第 170—199 页。

　　伴随着笔墨纸砚制造业的发展、繁荣以及重心变迁，也出现了一些值得关注的问题。这些问题是由当时的人们受时代局限性，缺少可持续发展理念造成的。从环境史的视角考察，我们可以清楚地看到，由唐到宋，虽然笔墨纸砚制造业出现繁荣兴盛的局面，但是其背后却是对一些自然资源的过度开发和对生态环境的一定破坏。有的不可再生资源已近枯竭，有的可再生资源也因开发过度，不断消失。面对此种情况，当时的人们也在积极思考，寻求对策：其一，是扩大制作原料，比如北宋时期制笔业中出现以植物纤维丝作为笔毛，制墨业中出现漆烟墨、油烟墨和混合烟墨，这是重要的创举；其二，是开发替代资源，比如造纸业中，生产竹纸代替日渐衰竭的藤纸；其三，是改进制作技术，为了应制作需要，对新原料进行加工，势必要求创新技术。由唐到宋，笔墨纸砚制造业繁荣发展的背后，无数工匠为此付出艰辛的劳动，并且承受着苛重的剥削。工匠负担的加重，实际上又反映出对资源开发的加剧。因此，唐宋时期笔墨纸砚制造业发展过程中，既存在不合理的资源开发利用及生态环境破坏问题，也出现了资源革命和技术革命。这些既有助于增进我们对唐宋社会变化的认识，也有助于深化拓展对"宋代经济革命"的全面理解。

结　语　对几个理论问题的再思考

笔、墨、纸、砚,可以说既是不可或缺的生活资料,也是非常重要的技术手段。它不仅丰富了物质生活内容,为人们的社会文化生活需要提供便利,而且在记录国家、民族历史,传承中华文明、传播科学知识以及促进书法、绘画艺术发展等方面起着重要作用。通过对自秦汉至宋代笔墨纸砚制造业发展演进的考察与探讨,有助于对几个理论问题进行再思考。

一、从笔墨纸砚制造业的重心变迁看
中国古代经济文化重心南移

中国古代经济文化重心南移问题,一直是学界研究的重点和热点。学界在这方面的研究成果颇为丰硕,但是观点迥异,多说并立。

（一）关于中国古代经济重心南移问题的研究

张家驹在《中国社会中心的转移》一文中最早提出了经济重心南移的问题,并认为:唐末五代时期,南方社会的发达,已渐渐超过北方;及至宋代,东南已完全成为国家根本;宋室南渡后,"社会中心转变,至此已完全成熟,南方的繁盛,自此一贯而下,所以南宋时代,实为中国社会经济中心转变的最大关键"①。随后,张氏又相继发表了《宋室南渡前夕的中国南方社会》《宋代社会中心南迁史》(上)和《两宋经济重心的南移》②,重申自己的观点。

张氏之后,围绕经济重心南移问题,学界讨论愈加激烈,代表性成果如有:冀朝鼎《中国历史上的基本经济区与水利事业的发展》、钱穆《国史大纲》、全汉昇《唐宋帝国与运河》、韩国磐《隋唐五代史纲》、唐长孺《魏晋南北朝隋唐史三论》、宁可主编《中国经济通史·隋唐五代经济卷》、郑学檬《中国古代经济重心南移和唐宋江南经济研究》、漆侠《宋代经济史》、李剑农

---

①　张家驹:《中国社会中心的转移》,《食货》1935 年第 2 卷第 11 期,第 20—35 页。

②　张家驹:《宋室南渡前夕的中国南方社会》,《食货》1936 年第 4 卷第 1 期,第 28—41 页;《宋代社会中心南迁史》(上),商务印书馆 1942 年版;《两宋经济重心的南移》,湖北人民出版社 1957 年版。

《宋元明经济史稿》、程民生《中国北方经济史》、童超《东晋南朝时期的移民浪潮与土地开发》、罗宗真《六朝时期全国经济重心的南移》、曹尔琴《唐代经济重心的转移》、袁英光、李晓路《唐代财政重心的南移与两税法的产生》等。[①]

中国古代经济重心南移问题是中国史研究中的重大课题，不少学者已对此进行了较全面系统的梳理和评述，计有《中国古代经济重心南移问题研究综述》《20世纪以来唐宋之际经济格局变迁研究综述》《关于我国古代经济重心南移的研究与思考》等，[②]故本书对此不多赘述。需要强调的是，关于中国古代经济重心南移过程何时完成这一问题，学界争论激烈，迄无定论。大致来说，有魏晋南北朝说、隋代说、隋唐说、唐代说、唐代后期说、五代说、北宋说、北宋晚期说、南宋说、南宋以后说等观点。[③]

（二）关于中国古代文化重心南移问题的研究

中国古代文化重心的转移问题，是研究中国文化史的重要课题，"研究中国文化史的，很少会忽略了中国文化中心迁移这个问题"[④]。学界尽管对此问题多有研究，但是观点并不一致。总地来说，主要有以下五种观点：

一是五代说。陶懋炳认为：我国文化重心是在经济重心南移之后才移于南方的，经济重心的南移为文化重心的南移创造了条件。到了10世纪，即五代十国时期，正式确定了我国文化重心南移的势态。文化重心南移，至

①　冀朝鼎：《中国历史上的基本经济区与水利事业的发展》，朱诗鳌译，中国社会科学出版社1981年版；钱穆：《国史大纲》（修订本），商务印书馆1997年版；全汉昇：《唐宋帝国与运河》，商务印书馆1946年版；韩国磐：《隋唐五代史纲》（修订本），人民出版社1979年版；唐长孺：《魏晋南北朝隋唐史三论》，武汉大学出版社1992年版；宁可主编：《中国经济通史·隋唐五代经济卷》，经济日报出版社2000年版；郑学檬：《中国古代经济重心南移和唐宋江南经济研究》，岳麓书社2003年版；漆侠：《宋代经济史》（上册），上海人民出版社1987年版，《宋代经济史》（下册），上海人民出版社1988年版；李剑农：《宋元明经济史稿》，生活·读书·新知三联书店1957年版；程民生：《中国北方经济史》，人民出版社2004年版；童超：《东晋南朝时期的移民浪潮与土地开发》，《历史研究》1987年第4期，第64—79页；罗宗真：《六朝时期全国经济重心的南移》，《江海学刊》1984年第3期，第74—76页；曹尔琴：《唐代经济重心的转移》，《历史地理》第2辑，上海人民出版社1982年版，第147—155页；袁英光、李晓路：《唐代财政重心的南移与两税法的产生》，《北京师范学院学报》（社会科学版）1985年第3期，第33、41—48页。
②　卢星、倪根金：《中国古代经济重心南移问题研究综述》，《争鸣》1990年第6期，第45—48页；葛金芳、曾育荣：《20世纪以来唐宋之际经济格局变迁研究综述》，《湖北大学学报》（哲学社会科学版）2003年第6期，第112页；程民生：《关于我国古代经济重心南移的研究与思考》，《殷都学刊》2004年第1期，第47—58页。
③　详见程民生：《关于我国古代经济重心南移的研究与思考》，《殷都学刊》2004年第1期，第50—51页。
④　张家驹：《宋室南渡前夕的中国南方社会》，《食货》1936年第4卷第1期，第28页。

宋中叶(即 11 世纪)而开花结果,出现了文、史、哲的全面振兴,至南宋而形成南北文化悬殊之势。①

二是北宋说。肖华忠认为:

> 中国古代的政治军事和经济文化重心一直偏集于西北,这种情形沿袭到唐代中叶的"安史之乱"。从"安史之乱"到五代十国,北方一直陷于藩镇割据、军阀混战的状态中,社会生产力遭到极大破坏才逐渐发生变化,即出现政治、军事重心东移,经济文化重心南移的趋势。这种趋势到宋代立国时已基本形成定局。②

三是北宋中期末说。杨远认为:"西汉奠定了北方黄河流域,尤其是中、下游的经济文化;北宋则将其前一千二百多年'北胜于南'的形势,改变为'南胜于北',由黄河流域转移到长江流域。"中国经济文化重心的南移,"至迟到北宋中期末,神宗朝(1067—1085 年)已转移到南方"③。

四是北宋后期说。康保苓认为:唐前期文化重心位于北方黄河中下游地区,南方文化的勃兴是在唐后期的安史之乱以后。④ 北宋前期,南方文化与北方文化的差距逐渐缩小,甚至有些方面(如书籍)南方文化已超过北方文化,但总体而言,北方文化还占优势地位,中国文化重心仍位于黄河中下游地区。到北宋后期,中国文化重心已转移到南方。⑤

五是南宋说。日本学者桑原隲藏分析了自西晋永嘉之乱以后中国南北文化发展的具体情况,认为:"纵观南宋以后中国的文运大势,显然北方难与南方相比。""魏晋以前,中国文化的中枢在北方;南宋以后,中国文化的中枢移到南方。东晋以后至北宋末期约八百年间,是中国文化中枢的过渡期。"⑥

桑原隲藏的这一观点影响深远,我国学界在研究中国文化重心转移问

---

① 陶懋炳:《论我国古代文化重心南移成于五代》,《湖南师范大学社会科学学报》1987 年第 4 期,第 68—75 页。

② 肖华忠:《宋代人才的地域分布及其规律》,《中国历史地理论丛》1993 年第 3 辑,第 32 页。

③ 杨远:《西汉至北宋中国经济文化之向南发展》(下册),台湾商务印书馆 1991 年版,第 783 页。

④ 康保苓:《试论唐前期的文化重心及成因》,《杭州师范学院学报》(社会科学版)2002 年第 5 期,第 84—89 页。

⑤ 康保苓:《论北宋前期的文化重心——以学术中心、教育状况作为考察的重点因》,《学习论坛》2004 年第 12 期,第 67 页;《试论北宋前期的文化重心——以学术中心、教育状况作为考察的重点因》,《聊城大学学报》(社会科学版)2005 年第 1 期,第 41 页。

⑥ [日]桑原隲藏:《历史上所见的南北中国》,载刘俊文主编:《日本学者研究中国史论著选译》第 1 卷《通论》,黄约瑟译,中华书局 1992 年版,第 25、28 页。

题时,许多学者都赞同南宋说。张家驹则较早地对这一观点进行了系统论述,在《宋室南渡前夕的中国南方社会》一文中提出:最初中国的政治、社会、经济中心趋重于黄河流域,晋室南渡后,文化中心南渐的倾向愈益显著;南北朝分立以前,中国文化会(荟)萃在江淮以北;南北朝以后,南北区域处在敌对的地位;中唐以后,慢慢的自北向南;到了北宋时代,已经南超于北;宋室南渡后,情形有显然的转变,汉族文化经过了第二次的大播迁,中原人口经过了第二次的大流徙,南方区域经过了有意无意的经营,于是中国文化的南迁,替代了从前北方的地位,到了南宋时代,这才大功告成。①

此外,陈正祥在《中国文化地理》第一篇《中国文化中心的迁移》中提出:"中国文化中心的迁移,也像秦汉以来的政治和经济中心一样,先作东西向的搬迁,即从长安向洛阳、开封移动。"北宋全盛时,文化中心滞留在洛阳和汴京之间的轴线上。到了北宋末期,中心已趋向东南。北宋政权的毁灭,只是加速这个中心的迁移,一下子从中原跳到了江南,也就是从开封、洛阳的东西向轴心,转移到了杭州、苏州的南北向轴心。② 倪士毅、徐吉军亦认为:在五代十国以前,北方的中原地区基本上是我国文化的重心;到五代十国、北宋前期,中国文化出现了南北对峙的局面;至南宋时,中国的文化重心移到了南方。③ 张全明则提出:我国传统经济重心只是到了南宋初年才最终完成了南移,而"随着中国传统经济重心区南移的最终完成,传统文化重心区也在同一时期最终完成了由黄河流域中原地区向长江流域东南部地区的转移"④。冯天瑜亦赞同桑原隲藏的观点,认为:中唐以前,经济重心与文化重心仍在北方;中国经济重心虽在唐末完成由北向南的转移,但全国的文化重心还滞留在长安—洛阳—开封的东西轴线上;北宋时期,文化重心已形成南趋态势;宋室南渡后,中国文化重心的南迁终于完成。⑤

(三) 笔墨纸砚制造业重心变迁的启示

手工业经济重心的转移,是中国古代经济重心南移的一项重要内容,涉及到当时社会生活的各个方面,历来受到学者们的广泛重视。⑥ 笔墨纸砚

---

① 张家驹:《宋室南渡前夕的中国南方社会》,《食货》1936 年第 4 卷第 1 期,第 28—41 页。
② 陈正祥:《中国文化地理》,生活·读书·新知三联书店 1983 年版,第 1—22 页。
③ 倪士毅、徐吉军:《论中国文化重心南移的原因》,《杭州大学学报》(哲学社会科学版)1989 年第 2 期,第 127 页。
④ 张全明:《试析宋代中国传统文化重心的南移》,《江汉论坛》2002 年第 2 期,第 68 页。
⑤ 冯天瑜、杨华:《中国文化发展轨迹》,上海人民出版社 2000 年版,第 243—247 页;冯天瑜等:《中华文化史》(下)(2 版),上海人民出版社 2005 年版,第 563—567 页。
⑥ 参见胡戟等主编:《20 世纪唐研究》,中国社会科学出版社 2002 年版,第 468 页。

制造业作为重要的手工业生产部门,又有其自身的独特性。笔墨纸砚伴随着中华文明的发端而起源,而笔墨纸砚出现以后,又与文明的传承、文化的发展紧密联系。可以说,不同历史时期笔墨纸砚制造业的演进充分反映着各个阶段经济、文化的发展。因此,探讨自秦汉至宋代笔墨纸砚制造业重心的变迁,对考察中国古代经济文化重心南移问题具有重要意义。

秦汉时期,笔墨纸砚制造业逐渐兴起,当时笔墨纸砚的制作中心主要是在关中地区。

魏晋南北朝时期,笔墨纸砚制造业继续发展,尤其是晋室南渡以后,南方地区的笔墨纸砚制造业有了很大进步,制作区域不断扩大,南北各地皆形成许多制作中心。此间,一些重要的现象值得关注,就制笔业而言:北方制笔中心由关中地区向今山西、河北地区转移,江南地区成为重要的制笔中心;就制墨业而言:北方制墨中心也由关中地区向今山西上党、河北易水等地转移,南方庐山地区成为重要的制墨中心;就造纸业而言:北方造纸中心由关中地区向今河南、山西、河北、山东等地扩展,今安徽南部、江苏南京、扬州、浙江等南方地区成为重要的造纸中心。总地来看,这一时期,笔墨纸砚制造业的发展特点是北方制作中心逐渐向东移动,南方制作中心则主要是在江南地区,这与政治中心的变动有很大关系。不过,当时笔墨纸砚制造业重心尚在北方。

隋唐五代时期,是笔墨纸砚制造业发展的关键阶段,一方面是制作区域迅速扩展,另一方面是制作重心逐渐南移。就制笔业而言:唐代前期,制笔业重心尚在北方地区;唐代中后期,南方制笔业迅速发展,制笔业重心逐渐南移;五代十国时期,制笔业重心加速南移。就制墨业而言:隋唐时期,制墨业重心仍在北方;唐末五代,制墨业重心遂由北方逐渐开始向南方转移;五代十国时期,制墨业重心加速南移。就造纸业而言:隋唐时期,南方造纸业比北方具有显著优势,造纸业重心已经向南方倾斜;五代十国时期,造纸业重心加速南移。就制砚业而言:唐代前期,制砚业重心仍在北方;唐代中后期,制砚业重心逐渐南移;五代十国时期,制砚业重心加速南移。总地来看,这一时期,笔墨纸砚制造业的发展进程并不完全同步,但是自唐代中期以后,笔墨纸砚制造业重心南移趋势明显。五代十国时期,重心加速南移。

北宋时期,笔墨纸砚制造业更加繁荣兴盛。这一时期,笔墨纸砚制造业的发展特点是制作区域极大扩展,北方产地主要是向东扩展,南方产地主要是向东南和西南地区扩展。至北宋中期,笔墨纸砚制造业重心完全转移到南方,尤其是江南地区。随着笔墨纸砚制造业重心的南移,雕版印刷业重心亦转移至江南地区。

由上观之,笔墨纸砚制造业重心变迁与政治、经济、文化中心转移有密切联系。隋唐五代时期,是笔墨纸砚制造业重心变迁的关键阶段;北宋中期,笔墨纸砚制造业重心完成南移。笔墨纸砚制造业重心与雕版印刷业重心的变迁,对政治、经济、文化重心的转移也有重要影响。因此,笔墨纸砚制造业的重心变迁可以作为衡量中国古代经济文化重心南移的一个重要参考。

二、从笔墨纸砚制造业的发展演进看
"南朝化"论与"北朝主流"说

(一)"南朝化"论的发端与展开

陈寅恪《隋唐制度渊源略论稿》七《财政》中指出:"此章主旨唯在阐述继南北朝正统之唐代,其中央财政制度之渐次江南地方化,易言之,即南朝化。"①这可视为"南朝化"的发端。此后,唐长孺《魏晋南北朝隋唐史三论》一书又对陈寅恪的观点进一步加以发挥,提出:"唐代经济、政治、军事以及文化诸方面都发生了显著的变化,它标志着中国封建社会由前期向后期的转变。但这些变化,或者说这些变化中的最重要部分,乃是东晋南朝的继承,我们姑且称之为'南朝化'。"②"南朝化"论是从魏晋时期中国封建社会的形成与南北朝时期历史发展的差异性中来把握唐代的变化。牟发松在《略论唐代的南朝化倾向》一文中,又将"南朝化"上溯至北魏孝文帝改革,并提出"隋唐间礼、乐、刑、政诸制度,以及经学、文学、音韵、文字、书法艺术等,主要取资于东晋南朝"③。尔后,牟发松又对"唐代的南朝化倾向"之说不断丰富和深化。④ 此外,还有一些学者也对"南朝化"论进行阐发。⑤

(二)"北朝主流"说的提出与发展

田余庆《东晋门阀政治》"后论"中指出:"从宏观来看东晋南朝和十六

---

① 陈寅恪:《隋唐制度渊源略论稿》,生活·读书·新知三联书店2001年版,第156页。
② 唐长孺:《魏晋南北朝隋唐史三论》,武汉大学出版社1992年版,第486页。
③ 牟发松:《略论唐代的南朝化倾向》,《中国史研究》1996年第2期,第56页。
④ 牟发松:《从社会与国家的关系看唐代的南朝化倾向》,《江海学刊》2005年第5期,第136—145页;《从南北朝到隋唐——唐代的南朝化倾向再论》,《南京晓庄学院学报》2007年第4期,第17—24页。
⑤ 例如王素:《关于隋及唐初三省制的"南朝化"问题——以三省首长的职权和地位为中心》,载荣新江主编:《唐研究》第10卷,北京大学出版社2004年版,第173—192页;《敦煌儒典与隋唐主流文化——兼谈隋唐主流文化的"南朝化"问题》,《故宫博物院院刊》2005年第1期,第131—140页;《长沙吴简中的佃客与衣食客——兼谈西晋户调式中的"南朝化"问题》,《中华文史论丛》2011年第1期,第1—34页。

国北朝全部历史运动的总体,其主流毕竟在北而不在南。"①这一看法意味着"北朝主流"说的提出。此后,阎步克对"北朝主流"说进一步发挥,指出:"在南北朝后期,北朝显示了蓬勃活力","北朝的官僚政治在运作上更为富有效能,而且在制度上赢得了众多进步","北朝的强盛来自体制的力量,而体制的进步活力,则可以最终归结为北方的独特历史道路","北方少数族的部族制度与华夏制度的剧烈碰撞,最终在北方地区激发出了新的变迁动力与演进契机,交替的'胡化'和'汉化'孕育出了强劲的官僚制化运动,它扭转了魏晋以来的帝国颓势,并构成了走出门阀士族政治、通向重振的隋唐大帝国的历史出口"。②

(三) 笔墨纸砚制造业发展演进的启示

"南朝化"论与"北朝主流"说在揭示隋唐历史渊源方面,都有各自的意义。对此两种论说,我们无意比较。本书旨在通过考察自秦汉至隋唐时期笔墨纸砚制造业的发展演进,来具体分析隋唐时期笔墨纸砚制造业的传承关系。因为笔墨纸砚制造业各有其特点,所以本书分别予以考察。

制笔业。秦汉时期,毛笔的形制确立并得以发展,制笔原料以兔毫为主,笔杆除竹质、木质之外,还有象牙等材质。魏晋南北朝时期,制笔原料进一步扩大,有兔毫、鹿毛、羊毛、羊须、鼠须、虎仆毛、鸡雉毛等,甚至有胎发、人须,笔管有竹木、琉璃、麟角、象牙、金银等材质,制笔之法虽承袭汉制,但选材日益精良,技术更加完善。隋唐时期,制作原料更加多样化,笔毛有兔毫、狐毫、狼毫、虎仆毛、虎毛、鼠毛、鼠须、狸毛、麝毛、鹿毛、羊毛、马毛、鞔(兽毫毛)、雉毛、鸡毛、鸭毛、鹅毛、胎发、龙筋等,笔管有竹、木、松枝、葫芦、象牙、犀角、玉石等材质,制笔之法在继承前代的基础上,又有革新,出现鸡距笔、散卓笔、软健笔、纤锋细管笔等。从中可见,制笔原料,自秦汉至隋唐一直不断扩大;制笔技术,自秦汉至隋唐前期,虽然不断精进,但是仅为传承,并无根本变化,只是到唐代中期后,才有显著变化,鸡距笔的出现是制笔技术史上的重大革新。

制墨业。秦、西汉时期,墨的形制仍是不规则的墨块。东汉时期,随着墨模的应用,无形制的墨块逐渐为有形制的墨锭所取代,墨的制作出现了重

---

① 田余庆:《东晋门阀政治》,北京大学出版社 1996 年版,第 362 页。

② 阎步克:《变态与融合——魏晋南北朝》,载吴宗国主编:《中国古代官僚政治制度研究》,北京大学出版社 2004 年版,第 131 页。

大转变。魏晋南北朝时期,松烟墨的形制大体上保留着汉代的风格,但是制作更加精巧,并且墨的构成、性质已与现代墨相近。隋唐时期,松烟墨的形制在保留前代风格的同时,又有新的突破,而墨的颜色种类也有增加。从中可见,自秦汉至隋唐,人工制墨原料一直都是松烟,并未改变;制墨技术,在传承的基础上不断改进。

造纸业。西汉时期,已见植物纤维纸,但质量有限。东汉时期,蔡伦改进了造纸法,扩大了造纸原料,左伯在蔡伦改进造纸术的基础上,开创了纸面加工技术,提高了纸的质量。三国时期,简、帛、纸三种书写材料仍然并行不悖。西晋时期,简牍和纸张还是一并使用,但随着纸张质量的不断提高,其作为书写材料的优越性很快凸显出来。东晋时期,纸逐渐成为主要书写材料。无论是南朝,还是北朝,造纸技术都不断改进,原料更加多样,质量逐渐提高,纸色种类愈加丰富。隋唐时期,造纸原料进一步扩大,制作水平显著提高,纸品种类不断增加。从中可见,自汉代至隋唐,造纸原料一直在扩大;造纸技术,在传承的基础上逐渐提高。

制砚业。秦汉时期,砚的形制逐渐规范化,制作日趋精良,种类不断丰富,式样更加多元。汉代,砚的种类颇多,有石砚、漆砚、木砚、竹砚、玉砚、铜砚、陶砚、瓷砚、瓦砚等。东汉时期,逐渐从有研磨石发展到无研磨石,制砚出现重大变革。东汉末期,砚以圆形、方形为基本形制,有厚有薄,带足者多为三足。魏晋南北朝时期,砚的形制在继承前代风格的同时,趋于定型化,式样不断艺术化,种类进一步增多,制作更加精巧。此间,砚的种类有石砚、漆砚、陶砚、瓷砚、银砚、铜砚、铁砚、木砚、蟾砚等。隋唐时期,砚的形制在保留前代风格的同时,更加多样;砚的种类又有增加,有玉砚、银砚、铁砚、漆砚、骨砚、琉璃砚、砖砚、瓦砚、陶砚、瓷砚、澄泥砚、石砚等。从中可见,自秦汉至隋唐,砚的种类不断增加,砚的形制逐渐规范化和多样化。制砚业在长期的发展演进中,有一个突出特点,即是汉代时,石砚极其普遍;南北朝时期,石砚逐渐减少,而陶砚、瓷砚不断增多,北朝出现箕形陶砚,南朝出现多足辟雍瓷砚;隋唐时期,陶砚、瓷砚盛行,陶砚中箕形当是继承北朝遗制,瓷砚中辟雍形当是保留南朝风格,说明唐代制砚业对南北朝的砚形都有吸收。不过,就箕形砚与辟雍砚相比而言,箕形砚存在和影响时间更长,直到宋代,箕形砚在陶砚、澄泥砚、石砚中仍常见到。

三、从笔墨纸砚制造业的传承与
革新看"唐宋变革论"①

（一）"唐宋变革论"的由来与发展

日本学者内藤湖南通过统览中国历史的全局、考察中国历史的潜运默移、疏理三千年来中国的纷繁史实，着重举出了唐代和宋代的显著差异。他强调发生在这一时期的政治制度、社会结构、经济发展、学术文艺等各个方面的变革体现了中国历史上的关键性转变，而唐宋之际正是这一转变的契机。内藤将他这一源自宏观视野的概括称作"唐宋时代观"②，而人们通常称之为内藤的"唐宋变革说"或"唐宋变革论"。"唐宋变革说作为假说或学说，经过时代的检验，具体的内容有所改动，一些史实的诠释得到订正，但是，作为一种范式，仍在持续为人们研究和阐释中国历史提供丰富的启示，推动学界进一步探讨唐宋变革期、宋史本身以及宋元以后的历史变革。"③

内藤之后，宫崎市定对"唐宋变革说"展开充分的论证。在经济方面，内藤认为，唐代货币使用量不多，纺织品和陶瓷等产量不多，主要供应上层社会；而宋代是货币经济，空前的铜钱经济，而纸钞和银的使用量也愈来愈大，纺织品和陶瓷等产量大增，流入百姓之家。1950 年 10 月，宫崎刊布《东洋的近世》，在此书中补充了内藤说在经济方面论据之不足，相当全面地列举了宋代作为中国近世社会的特征：倾向资本主义，如大土地经营，产品加速区域化、专门化和商业化（市场化），也更为普及，并走向近世资本主义的大企业经营；土地本身亦市场化，成为投资对象；商人阶层兴起；城市商业化，累积大量财富；坊市制消失，草市镇市等贸易点沿着水陆交通要道兴起；农村进入交换经济，与城市和商业密不可分；北宋的经济仍以运河为中心，南宋则同时以运河和海道（海外贸易）为中心；煤的大量使用，无疑是燃料

---

① 关于"唐宋变革论"的探讨，成果颇多，可参见李华瑞主编：《"唐宋变革"论的由来与发展》，天津古籍出版社 2010 年版。

② ［日］内藤湖南：《概括的唐宋时代观》，载刘俊文主编：《日本学者研究中国史论著选译》第 1 卷《通论》，黄约瑟译，中华书局 1992 年版，第 10—18 页。

③ 参见张广达：《内藤湖南的唐宋变革说及其影响》，载荣新江主编：《唐研究》第 11 卷，北京大学出版社 2005 年版，第 5—72 页。

革命;铁亦大量使用。①

随着"唐宋变革说"的论旨上升到思辩层次,它也带动了学者研究的课题意识。尽管有的学者着手的课题细腻具体,但思路反而随着研究的深入而更加开阔。如今变革观正在延展空间和时间双维,时间范围逐渐扩大考察宋元以后,空间范围逐渐扩大及于当时的中心之外的边远地区。近年,在我国史学出版物中,探讨唐宋之际历史变革的文章和专著也显见地多了起来。其中对经济史、社会史、思想史等方面的长时段的研究,更加明显地表现出跨越唐宋朝代界限的趋势。②

（二）唐宋时期笔墨纸砚制造业传承与革新的启示

由唐到宋,笔墨纸砚制造业在繁荣发展的同时,制作原料及技术在传承中不断革新。

就制作原料而言:唐宋时期,制笔原料相当丰富,虽然笔毛中兔毫、羊毛、鹿毛、狸毛、鼠须、鸡毛等,笔管中松管等为这两个时代通用之物,但是宋代呈现出一些新变化,即羊毛笔的使用范围扩展,鼠须笔、二毫笔、松管笔非常流行。北宋时期植物纤维丝笔及芦苇管笔的出现,开拓了原料来源,成为原料上的重要革新。人工制墨原料,隋唐五代时期,仍是单一的松烟;宋代时,制墨原料除有松烟外,还出现漆烟、油烟、石油烟和混合烟等新原料,明显多元化。造纸原料,宋代与唐代相比,大致相同,只是增加了麦茎、稻秆等新原料。麻纸一直是唐宋时期的大宗用品;藤纸在唐代十分盛行,至宋代已大为减少;竹纸在唐代使用不广,至宋代则日渐兴盛。砚的种类,唐宋时期变化不大,只是宋砚的种类稍多一些。不过,唐宋时期,砚的流行情况与名砚品类却变化显著。唐代时,陶砚、瓷砚盛行,澄泥砚兴起,石砚逐渐增多;宋代时,陶砚仍较常见,瓦砚十分流行,澄泥砚非常兴盛,石砚极其普遍。唐代,砚中名品有虢州、绛州、青州等地的澄泥砚,青州红丝石砚,端州端砚,歙州歙砚等。宋代,名砚品类极大丰富,有端砚、歙砚、澄泥砚、洮河石砚、红丝石砚、凤味砚、铜雀台瓦砚、吕道人陶砚,等等。

就制作技术而言:唐宋时期,制作之法在继承前代的基础上,不断革新。制笔业,隋唐五代时期,出现鸡距笔、散卓笔、软健笔、纤锋细管笔等;宋代,

① ［日］宫崎市定:《東洋的近世》,教育タイムス社1950年版。中译文《东洋的近世》见刘俊文主编:《日本学者研究中国史论著选译》第1卷《通论》,黄约瑟译,中华书局1992年版,第153—241页。

② 参见张广达:《内藤湖南的唐宋变革说及其影响》,载荣新江主编:《唐研究》第11卷,北京大学出版社2005年版,第5—72页。

鸡距笔、散卓笔等既继承唐代式样,又开创全新风格,散卓笔分为无心散卓笔和有心散卓笔两种。制墨业,隋唐五代时期,制墨技术不断改进,松烟墨的形制更加多样;宋代,制墨技术已更加成熟,有比较完整的一套制作、加工程序,墨的形制开创新的式样,有牛舌形、长条形、圆角长方形等类。造纸业,隋唐五代时期,已有比较完整的一套制作、加工程序;宋代,造纸技术相比唐代有了更大进步,主要是竹纸制造技术的突破、水碓打浆的推广、纸药种类的丰富、抄纸技术的发展、纸张厚薄加工技术的提高和纸张染色砑花技术的完善,而宋代的纸品种类和名纸品类相比唐代也更加繁多。制砚业,由唐到宋,制砚技术不断提高,砚的式样更加多元。

由唐到宋,笔墨纸砚制作原料及技术的传承与革新,既与自身的发展密不可分,也与社会变革联系密切。社会变化对笔墨纸砚制造业的发展具有重要的推动作用,而笔墨纸砚制造业的发展,反过来对政治制度、文化传播、社会生活、军事装备等诸多方面产生深刻影响。由于经济发展是双刃剑,笔墨纸砚制造业在推动社会进步的同时,也造成了对一些自然资源的过度开发及对生态环境的破坏。针对发展中遇到的问题,北宋时期出现资源革命和技术革命,以此来化解发展中的瓶颈,推动笔墨纸砚制造业的持续繁荣。

总而言之,由唐到宋,笔墨纸砚制造业不论是原料及技术的传承与革新,还是产地扩展与重心南移,都体现出鲜明的时代特点,即变化绝非是骤变和断裂,而具有继承性和渐变性,经历了较长的过程,从唐代中期一直持续到北宋时期。因此,通过考察唐宋时期笔墨纸砚制造业的发展,有助于增进我们对"唐宋变革论"的认识和理解。

主要参考文献

一、基本史料

1. 正史类

(汉)司马迁:《史记》,中华书局 1959 年版。

(晋)陈寿:《三国志》,中华书局 1959 年版。

(南朝宋)范晔:《后汉书》,中华书局 1965 年版。

(南朝梁)沈约:《宋书》,中华书局 1974 年版。

(南朝梁)萧子显:《南齐书》,中华书局 1974 年版。

(北齐)魏收:《魏书》,中华书局 1974 年版。

(唐)房玄龄等:《晋书》,中华书局 1974 年版。

(唐)姚思廉:《梁书》,中华书局 1973 年版。

(唐)李百药:《北齐书》,中华书局 1972 年版。

(唐)魏徵、令狐德棻:《隋书》,中华书局 1973 年版。

(唐)李延寿:《南史》,中华书局 1975 年版。

(后晋)刘昫等:《旧唐书》,中华书局 1975 年版。

(宋)欧阳修、宋祁:《新唐书》,中华书局 1975 年版。

(宋)薛居正等:《旧五代史》,中华书局 1976 年版。

(宋)欧阳修:《新五代史》,中华书局 1974 年版。

(元)脱脱等:《宋史》,中华书局 1977 年版。

(明)宋濂:《元史》,中华书局 1976 年版。

2. 编年类

(宋)司马光:《资治通鉴》,中华书局 1956 年版。

(宋)李焘:《续资治通鉴长编》,中华书局 2004 年版。

(宋)李心传:《建炎以来系年要录》,中华书局 1956 年版。

3. 职官类

(唐)李林甫等撰:《唐六典》,陈仲夫点校,中华书局 1992 年版。

(唐)李肇:《翰林志》,载《景印文渊阁四库全书》本,第 595 册,台湾商务印书馆 1984 年版。

4. 政书类

(唐)杜佑撰:《通典》,王文锦等点校,中华书局 1988 年版。

(宋)王溥:《唐会要》,上海古籍出版社 1991 年版。

（宋）王溥：《五代会要》，上海古籍出版社 2006 年版。

（清）徐松辑：《宋会要辑稿》，中华书局影印本 1957 年版。

5. 类书类

（唐）虞世南：《北堂书钞》，载《景印文渊阁四库全书》本，第 889 册，台湾商务印书馆 1985 年版。

（唐）欧阳询撰：《艺文类聚》，汪绍楹校，上海古籍出版社 1982 年版。

（唐）徐坚等：《初学记》，中华书局 2004 年版。

（唐）白居易原本，（宋）孔传续撰：《白孔六帖》，载《景印文渊阁四库全书》本，第 891 册，台湾商务印书馆 1985 年版。

（宋）李昉等：《太平御览》，中华书局影印本 1960 年版。

（宋）李昉等编：《文苑英华》，中华书局影印本 1982 年版。

（宋）王钦若等编：《册府元龟》，中华书局影印本 1960 年版。

（宋）吴淑：《事类赋》，载《景印文渊阁四库全书》本，第 892 册，台湾商务印书馆 1985 年版。

（宋）高承撰，（明）李果订：《事物纪原》，金圆、许沛藻点校，中华书局 1989 年版。

佚名：《锦绣万花谷》，载《景印文渊阁四库全书》本，第 924 册，台湾商务印书馆 1985 年版。

（宋）祝穆：《古今事文类聚》，载《景印文渊阁四库全书》本，第 927 册，台湾商务印书馆 1985 年版。

（宋）陈元靓：《事林广记》，中华书局影印本 1998 年版。

（明）罗颀：《物原》，载《丛书集成初编》本，第 182 册，中华书局 1985 年版。

（明）陈耀文：《天中记》，载《景印文渊阁四库全书》本，第 966 册，台湾商务印书馆 1985 年版。

（清）魏崧：《壹是纪始》，北京图书馆出版社影印本 2003 年版。

6. 地理类

（晋）嵇含：《南方草木状》，载《丛书集成初编》本，第 1352 册，中华书局 1985 年版。

（唐）段公路纂，（唐）崔龟图注：《北户录》，载《丛书集成初编》本，第 3021 册，中华书局 1985 年版。

（唐）刘恂：《岭表录异》，鲁迅校勘，广东人民出版社 1983 年版。

（唐）李吉甫撰：《元和郡县图志》，贺次君点校，中华书局 1983 年版。

（宋）乐史撰：《太平寰宇记》，王文楚等点校，中华书局 2007 年版。

（宋）王存撰：《元丰九域志》，王文楚等点校，中华书局 1984 年版。

（宋）孟元老撰：《东京梦华录笺注》，伊永文笺注，中华书局 2006 年版。

（宋）范成大撰：《吴郡志》，陆振岳点校，江苏古籍出版社 1999 年版。

（宋）梁克家：《淳熙三山志》，载《景印文渊阁四库全书》本，第 484 册，台湾商务印书馆 1984 年版。

（宋）罗愿：《新安志》，载《景印文渊阁四库全书》本，第 485 册，台湾商务印书馆

1984 年版。

（宋）高似孙：《剡录》，载《景印文渊阁四库全书》本，第 485 册，台湾商务印书馆
1984 年版。

（宋）施宿等：《会稽志》，载《景印文渊阁四库全书》本，第 486 册，台湾商务印书馆
1984 年版。

（宋）祝穆撰，（宋）祝洙增订：《方舆胜览》，施和金点校，中华书局 2003 年版。

（宋）张淏：《会稽续志》，载《景印文渊阁四库全书》本，第 486 册，台湾商务印书馆
1984 年版。

（宋）吴自牧：《梦粱录》，载《丛书集成初编》本，第 3219、3221 册，中华书局 1985
年版。

（宋）潜说友：《咸淳临安志》，载《景印文渊阁四库全书》本，第 490 册，台湾商务印
书馆 1984 年版。

（明）王鏊：《姑苏志》，载《景印文渊阁四库全书》本，第 493 册，台湾商务印书馆
1984 年版。

（明）彭泽：《弘治徽州府志》，载《天一阁藏明代方志选刊》第 21 册，上海古籍书店
影印本 1982 年版。

（明）李可久修，（明）张光孝纂：《（隆庆）华州志》，载《中国地方志集成·陕西府县
志辑》第 23 册，凤凰出版社、上海书店、巴蜀书社影印本 2007 年版。

（清）宗源瀚等修，（清）周学濬等纂：《同治湖州府志》，载《中国地方志集成·浙江
府县志辑》第 24 册，上海书店影印本 1993 年版。

7. 艺术类

（唐）张怀瓘：《书断》，载《景印文渊阁四库全书》本，第 812 册，台湾商务印书馆
1985 年版。

（唐）张彦远：《法书要录》，人民美术出版社 1984 年版。

（唐）张彦远：《历代名画记》，俞剑华注释，上海人民美术出版社 1964 年版。

（宋）郭若虚：《图画见闻志》，俞剑华注释，江苏美术出版社 2007 年版。

（宋）朱长文：《墨池编》，载《景印文渊阁四库全书》本，第 812 册，台湾商务印书馆
1985 年版。

（宋）赵希鹄：《洞天清录集》，载《丛书集成初编》本，第 1552 册，中华书局 1985
年版。

（宋）陈槱：《负暄野录》，载《丛书集成初编》本，第 1552 册，中华书局 1985 年版。

（明）文震亨：《长物志》，载《丛书集成初编》本，第 1508 册，中华书局 1985 年版。

（明）屠隆：《考槃馀事》，载《丛书集成初编》本，第 1559 册，中华书局 1985 年版。

（清）倪涛：《六艺之一录》，载《景印文渊阁四库全书》本，第 830—838 册，台湾商务
印书馆 1985 年版。

（清）唐秉钧：《文房肆考图说》，书目文献出版社 1996 年版。

俞剑华注释：《宣和画谱》，江苏美术出版社 2007 年版。

8. 金石谱录类

（宋）苏易简：《文房四谱》，载《丛书集成初编》本，第 1493 册，中华书局 1985 年版。

（宋）唐询：《砚录》，载桑行之等编：《说砚》，上海科技教育出版社 1994 年版。

（宋）晁氏：《墨经》，载《丛书集成初编》本，第 1495 册，中华书局 1985 年版。

（宋）米芾：《砚史》，载《丛书集成初编》本，第 1497 册，中华书局 1985 年版。

佚名：《砚谱》，载《丛书集成初编》本，第 1498 册，中华书局 1991 年版。

（宋）唐积：《歙州砚谱》，载《丛书集成初编》本，第 1497 册，中华书局 1985 年版。

（宋）杜绾：《云林石谱》，载《景印文渊阁四库全书》本，第 844 册，台湾商务印书馆 1985 年版。

（宋）李孝美：《墨谱法式》，载《景印文渊阁四库全书》本，第 843 册，台湾商务印书馆 1985 年版。

（宋）叶樾：《端溪砚谱》，载《丛书集成初编》本，第 1497 册，中华书局 1985 年版。

（宋）高似孙：《砚笺》，载《景印文渊阁四库全书》本，第 843 册，台湾商务印书馆 1985 年版。

（宋）袁说友：《笺纸谱》，载谢元鲁：《岁华纪丽谱等九种校释》，《巴蜀丛书》（第 1 辑），巴蜀书社 1988 年版。

（元）陆友：《墨史》，载《丛书集成初编》本，第 1495 册，中华书局 1985 年版。

（明）麻三衡：《墨志》，载《丛书集成初编》本，第 1496 册，中华书局 1985 年版。

（清）梁同书：《笔史》，载《丛书集成初编》本，第 1494 册，中华书局 1985 年版。

（清）于敏中、梁国诒等编：《钦定西清砚谱》，载《景印文渊阁四库全书》本，第 843 册，台湾商务印书馆 1985 年版。

（清）黄钦阿：《端溪砚史汇参》，载桑行之等编：《说砚》，上海科技教育出版社 1994 年版。

（清）谢崧梁：《今文房四谱》，载赵诒琛辑：《艺海一勺》第 1 册，铅印本，1933 年。

张维：《陇右金石录》，载《石刻史料新编》第 21 册，新文丰出版公司 1982 年版。

9. 诗词文集类

（南朝）江淹撰，（明）胡之骥注：《江文通集汇注》，李长路、赵威点校，中华书局 1999 年版。

（唐）王梵志：《王梵志诗校注》（增订本），项楚校注，上海古籍出版社 2010 年版。

（唐）杜甫著，（清）仇兆鳌注：《杜诗详注》，中华书局 1999 年版。

（唐）杜甫著，（清）钱谦益笺注：《钱注杜诗》，上海古籍出版社 1979 年版。

（唐）岑参撰：《岑嘉州诗笺注》，廖立笺注，中华书局 2004 年版。

（唐）李贺著，（清）王琦等注：《李贺诗歌集注》，上海古籍出版社 1977 年版。

（唐）颜真卿：《颜鲁公集》，载《景印文渊阁四库全书》本，第 1071 册，台湾商务印书馆 1985 年版。

（唐）韦应物：《韦应物集校注》，陶敏、王友胜校注，上海古籍出版社 1998 年版。

（唐）王建：《王建诗集校注》，王宗棠校注，中州古籍出版社 2006 年版。

（唐）韩愈：《韩昌黎文集校注》，马其昶校注，上海古籍出版社 1986 年版。

（唐）韩愈：《韩昌黎诗系年集释》，钱仲联集释，上海古籍出版社 1984 年版。

（唐）刘禹锡撰：《刘禹锡集》，卞孝萱校订，中华书局 1990 年版。

（唐）刘禹锡：《刘禹锡集笺证》，瞿蜕园笺证，上海古籍出版社 1989 年版。

（唐）柳宗元：《柳宗元集》，中华书局 1979 年版。

（唐）柳宗元：《柳宗元诗笺释》，王国安笺释，上海古籍出版社 1998 年版。

（唐）白居易：《白居易集笺校》，朱金城笺校，上海古籍出版社 1988 年版。

（唐）元稹撰：《元稹集》，冀勤点校，中华书局 1982 年版。

（唐）杜牧：《樊川文集》，上海古籍出版社 1978 年版。

（唐）杜牧著，（清）冯集梧注：《樊川诗集注》，上海古籍出版社 1978 年版。

（唐）韩偓：《韩偓诗注》，陈继龙注，学林出版社 2001 年版。

（唐）李德裕撰：《李德裕文集校笺》，傅璇琮、周建国校笺，河北教育出版社 1999年版。

（唐）白居易：《白居易集》，顾学颉校点，中华书局 1999 年版。

（唐）李白：《李白集校注》，瞿蜕园、朱金城校注，上海古籍出版社 1980 年版。

（五代）韦庄：《韦庄集笺注》，聂安福笺注，上海古籍出版社 2002 年版。

（宋）林逋：《林和靖诗集》，沈幼征校注，浙江古籍出版社 1986 年版。

（宋）梅尧臣：《梅尧臣集编年校注》，朱东润编年校注，上海古籍出版社 1980 年版。

（宋）欧阳修：《欧阳修全集》，李逸安点校，中华书局 2001 年版。

（宋）蔡襄撰：《蔡襄全集》，陈庆元等校注，福建人民出版社 1999 年版。

（宋）苏颂撰：《苏魏公文集》，王同策等点校，中华书局 1988 年版。

（宋）王安石：《临川先生文集》，中华书局 1959 年版。

（宋）王安石著，（宋）李壁笺注：《王荆文公诗笺注》，高克勤点校，上海古籍出版社2010 年版。

（宋）王令：《王令集》，沈文倬校点，上海古籍出版社 1980 年版。

（宋）郭祥正：《青山集》，载《景印文渊阁四库全书》本，第 1116 册，台湾商务印书馆1985 年版。

（宋）冯山：《安岳集》，载《景印文渊阁四库全书》本，第 1098 册，台湾商务印书馆1985 年版。

（宋）苏轼著，（清）王文诰辑注：《苏轼诗集》，孔凡礼点校，中华书局 1982 年版。

（宋）苏轼撰：《苏轼文集》，孔凡礼点校，中华书局 1986 年版。

（宋）李之仪：《姑溪居士集》，载《景印文渊阁四库全书》本，第 1120 册，台湾商务印书馆 1985 年版。

（宋）苏辙：《栾城集》，曾枣庄、马德富校点，上海古籍出版社 1987 年版。

（宋）苏辙：《苏辙集》，陈宏天、高秀芳校点，中华书局 1990 年版。

（宋）张舜民：《画墁集》，载《丛书集成初编》本，第 1948 册，中华书局 1985 年版。

（宋）黄庭坚：《黄庭坚全集》，刘琳等校点，四川大学出版社 2001 年版。

（宋）黄庭坚著，（宋）任渊、史容、史季温注：《山谷诗集注》，黄宝华点校，上海古籍出版社 2003 年版。

（宋）黄庭坚著，（宋）任渊、史容、史季温注：《黄庭坚诗集注》，刘尚荣校点，中华书局 2003 年版。

（宋）毕仲游撰：《西台集》，陈斌校点，中州古籍出版社 2005 年版。

（宋）米芾：《米芾集》，黄正雨、王心裁辑校，湖北教育出版社 2002 年版。

（宋）李复：《潏水集》，载《景印文渊阁四库全书》本，第 1111 册，台湾商务印书馆 1985 年版。

（宋）陈师道：《后山居士文集》，上海古籍出版社 1984 年版。

（宋）张耒撰：《张耒集》，李逸安、孙通海点校，中华书局 1990 年版。

（宋）晁说之：《景迂生集》，载《景印文渊阁四库全书》本，第 1118 册，台湾商务印书馆 1985 年版。

（宋）李昭玘：《乐静集》，载《景印文渊阁四库全书》本，第 1122 册，台湾商务印书馆 1985 年版。

（宋）晁冲之：《晁具茨先生诗集》，载《丛书集成初编》本，第 2254 册，中华书局 1985 年版。

（宋）邹浩：《道乡集》，载《景印文渊阁四库全书》本，第 1121 册，台湾商务印书馆 1985 年版。

（宋）洪刍：《西渡集》，载《景印文渊阁四库全书》本，第 1127 册，台湾商务印书馆 1985 年版。

（宋）廖刚：《高峰文集》，载《景印文渊阁四库全书》本，第 1142 册，台湾商务印书馆 1985 年版。

（宋）王庭珪：《卢溪文集》，载《景印文渊阁四库全书》本，第 1134 册，台湾商务印书馆 1985 年版。

（宋）黄彦平：《三余集》，载《景印文渊阁四库全书》本，第 1132 册，台湾商务印书馆 1985 年版。

（宋）韩驹：《陵阳集》，载《景印文渊阁四库全书》本，第 1133 册，台湾商务印书馆 1985 年版。

（宋）李纲：《李纲全集》，王瑞明点校，岳麓书社 2004 年版。

（宋）陈与义撰：《陈与义集》，吴书荫、金德厚点校，中华书局 1982 年版。

（宋）王之道：《〈相山集〉点校》，沈怀玉等点校，北京图书馆出版社 2006 年版。

（宋）曹勋：《松隐集》，载《景印文渊阁四库全书》本，第 1129 册，台湾商务印书馆 1985 年版。

（宋）李石：《方舟集》，载《景印文渊阁四库全书》本，第 1149 册，台湾商务印书馆 1985 年版。

（宋）王十朋：《东坡诗集注》，载《景印文渊阁四库全书》本，第 1109 册，台湾商务印书馆 1985 年版。

(宋)王十朋:《王十朋全集》,上海古籍出版社 1998 年版。

(宋)杨万里撰:《杨万里集笺校》,辛更儒笺校,中华书局 2007 年版。

(宋)吴儆:《竹洲集》,载《景印文渊阁四库全书》本,第 1142 册,台湾商务印书馆 1985 年版。

(宋)陆游:《陆游集》,中华书局 1976 年版。

(宋)陆游:《剑南诗稿校注》,钱仲联校注,上海古籍出版社 1985 年版。

(宋)唐仲友:《悦斋文钞》,载《续修四库全书》本,第 1318 册,上海古籍出版社 2002 年版。

(宋)赵蕃:《淳熙稿》,载《丛书集成初编》本,第 2257、2259 册,中华书局 1985 年版。

(宋)刘爚:《云庄集》,载《景印文渊阁四库全书》本,第 1157 册,台湾商务印书馆 1985 年版。

(宋)李洪:《芸庵类稿》,载《景印文渊阁四库全书》本,第 1159 册,台湾商务印书馆 1985 年版。

(宋)吴潜:《履斋遗稿》,载《景印文渊阁四库全书》本,第 1178 册,台湾商务印书馆 1985 年版。

(宋)刘克庄:《后村集》,载《景印文渊阁四库全书》本,第 1180 册,台湾商务印书馆 1985 年版。

(宋)岳珂:《玉楮集》,载《景印文渊阁四库全书》本,第 1181 册,台湾商务印书馆 1985 年版。

(元)傅若金:《傅与砺诗集》,载《景印文渊阁四库全书》本,第 1213 册,台湾商务印书馆 1985 年版。

(清)彭定求等编:《全唐诗》,中华书局 1979 年版。

(清)董诰等编:《全唐文》,中华书局影印本 1983 年版。

北京大学古文献研究所编:《全宋诗》,北京大学出版社 1991—1998 年版。

刘学锴等:《李商隐诗歌集解》,中华书局 2004 年版。

刘学锴:《温庭筠全集校注》,中华书局 2007 年版。

孙望:《韦应物诗集系年校笺》,中华书局 2002 年版。

唐圭璋编:《全宋词》,中华书局 1980 年版。

吴在庆:《杜牧集系年校注》,中华书局 2008 年版。

谢思炜:《白居易诗集校注》,中华书局 2006 年版。

10. 史料笔记小说类

(晋)张华撰:《博物志校证》,范宁校证,中华书局 1980 年版。

(晋)王羲之:《笔经》,《五朝小说大观》,中州古籍出版社影印本 1991 年版。

(晋)王嘉撰,(梁)萧绮录:《拾遗记》,齐治平校注,中华书局 1981 年版。

(唐)唐临撰:《冥报记》,方诗铭辑校,中华书局 1992 年版。

(唐)李冗撰:《独异志》,张永钦、侯志明点校,中华书局 1983 年版。

（唐）张鷟撰：《朝野佥载》，赵守俨点校，中华书局 1979 年版。

（唐）封演撰：《封氏闻见记校注》，赵贞信校注，中华书局 2005 年版。

（唐）谷神子：《博异志》，中华书局 1980 年版。

（唐）段成式撰：《酉阳杂俎》，方南生点校，中华书局 1981 年版。

（唐）李肇：《唐国史补》，上海古籍出版社 1979 年版。

（唐）赵璘：《因话录》，上海古籍出版社 1979 年版。

（唐）皇甫枚：《三水小牍》，中华书局 1958 年版。

（唐）郑綮：《开元传信记》，载丁如明辑校：《开元天宝遗事十种》，上海古籍出版社 1985 年版。

（唐）李匡乂：《资暇集》，载《丛书集成初编》本，第 279 册，中华书局 1985 年版。

（唐）李绰：《尚书故实》，载《景印文渊阁四库全书》本，第 862 册，台湾商务印书馆 1985 年版。

（唐）苏鹗：《杜阳杂编》，载《丛书集成初编》本，第 2835 册，中华书局 1985 年版。

（五代）王仁裕撰：《开元天宝遗事》，曾贻芬点校，中华书局 2006 年版。

（五代）孙光宪撰：《北梦琐言》，贾二强点校，中华书局 2002 年版。

（后唐）冯贽撰：《云仙散录》，张力伟点校，中华书局 2008 年版。

（宋）李昉等编：《太平广记》，中华书局 1961 年版。

（宋）范镇撰：《东斋记事》，汝沛点校，中华书局 1980 年版。

（宋）乐史：《杨太真外传》，载丁如明辑校：《开元天宝遗事十种》，上海古籍出版社 1985 年版。

（宋）钱易撰：《南部新书》，黄寿成点校，中华书局 2002 年版。

（宋）吴处厚撰：《青箱杂记》，李裕民点校，中华书局 1985 年版。

（宋）王得臣：《麈史》，上海古籍出版社 1986 年版。

（宋）王栐撰：《燕翼诒谋录》，诚刚点校，中华书局 1981 年版。

（宋）欧阳修撰：《归田录》，李伟国点校，中华书局 1981 年版。

（宋）王辟之撰：《渑水燕谈录》，吕友仁点校，中华书局 1997 年版。

（宋）沈括撰：《梦溪笔谈校证》，胡道静校证，上海古籍出版社 1987 年版。

（宋）邵伯温撰：《邵氏闻见录》，李剑雄、刘德权点校，中华书局 1983 年版。

（宋）邵博撰：《邵氏闻见后录》，刘德权、李剑雄点校，中华书局 1983 年版。

（宋）苏轼：《东坡志林》，载《景印文渊阁四库全书》本，第 863 册，台湾商务印书馆 1985 年版。

（宋）陈师道撰：《后山谈丛》，李伟国校点，中华书局 2007 年版。

（宋）朱彧撰：《萍洲可谈》，李伟国点校，中华书局 2007 年版。

（宋）赵令畤撰：《侯鲭录》，孔凡礼点校，中华书局 2002 年版。

（宋）赵升撰：《朝野类要》，王瑞来点校，中华书局 2007 年版。

（宋）魏泰撰：《东轩笔录》，李裕民点校，中华书局 1983 年版。

（宋）蔡絛撰：《铁围山丛谈》，冯惠民、沈锡麟点校，中华书局 1983 年版。

（宋）何薳撰：《春渚纪闻》，张明华点校，中华书局1983年版。

（宋）程俱撰：《麟台故事校证》，张富祥校证，中华书局2000年版。

（宋）袁褧：《枫窗小牍》，载《丛书集成初编》本，第2784册，中华书局1985年版。

（宋）王观国撰：《学林》，田瑞娟点校，中华书局1988年版。

（宋）叶梦得撰，（宋）宇文绍奕考异：《石林燕语》，侯忠义点校，中华书局1984年版。

（宋）江少虞：《宋朝事实类苑》，上海古籍出版社1981年版。

（宋）范成大撰：《范成大笔记六种》，孔凡礼点校，中华书局2002年版。

（宋）洪迈撰：《夷坚志》，何卓点校，中华书局1981年版。

（宋）洪迈撰：《容斋随笔》，孔凡礼点校，中华书局2005年版。

（宋）李心传撰：《建炎以来朝野杂记》，徐规点校，中华书局2000年版。

（宋）罗大经撰：《鹤林玉露》，王瑞来点校，中华书局1983年版。

（宋）吴曾：《能改斋漫录》，上海古籍出版社1979年版。

（宋）叶寘撰：《爱日斋丛抄》，孔凡礼点校，中华书局2010年版。

（宋）袁文撰：《瓮牖闲评》，李伟国点校，中华书局2007年版。

（宋）曾敏行：《独醒杂志》，朱杰人标校，上海古籍出版社1986年版。

（宋）张邦基撰：《墨庄漫录》，孔凡礼点校，中华书局2002年版。

（宋）赵彦卫撰：《云麓漫钞》，傅根清点校，中华书局1996年版。

（宋）周煇：《清波杂志校注》，刘永翔校注，中华书局1994年版。

（宋）周煇：《清波别志》，载《景印文渊阁四库全书》本，第1039册，台湾商务印书馆1985年版。

（宋）周密撰：《癸辛杂识》，吴企明点校，中华书局1988年版。

（宋）庄绰撰：《鸡肋编》，萧鲁阳点校，中华书局1983年版。

（宋）陶穀：《清异录》，载朱易安、傅璇琮等主编：《全宋笔记》第一编（二），大象出版社2003年版。

（宋）张泊：《贾氏谭录》，载朱易安、傅璇琮等主编：《全宋笔记》第一编（二），大象出版社2003年版。

（宋）苏轼：《仇池笔记》，载朱易安、傅璇琮等主编：《全宋笔记》第一编（九），大象出版社2003年版。

（宋）孔平仲：《谈苑》，载朱易安、傅璇琮等主编：《全宋笔记》第二编（五），大象出版社2006年版。

（宋）钱世超：《钱氏私志》，载朱易安、傅璇琮等主编：《全宋笔记》第二编（七），大象出版社2006年版。

（宋）叶梦得：《避暑录话》，载朱易安、傅璇琮等主编：《全宋笔记》第二编（十），大象出版社2006年版。

（宋）章炳文：《搜神秘览》，载朱易安、傅璇琮等主编：《全宋笔记》第三编（三），大象出版社2008年版。

（宋）马永卿：《懒真子》，载朱易安、傅璇琮等主编：《全宋笔记》第三编（六），大象出版社 2008 年版。

（宋）徐度：《却扫编》，载朱易安、傅璇琮等主编：《全宋笔记》第三编（十），大象出版社 2008 年版。

11. 敦煌吐鲁番文书类

国家文物局古文献研究室、新疆维吾尔自治区博物馆、武汉大学历史系编：《吐鲁番出土文书》第四册，文物出版社 1983 年版。

国家文物局古文献研究室、新疆维吾尔自治区博物馆、武汉大学历史系编：《吐鲁番出土文书》第九册，文物出版社 1990 年版。

中国社会科学院历史研究所等编：《英藏敦煌文献》第 2 卷，四川人民出版社 1990 年版。

中国社会科学院历史研究所等编：《英藏敦煌文献》第 6 卷，四川人民出版社 1992 年版。

中国社会科学院历史研究所等编：《英藏敦煌文献》第 7 卷，四川人民出版社 1992 年版。

中国社会科学院历史研究所等编：《英藏敦煌文献》第 9 卷，四川人民出版社 1994 年版。

甘肃藏敦煌文献编委会等编：《甘肃藏敦煌文献》第 6 卷，甘肃人民出版社 1999 年版。

龍谷大学佛教文化研究所编：《大谷文书集成》3，法藏館 2003 年版。

二、近今人论著

1. 中文著作

《安徽文化史》编纂工作委员会编：《安徽文化史》，南京大学出版社 2000 年版。

白寿彝：《中国交通史》，商务印书馆 1993 年版。

白寿彝总主编，史念海主编：《中国通史》第 6 卷《中古时代·隋唐时期》（上），上海人民出版社 1999 年版。

陈重远：《古玩谈旧闻》，北京出版社 2006 年版。

陈寅恪：《隋唐制度渊源略论稿》，生活·读书·新知三联书店 2001 年版。

陈寅恪：《金明馆丛稿初编》，生活·读书·新知三联书店 2001 年版。

陈寅恪：《金明馆丛稿二编》，生活·读书·新知三联书店 2001 年版。

陈勇：《唐代长江下游经济发展研究》，上海人民出版社 2006 年版。

陈于书主编：《家具史》，中国轻工业出版社 2009 年版。

程民生：《宋代地域经济》，河南大学出版社 1999 年版。

邓瑞全：《中国古代的文房四宝》，北京科学技术出版社 1995 年版。

樊嘉禄等：《文房四宝》，大象出版社 2009 年版。

方晓阳、王伟、吴丹彤：《制砚·制墨》，大象出版社 2015 年版。

冯贯一:《中国艺术史各论》,载《民国丛书》第二编(66),上海书店影印本1990年版。

冯济泉、马贤能:《文房四宝古今谈》,贵州人民出版社1983年版。

葛金芳:《南宋手工业史》,上海古籍出版社2008年版。

何忠礼:《科举与宋代社会》,商务印书馆2006年版。

胡德生:《中国古代的家具》,商务印书馆国际有限公司1997年版。

胡戟等主编:《20世纪唐研究》,中国社会科学出版社2002年版。

胡小鹏:《中国手工业经济通史·宋元卷》,福建人民出版社2004年版。

胡学文等主编:《中国徽州文房四宝》,中国文史出版社1996年版。

黄鹏:《书斋的瑰宝——笔墨纸砚》,四川人民出版社1996年版。

黄文弼:《罗布淖尔考古记》,国立北京大学出版部1948年版。

李斌城主编:《唐代文化》,中国社会科学出版社2002年版。

李华瑞主编:《"唐宋变革"论的由来与发展》,天津古籍出版社2010年版。

李锦绣:《唐代财政史稿》第3册,社会科学文献出版社2007年版。

李敬洵:《唐代四川经济》,四川省社会科学院出版社1988年版。

李连祥主编:《中国古代道路交通史》,人民交通出版社1994年版。

李雪梅、安久亮:《文房四宝史话》,中国大百科全书出版社2000年版。

李泽奉、刘如仲主编:《文房四宝鉴赏与收藏》,吉林科学技术出版社1994年版。

刘绍刚:《中国古代文房四宝》,山东教育出版社1990年版。

刘演良:《端溪砚》,文物出版社1988年版。

柳诒徵:《中国文化史》,东方出版社2008年版。

罗树宝:《中国古代印刷史》,印刷工业出版社1993年版。

马德:《敦煌工匠史料》,甘肃人民出版社1997年版。

穆孝天:《安徽文房四宝史》,上海人民美术出版社1962年版。

穆孝天、李明回:《中国安徽文房四宝》,安徽科学技术出版社1983年版。

宁可主编:《中国经济通史·隋唐五代经济卷》,经济日报出版社2000年版。

宁欣:《唐宋都城社会结构研究——对城市经济与社会的关注》,商务印书馆2009年版。

潘德熙:《文房四宝——中国书具文化》,上海古籍出版社1991年版。

潘吉星:《中国造纸技术史稿》,文物出版社1979年版。

潘吉星:《中国造纸史》,上海人民出版社2009年版。

漆侠:《宋代经济史》(下册),上海人民出版社1988年版。

漆侠:《中国经济通史·宋代经济卷》,经济日报出版社1999年版。

齐儆:《中国的文房四宝》,商务印书馆1998年版。

钱存训:《中国科学技术史》第5卷《化学及相关技术》第1分册《纸和印刷》,科学出版社、上海古籍出版社1990年版。

全汉昇:《中国经济史论丛》,新亚研究所1972年版。

邵晓峰:《中国宋代家具》,东南大学出版社 2010 年版。

唐长孺:《魏晋南北朝隋唐史三论》,武汉大学出版社 1992 年版。

田余庆:《东晋门阀政治》,北京大学出版社 1996 年版。

田自秉、杨伯达主编:《中国工艺美术史》,文津出版社 1993 年版。

铁源:《古代文房用具》,华龄出版社 2002 年版。

王国维:《王国维遗书》第 12 册,上海古籍书店影印本 1983 年版。

王菊华主编:《中国古代造纸工程技术史》,山西教育出版社 2006 年版。

王夏斐:《中国传统文房四宝》,人民美术出版社 2005 年版。

王曾瑜:《宋朝阶级结构》(增订版),中国人民大学出版社 2010 年版。

魏明孔:《中国手工业经济通史・魏晋南北朝隋唐五代卷》,福建人民出版社 2004
年版。

萧高洪:《新见唐宋砚图说》,湖北美术出版社 2002 年版。

谢德萍、孙敦秀:《文房四宝纵横谈》,文津出版社 1990 年版。

徐连达:《唐朝文化史》,复旦大学出版社 2003 年版。

杨伯达主编:《故宫文物大典》(四),福建人民出版社 1994 年版。

杨远:《西汉至北宋中国经济文化之向南发展》,台湾商务印书馆 1991 年版。

于元:《文房四宝》,吉林文史出版社 2009 年版。

张弓主编:《敦煌典籍与唐五代历史文化》,中国社会科学出版社 2006 年版。

张家驹:《两宋经济重心的南移》,湖北人民出版社 1957 年版。

张剑光:《唐五代江南工商业布局研究》,江苏古籍出版社 2003 年版。

张绍勋:《中国印刷史话》(增订版),商务印书馆 1997 年版。

张树栋、尹铁虎:《文房四宝与印刷术》,未来出版社 2008 年版。

张尉:《文房四宝》,上海人民美术出版社 1997 年版。

张秀民:《中国印刷史》,上海人民出版社 1989 年版。

张秀民:《中国印刷史》(插图珍藏增订版),韩琦增订,浙江古籍出版社 2006 年版。

张泽咸:《唐代工商业》,中国社会科学出版社 1995 年版。

郑学檬:《中国古代经济重心南移和唐宋江南经济研究》,岳麓书社 2003 年版。

周心慧、严桦:《文房四宝:笔墨纸砚》,万卷楼图书有限公司 2001 年版。

宗时:《中国文房四宝》,京华出版社 1994 年版。

2. 中文译著

[美]卡特:《中国印刷术的发明和它的西传》,吴泽炎译,商务印书馆 1957 年版。

[美]杨晓山:《私人领域的变形——唐宋诗歌中的园林与玩好》,文韬译,江苏人民
出版社 2009 年版。

[英]斯坦因:《斯坦因西域考古记》,向达译,中华书局 1936 年版。

[日]宫崎市定:《东洋的近世》,载刘俊文主编:《日本学者研究中国史论著选译》第
1 卷《通论》,黄约瑟译,中华书局 1992 年版。

[日]吉川忠夫等编:《真诰校注》,朱越利译,中国社会科学出版社 2006 年版。

［日］内藤湖南:《概括的唐宋时代观》,载刘俊文主编:《日本学者研究中国史论著选译》第 1 卷《通论》,黄约瑟译,中华书局 1992 年版。

［日］桑原隲藏:《历史上所见的南北中国》,载刘俊文主编:《日本学者研究中国史论著选译》第 1 卷《通论》,黄约瑟译,中华书局 1992 年版。

［日］斯波义信:《宋代商业史研究》,庄景辉译,稻乡出版社 1997 年版。

［日］中村不折:《禹域出土墨宝书法源流考》,李德范译,中华书局 2003 年版。

3. 中文论文(含学位论文)

鲍幼文:《徽州的“文房四宝”》,《安徽史学》1959 年增刊版。

蔡鸿茹:《古砚浅谈》,《文物》1979 年第 9 期。

蔡鸿茹:《澄泥砚》,《文物》1982 年第 9 期。

陈公柔:《白沙唐墓中出土的瓷砚》,《考古通讯》1955 年第 6 期。

陈启新:《冥纸史考》,《中国造纸》1996 年第 2 期。

陈涛:《唐代端溪石砚考辨》,载杜文玉主编:《唐史论丛》第 10 辑,三秦出版社 2008 年版。

陈涛:《〈辞源〉补正三则》,《五邑大学学报》(社会科学版)2009 年第 3 期。

陈涛:《文房四宝形成论》,(韩国)《中国史研究》第 58 辑,2009 年。

陈涛:《唐宋时期制墨业重心的地理变迁》,《中国社会经济史研究》2010 年第 1 期。

陈涛:《唐宋时期造纸业重心的地理变迁》,载杜文玉主编:《唐史论丛》第 12 辑,三秦出版社 2010 年版。

陈涛:《隋唐五代的制墨业》,《五邑大学学报》(社会科学版)2010 年第 3 期。

陈涛:《日本杏雨书屋藏唐代宫廷写经略说》,《中国历史文物》2010 年第 5 期。

陈涛:《秦汉魏晋南北朝时期制笔业考述》,《南都学坛》2012 年第 4 期。

陈涛:《隋唐五代时期的制砚业》,《中国社会经济史研究》2012 年第 4 期。

陈涛:《秦汉魏晋南北朝时期制墨业考述》,《石家庄学院学报》2013 年第 1 期。

陈涛:《宋代制笔业考述》,《南都学坛》2013 年第 4 期。

陈涛:《从考古资料看文具的出现》,《中原文物》2013 年第 5 期。

陈涛:《唐宋时期制砚业重心的地理变迁》,载苗长虹主编:《黄河文明与可持续发展》第 6 辑,河南大学出版社 2013 年版。

陈涛:《“文房四宝”源流考》,《中原文化研究》2014 年第 1 期。

陈涛:《秦汉魏晋南北朝时期的制砚业》,《五邑大学学报》(社会科学版)2014 年第 1 期。

陈涛:《宋代制墨业考述》,《廊坊师范学院学报》(社会科学版)2014 年第 5 期。

陈涛:《唐宋时期造纸业重心南移补论》,载杜文玉主编:《唐史论丛》第 18 辑,陕西师范大学出版总社有限公司 2014 年版。

陈涛:《唐宋时期制墨业重心南移补论》,载《明大アジア史論集》第 18 号,富士リプロ株式会社 2014 年版。

陈涛:《隋唐五代的制笔业》,《聊城大学学报》(社会科学版)2015 年第 3 期。

陈涛:《宋代的制砚业》,载姜锡东主编:《宋史研究论丛》第 16 辑,河北大学出版社 2015 年版。

陈涛:《唐宋时期制笔业重心的地理变迁》,《徐州工程学院学报》(社会科学版) 2016 年第 5 期。

陈涛:《唐宋时期制笔技术的传承与革新》,《南都学坛》2019 年第 3 期。

陈涛:《唐宋时期造纸技术的传承与革新》,载吕变庭主编:《科学史研究论丛》第 5 辑,科学出版社 2019 年版。

陈涛:《唐宋时代制墨技术的传承与革新》,《自然辩证法通讯》2021 年第 2 期。

陈涛:《唐宋时期制砚技术的传承与革新》,载吕变庭主编:《科学史研究论丛》第 7 辑,科学出版社 2021 年版。

杜文玉:《从文化产业的发展看五代文明的演进与变化——以相关手工业的发展为中心》,《河北学刊》2010 年第 4 期。

范建宏:《宋代河北地区制作的一种澄泥砚》,《文物春秋》2004 年第 3 期。

葛金芳,曾育荣:《20 世纪以来唐宋之际经济格局变迁研究综述》,《湖北大学学报》(哲学社会科学版)2003 年第 6 期。

侯灿:《楼兰新发现木简纸文书考释》,《文物》1988 年第 7 期。

胡东波:《合肥出土宋墨考》,《文物》1991 年第 3 期。

胡继高:《一件有特色的西汉漆盒石砚》,《文物》1984 年第 11 期。

胡继高:《记合肥市郊宋墓出土墨锭、毛笔的脱水与修复》,《文物》1991 年第 3 期。

胡平生、宋少华:《新发现的长沙走马楼简牍的重大意义》,《光明日报》1997 年 1 月 14 日。

胡韫玉:《笔志》,《国粹学报》1911 年第 78、79 期。

华慈祥:《宋、辽、金出土砚的砚铭》,《上海文博论丛》2004 年第 3 期。

华慈祥:《再议袋形砚》,《文物》2006 年第 11 期。

华慈祥:《龟砚与十二峰砚》,《上海文博论丛》2006 年第 4 期。

黄可佳、王楚宁:《"研""砚"之辨:海昏侯墓出土漆砚初探》,《装饰》2020 年第 10 期。

黄正建:《试论唐代前期皇帝消费的某些侧面》,载荣新江主编:《唐研究》第 6 卷,北京大学出版社 2000 年版。

江左文人:《毛笔谈》,载《北平晨报·艺圃》1933 年 10 月 20 日—12 月 16 日第 5 版(分 8 次连载)。

寇丹:《从文房四宝谈起》,《中国文房四宝》1991 年第 1 期。

李华瑞:《20 世纪中日"唐宋变革"观研究述评》,《史学理论研究》2003 年第 4 期。

李华瑞:《"唐宋变革"论的由来与发展(上)》,《河北学刊》2010 年第 4 期。

李华瑞:《"唐宋变革"论的由来与发展(下)》,《河北学刊》2010 年第 5 期

李为:《历史时期中国造纸业的分布与变迁》,《地理研究》1983 年第 4 期。

李文信:《辽瓷简述》,《文物参考资料》1958 年第 2 期。

李晓岑：《早期古纸的初步考察与分析》，《广西民族大学学报》（自然科学版）2009年第4期。

李晓岑：《甘肃汉代悬泉置遗址出土古纸的考察和分析》，《广西民族大学学报》（自然科学版）2010年第4期。

李晓岑：《浇纸法与抄纸法——中国大陆保存的两种不同造纸技术体系》，《自然辩证法通讯》2011年第5期。

李晓岑：《陕西扶风出土汉代中颜纸的初步研究》，《文物》2012年第7期。

李晓岑、王辉、贺超海：《甘肃悬泉置遗址出土古纸的时代及相关问题》，《自然科学史研究》2012年第3期。

李晓岑、郭金龙、王博：《新疆民丰东汉墓出土古纸研究》，《文物》2014年第7期。

李晓岑：《甘肃天水放马滩西汉墓出土纸的再研究》，《考古》2016年第10期。

李亚东：《中国制墨技术的源流》，载《科技史文集》第15辑，上海科学技术出版社1989年版。

李则斌：《汉砚品类的新发现》，《文物》1988年第2期。

李知宴：《唐代瓷窑概况与唐瓷的分期》，《文物》1972年第3期。

李知宴：《唐三彩生活用具》，《文物》1986年第6期。

刘晓路：《文房四宝的形成》，《荣宝斋》2003年第1期。

刘新园：《袋形砚考——北宋文人设计的一种砚式》，《文物》2005年第5期。

刘新园：《三方古歙砚的纹理与其制作年代的考察》，《文物》2005年第12期。

刘演良：《端砚浅谈》，《文物》1981年第4期。

娄雨亭：《唐代蒲州的造纸业》，《中国历史地理论丛》1987年第2辑。

陆锡兴：《南宋周氏墓纸钱及有关问题考》，《文物》1993年第8期。

陆锡兴：《汉魏以来之泥冥钱》，《南方文物》2010年第3期。

马咏春：《"文房四宝"称谓起源初探》，《中国文房四宝》1992年第1期。

牟发松：《略论唐代的南朝化倾向》，《中国史研究》1996年第2期。

牟发松：《从社会与国家的关系看唐代的南朝化倾向》，《江海学刊》2005年第5期。

牟发松：《从南北朝到隋唐——唐代的南朝化倾向再论》，《南京晓庄学院学报》2007年第4期。

宁欣：《唐代长安流动人口中的举选人群体——唐代长安流动人口试析之一》，《中国经济史研究》1998年第1期。

宁欣：《由唐入宋都城立体空间的扩展——由周景起楼引起的话题并兼论都市流动人口》，《中国史研究》2002年第3期。

宁欣：《由唐入宋城关区的经济功能及其变迁——兼论都市流动人口》，《中国经济史研究》2002年第3期。

宁欣：《内廷与市场：对唐朝"宫市"的重新审视》，《历史研究》2004年第6期。

宁欣：《唐初至宋中期城市修建扩建述略——兼论南北地区城市发展之异同》，《扬州大学学报》（社会科学版）2006年第2期。

宁欣:《唐宋城市经济社会变迁的思考》,《河南师范大学学报》(哲学社会科学版)2006 年第 2 期。

宁欣:《转型期的唐宋都城:城市经济社会空间之拓展》,《学术月刊》2006 年第 5 期。

宁欣、陈涛:《唐宋城市社会变革研究的缘起与思考》,《中国史研究》2010 年第 1 期。

宁欣、陈涛:《"中世纪城市革命"论说的提出和意义——基于唐宋变革论的考察》,《史学理论研究》2010 年第 1 期。

宁欣、陈涛:《唐宋城市社会变革研究的缘起与历程》,载李华瑞主编:《"唐宋变革"论的由来与发展》,天津古籍出版社 2010 年版。

潘吉星:《世界上最早的植物纤维纸》,《文物》1964 年第 11 期。

潘吉星:《谈旱滩坡东汉墓出土的麻纸》,《文物》1977 年第 1 期。

潘吉星:《喜看中颜村西汉窖藏出土的麻纸》,《文物》1979 年第 9 期。

钱存训:《中国古代的造纸原料》,《香港中文大学中国文化研究所学报》1974 年第 1 期。

钱存训:《家庭及日常用纸探原》,(中国台湾)《汉学研究》第 5 卷第 1 期,1987 年。

钱存训:《印刷术在中国传统文化中的功能》,(中国台湾)《汉学研究》第 8 卷第 2 期,1990 年。

全汉昇:《北宋汴梁的输出入贸易》,载《国立中央研究院历史语言研究所集刊》第 8 本第 2 分,商务印书馆 1939 年版。

全洪:《唐代端溪石砚的几个问题》,《文物》2004 年第 4 期。

石谷风:《谈宋代以前的造纸术》,《文物》1959 年第 1 期。

时旭东:《文房四宝杂谈》,《青少年书法》(少年版)2002 年第 9 期。

宿白:《唐五代时期雕版印刷手工业的发展》,《文物》1981 年第 5 期。

孙惟秀:《文房四宝》,《今日中国(中文版)》1981 年第 12 期。

孙惟秀:《发扬国宝优势　振兴民族文化》,《中国文房四宝》1989 年第 1 期。

唐凌阁:《中国墨之研究》,《东方杂志》1937 年第 34 卷第 11 号。

滕昭宗:《尹湾汉墓简牍概述》,《文物》1996 年第 8 期。

王菊华、李玉华:《从几种汉纸的分析鉴定试论我国造纸术的发明》,《文物》1980 年第 1 期。

王明:《隋唐时代的造纸》,《考古学报》1956 年第 1 期。

王赛时:《唐宋时期皖南的造纸业》,《志苑》1993 年第 2 期。

王诗文:《云南少数民族古代造纸源流初探》,《中国造纸》1995 年第 4 期。

王伟:《中国传统制墨工艺研究》,中国科学技术大学博士学位论文,2010 年。

王永兴:《唐代土贡资料系年——唐代土贡研究之一》,《北京大学学报》(哲学社会科学版)1982 年第 4 期。

王志高、邵磊:《试论我国古代墨的形制及其相关问题》,《东南文化》1993 年第

2 期。

王仲荦：《唐五代的纸墨笔砚的制造和改进》，载《中华学术论文集》，中华书局 1981 年版。

王重民：《释墨》，《国立北平图书馆馆刊》1933 年第 7 卷第 1 号。

魏华仙：《宋代纸消费特点初探》，《文史杂志》2005 年第 2 期。

魏明孔：《隋唐手工业与我国经济重心的南北易位》，《中国经济史研究》1999 年第 2 期。

吴凤培：《谈纸笔墨砚》，(中国台湾)《中华文化复兴月刊》1970 年第 8 期。

熊海龙、王钧：《漫话"文房四宝"》，《外交学院学报》1994 年第 4 期。

阎步克：《变态与融合——魏晋南北朝》，载吴宗国主编：《中国古代官僚政治制度研究》，北京大学出版社 2004 年版。

杨惠福、王元林：《也谈两汉古纸的发现与研究》，《考古与文物》2007 年第 5 期。

杨锡璋：《谈蒙恬作笔》，《文物参考资料》1958 年第 8 期。

尹润生：《漫谈古墨》，《文物参考资料》1957 年第 1 期。

尹润生：《中国墨创始年代的商榷》，《文物》1983 年第 4 期。

袁炎兴：《漫谈古砚》，《文汇报》1961 年 6 月 4 日。

臧天杰：《三国两晋南北朝出土砚研究》，《东方博物》2014 年第 2 辑。

张广达：《内藤湖南的唐宋变革说及其影响》，载荣新江主编：《唐研究》第 11 卷，北京大学出版社 2005 年版。

张国刚：《20 世纪隋唐五代史研究的回顾与展望》，《历史研究》2001 年第 2 期。

张铁弦：《古砚琐谈》，《文物参考资料》1958 年第 12 期。

赵冈：《中国历史上的木材消耗》，(中国台湾)《汉学研究》第 12 卷第 2 期，1994 年。

赵和平：《武则天为已逝父母写经发愿文及相关敦煌写卷综合研究》，《敦煌学辑刊》2006 年第 3 期。

赵和平：《两件高宗、武则天时代"敦煌藏经洞出宫廷写经"辨伪》，《敦煌研究》2006 年第 6 期。

赵和平：《唐代咸亨至仪凤中的长安宫廷写经》，载增勤主编：《长安佛教的历史演进与传播》下，陕西师范大学出版总社有限公司 2010 年版。

赵智强：《介绍两方陶砚》，《文物》1992 年第 8 期。

郑珉中：《砚林初探——学砚心得三论》，《故宫博物院院刊》1997 年第 4 期。

志良：《毛笔的起源》，《说文月刊》1940 年第 1 卷(合订本)。

周幹庭：《笔的考证》，《齐大月报》1930 年第 1 卷第 2 期。

周珏良：《中国古墨述要》，《中国历史文物》2002 年第 4 期。

朱家濂：《说砚》，《文物参考资料》1958 年第 12 期。

朱建新：《文房四友考》，《真知学报》1943 年第 2 卷第 5 期。

朱锦江：《说墨》，《书学》1945 年第 4 期。

朱志武：《文房四宝之说始于徽州》，《中国文房四宝》1990 年第 3、4 期(合刊)。

4. 西文论著

Mark Elvin, *The Pattern of the Chinese Past*, Stanford, CA: Stanford University Press, 1973.

5. 日文论著

浜田德太郎:《紙:種類と歴史》,ダヴィッド社 1958 年版。

飯島茂:《硯墨新語》(增訂),雄山閣 1943 年版。

福本雅一:《書の周辺 2:痩墨集》,二玄社 1984 年版。

福本雅一:《書の周辺 2:断硯集》,二玄社 1985 年版。

冨谷至:《漢字の中国文化》,昭和堂 2009 年版。

宮坂和雄:《墨の話》,木耳社 1965 年版。

宮崎市定:《東洋的近世》,教育タイムス社 1950 年版。

斯波义信:《北宋の社会経済》,载松丸道雄等编:《世界歴史大系・中国史 3・五代——元》,山川出版社 1997 年版。

藤枝晃:《敦煌出土の長安宮廷寫經》,载《佛教史學論集:塚本博士頌壽記念》,塚本博士頌壽記念會 1961 年版。

田淵実夫:《筆》,法政大学出版局 1978 年版。

相浦紫瑞:《端渓硯:歴史・特質・余話》,木耳社 1965 年版。

相浦紫瑞:《歙州硯:歴史・特質・余話》,木耳社 1965 年版。

相浦紫瑞:《洮河緑石・澄泥硯:附・諸硯》,木耳社 1966 年版。

相浦紫瑞:《書道文房概説》,木耳社 1968 年版。

相浦紫瑞:《図説端渓硯》,木耳社 1992 年版。

宇野雪村:《文房古玩事典》,柏書房 1980 年版。

宇野雪村:《文房四宝》,平凡社 1980 年版。

宇野雪村:《硯・墨》(文房清玩上),平凡社 1986 年版。

宇野雪村:《筆・紙・諸具》(文房清玩下),平凡社 1986 年版。

中田勇次郎:《文房清玩史考》,载《大手前女子大学論集》4,1970 年。

中田勇次郎:《文房清玩五》,二玄社 1976 年版。

三、考 古 资 料

《砚史资料(一)》,《文物》1964 年第 1 期。

《砚史资料(二)》,《文物》1964 年第 2 期。

《砚史资料(三)》,《文物》1964 年第 3 期。

《砚史资料(四)》,《文物》1964 年第 4 期。

《砚史资料(五)》,《文物》1964 年第 5 期。

《砚史资料(六)》,《文物》1964 年第 6 期。

《砚史资料(七)》,《文物》1964 年第 7 期。

《砚史资料(八)》,《文物》1964 年第 8 期。

《砚史资料(九)》,《文物》1964 年第 9 期。

《砚史资料(一○)》,《文物》1964 年第 10 期。

《砚史资料(一一)》,《文物》1964 年第 11 期。

《砚史资料(一二)》,《文物》1964 年第 12 期。

《砚史资料(一三)》,《文物》1965 年第 1 期。

《砚史资料(一四)》,《文物》1965 年第 2 期。

《砚史资料(一五)》,《文物》1965 年第 3 期。

《砚史资料(一七)》,《文物》1965 年第 5 期。

《砚史资料(一八)》,《文物》1965 年第 6 期。

《砚史资料(二四)》,《文物》1965 年第 12 期。

安徽省博物馆:《合肥东郊大兴集北宋包拯家族墓群发掘报告》,载文物编辑委员会编:《文物资料丛刊》3,文物出版社 1980 年版。

安徽省文化局文物工作队、寿县博物馆:《安徽寿县茶庵马家古堆东汉墓》,《考古》1966 年第 3 期。

安徽省文物工作队、芜湖市文化局:《芜湖市贺家园西汉墓》,《考古学报》1983 年第 3 期。

安徽省文物考古研究所、马鞍山市文化局:《安徽马鞍山东吴朱然墓发掘简报》,《文物》1986 年第 3 期。

安徽省文物考古研究所、潜山县文物管理所:《安徽潜山彭岭战国西汉墓》,《考古学报》2006 年第 2 期。

安徽省文物考古研究所:《合肥市三国新城遗址的勘探和发掘》,《考古》2008 年第 12 期。

安徽省文物考古研究所、肥东县文物管理局:《安徽肥东县小黄村西汉墓(M5)发掘简报》,《东南文化》2016 年第 1 期。

安吉县博物馆:《浙江安吉县上马山西汉墓的发掘》,《考古》1996 年第 7 期。

安康水电站库区考古队:《陕西紫阳白马石汉墓发掘报告》,《考古学报》1995 年第 2 期。

安乡县文物管理所:《湖南安乡西晋刘弘墓》,《文物》1993 年第 11 期。

安阳市文物工作队:《河南安阳市两座隋墓发掘报告》,《考古》1992 年第 1 期。

敖汉旗文物管理所:《内蒙古敖汉旗沙子沟、大横沟辽墓》,《考古》1987 年第 10 期。

宝鸡市考古队:《宝鸡市谭家村四号汉墓》,《考古》1987 年第 12 期。

北京历史博物馆、河北省文物管理委员会编:《望都汉墓壁画》,中国古典艺术出版社 1955 年版。

北京市海淀区文化文物局:《北京市海淀区南辛庄金墓清理简报》,《文物》1988 年第 7 期。

北京市文物工作队:《北京市顺义县大营村西晋墓葬发掘简报》,《文物》1983 年第 10 期。

北京市文物工作队：《辽韩佚墓发掘报告》，《考古学报》1984 年第 3 期。

亳县博物馆：《亳县凤凰台一号汉墓清理简报》，《考古》1974 年第 3 期。

亳县博物馆：《安徽亳县隋墓》，《考古》1977 年第 1 期。

长江流域第二期文物考古工作人员训练班：《湖北江陵凤凰山西汉墓发掘简报》，《文物》1974 年第 6 期。

长沙市博物馆：《长沙市中南工业大学桃花岭唐墓发掘简报》，载《湖南省博物馆馆刊》第 11 辑，2014 年。

长沙市文化局文物组：《唐代长沙铜官窑址调查》，《考古学报》1980 年第 1 期。

长沙市文物工作队：《长沙西郊桐梓坡汉墓》，《考古学报》1986 年第 1 期。

长沙市文物考古研究所、长沙简牍博物馆：《湖南长沙望城坡西汉渔阳墓发掘简报》，《文物》2010 年第 4 期。

长沙市文物考古研究所：《湖南望城县长沙窑 1999 年发掘简报》，《考古》2003 年第 5 期。

常德地区文物工作队、常德县文化馆：《湖南常德县清理西汉墓葬》，《考古》1987 年第 5 期。

常州市博物馆、金坛县文管会：《江苏金坛县方麓东吴墓》，《文物》1989 年第 8 期。

巢湖地区文物管理所：《安徽巢湖市唐代砖室墓》，《考古》1988 年第 6 期。

郴州地区文物工作队：《湖南郴州发现唐代水井》，《考古》1987 年第 2 期。

陈安立、马志祥：《西安东郊发现一座唐墓》，《考古》1991 年第 3 期。

陈柏泉、刘玲：《高安、清江发现两座宋墓》，《文物》1959 年第 10 期。

陈大为、李宇峰：《辽宁朝阳后燕崔遹墓的发现》，《考古》1982 年第 3 期。

陈定荣、徐建昌：《江西临川县宋墓》，《考古》1988 年第 4 期。

陈定荣：《江西金溪宋孙大郎墓》，《文物》1990 年第 9 期。

陈定荣：《江西铅山县古埠唐代瓷窑》，《考古》1991 年第 3 期。

陈公柔：《白沙唐墓简报》，《考古通讯》创刊号。

陈国安、冯玉辉：《衡阳县何家皂北宋墓》，《文物》1984 年第 12 期。

陈晶：《记江苏武进新出土的南宋珍贵漆器》，《文物》1979 年第 3 期。

陈晶、陈丽华：《江苏武进村前南宋墓清理纪要》，《考古》1986 年第 3 期。

陈云：《湖州仁皇山汉墓发掘简报》，《东方博物》2016 年第 3 期。

成都市文物考古研究所：《成都市南郊唐代爨公墓清理简报》，《文物》2002 年第 1 期。

成顺：《辽庆州古城出土"西京古砚"》，《文物》1981 年第 4 期。

程明：《邹城藏砚两方简介》，《文物》1996 年第 2 期。

程亦胜：《浙江安吉天子岗汉晋墓》，《文物》1995 年第 6 期。

程应林：《江西南昌市区汉墓发掘简报》，载文物编辑委员会编：《文物资料丛刊》1，文物出版社 1977 年版。

滁县地区行署文化局、全椒县文化局：《安徽全椒西石北宋墓》，《文物》1988 年第

11 期。

大同市博物馆:《山西大同南郊出土北魏鎏金铜器》,《考古》1983 年第 11 期。

大同市博物馆:《大同东郊北魏元淑墓》,《文物》1989 年第 8 期。

大同市考古研究所:《山西广灵北关汉墓发掘简报》,《文物》2001 年第 7 期。

大同市考古研究所:《山西大同下深井北魏墓发掘简报》,《文物》2004 年第 6 期。

大邑县文化馆:《四川大邑县安仁镇出土宋代窖藏》,《文物》1984 年第 7 期。

党国栋:《武威县磨嘴子古墓清理记要》,《文物参考资料》1958 年第 11 期。

党寿山:《甘肃省武威县旱滩坡东汉墓发现古纸》,《文物》1977 年第 1 期。

董文义:《内蒙古巴林右旗查干坝 11 号辽墓清理简报》,载文物编辑委员会编:《文物资料丛刊》10,文物出版社 1987 年版。

鄂城县博物馆:《湖北鄂城四座吴墓发掘报告》,《考古》1982 年第 3 期。

鄂州博物馆、湖北省文物考古研究所:《湖北鄂州鄂钢饮料厂一号墓发掘报告》,《考古学报》1998 年第 1 期。

鄂州市博物馆:《湖北鄂城吴晋墓发掘简报》,《考古》1991 年第 7 期。

方为范:《贵州省在加强文物保护工作中清理古墓多座》,《文物参考资料》1957 年第 9 期。

方志良:《浙江诸暨南宋董康嗣夫妇墓》,《文物》1988 年第 11 期。

丰宁满族自治县文物管理所:《丰宁土城东沟道下山戎墓》,《文物》1999 年第 11 期。

峰峰矿区文物保管所:《河北邯郸市峰峰矿区宋代地道清理报告》,《考古》1990 年第 8 期。

冯普仁:《无锡市锡惠桥北宋墓》,《考古》1986 年第 12 期。

冯先铭:《新中国陶瓷考古的主要收获》,《文物》1965 年第 9 期。

冯永谦:《辽宁省建平、新民的三座辽墓》,《考古》1960 年第 2 期。

凤凰山一六七号汉墓发掘整理小组:《江陵凤凰山一六七号汉墓发掘简报》,《文物》1976 年第 10 期。

俸艳:《广西恭城县黄岭大湾地南朝墓》,《考古》1996 年第 8 期。

福建省博物馆:《福建福州郊区南朝墓》,《考古》1974 年第 4 期。

福建省博物馆:《福建闽侯南屿南朝墓》,《考古》1980 年第 1 期。

福建省博物馆:《福建邵武沿山宋墓》,《考古》1981 年第 5 期。

福建省博物馆:《福建福安、福州郊区的唐墓》,《考古》1983 年第 7 期。

福建省博物馆:《福州茶园山南宋许峻墓》,《文物》1995 年第 10 期。

福建省博物馆、三明市文管会:《福建三明市岩前村宋代壁画墓》,《考古》1995 年第 10 期。

福州市文物管理委员会:《福州东郊清理一座唐代墓葬》,《考古》1987 年第 5 期。

傅山泉、王春玲:《新乡出土宋代澄泥砚》,《文物》1986 年第 2 期。

傅亦民:《浙江奉化市晋纪年墓的清理》,《考古》2003 年第 2 期。

甘博文:《甘肃武威雷台东汉墓清理简报》,《文物》1972 年第 2 期。

甘肃居延考古队:《居延汉代遗址的发掘和新出土的简册文物》,《文物》1978 年第
1 期。

甘肃省博物馆、敦煌县文化馆:《敦煌马圈湾汉代烽燧遗址发掘简报》,《文物》1981
年第 10 期。

甘肃省博物馆:《酒泉、嘉峪关晋墓的发掘》,《文物》1979 年第 6 期。

甘肃省博物馆:《武威磨咀子三座汉墓发掘简报》,《文物》1972 年第 12 期。

甘肃省敦煌县博物馆:《敦煌佛爷庙湾五凉时期墓葬发掘简报》,《文物》1983 年第
10 期。

甘肃省文物考古研究所、天水市北道区文化馆:《甘肃天水放马滩战国秦汉墓群的
发掘》,《文物》1989 年第 2 期。

甘肃省文物考古研究所:《甘肃酒泉西沟村魏晋墓发掘报告》,《文物》1996 年第
7 期。

甘肃省文物考古研究所:《甘肃敦煌汉代悬泉置遗址发掘简报》,《文物》2000 年第
5 期。

甘肃省文物考古研究所、高台县博物馆:《甘肃高台县骆驼城墓葬的发掘》,《考古》
2003 年第 6 期。

甘肃省文物考古研究所、高台县博物馆:《甘肃高台地埂坡晋墓发掘简报》,《文物》
2008 年第 9 期。

甘肃省文物考古研究所:《甘肃永昌水泉子汉墓发掘简报》,《文物》2009 年第
10 期。

甘肃省文物考古研究所、河南省文物局南水北调文物保护办公室:《河南淅川大石
桥汉晋墓发掘简报》,《考古与文物》2017 年第 4 期。

赣州地区博物馆、赣县博物馆:《江西赣县南朝宋墓》,《考古》1990 年第 5 期。

赣州市博物馆:《江西赣县南齐墓》,《考古》1984 年第 4 期。

赣州市博物馆:《江西赣州窑址调查》,《考古》1993 年第 8 期。

高次若、刘明科:《宝鸡市博物馆藏砚选介》,《文物》1994 年第 5 期。

高祥发:《洛阳清理后晋墓一座》,《文物参考资料》1957 年第 11 期。

高至喜:《长沙烈士公园清理了一座五代墓》,《文物参考资料》1957 年第 6 期。

高至喜:《湖南古代墓葬概况》,《文物》1960 年第 3 期。

高至喜:《长沙东郊杨家山发现南宋墓》,《考古》1961 年第 3 期。

葛介屏:《肥东、霍丘县发现汉墓》,《文物》1959 年第 10 期。

固原博物馆:《宁夏固原城西汉墓》,《考古学报》2004 年第 2 期。

广昌县博物馆:《广昌一座南朝墓出土辟雍砚及花纹砖》,《文物》1988 年第 7 期。

广东省博物馆:《广东高要晋墓和博罗唐墓》,《考古》1961 年第 9 期。

广东省博物馆:《广东潮州北宋刘景墓》,《考古》1963 年第 9 期。

广东省博物馆:《广东曲江南华寺古墓发掘简报》,《考古》1983 年第 7 期。

广东省博物馆、汕头地区文化局、揭阳县博物馆:《广东揭阳东晋、南朝、唐墓发掘简报》,《考古》1984 年第 10 期。

广东省博物馆:《广东梅县古墓葬和古窑址调查、发掘简报》,《考古》1987 年第 3 期。

广东省博物馆、东莞市博物馆:《广东东莞明罗亨信家族墓清理简报》,《文物》1991 年第 11 期。

广东省博物馆、高明县文物普查办公室:《广东高明唐代窑址发掘简报》,《考古》1993 年第 9 期。

广东省文物管理委员会、华南师范学院历史系:《广东英德、连阳南齐和隋唐古墓的发掘》,《考古》1961 年第 3 期。

广东省文物管理委员会、华南师范学院历史系:《唐代张九龄墓发掘简报》,《文物》1961 年第 6 期。

广东省文物管理委员会:《广东佛山市郊澜石东汉墓发掘报告》,《考古》1964 年第 9 期。

广东省文物管理委员会:《广东韶关六朝隋唐墓葬清理简报》,《考古》1965 年第 5 期。

广东省文物考古研究所、和平县博物馆:《广东和平县晋至五代墓葬的清理》,《考古》2000 年第 6 期。

广东省文物考古研究所、新会市博物馆:《广东新会官冲古窑址》,《文物》2000 年第 6 期。

广西合浦县博物馆:《广西合浦县母猪岭汉墓的发掘》,《考古》2007 年第 2 期。

广西文物工作队、合浦县博物馆:《广西合浦县母猪岭东汉墓》,《考古》1998 年第 5 期。

广西壮族自治区博物馆、合浦县博物馆:《广西合浦县凸鬼岭清理两座汉墓》,《考古》1986 年第 9 期。

广西壮族自治区博物馆、全州县文物管理所:《广西全州县发现纪年唐墓》,《考古》1987 年第 3 期。

广西壮族自治区博物馆、昭平县文物管理所:《广西昭平东汉墓》,《考古学报》1989 年第 2 期。

广西壮族自治区文物工作队:《广西恭城新街长茶地南朝墓》,《考古》1979 年第 2 期。

广西壮族自治区文物工作队:《平乐银山岭汉墓》,《考古学报》1978 年第 4 期。

广西壮族自治区文物工作队:《广西合浦县堂排汉墓发掘简报》,载文物编辑委员会编:《文物资料丛刊》4,文物出版社 1981 年版。

广西壮族自治区文物工作队:《广西壮族自治区融安县南朝墓》,《考古》1983 年第 9 期。

广西壮族自治区文物工作队:《广西贵县北郊汉墓》,《考古》1985 年第 3 期。

广西壮族自治区文物工作队:《广西北海市盘子岭东汉墓》,《考古》1998 年第 11 期。

广西壮族自治区文物工作队:《广西贵港市马鞍岭东汉墓》,《考古》2002 年第 3 期。

广西壮族自治区文物工作队、合浦县博物馆:《广西合浦县九只岭东汉墓》,《考古》2003 年第 10 期。

广州市文物管理处:《广州淘金坑的西汉墓》,《考古学报》1974 年第 1 期。

广州市文物管理委员会:《广州市西北郊晋墓清理简报》,《考古通讯》1955 年第 5 期。

广州市文物管理委员会:《广州东山东汉墓清理简报》,《考古通讯》1956 年第 4 期。

广州市文物管理委员会:《三年来广州市古墓葬的清理和发现》,《文物参考资料》1956 年第 5 期。

广州市文物管理委员会:《广州市文管会 1955 年清理古墓葬工作简报》,《文物参考资料》1957 年第 1 期。

广州市文物管理委员会:《广州动物园东汉建初元年墓清理简报》,《文物》1959 年第 11 期。

广州市文物管理委员会:《广州动物园古墓群发掘简报》,《文物》1961 年第 2 期。

广州市文物考古研究所:《广州黄花岗汉唐墓葬发掘报告》,《考古学报》2004 年第 4 期。

贵州省博物馆:《贵州平坝县尹关六朝墓》,《考古》1959 年第 1 期。

贵州省博物馆:《贵州清镇平坝汉至宋墓发掘简报》,《考古》1961 年第 4 期。

贵州省博物馆考古组:《贵州平坝马场东晋南朝墓发掘简报》,《考古》1973 年第 6 期。

贵州省博物馆考古组:《贵州兴义、兴仁汉墓》,《文物》1979 年第 5 期。

贵州省博物馆考古组、贵州省赫章县文化馆:《赫章可乐发掘报告》,《考古学报》1986 年第 2 期。

贵州省文物考古研究所、赤水市文物管理所:《贵州赤水市复兴马鞍山崖墓》,《考古》2005 年第 9 期。

贵州省文物考古研究所、黔西县文物管理所:《贵州黔西县汉墓的发掘》,《考古》2006 年第 8 期。

桂林博物馆:《广西桂州窑遗址》,《考古学报》1994 年第 4 期。

桂林市文物工作队:《桂林市东郊南朝墓清理简报》,《考古》1988 年第 5 期。

海宁县博物馆:《浙江省海宁县东山宋墓清理简报》,《文物》1983 年第 8 期。

合肥市文管处:《合肥市发现明代瓷窑藏和唐代邢窑瓷》,《文物》1978 年第 8 期。

合肥市文物管理处:《合肥北宋马绍庭夫妻合葬墓》,《文物》1991 年第 3 期。

何福安、邹喜庆:《安徽无为县发现一座唐墓》,《考古》2001 年第 6 期。

何福安:《安徽无为县发现一座宋代砖室墓》,《考古》2005 年第 3 期。

河北省文管处:《河北景县北魏高氏墓发掘简报》,《文物》1979 年第 3 期。

河北省文化局文物工作队:《河北定县北庄汉墓发掘报告》,《考古学报》1964 年第 2 期。

河北省文化局文物工作队:《定县北庄汉墓出土文物简报》,《文物》1964 年第 12 期。

河北省文化局文物工作队:《河北曲阳涧磁村发掘的唐宋墓葬》,《考古》1965 年第 10 期。

河北省文物管理委员会:《河北石家庄市赵陵铺镇古墓清理简报》,《考古》1959 年第 7 期。

河北省文物研究所:《河北易县北韩村唐墓》,《文物》1982 年第 2 期。

河北省文物研究所:《河北望都南柳宿东汉墓》,载文物编辑委员会编:《文物资料丛刊》10,文物出版社 1987 年版。

河北省文物研究所:《河北阳原县北关汉墓发掘简报》,《考古》1990 年第 4 期。

河南省文化局文物工作队:《河南泌阳板桥古墓葬及古井的发掘》,《考古学报》1958 年第 4 期。

河南省文化局文物工作队:《河南方城盐店庄村宋墓》,《文物参考资料》1958 年第 11 期。

河南省文化局文物工作队:《河南禹县白沙汉墓发掘报告》,《考古学报》1959 年第 1 期。

河南省文化局文物工作队:《河南巩县石家庄古墓葬发掘简报》,《考古》1963 年第 2 期。

河南省文化局文物工作队:《河南上蔡县贾庄唐墓清理简报》,《文物》1964 年第 2 期。

河南省文化局文物工作队:《河南温县唐代杨履庭墓发掘简报》,《考古》1964 年第 6 期。

河南省文化局文物工作队:《河南新安古路沟汉墓》,《考古》1966 年第 3 期。

河南省文化局文物工作队第二队:《洛阳 16 工区 76 号唐墓清理简报》,《文物参考资料》1956 年第 5 期。

河南省文物管理局南水北调文物保护办公室、四川大学考古学系:《河南卫辉市大司马村晋墓发掘简报》,《考古》2010 年第 10 期。

河南省文物局南水北调文物保护办公室、四川大学考古学系:《河南卫辉大司马墓地晋墓(M18)发掘简报》,《文物》2009 年第 1 期。

河南省文物考古研究所、巩义市文物保管所:《湖北襄樊市余岗战国至东汉墓葬发掘报告》,《考古学报》1996 年第 3 期。

河南省文物考古研究所:《河南三门峡南交口汉墓(M17)发掘简报》,《文物》2009 年第 3 期。

河南省文物考古研究院:《2014—2015 年河南淮阳平粮台遗址汉墓发掘简报》,《洛阳考古》2017 年第 2 期。

贺官保:《洛阳老城西北郊 81 号汉墓》,《考古》1964 年第 8 期。

贺兴武:《衡阳市发现东晋纪年墓》,载文物编辑委员会编:《文物资料丛刊》10,文物出版社 1987 年版。

黑龙江省佳木斯市文物管理站:《黑龙江桦南县小八浪遗址的发掘》,《考古》2002年第 7 期。

衡阳市博物馆:《湖南衡阳茶山坳东汉至南朝墓的发掘》,《考古》1986 年第 12 期。

衡阳市文物工作队:《湖南衡阳市凤凰山汉墓发掘简报》,《考古》1993 年第 3 期。

衡阳市文物工作队:《湖南衡阳市玄碧塘西汉墓清理简报》,《考古》1995 年第 3 期。

衡阳市文物工作队:《湖南耒阳城关六朝唐宋墓》,《考古学报》1996 年第 2 期。

湖北京九铁路考古队、黄冈市博物馆:《湖北蕲春枫树林东汉墓》,《考古学报》1999年第 2 期。

湖北省博物馆:《武汉地区四座南朝纪年墓》,《考古》1965 年第 4 期。

湖北省博物馆:《宜昌前坪战国两汉墓》,《考古学报》1976 年第 2 期。

湖北省博物馆、郧县博物馆:《湖北郧县唐李徽、阎婉墓发掘简报》,《文物》1987 年第 8 期。

湖北省荆沙铁路考古队包山墓地整理小组:《荆门市包山楚墓发掘简报》,《文物》1988 年第 5 期。

湖北省荆州市周梁玉桥遗址博物馆:《关沮秦汉墓清理简报》,《文物》1999 年第 6 期。

湖北省文物管理委员会:《武昌莲溪寺东吴墓清理简报》,《考古》1959 年第 4 期。

湖北省文物管理委员会:《武昌卓刀泉两座南宋墓葬的清理》,《考古》1964 年第 5 期。

湖北省文物管理委员会:《武昌东北郊六朝墓清理》,《考古》1966 年第 1 期。

湖北省文物考古研究所:《江陵凤凰山一六八号汉墓》,《考古学报》1993 年第 4 期。

湖北省文物考古研究所、鄂州市博物馆:《湖北鄂州市塘角头六朝墓》,《考古》1996年第 11 期。

湖北省文物考古研究所、安陆市博物馆:《安陆黄金山墓地发掘报告》,《江汉考古》2004 年第 4 期。

湖北省文物考古研究所、襄樊市襄阳区文物管理处:《湖北襄阳马集、李食店墓葬发掘简报》,《江汉考古》2006 年第 3 期。

湖北省文物考古研究所、荆门市博物馆:《湖北荆门十里铺土公台西汉墓发掘简报》,《江汉考古》2008 年第 3 期。

湖北省文物考古研究所、云梦县博物馆:《湖北云梦睡虎地 M77 发掘简报》,《江汉考古》2008 年第 4 期。

湖北孝感地区第二期亦工亦农文物考古训练班:《湖北云梦睡虎地十一座秦墓发掘简报》,《文物》1976 年第 9 期。

湖南省博物馆:《长沙两晋南朝隋墓发掘报告》,《考古学报》1959 年第 3 期。

湖南省博物馆:《长沙赤峰山 2 号唐墓简介》,《文物》1960 年第 3 期。

湖南省博物馆:《湖南长沙左家公山一带唐墓发掘简报》,《考古》1960 年第 5 期。

湖南省博物馆:《长沙南郊的两晋南朝隋代墓葬》,《考古》1965 年第 5 期。

湖南省博物馆:《湖南长沙市郊五代墓清理简报》,《考古》1966 年第 3 期。

湖南省博物馆:《长沙汤家岭西汉墓清理报告》,《考古》1966 年第 4 期。

湖南省博物馆:《湖南长沙近郊隋唐墓清理》,《考古》1966 年第 4 期。

湖南省博物馆:《长沙金塘坡东汉墓发掘简报》,《考古》1979 年第 5 期。

湖南省博物馆:《湖南长沙咸嘉湖唐墓发掘简报》,《考古》1980 年第 6 期。

湖南省博物馆:《湖南郴州市郊东汉墓发掘简报》,《考古》1982 年第 3 期。

湖南省博物馆:《湖南临湘陆城宋元墓清理简报》,《考古》1988 年第 1 期。

湖南省博物馆:《湖南资兴东汉墓》,《考古学报》1984 年第 1 期。

湖南省博物馆、湖南省文物考古研究所:《湖南资兴西汉墓》,《考古学报》1995 年第 4 期。

湖南省博物馆、益阳县文化馆:《湖南益阳战国两汉墓》,《考古学报》1981 年第 4 期。

湖南省文物管理委员会:《长沙左家公山的战国木椁墓》,《文物参考资料》1954 年第 12 期。

湖南省文物管理委员会:《长沙南郊烂泥冲晋墓清理简报》,《文物参考资料》1955 年第 11 期。

湖南省文物管理委员会:《长沙出土的三座大型木椁墓》,《考古学报》1957 年第 1 期。

湖南省文物管理委员会:《湖南长沙纸园冲工地古墓清理小结》,《考古通讯》1957 年第 5 期。

湖南省文物管理委员会:《长沙烂泥冲齐代砖室墓清理简报》,《文物参考资料》1957 年第 12 期。

湖南省文物考古研究所、常德市文物工作队、桃源县文化局、桃花源文管所:《桃源县狮子山汉墓发掘报告》,载《湖南考古辑刊》第 5 辑,湖南省文物考古研究所,湖南省考古学会合编,1989 年。

湖南省文物考古研究所、茶陵县文化局:《湖南茶陵县濂溪汉墓的发掘》,《考古》1996 年第 6 期。

湖南省文物考古研究所:《湖南黔阳高庙遗址发掘简报》,《文物》2000 年第 4 期。

湖南省文物考古研究所:《湖南龙山县里耶战国秦汉城址及秦代简牍》,《考古》2003 年第 7 期。

湖南省文物考古研究所:《湖南洪江市宋代烟口窑址的发掘》,《考古》2006 年第 11 期。

怀化市文物事业管理处:《湖南溆浦县茅坪坳战国西汉墓》,《考古》1999 年第 8 期。

黄炳元:《泉州河市公社发现唐墓》,《考古》1984 年第 12 期。

黄冈地区博物馆、英山县博物馆:《湖北英山三座宋墓的发掘》,《考古》1993 年第1 期。

黄河水库考古工作队:《一九五六年河南陕县刘家渠汉唐墓葬发掘简报》,《考古通讯》1957 年第4 期。

黄河水库考古工作队:《河南陕县刘家渠汉墓》,《考古学报》1965 年第1 期。

黄义军、徐劲松、何建萍:《湖北鄂州郭家细湾六朝墓》,《文物》2005 年第10 期。

黄忠学:《安徽青阳县发现一座南唐砖室墓》,《考古》1999 年第6 期。

吉林省文物考古研究所:《吉林浑江永安遗址发掘报告》,《考古学报》1997 年第2 期。

记者:《记十二峰陶砚》,《文物参考资料》1957 年第10 期。

纪南城凤凰山一六八号汉墓发掘整理组:《湖北江陵凤凰山一六八号汉墓发掘报告》,《文物》1975 年第9 期。

济南市考古研究所、长清区文物管理所:《济南市长清区大觉寺村一、二号汉墓清理简报》,《考古》2004 年第8 期。

济南市考古研究所、山东大学考古系、山东省文物考古研究所、章丘市博物馆:《山东章丘市洛庄汉墓陪葬坑的清理》,《考古》2004 年第8 期。

嘉祥县文化馆:《嘉祥发现的东汉范式墓》,《文物》1972 年第5 期。

嘉峪关市文物管理所:《嘉峪关新城十二、十三号画像砖墓发掘简报》,《文物》1982 年第8 期。

嘉峪关市文物清理小组:《嘉峪关汉画像砖墓》,《文物》1972 年第12 期。

江苏省博物馆、泰州县博物馆:《江苏泰州新庄汉墓》,《考古》1962 年第10 期。

江苏省博物馆等:《金坛南宋周瑀墓》,《考古学报》1977 年第1 期。

江苏省文物管理委员会:《江苏丹徒烟墩山西周墓及附葬坑出土的小器物补充材料》,《文物参考资料》1956 年第1 期。

江苏省文物管理委员会:《南京象坊村发现东晋墓和唐墓》,《考古》1966 年第5 期。

江苏省文物管理委员会、南京博物院:《江苏淮安宋代壁画墓》,《文物》1960 年第8、9 期。

江苏省文物管理委员会、南京博物院:《江苏盐城三羊墩汉墓清理报告》,《考古》1964 年第8 期。

江苏省文物管理委员会、南京博物院:《江苏扬州五台山唐、五代、宋墓发掘简报》,《考古》1964 年第10 期。

江西省博物馆:《长沙沙湖桥一带古墓发掘报告》,《考古学报》1957 年第4 期。

江西省博物馆:《江西南昌市南郊汉六朝墓清理简报》,《考古》1966 年第3 期。

江西省博物馆:《江西瑞昌马头西晋墓》,《考古》1974 年第1 期。

江西省博物馆:《江西南昌晋墓》,《考古》1974 年第6 期。

江西省博物馆:《南昌东郊西汉墓》,《考古学报》1976 年第2 期。

江西省博物馆考古队:《江西清江南朝墓》,《考古》1962 年第4 期。

江西省历史博物馆：《江西南昌市东吴高荣墓的发掘》，《考古》1980 年第 3 期。

江西省文物工作队：《江西萍乡南坑古窑调查》，《考古》1984 年第 3 期。

江西省文物工作队：《江西南昌市发现三座晋墓》，《考古》1986 年第 9 期。

江西省文物工作队、南丰县博物馆：《江西南丰县桑田宋墓》，《考古》1988 年第 4 期。

江西省文物工作队、新干县文物陈列室：《江西新干县西晋墓》，《考古》1983 年第 11 期。

江西省文物管理委员会：《江西彭泽宋墓》，《考古》1962 年第 10 期。

江西省文物管理委员会：《江西新干金鸡岭晋墓南朝墓》，《考古》1966 年第 2 期。

江西省文物考古研究所、德安县博物馆：《江西德安南宋周氏墓清理简报》，《文物》1990 年第 9 期。

江西省文物考古研究所、吉安地区文物研究所、吉安市博物馆：《江西吉安市临江窑遗址》，《考古学报》1995 年第 2 期。

江西省文物考古研究所、景德镇湖田窑陈列馆：《江西湖田窑址 H 区发掘简报》，《考古》2000 年第 12 期。

江西省文物考古研究所、景德镇民窑博物馆：《江西景德镇竟成铜锣山窑址发掘简报》，《文物》2007 年第 5 期。

江西省文物考古研究所、南昌市博物馆：《南昌火车站东晋墓葬群发掘简报》，《文物》2001 年第 2 期。

江西省文物考古研究所、玉山县博物馆：《江西玉山渎口窑址发掘简报》，《文物》2007 年第 6 期。

江西省文物考古研究所、吉水县博物馆：《江西吉水房后山隋代墓葬发掘简报》，《文物》2014 年第 2 期。

江西省文物考古研究院、北京师范大学：《江西南昌西汉海昏侯刘贺墓出土漆木器》，《文物》2018 年第 11 期。

江阴县文化馆：《江苏江阴北宋葛闳夫妇墓》，载文物编辑委员会编：《文物资料丛刊》10，文物出版社 1987 年版。

姜德銮：《济宁市博物馆藏砚台》，《文物》1994 年第 5 期。

蒋宏杰、赫玉建、刘小兵、鞠辉：《河南南阳陈棚汉代彩绘画像石墓》，《考古学报》2007 年第 2 期。

解华英、王登伦：《山东兖州发现一件隋代瓷砚》，《考古》1995 年第 9 期。

解廷琦：《大同市郊出土北魏石雕方砚》，《文物》1979 年第 7 期。

金华地区文管会：《浙江金华古方六朝墓》，《考古》1984 年第 9 期。

金琦：《南京甘家巷和童家山六朝墓》，《考古》1963 年第 6 期。

金志超：《浙江丽水唐代土坑墓》，《考古》1964 年第 5 期。

晋江地区文物管理委员会、泉州市文物管理委员会：《福建南安丰州狮子山东晋墓》，《考古》1983 年第 11 期。

荆州地区博物馆:《江陵张家山三座汉墓出土大批竹简》,《文物》1985 年第 1 期。

考古所安阳工作队:《河南安阳西郊唐、宋墓的发掘》,《考古》1959 年第 5 期。

考古所宝鸡发掘队:《陕西宝鸡新石器时代遗址发掘记要》,《考古》1959 年第 5 期。

兰溪市博物馆:《浙江兰溪市南宋墓》,《考古》1991 年第 7 期。

黎金:《广州市先烈路发现西汉至唐古墓五座》,《文物参考资料》1956 年第 6 期。

黎瑶渤:《辽宁北票县西官营子北燕冯素弗墓》,《文物》1973 年第 3 期。

礼州遗址联合考古发掘队:《四川西昌礼州发现的汉墓》,《考古》1980 年第 5 期。

李德方:《隋唐东都城遗址出土一件龟形澄泥残砚》,《文物》1984 年第 8 期。

李丁生:《安徽潜山彰法山宋墓》,《考古》1994 年第 4 期。

李丁生:《安徽潜山县太平村北宋潘氏墓》,《考古》2008 年第 10 期。

李铧:《广西桂林窑的早期窑址及其匣钵装烧工艺》,《文物》1991 年第 12 期。

李科友、刘晓祥:《江西九江县发现六朝寻阳城址》,《考古》1987 年第 7 期。

李乃贤:《广西梧州市鹤头山东汉墓》,载文物编辑委员会编:《文物资料丛刊》4,文物出版社 1981 年版。

李万、张亚:《扬州出土一批唐代彩绘俑》,《文物》1979 年第 4 期。

李元章:《山东栖霞市慕家店宋代慕优墓》,《考古》1998 年第 5 期。

李珍、彭鹏程:《广西兴安县红卫村发现纪年唐墓》,《考古》1996 年第 8 期。

李正光、彭青野:《长沙沙湖桥一带古墓发掘报告》,《考古学报》1957 年第 4 期。

李知宴、童炎:《浙江省武义县北宋纪年墓出土陶瓷器》,《文物》1984 年第 8 期。

李宗道、赵国璧:《洛阳 16 工区曹魏墓清理》,《考古通讯》1958 年第 7 期。

李作智:《隋唐胜州榆林城的发现》,《文物》1976 年第 2 期。

连云港市博物馆:《江苏东海县尹湾汉墓群发掘报告》,《文物》1996 年第 8 期。

辽宁省博物馆文物队:《辽宁北票水泉一号辽墓发掘简报》,《文物》1977 年第 12 期。

辽宁省博物馆文物队:《辽宁朝阳隋唐墓发掘简报》,载文物编辑委员会编:《文物资料丛刊》6,文物出版社 1982 年版。

辽宁省博物馆文物队:《辽宁朝阳袁台子西汉墓 1979 年发掘简报》,《文物》1990 年第 2 期。

辽宁省文物考古研究所、朝阳市博物馆:《辽宁朝阳北朝及唐代墓葬》,《文物》1998 年第 3 期。

辽宁省文物考古研究所、岫岩满族博物馆:《辽宁岫岩县长兴辽金遗址发掘简报》,《考古》1999 年第 6 期。

聊城地区博物馆:《山东阳谷县八里庙汉画像石墓》,《文物》1989 年第 8 期。

聊城市文物管理委员会:《山东阳谷县吴楼一号汉墓的发掘》,《考古》1999 年第 11 期。

林士民:《浙江宁波汉代窑址的勘察》,《考古》1986 年第 9 期。

林仙庭、侯建业:《山东牟平县北头墓群清理与调查》,《考古》1997 年第 3 期。

林向:《成都附近古窑址调查纪略》,《文物》1966 年第 2 期。

临沂市博物馆:《山东临沂金雀山周氏墓群发掘简报》,《文物》1984 年第 11 期。

零陵地区文物工作队:《湖南永州市鹞子山西汉"刘彊"墓》,《考古》1990 年第 11 期。

刘成基:《广东鹤山市雅瑶东晋墓》,《考古》1998 年第 9 期。

刘得祯:《甘肃灵台百里镇出土一批宋代文物》,《考古》1987 年第 4 期。

刘建国:《镇江东晋墓》,载文物编辑委员会编:《文物资料丛刊》8,文物出版社 1983 年版。

刘玲:《江西南昌市郊清理一座汉墓》,《考古》1964 年第 2 期。

鲁琪:《通县唐大庄出土金代陶砚》,《文物》1981 年第 8 期。

吕来升、王玉芝:《山东宁津发现纪年唐墓》,《考古》1993 年第 10 期。

旅顺博物馆、新金县文化馆:《辽宁新金县花儿山汉代贝墓第一次发掘》,载文物编辑委员会编:《文物资料丛刊》4,文物出版社 1981 年版。

旅顺博物馆:《辽宁大连前牧城驿东汉墓》,《考古》1986 年第 5 期。

罗定县博物馆:《广东罗定县鹤咀山南朝墓》,《考古》1994 年第 3 期。

罗西章:《陕西扶风中颜村发现西汉窖藏铜器和古纸》,《文物》1979 年第 9 期。

罗宗真:《江苏宜兴晋墓发掘报告——兼论出土的青瓷器》,《考古学报》1957 年第 4 期。

洛阳博物馆:《洛阳关林 59 号唐墓》,《考古》1972 年第 3 期。

洛阳市博物馆:《洛阳市十五年来出土的砚台》,《文物》1965 年第 12 期。

洛阳市第二文物工作队:《洛阳五女冢新莽墓发掘简报》,《文物》1995 年第 11 期。

洛阳市第二文物工作队:《洛阳谷水晋墓》,《文物》1996 年第 8 期。

洛阳市第二文物工作队:《洛阳纱厂西路北魏 HM555 发掘简报》,《文物》2002 年第 9 期。

洛阳市第二文物工作队:《洛阳华山路西晋墓发掘简报》,《文物》2006 年第 12 期。

洛阳市第二文物工作队:《洛阳红山工业园区唐墓发掘简报》,《文物》2011 年第 1 期。

洛阳市第二文物工作队、偃师文物局:《河南偃师市阎楼汉魏封土墓》,《考古》2011 年第 2 期。

洛阳市文物工作队:《洛阳曹魏正始八年墓发掘报告》,《考古》1989 年第 4 期。

洛阳市文物工作队:《河南洛阳北郊东汉壁画墓》,《考古》1991 年第 8 期。

洛阳市文物工作队:《洛阳北郊西晋墓》,《文物》1992 年第 3 期。

洛阳市文物工作队:《洛阳后梁高继蟾墓发掘简报》,《文物》1995 年第 8 期。

洛阳市文物工作队:《洛阳市东明小区 C5M1542 唐墓》,《文物》2004 年第 7 期。

洛阳市文物工作队:《河南洛阳市东北郊隋代仓窖遗址的发掘》,《考古》2007 年第 12 期。

洛阳市文物工作队:《洛阳关林镇唐墓发掘报告》,《考古学报》2008 年第 4 期。

洛阳市文物工作队:《洛阳厚载门街西晋墓发掘简报》,《文物》2009 年第 11 期。

洛阳市文物考古研究院:《洛阳宋代赵思温夫妇合葬墓发掘简报》,《洛阳考古》2014 年第 4 期。

马鞍山市文物管理所、马鞍山市博物馆:《安徽马鞍山市桃冲村三座晋墓清理简报》,《文物》1993 年第 11 期。

麦英豪:《广州华侨新村西汉墓》,《考古学报》1958 年第 2 期。

内蒙古文物工作队:《内蒙古磴口县陶生井附近的古城古墓调查清理简报》,《考古》1965 年第 7 期。

内蒙古文物考古研究所:《辽陈国公主驸马合葬墓发掘简报》,《文物》1987 年第 11 期。

内蒙古自治区文物工作队:《辽中京西城外的古墓葬》,《文物》1961 年第 9 期。

内丘县文物保管所:《河北省内丘县邢窑调查简报》,《文物》1987 年第 9 期。

南波:《江苏句容西晋元康四年墓》,《考古》1976 年第 6 期。

南京博物院:《南京北郊涂家村六朝墓清理简报》,《考古》1963 年第 6 期。

南京博物院:《安徽凤台"连城"遗址内发现一批唐——元时代的文物》,《文物》1965 年第 10 期。

南京博物院:《江苏仪征石碑村汉代木椁墓》,《考古》1966 年第 1 期。

南京博物院:《江苏宜兴晋墓的第二次发掘》,《考古》1977 年第 2 期。

南京博物院:《南京尧化门南朝梁墓发掘简报》,《文物》1981 年第 12 期。

南京博物院:《南京童家山南朝墓清理简报》,《考古》1985 年第 1 期。

南京博物院:《南京马群六朝墓》,《考古》1985 年第 11 期。

南京博物院:《江苏吴县何山东晋墓》,《考古》1987 年第 3 期。

南京博物院:《梁朝桂阳王萧象墓》,《文物》1990 年第 8 期。

南京博物院、连云港市博物馆:《海州西汉霍贺墓清理简报》,《考古》1974 年第 3 期。

南京博物院、南京市文物保管委员会:《南京栖霞山甘家巷六朝墓群》,《考古》1976 年第 5 期。

南京博物院、铜山县文化馆:《铜山龟山二号西汉崖洞墓》,《考古学报》1985 年第 1 期。

南京博物院、连云港市博物馆:《江苏连云港市清理四座五代、北宋墓葬》,《考古》1987 年第 1 期。

南京博物院、徐州博物馆、邳州市博物馆:《江苏邳州煎药庙西晋墓地 M1 发掘简报》,《东南文化》2018 年第 2 期。

南京博物院、扬州市文物考古研究所:《江苏省扬州市邗江区侯庄组汉、晚唐至五代墓葬发掘简报》,《东南文化》2020 年第 4 期。

南京大学历史系考古组:《南京大学北园东晋墓》,《文物》1973 年第 4 期。

南京市博物馆:《南京象山 5 号、6 号、7 号墓清理简报》,《文物》1972 年第 11 期。

南京市博物馆:《江浦黄悦岭南宋张同之夫妇墓》,《文物》1973年第4期。

南京市博物馆:《南京北郊郭家山东晋墓葬发掘简报》,《文物》1981年第12期。

南京市博物馆:《南京北郊东晋墓发掘简报》,《考古》1983年第4期。

南京市博物馆:《南京郊区两座南朝墓》,《考古》1983年第4期。

南京市博物馆:《南京郊县四座吴墓发掘简报》,载文物编辑委员会编:《文物资料丛刊》8,文物出版社1983年版。

南京市博物馆:《南京狮子山、江宁索墅西晋墓》,《考古》1987年第7期。

南京市博物馆:《江苏南京北郊郭家山五号墓清理简报》,《考古》1989年第7期。

南京市博物馆:《南京幕府山东晋墓》,《文物》1990年第8期。

南京市博物馆:《南京吕家山东晋李氏家族墓》,《文物》2000年第7期。

南京市博物馆:《南京象山8号、9号、10号墓发掘简报》,《文物》2000年第7期。

南京市博物馆:《江苏南京仙鹤观东晋墓》,《文物》2001年第3期。

南京市博物馆:《南京北郊东晋温峤墓》,《文物》2002年第7期。

南京市博物馆:《南京市石子岗东晋墓的发掘》,《考古》2005年第2期。

南京市博物馆:《南京市栖霞区东杨坊南朝墓》,《考古》2008年第6期。

南京市博物馆,江宁区博物馆:《南京隐龙山南朝墓》,《文物》2002年第7期。

南京市博物馆、江宁县文管会:《江苏江宁县下坊村东晋墓的清理》,《考古》1998年第8期。

南京市博物馆、南京师范大学文物与博物馆学系:《南京仙鹤山孙吴、西晋墓》,《文物》2007年第1期。

南京市博物馆、南京市江宁区博物馆:《南京江宁上湖孙吴、西晋墓》,《文物》2007年第1期。

南京市博物馆、南京市江宁区博物馆:《南京江宁上坊孙吴墓发掘简报》,《文物》2008年第12期。

南京市博物馆、南京市玄武区文化局:《江苏南京市富贵山六朝墓地发掘简报》,《考古》1998年第8期。

南京市博物馆、南京市雨花区文管会:《南京南郊宋墓》,《文物》2001年第8期。

南京市博物馆、雨花区文化局:《南京南郊六朝谢温墓》,《文物》1998年第5期。

南京市博物馆、雨花区文化局:《南京司家山东晋、南朝谢氏家族墓》,《文物》2000年第7期。

南京市博物馆、雨花台区文化广播电视局:《南京市雨花台区姚家山东晋墓》,《考古》2008年第6期。

南京市博物馆、雨花台区文化广播电视局:《南京市雨花台区宁丹路东晋墓发掘简报》,《东南文化》2014年第6期。

南京市博物馆考古组:《南京郊区三座东晋墓》,《考古》1983年第4期。

南京市文物保管委员会:《南京六朝墓清理简报》,《考古》1959年第5期。

南京市文物保管委员会:《南京老虎山晋墓》,《考古》1959年第6期。

南京市文物保管委员会:《南京人台山东晋兴之夫妇墓发掘报告》,《文物》1965 年第 6 期。

南京市文物保管委员会:《南京迈皋桥西晋墓清理》,《考古》1966 年第 4 期。

南京市文物保管委员会:《南京钱家渡丁山发现唐墓》,《考古》1966 年第 4 期。

南京市文物保管委员会:《南京郊区两座南朝墓清理简报》,《文物》1980 年第 2 期。

南平市博物馆:《福建南平大凤发现宋墓》,《考古》1991 年第 12 期。

宁波市文物考古研究所、宁波市鄞州区文物管理委员会办公室:《浙江宁波市蜈蚣岭吴晋纪年墓葬》,《考古》2008 年第 11 期。

宁夏固原博物馆:《宁夏固原唐梁元珍墓》,《文物》1993 年第 6 期。

宁夏文物考古研究所、西吉县文物管理所:《宁夏西吉县汉、金墓发掘简报》,《考古》1993 年第 5 期。

彭适凡:《江西永丰出土一批青瓷器》,《文物》1964 年第 1 期。

彭适凡、唐昌朴:《江西发现几座北宋纪年墓》,《文物》1980 年第 5 期。

平朔考古队:《山西朔县秦汉墓发掘简报》,《文物》1987 年第 6 期。

迁安县文物保管所:《河北迁安于家村一号汉墓清理》,《文物》1996 年第 10 期。

覃义生:《广西出土的六朝青瓷》,《考古》1989 年第 4 期。

青海省文物考古工作队:《青海大通县上孙家寨一一五号汉墓》,《文物》1981 年第 2 期。

清江博物馆:《江西清江隋墓》,《考古》1977 年第 2 期。

邱播、苏建军:《山东临沂市药材站发现两座唐墓》,《考古》2003 年第 9 期。

衢州市文管会:《浙江衢州市南宋墓出土器物》,《考古》1983 年第 11 期。

泉州市文管会、惠安县博物馆:《福建惠安县曾厝村发现两座隋墓》,《考古》1998 年第 11 期。

泉州市文物管理委员会、惠安县博物馆:《福建惠安县上村唐墓的清理》,《考古》2004 年第 4 期。

山东大学历史系考古专业、枣庄市博物馆:《山东枣庄中陈郝瓷窑址》,《考古学报》1989 年第 3 期。

山东大学历史文化学院、洛阳市文物考古研究院:《河南洛阳关林唐代三彩墓(C7M5657)发掘简报》,《文物》2020 年第 2 期。

山东省博物馆、苍山县文化馆:《山东苍山元嘉元年画像石墓》,《考古》1975 年第 2 期。

山东省博物馆、临沂文物组:《临沂银雀山四座西汉墓葬》,《考古》1975 年第 6 期。

山东省文物考古研究所:《山东济阳刘台子西周六号墓清理简报》,《文物》1996 年第 12 期。

山东省文物考古研究所:《山东日照海曲西汉墓(M106)发掘简报》,《文物》2010 年第 1 期。

山东省文物考古研究所、临朐县博物馆:《山东临朐北齐崔芬壁画墓》,《文物》2002

年第 4 期。

山东省文物考古研究所、临沂市文化局:《山东临沂洗砚池晋墓》,《文物》2005 年第 7 期。

山东邹城市文物局:《山东邹城西晋刘宝墓》,《文物》2005 年第 1 期。

山西省大同市博物馆、山西省文物工作委员会:《山西大同石家寨北魏司马金龙墓》,《文物》1972 年第 3 期。

山西省考古研究所、汾阳市文物旅游局:《2008 年山西汾阳东龙观宋金墓地发掘简报》,《文物》2010 年第 2 期。

山西省考古研究所、太原市文物管理委员会:《太原隋斛律徹墓清理简报》,《文物》1992 年第 10 期。

山西省平朔考古队:《山西省朔县赵十八庄一号汉墓》,《考古》1988 年第 5 期。

山西省文物工作委员会、雁北行政公署文化局、大同市博物馆:《山西浑源毕村西汉木椁墓》,《文物》1980 年第 6 期。

山西省文物管理委员会、山西省考古研究所:《山西孝义张家庄汉墓发掘记》,《考古》1960 年第 7 期。

陕西省考古研究所:《西安南郊三爻村汉唐墓葬清理发掘简报》,《考古与文物》2001 年第 3 期。

陕西省考古研究所:《西安北郊晋唐墓葬发掘简报》,《考古与文物》2003 年第 6 期。

陕西省考古研究院:《西安南郊傅村隋唐墓发掘简报》,《考古与文物》2010 年第 3 期。

陕西省考古研究院:《陕西蓝田县五里头北宋吕氏家族墓地》,《考古》2010 年第 8 期。

陕西省考古研究院:《西安北郊井上村西汉 M24 发掘简报》,《考古与文物》2012 年第 6 期。

陕西省考古研究院:《西安南郊唐代杨贵夫妇墓发掘简报》,《文物》2016 年第 11 期。

陕西省考古研究院:《陕西西安金代李居柔墓发掘简报》,《考古与文物》2017 年第 2 期。

陕西省文管会:《统万城城址勘测记》,《考古》1981 年第 3 期。

陕西省文物管理委员会:《西安郭家滩隋墓清理简报》,《文物参考资料》1957 年第 8 期。

陕西省文物管理委员会:《西安羊头镇唐李爽墓的发掘》,《文物》1959 年第 3 期。

陕西省文物管理委员会:《陕西长安洪庆村秦汉墓第二次发掘简记》,《考古》1959 年第 12 期。

陕西省文物管理委员会:《潼关吊桥汉代杨氏墓群发掘简记》,《文物》1961 年第 1 期。

陕西省文物管理委员会:《唐永泰公主墓发掘简报》,《文物》1964 年第 1 期。

上海市博物馆：《上海福泉山唐宋墓》，《考古》1986 年第 2 期。

上海市文物管理委员会：《上海宝山明朱守城夫妇合葬墓》，《文物》1992 年第 5 期。

绍兴市文物管理处考古组：《浙江绍兴县西晋墓》，《文物》1987 年第 4 期。

绍兴市文物管理委员会：《绍兴上灶官山越窑调查》，《文物》1981 年第 10 期。

绍兴县文物管理委员会：《绍兴县南池公社尹相公山出土一批南朝青瓷器》，《文物》1977 年第 1 期。

绍兴县文物保护管理所：《浙江绍兴凤凰山战国木椁墓》，《文物》2002 年第 2 期。

深圳博物馆：《广东深圳宋墓清理简报》，《考古》1990 年第 2 期。

深圳博物馆：《广东深圳宝安南朝墓发掘简报》，《文物》1990 年第 11 期。

沈阳市文物工作组：《沈阳伯官屯汉魏墓葬》，《考古》1964 年第 11 期。

沈宜扬：《湖北当阳刘家冢子东汉画像石墓发掘简报》，载文物编辑委员会编：《文物资料丛刊》1，文物出版社 1977 年版。

嵊县文管会：《浙江嵊县大塘岭东吴墓》，《考古》1991 年第 3 期。

石光明、沈仲常、张彦煌：《四川彰明县常山村崖墓清理简报》，《考古通讯》1955 年第 5 期。

石家庄市文物保管所：《石家庄北郊东汉墓》，《考古》1984 年第 9 期。

始兴县博物馆：《广东始兴县老虎岭古墓清理简报》，《考古》1990 年第 12 期。

舒城县文物管理所：《安徽舒城县三里村宋墓的清理》，《考古》2005 年第 1 期。

顺昌县文管会、顺昌县文化局、顺昌县文化馆：《福建顺昌县北宋墓清理简报》，《考古》1987 年第 3 期。

丝茅冲工作小组：《长沙北郊丝茅冲工地第一工区的古代墓葬》，《文物参考资料》1955 年第 11 期。

四川大学历史文化学院考古系、洛阳市第二文物工作队：《洛阳伊川后晋孙璠墓发掘简报》，《文物》2007 年第 6 期。

四川大学历史文化学院考古学系、洛阳市文物工作队：《河南洛阳市瀍河西岸唐代砖瓦窑址》，《考古》2007 年第 12 期。

四川大学历史文化学院考古学系、洛阳市文物工作队：《河南洛阳市隋唐东都外郭城五座窑址的发掘》，《考古》2008 年第 2 期。

四川省博物馆：《四川万县唐墓》，《考古学报》1980 年第 4 期。

四川省文物考古研究所、巫山县文物管理所、重庆市文化局三峡文物保护工作领导小组：《重庆巫山县巫峡镇秀峰村墓地发掘简报》，《考古》2004 年第 10 期。

宋百川、刘风君：《山东曲阜、泗水隋唐瓷窑址调查》，《考古》1985 年第 1 期。

宋涛：《汉螭盖三足石砚》，《文物》1989 年第 5 期。

宋永祥：《安徽郎溪唐宋墓》，《考古》1992 年第 4 期。

苏镇：《镇江市发现南宋墓》，《文物》1973 年第 5 期。

苏州市文管会、吴县文管会：《苏州七子山五代墓发掘简报》，《文物》1981 年第 2 期。

宿松县文化馆:《宿松县宋墓出土一批文物》,《文物》1965年第3期。

泰州市博物馆:《江苏泰州宋代墓葬群清理简报》,《东南文化》2008年第4期。

唐昌朴:《江西宁都发现南朝梁墓》,《文物》1973年第11期。

唐昌朴:《江西南昌东吴墓清理简记》,《考古》1983年第10期。

唐华清宫考古队:《唐华清宫梨园、小汤遗址发掘简报》,《文物》1999年第3期。

唐金裕:《西安徐家湾清理一座汉墓》,《文物参考资料》1956年第9期。

滕昭宗:《尹湾汉墓简牍概述》,《文物》1996年第8期。

滕州市文化局、滕州市博物馆:《山东滕州市西晋元康九年墓》,《考古》1999年第12期。

藤县文化局、藤县文物管理所:《广西藤县跑马坪发现南朝墓》,《考古》1991年第6期。

天长市文物管理所、天长市博物馆:《安徽天长西汉墓发掘简报》,《文物》2006年第11期。

天津市历史博物馆考古部:《天津市武清县兰城遗址的钻探与试掘》,《考古》2001年第9期。

天津市文物管理处考古队:《武清东汉鲜于璜墓》,《考古学报》1982年第3期。

田野:《陕西省灞桥发现西汉的纸》,《文物参考资料》1957年第7期。

铜川市考古研究所:《陕西铜川新区西南变电站唐墓发掘简报》,《考古与文物》2019年第1期。

吐鲁番地区文物局:《新疆吐鲁番地区巴达木墓地发掘简报》,《考古》2006年第12期。

万良田、万德强:《江西丰城龙雾洲瓷窑调查》,《考古》1993年第10期。

王昌富、陈良和:《陕西商州市发现唐代墓葬群》,《考古》1996年第12期。

王德庆:《江苏江宁东善乡冯村清理二座北宋墓》,《考古》1959年第1期。

王德庆:《江苏江宁东冯村宋徐的墓清理记》,《考古》1959年第8期。

王富强、闫勇、罗世恒、袁晓春:《山东蓬莱市大迟家两座西汉墓》,《考古》2006年第3期。

王进先、朱晓芳:《山西长治县郝家庄唐郭密墓》,《考古》1989年第3期。

王启初:《湖南省博物馆的几方藏砚》,《文物》1965年第12期。

王善才、陈恒树:《湖北麻城北宋石室墓清理简报》,《考古》1965年第1期。

王玉山:《太原市南郊清理北齐墓葬一座》,《文物》1963年第6期。

王正书:《上海嘉定宋赵铸夫妇墓》,《文物》1982年第6期。

王正书:《上海福泉山西汉墓群发掘》,《考古》1988年第8期。

王志敏:《近年来江苏省出土文物》,《文物》1959年第4期。

王自力:《西安唐代曹氏墓及出土的狮形香薰》,《文物》2002年第12期。

微山县文物管理所:《河南三门峡市清理一座纪年唐墓》,《考古》2007年第5期。

微山县文物管理所:《山东微山县微山岛汉代墓葬》,《考古》2009年第10期。

温江县文化馆:《四川温江发现南宋窖藏》,《考古》1977年第4期。

温州市文物处:《浙江乐清县发现五代土坑墓》,《考古》1992年第8期。

无为县文物管理所:《安徽无为县甘露村西汉墓的清理》,《考古》2005年第5期。

无锡市博物馆:《无锡市郊北宋墓》,《考古》1982年第4期。

无锡市博物馆:《江苏无锡兴竹宋墓》,《文物》1990年第3期。

吴朴:《介绍上海市博物馆所藏的几方古砚》,《文物》1965年第12期。

吴山菁:《江苏省文化大革命中发现的重要文物》,《文物》1973年第4期。

吴学文:《江苏江宁东善桥南朝墓》,《考古》1978年第2期。

武汉大学考古系、湖北省文物局三峡办:《湖北巴东县汪家河遗址墓葬发掘简报》,《考古》2006年第1期。

武汉大学考古与博物馆学系、武汉大学科技考古中心:《重庆奉节赵家湾墓地2004年发掘简报》,《江汉考古》2009年第1期。

武汉市博物馆:《湖北武昌马房山隋墓清理简报》,《考古》1994年第11期。

武汉市革委会文化局文物工作组:《武昌吴家湾发掘一座古墓》,《文物》1975年第6期。

武汉市文物管理处:《武汉市东湖岳家嘴隋墓发掘简报》,《考古》1983年第9期。

武汉市文物考古研究所、江夏区文物管理所:《武汉江夏区庙山东汉墓的清理》,《考古》2006年第5期。

武汉市文物考古研究所、巫山县文物管理所:《重庆巫山水田湾东周、两汉墓发掘简报》,《文物》2005年第9期。

武汉市新洲县文物管理所、武汉市博物馆:《武汉市新洲技校汉墓发掘简报》,《江汉考古》1998年第3期。

西安半坡博物馆、临潼县文化馆:《临潼姜寨遗址第四至十一次发掘纪要》,《考古与文物》1980年第3期。

西安市文物保护考古所:《西安中华小区东汉墓发掘简报》,《文物》2002年第12期。

西安市文物保护考古所:《西安尤家庄六十七号汉墓发掘简报》,《文物》2007年第11期。

西安市文物保护考古所:《西安长安区郭杜镇清理的三座宋代李唐王朝后裔家族墓》,《文物》2008年第6期。

咸阳市文管会、咸阳市博物馆:《咸阳市空心砖汉墓清理简报》,《考古》1982年第3期。

咸阳市文物考古研究所:《陕西咸阳二〇二所西汉墓葬发掘简报》,《考古与文物》2006年第1期。

咸阳市文物考古研究所:《咸阳师院附中西晋墓清理简报》,《考古与文物》2012年第1期。

湘西土家族苗族自治州文物工作队:《湖南保靖粟家坨西汉墓发掘简报》,《考古》

1985 年第 9 期。

湘乡县博物馆:《湖南湘乡可心亭汉墓》,《考古》1966 年第 5 期。

襄樊市考古队、谷城县博物馆:《湖北谷城县肖家营墓地》,《考古》2006 年第 11 期。

襄樊市文物考古研究所:《湖北襄樊市韩岗南朝"辽西韩"家族墓的发掘》,《考古》2010 年第 12 期。

孝感地区第二期亦工亦农文物考古训练班:《湖北云梦睡虎地十一号秦墓发掘简报》,《文物》1976 年第 6 期。

新昌县文管会:《浙江新昌县七座两晋墓清理概况》,载文物编辑委员会编:《文物资料丛刊》8,文物出版社 1983 年版。

新疆维吾尔自治区博物馆:《新疆民丰县北大沙漠中古遗址墓葬区东汉合葬墓清理简报》,《文物》1960 年第 6 期。

新疆维吾尔自治区博物馆:《吐鲁番县阿斯塔那——哈拉和卓古墓群发掘简报(1963—1965)》,《文物》1973 年第 10 期。

盱眙县博物馆:《江苏东阳小云山一号汉墓》,《文物》2004 年第 5 期。

胥浦六朝墓发掘队:《扬州胥浦六朝墓》,《考古学报》1988 年第 2 期。

徐鹏章:《川西古代瓷器调查记》,《文物参考资料》1958 年第 2 期。

徐州博物馆:《徐州西汉宛朐侯刘埶墓》,《文物》1997 年第 2 期。

徐州博物馆:《江苏徐州市顾山西汉墓》,《考古》2005 年第 12 期。

许昌市文物工作队:《河南禹州市新峰墓地 M10、M16 发掘简报》,《考古》2010 年第 9 期。

薛尧:《江西南昌、赣州、黎川的唐墓》,《考古》1964 年第 5 期。

薛尧:《江西南城、清江和永修的宋墓》,《考古》1965 年第 11 期。

严平:《贵州安顺宁谷汉墓》,载文物编辑委员会编:《文物资料丛刊》4,文物出版社 1981 年版。

烟台市文物管理委员会、蓬莱市文物局:《山东蓬莱市大迟家两座西汉墓》,《考古》2006 年第 3 期。

偃师商城博物馆:《河南偃师县四座唐墓发掘简报》,《考古》1992 年第 11 期。

偃师县文物管理委员会:《河南偃师县隋唐墓发掘简报》,《考古》1986 年第 11 期。

扬州博物馆:《扬州发现两座唐墓》,《文物》1973 年第 5 期。

扬州博物馆:《扬州唐代木桥遗址清理简报》,《文物》1980 年第 3 期。

扬州博物馆:《江苏邗江蔡庄五代墓清理简报》,《文物》1980 年第 8 期。

扬州博物馆:《扬州东风砖瓦厂八、九号汉墓清理简报》,《考古》1982 年第 3 期。

扬州博物馆:《江苏邗江甘泉六里东晋墓》,《东南文化》1986 年第 2 期。

扬州博物馆:《扬州平山养殖场汉墓清理简报》,《文物》1987 年第 1 期。

扬州博物馆:《江苏邗江姚庄 101 号西汉墓》,《文物》1988 年第 2 期。

扬州市文物考古研究所:《江苏扬州市小杨庄西汉墓葬 M28 的发掘》,《考古》2021 年第 4 期。

杨琼、严晓辉:《福州闽侯发现南朝墓》,《考古》1994 年第 5 期。

杨富斗:《侯马发现一座仿木构的宋代砖室墓》,《文物》1959 年第 3 期。

杨仕衡:《湖南祁阳县黄泥圹镇发现宋墓》,《考古》1994 年第 10 期。

姚家港古墓清理小组:《湖北枝江姚家港晋墓》,《考古》1983 年第 6 期。

冶秋:《刊登砚史资料说明》,《文物》1964 年第 1 期。

仪征博物馆:《仪征南洋尚城唐墓发掘简报》,《东南文化》2008 年第 5 期。

宜昌地区博物馆:《湖北枝江巫回台东晋墓的发掘》,《江汉考古》1983 年第 1 期。

宜昌地区博物馆、宜都县文化馆:《湖北宜都县刘家屋场东汉墓》,《考古》1987 年第
10 期。

益阳县文化馆:《湖南益阳县赫山庙唐墓》,《考古》1981 年第 4 期。

银雀山汉墓发掘队:《临沂银雀山西汉墓发掘简报》,《文物》2000 年第 11 期。

尹焕章:《南京石门坎发现魏正始二年的文物》,《文物》1959 年第 4 期。

尤振尧:《江苏仪征三茅晋墓》,《考古》1965 年第 4 期。

于临祥:《营城子贝墓》,《考古学报》1958 年第 4 期。

余本爱:《安徽省潜山县发现西汉墓》,《文物》1982 年第 11 期。

俞伟超:《西安白鹿原墓葬发掘报告》,《考古学报》1956 年第 3 期。

原韶山灌区文物工作队:《湖南湘乡汉墓》,载文物编辑委员会编:《文物资料丛刊》
2,文物出版社 1978 年版。

云南省文物工作队:《云南呈贡归化东汉墓清理》,《考古》1966 年第 3 期。

曾凡:《福州西门外六朝墓清理简报》,《考古通讯》1957 年第 5 期。

曾凡:《福州洪塘金鸡山古墓葬》,《考古》1992 年第 10 期。

湛江地区博物馆:《广东高州良德唐墓》,载文物编辑委员会编:《文物资料丛刊》6,
文物出版社 1982 年版。

张家、徐冰:《福建建瓯县水南宋元墓葬》,《考古》1995 年第 2 期。

张明善、黄展岳:《四川广元县皇泽寺调查记》,《考古》1960 年第 7 期。

张天岳:《广昌一座南朝墓出土辟雍砚及花纹砖》,《文物》1988 年第 7 期。

张文崟:《福建南平店口宋墓》,《考古》1992 年第 4 期。

张新斌:《河南新乡市宋金墓》,《考古》1996 年第 1 期。

张玉兰:《杭州市发现元代鲜于枢墓》,《文物》1990 年第 9 期。

张卓远、李韦男:《河南南阳市桑园路 3 号东汉墓》,《考古》2001 年第 8 期。

赵爱玉:《福建武夷山市发现唐墓》,《文物》2008 年第 6 期。

肇东县博物馆:《黑龙江肇东县八里城清理简报》,《考古》1960 年第 2 期。

浙江省文物管理委员会:《黄岩秀岭水库古墓发掘报告》,《考古学报》1958 年第
1 期。

浙江省文物管理委员会:《浙江瑞安桐溪与芦蒲古墓清理》,《考古》1960 年第
10 期。

浙江省文物管理委员会:《浙江鄞县古瓷窑址调查记要》,《考古》1964 年第 4 期。

浙江省文物管理委员会:《温州地区古窑址调查纪略》,《文物》1965 年第 11 期。

浙江省文物考古研究所:《杭州北大桥宋墓》,《文物》1988 年第 11 期。

浙江省文物考古研究所、诸暨市博物馆:《浙江诸暨牌头六朝墓的发掘》,《东南文化》2006 年第 3 期。

镇江博物馆:《镇江东吴西晋墓》,《考古》1984 年第 6 期。

镇江博物馆:《江苏镇江谏壁砖瓦厂东晋墓》,《考古》1988 年第 7 期。

镇江博物馆:《镇江市东晋晋陵罗城的调查和试掘》,《考古》1986 年第 5 期。

镇江古城考古所、镇江博物馆:《镇江铁瓮城南门遗址发掘报告》,《考古学报》2010 年第 4 期。

镇江市博物馆:《镇江市东晋刘克墓的清理》,《考古》1964 年第 5 期。

镇江市博物馆:《镇江宋墓》,载文物编辑委员会编:《文物资料丛刊》10,文物出版社 1987 年版。

镇江市博物馆、丹阳县文化馆:《江苏丹阳东汉墓》,《考古》1978 年第 3 期。

镇江市博物馆、溧阳县文化馆:《江苏溧阳竹箦北宋李彬夫妇墓》,《文物》1980 年第 5 期。

郑东:《福建厦门市下忠唐墓的清理》,《考古》2002 年第 9 期。

郑隆:《昭乌达盟辽尚暐符墓清理简报》,《文物》1961 年第 9 期。

郑珉中:《对两汉古砚的认识兼及误区的商榷》,《故宫博物院院刊》1998 年第 4 期。

郑绍宗:《赤峰县大营子辽墓发掘报告》,《考古学报》1956 年第 3 期。

郑绍宗:《汉砚资料四则》,《文物》1964 年第 10 期。

郑州市文物工作队:《郑州地区发现的几座唐墓》,《文物》1995 年第 5 期。

郑州市文物考古研究所、巩义市文物保护管理所:《河南省巩义市孝西村唐墓发掘简报》,《文物》1998 年第 11 期。

郑州市文物考古研究所、巩义市文物保护管理所:《河南巩义站街晋墓》,《文物》2004 年第 11 期。

中国科学院考古研究所洛阳发掘队:《洛阳西郊汉墓发掘报告》,《考古学报》1963 年第 2 期。

中国社会科学院考古所唐城队:《西安北郊汉墓发掘报告》,《考古学报》1991 年第 2 期。

中国社会科学院考古所西安唐城队:《唐长安青龙寺遗址》,《考古学报》1989 年第 2 期。

中国社会科学院考古研究所、广州市文物管理委员会、广州市博物馆编:《广州汉墓》,文物出版社 1981 年版。

中国社会科学院考古研究所安阳工作队:《安阳殷墟五号墓的发掘》,《考古学报》1977 年第 2 期。

中国社会科学院考古研究所河南第二工作队:《河南偃师杏园村的两座唐墓》,《考古》1984 年第 10 期。

中国社会科学院考古研究所河南第二工作队:《河南偃师杏园村的两座魏晋墓》,《考古》1985 年第 8 期。

中国社会科学院考古研究所河南第二工作队:《河南偃师杏园村的六座纪年唐墓》,《考古》1986 年第 5 期。

中国社会科学院考古研究所河南二队:《河南偃师市杏园村唐墓的发掘》,《考古》1996 年第 12 期。

中国社会科学院考古研究所栎阳发掘队:《秦汉栎阳城遗址的勘探和试掘》,《考古学报》1985 年第 3 期。

中国社会科学院考古研究所洛阳汉魏城队,洛阳古墓博物馆:《北魏宣武帝景陵发掘报告》,《考古》1994 年第 9 期。

中国社会科学院考古研究所洛阳汉魏故城工作队:《西晋帝陵勘察记》,《考古》1984 年第 12 期。

中国社会科学院考古研究所洛阳唐城队:《洛阳唐东都履道坊白居易故居发掘简报》,《考古》1994 年第 8 期。

中国社会科学院考古研究所洛阳唐城队:《洛阳宋代衙署庭园遗址发掘简报》,《考古》1996 年第 6 期。

中国社会科学院考古研究所洛阳唐城队:《河南洛阳市唐宫中路宋代大型殿址的发掘》,《考古》1999 年第 3 期。

中国社会科学院考古研究所洛阳唐城队:《河南洛阳隋唐东都皇城遗址出土的红陶器》,《考古》2005 年第 10 期。

中国社会科学院考古研究所西安唐城队、西安市文物保护考古所联合考古队:《西安小雁塔东院出土唐荐福寺遗物》,《考古》2006 年第 1 期。

中国社会科学院考古研究所西安唐城工作队:《唐长安西明寺遗址发掘简报》,《考古》1990 年第 1 期。

钟志成:《江陵凤凰山一六八号汉墓出土一套文书工具》,《文物》1975 年第 9 期。

重庆市文化局、湖南省文物考古研究所、巫山县文物管理所:《重庆巫山麦沱古墓群第二次发掘报告》,《考古学报》2005 年第 2 期。

重庆市文化局、湖南省文物考古研究所、巫山县文物管理所:《重庆巫山麦沱汉墓群发掘报告》,《考古学报》1999 年第 2 期。

重庆市文物考古所:《重庆市忠县将军村墓群汉墓的清理》,《考古》2011 年第 1 期。

周口地区文物工作队、淮阳县博物馆:《河南淮阳北关一号汉墓发掘简报》,《文物》1991 年第 4 期。

周世荣:《长沙容园两汉、六朝、隋、唐、宋墓清理简报》,《考古通讯》1958 年第 5 期。

周世荣:《湖南益阳市郊发现汉墓》,《考古》1959 年第 2 期。

周世荣:《长沙陈家大山战国、西汉、唐、宋墓清理》,《考古》1959 年第 4 期。

周世荣:《长沙赤峰山 3、4 号墓》,《文物》1960 年第 2 期。

周世荣:《略谈长沙的五代两宋墓》,《文物》1960 年第 3 期。

周世荣:《长沙东郊两汉墓简介》,《考古》1963 年第 12 期。

周世荣:《从湘阴古窑址的发掘看岳州窑的发展变化》,《文物》1978 年第 1 期。

周世荣:《长沙唐墓出土瓷器研究》,《考古学报》1982 年第 4 期。

周世荣、张中一、盛定国:《湖南古窑址调查之一 ——青瓷》,《考古》1984 年第 10 期。

周裕兴、顾苏宁:《南京江宁晋墓出土瓷器》,《文物》1988 年第 9 期。

朱江:《江苏南部宋墓纪略》,《考古》1959 年第 6 期。

朱捷元、黑光:《陕西省博物馆收藏的几件砚台》,《文物》1965 年第 7 期。

淄博市博物馆、临淄区文管所:《临淄北朝崔氏墓地第二次清理简报》,《考古》1985 年第 3 期。

后　记

本书是在我的博士学位论文基础上修改而成，得到了国家社科基金后期资助项目的支持。从书稿完成到即将付样，历时多年，个中缘由一言难尽，不提也罢！

本书的部分内容已经在《中国经济史研究》《中国社会经济史研究》《自然辩证法通讯》《唐史论丛》《宋史研究论丛》《中原文物》《中原文化研究》《南都学坛》《聊城大学学报(社会科学版)》《五邑大学学报(社会科学版)》《廊坊师范学院学报(社会科学版)》《石家庄学院学报》《徐州工程学院学报(社会科学版)》《中华遗产》《汉字文化》《黄河文明与可持续发展》《科学史研究论丛》《北京晚报》《明大アジア史論集》等海内外报纸杂志上发表，得到了诸多师友、审稿人和编辑的指正和帮助。学术研究永无止境，此次书稿出版，我对原来发表的一些内容有所修订、完善。

在拙著出版之际，需要向众多师友表达谢意！

多年来，我在北京师范大学学习、工作，得到许多良师益友的关心、指导和帮助，最应感谢的莫过于我的导师宁欣教授。宁师学术底蕴深厚，思路开阔，见解不凡，往往能对史料作出全新解读，对学生治学启发极大；为人随和，关心师长，关爱学生，且有独特的人格魅力，在做人方面也为学生树立了学习榜样。早在大学本科期间，我在参加"白寿彝史学论著奖"和毕业论文的撰写中，就有幸得到宁师的指导。我从对学术的一无所知，到懂得学术规范、熟悉基本史料、掌握研究现状、了解最新动态和关注海外学者的研究等，所有方面的进步都离不开宁师的认真指导和大力帮助。在硕、博士学位论文的撰写中，从写作意向、论文题目到整体结构、文章内容的确定，宁师更是循循善诱、不断点拨，及时为我解疑释惑、把握方向，倾注了大量心血。无论是学士学位论文和硕士学位论文获得优秀，还是博士研究生期间获得教育部2010年度"博士研究生学术新人奖"、北京师范大学"优秀博士学位论文培育基金"及"第十届励耘奖学金优秀研究生一等奖"等，所有成绩的取得都应归功于宁师的悉心指导和辛勤付出。可以说，我在学术研究道路上的每一步成长，都离不开宁师无私的关怀和培养。因此，在本书出版之际，我要对宁师表示衷心的感谢！

2009年12月至2010年8月，我留学日本明治大学，日方导师为气贺泽保规教授。其间,气贺泽先生在学习生活方面对我非常关照,在学术交流方面给我提供很多机会,引荐我结识了日本学界著名的学者池田温、土肥义和、冈野诚、石塚晴通、片山章雄等先生。就是在我回国以后,气贺泽先生仍然对我的学习、工作、生活极为关心,时常为我提供帮助。在此,我也要对气贺泽先生表示衷心的感谢!

当年博士学位论文预答辩中,吴丽娱、牛来颖、孟彦弘、魏明孔等先生就论文结构及内容等诸多方面提出了很好的修改建议和意见;正式答辩中,魏明孔、向燕南、李鸿宾、王永平、任士英等先生也提出了富有启发的建议和意见。各位先生真诚的指教和帮助,令我获益匪浅。在此,向上述师长致以诚挚的谢意!

在论文资料的搜集过程中,得到了台湾中正大学历史系雷家骥教授的热心帮助,在此,向雷先生致以崇高的敬意和诚挚的谢意! 此外,北京师范大学图书馆、北京师范大学历史学院资料室、国家图书馆、北京大学图书馆、清华大学图书馆、北京大学中国古代史研究中心资料室与日本明治大学图书馆及东京大学文学部资料室等单位的老师及工作人员也给予我很大帮助。在此,向上述单位及其工作人员,一并致谢!

本书的出版,得到了人民出版社刘松弢先生的大力支持和帮助,谨致谢忱!

陈　涛

北京师范大学史学理论与史学史研究中心

2023 年 6 月 19 日